ROME
A PERSONAL, VISUAL AND CULTURAL HISTORY

罗马
永恒之城

〔澳大利亚〕罗伯特·休斯 著

朱天宁 译

上海文艺出版社

目录

- 001 序言
- 001 罗马的建立
- 057 奥古斯都
- 111 帝国后期
- 159 异教徒 VS 基督徒
- 193 中世纪的罗马与阿维尼翁
- 241 文艺复兴
- 293 17 世纪的罗马
- 339 巴洛克鼎盛时期
- 385 18 世纪：新古典主义与大旅行
- 445 19 世纪：正统派 VS 现代派
- 483 未来主义与法西斯主义
- 545 梦回罗马
- 571 后记
- 579 鸣谢
- 587 索引

序言

我在罗马日食夜寝、终日寻觅,直至疲惫不堪、踏破铁鞋,但我从未真正居住在罗马。我只曾在这座城市之外旅居;不是在那为了容纳五六十年代人口激增而发展起来的平凡郊区(periferia),而是在沿着海岸向北的地区,如亚尔真塔廖(Argentario)半岛①。我常常来到罗马城,却鲜有逗留超过一两个星期的,频率也不够格使我成为这座城市的居民——把房租缴纳给任何旅馆老板以外的人,或者在一面厨房的墙壁上永远地挂上我那用柳条编成的意面筛,我的那个意面筛只留在了埃尔科莱港(Porto Ercole)。

在我的青春期,曾有一段时间,那时我对罗马只有最为粗浅的认识,我渴望自己成为罗马侨民,甚至为拥有任何关于这座城市的见解而显得故弄玄虚,或至少是自命不凡。在那时的我看来——这是从20世纪50年代初开始的一段时期——任何人对罗马的认识都要多于我。罗马的概念令我入迷,但对我来说,这仅仅只是一个概念,一个对于罗马充满误解、略显荒唐的概念。那时我还从没去过罗马。我还在澳大利亚,在耶稣会士②的教育下说几句拉丁文,但一句意大利文也不会说。我认识的唯一半个罗马人其实是爱尔兰人,是一位和蔼可亲、白发苍苍、上了年纪的耶稣会士,负责管理我在悉尼就读的寄宿学校附属的天文台,并不时前往意大利照管另一座隶属于教皇(庇护十二世③[Pius XII],又名尤金尼奥·帕切利[Eugenio Pacelli])的天文台,

---

① 亚尔真塔廖半岛:隶属于意大利托斯卡纳大区格罗塞托省的市镇,下文中的埃尔科莱港为其主要的村庄之一。
② 耶稣会士:耶稣会成员的统称。耶稣会为现今天主教最大的男修会,会士主要从事传教、教育等活动。
③ 教皇庇护十二世(1876—1958):本名尤金尼奥·马利亚·朱塞佩·乔瓦尼·帕切利(Eugenio Maria Giuseppe Giovanni Pacelli),1939—1958年在位。

这座天文台位于永恒之城罗马城外的冈多菲堡①（Castelgandolfo）。那里无疑充斥着各种新进发现的天文学知识，其规模是我无从理解的，而正是从该处，他孜孜不倦、满心欢喜地带回许多明信片，搜集自各博物馆与教堂的货架，每张价值十到十二里拉②：有卡拉瓦乔的、贝利尼的、米开朗琪罗的。他将这些明信片钉在一张学校的告示板上。自然，这都是纯洁正派的古典大师的作品：别指望看见玫瑰色的提香裸女画。我不知道这些引导的姿态对教化我的同学们——那些来自玛吉③（Mudgee）与兰科夫（Lane Cove）的粗野板球小子——能取得多少成绩。但我知道的是，它们的确对我产生了影响，就算仅仅是因为在一座教堂中——无论怎样遥远——存在着这些事物似乎（也确实）是一件如此异乎寻常的事，因此即使是微缩的复制品，也如此令人着迷。

在一所类似我所就读的澳大利亚天主教学校（其实，应该说是整个澳大利亚），人们所能遇见的宗教艺术品是与此迥然不同的。这里的艺术品用石膏制成，由一家叫做"佩利格里尼"（Pelligrini）的宗教艺术品制造商以一种让我反感的虔诚精神构思设计，我当时就十分厌恶这种甜腻和病态之感，这些遥远的记忆令我至今回想起来仍不免反感：被丘比特亲吻着的圣母马利亚身裹一件泛着灰败的淡蓝色长袍，一脸傻笑的基督无论在不在十字架上，都戴着一头栗色卷发，看起来像是某些恐同者的幻想。我不明白这些粗制滥造的宗教艺术品是怎么卖出去的。也许佩利格里尼公司寄发了不少粗陋的邮购商品目录。也许是由一位推销员开着霍尔登（Holden）厢式货车、载着样品挨个教堂推销：石膏的圣德兰④（Teresa）或圣伯纳黛特（Bernadette）、捧着几

---

① 冈多菲堡：位于罗马东南方25公里处的城镇，属拉齐奥大区，风景优美，境内有教皇的避暑别墅。
② 里拉：意大利从前的本位货币，2002年随着欧元的引入而废止。
③ 玛吉：与下文的兰科夫都是澳大利亚悉尼附近的郊区城镇。
④ 圣德兰：与下文的圣伯纳黛特都是天主教的女性圣人。

枝石膏百合的圣母，以英寸计费、要价不菲。怎么能指望有人在这样一堆垃圾前顶礼膜拜，对于我来说可一直是个谜。在据我所知的范围内，整个澳大利亚也找不出一件可以称得上正宗的宗教艺术品，除了一件怯懦的修女像，以及一件俗人修女像。

在何处才能见到真正的宗教艺术品？显然，只有在罗马。怎样才能获得在正宗宗教艺术品处得到的感受？答案是去往罗马。归根结底，一个人如何才能领略艺术之美？主要的方法——即使不是唯一的方法——就是去罗马，实地瞻仰真品。罗马是我通往意大利与欧洲各地的大门。从此开始，教养、品位，甚至是灵性向我走来。更不用说那些我亦向往的更世俗的欢愉。现在看回去，我不得不困窘地承认，我已记不起它们的名称，但于我而言，它们就像是我在意大利电影里看到的姑娘们。若是幸运的话，我甚至可以瞧见几件来自孔多蒂街①（Via Condotti）的时髦得要命的裤子、夹克与薄壁鞋，虽然我不知道钱从哪儿来。

[3]

1959年5月，当我终于来到罗马，这一切大部分都成了真。没有什么可以比得上沉浸在罗马和煦的春日早晨带来的喜悦，即使这并不是由观赏任何一件艺术品而得。普照万物的阳光无比澄澈，投入温和的鲜明之中，使一切细节尽收眼底。首屈一指的就是色彩，这里的色彩不似我所到过的任何城市。不是混凝土的颜色，不是冰冷玻璃的颜色，也不是烧制过久的砖块、或粗糙涂抹的颜料的颜色。而是构成这座城市的古老泥土与砖石被岁月侵蚀的有机色彩，是石灰岩色、是石灰华红润的灰色、是曾经洁白的大理石温暖的褪色，还有孔雀色大理石布满斑点、色彩丰富的表面，白点与杂质在其上形成斑纹，仿佛意大利红肠片上的油脂。对于一双看惯了千篇一律的20世纪建筑外观的眼睛，所有这一切的色彩都是令人惊叹、诱惑十足的丰富，却不会给人以矫揉造作之感。

---

① 孔多蒂街：罗马最繁华的时尚街。

罗马的树木是蓬勃而柔软的绿色，不是我看惯了的、在澳大利亚无处不在的桉树的褐灰。有些树正在开花——道路两旁盛开出夹竹桃的粉红与洁白。杜鹃花随处开放，尤其是在西班牙阶梯上：我有幸在花匠用成排成团的鲜花堆满西班牙阶梯的时节来到罗马，这些灌木的花朵因花期短暂而愈显甜美。其实，并不是只有鲜花才洋溢着节日般的欢乐。蔬菜在市场，特别是费奥利广场（Campo dei' Fiori）上勃勃萌发。小贩对此不加限制。一束束百里香、迷迭香枝条、欧芹和大量捆扎的罗勒使空气中溢满了它们的香气。这边的甜椒堆成了山：鲜红、橙色、黄色，甚至还有黑色。那边的板条箱里塞满了一条条肥嘟嘟的紫茄子。在那旁边是番茄的大游行，个个都已饱满成熟——用作番茄酱的、红艳的蛋形圣马尔扎诺斯（San Marzanos）番茄，膀阔腰圆的切片番茄，拌沙拉用的肋条状番茄，还有青绿的小番茄。就连通常长得黯淡无光的土豆，也在这地中海的天光里呈现出一种块茎的庄严。

然后，一种我在家乡澳大利亚从来没有见过的东西浮现而出。这一切来自蔬菜的光辉，这五彩斑斓的生命之潮，这膨胀、爆裂与饱满，都是围绕着一个悲哀的死亡图腾而涌现。这座市场所在的广场——费奥利广场，直译过来就是"鲜花广场"。关于该命名的传说有好几个版本；这里从前并不一直是花园；很有可能，这里从来也不曾是一座花园、一处栽培与采摘植物的地方。一种说法是，该名称源自"Campus Florae"——"芙洛拉广场"，这里（据说）是以那位伟大的罗马将军庞培[①]（Pompey）的情人命名，她（据说）曾在此居住。

不过统治着这座美丽而修建得高低不平的广场的男性幽灵却并不是庞培，而是古罗马时代以后的一个人物：一个忧郁沉思的身影，站在高高的柱基上，他的双手在身前交叉，抱着一本厚重的书——

[①] 庞培：即格涅乌斯·庞培（前106—前48），古代罗马共和国末期著名的军事家和政治家。

似乎是一本他的著作。整座广场好像在围绕着他旋转；他是广场的静止点。他是竖直的图腾，带着青铜色的黑暗与忧愁的重力，在这色彩的暴乱之中，要找到他的名字——刻在一块半隐于花海后的小牌子上——还颇要费上一时半刻。他的名字是乔尔丹诺·布鲁诺[①]（Giordano Bruno），即使是一个来自澳大利亚的愣头青也久仰此大名。他是一位哲学家、神学家、天文学家、数学家，尤其是，他既是多明我会[②]的修士，也是异端——一言以蔽之，他是16世纪后半叶意大利最闪耀与离经叛道的思想家之一。中世纪天体演化论将宇宙构想为由许多同心球体构成的紧密而有限的体系但与此相去甚远，布鲁诺提出并讲授的思想之一即是，宇宙中的一切都被约束在它们各自围绕"不动的原动者"的轨道上，而宇宙本身事实上是无穷大的——一个连续统一体，由一个又一个太阳、恒星连着恒星组成，彼此离心，独立运行。这是现代视野令人震惊的萌芽，偏向保守、以神学为基础的16世纪思想家们将其视作上帝中心宇宙观开始受到进攻的警报。我们在夜晚所看到的星星其实是另一些太阳，在自然界中与我们的太阳并无不同，布鲁诺提出的这一观点在五百年前看起来是多么激进，这是21世纪的任何人都难以领会的。我们轻松接受的"多个世界"的思想，在16世纪不只是奇谈怪论，更是一种威胁。此外，布鲁诺还有其他麻烦。他沉迷炼金术与巫术。无知者谣传并相信，他与魔鬼做了交易。这种说法起因于他对"记忆术"非凡而开创性的研究——这是一种系统性记忆的技术，文艺复兴时期的知识分子普遍痴迷于此，布鲁诺正是其中领袖。因为其观点的离经叛道，布鲁诺引起了人们更多的怀疑，特别是一位被指派来驳斥其观点的审判官——令人敬畏的天

[5]

---

① 乔尔丹诺·布鲁诺（1548—1600）：文艺复兴时期意大利思想家、自然科学家、哲学家和文学家，捍卫和发展了哥白尼的太阳中心说，批判经院哲学和神学，反对地心说，被宗教裁判所判为"异端"烧死。
② 多明我会：天主教托钵修会主要派别之一，1217年由西班牙人多明我创立。

主教思想家、耶稣会士、枢机主教,本身就是一位反对路德①的反宗教改革先锋:罗伯特·贝拉明(Robert Bellarmine,1542—1621),身后入葬罗马的耶稣教堂。这不仅是一位顽固派,更是教会最伟大的保守思想家之一、圣托马斯·阿奎那(St Thomas Aquinas)神学首屈一指的权威,而他将布鲁诺视作哲学上危险的敌人。这一场论战反复持续了七年之久。1600年2月17日,布鲁诺被提出囚室——这是他曾被关押过的数个囚室中的最后一个,在这里,十几项异端罪名的审讯已使他受尽折磨——他被押往费奥利广场的中心,一个火刑架已在那里矗立。他对宗教指控方说:"在你宣布我有罪时,你心中的恐惧只怕更甚于我。"燃烧着的木头引燃了干木。随着咆哮上升的火焰将他吞噬,人们没有听见布鲁诺发出一声祈祷,也没有听见一声诅咒。

意大利文艺复兴真正的知识英雄之一就这样消亡了。因为对三位一体、基督的神性与道成肉身②持有错误的观点,因为否认马利亚的童贞,以及因为其他几个异端看法——包括相信"多个世界及其永恒性"以及"沉迷巫术与占卜",他被活活烧死。他的首席审判官——枢机主教贝拉明——曾要求他彻底改弦易辙,布鲁诺对此断然拒绝。当熊熊大火逐渐熄灭为灰烬,乔尔丹诺·布鲁诺的遗骸被统统凑集起来,倾倒进台伯河中,而他数量众多的作品,既有哲学类也有科学类的几十部著作,被教廷列入禁书索引之内。布鲁诺的雕像竖立于1889年,由一个罗马人与外国人共同组成的委员会提议修建,该委员会包括著名的非天主教徒如德国历史学家费迪南德·格雷戈洛维乌斯③(Ferdinand Gregorovius)、维克多·雨果④(Victor Hugo)和亨利

---

① 路德:即马丁·路德(1483—1546),16世纪欧洲宗教改革倡导者,基督教新教路德宗创始人。
② 道成肉身:认为三位一体上帝中的第二位格,即圣子,化成肉身,即耶稣基督,具有神人二性。
③ 费迪南·格雷戈洛维乌斯(1821—1891):德国历史学家,主要研究中世纪罗马史。
④ 维克多·雨果(1802—1885):法国作家。

克·易卜生①（Henrik Ibsen）。费奥利广场上永远春风吹又生的水果与蔬菜，正是对布鲁诺最好的纪念。

乔尔丹诺·布鲁诺是在费奥利广场上被处死的人中最有名的，但却绝不是最后一个。各类人等，从一般的杀人犯到施行妖术者，都于17世纪时在这里偿了命。他们中有比例惊人的一部分是叛教的牧师。这一定十分合其他广场看客的意，因为公开处决在罗马总是大受欢迎——其实在欧洲各地都是如此。因这一部分原因在内，费奥利广场滋养起了一个繁荣兴旺、利润丰厚的旅馆业。这座城市最有名的客店之一名叫"奶牛客栈"（La Locanda della Vacca），占据着高卢巷（Vicolo del Gallo）与卡佩拉里街（Via dei Capellari）的拐角处，是瓦诺莎·卡塔内（Vannozza Cattanei）的产业——她是枢机主教罗德里格·博尔吉亚②（Rodrigo Borgia）从前的情妇，而后者于1492—1503年以亚历山大六世（Alessandro VI）之名执掌教皇大权。瓦诺莎无耻至极地设法以自己的盾徽装饰了教皇博尔吉亚盾徽的四分之一；这样的盾徽至今仍可以在高卢巷的入口处见到。罗马最古老的旅店被认为是太阳旅店（Locanda del Sole），以从附近庞培剧场的废墟中抢救出来的废弃物所建。这家旅店至今仍在比肖内街（Via del Biscione）76号开门营业，名为"比肖内的太阳"（Sole al Biscione）酒店。

我并不是每次来到罗马都会造访圣彼得大教堂。信仰的氛围实在是太过堂皇，正如浮夸的崇高有时会导致的那样，使人感到单调乏味。我也不会总是直奔那些热门的景点，比如包括贝尔尼尼（Bernini）美轮美奂的科尔纳罗礼拜堂（Cornaro Chapel）在内的胜利之后圣母堂（S. Maria della Vittoria）。有时我甚至连一家博物馆也不进，因为在某种意义上，整个罗马从里到外就是一座博物馆。然而自从我在懵懂无知中与其初遇的那时起，费奥利广场、连同广场上的乔尔丹

---

① 亨利克·易卜生（1828—1906）：挪威戏剧家。
② 罗德里格·博尔吉亚（1431—1503）：即教皇亚历山大六世，1492—1503年在位。

诺·布鲁诺雕像就已经成为我心中的圣地，我几乎每往必至，并沉思它代表的意义。

我怎能不这样做呢？于我而言，这座广场就是罗马的精髓：它代表着罗马的五重本质。第一重本质，因为它唤起了那可怖而独裁的回忆——罗马教会竟能心安理得地将意大利最杰出的人物烧死，罪名是教导人们（表面上，布鲁诺似乎就是这么做的）：基督不是神，而是一位受到神灵启发的巫师，而且甚至魔鬼也能被拯救。（我多么希望能亲自认识他啊！）一首流传着的四行诗写道：

> 罗马，若你是神圣的，
> 为何你又如此残酷？
> 若你以神圣自居，
> 你就是个彻头彻尾的骗子！

第二重本质，因为在将他杀害的四百多年后，这座城市（不顾教士的反对）改变了它的态度，撤销了审判，并且，为表彰布鲁诺独特的伟大贡献，为他竖立了一座雕像。这或许有些迟了，但迟到总是胜于缺席。

第三重本质，因为只有当教会统治这座城市的世俗权力不复存在之时，罗马才能建立起这样一座纪念碑，那是在1870年罗马被新建起的意大利王国吞并、在政治上成为一个世俗城市之后。第四重本质，因为布鲁诺宏大的黑暗图腾的存在是个如此灿烂的都市表达，而围绕着它继续的生活不仅仅是游客的，更是罗马人民的生活。第五重也是最后一重本质，因为水果与鲜花日复一日的孕育生长，以及它们激发的口腹之欲，使我们意识到，在死亡的面前，我们正真实而确切地活着。

而罗马的确是一座被口腹之欲驱使的城市。在这座广场及之外的地方，人们吃的许多食物尽管简单，于我而言却十分陌生。在我的印象中，我从没在澳大利亚见过腌鳕鱼（baccala）这样奇异的东西：它压根儿不在澳大利亚人的菜单上，因为太平洋里没有鳕鱼，所以这不足为奇。当然，在罗马，炸鳕鱼是最常见的街头小吃：把僵硬如木板的鳕鱼片放在水中换水浸泡数日，扒去皮，剔掉骨，切成两指宽的薄片，投入面糊中，然后在油里炸至灿烂的金棕色。再没有比这更简单的了，而又有什么美味比得上午后阳光下、异域广场餐桌上的炸鳕鱼配弗兰卡蒂①（Frascati）？无论怎么看，对于一个如我般不甚了解意大利食物的饥肠辘辘的年轻人来说，罗马的炸物、沙拉，甚至就连简陋的波伦塔粥②（polenta），都是神奇的新发现。来罗马前，我从未吃过西葫芦花。我也从未遇见过这样一道菜——鳀鱼配菊苣，分层置于陶盘中，烤至起壳，冷或热食均可。一些源自犹太人的菜肴则更加奇特。作为一名澳大利亚的天主教徒，我几乎对犹太食物的存在一无所知，由于犹太人在澳大利亚人口中的少数地位，犹太食谱从未像在美国那样进入大众烹饪的主流。然而罗马有着古老的犹太传统，饮食即为其中之一。怎能指望一个外国的非犹太人对此有所了解呢？譬如一种叫做犹太式洋蓟的罗马菜，就像任何一个非犹太人可能的那样，我很快爱上了这道菜。拿起洋蓟，剥去坚韧的菜帮子，抓住竖直的茎干，将其压扁并在桌上重重敲击，直到菜心向外展开。将菜浸入沸油中，就像早期的殉教者受到的折磨那样。渐渐地，洋蓟变成了灿烂的金黄色，仿佛向日葵的花瓣，然后转为浓烈的棕色。这就差不多该出锅了。用手沾些冷水洒在菜上，立刻发出动听的噼啪爆裂声。再浇上些油，就可以上桌了。

不过，在我对这座城市第一次如饥似渴的拜访中，食物并不是唯一使我深深着迷的事物。在罗马，我生平第一次体验到被潺潺流水环绕的感受。喷泉之于罗马犹如绿树之于巴黎。它们喷薄而出，有的竖

---

① 弗兰卡蒂：产自意大利拉齐奥区的干白葡萄酒或半甜白葡萄酒。
② 波伦塔粥：用谷物熬成的浓粥。

直向上、有的自成角度，环绕盘旋，汩汩冒泡，洋溢着生命力，为这座城市打着节拍。我之前还从未见过这样的奇观。在别处，喷泉是特别的景致，然而在罗马，它们只不过是寻常都市生活的一部分；你察觉到喷泉，你将喷泉视作不同于砖石的表面，然而你更应该做的似乎是吞吐它的气息，而不仅仅是观赏。在这座繁华都市的中央，一个人哪怕在潜意识中也能感受到水的存在。没有一座城市（至少我不曾听说）如此惟妙惟肖地体现了奥克塔维奥·帕斯[①]（Octavio Paz）的诗作《太阳石》（*Piedra del Sol*）开篇中的诗性真实，这些诗句描绘了一座城市中喷泉连绵不断的跃动：

> 一树晶莹的垂柳，一棵水做的白杨，
> 高高的喷泉，清风吹拂其上，
> 树大根深，枝叶摇摆，
> 流水迢迢，曲折前行，
> 回环往复，去了又来，
> 永远在抵达。

从本质上而言，喷泉是一件人工造物，既是流动的——无形的，也是有形的；然而贝尔尼尼的纳沃纳广场（Piazza Navona）上的喷泉，在阳光下闪闪发光，却在自然与人文间调和出了近乎令人难以置信的美丽与丰富。由于罗马的喷泉——但不仅仅是由于此——你从罗马的都市风光中所能得到的，绝不限于以一个游客或市民之名所期望或感受到的。"我何德何能，有幸得此？"答案简单得几近荒谬："生而为人，来到此地。"

在我这里，对于罗马最初的几次惊鸿一瞥都是不期而遇、近乎偶然的。我本打算按城市地图上的标绘前往圣彼得大教堂——沿着

[①] 奥克塔维奥·帕斯（1914—1998）：墨西哥诗人、外交家。

宽阔笔直的协和大道（Via Conciliazione）步行，这条大道从圣天使堡（Castel S. Angelo）直通广阔而排列着立柱的圣彼得广场（Piazza San Pietro）。幸运的是，我走错了路。我向左走得太远，想从博尔戈圣灵教堂（Borgo Santo Spirito）附近接近圣彼得广场，却没能发现广场的踪影。经过一番毫无头绪的艰苦跋涉，我遇见了一面庞大的、好像是弧墙的物体。其实这并不是弧墙。这是圣彼得广场上的一根巨型立柱，而当我绕爬过立柱，圣彼得广场的空间竟跃然映入眼帘。协和大道的直路上不会有这样的意外惊喜。就像之前一代代的游客那样，我被眼前的景象震得惊愕不已：丰沛的喷泉，直指天际的方尖碑，而最令我震惊的是贝尔尼尼的多立克式双柱的曲线。在我的脑海中还不曾出现过如此规模宏伟的建筑概念。我自然也从未见过这样的景象——很显然，无论在澳大利亚还是其他地方，类似贝尔尼尼的广场与立柱这样的景观都是绝无仅有的。对于一个21岁的学生，从关于澳大利亚建筑的记忆（自然也有其亮点与优势，尤以悉尼海港大桥为突出，但绝无类似眼下之景）投入到眼前近乎不可思议的壮丽宏伟之中，实在是天崩地裂的经历。在我头脑中喋喋不休的半吊子历史"进程"的概念，刹那间就被吹得烟消云散了。

　　罗马使我逐渐确信，伟大的城市之所以伟大，至关重要的一点并不仅仅在于规模，而在于其内容中沉淀的关怀、细节、经验与爱，其中就包括，但不限于建筑。正是关怀之感——对于细节的大量关切——才是最重要的事情，才留住了目光、羁绊了脚步，使过客不致与这座城市匆匆擦肩而过。更不用说，或者理应如此，即除非你对物质，就是那些构成建筑内部结构与外层肌理的不同的石料、不同的金属、各种各样的木材与其他物质——陶瓷、玻璃、砖石、石膏等等——有了相当充分的理解，它们的使用寿命，它们在阳光下的效果，它们怎样生存——假如它们是活生生的，你不可能做到对细节的如此关注。建筑师以稀释墨水完美无瑕地渲染了架于组合柱式柱顶上的有槽壁柱，这想必是个抽象的概念。然而作为一名澳大利亚的建筑学学生，这就是我关于过去的老一套所知的一切。然而它还没有成为建筑艺术，直到它建成，从黎明到黄昏的光线射入其中，直至时光、风雨、煤灰、鸽粪，以及建筑在使用过程中慢慢得自它们的五花八门的记号，那时，它才真正成了建筑艺术。最重要的是，只有用世界上的物质清晰无误地建造——关于一种石头怎样以这种而不是那种方式切割、关于砖块的烧灼表面与其下土地的关系——才是真正的建筑艺术。如今的罗马——不是这座城市里民众的社会，而是他们共同的外骨骼、这座城市本身——以其对抽象的抗拒，成为建筑实体与其他造物庄严宏伟、极度繁复的实例。

这样的认识是一个学生无论怎样专心听讲也无法真正得到的，不管讲师是怎样经验丰富、循循善诱。观看照片也不能使他（她）完全抓住这种感受，尽管照片也不失为一种帮助。真正的认识需要也只能从实物本身处得出。当然，这种感觉是不会凭空产生的，除非这座城市对已经创造出来的、最好是由手工一点一点打造的东西有着清晰审慎的思考——除非你能看到，一个柱顶浇铸的深度与雕刻的轮廓并不是源于巧合或惯例，而是来自精心设计。它是苦心锻造的，而非草草将就。要求一座城市中的一切都如此精心制造，这未免是奢望。但若是缺乏这一点，你得到的就只是一块郊区、一座购物中心，或随便你怎么称呼的地方——却不是一座真正的城市。正因如此，芝加哥才是一座真正意义上的城市，而密歇根州的弗林特从来不是。

罗马在这点上有很好的体现。有时你会觉得，每一条弯曲小巷里的每一座庭院都充满了此类特点。但对于一位初来乍到、懵懂无知的来客，就像1959年的我，首先留下深刻印象的自然是体量庞大、显而易见的事物，而于我而言，这些初次的邂逅中最具决定性与启示性的，不在那赫赫有名的信仰中心圣彼得广场，而在台伯河的对岸，威尼斯广场（Piazza Venezia）上方的卡匹托尔山（Capitol）上。打头阵的并不是一件基督教艺术品，而是异教徒的作品：罗马皇帝马可·奥勒留（Marcus Aurelius, 161—180）骑着马的古青铜像，位于米开朗琪罗为卡匹托尔山设计的不规则四边形广场中、一颗十二芒星中心升起的基座上，带着最高贵的沉默与静止。当然，我早已见过它的照片；谁没见过呢？但这不足以使我做好准备，面对这座雕像带来的冲击，无论是在主体上，还是在细节上。这是到目前为止，在古代异教徒世界中广为人知且广泛制造的那类雕像中最伟大的、其实也是硕果仅存的一例：英雄，权威人物，马背上的半神；人类的智慧与力量驾驭着动物王国，大获全胜、昂首向前。在罗马，曾有约二十座这样的青铜骑马像，整个意大利则有更多，譬如帕维亚①（Pavia）的"太阳王"——在 1796 年遭毁坏殆尽，一片不留，唯一尚存的痕迹只有一张纸上的木刻版画。所有的雕像都被中世纪早期虔诚而愚昧的天主教徒推倒、打碎、熔解，这些天主教徒相信，他们对文物的故意毁坏是一种信仰的行动，是对异教徒世界权威的驱赶。只有马可·奥勒留的雕像阴差阳错地幸存了下来。那是因为忠心耿耿的天主教徒误将其当成了罗马第一位基督教皇帝君士坦丁大帝（Constantine the Great）的骑马像。要不是由于这撞了大运的误会，马可·奥勒留也早已与其他青铜皇帝一起进了历史无情的熔炉。

当然，在那个 1959 年的夏夜，刚满二十岁的我对此近乎一无所知，我第一次见到这位青铜骑士，米开朗琪罗的元老院宫（Palazzo del Senatore）隐约闪着金光、衬托着它黑暗的色泽，蝙蝠开始在周围掠过。我对马的了解更少，不管是老马新马、假马真马。我是一个在城市里长大的孩子，只在灌木地带逗留过几次，于我而言，马这种动物就是"从头到尾写满了'危险'二字"。一想到爬上一匹 14 掌宽②高的马就使我老大不情愿，甚至心怀恐惧。然而，当我绕基座而行，感受着那由一人一马的身躯与四肢所带来的空间与形状改变所带来的恢宏气势时，我意识到，这马匹与骑士无可比拟地超越了我之前所见的

---

① 帕维亚：意大利北部伦巴第西南的村镇，572—774 年为伦巴底王国的首都。
② 掌宽：以手掌的宽度丈量马的高度。

任何雕塑，甚至是任何艺术作品。

澳大利亚或许也有一些骑马青铜像——可能是战争纪念物？——不过即使是有，我也记不起来了。大概根本没有，因为制造一座真实尺寸的青铜人像、再加上青铜马，需要耗费大量的金属，在一个没有公共雕塑传统的国家实在是过于铺张了。其制作还需要专门的铸造厂与特殊的工艺，而在我的家乡，以上的哪一项都是难以得到的。

不过真正使马可·奥勒留与他的坐骑在我极为有限的经历中如此独一无二的，是其对雕塑之庄严宏伟与细节之深入刻画的融汇。你可以制造一匹普遍意义的高头大马，以及一个真实尺寸的典型的人物，而不能唤起更精细的雕塑所能产生的那种感受。但这体现不了马可·奥勒留雕像所传递的东西，那种对聚沙成塔、江河入海的热烈领会，那种在更广阔的生命图景中，将细节咬合在一起的秩序井然的积累。这可不是一匹摇摇木马：套着金属马衔的马嘴在缰绳的拉力下紧紧收拢、痛苦变形；它看起来凶猛暴烈，却又证明着至高无上的皇权统治。马可·奥勒留的头发精力充沛地竖起，一绺绺鬈曲起来，仿佛形成了一圈光轮，与许多罗马大理石像上表现头发的惯常形式大相径庭。他前伸的右手做出平息一切的手势，既威严高贵（正是一只帝王之手所该做的），又和蔼仁慈（如同一位斯多葛派[①]信徒那样；正是这只手写下了马尔库斯的《沉思录》）。雕像四肢各不相同的伸展方向经过调节，呈现出互相竞争的态势，马匹抬起的左前腿与骑跨着它的人张开的双腿相互衬托，带着一种异乎寻常的运动之感。还有色彩。青铜承载着两千多年的绿锈。这是使用化学品所无法复制的。它讲述了一段长久暴露在风吹日晒中的故事，超过二十多代人类生存的岁月，每一代人都在它尊贵的表面留下了几块补丁、数点金斑、几条绿痕与点点污渍的负担。在我第一次见到马可·奥勒留像时，这一过程早已

---

① 斯多葛派：塞浦路斯岛人芝诺于公元前300年左右在雅典创立的哲学学派，认为世界理性决定事物的发展变化，是希腊化时代一个影响极大的思想派别。

在持续不断地进行着,就像以极为缓慢的速度酿制葡萄酒,历经了悠久的时光,以不同的规模同时陈化着米开朗琪罗为这一人一马所造的建筑框架——基座渐渐起皱的轮廓,以及元老院宫由光彩照人至光阴渐染,终于成熟芳醇的表面。

一个二十岁的年轻人鲜有对往事的兴趣——往事似乎是如此遥远,与己无关,且还在方方面面充斥着失败。未来也是同样地难以想象;你会被无数种可能性写就的传奇淹没。然而那却是罗马对年轻时的我所施的魔法。这座城市既领我向后回顾,也引我向前眺望。它带我洞察美丽与毁灭,悟悉胜利与灾难。最重要的是,它为艺术的概念带来了现实的形态,不单单像精英们口中那般虚无缥缈,而是充满了启发性,甚至功利性。于我而言,那是平生头一遭,罗马从艺术与历史变为了现实。

第一章

罗马的建立

尽管没人能说清罗马究竟建立于何时，人们至少有理由确定罗马建立于何处。那是在意大利，台伯河的岸边，距台伯河口22公里的内陆地区，而那处河口就是后来成为奥斯提亚（Ostia）海港的一块三角洲。

人们无法确切找到罗马建立时间的原因是，这座城市的建立从来不是有据可查的。栖息在山上的铁器时代与青铜时代村落联合作证并自称为城市的"原始"时刻在罗马从不存在。一座城市越古老，它的起源就越是迷雾重重，而罗马，毫无疑问是古老的。这并不妨碍公元前2世纪以来的罗马人不断提出种种惊人精确的起源日期：过去人们宣称，罗马开端于8世纪，而且精确到了公元前753年，其建立者是罗穆路斯（Romulus）——雷穆斯（Remus）的孪生兄弟。一段错综复杂的故事由此开始，重复上演着我们将在罗马的漫长历史中一再目睹的相同主题：野心、弑父、手足相残、背叛与走火入魔的雄心壮志。特别是最后一点。再没有比罗马更雄心勃勃的城市存在，可想而知，未来也不会出现，尽管纽约或可与之竞争。没有一座城市能赛过罗马，在其建立之初就浸透了残暴。这要倒回到这座城市神话传说中的去。

简而言之，这个故事讲的是，罗穆路斯与雷穆斯是一对被丢弃的孤儿，然而他们的家世血统源远流长而令人敬畏。他们的血统可以回溯至特洛伊。在特洛伊城陷落后（传说中这一灾难事件的时间为公元前1184年），特洛伊英雄埃涅阿斯（Aeneas）——安喀塞斯（Anchises）与女神阿佛洛狄忒（Aphrodite），即维纳斯（Venus）之子——带着儿子阿斯卡尼俄斯（Ascanius）逃出了大火燃烧的城市。经过在地中海的数年辗转，埃涅阿斯最终来到了意大利，长大后的阿斯卡尼俄斯在距最后的罗马城址不远的地方建立起了阿尔巴隆加（Alba Longa）城，传统上认为这是在公元前约1152年。

在这里，阿斯卡尼俄斯的子孙开启了一支帝王世系，由他的后代沿袭。世系中的最后一位国王名叫阿穆利乌斯（Amulius），从王位的合法持有者——他的兄长努米托（Numitor）手中篡夺了王权。

努米托有一位后人，是个女儿，名为雷亚·西尔维娅（Rhea Silvia）。篡位者阿穆利乌斯利用他刚刚夺取的权力之便，命令她去当维斯塔贞女①（Vestal Virgin），以使她无法生育男丁，因为如果她生下男丁将来不仅会继承阿穆利乌斯的王位，而且将成为他的致命威胁。然而，对维斯塔贞女制度的那一套全无敬意的战神马尔斯（Mars）玷污了贞女雷亚·西尔维娅。阿穆利乌斯发现她怀孕后便将将她幽禁起来；不久之后，她就被折磨而死，可不巧的是还是在死前产下了一对孪生子，即罗穆路斯与雷穆斯。

接下来发生的故事源自伟大的历史学家李维②的记载。阿穆利乌斯命人将幼小的罗穆路斯与雷穆斯抛入台伯河中。可是河水正在泛滥，水位还未退去。因此被派去遗弃孩子的人不愿涉水以免弄湿自己，而只是将孩子扔在了河边较浅的洪水里，随后就回去了。台伯河的水位又下降了一些，双胞胎被搁浅在了淤泥中。一头母狼发现了浑身湿透、一息尚存的两个孩子，仁慈地用自己的乳汁哺育了他们，

---

① 维斯塔贞女：侍奉炉灶、家庭女神维斯塔的女祭司，奉圣职的三十年期间必须保持贞洁。
② 李维：即提图斯·李维（Titus Livius，前59—17），古罗马历史学家，著有《罗马自建城以来的历史》。

第一章｜罗马的建立

直到他们茁壮长大，被王室的放牧人浮士德勒（Faustulus）带回，并养大成人。大多数游客在见到建城孪生子保护者博物馆（Museo dei Conservatori of the Founding Babies）中婴儿吸吮母狼乳头的铜像时，都会自然而然地认为二者原本就是一体。其实并非如此；狼的部分是古物，由一位伊特鲁里亚匠人铸造于公元前5世纪，但罗穆路斯与雷穆斯的部分则是在约1484年至1496年由佛罗伦萨艺术家安东尼奥·德尔·波拉约洛（Antonio del Pollaiuolo）加上的。

无论如何，在神话传说中，孪生兄弟罗穆路斯与雷穆斯最终推翻了阿穆利乌斯的统治，恢复了他们的外祖父努米托在阿尔巴隆加的合法王位。之后，他们决定在台伯河岸边、自己机缘巧合被冲上岸的地方建立一个新的定居地。这就是罗马城。

由谁来做罗马城的王？他们以空中飞过的猛禽为征兆，决定王位的归属。六只显示为雷穆斯，而十二只显示为罗穆路斯，由此可以说，是天上的神明以多数票将他选为这座新建之城无可争议的统治者。

[17]

罗马城的确切位置在何方？关于罗马最初的"原始"地点，向来众说纷纭。没有考古证据阐明这一点。这一位置一定是在台伯河一侧的岸边——究竟是哪一侧，就无人知晓了。不过该地区以拥有七座山丘而闻名——帕拉丁山（Palatine）、卡匹托尔山（Capitoline）、西莲山（Caelian）、阿文丁山（Aventine）、埃斯奎林山（Esquiline）、维米纳尔山（Viminal）和奎里纳尔山（Quirinal）。没有人能猜出罗马城究竟在哪一座山上，尽管出于战略上的理由，选择的地点很可能是在山上而不是平原或坡地。无人留下记录，因此也无人推测出这些连绵起伏的小山包中的哪一块才是可能的选择。"传统上"认为原始的定居点位于帕拉丁山不高不低、适于防御的高度上。"广为接受"的建城时间即公元前753年，毫无疑问只是个神话传说。要验证这些年代久远的日期绝无可能——自然没有人留下记录，而且由于后世关于这座城市的历史记载无不属于公元前2世纪（昆图斯·费边·皮克托尔[Quintus

Fabius Pictor]、波利比乌斯[Polybius]、马库斯·波尔奇乌斯·加图[Marcus Porcius Cato]的作品），在它们所描述的事件发生后五百年才开始记录，这些记载很难被视作是真实可信的。然而这些，就是我们关于罗马的建立所能掌握的一切资料。

  根据推测，罗穆路斯"建立"了这座以他为名的城市。倘若当初事情向另一个方向发展——由雷穆斯建立了这座城市，我们现在在谈论的就该是去"雷马"(Reem)了，然而根据传说，正是罗穆路斯划出了这条地带，并以拴在犁上的两头牛——一头公牛和一头母牛——开出的犁沟作为罗马城的边界。这条犁沟被称作"边界线"(pomerium)，成了城市围墙的神圣轨迹。根据瓦罗①的说法，在拉丁姆②(Latium)，这是一种"伊特鲁里亚人的建城仪式"。据礼仪的要求，犁沟或称"fossa"，也就是象征防御工事的一条小小沟渠，应位于犁头翻起的土垄外侧；这条垄被称为"阿加尔"(agger)，即土堤。罗马城的城墙就修建在这条象征性界线之后，墙与线之间严禁盖房或种地，以作为防御措施。边界线之内的地区逐渐被人们称作"罗马广场"(roma quadrata)，原因则不得而知。原因同样不得而知的是，雷穆斯显然是反对这条边界线的。或许他反对的是罗穆路斯僭越权力决定城市形状的做法。他以跳过犁沟的行为来表示自己的反对——也许有人会认为这是个幼稚的举动，但罗穆路斯可不这么看，他将其视作亵渎神明的表现，是不怀好意的蔑视，以此处死了自己的孪生兄弟。历史没有告诉我们，杀死这个对自己的王权构成已知威胁的唯一兄弟时，罗穆路斯的心中作何感想，但也许值得注意的一点是，在往后的岁月里时时围绕边界线巡逻以保卫罗马城中妇孺百姓安居乐业的神圣军团，被命名为"狼兄弟"(luperci)。

---

① 瓦罗：即马库斯·特伦提乌斯·瓦罗（Marcus Terentius Varo，前116—前27），古罗马学者、作家。
② 拉丁姆：古地区名，在今意大利中西部拉齐奥区，以居住拉丁人得名，为古罗马国家的发源地。

第一章 | 罗马的建立

因此,这座初生的城市,植根于不明不白的手足相残之中,只有一位建立者,而不是两位,且在那时还没有自己的居民。为了解决这一问题,据说,罗穆路斯在日后被称为卡匹托尔山的地方建立了一处避难所,邀请原始拉丁姆地区的三教九流前来:出逃的奴隶、流亡者、杀人犯,以及各类罪犯。在传说中,这里就是一座"道奇城"[①](Dodge City)(用现在的话来说)。这恐怕不是完全的真相,然而确实包含了象征性事实的核心。罗马与它的文化并不"纯粹"。它不是由单一种族的人们构建的。在那些年以及随后的几个世纪中,罗马人口中的大多数都是来自意大利以外的地区——其中甚至包括后来的一些皇帝,比如西班牙人哈德良,还有作家科鲁迈拉(Columella)、塞内卡(Seneca)与马提雅尔(Martial),都出生于西班牙。在"罗马尼塔(Romanitas)"的保护伞下,凯尔特人、阿拉伯人、犹太人与希腊人尤为众多。这是一个帝国体系不断扩张、频繁接纳被征服地区人民为罗马公民所导致的必然结果。直到公元前1世纪末,在奥古斯都的统治时期,我们才开始看到具有区别性的"罗马"艺术的迹象,而罗马艺术正是一种可辨的"罗马"文化理想。

然而,罗马怎样才是罗马?在卡匹托尔山不远处发掘出来的一尊雕像,由一位以战俘身份来到罗马的希腊艺术家雕刻,以菲狄亚斯[②](Phidias)风格塑造了赫拉克勒斯[③](Hercules)的形象,并且是为一位认为希腊艺术才是最有品位的、富裕的罗马赞助人所创作,这可以算作"罗马"雕刻吗?还是说,这是流亡海外的希腊艺术?"混合即伟大"(Mestizaje es grandeza),这是一句西班牙谚语,但罗马的情况恰是如此。对于不断扩张、在全意大利施加自己影响力的罗马人来说,那种像在德国人中一度蔓延的追求种族纯洁性的愚蠢行为,在那里是

[19]

---

① 道奇城:美国堪萨斯州西南部城市,当开发西部时牛仔汇集,以械斗出名。
② 菲狄亚斯(约前480—前430):希腊雕刻家。
③ 赫拉克勒斯:古希腊神话中的大力神,宙斯与阿尔克墨涅之子。

绝无可能的。

几个部落与群体早已在台伯河周围的沿岸平原与山丘定居。在铁器时代最为发达的是维拉诺瓦人，这一名称源于博洛尼亚附近的一座村庄，维拉诺瓦人的一处墓葬群于1853年在该村被发现。在公元前约700年，贸易以及向伊特鲁里亚人①地盘的扩张使维拉诺瓦人的文化发生了突变。任何新移民都必须与伊特鲁里亚人展开竞争或至少达成和解，才能在此拥有一席之地，因为伊特鲁里亚人已统治着第勒尼安（Tyrrhenian）海岸及意大利中部的绝大多数地区——一块被称作伊特鲁里亚的区域。他们究竟从何而来，至今仍是个谜。十分可能的是，他们是这片土地上土生土长的人群，尽管过去有些人相信，伊特鲁里亚人遥远的祖先是从小亚细亚的吕底亚②迁往意大利的。在罗马近旁，最强盛的伊特鲁里亚城市是维伊（Veii），位于罗马以北仅九英里的地方——虽然伊特鲁里亚人的文化影响是如此辽远，以致使他们自认为将疆域扩展到了后世庞贝③的所在地。直到公元前约300年，罗马崛起的势力使其黯然失色，那时伊特鲁里亚人已为意大利中部奠定了文化表达的基础。

尽管伊特鲁里亚人未建立起一个中央集权的帝国，但他们在意大利的第勒尼安海岸创建了许多城邦：维伊、卡里（Caere，又名切尔韦泰里Cerveteri）、塔尔奎尼亚（Tarquinia）、瓦尔奇（Vulci）等等，这些城邦都是由最高权威的首领——被称为鲁库蒙（lucumones）——所统治。一些定居点由松散的联邦维系在一起，它们举行相似的仪式典

---

① 伊特鲁里亚人：亦称伊特鲁斯坎人，是公元前10世纪到公元前1世纪生活在亚平宁半岛中北部的一个民族，在习俗、文化和建筑等诸多方面对古罗马文明产生了深远的影响，最终在罗马共和国时期完全被罗马同化。
② 吕底亚：小亚细亚中西部一古国（前1300或更早—前546），濒临爱琴海，位于今天土耳其的西北部。
③ 庞贝：位于亚平宁半岛西南角坎帕尼亚地区的一座古城，距罗马约240公里，始建于公元前6世纪。

礼，共同御敌，签订贸易协定。因为它们在军事上的优势——伊特鲁里亚"坦克"是一种青铜装备的双轮战车，且伊特鲁里亚人作战的基本单位为紧密结合的重甲方阵、是罗马军团的始祖——它们可以对敌对部落的散兵游勇构成支配性的优势——直至罗马人的到来。

其他较小的部落群也在罗马的附近占有领地，其中之一即为萨宾人（Sabines）。他们似乎是一群山民与牧人，其定居点可能在奎里纳尔山上。从一开始就是一位扩张主义者的罗穆路斯，似乎已决定首先将这片领土收入囊中。为了将萨宾人和他们的女人引诱至自己的势力范围内，据说，罗穆路斯在八月的康苏斯①（Consus）节期间举行了几次赛马。萨宾人全数出席，而随着一声令下，罗马人掳走了他们能得手的全部年轻女人。这等于宣布了罗马人与被激怒的萨宾人之间战争的开始。（所有的罗马人都是拉丁人，但并不是所有的拉丁人都是罗马人。罗马权力，包括授予罗马公民资格的权力，均归于罗马，这是一项受人尊敬的荣誉。）萨宾人的王提图斯·塔提乌斯（Titus Tatius）集合起一支军队，向着罗马进军。然而在后世艺术家如雅克-路易·大卫②（Jacques-Louis David）根据传说所展现的另一幅场景中，被绑架的萨宾女人冲入两方怒火冲天的男人——她们的兄弟、父亲、丈夫之间，劝说他们握手言和，不要开战。

于是，和平与结盟在萨宾人与罗马人之间占了上风。据推测，罗穆路斯统治了联合部落33年，然后他便戏剧性地从人间消失了，被包裹进了一场雷暴雨浓重的黑暗中。根据传统的说法，先后有六位国王继承了罗穆路斯的权力，其中一些是拉丁人，另一些人（尤其是有传奇色彩的6世纪统治者塔克文·普里斯库斯（Tarquinius Priscus）与塔克文·苏佩布（Tarquinius Superbus），即"傲慢者塔克文"（Tarquin the Arrogant）则被认为是伊特鲁里亚人。在传说中，这一系列王位更

---

① 康苏斯：罗马神话中的五谷之神。
② 雅克·路易·大卫（1748—1825）：法国画家，新古典主义画派的奠基人。

替从努马·庞皮利乌斯（Numa Pompilius）开始，他的统治持续了43年，并在罗马建立了"不计其数的宗教仪式与神庙"。他的继任者是图利乌斯·霍斯提利乌斯（Tullius Hostilius），征服了阿尔巴人及维伊的伊特鲁里亚人；继任者安库斯·马西乌斯（Ancus Marcius）将贾尼科洛山与阿文丁山纳入罗马版图；继任者塔克文·普里斯库斯据说创建了罗马运动会；继任者塞尔维乌斯·图利乌斯（Servius Tullius）将奎里纳尔山、维米纳尔山与埃斯奎林山纳入版图，并彻底击败了萨宾人；继任者"傲慢者塔克文"杀死了塞尔维乌斯。"傲慢者塔克文"的儿子卢修斯·塔克文·苏佩布（Lucius Tarquinius Superbus）在拉丁人与伊特鲁里亚人之间取得了和平。

这些王将卡匹托尔山建设成了罗马的大本营与宗教中心。女神密涅瓦与朱诺的神庙在此修建，而最神圣与重要的神庙则是众神之王朱庇特的。据猜测，朱庇特神庙由塔克文修建于公元前509年。尽管几乎没人了解"傲慢者塔克文"这个历史人物，他却为大多数种类的语言贡献了一条沿用至今的表达。根据李维在那之后约五百年的记载，这位王用该方式为自己的儿子——后来强暴卢克丽霞①（Lucretia）的塞克斯图斯·塔克文（Sextus Tarquinius）上了一课。在攻占了一座敌方的城池后，塔克文与儿子在花园里散步，这时他开始砍掉园中长得最高的罂粟花的头。他解释说，这就是对付陷落之城中可能因战败而造反的领头公民的方法。现代的名词"高大罂粟综合征"（tall poppy syndrome）正是出自这里，人们尤其爱用该词嘲讽想消除周围社会差别的澳大利亚人。

在罗马，国王的权威延续了约两百年。王位继承权并非世袭。在这一时期，国王大体上是由选举产生——选民不是罗马的各阶层民众，而是这座城中腰缠万贯、权势煊赫的元老，这些元老（连同他们

---

① 卢克丽霞：传说中的古罗马贵族女性，被塞克斯图斯·塔克文强奸后自尽，该事件成为罗马人推翻王权、建立共和国的导火索。

的家族）就是所谓的"贵族"（patricii）。贵族们组成了一个统治阶级，由他们挑选出罗马的统治者，并对其给予建议。在最后一任国王塔克文·苏佩布被贵族驱逐并不再选出替代者后，罗马的政治体系得到了进化，大权再也不会被交付于一人之手。最高权威不再被授予一个人，而是选出两人执掌，即"执政官"（consules）。二者的权力完全平等，可以互相否决；因此，只有在两位执政官一致同意的情况下，罗马才能采取国家行动。这至少为罗马挽救了一些因独裁统治而造成的错误。从此开始，"王权"成为罗马人政治上的公敌；譬如，执政官尤利乌斯·恺撒（Julius Caesar）被担心他要称王的共和主义者密谋刺杀，就是突出的一例。与此同时，国王的宗教权力也被分走，归于大祭司长（pontifex maximus）。

[22]

每一个不是贵族的罗马公民都被归类为平民。并不是居住在罗马的每个人都享有公民身份；公民的范围不曾延伸至人数众多的奴隶或外侨处。在公元前494年之后，上层的官方权力得到了扩大，当时，平民公民为贵族对待他们的傲慢态度而愤怒，进行了罢工，并拒服兵役。对于罗马这样强敌环伺的扩张主义国家，如此行动可以说是一场灾难。避免罢工的措施是，每年选出两位被称作"护民官"的人民代表，其职责是照看和保护平民的利益。不久之后，被授予护民官权力的官职——护民官的数量从两人升至十人。为了阐明他们各自的行动范围，成文法开始出现，首先以其原始形式而被称为《十二铜表法》。

这座山上的城市，或者如今应该说是群山上的城市，发展之势不可阻挡。它不断生长发育，攻城略地。它充满着异乎寻常的活力与进攻性，可关于它的生活与物理痕迹，我们知之甚少，因为缺乏可信的历史记载，当时的建筑物也已残破不堪、惨遭毁坏。古罗马曾拥有的一切，都已掩埋在后世的罗马之下。用法国历史学家儒勒·米什莱（Jules Michelet）的话说，"我们眼前的罗马，这从我们口中引得钦羡惊呼的罗马，根本无法与我们看不到的那个罗马相比。那个罗马深埋于二三十英尺的地下……歌德曾描述大海，'你走得越远，大海就越深'。罗马亦是如此……我们所认识到的，只是冰山一角。"

或许是这样，或许并非如此。你越是向深处发掘，罗马的建筑就越是原始。曾经建成的伊特鲁里亚－罗马神庙如今已找不到可以辨认的痕迹。要重建卡匹托尔山上最初的、伊特鲁里亚风格的朱庇特神庙，连同那深深的门廊、带宽阔木檐的人字形屋顶，以及丰富的檐口饰形式的陶瓦屋顶装饰，需要颇费一番猜测的工夫。圆柱的排列间隔十分宽广，比石砌构造所能达到的宽度更广：这种形式属于木造建筑，因其依靠的是木料的拉伸能力——石头抗压，所以是极好的柱体材质，但用作跨过距离的横梁，其承受拉力的性能则不足。这座建筑强调的重点在于正面外观——这与"围柱式"的希腊神庙不同，希腊神庙追求在四周都能看到围绕的圆柱。伟大的第一位古意大利建筑分类者维特鲁威（Vitruvius）将这种风格称为"托斯卡纳式"，就此沿用至今。

导致了这种"原始"伊特鲁里亚－罗马建筑逐渐精致化的，是意大利大陆上希腊殖民地——库迈（Cumae）、那不勒斯（Neapolis）、赞克勒（Zancle）、纳克索斯（Naxos）、卡塔尼亚（Catana）、莱昂蒂尼（Leontini）的希腊式建筑的影响。希腊人的神庙一般在四面都修建圆柱，而且建立了柱头的风格或"规范"。可能是礼拜仪式的改变使人们放弃了单正面式的神庙。又或许是意大利大陆的希腊殖民地上拔地而起的希腊建筑那四周式的设计引来了模仿。希腊人手中的垂直条纹高度仿效木纹的沟槽式圆柱从未出现，不过伊特鲁里亚建造者在木屋顶上装饰陶瓦檐口饰的做法，的确沿用自希腊的范例。

今天所能见到的许多伊特鲁里亚陵墓与神圣场所都完全不需要柱子，因为它们都建在地平面以下。这些遗迹，特别是位于由塔尔奎尼亚——罗马以北五十英里处的一座眺望海滨的城市——向内陆的乡村地区的遗迹，至今依然存在，其中极少的一部分以美丽而略显粗犷的笔法描绘了狩猎、打鱼、宴饮、献祭、舞蹈、典礼，以及鸡奸（在塔尔奎尼亚背后的公牛之墓 [Tomb of the Bulls]）的场景。然而这些遗迹很难被称为建筑——它们只是经过装饰的地洞，或是泥土与石块堆下面的凹穴。

令人沮丧的是，关于伊特鲁里亚人的宗教与神灵，今天的人们几乎一无所知。他们的许多铭文留存了下来，然而其中的绝大多数却没有什么历史价值——只有一些鸡爪子似的人名，既没有镌刻的日期，也没有具体事迹。因为这种字母与希腊字母的密切关系，我们可以推测出这些文字可能的读音，但却难以猜出它们的意思。也许，伊特鲁里亚人的三位主神提尼亚 - 尤尼 - 门弗拉（Tinea-Uni-Menvra）正是对应了罗马的三位神——在卡匹托尔山上被顶礼膜拜的朱庇特 - 朱诺 - 密涅瓦①，也许并不是这样——尽管"门弗拉"或许就是密涅瓦。

我们知道，一些伊特鲁里亚人能够在陶器上作出精美绝伦的雕刻，还有些人精通金属加工；许多青铜器杰作证明了这一点——阿雷佐的喀迈拉②（Arezzo Chimera）；令人难以忘怀的、贾科梅蒂③（Giacometti）作品般的人像，发掘自沃尔泰拉④（Volterra）的一座古墓，因其极尽延伸的形态而被取绰号为"夜晚的影子"（ombra della sera）；一位伊特鲁里亚演说家的铜像，真人大小，细节精美，是佛罗伦萨考古博物馆中的珍宝之一；还有上文提及的、标志性的母狼像，灼灼耀目地矗立在卡匹托尔山上，哺育着幼小的罗穆路斯与雷穆斯。伊特鲁里亚人最伟大的陶器雕刻或许是公元前 6 世纪晚期的"夫妻石棺"，现存于罗马的朱利亚别墅博物馆（Museo di Villa Giulia），这是一个大型的床形箱柜，一对年轻夫妻优雅地安卧其上，庞大与精巧的线性平衡是如此美妙，以致对于许多游客而言，这座石棺是一切

---

① 朱庇特 - 朱诺 - 密涅瓦：朱庇特是罗马神话中统领神域和凡间的众神之王，罗马十二主神之首；朱诺是罗马神话中的天后，十二主神之一，朱庇特之妻；密涅瓦是罗马神话中的智慧、战争、月亮和记忆女神，十二主神之一。
② 喀迈拉：希腊神话中狮头、羊身、蛇尾的喷火妖怪。
③ 贾科梅蒂：即阿尔贝托·贾科梅蒂（1901—1966），瑞士超存在主义雕塑家、画家。
④ 沃尔泰拉：意大利托斯卡纳区的山顶城镇。

《夫妻石棺》，公元前6世纪
陶俑，114×190cm；罗马国立伊特鲁里亚博物馆

伊特鲁里亚艺术中最动人与美丽的景象。他们因何而死？他们是否共赴黄泉？如今又有谁人知晓？该石棺被发现于切尔韦泰里，但伊特鲁里亚最受景仰的雕塑中心还属维伊——其显赫的名声使当地一位艺术家伏尔卡（曾被委以为罗马卡匹托尔山上的朱庇特神庙制作雕像的重任）的大名流传至今，这是最为珍稀的纪念。

看起来，伊特鲁里亚人里并没有什么一流的本土陶工，但是他们却以对精细陶瓷的品味从希腊采购了许多杰作到伊特鲁里亚，最后运进了伊特鲁里亚大人物们的陵墓中；这些器物围绕着被出售给纽约大都会艺术博物馆带来的轰动与争议，终于在2008年回到意大利的真正监护人手中，其中最出名的，无疑是被称作"欧弗洛尼奥斯陶瓶"（Euphronios Krater）的希腊大酒碗，从罗马以北切尔韦泰里的伊特鲁里亚人墓场中发掘出来，随后又被窃走。大酒碗的原产陶土是一种黑色的黏土，被称为"布切罗"(bucchero)，希腊并没有这样的土，人们用它制造出千千万万实用的碗碟瓶罐，不加油漆，呈现出几许粗犷的单色之美。

伊特鲁里亚人的建筑与神圣器物也许已荡然无存，然而伊特鲁里亚人的影响却于罗马的早期城邦中无处不在。它影响了历法——将一年划分为12个月，规定出3、5、7、10月的第15日和其余各月份的第13日(Ides)，以及四月的名称Aprilis，都源于伊特鲁里亚人。罗马人的取名也深受其影响——名加姓氏。原始的21个拉丁字母很可能源自伊特鲁里亚人改编的希腊字母。卡匹托尔山上的第一座神庙就是伊特鲁里亚式的。它用于供奉众神之王朱庇特(Jupiter Optimus Maximus)，以及女神朱诺和密涅瓦。神庙的遗迹今已不存，但它看来应该是十分广大的——一般估计为200平方英尺——并且，为了满足必要的支柱间距，其屋顶是木制的：这就意味着，它不可避免地常常会被烧毁。从罗马国立朱利亚别墅博物馆中的维伊城伊特鲁里亚式阿波罗陶俑身上，我们大概可以想象出神庙屋顶上绘画的朱庇特崇拜图像。

在恺撒的治下承担巨大政治价值的体育与角斗竞赛——罗马运动会(ludi)，也是起源于伊特鲁里亚。在伊特鲁里亚陶瓦人像的生动性中，早已体现出了几分罗马人像雕塑栩栩如生的品质。

一些罗马的科技成果始于伊特鲁里亚人的某项专门技能。虽然伊特鲁里亚人并没有发明出高架渠，但他们长于排水，因此他们成了罗马不朽的下水道系统的鼻祖。在他们的土地上，深达五英尺、宽度三英尺的灌渠纵横交错，这种灌渠被称作"排水沟"(cuniculi)。但在伊特鲁里亚被罗马击溃后，其排水系统没能维持下去，于是罗马以北的大片平原衰败成了瘴气肆虐的荒野与沼泽，一直不适宜人类居住，直到20世纪的墨索里尼政府在此喷洒了大量杀虫剂情况才得到改善。

很可能是伊特鲁里亚人发明了平圆拱，如果没有平圆拱，罗马建

《维伊的阿波罗》，公元前约 550—520 年陶俑，174 cm；罗马国立朱利亚别墅博物馆

筑学就不可能发展——希腊人从未使用过这种结构形态，而它却是伊特鲁里亚-罗马下水道系统的基础，该下水道系统以马克西姆下水道①（Cloaca Maxima）那排入台伯河中的庞大出口为终点。

一些伊特鲁里亚式的政治组织也在大体上得到了早期罗马人的沿袭，（传说）始于罗穆路斯时代，一直持续到了共和国初期。罗马人保留了以贵族为依靠的王权制度。但王位不可世袭：因其作为战争统帅的职能是重中之重，国王必须由选举产生（虽然不是由平民选出）。作为国家的大祭司，他的职责是通过占卜和肠卜②释读天意。他担负着课税和征兵的责任。他是军队的统领。以上各项组成了他的行政权力，或称"统治权"（imperium）。这与他的顾问团——元老院的建议互相交织，元老院清一色由有声望的自由公民组成，乞丐、工匠与自由人（获得自由的奴隶）不得入内。罗马的习俗是，每位贵族都可以享受他的平民"附庸"们的服役，下等人（诸如获得自由的奴隶与外邦人）通过向他服役以在公共生活中获得一席之地，无论这地位是怎样渺小。事实证明，在罗马后来的历史

---

① 马克西姆下水道：世界上最早的下水道系统之一，传说公元前 600 年左右由罗马国王塔克文·普里斯库斯始建。
② 肠卜：通过动物的内脏占卜。

中，这种庇护-附庸关系就如奴隶主与奴隶间的关系一样坚固持久。

不久之后，罗马的王权制度就宣告消亡了。到公元前5世纪至4世纪早期，贵族政治取得了胜利，转而以两名执政官代替国王的职责与权力，并互相制衡。任何主要的国家决策都须经过两人的一致同意。每名执政官——也被称为长官——被选举任职一年，对民事、军事及宗教事务握有全套权威。如有必要，类似国王的权力可以由一位独裁官恢复，时间严格限制在六个月——但作为一种政治手段，这一政策并不经常被采用，也没有人准备将独裁权和王权视为平等或混为一谈。

罗马人中最庞大的阶层是中间阶层，他们被罗马城及其领土的稳步扩张所吸引，来此定居、工作。罗马一直在向外推进：例如，公元前449年，它吞并了萨宾人的大片领土，并且与沃尔西人①（Volsci）的部落持续进行着大大小小的交锋，这些沃尔西人试图从海上切断拉丁姆地区，但以失败告终。罗马人英明地认识到，此处是控制台伯河两岸及河口的关键。公元前5世纪，最大的危险自北方而来——来势汹汹的高卢人展开了逐渐占领伊特鲁里亚的行动。在约公元前390年的一次突袭中，他们长驱直入挺进罗马，尽管时间并不长久。（据说故事是这样的：一支高卢侦察队在卡匹托尔山上的卡尔门蒂斯[Carmentis]神庙旁的悬崖上发现了人的踪迹。他们设法跟着这些足迹悄悄攀上悬崖，连一条狗也没有惊动；然而当他们正要从天而降、突袭山顶上的罗马驻军时，他们惊扰到了养在卡匹托尔山顶、用来供奉朱诺的一群鹅。这群禽类咯咯乱叫、拍动翅膀的动静引起了罗马防卫军的警觉，于是他们奋起赶走了高卢侵略者。）

武装抵抗高卢人及其他入侵者的强烈需求增加了平民在罗马国家中的价值，单靠贵族是无法保卫家园的——特别是在其领土通过征服与结盟不断扩张的情况下。公元前326年，罗马拥有约10000平

[27]

---

① 沃尔西人：古代拉丁系民族，于公元前4世纪末被罗马人征服。

方千米疆域；到公元前 200 年，360000 平方千米；到公元前 146 年，800000 平方千米；到公元前 50 年，这一数字是接近两百万。这座台伯河上的城市正在向着统治已知世界的方向大步前进。

　　自然而然地，考虑到他们日益增长的军事与经济重要性，以及他们低下的地位，平民产生了自己的需求。护民官制度的建立顺应了他们的需求。罗马政权的世袭贵族体系因此而受到了动摇。平民需要捍卫者，需要保护他们自身利益的人。几名这样的捍卫者，被称为"护民官"，得到了任命。与此同时，罗马国力的扩大势不可挡。到公元前 4 世纪中期，罗马已将拉丁城邦尽数吞下，所有拉丁人都享有与罗马公民相同的社会与经济权利。这就是罗马的政治特质之一，当她吸收下另一个政治实体——他们称之为伙伴（socii）、或称盟友——她也会将罗马人的全部权利迁移给盟友的公民。以萨莫奈人①（Samnites）为例，罗马的典型安排是，让伙伴部落和城邦保有自己的领土、官员、祭司、宗教惯例和民风民俗。但这并不等同于民主。罗马人的普遍感觉是，行政管理需要具备种种特殊技能，这是一名公民或一个盟友应该学习并获得的——这些技能不会随着领土和土地所有权凭空而来。因此，平民会议极少在没有贵族监督者的情况下召开。

　　罗马元老院有别于罗马的大众——即"人民"。然而在人们的设想中，二者一贯是和谐共事的关系。罗马城自远古时代起的官方图案，也就是罗马的盾徽（stemma），也纪念着这种关系。以一个等臂十字架打头，ＳＰＱＲ四个字母呈斜对角线向下横贯盾徽。人们为这四个字母编出了许多戏谑的解释，从"傻瓜想要得到罗马"（Stultus Populus Quaerit Romam），到"此地牧师说了算"（Solo Preti Qui Regneno），甚至是"打扰，干酪多少钱？"（Scusi, il Prezzo di Questa Ricotta），配合以指向日用市场的手势。但是，这四个字母的真正意思其实是"罗马元老院与人民"（Senatus Populusque Romanus）。

---

① 萨莫奈人：古代拉丁系民族，公元前 350 年至 200 年间经常与罗马冲突。

几乎没有罗马人会觉得从一个贵族治理的国家中发展出来的阶级关系有什么不对劲。一对兄弟，提比略·格拉古（Tiberius Gracchus）与盖乌斯·格拉古（Gaius Gracchus），却是例外。提比略·格拉古于公元前133年当选护民官，他试图通过立法，将富人的土地重新分配给穷人。他的想法究竟是否出于清正廉洁、大公无私的动机，这一点令人怀疑。更有可能的是，提比略·格拉古提出这样的政策是为了讨平民大众的欢心，以提升自己的势力。无论如何，他遭到了贵族们的严厉打击，当提比略开始破天荒地谋求连任护民官时，他在一场贵族煽动而起的暴乱中丧命。差不多相同的命运也发生在他的兄弟盖乌斯身上，同样地，他于公元前121年当选护民官，也试图立法给予平民集会更多权力，并为穷人提供廉价粮。贵族地主对这样的政策十分恐惧，设法以私刑处死了盖乌斯·格拉古以及他的数千名支持者。事关阶级利益，罗马共和国绝不会手软。

毫无疑问，伊特鲁里亚留给罗马最重要的遗产是宗教上的。公元前2世纪的希腊历史学家波利比乌斯提出，罗马权力来源于罗马宗教：“我认为，罗马联邦最为出类拔萃的特质之一，就是他们宗教信念的天性……正是这种天性，这种在其他民族受到指摘的对象，即迷信，却维持着罗马的国家凝聚力。”"迷信"并不意味着错误的恐惧与虚假的幻想。应该说，它与"宗教"（religio）的共同观念有关，是一种能将事物紧紧维系在一起的力量。毋庸置疑的是，共同宗教信仰的统一力量将各个方面串联在国家体系内，增强了罗马的政治力量，提升了她征战天下的实力。许多人赞同这一观点，西塞罗[①]即是其中之一。"论人口，我们不及西班牙，论精力，我们不敌高卢……论艺术，我们也不如希腊，"他在公元前1世纪写道，"然而论虔诚，论对于宗教的奉献……我们胜过任何民族、任何国家。"罗马人对于他人的至

[29]

---

① 马库斯·图留斯·西塞罗（前106—前43）：古罗马政治家、演说家、雄辩家、法学家和哲学家。

高赞誉，就像《埃涅阿斯纪》(Aeneid)中那样，是"虔诚"(pius)，而《埃涅阿斯纪》为维吉尔的一部史诗，歌颂了神话传说中罗马的诞生，及其建立者"虔诚的埃涅阿斯"(pius Aeneas)的事迹。这里所说的"虔诚"与英语中的"虔诚"(pious)含义不同。它指的是对祖先及其信念的敬奉；对传统权威的尊重；对诸神的崇拜；以及最重要的，对自身职责的认识与奉献。这是一种充满坚定阳刚气质的美德，其中内涵远超"虔诚"一词苍白无力的概念。唯一接近罗马式虔诚全部意义的民族感情——或许即使如此也不能完全体现——是维多利亚时代英国人的信念，他们坚定不移地相信，上帝与他们同在，分担着白人的艰巨任务，即面对着他们命中注定要去统治的"躁动不安的原住民与大自然"，建立、扩大并赞颂人们的天然需求。大概从没有一种文明，宗教命令与政治意图的牵连之紧密能够超过早期的罗马共和国。自然，罗马城的这种特性延续了下来；它为宗教在此处的巨大政治权力打了包票，从古代到罗马教皇时期。

[30]

　　一些罗马的宗教习俗直接来自伊特鲁里亚。在采用希腊神祇进行重新改造之前，罗马的本土宗教信奉万物有灵论，而不是神灵拟人说。当时罗马人的神是颇为模糊不清的精灵，叫做"守护神"(numina)，"神圣的"(numinous)一词即源于此。一些守护神留存在了后世的罗马宗教中，在那之前很久，主要的罗马神祇就已被拟人化，采纳了他们希腊前身的性格特征——例如，宙斯变成了朱庇特，阿佛洛狄忒变成了维纳斯。

　　在共和国早期，乃至由奥古斯都开创的独裁统治、改共和国为帝国的元首制时期，罗马宗教都是由一群面目模糊的小神仙在混乱中组成的官僚集团，负责数不清的社会功能，人们需要经常向其祷告与献祭，以求神仙息怒。他们中的大多数只有名称与其晦暗不明的职责流传至今。举例来说，在一名婴儿的成长中，他的摇篮由库尼纳(Cunina)守护，喂奶由鲁米纳(Rumina)守护，断奶由埃杜卡(Educa)和波提纳(Potina)守护，第一次的牙牙学语则由法布里努斯

(Fabulinus)守护。农业引来了一群小神,照看着耕地、耙地、播种甚至施肥。一位守护神守护门槛,另一位守护铰链。流传下来的更重要的守护神则有拉雷斯(Lares)和珀那忒斯(Pcnates),保卫农用土地与家宅;"守护神",被认定为父辈生育力的化身(最终演化为创新才能的概念);维斯塔(Vesta),灶台的守护女神,家庭生活的中心,"维斯塔贞女"就是为了侍奉这位女神——"维斯塔贞女"由六人组成,从六到十岁的女童时期开始,由大祭司任命。维斯塔贞女应负责照管维纳斯神庙中的国家灶台的圣火,绝不能让其熄灭。若是熄灭了,她们就要在仪式上遭受鞭打。在实际生活中,这一职务是终生的;任职期本应是三十年,然而经过如此漫长的任期之后,一位对其他生活方式一无所知的贞女已几乎没有嫁人成家的可能,特别是鉴于人们认为,四十岁左右的女性已不能生儿育女。

每位主要的神祇都有供奉的祭司,为其献上祭品、举行仪式。古老的禁忌与惯例围绕在这些神职周围。例如,祭司不能骑马,不能接

《福尔图那·维里莉斯神庙》,公元前75年

触母山羊，不能佩戴宝石戒指，也不能在自己的任何一件衣服上打结。到今天，这些形形色色的特殊禁忌的起源已不单是模糊不清，更是无从得知了。

祭司是举足轻重的人物，这主要有两点理由。第一，他们的审议是法律的原始基础，在某种意义上具有强制力。你不可能做到在反抗他们的权威的同时还安然无恙。第二，因为人们是如此迫切地想要得知神的旨意，这样的需求引起了占卜的实践。

看起来，伊特鲁里亚人每做大事必是出于宗教缘由，并且遵守被罗马人称为《伊特鲁里亚律》(*disciplina Etrusca*)的规范，《伊特鲁里亚律》代代相传，镶嵌在罗马共和国与宗教生活的密码中。直到帝国时代，罗马仍然保留有一所培养伊特鲁里亚占卜师的"学院"，这是一个被称为"肠卜师"(haruspices)的特权群体，他们的职责是从雷电闪光与其他征兆，特别是鸟群的飞行（它们从哪一片天空飞来，速度如何，去向何方）以及牺牲的肝脏、胆囊和肠子上的斑纹，释读出神的意志。一些人认为，正是这些预言者对观鸟的需求影响了，甚至很可能一度决定了神庙的选址（山顶上），以及正面的朝向（以比拟鸟群的迁移途径）。Templum（神庙）的原意并不是一座建筑，它指的是一块独立的地方，用于发布占卜的辞令。占卜师的需求可能也决定了神庙的形式：神庙被建在高高的墩座上，只能拥有一面外立面（不同于希腊神庙），这或许是出于宗教仪式的需要。然而要证实这些猜测，如今已无法做到。

占卜的目的并不只是预言未来。它要做的是，弄清一项重大行动提出的方针是否有可能得到神的准许。进行这种占卜的一种普遍方式是求问圣鸡。这些原本平凡无奇的家禽（如何区分圣鸡与普通鸡，似乎并无标准）被罗马军队用笼子带到战场上。在战斗打响之前，人们向这些鸡投喂饲料。如果它们踊跃吃食、饲料溢出喙边，占卜师会将其视作吉兆。如果它们对食物视而不见，这就是大凶之兆了。如果它们吃得三心二意、挑挑拣拣，占卜师们也会做出一番解读。许多罗马顶层人物将这种猜谜游戏看作无比严肃之事。例外是罗马海军将领普布利乌斯·克劳迪乌斯·普尔彻（Publius Claudius Pulcher），在公元前249年的第一次布匿战争期间、一场罗马与迦太基①舰队在德雷帕纳姆②（Drepanum）海域的交战之前，他在一群家禽前抛下谷粒，战船上的占卜师却告诉他，这些鸡不肯吃食。"那就让它们喝水去，"普尔彻粗鲁地喊道，一把捉起鸡扔向船外。呜呼，最后他输掉了那场随之而来的战役。

如果说古罗马两大典型美德之一是虔诚，那么另一个非法律（lex）莫属——披着各式外衣与形式，发端于对民法与刑法伟大而基础性的区分。罗马人以惊人的精力投入到法律的编纂中，《罗马法大全》这座概念上的宏伟大厦是如此巨大无边，以致做出摘要无异于痴人说梦，它依然是后世一切西方法律体系的基础。它的最早期形式被称为《十二铜表法》，由共和国时期（约公元前450）的一个法学家特别委员会起草，受到了人们的极高重视，在四百年以后，西塞罗生活的时代，学童们依然必须将其牢记背诵，尽管那时的法典已经得到了极大的扩充，《十二铜表法》已有些陈旧过时，然而它仍旧是根本原则。在下一个一千年的大部分时间里，它依然是罗马法的奠基石，直到最终被皇帝查士丁尼的《法典》（Corpus Civilis Iuris）取代。

在罗马人眼中，法律是什么？显然不是"强权即公理"的错误原则，尽管你可能常常会感觉到，这就是他们所信奉的——特别是在与非罗马人打交道时。法典不是简单的权典，罗马法与其原始前身的所有区别都因之而起。"公正，"法学家乌尔比安（Ulpian）写道，"是一种恒久不变、经久不衰的倾向，赋予每个人应得的法律权利。法律的原则是：正直地活着，不损害他人，人人皆有权利。人们应该从法律中学习神

---

① 迦太基：位于北非地中海岸边的古国，公元前9世纪末由腓尼基人建立，是罗马的劲敌，公元前147年被罗马军队灭亡。
② 德雷帕纳姆：西西里岛西部海岸的港口城市。

与人之事的知识，公正与不公正的真理。"法律是存在于法典中的神。

法学家如尤利乌斯·保卢斯（Julius Paulus，约 2 世纪），尤其是乌尔比安（Domitius Ulpianus，多米提乌斯·乌尔比安努斯，卒于 228 年）写下的法律原则在今天看来是如此基础而浅显，令人很难相信它们并不是从一开始就永远存在的，然而事实本就如此。"知道一件罪行而无法阻止的，不承担罪责。"（保卢斯）"下命令施加伤害的人即为施害人；但服从职责施加伤害的人不承担罪责。"（保卢斯）"在具有同等所有权的双方互相冲突的情况下，占有的一方应被视为处于更有利的地位。"（保卢斯）"无人应被迫为违背其意志的动机而辩护。"（乌尔比安）以及"不能给付自己没有的东西。"（乌尔比安）这些是写在查士丁尼皇帝的《学说汇纂》（*Digest*）中的"法律通则"下 211 则条款里的一小部分内容。

法律的确立，正如其名所示，叫做"立法"。是谁在共和国的体系下制定法律？一开始是被分割为军事单位的民众集会，后来，在公元前 3 世纪之后，是一个由普通（即非皇室或贵族）公民组成的"平民会议"（concilium plebis）。其投票与决议被称为"plebiscita"，我们今天"公民投票"（plebiscite）或普选的概念即起源于此。一开始，拥有金钱和财产的人（贵族），竭力反对与平民遵守相同的法律。他们认为，他们应该制定自己的法律。然而公元前 287 年，独裁者昆塔斯·荷尔顿西乌斯（Quintus Hortensius）通过了一项法律，规定所有公民、包括贵族在内，均应受到平民会议通过的一切法律的约束。《荷尔顿西乌斯法》是罗马阶级关系史上的里程碑。它剥夺了贵族专横统治平民的最后一点手段。

查士丁尼治下的许多物质遗产都会消失。这位 5 世纪的基督教皇帝建立了数以百计的教堂、高架渠与其他公共建筑，其中的绝大多数都已化为尘土或废弃不用——无疑也有幸运的例外，如君士坦丁堡的圣索菲亚大教堂（Hagia Sophia）——但他为早期罗马法所作的概要却流传千古。除了部分希腊与基督教元素，查士丁尼《法典》（*corpus* iuris）在本质上保留了罗马法，而因为该帝国宪法既以东方皇帝，又以西方皇帝之名颁布，且在整个罗马帝国拥有约束力，其影响——通过英格兰、法国、西班牙、意大利与德国的各所大学——最终层层辐射，包含了中世纪欧洲的全部法律依据，更流传至现代时期。

我们将早期罗马称为"共和国"，而她确实如此。然而，她并不是现代美国人观念中的共和国。"共和国"（republic）一词的根源"res publica"意为"公共事务"，仅此而已。可是，正如我们所见，罗马政治生活的本质特征就在于，她绝不是由一连串国王，特别是世袭国王所统治。她锤炼出一套体系，借以将政权分裂成两个广大的阶级——贵族与平民。在罗马共和国早期，贵族掌握并控制了国家的全部政治与社会权力。任何官职都只能由贵族选任，包括重中之重的元老院成员一职，也只有贵族才能担任祭司。与此相比，平民被排除在宗教集团、行政官员，以及照例在元老院之外；早先，他们还被禁止与贵族通婚。立法与宗教大权已被贵族掌控，平民们手中还能剩下什么？只有躁动不安与繁重压迫。贵族需要平民，离不开平民，因为他们必须建立军队；高至军团司令官（Tribunus militum）的所有军职均向平民开放。随着罗马在意大利境内（随后向外）开疆拓土的脚步，更大经济独立性的前景逐渐在平民眼前展开。

［35］

当罗马还是一个年轻的共和国时，就已开始兼并那些构成其广阔帝国基础的海外省份。做到这一点需要地中海上的制海权，然而在罗马历史的头五百年中，却连一艘战船也没有。地中海上的霸主是迦太基城，（据称）它建立于较罗马稍早一些的公元前814年，位于北非的突尼斯海岸，由传说中的女王狄多（Dido）创建。迦太基在地中海享有无上的贸易优势，以及十分可观的战略地位，因为它控制着锡的货运与贸易航线——锡是铸造青铜必不可少的原料之一，与铜以约1∶9的比例合铸。（青铜的硬度、连同脆度与其锡含量呈正相关。与锌同铸，铜就会化为黄铜。）

西地中海上的所有岛屿都已成为迦太基的附庸与殖民地，除了西西里岛。然而迦太基人已在那里建起了强大的势力,罗马人担心,如果迦太基人的势力再度增强,整个西西里岛都要落入他们手中。公元前264年,迦太基占领了西西里岛东北部的希腊殖民地墨西拿(Messana)。罗马与希腊人结成同盟,将迦太基人赶出墨西拿,又在公元前262年将他们逐出塞杰斯塔(Segesta)与阿格里真托(Agrigentum)的殖民地。这就是第一次布匿战争的开始。(迦太基人在拉丁语中被称作"布匿人"。)常有人说,罗马与迦太基的战争是一场没有正当理由的盲目行动,但事实并非如此。罗马需要海上与陆上的"生存空间"(lebensraum)。如果不除掉迦太基的海上统治权,罗马就无法在地中海地区自由调动军队。因此,马库斯·波尔奇乌斯·加图①(前234—149年)在元老院的每一次演讲的末尾必会加上一成不变的结束口号,"消灭迦太基"(Delenda est Carthago)。击败迦太基耗费了超过一个世纪的时间,但是最终,一切艰难险阻都以罗马建立起地中海上及其周边地区的霸权而画上句点;现如今,地中海已经在真正意义上变成了"我们的内海"(mare nostrum)。

在这场战争中,双方投入了怎样的兵力?势力对比又是如何?希腊历史学家波利比乌斯给出的描述大约最为不偏不倚。在海上,迦太基人略胜一筹——他们祖祖辈辈都在地中海上行商,他们深谙行船,"航海技术早已是他们的国技"。然而,迦太基不设常备军队,只能聘用雇佣军。罗马人则在陆战方面遥遥领先。他们的军队由罗马人及其大体来说忠心耿耿的盟友组成:大多数罗马军人都是为了他们自己的,以及彼此的祖国、家庭、民族而战——因之唤起的英勇无畏、坚忍不拔是任何一支雇佣军都不敢奢望的。

即使拥有一支这样勇猛的军队,罗马人却明白,若是缺乏海上力量,他们便不可能击败迦太基人。他们同样明白,自己既没有一支舰队,也无任何海军传统。于是他们白手起家,着手建立起自己的海

---

① 马库斯·波尔奇乌斯·加图:即老加图,罗马元老院成员,历史学家。

军。据波利比乌斯记载，他们幸运地从敌人那里捕获到一个可供模仿的范本：在罗马军队乘着租来的希腊造三桨木船①和五桨木船②（桨动力战船）前往墨西拿时，一艘装有甲板的迦太基船因冒进追赶而搁浅。罗马人的"整个舰队都是以此为模式建造……要不是这一事件，他们恐怕会因为缺乏实际认识而不得门路"。他们甚至还必须用建在陆上的模型来训练划桨手。可是这一切的努力没有白费；他们在米列③（Mylae）附近的海域摧毁了迦太基舰队，一艘九桨木船（每条巨桨都需要不少于七名桨手划动的战船）、三十艘五桨木船和三桨木船全部被俘或沉没。

三桨木船在公元前6世纪末已成为地中海地区的标准战船，这种木船拥有三排桨手，排排叠加，最高一排从一个舷外桨架上操作。每人划动一桨为船只提供动力。即使不算轻，这些船桨仍属易控，长度在4到4.5米之间。在古典文献中，我们会读到五排桨座（或五人划一桨）的五桨木船，甚至十六排桨的船只，可是，划动如此多的船桨需要将桨手排到距吃水线极高的地方，由于这么长的船桨根本无法控制，这样的战船是几乎不可能运转的。

一艘三桨木船的常规船员为200人，其中约170人为桨手，15人为甲板水手。一般说来，这些人里没有一个是奴隶；那漫画家笔下的景象——挥舞着鞭子的水手长在罗马桨帆船上高视阔步、鞭打桨手——是不太可能发生的，三桨船上通常配有鼓手和笛手引导划桨的节奏，而且用体罚来削弱士气也是得不偿失。条件有利的情况下，以此为动力的三桨船的长途时速可以达到平均九公里，加速撞击敌舰时，爆发速度更可高达12公里/时。为了达到撞击目的，船上装备有青铜外壳的坚固撞角，向前突出，位于船首的水下。为罗马人起到

[37]

---

① 三桨木船：有三层桨座的战船。
② 五桨木船：有五层桨座的战船。
③ 米列：即米拉佐，西西里岛墨西拿的城镇。

决定性作用的另一项武器是一种巨型铰链式负重木吊钩,被称为"乌鸦吊"(corvus),因其外形类似乌鸦的喙;在冲撞上敌舰后,罗马人升起这种吊钩,将"乌鸦喙"降落下来击破敌人的甲板,并将两艘船牢牢固定在一起,以使罗马士兵一拥而上,展开进攻。船上木壳板的宽度约为12米,足够搭出一座桥了。"乌鸦吊"的缺点是笨拙不便、容易失衡,上升时会在海面上剧烈摇晃。而其显著的优点则是能够帮助比敌人更骁勇善战的罗马海军在外海登上敌人的战船。

海战的消耗,以及聘用陆上雇佣军的支出,使迦太基负债累累。为了筹措资金,它只好发动了攻打西班牙的战争,由哈斯德鲁巴[①](Hasdrubal)及汉尼拔[②](Hannibal)统率。这意味着他们要进攻罗马的盟友、埃布罗河[③](Ebro)以南的西班牙城市萨贡托(Saguntum)。迦太基人希望在这处战场击败罗马军队,并由此使罗马的一些盟友弃之而去。汉尼拔估计,这虽不能使罗马元气大伤,但说不定能通过断其臂膀的方式抑制它的不断进攻。对于征服意大利全境,迦太基不抱希望,也无此计划。那时,"意大利"还不是一个罗马控制下的统一国家——它只是各部落小国的拼凑。然而迦太基确实渴望收复西西里岛、撒丁岛与其他丢失的领土。汉尼拔相信,对抗罗马的唯一战场就是意大利本土,"鉴于倘若不在意大利采取行动,罗马人就能够利用整个意大利的人力物力对外作战,到那时就没有任何首领、任何民族堪与罗马匹敌了"。

罗马人绝不相信迦太基人的计划能够得逞。他们开始着手发动第二次布匿战争,对胜利志在必得。如今,他们已建立起一支强大的海军,并为此制定了两步作战计划。第一步是由执政官普布利乌斯·科尔内利乌斯·西庇阿(Publius Cornelius Scipio)率领一支罗马军队在

---

① 哈斯德鲁巴(前270—前221):迦太基军事将领,汉尼拔的姐夫。
② 汉尼拔(前247—前183):迦太基名将,军事家。
③ 埃布罗河:伊比利亚半岛上第二长的河流。

西班牙迎战汉尼拔,并以此将其拖住。第二步则是派另一位执政官提图斯·塞姆普罗纽斯·朗戈斯(Titus Sempronius Longus)率军入侵北非,攻取迦太基。这条计策或许本可以奏效,然而罗马人的行动速度太慢了。为了在波河谷地寻获一处基地,汉尼拔统率的迦太基军队开过高卢南部、跨越阿尔卑斯山,进军意大利北部。迦太基人为什么不从海上入侵意大利?那是因为,既然罗马已经拥有了一支海军,它就有能力阻击任何一支试图带兵沿西班牙海岸下至伊特鲁里亚地区的舰队。带着战象①长途跋涉也绝非易事——但是包括冒险翻越阿尔卑斯山在内的陆上路线,尽管困难重重,却似乎是唯一可行的选择。到公元前218年秋,汉尼拔已率部来到了波河谷地、对迦太基友好的高卢人地盘上。12月,整个波河谷地从罗马落入汉尼拔之手。

第二次布匿战争(前218—前202)由此开始。当汉尼拔带着他的二十一头战象展开这次向着意大利北部的传奇进军时,他的兵力只有不到35000人,却要正面遭遇总数高达700000名步兵加70000名骑兵的罗马大军(当然,这些兵力并不能全部集结于一时)。

汉尼拔选择了哪一条行军路线,至今在学界仍存争议;大多数人支持的观点是,他是率部从塞尼山口②(Mont Cenis)翻越了西阿尔卑斯山。即使他所走的确实是这一路线,他们一路上所经历的状况也是千难万险;下行的小径又窄又陡,有的地方甚至连马匹也无法通过,更不用说战象了。山体滑坡使山岩表面崎岖难行。不过,尽管许多部下士气低落,汉尼拔却能够在关隘顶端为他们指明目的地;在天气晴朗时,你就能看到"意大利的真容,伸展于群山脚下近在咫尺的地方,当你一并打量二者时,阿尔卑斯山之于意大利就如同一座城堡之于其脚下的城市"。

有人也许会料想,罗马的胜算是如此之大,汉尼拔的入侵恐怕是

---

① 战象:经训练用于作战的大象,在战场上主要用于冲散敌军的阵列以及踩踏敌军。
② 塞尼山口:位于法国萨瓦省。

没什么希望了。在汉尼拔的作战中，那些战象究竟起到了多大作用仍有争议，但几乎确定无疑的是，它们使无数罗马士兵惊慌失措，在试图将这些庞然大物滑下山岩或绊倒在阿尔卑斯山的冰雪上时，凡是亲眼目睹，乃至对此有所耳闻的人，无不留下了惊恐讶异的深刻印象。这场始于新迦太基城（Carthago Nova，即卡塔赫纳[①]Cartagena）的远征已耗时五个月，其中十五天花在了翻越阿尔卑斯山。抵达意大利时，汉尼拔的军队只剩下12000名非洲人及8000名伊比利亚人步兵，支持的马匹仅6000匹——还有余下的几头战象，原先的半数已损失在了半途中。不过，汉尼拔却能在意大利北部得到悍勇的山南高卢人（Cisalpine Gauls）的增援，他们无疑是被劫掠罗马的大好前景吸引而来。

当然，罗马早已得知了汉尼拔来袭的消息。公元前218年，波利比乌斯·科尔内利乌斯·西庇阿率领的两支罗马军团与汉尼拔的军队在意大利北部的提契诺（Ticino）首度遭遇——提契诺是军队南下罗马必经平原的门户。迦太基赢得了交战的胜利，这一场大捷是如此令人信服，以致数以千计原本与罗马结盟的波伊（Boii）部民转而叛逃到汉尼拔一方。就像雪球越滚越大一般，汉尼拔的军队越往南进便愈加壮大。他们在特雷比亚（Trebia）战役大败罗马人，穿过阿尔诺（Arno）沼泽，途经法苏拉（Faesulae，即费苏里 Fiesole）和亚雷提恩（Arretium，即阿雷佐 Arezzo），于公元前217年春抵达特拉西梅诺湖（Lake Trasimene）。在这里，他们正面遭遇了执政官盖乌斯·弗拉米纽斯（Gaius Flaminius）率领的军队。罗马人再次被打得溃不成军。迦太基人埋伏在湖边高地的晨雾中，而罗马人显然没有察觉。到那天接近中午时，15000名罗马人阵亡，其中就包括时运不济的弗拉米纽斯本人。

为了应对这一灾难，罗马人任命了一名独裁官统领军队。这位最高统治者昆图斯·费比乌斯·马克西姆斯（Quintus Fabius Maximus）

[①] 卡塔赫纳：西班牙东南部的海滨城市。

第一章｜罗马的建立

采取的战术为他赢得了"拖延者""延迟者"的绰号。他没有与汉尼拔的军队正面对抗，而是选择追踪骚扰的策略，希望使对手军心涣散、战力疲弱，避免爆发决战。然而汉尼拔军一路南下、势不可挡，绕过罗马，直奔亚得里亚海岸。不久，罗马人就已被拖延战术搞得厌倦不堪，渴望与汉尼拔军展开一场正面交锋的决战。公元前216年8月2日，十六支罗马军团推进至罗马以南阿普利亚（Apulia）的坎尼（Cannae）城附近，以和那里的迦太基人打响战斗。而其结果是罗马曾经所遭受的，或者说可能遭受的最血腥、代价最惨痛的失败。

在坎尼战役中，汉尼拔部于一天之内屠杀约50000名罗马人，以及参战的75000—80000名罗马同盟者。与之相比，我们应该考虑到，在1916年的索姆河（Somme）战役①的第一天，英军战损约57000人，其中大多数都幸存了下来；不到20000人当场战死——他们面对的武器是德国人的机关枪，而不是迦太基人的矛与剑。汉尼拔部屠杀罗马人的绝对效率是极为惊人的。在坎尼，罗马在仅仅一天中损失的兵力堪比美国在整个越南战争中的战斗损耗（58000人）。而这一切都发生在仅仅约九小时之内，在春末夏初的一天，酷热难耐，千军万马不知疲倦地上演着最后的挣扎，激起尘土弥漫、遮天蔽日。罗马司令官瓦罗（Varro）将大部分步兵投入中路，两翼只留下薄弱而机动性强的骑兵。这是一种经典的部署。然而汉尼拔却反其道而行之，将步兵大军集中于两翼。就这样，罗马人很快被团团包围，随即迦太基骑兵发起横穿其后方的冲锋，切断了罗马人的后路。当罗马人试图撤退时，等待他们的只有一场血洗。

此前，罗马人几乎未尝败绩，如此规模的惨败更是绝无仅有。战败对于罗马军队而言是不可理解的。罗马首先是一个军事国家。获得公民资格的基本条件就是拿起武器抗击敌人的能力。罗马军队以民兵

[41]

① 索姆河战役：第一次世界大战中英国与法国军队对抗德国军队的一次战役，也是"一战"中西方战线上最大规模的战役。

的形式组织：服兵役是公民身份不可改变的条件，到布匿战争时期，罗马军队已成为一个高度精细、秩序井然的战争机器。

罗马军队的高层官员为贵族，但指挥基本战斗单位（100人组成的"百人队"）的百夫长则是平民，与前线士兵来自相同的社会阶级。这极大地促进了集体精神（esprit de corps），频繁进行的效忠宣誓也是为了这一目的。在此之前，罗马军队从未在对抗外敌的重大战役中败北；虽然这样末日来临般规模的战斗的确未曾经历。论军纪、武器、兵力部署与指挥系统，罗马军队都已为这样的事件做好了万全的准备。

罗马军队组织中的关键人物是百夫长——因勇猛和军功而被从普通士兵中提拔出来的平民（而非贵族）军人。正如约翰·基根[①]（John Keegan）所指出的，百夫长是"行伍精英中拔擢出来的、长期服役的部队领导者，组成了历史上所知的第一个职业战斗指挥官群体"。他们是军队的中流砥柱，是积累战斗技巧的知识库，正是因为他们及他们树立的榜样，罗马人才能越战越勇，比已知世界中的任何部落、任何民族都更为百折不挠。百夫长将服兵役转变为一种自给自足的职业；他们并未将自己的工作看成加入统治阶级的途径；这是他们生来要做，又历经千锤百炼的天职，凝聚着他们的力量与勇气。

在数字上，罗马军队的基本构件为军团，通常由4200人组成；在危急关头，其兵力可增至5000人。军人被按照年龄与经验划分。最年轻生涩的新兵被称为"少年兵"（velites）。年龄稍长的为"青年兵"（hastati），意即"带矛者"。资历在这二者之上的壮年人是"壮年兵"（principes），再往上是"后备兵"（triarii）。一般而言，一支军团拥有600名后备兵，1200名壮年兵，1200名青年兵，其余都是少年兵。少年兵的经验最少，武装最轻，只有一面盾牌（叠层木板制，包有金属边，直径约三英尺）、两支投枪、一柄剑与一个头盔。初上战场的

---

① 约翰·基根（1934—2012）：英国军事史学家、演讲者、作家及记者。

新兵往往会在自己的头盔外裹上一块狼皮,以使自己看上去更具杀气,同时也能在战斗中让指挥官更轻易地认出自己。

青年兵的装备更重一些。他们每人携带一个长盾(scutum),两英尺半宽,四英尺深,最大限度地覆盖全身。盾牌凸出的弯度比平面更能打偏敌人射来的矛与箭。这种盾牌也是由胶合在一起的层层木板制成,木板之间大概是以花键连接;随后人们在其上覆以帆布——再用动物胶粘牢——以及一层小牛皮的外护套。盾牌的边缘是铁制的,中心则装有铁凸饰(umbo),进一步抵挡投掷而来的石块与矛,还有助于向对手正面冲撞。这种盾牌相当沉重;重现出来的盾牌,加上铁制部件等在内,重约 9 到 10 公斤。

每名战士携有一把短剑(gladius),这是一种双刃剑,用于刺杀,砍杀性能也十分出色。这种剑被称作"西班牙剑",可能改造自第一次布匿战争中迦太基雇佣兵所装备的武器,是对其杀器品质的致敬。

阿波罗尼乌斯
《拳击手》,公元前 225 年
青铜像;罗马国家博物馆

《帕斯昆》,公元前 3 世纪
大理石像,192 cm;罗马帕斯魁诺广场

它的剑身较短（连剑柄在内约 60 厘米长），因此适用于近身搏斗；步兵并不像达达尼昂①（d'Artagnan）那样练习剑术，他们会像屠夫那样刺杀。一名士兵很可能还会在腰带上配有一把匕首（pugio）。他也会装备有一种相对远程的投射物——重投枪（pilum），重约 3.5 公斤，带有梣木轴、铁柄与倒钩的尖端。一名士兵通常会被发给两支这样的投枪，尽管也可以使用更轻的。在投掷时，投枪的精准度自然不会很稳定，且它的有效射程至多为 30 米，但在其限度范围内，重投枪是令人敬畏的强大武器，其惯性能量足以将敌人的盾牌与敌人一并扎穿。在进攻中，罗马士兵会猛力投出重投枪，然后冲锋上前，以短剑展开近战。坎尼战役的各种描述中都突出了万枪齐发带来的令人恐惧的嘶鸣，一定就像 20 世纪战争中炮弹射来的呼啸般摄人心魄。

  罗马军队中的另外两种锐利武器是骑兵长矛——比重投枪长，不能投掷，以及双头矛——一种长刺矛。他们也有原始而粗糙的大炮——大型的射箭机或投石机，其动力由拧起来的动物筋腱提供。然而这些笨拙的设备似乎从不曾在战事中起到关键性的作用：它们也许能对敌人的心理造成恐吓效果，然而其实际射程十分有限，精准度也可以忽略不计。

  关于武器的话题到此为止。接下来，罗马人的防御力又是如何？在军队行军的集体层面上，罗马人为自我保护展现出了独一无二的刚毅与无穷无尽的精力。趁着罗马入侵者因一天的艰苦行军而疲惫不堪，再加上黑暗可能带来的混乱与恐惧，占领区的蛮族很有可能发起夜袭，深知这一点的罗马人不会在每天的行军结束后彻底放松下来。他们首先要扎营：不是简单的一列帐篷，而是一座全副武装的正方形兵营（castrum），近乎一座一夜建成的城池，有城墙、有沟渠（因掘土筑墙而产生），以及一切保卫大部队所必要的措施。该城墙，或者说"墙围"距营帐约 200 英尺远，因此屏障外发射或投掷的投射物到

---

① 达达尼昂：法国小说家大仲马的小说《三个火枪手》的主人公。

不了营帐处，即使落在营帐上也不会造成多少损伤。城墙与营帐之间的空间也可以用来进行快速集合，或者存放家畜之类的战利品。整个兵营的四周都有严密的看守，一旦任何放哨的士兵胆敢玩忽职守，等待他的将是种种极为可怕的刑罚。一种常用的刑罚是波利比乌斯描述的棒刑（fustuarium）。被告人会接受军团指挥官组成的军事法庭的审判。如果被判有罪，他将受到一名指挥官的棒打，就此整个营地的士兵都会用棍棒与石块向他攻击，通常直接把他打死在营地里。"可是就连那些侥幸逃脱的人也不会因此得救：没门！他不会被允许回到家乡，也没有亲属敢在家中接纳这样的人。所以，他的一辈子就这样彻底毁了。"

[44]

保卫单个士兵的安全，有盔甲。每名罗马士兵配有一顶头盔，可以是简单的金属盆，也可以是考古学家所称的"蒙泰福尔蒂诺"（Montefortino）式头盔，连同狭窄的护颈与两大片贴腮。文献中曾提到护胫的胫甲，尽管目前尚未有实物被发现。用于保护心脏的青铜护胸（pectorales）也并不鲜见，虽然并不是每一名士兵都能佩戴。花费得起的人还会穿上价格不菲的锁子甲（lorica）——一种金属环连缀而成的内衫，穿在填絮的内衣外。这些装备重约15公斤，在炎热如坎尼战役打响的那一天，这样一套行头足以令人不堪重负。

罗马军队体系的建立是为了以相同的基本训练生产出一模一样的战士。汉尼拔的军队则不然。作为雇佣兵，他们来自非洲与地中海沿岸各地，各有各的传统与作战技巧，尽管他们的上级军官似乎都是迦太基人。军队中包括努米底亚人、伊比利亚人、利比亚人、摩尔人、盖图里人与凯尔特人。不同的地区出产不同类型的战争专家。巴利阿里群岛①（Balearic islands）的名称就是源于该地区在古代盛产投石手——"ballein"即希腊语"投掷"，英语单词"ballistics"（发射学、弹道学）也是来源于此。

---

① 巴利阿里群岛：西班牙的群岛，位于地中海西部，靠近伊比利亚半岛东岸。

布匿军队不具备那种在危急关头将罗马军队团结在一起的赤胆忠心，到头来，他们真正关心的只有两件事——打胜仗，领报酬。这一次，他们的确胜利了，带着势如破竹的决心，直到将坎尼饱受践踏的土地化为一片鲜血、内脏、粪便与断肢汇成的沼泽，以致这片沼泽是如此黏稠湿滑，人在上面移动时没法不摔跟头。

[45]

坎尼战役在罗马导致了社会迷信的发作。公元前218年的冬天成了一段见证奇迹的时间。在屠牛广场（Forum Boarium），一头公牛逃脱了限制，爬上一座房屋的三楼后纵身跃下，仿佛绝望自杀。在蔬菜广场（Forum Holitorium），天降闪电击中了希望神庙。皮切纳（Picena）的晴空突然下起一阵卵石雨。有人目击到天空中出现衣着闪光的人物。在高卢某地，一头野狼跑向一名站岗的哨兵，用牙齿从他的剑鞘中夺出剑，将其叼走。最不祥的是，两名维斯塔贞女——名为欧皮米娅（Opimia）与弗洛莉欧娜（Floriona）被宣布犯有不贞之罪，于是一人自杀，另一人依惯例被活埋。

汉尼拔在大胜中俘虏了大量罗马士兵，使罗马元老院不得不制定计划、重建军队。众所周知，汉尼拔缺钱；他会不会受贿？能不能用金钱赎回俘虏？不能，元老院表示；因为那会耗尽罗马的国库。随后，罗马执政官提比略·格拉古（Tiberius Gracchus）提议，以公款购买奴隶，经过训练后投入战斗。约有10000名奴隶被以该方式强征入伍。在迦太基毁灭者西庇阿（Scipio the Carthage-Destroyer）的敦促下，罗马以巨大的努力紧急建起一支舰队。三十艘战船——二十艘五桨船与十艘四桨船——铺好了龙骨，木材与各类传动装置从伊特鲁里亚各处运来；在第一批交付的木材运达的四十五天之内，据李维记载，首批制成的战船就已下水，"装备、武器一应俱全"。

坎尼战役的失败也使恐慌在意大利南部的罗马盟友中蔓延开来，尽管意大利中部各部族还保持着坚定不移的忠心。"坎帕尼亚人"（Campanians），历史学家李维观察道，"不仅可能收复罗马人从他们手中不公正夺走的领土，还有可能控制整个意大利。因为他们将根据自己的主张，与汉尼拔达成协定。"可是最终这一美梦成了泡影；在击败汉尼拔后，罗马人重夺坎帕尼亚首府加普亚（Capua），并对那里的公民实施了可怕的报复。

[46]

汉尼拔没有长期驻扎在意大利，也做不到这一点，尽管由于他的军事天才，罗马人无法在自己的土地上打败他。罗马人缓慢地将汉尼拔军向南驱赶，并逐步削弱他的兵力。汉尼拔的兄弟哈斯德鲁巴率领了一支军队前往意大利为他增援，然而却没能成功，公元前207年，一支罗马军队在梅陶罗（Metaurus）战役中将其击败。最后，汉尼拔只能撤离意大利，因为罗马在西庇阿的率领下发起了剑指迦太基本土的远征。这迫使汉尼拔抽身返回欧洲，为保卫自己的国家而战。在两年后北非的扎马（Zama）战役中，汉尼拔首次在布匿人的领土上被意大利人打败。此刻，罗马人已部分地报了坎尼战役之仇，虽然杀戮的规模尚未达到相同水平。然而迦太基再也不会成为海上强国了；最终来，她的地位被罗马取代。

与汉尼拔的战争给罗马带来了一系列持久的改变，在某种程度上说，其意义远不止军事上的损失。有时候，在战争中极为惨痛的失败会在战败者中引发宗教信仰的狂热发作，而这似乎正是在坎尼战役之后的数年间，罗马所发生的现象。各式各类的邪教，抑或原先的异族与边缘信仰纷纷粉墨登场，特别是在罗马女性中，她们总是各种信仰的尝试者。纯粹礼仪性的国家宗教已不能满足因惨败而心灵受创的人们。他们需要神灵来到身边，关怀他们、庇护他们，对祈祷与供奉有求必应。

无论是传统罗马宗教中模糊不清的神灵，还是更加严厉的新神，都没有办法满足这些需要。而希腊诸神填补了这一空缺。他们的形象，以及与他们沟通的仪式都较为宽容，更具人性化的共鸣和参与性。那时，罗马历经了源于希腊的神秘宗教的扩张。这些宗教的信众越来越多，因为罗马极为渴求被视作希腊文明世界的一部分。罗马需要一部以希腊为典范的民族文学，从荷马开始。越来越多的罗马知识

[47]

分子与政治家将希腊语当作真正的文明语言，特别是在当时，大片的希腊领土都已通过征服与盟约的形式融入了罗马的骨血之中。

罗马充斥着流亡至此的希腊人，空气中密布着他们滔滔不绝、引人入胜的争论，正如神庙与别墅的地板上布满了希腊（或希腊式）的雕塑。然而确实有一些罗马的死硬派传统主义者厌恶且抗拒希腊文化与哲学对罗马日渐加深的影响。其中之一即是老加图（Cato the Elder），他"全然瞧不起哲学，并出于一片爱国热情而嘲笑一切希腊文化与希腊学问……他像一个先知或预言家那样，以超越所处时代的口吻宣布，当罗马人开始感染上希腊文学的病毒后，他们就要亡国了。不过，的确，时间证明了这一末日预言不过是无用的自负，当罗马达到其帝国势力的顶点，也正是她将一切希腊学说与文化归为己有之时"。加图极端憎恶惑乱人心的希腊式奢侈风，他甚至曾试图把铺入罗马家家户户的总水管扯掉——幸好没有成功。

在罗马共和国时期，以希腊思想与修辞为根本途径所形成的最丰硕的成果是马库斯·图利乌斯·西塞罗（Marcus Tullius Cicero，公元前106—前43）——罗马最伟大的雄辩家与共和国的热烈拥护者。他从十六岁时起开始接受公众演说家的教育，那是苏拉与庞培执政的时期（公元前89年）。他的文化影响远远超出了语言艺术的范围，在他身后依然经久不衰。他的书信被收集起来，他还为修辞、道德、政治与哲学撰写了多部专著；在他看来，自己最为流芳百世的成就是在诗歌（虽然在这一点上，他是错的：塔西陀[①]（Tacitus）尖刻地评论道，作为诗人，西塞罗可不如恺撒或布鲁图斯走运，因为他的诗歌为人所知，后二者却未能如此）。即使是对微不足道的人物，他的攻击也句句致命：一位政客几乎被人遗忘，要不是西塞罗对他一针见血的讽刺，"我们有一位时刻警醒的执政官——卡尼尼乌斯（Caninius），他在

[①] 塔西陀：即普布利乌斯·科尼利厄斯·塔西陀（约56—约120），罗马元老院成员、历史学家。

整个任期内没合过一次眼。"卡尼尼乌斯的任期只维持了一天。

他对罗马及其统治者所作的许多论述，在今天依然是真理。"最不可靠的莫过于民众，最难以捉摸的莫过于人心，最具有欺骗性的莫过于整个选举制度。"他看透了绝大多数社会行为的根源："人类通过憎恨、爱恋、欲望、愤怒、悲伤、欢乐、希望、恐惧、幻想抑或其他内在情感做出决定，远超过通过理智、权威、法律准则、司法判例或法规条例。"他极其尖锐地指出人性的弱点："极致的喜爱与厌恶只有一线之隔。"这位罗马人简直是个心理医生！无论何时，一个人只要读西塞罗就总能有所收获，17与18世纪的英语作家，包括莎士比亚在内，都曾源源不断地引用他的话。

在一切流入罗马知识生活的希腊思想流派中，对西塞罗及罗马主流思想影响最深的是斯多葛学派。斯多葛学派为季蒂昂的芝诺（Zeno of Citium）于公元前3世纪早期在雅典所建立的希腊哲学派别。（"斯多葛"一词来源于芝诺在雅典讲学的集会地点，那是一个俯瞰市民辩论会场 Agora 的柱廊，被称为"彩绘走廊"[Stoa Poikile]。）斯多葛学派的基本假定是，极端的、可能带有毁灭性的情感是要避免的；智者会使自己摆脱愤怒、嫉妒与其他令人分心的激情，在沉思默想中心如止水地生活，只有这样，他才能悟得真理，恰当行事。"不要让任何不属于你的东西将你缠住；不要让任何失去后会令你痛苦的东西成为你的习惯"，斯多葛派学者爱比克泰德（Epictetus）忠告。这种理想就是"自律"（askesis）——"内心的平静"；斯多葛派并不鼓吹漠不关心或麻木不仁，与之相去甚远，他们提倡的是理性地将注意力集中于生活的真理。唯其如此，人类的理性才能与"自然的普遍理性"相一致。用著名的斯多葛派人士——皇帝马可·奥勒留（Marcus Aurelius，121—180；161—180在位）的话说，"每日清晨自我告诫：今天我将遇见忘恩负义、凶暴无理、奸诈背叛、嫉妒怀恨、冷酷无情之人。他们之所以如此，皆因不分真正的善恶……我就不会被这些人所伤、因为谁也不能诱我作恶，且我也不会因此而愤怒……"

很显然，斯多葛学派与罗马人的责任感和虔诚不谋而合。与斯多葛派"一切人类必定不是完美无缺的"的观点相比，对这种学说大加推崇的罗马人——其人数众多——恐怕还是对要求人们面对厄运、默默承受的劝诫更感兴趣，它在罗马的文化及其知识分子和公众人物中引发了强烈的共鸣。西塞罗就是其中一员，他也具有对哲学与沉思的深深爱好，他的众多演说与卷帙浩繁的著作即显示了这一点。他政治生活的伟大事业是保存与守卫共和国政府传承自先辈的体系。他希望在保守的元老院贵族与日益壮大的骑士阶层的贪婪之间取得和谐一致，然而这却超出了他的力量，正如任何人也无法做到这一点。在公元前1世纪，无论是西塞罗还是任何人都无法改变罗马通往一人统治的进程，那是其政治的大势所趋。

这一进程的标志性人物即尤利乌斯·恺撒。

一些最高贵的家族延续了几个世纪之久，却因为一些未知的原因，一直未能诞生出取得特殊成就或显赫声名的个人。其中就包括恺撒的宗族——罗马最古老而杰出的家族之一，被普遍认为是埃涅阿斯、其母女神维纳斯及其子尤鲁斯（Iulus）的直系后裔。其家族成员中的绝大多数都是无所贡献的平庸之辈。然而有两位耀目之人却是例外，他们彻底改变了罗马，改变了罗马内部的政治、文化及其与外部世界的关系，权倾一时、无出其右。

第一位是盖乌斯·尤利乌斯·恺撒（前100—前44）。第二位则是他的甥外孙、他在法律与政治上的继承人，罗马第一位皇帝盖乌斯·尤利乌斯·恺撒·屋大维（前63—14）——一开始被称为屋大维，在他三十六岁之后，在罗马与世界上被以恺撒·奥古斯都相称。

尤利乌斯·恺撒的起步相当缓慢。他于公元前75—前74年在罗得岛①学习讲演与修辞，并由此以娴熟而经验丰富的演讲者的形象出现，为公共政治生活做了极其周全的准备。他不是一位舌灿莲花的演

---

① 罗得岛：希腊十二群岛中最大的岛屿，位于爱琴海东南部。非美国的罗德岛州。

讲者——凡是读过他后来所写的各类战记中那干脆、洗练的散文的读者都会知道，那不是他的风格——但他却是明辨问题核心、直指关键的模范天才。在从罗得岛返程的航行中，他乘坐的船被海盗劫持，他本人也被短暂关押，这成了他未来艰难路程的一次预演。他发誓要把这些海盗一个不留地钉死在十字架上，最后，他的确做到了。

作为一位非常伟大的演讲者的西塞罗，同时比当时的任何人更精于演讲术的评论，他将恺撒誉为罗马最精妙的演讲者。不过在这方面，大概并非无人堪与尤利乌斯·恺撒匹敌。他真正的卓越之处在于对政治的操纵，以及后来在战场上的用兵作战。在政治上，他一开始曾短暂地趋向"贵族派"（optimates）。该词源于罗马的上层阶级，是代表着财富与权势的党派，以使他们自己及其利益与约公元前133年由格拉古兄弟最初动员及领导的，代表工匠、农民与小商人的"民众派"（populares）分庭抗礼。在前往罗得岛学习讲演术之前，恺撒就已经通过迎娶科妮莉娅（Cornelia）确定了自己对民众派与日俱增的忠诚——科妮莉娅是秦纳（Cinna）的女儿，而秦纳是贵族派领袖卢西乌斯·科尔内利乌斯·苏拉（Lucius Cornelius Sulla，前138—前78）的主要对手；苏拉曾是庞培在政治上的启蒙者。

苏拉是一个睚眦必报、残酷无情的贵族，纯粹是通过威逼利诱才取得了执政官之位以及军队的指挥权，前去抗击贸然入侵罗马在亚洲行省的波斯人本都王米特拉达梯（Mithridates）。留在国内的政敌——民众派的成员取消了苏拉的指挥权，他率军撤退到加普亚，集结了六支准备随同他推翻罗马政府的军团，并计划一旦接管罗马城，就去追击亚洲的米特拉达梯。公元前86年，苏拉与他的军团攻入希腊，占领雅典。从雅典出发，他重返意大利，手下的军队满载战利品。在公元前83年登陆布林迪西①（Brundisium）时，庞培、克拉苏以及一位极端保守派元老院成员梅特卢斯·皮乌斯（Metellus Pius）带着各自的人

[51]

———————
① 布林迪西：位于意大利南部，亚得里亚海边。

马投奔了苏拉的军队。罗马政府根本无力长期抵挡他们的进攻。不到一年，苏拉就拿下了罗马，并宣布成为意大利的独裁官。随即，他开始通过"放逐"进行恐怖统治，将每一个反对他或者有可能反对他的政敌公开列入死亡名单；任何士兵都可以杀死名单上的人，将他们的财产充入元老院（也就是落入了苏拉手中），而且鼓励公民随意出卖、告发。以这种方式，人们认为苏拉除掉了四十名元老院成员及 1600 名骑士阶层的成员，这些人的子孙也被排除出公共生活。这就是庞培榜样的影响力以及其政治靠山的背景。

公元前 68 年时，恺撒已被派往远西班牙①（Hispania Ulterior）担任财务官（或称地方官）；就是在这一年，他的妻子科妮莉娅逝世，他与庞培家族的庞培娅（Pompeia）缔结了一桩显而易见的政治婚姻。接着，他被选举为市政官（aedile），该职位对于罗马的平民极为重要，因为他掌管着神庙、市场，以及（最关键的）谷物供应，是吸引选票的好机会。在这期间，他斥巨资修缮各神庙，举办公共娱乐活动，特别是角斗士表演。他不得不从腰缠万贯的执政官马尔库斯·克拉苏那里借钱——马尔库斯·克拉苏镇压过斯巴达克斯奴隶起义，他不信任庞培，却愿出资支持庞培的女婿以讨好平民。自然，以此种方式赢得民心的代价使恺撒对克拉苏和贵族派欠债累累，而贵族派并不全然信任他。为了在政治道路上走得更远，他需要绕开他们的猜疑：成为执政官，拿到主要的军事指挥权，就要取得像庞培那样无可辩驳的大捷。在罗马，恺撒于公元前 59 年成为元老院成员。他与庞培、克拉苏结盟（即"前三头同盟"），并且与当时的另一位执政官庞培一起，废除了苏拉对法规所做的一些过于极端偏颇的更改。到那时为止，庞培和恺撒之间还没有任何不和的迹象。事实上，庞培于公元前 59 年娶了恺撒与第一任妻子科妮莉娅所生的女儿茱莉亚（Julia）为妻，由此达到了完美的婚姻对称。

---

① 远西班牙：大致位于现代西班牙的贝提卡与瓜达尔基维尔河谷地区。

第一章｜罗马的建立

公元前58年，身为地方总督的恺撒掌握了山南高卢与山外高卢（Transalpine Gaul）（意大利北部的波河谷地及法国南部，这里被恺撒称为"本省"[the province]，人们为了纪念他，将"普罗旺斯"[Provence]的地名沿用至今），以及伊利里库姆（Illyricum，即达尔马提亚）的控制权。从公元前58到50年，恺撒将精力集中在罗马北部的高卢边境，有条不紊地消磨尽了高卢人的所有抵抗。在决定罗马海外政策的时刻，他没有丝毫的犹豫。罗马必须征服与威吓住一切可能给其造成麻烦的国家与民众。这就是坎尼战役的主要教训。大家对此一致赞同，包括西塞罗在内，在个人方面，他反感恺撒，但在政治方面，他钦佩恺撒：

> 他相信，不仅有必要同那些他所认识到的、已经武装起来反对罗马人的国家展开战争，而且一定要让全体高卢人臣服于我们的统治。为此，他与最凶猛的民族作斗争，与日耳曼人、赫尔维西亚人①展开鏖战，取得了前所未有的大胜。他使其余各族惊恐畏惧、俯首称臣，并且使他们习惯于遵从罗马帝国的命令……

恺撒对高卢的征服与平定于公元前56年接近完成。该国的绝大部分地区都已就范，成为罗马的行省，除了零星爆发的猛烈抵抗。在《高卢战记》（Commentarii de bello Gallico）中，恺撒描述了凶残的赫尔维西亚人在离开了今天瑞士的领地后，迁入高卢，并打算进一步攻取远至英吉利海峡（English Channel）之地，在那里重新定居的过程。恺撒的军队在他们迁徙的途中发起进攻，在阿鲁（Arroux）河上的安纳西（Annecy），他消灭了数以万计甚至可能十万计的赫尔维西亚人，使幸存下来的人们不得不回逃瑞士。下一个企图以同样的方式渗透入

[53]

---

① 赫尔维西亚人：居住在瑞士高原的高卢部落。

高卢而付出同样惨重代价的，是日耳曼部落。居住在塞纳河以北的是所谓的比利其人——主要由日耳曼人与凯尔特人通婚产生的好战民族。他们对恺撒的到来满腹狐疑，而他们也确实应该如此。当恺撒在高卢的领土上建立起冬季指挥部，并且显露出种种长期驻扎在此的迹象后，比利其人动员了三十万大军。恺撒的回应则是往山南高卢增派了两个军团，使总兵力增至八个军团。

比利其人的凝聚力如今开始分崩离析，主要是由于供给的短缺。只有一个叫做内尔维（Nervii）的部落还能在战场上维持一支军队，而恺撒于公元前57年在桑布尔河①（Sambre）上的一次战役中将其一举歼灭。因此，高卢的抵抗仅持续了两个军事季。到最后，足足有三分之一在兵役年龄段的高卢人被杀，另有三分之一被卖为奴隶：这一代价几乎将该省的男性人口毁灭殆尽，使其无力再行反抗，同时也使恺撒的钱袋前所未有的丰盈。高卢人首领维辛格托里克斯（Vercingetorix）——一位英明卓越、魅力超凡的人物，曾给恺撒带来其宏图霸业中最大的困难与最顽强的抵抗，但还是被团团围困，最后于公元前52年在阿莱西亚（Alesia）被捕。他被戴着镣铐运回罗马，在恺撒的凯旋游行上公开示众，然后可耻地被勒死在地牢里。

到公元前52年，针对罗马的敌对势力已所剩无几，公元前50年时就一个不剩了。对高卢的征服使罗马从一个地中海强国转变为泛欧洲强国，因为用历史学家迈克尔·格兰特（Michael Grant）的话说，"在欧洲大陆与北欧，一片幅员辽阔的疆域混合体已经开辟了罗马化的进程"。高卢也从根本上被改变了，在实际上转化出了法兰西的雏形。尽管付出了鲜血和苦痛的高昂代价，它却被打开了通往古典文化的大门。

怀着更进一步为罗马开疆拓土的长远思想，公元前55年，恺撒派出一支远征军，越过莱茵河，前往日耳曼，最终却无果而返；这与

---

① 桑布尔河：流经今法国北部与比利时瓦隆大区的河流。

其说是一场入侵，不如说是一次探查。其目的是在日耳曼领土上向日耳曼人宣示罗马的威势，使他们打消越界进入高卢的念头。一个友好的或至少是殷勤顺从的叫作"乌比"（Ubii）的部落提出，要为恺撒的军队提供渡过莱茵河的船只，但恺撒拒绝了——依靠日耳曼人进入日耳曼会使他面上无光。相反，通过一种恺撒没有详细记录的工程手段，他的手下建造出了一座横跨湍急河水的木桥。他的军队花了约三个星期在日耳曼一侧的各村庄内烧杀抢掠，在达到目的后打道回府，并拆毁了身后的桥梁。

下一个远征的目的地是不列颠。为什么恺撒想要入侵这座罗马从未进攻过的岛屿，人们不得而知。或许他怀疑不列颠人会加入高卢人一起参与日后的反击；或许他是受了那里可供劫掠的巨大财富（黄金、白银、铁器与珍珠）的夸张故事所诱惑。又或者，他仅仅是想要得到关于这片未知之地的情报，而没有人能够提供给他。不管动机为何，公元前55年，他率领一支运输船与军队组成的舰队直奔不列颠东南海岸，在那里，他们遭遇了极其恶劣的天气与"蛮族"步兵和骑兵的强硬抵抗。罗马人最终还是成功登陆（在今天迪尔[①][Deal]的位置），并且迫使不列颠人求和，不过他们并没有深入内陆，这充其量只不过是一场浅尝辄止的胜利，他们没有带回什么信息，带回的战利品则更少。

在第二年，即公元前54年，恺撒又做了一次尝试。他集合起一支约800艘船的新舰队，装载五支军团，2000名骑兵。这一次，天时地利，罗马大军一路向北挺进，越过泰晤士河，意欲向不列颠首领卡西弗劳努斯（Cassivelaunus）发起进攻。他们包围了这位国王位于赫特福德郡[②]（Hertfordshire）的大本营，将其生擒；双方签订了条约。不过随后，高卢人正在密谋叛乱的消息传来，恺撒只好不情愿地率军

---

① 迪尔：英格兰肯特郡的城镇，位于北海与英吉利海峡的分界线上。
② 赫特福德郡：英格兰南部一郡。

退回英吉利海峡的另一边；罗马完全征服不列颠，将其降为自己的一个行省，还要等到接近一个世纪之后，由皇帝克劳狄的大军来实现。

[55] 然而恰恰是由于罗马人对不列颠近乎一无所知，前往不列颠的经历给恺撒在国内带来了一丝神秘的色彩与极高的声望，更甚于他征服高卢所赢得的荣耀，以及他光辉灿烂的《战记》系列——罗马人写下的战争杰作——所带来的读者。此外，他通过将高卢战俘卖为奴隶赚了个盆满钵满。他扩大了自己用金钱收买影响力的规模。公元前50年的执政官之一卢西乌斯·埃米利乌斯·保卢斯（Lucius Aemilius Paullus）据说从恺撒那里捞了36000000塞斯特斯。在当时，罗马军队中一名前线士兵的年薪是1000塞斯特斯。他富可敌国、人气高涨：在罗马，再没有比这更有利于在仕途上大展宏图的条件了。

眼下的大问题是，他无法返回罗马。他不能带着自己的军团回去，因为根据法律，司令不得带兵入城。可是他又不能撇下他们独自入城，因为那就意味着放下他的指挥权，将自己暴露在众多政敌的攻讦下。

不过，他已经启程向南了。公元前49年1月，元老院向他下达了多条命令，要求他解散军队。恺撒是在山南高卢与意大利本土交界处、一条叫做"卢比孔"（Rubicon）的河流北侧接到这些命令的。（"卢比孔"一名来源于拉丁语的"红色"[ruber]，指的是其充满黏土的河水颜色。）恺撒对这些信件的反应迅捷而果断。"对于我本人而言，"他在《内战记》（1.9）中声明道，"我一向将共和国的尊严置于头等重要的地位，更高于我的生命。令我愤慨的是，罗马人民授予我的恩典却被我的敌人粗暴地夺了去。"因此，随着那传说中意味着破釜沉舟决定的话语，他带兵越过卢比孔河，进入意大利。

内战已不可避免。这场战争中罗马军队的统帅是格涅乌斯·庞培乌斯·马格努斯（Gnaeus Pompeius Magnus，前106—前48），在历史上被称为"庞培"，他是一位足智多谋、经验丰富的将领，是罗马唯一有能力与尤利乌斯·恺撒相抗衡的人。直到此刻，庞培的政治生涯都是由一连串光辉灿烂的成功所组成，这也戏剧性地凸显了陈旧共和国体系的弱点。从此以后，罗马的政治与"民主"渐行渐远，越来越多地由野心勃勃、拥兵自重的个人所决定。

早在生涯之初，庞培就充分显示出了日后发展成为典型强人的迹象，绝对冷酷无情而专心于权术。苏拉已经意识到，罗马日渐扩大的帝国已不可能由大众的呼声、由民主投票来统治。这一体系实在是太过笨重不便。因此，他的政策是要将元老院的权威与决策权从被他视为乌合之众的罗马护民官、地方官与公民大会手中转移出来，交回元老院。在苏拉的新体系下，元老院成员拿回了他们所有的司法权力，而被剥夺了兵权的执政官与裁判官则只能满足于作元老院的好仆人。然而有一个问题是：若是有罗马的新兴军阀以武力打开元老院的大门，直接把他们赶出去，那该怎么办？苏拉的办法是，通过一项法律，禁止罗马存在私人武装力量。任何返回罗马的士兵或军官一旦踏进罗马城（urbs Romae）的界限，就必须自动放下武器，交出指挥权，重新成为普通公民。当然，实现这一点离不开强制的力量，而苏拉——与小亚细亚的本都王米特拉达梯之间战争的胜利者——正好能够提供。他已积累下了储量丰富的战利品与现金，这为他在公元前83年进攻意大利提供了经费。自然，这一行动并非顺利无阻，因为在西西里和北非存在着强大的反苏拉情绪，于是苏拉招募了才华出众、铁石心肠的年轻人庞培来镇压他们——他大开杀戒、血洗四方。到公元前81年，反对苏拉的派系已土崩瓦解，而当时只有25岁的庞培足以让苏拉为他的得胜归来举行盛大的凯旋式①，并且在他的名字前冠上"伟大的"（Magnus）称号，成为"伟大的庞培"（Pompey the Great）。无可否认的是，庞培打破了罗马的上层统治集团——贵族派的封闭等级体系。在这之前，没有一个罗马人能在如此之早的军事生

---

① 凯旋式：源于埃特鲁里亚地区的一种宗教仪式，是罗马军事指挥官所能得到的最高荣誉。

涯就赢得这样的荣耀。

公元前 70 年,庞培被任命为执政官。另一位执政官——他那心存芥蒂、充满警惕的同僚,是马库斯·李锡尼·克拉苏(Marcus Licinius Crassus),曾镇压下斯巴达克斯奴隶起义的人(尤其令他恼火的是,只不过肃清了斯巴达克斯败军最后残部的庞培,却被奉为镇压了整个叛乱的功臣),他还因占有了被放逐的罗马公民的充公财产而大发横财。两位亿万富翁——克拉苏和庞培间的摩擦与暗斗不可避免。

公元前 49 年 1 月,眼见卢比孔河已被跨越,恺撒已率军踏上意大利的土地,元老院投票通过了针对恺撒的军事管制法,并将共和国的统治权转交给庞培。然而恺撒却在越过卢比孔河后一鼓作气、一刻不停地逼近。他率领着自己日益壮大的军队以旋风般的行军速度沿意大利东海岸向下,庞培与元老院不得不仓皇逃离罗马,连国家金库也只能弃之于不顾。如影随形的一众元老院成员实在只能是庞培的累赘。他们不断要求他打来报告、对计划横加指摘,还总是碍手碍脚。这在很大程度上抵消了庞培本来十分明显的优势。他们有众多战舰,而恺撒却没有海军。他们可以在希腊以西的迪尔哈丘姆(Dyrrhachium)集结训练起一支庞大的军队。而恺撒的军队供应严重短缺,许多人只能吃树皮充饥。尽管如此,凭着高超的指挥才干与有如神助的好运,恺撒却能够在公元前 48 年由庞培发起的法尔萨拉(Pharsalus)战役中取得全面胜利,最终击败庞培。惊慌失措的庞培逃到埃及寻求避难,而托勒密王朝[①]的统治者——由于害怕招致令人畏惧的恺撒的报复——砍下了他的首级,并将这可怕的战利品送给了恺撒。

现在,尤利乌斯·恺撒顺利无阻地统治着罗马与其绵延浩瀚、不

[①] 托勒密王朝(前 305—前 30):托勒密一世所开创的一个王朝,统治埃及和周围地区。

断扩张的帝国。公元前 46 年，他自立为独裁官、任期十年，并且在公元前 44 年 2 月，该任命被延长至他的整个余生。亟需修订的官方历法实实在在地得到了修订，在新历法中，"六月"的称呼从原先的"Quintilis"改成了"June"。恺撒的头像开始出现在硬币上，在那以前，这是一项仅为国王与神祇而保留的殊荣。恺撒是第一个克服了古罗马共和制对王权反感的人，本质上也是第一个颠覆共和制的人。普鲁塔克①（Plutarch）相信，恺撒的计划是要将自己塑造为神化的国王，而他的见解很可能是正确的，尽管这一问题仍存争议。的确，罗马的大众很快就将他抬高到仅次于活神仙的地位，而他的密友马克·安东尼（Mark Antony）更是培养出一种大众对恺撒的狂热崇拜。

　　既然在战争中大获全胜，于是恺撒在百依百顺的元老院支持下为自己举行了不下五场整套的凯旋式，四场是在击溃西庇阿之后，还有一场是为庆祝大败庞培之子。最盛大的凯旋式是为了他征服高卢而举行，然而恺撒却是在泽拉（Zela）击败米特拉达梯之子法那西斯（Pharnaces）的本都之战的凯旋式上——他因怀疑法那西斯有在东方复辟其父王国的企图而率军出征——有感而发、留下了军事史上最著名的一句话；在胜利分列式上，他于一张标语牌上排列了三个简单的词语，"Veni, vidi, vici"——"我来到，我看见，我征服。"

　　这些罗马凯旋式是有着极为重大意义的庆典，遵循着一套固定的程式，其起源可追溯至伊特鲁里亚时代。获得"胜利者"（triumphator）资格时，胜利英雄首先要接受部下的欢呼。他必须拥有地方行政长官的统治权，即发号施令的独裁权力。（如果不具备这样的地方长官官职，那就不可能为他举行凯旋式，无论他的胜利是多么煊赫轰动。）他必须向众人显示，他斩杀敌军逾五千人，并且带回足够的部下、以示他们大获全胜。因为罗马城本身不在他的统治权范围内，他必须先在城界线外等候，直到元老院同意授予他仅此一日

[58]

---

① 普鲁塔克（约 46—120）：希腊传记作家、散文家。

的绝对权力方可入城。一旦这一程序完成,胜利军领袖就会在军队之首进入城中,前面由一众扈从开道,每人手持一束杆与一柄斧——也就是墨索里尼在20世纪重新采用的束棒(fasces)——以彰显他逮捕、惩处与执行的权力。一名独裁官拥有二十四名执束杆扈从,地位在此之下的官员扈从数也要减少。士兵齐唱赞歌——《胜利颂》(io triumphe),还要唱略微下流的歌曲——"粗俗诗歌",来嘲弄他们的领袖;一首典型的关于恺撒(秃头,且出了名的性欲旺盛)的歌唱道:

> 我们带这秃头嫖客回了家,
> 罗马姑娘可别忘了把门插——
> 你献给他的大把罗马黄金
> 全都进了高卢婊子的钱匣。

通常在胜利者出现之前,打头的是一列长长的战利品队列。因此,根据普鲁塔克的说法,在埃米利乌斯·保卢斯前方的分列式行进了整整一天,约250辆四轮马车满载从马其顿国王珀尔修斯(Perseus)处掠夺来的雕像、绘画和巨幅肖像。战利品的展示在第二天接着进行,抢来的希腊白银、青铜与黄金堆在类似战车车厢的交通工具上招摇过市,一同的还有缴获的盔甲。载誉而归的埃米利乌斯·保卢斯直到第三天才现身,身后带着战败的珀尔修斯,"看上去仿佛完全被巨大的不幸震得不知所措、丧失理智",其情其状可想而知。

不言而喻,胜利英雄要为这样的场合盛装打扮。他的脸上涂着红铅,以彰显他神明般的生命力。他身披凯旋的紫袍,头戴桂冠,右手持月桂树枝,还佩戴着护身符,以挡开恶毒之眼[①]。他要向聚集在此的众多公民与自己的军队发表演说,赞颂前者的爱国精神与后者的高贵勇气。他要向他们分发金钱与奖章。这些奖赏一般总是十分大手大

[①] 恶毒之眼:传说中一种目视某人或某物而使之遭殃的魔力。

脚。恺撒发出的奖赏是：老兵军团里的每名步兵获得24000塞斯特斯作为战利品，除此之外还有2000塞斯特斯的薪酬。恺撒深谙"以重赏收买人心"的道理。可他的部下，还有其他人却是发自内心地爱戴他——以同样令人信服的理由：他非凡的胆识与高超的军事本领，他魅力十足的领导才能。

[60]

打了胜仗的将军乘坐一辆四马二轮战车（quadriga），他的孩子与亲属骑在马背上环绕着他，开始向着卡匹托尔山进发；与他同乘一架四马二轮战车的还有一名公共奴隶，为胜利者保存一顶镶着昂贵宝石的金冠，并不断吟诵祷文，"谨记你非凡人"。这一游行路线从城外的战神广场（Campus Martius）开始，穿过凯旋门（Triumphal Gate），前往弗拉米纽斯竞技场（Circus Flaminius）——一个异乎寻常的公共广场，尽管被称作"竞技场"，却似乎从来不举办任何比赛，也没有供观众落座的一排排座位，那里只展示战利品——从那里向大竞技场（Circus Maximus）进发。然后，游行队伍沿着罗马最古老与最著名的街道——圣路（Sacra Via），绕帕拉丁山一周，并前往卡匹托尔山。在广场上，他会宣布将一些高级别的俘虏监禁处死，随后他骑马登上卡匹托尔山，在那里，下一步的各种仪式、包括献祭，将在朱庇特神庙中举行。尤利乌斯·恺撒极具展示与戏剧意识，他在自己登上卡匹托尔山时，安排了四十头大象分列左右，每头象用象鼻擎着一支火炬。

自然，这些漫长而令人过目难忘的典礼需要宏伟的建筑背景。在整个一系列北欧战役期间，恺撒没有修建一座这样的建筑；因为无暇顾及。但在公元前55年至前54年，他决定为罗马留下一个永久性的建筑标志：一座壮丽的列柱广场——尤利乌斯广场（Forum Julium）或称恺撒广场（Forum Caesaris），并在其一端修建一座供奉生育女神维纳斯（Venus Genetrix）——神话中尤利乌斯家族的祖先——的神庙。与该地毗邻的是一处更古老的广场，通常被用作会场或市场，人们称其为"罗马广场"（Forum Romanum），以和其他同时存在的广场、如

《古罗马广场》，罗马帝国的司法与政治中心，1世纪

蔬菜广场和屠牛广场相区分。多年以来，各种五花八门的功能在此交相混杂、落地生根。律师、货币兑换商与元老院成员在广场的附属建筑物里济济一堂，这里有时也被用作市场。广场的档案馆里保存着国家档案，是整个罗马最重要的档案馆。人们在此建起神庙——一座圆形的、罗马女灶神维斯塔的神庙，六名维斯塔贞女在其中照管着罗马城的圣火。罗马广场上还包括规模较小，但在礼仪上十分重要的雅努斯（Janus）神庙，雅努斯是罗马的开端之神，在罗马世界宣布和平期间，此处的大门依据惯例而关闭。

尤利乌斯·恺撒的广场是几个紧挨着罗马广场北边的广场中最早修建的；后续建成的有奥古斯都广场（Forum Augustum）、涅尔瓦广场（Forum Nerva）以及图拉真广场（Forum Trajan）。修建尤利乌斯广

场的巨大开支来源于对高卢城市与神庙的洗劫，当然也来源于贩卖奴隶，恺撒如今已利用自己的战俘资源控制了这种贸易。尤利乌斯广场最终的土地成本——仅仅是土地成本——据说就达到了1亿塞斯特斯，因为这块土地的每一平方英尺都不得不从严重商业炒作时期的私人业主手中买进。

这对恺撒来说并不成问题；他已下定决心要不惜一切代价拼凑起他所需要的地块，而他确实做到了。在这片地块内，他在一个列柱式广场上建立起一座大理石神庙。他在神庙中堆满了昂贵的艺术品，包括著名画家提莫马科斯（Timomachus）所绘的埃阿斯（Ajax）与美狄亚（Medea）的画像、克利奥帕特拉（Cleopatra）的金色雕像、英国珍珠制成的胸甲以及不计其数的他自己的肖像。据说，他在神庙入口外安置了一尊"恺撒骑马像"（Equus Caesaris），这也是恺撒骑在他心爱的战马上的肖像雕塑。普林尼（Pliny）、苏埃托尼乌斯（Suetonius）在记述中一致同意这匹马是个举世罕见的生灵，以其近似于人类的前足为特征。不过我们不清楚它是否具有脚趾，还是只有畸形的蹄子。

现在，他已全然成了罗马帝国的主人。他担任国教的大祭司长（pontifex maximus）已有二十年。恺撒似乎再无更高的职位可升，除了当上神化的君主。

甚至这一点也是命中注定的。公元前44年，他的头像开始出现在罗马硬币上，这是此种荣耀第一次被授予国王或神祇之外的人。恺撒的亲密追随者马克·安东尼（Marcus Antonius，前83—前30）曾试图建立一种崇奉活人恺撒的崇拜，并自任为祭司，虽然以失败告终。恺撒也大大扩充了元老院的人数，亲自提拔了数百名贵族与骑士入内。他任命了大量新的地方长官，个个对他感恩戴德，并在意大利境外建立了许多新的拉丁殖民地，赏赐给忠心可嘉的军人。成功使他飘飘然，感觉自己已无懈可击的他却也犯下了一个致命的错误。他解散了自己的禁卫军（Praetorian Guard）。

保守派已蛰伏多时，眼见恺撒的独裁权力日益壮大，这令他们怒火中烧，决心要让罗马找回共和国时期的所谓的原初美德。他们经过详尽讨论，认为除掉恺撒的唯一办法就是将其杀死。他们迅速形成了一个阴谋集团。其头目为盖乌斯·卡西乌斯·朗吉努斯（Gaius Cassius Longinus）与马库斯·尤尼乌斯·布鲁图斯（Marcus Junius Brutus）。

在内战期间，卡西乌斯曾站在庞培一边对抗恺撒的军队，但向来对罗马内部手下败将宽宏大量的恺撒赦免了他，于公元前44年将他提拔为裁判官，后来又任命他为执政官。

领导阴谋集团的布鲁图斯是一个极其正直与爱国的人——"这是所有罗马人中最为高尚的一个"——其他试图行刺的人认为，要计划刺杀一个如此受到平民拥戴的英雄，他是不可或缺的人物。他其实是个放高利贷者——布鲁图斯在西里西亚做过西塞罗手下的财务官，而西塞罗发现布鲁图斯从发放给塞浦路斯一座城市的贷款中收取高达48%的年息——但这一事实丝毫无损于他的声誉。对于罗马人而言，杀死一个权势通天且滥用权力的人未必是一件令人厌恶的事。他们的眼前就有不少英雄人物的事例，比如哈尔摩狄奥斯（Harmodius）与阿里斯托革顿（Aristogeiton），这对希腊情侣于公元前514年刺杀了僭主希帕克斯①（Hipparchus），人们在会场上竖立起纪念他们的雕像，许多罗马雕塑家（或者是受雇于罗马客户的希腊雕塑家）都复制过。阴谋集团也将恺撒视为僭主，并已下定决心将他杀死，他们于公元前44年在罗马元老院议厅的地面上用匕首将阴谋付诸行动。在莎士比亚的笔下，毫无防备的恺撒惊呼"Et tu, Brute"（"就连你，布鲁图斯？"），但他的临终遗言显然并不是拉丁语；而是希腊语，"kai su teknon"，"还有你，我的孩子？"合乎一位受过高等教育的罗马贵族向另一位罗马贵族的讲话，即使是在临死的一刻。

　　混乱随之而来。刺客将恺撒的尸体遗留在元老院议厅的地面上，他倒下的地方，就在一座庞培雕像的脚下。他们冲到大街上，挥舞着手中的匕首，大叫"Libertas! Sic semper tyrannis!"（"为了自由！这就是僭主的下场！"）普通民众都不愿相信恺撒的死，他们漫无目的地乱转，一些人因悲伤和困惑而歇斯底里；他们将阴谋者赶上了卡匹托尔山以寻求庇护。与此同时，恺撒的执政官兼主要助手马克·安东尼抢占了死者的书信文件、遗嘱和金钱，准备在恺撒的公开葬礼上发表讲话。他的演讲煽动起群众的暴怒情绪，原本自认为会被歌颂为救世主的同谋者们只得匆匆逃离罗马，前往帝国东部各省。

　　在这后恺撒时代之初、重新洗牌之时，没有一个人注意到恺撒唯一的男性亲属——他的甥外孙，一个瘦弱的十八岁青年，名叫盖乌斯·屋大维（Gaius Octavius）。然而结果却是，恺撒在遗嘱中写明，在他身后收养屋大维为他的养子和继承人，并将自己庞大财产中的四

---

①　希帕克斯：从公元前528/7年成为雅典的僭主，直到被刺身亡。

分之三留给他。篡夺了恺撒遗嘱执行人一职的安东尼断然拒绝将这笔遗产交给那乳臭未干的年轻人，并且拒绝支付恺撒遗嘱中规定赠与每位罗马公民的 300 塞斯特斯。这一荒唐到令人难以置信的吝啬举动决定了安东尼的命运，这使他丧失了绝大多数罗马人的好感。

与此同时，被禁止继承恺撒财产的盖乌斯·屋大维用自己比上不足比下有余的一点资金，从定居在坎帕尼亚与马其顿的恺撒旧部中筹建了一支私人军队。对于这些老兵而言，恺撒的名字依然具有一种魔力，而屋大维已继承了他的威望（mana）。此外，唇枪舌剑的西塞罗以十四篇《反腓力辞》（*Philippic Orations*）对安东尼展开了猛烈的攻击，此标题借鉴自狄摩西尼①（Demosthenes）的演说，西塞罗以此对那位恺撒生前的密友进行了异常凶猛的抨击。

[64]　现在，屋大维带领他的精兵强将向着罗马进军。十九岁那年，他被选为执政官——罗马历史上最年轻的执政官——并且自那以后被称为盖乌斯·尤利乌斯·恺撒·屋大维，简称屋大维。在波诺尼亚（Bononia，即现代的博洛尼亚）附近召开的一次与马克·安东尼及山外高卢统治者马尔库斯·埃米利乌斯·雷必达（Marcus Aemilius Lepidus）的会议后，屋大维宣布后三头同盟（Second Triumvirate）成立；这一同盟得到了罗马元老院的确认，而不久之后其对此也将别无选择。三执政将在其后的五年中执掌大权。他们掌握了征税与任命各级官员的绝对权力。他们可以随心所欲地放逐任何人，而他们也的确毫不手软——300 名元老院成员与 2000 名骑士在清洗中丧生，他们的金钱与财产都被三执政侵吞一空。

西塞罗为自己对马克·安东尼的凌辱付出了惨重的代价。公元前 43 年 12 月初，当一群屋大维的士兵在亚壁古道②（Via Appia）追赶上

---

① 狄摩西尼（前384—前322）：古代雅典的政治家、雄辩家，曾发表演说促使公民大会出兵抗击入侵希腊中北部城邦的马其顿国王腓力。
② 亚壁古道：连接罗马与意大利南部的布林迪西，是古罗马共和国最早，也是战略地位最重要的道路。

他时,他才刚刚踏上逃离罗马之路。他们埋葬了他的尸体,但将他的头颅带回了罗马。关于西塞罗头颅的命运,有两个版本的说法。"据说,"年代史编者阿皮安(Appian)写道,"即使是进餐时,安东尼也要将西塞罗的首级放在案头,直到他看腻了这幅骇人的景象。"另一个版本则叙述说,西塞罗的头颅被钉在广场上供大众辨认。马克·安东尼之妻富尔维娅(Fulvia)撬开尸体的嘴巴,拔出舌头、用帽针刺穿:她和众人都认为,对这么一个频频毫不留情诋毁她丈夫的器官,这是罪有应得的下场。

第二章

奥古斯都

在摄影及其后的电视问世并将之取代以前，宣传雕像一直是永久保留领导人肖像所必不可少的方式。世界各地都在大量生产这种雕像，以歌颂军事英雄、政治人物，以及对那些一切人等行使各类影响力的人物，连同他们的优良美德、丰功伟绩。其中大部分雕像都是令人厌恶的庸俗之作，但也并非全然如此，历史上最杰出的位高权重者肖像当属一尊发掘自一座曾属于莉薇娅（Livia）皇后的庄园的大理石雕像莉薇娅皇后是屋大维的妻子，未来的皇帝提比略之母，该庄园位于古罗马的主要入口"第一门"（Prima Porta）附近。这是一尊莉薇娅之夫——盖乌斯·尤利乌斯·恺撒·屋大维的肖像，他以罗马的第一位皇帝奥古斯都（前63—14）之名闻名于世、名垂青史。

这尊雕像本身或许并不算是伟大的艺术品，但它足够使人过目难忘，它可能是一座希腊式青铜像的大理石复制品，显示了英雄奥古斯都身着军装、在战斗前夕向着整个国家抑或是他的军队发表演说的场景。作为一种冷静、自信的力量在这世上的投射，这座雕像在雕塑领域内几乎无可匹敌。一个人不需要任何特殊的罗马史知识就可以观赏它。但这里仍有许多细节值得解释。就拿他所穿戴的胸铠来说，其设计所反映的史实是，罗马的军旗曾经于公元前53年被东部边境的帕提亚①人掳去，而奥古斯都成功收复了这面军旗，从而为罗马一雪前

---

① 帕提亚：里海东南部的古国，位于今伊朗东北部。

耻——大多数受过教育的罗马人都能理解这一点，而今天的我们恐怕很难做到。同样有助于理解的一点是，置于奥古斯都右腿边的爱神厄洛斯（Eros）的小型像意在提醒我们，他的家族——儒略家族——所宣称的源于女神维纳斯的血统；它的存在强化了一个信仰：奥古斯都就是活生生的神，而厄洛斯旁边的海豚意指奥古斯都在亚克兴[①]（Actium）海战中击毁安东尼与克利奥帕特拉舰队的事迹。

我们也许会倾向于认为，《第一门的奥古斯都》是一件独一无二的作品，但事实几乎肯定不是如此。罗马人醉心于克隆、复制与散播"成功"的形象。也就是说，特别是源自意识形态视角的成功。如果我们将这尊奥古斯都像视为"原创"，我们大概就错了。在罗马帝国境内各处，雕塑家们都在忙着大量炮制奥古斯都的标准化雕像，其中大多数为大理石，也有一些是青铜材质。这些艺术家中的希腊人要多过罗马人，且他们的生产活动——据目前所知——是以一种高效的类工厂式方式而组织的。古典罗马艺术与安迪·沃霍尔[②]（Andy Warhol）技法之间的共同点远比人们一开始认为的还要多。一个庞大的帝国必须被其奉若神明的皇帝的形象所充斥。正如一项 2001 年的研究指出，"据最新的统计，留存至今的（奥古斯都）头像、半身像与全身像数目超过了 200，而据最近的估计，古代产量推测总计约有 25000—50000 个石制雕像"。

奥古斯都（该名称为元老院授予的头衔，意为"值得敬奉的"，带有神圣与半神地位的暗示）是尤利乌斯·恺撒外甥女的儿子，由恺撒亲自收为养子。我们不清楚早年的屋大维与他的舅公是如何相处的，但毫无疑问的是，恺撒对他的影响是决定性的。这位年轻人尤其崇拜恺撒的政治与军事胆略。

他迅速完成了恺撒之死的复仇。公元前 42 年，三头同盟的军队

[①] 亚克兴：希腊西部海角上的古城。
[②] 安迪·沃霍尔（1928—1987）：波普艺术的倡导者与领袖。

《第一门的奥古斯都》,公元约 15 年
白色大理石像,205 cm;梵蒂冈城梵蒂冈博物馆

在腓力比(Philippi)战役中摧毁了叛军。布鲁图斯与卡西乌斯兵败自尽。

如今完全掌控了罗马的三头同盟对国家的元老院阶层与骑士阶层展开了猛烈的清洗。在此过程中,屋大维与马克·安东尼之间深深的裂痕开始显现。其结果就是短暂的佩鲁西亚战争(Perusine War,前 41—前 40),在战争中,安东尼对屋大维发动了公开的反叛。考

[67]

古学家出土了不少与此相关的遗迹，比如刻有粗鲁言辞的石制或铅制弹弓球"我踢屋大维的屁股""屋大维阳痿"。这是一场残酷的小型战争，屋大维取得了胜利，在此之前的三月十五日，他已用约 300 名元老院与骑士阶层的囚犯在尤利乌斯神坛前进行了献祭。安东尼与屋大维之间的对抗勉强得到平息。在新的秩序中，屋大维取得了罗马西部各行省的控制权，而安东尼掌握了东部地区，包括那致命并著名的埃及。

随之而来的是安东尼与埃及托勒密王朝最后一任统治者克利奥帕特拉（前 69—前 30）的风流韵事给他带来的外交与军事上的惨败。这位尼罗河的女王早先就与恺撒有私情（前 49—前 48），并为他生了一个儿子。之后她与安东尼投入了那段著名的恋情中，始于公元前 41 年。他们生有一对双胞胎。现存的硬币与克利奥帕特拉的其他肖像似乎并不能公正地显示那些认识她的人（特别是安东尼）眼中令人难以抗拒的美丽。也许好几个世纪后布莱兹·帕斯卡[①]（Blaise Pascal）的评论是对的：若克利奥帕特拉的鼻子能再短一点，整个世界的历史就会与今天不同了。不过有些事情是永远不会有答案的。

然而十分明确的一点是，安东尼与克利奥帕特拉之间的热恋引发了巨大的政治反响。这是给屋大维的天赐良机，他一直想要一举摧毁安东尼，却始终无法付诸实施，因为对安东尼的攻击很容易被解读为对尤利乌斯·恺撒神圣往事的攻击。当安东尼与埃及女王开始交往后，他的机会来了，他开始宣传一个观念：克利奥帕特拉诱使安东尼背叛了罗马。克利奥帕特拉是埃及一个为权势而疯狂的希腊[②]荡妇，是个不惜一切代价要破坏罗马人在中东利益的女人，用自己的美色给安东尼灌了迷魂汤。她千方百计想要登上卡匹托尔山；她意在统治

[①] 布莱兹·帕斯卡（1623—1662）：法国数学家、物理学家、发明家、作家与天主教神学家。
[②] 托勒密王朝的统治者为希腊人。

罗马。

事实上，我们世代相传的克利奥帕特拉的形象完全是误导，是宣传的产物，仅此而已。甚至正相反，她是一个值得敬佩的女人，尤其是她的聪明才智，远远不止是懂得色诱而已。她只与两位权倾天下、魅力超凡的男性——恺撒与安东尼——有过恋爱的记载并与他们生了孩子，而她对他们的爱是真挚的。她那工于心计的荡妇形象是个彻头彻尾的错误。

但这确实为屋大维实现目标帮了大忙。他以此在罗马的平民与贵族中激起了战争的怒潮。首先，他们担心克利奥帕特拉会通过对安东尼施加影响来颠覆罗马政治的正确道路——若她随安东尼前来罗马，还会造成更严重的破坏。其次，一个女人——任何一个女人若拥有如此大的政治影响力，都会令他们心怀怨怼。

于是，屋大维胸有成竹，民众普遍支持对安东尼发起一举消灭他与克利奥帕特拉的进攻。最后的结果是一场屋大维与安东尼舰队之间的海战。这次海战发生于公元前31年，地点在亚克兴附近的海上，希腊的伊庇鲁斯①（Epirus）以南。克利奥帕特拉与安东尼的六十艘战船被罗马海军击溃；大多数都缴械投降了。克利奥帕特拉则逃回了亚历山大港；安东尼也是一样。他们两人都选择了自尽，他自刎而死，而她——她无法承受痛失所爱的悲伤，也不堪忍受在罗马公开受辱的前景，因为屋大维将要把她游街示众、以示惩处，于是她用一条角蝰②将自己毒死，这条角蝰也成了历史上最出名的一条蛇。

屋大维继续向着埃及进军。他于公元前31年8月1日进入亚历山大港。在那里，他瞻仰了他的英雄与榜样亚历山大大帝③那以防腐

[68]

---

① 伊庇鲁斯：欧洲东南部地理与历史地区，处于品都斯山脉与爱奥尼亚海之间，今天分属希腊与阿尔巴尼亚。
② 角蝰：一种分布于北非沙漠地带的毒蛇。
③ 亚历山大大帝（前356—前323）：即亚历山大三世，马其顿王国（亚历山大帝国）国王，世界古代史上著名的军事家和政治家，建立了地跨欧亚非三洲的亚历山大帝国。

香料保存的遗体。这一定使他下定了更进一步的决心。

敌人死的死、逃的逃,军队高奏凯歌,恺撒大仇已报,疲倦于战争的罗马人民此时只盼望秩序与光荣、持久的和平,而屋大维如今也已得到了统治罗马的绝对权力。"他是第一号、最伟大与普惠万民的大恩人,"亚历山大港的斐洛[①](Philo)写道,"因为他取代了多人统治,使国家这艘大船只由一人掌舵,那就是他自己……整个有人居住的世界授予他不亚于神仙的荣誉。一座座神庙、大门、前厅与柱廊已清楚地证明了这一点……他从不希望任何人将他称为神的事实表明,加诸其身的铺天盖地的荣誉并没有使他洋洋得意、自我膨胀。"然而罗马人却为他提出了一个新名字:不再是屋大维,而是奥古斯都。

他所建立的帝国史无前例。此刻,罗马统治着整个地中海世界。

我们流传下来的关于古罗马的形象是经过大量改编的。很大一部分改编出自后世的艺术与艺术家之手:比如尼古拉·普桑[②](Nicolas Poussin)。这座想象中的城市——被乔装打扮为一座集体记忆之城——以白色为主,那是古典大理石的颜色,在我们的想象中,这座城市正是以这种材料而建。(于是从一开始我们就被误导了,因为罗马建筑师认为,用来覆盖建筑的砖石与混凝土内核的大理石中,最珍贵的往往是有色的。)洁白的圆形石柱在太阳下熠熠生辉,支撑着各式柱顶——多立克式、爱奥尼亚式、科林斯式、托斯卡纳式、复合式,以飞檐、楣梁、拱顶相连接。洁白的坡道,洁白的柱廊,一级级洁白的台阶,还有流水潺潺的喷泉中洁白的泡沫。当然,还有皮肤白皙的人们栖居在这城市的图景中,他们身着白袍。这些庄严高贵的罗马人个个气度不凡。他们是已知世界——从英格兰到非洲、从泰晤士河到尼罗河、从塞纳河到幼发拉底河——的主人与统治者,所以他们

---

① 斐洛(约前50—约20):希腊化犹太人哲学家。
② 尼古拉·普桑(1594—1665):法国古典巴洛克画派的领袖。

从不熙攘，也不匆忙，正与自己的身份相称。他们的身姿高雅堂皇；他们自己就已宛如一尊尊雕像。他们的身上充满了绝对罗马式的特质——庄严（gravitas）。

倘若我们将一名真正的罗马人从这一时期即公元 2 世纪的真实罗马摘出，又或者从奥古斯都时代的早期城市摘出，并将他放到这美丽而充满意义的地方、这古典秩序的所在、这想象中的罗马，只怕他会感到格格不入。

真正的罗马可以说是地中海上的加尔各答——拥挤、混乱、肮脏。只有少数居民可能居住在我们想象的宫殿中，而大多数人都栖身于密集的"兔子窝"里——那是被称为"岛屋"（insulae）的公寓楼，高耸、偷工减料、颤颤巍巍，高度可盖至六层，又会突然坍塌或付之一炬。建筑规范根本就不存在。诗人尤维纳利斯（Juvenal）毫不夸张地抱怨道，

> 我们的城市绝大部分是靠板条撑起的；因为房东就是这样修补起老旧墙壁上的裂缝，力争使房客在悬于他们脑袋上方的废墟下安然入睡。

因为岛屋上通常不设烟囱，房客们在冬天只能靠炭火盆取暖，使自己暴露在一氧化碳中毒或意外失火导致死亡的危险中。罗马有约 1800 户独院住宅（domus）以及 46000 座岛屋，而一座岛屋的大小或住客容量是没有定规的——房东能塞进去多少人，容量就是多大。如果我们将图拉真①时代的罗马总人口估计为一百四十万，这个数字大概与实际相去不远。

这使罗马成为一座广阔巨大而举足轻重的城市，然而它也因为使大多数罗马人生活在极其恶劣的环境里而饱受责难，1870 年代移民

---

① 图拉真（53—117）：古罗马皇帝，98 年至 117 年在位。

高峰期纽约最脏乱的贫民窟以人满为患、缺乏基础设施——水、新鲜空气、排污服务——而臭名昭著，但罗马人的条件更糟。"罗马，各片土地、各族人民的女神，"诗人马提雅尔写道，"无可比拟，无法靠近。"

然而这女神却在发臭。在机械化运输出现以前的悠久岁月里，罗马的街道上堆满了马、猪、牛、狗、驴和人类的粪便，数以吨计，更不用说还有死婴、时有发生的凶杀与抢劫案中的尸体，以及所有的餐厨垃圾。鲜有收集与运走这些东西的设施存在，就连倾倒入台伯河的设施也没有。而台伯河——你应该还记得——依旧是许许多多罗马人家的主要饮用水供应源。直到图拉真统治期间的公元109年6月，组成图拉真高架渠（aqua Traiana）分配端的八条高架渠才开放使用，为台伯河右岸带来每天超过两亿两千万加仑的优质泉水——而其中的绝大多数都被富裕人家的地面层所独占，只有非常稀少的岛屋架起了向楼上输送好水的管道。

[71] 尽管如此，古罗马在卫生方面却的确有一项胜过现代纽约的优点。与现代美国不同，大多数罗马城市中都配备有大量的公共厕所，古罗马城亦然。这些公厕并非现代人司空见惯的类型。由于古代罗马人不像我们今天一样有对排泄的忌讳，所以他们并不要求独立的隔间。典型的罗马公厕中布置有一条石头长凳，上面开着一个个适当的孔洞。人们并肩同坐，友好和谐。石凳的下方是一条流水的沟渠；在厕位之外的地面上还有一条水槽，使人们在如厕完毕后可以洗手。

因为市政垃圾处理就像汽车和视频录像一样远超罗马人的想象，所以住户们都是将垃圾往街道上一扔了之，让垃圾堆积在那里腐烂发酵，时而被雨水冲刷掉一部分。至少那里还有下水道和雨水沟，将垃圾冲进台伯河。事实上，从公元前6世纪开始兴建的罗马下水道系统是全世界市政工程中的奇迹之一（即使仍有不完善之处）。

谁也不希望生活在满地粪便的环境中。保存在庞贝城火山灰下的众多涂鸦中，有一条写道——"为人为己，请勿在此便溺"。另外，一座百万人口的城市显然也会面临着污水处理的问题。罗马有自己的一套排污系统，闻名遐迩。该系统中贯穿罗马地下的主汇集管道"马克西姆下水道"(Cloaca Maxima)起始于奥古斯都广场(Forum of Augustus)中密涅瓦神庙的地下，经过朱里亚会堂①(Basilica Julia)与维斯塔神庙之间，从君士坦丁凯旋门(Arch of Constantine)与真理之口广场(Piazza della Bocca de la Verita)下穿过，在断桥(Ponte Rotto)下方一个直径五米的拱形出口将恶臭的排泄物倾泻进台伯河里。似乎没有一座岛屋安装有直通下水道的落水管。粪车会偶尔出现，但并不定时。人们通常会在傍晚向公共街道上倾倒垃圾废物。因为粗陶不值什么钱，所以连便盆带其中的污物一起往外扔是一种普遍的习惯，这也是古罗马生活的缺点之一。尤维纳利斯警告游客，"你若是出门吃饭前不立个遗嘱，那可是太疏忽大意了"，因为过路人被从天而降的夜壶砸中脑袋的事并不鲜见。"在你经过的街道上，每一扇敞开的窗户都极有可能置你于死地。所以……还是孤注一掷地期望窗户只是把便壶里的内容泼到你头上就满足了吧。"罗马法律中的确有为被从天而降的夜壶砸伤的人们主持公道的条款：受害者应该获得医药费和误工费的赔偿。可是他却不能以受伤致毁容为由起诉岛屋的房主或租客，因为"自由民的身体不具有价格"。

在夜晚漫步时，明智的人应该戴上一顶棉皮帽以保护头部，不仅是为了防御以上所述的危险，也是为了抵挡其他更加具有犯罪倾向的罗马人的袭击。据苏埃托尼乌斯②(Suetonius)记载，这些犯罪的罗马人中就包括年轻时的尼禄(Nero)皇帝，他的运动就是与一伙同伴潜行在罗马的坡地上和小巷内，将陌生人打晕——"他惯常对从宴会回家路上的人施以棍棒，若有人胆敢还击，他就会给他一顿狠揍，然后扔进下水道。"被一位深夜潜行的皇帝偷袭，又被大粪淹个半死，即

---

① 朱里亚会堂：罗马帝国早期的会场，位于罗马广场。
② 苏埃托尼乌斯(约69—122)：罗马历史学家。

使是在乔治王时代卫生条件恶劣、王权专制的伦敦，游客也不会遭受这样的命运。然而，你难以分清袭击你的人究竟是尼禄还是只是个普通人，因为罗马的街道没有路灯，也无人监管。要么，你找一个掌灯人（lanternarius）或奴隶在前面为你打着火炬，要么你就伴着恐惧在黑暗里摸索前进。而且，街道也自然是没有号码或名牌的。

　　混乱的交通状况使城市生活更加艰难。公元前 45 年，尤利乌斯·恺撒下令，禁止手推车、四轮货运马车及双轮战车于日出到下午三点之间在城内行驶。这是个关于城市规划的典型昏招，尽管它使罗马日间的步行与骑马环境宽松了一些，但却立刻使罗马的商业运输转移到了夜间，令大多数罗马人无法入睡。罗马式手推车的木轮上装有铁轮圈，在沟槽与铺石路面上行进时发出"叮咣"不断的噪音，还混杂着牲畜的驴嘶马鸣、推车人的大呼小叫、商人的怒吼争吵，还有装卸货物的碰撞刮擦声。这些声音响彻一整夜，就是块石头也没法在此安睡。尤维纳利斯觉得，就连海底的海豹也要睡不着了。这可能导致了皇帝克劳狄的失眠症。罗马，简直与安憩为敌！在日间，情况也好不了多少，虽然交通噪音不那么吵闹了，鼎沸的人声与行人的混乱却仍然令人难以忍受。唯一的解决办法，或者说解决一部分问题的办法，就是使自己发家致富，然后安逸地坐在奴隶抬着的宽敞轿子里，从那些疯狂人群的头顶上经过。在这轿子里，你可以关上窗，大概还能打盹片刻。然而若是步行，尤维纳利斯写道：

　　　　汹涌澎湃的人潮横亘在我面前，摩肩接踵的人潮紧贴在我背后；一边有人用手肘把你推来搡去，另一边用棍棒将你敲击；下个人的木板敲着你的头，再下一个则是桶。与此同时，你的双腿陷在泥泞里越发沉重，你的脚面被踏上了来自四面八方的无数双鞋，一个士兵的钉靴还会扎穿你的大脚趾……

当然，在水流出罗马之前，它先要流进罗马。这一点主要是通过高架渠来实现。十一条高架渠为这座城市供应着饮用水与洗涤用水，八条都是通过埃斯奎林山地区进入罗马。另有四条是在教皇取代皇帝之后增建的，其中两条修建于 20 世纪。再没有一座古代城市拥有如此丰沛的供水，这也为罗马赢得了"水之女王"（regina aquarum）的美称。几乎所有高架渠输入的水都是可供饮用的，除了阿尔西耶蒂诺（Alsietino）高架渠，输送马尔蒂尼亚诺（Martignano）小湖的水，这条 33 公里长的水道为奥古斯都皇帝在今天特拉斯提弗列①的位置发起的水战提供了舞台。最优质的水大概来自克劳狄高架渠，该高架渠于公元 38 年由卡利古拉②（Caligula）始建，公元 52 年由克劳狄完工；而建设难度最大的高架渠当属玛西亚高架渠（Aqua Marcia），始建于昆图斯·马西乌斯任执政官期间的公元前 144 年，总行程 91 公里，其中 80 公里埋于地下。

高架渠的维护是一项永无止境的工作，主要由奴隶来进行。流水带来并沉淀在管壁上日积月累的"泉华"（sinter）使每一条高架渠的管道（specus）逐渐变细窄——"泉华"这一德语术语指的是碳酸钙（$CaCO_3$）的沉淀。泉华沉积的速度由几个可变因素决定：水的"硬度"，或者说石灰含量，管道的质地（粗糙的表面易于形成沉积，从而使表面愈加粗糙，增大摩擦力，累积下更多泉华），以及水流的速度。对法国南部尼姆（Nimes）大高架渠的管道进行的研究显示，200 年来，两侧的泉华沉积物使管道窄了 46 厘米、即原本宽度的三分之一。这也就是说，每个世纪收窄约六英寸——听起来似乎不算多，然而纵观为罗马供应用水的十一条高架渠几百公里的总长，研磨剥落泉华的任务量就蔚为可观了，如同维护陶瓦或铅制水渠一样。而且，有五分之四长度的管道都是位于地下。

---

① 特拉斯提弗列：罗马的第 13 个区，位于台伯河西岸，梵蒂冈城以南。
② 卡利古拉（12—41）：罗马帝国皇帝，37—41 年在位。

用水主要是通过铅管分配到终端用户。由铅的拉丁语名称"plumbum",水管工被称为"plumbarii"——这一称呼流传到了现代,在英语里拼写为"plumber",法语里则是"plombier"。以铅制造管道具有很多优点。它柔软、可塑性强、熔点低——约 375 摄氏度。最重要的是,这种材料常见而廉价,本身就是一种废产物。可是它有一个缺点:毒性高——在维多利亚时代,许多孩子常常用牙啃咬他们的铅制玩具兵,最终酿成悲剧后他们悲恸的父母才发现这种危险。

罗马人大量使用白银,这种金属少量存在于其主要矿石方铅矿(硫化铅)中。在方铅矿熔化时,每分解出一份白银,就会产生 300 份废铅。奴隶们用简单的工序将这些废铅制造成铅管(这些奴隶很有可能会最终死于铅中毒)。他们让熔化的铅液在一个耐高温的倾斜面板上流动。当铅达到需要的厚度并冷却下来时,修整产生的铅片,将其卷于大小合适的木轴。把铅片的边缘焊接在一起,水管就制成了——每段长度通常为十英尺或以下。

罗马以铅制水管输水的状况导致了一个顽固的谣言:这种水是被污染的,因此铅中毒会导致饮水的人死亡或生病。然而事实却不会是这样,因为水流在管道中的流速太快(最快可能达到每秒 1.5 米),根本沾染不上多少毒性。然而,葡萄酒却常常被长期贮存在内壁涂有铅基釉料的酒坛或双耳罐中,嗜酒的罗马人很有可能会因此而受到影响。更有可能,让罗马人生病的不是铅中毒,而是淋病。

水又是怎样流入城市以及各家各户的?那时还不存在压力泵。罗马的整个用水分配系统——全长 500 公里的十一条高架渠——都是利用重力为动力,而这一动力需要维持极长的距离:罗马玛西亚高架渠最初的起始点距罗马城 91 公里,新阿尼奥高架渠(Anio Novus)也近不了多少(87 公里)。由于水不可能违反重力往山上流,所以每条高架渠都必须全程保持循序渐进的下坡。比如在玛西亚高架渠上,每一公里就有 2.7 米的下坡。可是自然的地势不可能总是平坦而轻微下降的。因此,当高架渠遇到上坡时,就必须从隧道中流过;而当地平面陡然下降时，又必须用拱桥架起水管。于是就有了汇聚于罗马的高大高架渠排列在郊外平坦荒野中那壮观的景象——延绵数英里，还没有坍塌为废墟的拱桥在原本平凡无奇的景色里摆出了骄傲的韵律，于金色的晨曦或玫瑰色的晚照中寂然美丽。

可是，怎样为高架渠设计出必需的外形、精确的下坡，让珍贵的水资源输送入城市中心？这项工作由测量员进行。他们没有现代的设备——今天的测量员所装备的激光水平仪与经纬仪，在那时还根本不存在。然而他们却用如今看来十分原始简陋的工具出色地完成了任务。在这些工具中，首先是水平仪（chorobates）——一种细长的水槽（以一截直而中空的树干制成），可以支撑在石头上，内中盛水。静止的水面永远是水平的，这就为向外观测提供了绝佳的参照，再加上当一名助手带着有刻度、带移动靶的垂直测量杆置身一段距离以外时，一名视力优良的测量员——罗马还没有望远镜或眼镜——就可以轻易地确立两点间地势的起伏了。这是一种笨拙的工具，需要一张二十英尺长的台子才能放下水槽，但在技术娴熟者的手中，却可以用来绘制出不同的高度，精准度惊人。人们目前还没有发现这种仪器的遗存，但从描述中无疑可以确定它的用法。地下管道的开挖也是遵循着相似的测量原理。[76]

第二种实用的工具是窥管（dioptra），一种安装在三脚架上的扁平圆盘，可以在水平方向上转动，也可以在垂直面上倾斜。通过以径直穿过圆盘的方式固定的观测管，就能测量出远处目标的高度与方位，这也是现代经纬仪的始祖。

最后一种是每名测量员必备的基本工具，与高架渠设计相比，更多地运用在田野测量中：格洛玛（groma），含有两个水平的、呈十字形交叉的木条，以直角固定在一根杆子的尖端，木条的每一端都悬挂着一个铅垂。该工具对罗马的另一种大型工程项目同样必不可少，那就是道路规划。

在高架渠的全程，特别是就要进入罗马的位置，设置有许多固定的贮水池：这是一种简易的过滤系统，水流可以在此暂时停顿，让颗粒和杂质沉底，奴隶组成的养护队会定期进行清理。

[77] 最古老的高架渠完全可以追溯到共和国年代：十六公里长的阿皮亚高架渠（Aqua Appia），大部分位于地下，修建于公元前 312 年，陆续经过昆图斯·马库斯·雷克斯（Quintus Marcus Rex，前 144）、阿格里帕（Agrippa，前 33）以及奥古斯都（前 11—前 4）的翻修。它每天输送着 75000 立方米的水。

第二古老的高架渠是旧阿尼奥高架渠（Anio Vetus，前 272—前 69），这也是一条大部分位于地下的高架渠，直接从蒂沃利[①]（Tivoli）上游的台伯河中取水，送往 81 公里外的罗马，日输水量约 180000 立方米。

在殖民地的节节胜利导致了罗马的人口上升，使这座城市对用水的需求量在公元前 2 世纪迅速增长。这催生了所有高架渠中最长的玛西亚高架渠，全长 91 公里（其中 81 公里在地下），日输水量 190000 立方米。

万神庙的修建者阿格里帕也建设了两条高架渠，朱利亚高架渠（Aqua Julia，前 33）与处女高架渠（Aqua Virgo，因该高架渠在城外的源头由一位年轻女孩向测量员指出，故得此名）。二者每日共向罗马输水约 150000 立方米。还有两条高架渠由卡利古拉皇帝开始修建（公元 38 年开建的克劳狄高架渠与同年开建的新阿尼奥高架渠），却在克劳狄皇帝任期内才完工；二者每日共向罗马输水超过 380000 立方米。全部加起来，十一条高架渠的日输水量约为 1130000 立方米，用以满足约一百万人的日需求量，平均每人每日用量约 1.13 立方米。

这些水并非全部用于饮用、烹饪与洗涤。就像在今天一样，在古罗马，水的特性中具有一种十分强烈甚至必不可少的装饰与隐喻性的方面。不是每一座住宅都带有花园，但许多住宅确是如此，于是那

---

① 蒂沃利：意大利中部拉齐奥的市镇，位于罗马的东北方。

些有财力建得起花园的富户就需要大量灌溉植物、灌注池塘——自然还有维持喷泉的水。罗马的喷泉，被数不清的画作、诗歌与音乐（想想雷斯庇基[Respighi]的《罗马的喷泉》[Le fontane di Roma]中那令人陶醉的颤音与叮当）所歌颂，向来是这座城市及其文化的特征。在机械泵诞生之前的时代，由于水压不高，古罗马的喷泉并不像我们今天概念中的那样，喷射出波光粼粼的涌流，或者像17世纪的吉安洛伦佐·贝尔尼尼（Gianlorenzo Bernini）等人精心设计的那样壮丽宏伟，然而格外令人神清气爽、倍感放松的却是那细流涓涓的水池、装饰精美的池塘、水流清浅的瀑布，还有抽水盘（chasses d'eau）——这类装置中工程最宏大的，当属蒂沃利的哈德良庄园内著名的克诺珀斯（Canopus）。

以上一切，还有许许多多的城市光辉，都仰赖于一个由意大利台伯河口上的小小种子发芽生长而来的殖民帝国，而奥斯提亚是这个不断壮大中的帝国的关键港口，向内运来财富，向外运出行政管理人员，早在伊特鲁里亚的原住民时代就已开始。现如今，在这千年的转折点上，它正以惊人的规模扩张。在非洲，罗马控制了努米底亚[1]（Numidia）、毛里塔尼亚[2]（Mauretania）、昔兰尼加[3]（Cyrenaica）等行省，以及非洲殖民地（Africa Proconsularis）。罗马对非洲的占领并没有为自己带来矿物资源（那主要来自西班牙），而是提供了大量的粮食与其他食物，还出乎意料地为竞技场上的表演带来了野生动物。罗马彻底占有了埃及。它对伊比利亚半岛——即现代的西班牙与葡萄牙——的控制权由塔拉科南西斯（Tarraconensis）、卢西塔尼亚（Lusitania）与贝提卡（Baetica）三个行省分治。它统治了高卢（卢古德南西斯 Lugdunensis，纳尔博南西斯 Narbonensis，贝尔吉卡

---

[1] 努米底亚：今阿尔及利亚东北部。
[2] 毛里塔尼亚：今摩洛哥东北部及阿尔及利亚西部。
[3] 昔兰尼加：今利比亚东部。

Belgica)与不列颠。它将日耳曼的边境省份与沿着多瑙河天然疆界的领土、如达契亚（Dacia）收入囊中——尽管时有动荡。它还占有了被吞并的希腊（马其顿 Marcedonia、亚加亚 Achaea、色雷斯 Thrace）及小亚细亚（Asia Minor）的一大片土地。它最东的行省包括犹太（Judea）、叙利亚（Syria）和美索不达米亚（Mesopotamia）。

在其全盛时代，居住于罗马帝国境内的五千万到六千万人口——全部臣服于一人的绝对统治，全都是罗马的臣民：罗马公民，还有其他部族的意大利人；各种各样的欧洲人与中东人、高卢人、达契亚人、亚美尼亚人、美索不达米亚人、叙利亚人、非洲人、埃及人、不列颠人、西班牙人、日耳曼人，不胜枚举，这样的盛世似乎永无尽头。这一切构成了一幅广袤而令人迷乱的，交织语言、历史、信仰与风俗的复杂拼贴画，一些民族主动臣服于罗马的权威，大多数屈服在牢不可破的殖民统治下，还有少数几个民族——比如一贯倔强不屈的犹太人——一直与那将其征服的体系格格不入。有些民族对于罗马的主流文化几乎没有产生任何影响。另一些文化——其中尤以希腊为突出——不仅影响了罗马文化，而且改造了罗马文化。"在希腊被攻占后，她却反过来奴役了她野蛮的征服者，"贺拉斯（Horace）写道，"并且将艺术介绍到了粗鲁不文的拉丁姆。"

几乎就是在奥古斯都于公元前 31 年从亚克兴战役凯旋归来的那时起，他开始了一项雄心勃勃的计划，要让他的罗马城弥补缺损、重现辉煌。他充分利用了自己的元首统治所带来的资金与工程上的长期保障——他以"第一公民"（princeps）一词表示自己的统治，奥古斯都用这一头衔避免使其遭受专制或王权统治的污名。"一方面，他声称，对保护平民的护民官权力感到满意，"塔西陀写道：

> 奥古斯都以犒赏引诱士兵，以粮食引诱百姓，以和平的诱惑蛊惑所有人，权势日渐增长，将元老院、地方长官的法律大权执掌于自己一人之手。无人站出来反对他，因为最有

胆识的一批人已阵亡在战争中……至于留存下来的贵族，他们表现得越是奴颜婢膝，得到的财富与官职就越高。

在奥古斯都今后几十年的统治中，他最重要的一项政治天才就是成功维护了一种幻觉：他不是独裁者，只是一位拯救者，是将共和国最初的美德交还元老院，以及罗马的人民，以此恢复共和国的人。

但这是个谎言——一个必不可少的谎言。奥古斯都作了一场恢复共和国的戏，可是没有几个罗马人如今还能回想起共和国曾经的模样。他绝不愿让国家再次陷入共和国式的混乱。他表明了征询元老院的意愿，而元老院则投桃报李地养成了从不悖逆他意志的习惯。他掌握着罗马军队，以及帝国各行省的总指挥权。他还担任着大祭司长的职位，这是国家的最高宗教权威。

奥古斯都称不上是一位常胜将军，但他的确取得了许多胜利。其中首屈一指的，就是于公元前 30 年吞并埃及为罗马的一个行省，这为罗马带来了取之不尽、用之不竭的粮食供应。他的军队完成了对西班牙的征服。他也吃过败仗，其中最惨痛的莫过于在莱茵河北侧的条顿堡林山（Teutoburg Forest）受到伏击，整整三个军团惨遭覆灭。这一场攻击中的日耳曼领袖赫尔曼（Hermann），又称阿米尼乌斯（Arminius），是日耳曼军事史上的天才之一，每一位德国领导者——从腓特烈大帝（Frederick the Great）到俾斯麦（Bismarck），再到（避无可避的）阿道夫·希特勒（Adolf Hitler），都在一遍遍祈求他的庇佑。据说，在那次失败之后很久，奥古斯都还会在深夜以头撞墙，哀求上苍"还我军团"。

然而无论胜利或失败，罗马军队中的每一名成员所宣誓效忠的对象总是奥古斯都个人。他给他们发饷。他们的指挥官由他选定，且他们在作战中的最高指挥官通常都是由奥古斯都家族的成员担任——提比略、日耳曼尼库斯（Germanicus）或阿格里帕。如果一名士兵能够活着服完兵役（十六年，后增至二十年），他会被分配一片可耕种的

[80]

土地，作为农民度过余生，而他将分配到什么样的土地、在什么地方，则全凭奥古斯都决定。简而言之，他是他们的恩主，而他们是他的依附者：这种组合与在民间生活里的别无二致，但却以更加严格的纽带——责任与纪律——转移到了军队中。

在亚克兴战役后的几年，屋大维／奥古斯都精明地放弃了这场胜利带来的最显而易见的机会——自立为罗马及其帝国的独裁官。公元前28／27年，他的一个举动似乎证实了，他不是独裁者，而是共和国及其原始美德的拯救者：他正式将最高权力交还给了元老院与人民。

在一份标题为《功业》（*Res Gestae*）的文献中，奥古斯都赞扬这一举动为自己任期内取得的主要成就——说来也怪，该文献最完整的版本不在罗马，却是以双语刻在加拉提亚①（Galatia）的安凯拉（Ancyra，即现代的安卡拉）的罗马与奥古斯都神庙石墙上；原始的版本安置在罗马的奥古斯都陵墓外，可是却被后世的小偷连着镌刻文字的青铜柱一并熔解再利用了。奥古斯都在文中写道，"在我的第六个与第七个执政官任期内，我已经扑灭内战，此时四海之内皆认定，我已绝对掌控了一切大权，我却将政治管理权（res publica）移交由罗马的元老院与人民斟酌处理。因为这一贡献，我被元老院的一道命令授予'奥古斯都'之名。"

然而，这一切只不过是假充门面；他的实际权力近乎专制。这里不存在什么"不断革命"，也不存在最高权力的自动保留——但他却执掌着高卢、西班牙、叙利亚与埃及的控制权，大多数军团都驻扎在以上地区，他还担任着罗马的两名执政官中的一位，行使着执政官的统治权（要么是执政官，要么是地方总督），一直到他去世。为了确保自己绝不会遭受尤利乌斯·恺撒的命运，他重建了一支特别的精英部队——又一支禁卫军，作为自己的个人护卫队。

---

① 加拉提亚：小亚细亚中部古王国，约公元前25年成为古罗马的一个省。

因此，通过对军权与执政官权力的掌控，他的实权已接近于专制，而顺从与依附关系的纽带则为他弥补了剩下的空白。而且，这样的关系持续了极为漫长的时间。就像在 1900 年，许多年过六旬的英格兰公民只知道 1840 年登基的维多利亚女王，根本不知道还有其他统治者一样，在奥古斯都去世时（公元 14 年），无数罗马公民只知道元首政制，不知道其他任何统治形式。"没有奥古斯都治理的国家"对许多人简直是难以想象，几乎是个自相矛盾的说法。

尽管如此，有些事情却是连这位最具雄才大略、意志最为坚定的领袖也无法做到的，而他失败的事之一——也是他的意图中极为重要的一部分——是试图借助立法恢复古罗马的美德。"凭借在我的推动下获得通过的新法，我把在我们的时代业已消失的、我们祖先的做法带了回来"。他让元老院通过了禁奢律，限制奢侈浪费与无故炫富，他还尝试通过严加管制上层阶级中发生离婚与通奸事件的频率来恢复他们日益衰微的尊严（dignitas）。他并不是个清教徒式的人，他自己的家族也绝对称不上是美德的榜样——由于某种于史无载的原因，他认为自己必须将养子阿格里帕·波斯图穆斯（Agrippa Postumus，前 14—前 12）流放到荒芜萧条的地中海岛屿普拉纳希亚（Planasia），而后者在那里很快就被谋杀而死；公元前 2 年，他流放了自己唯一的女儿茱莉亚（Julia），公元 8 年，他又流放了同样也叫茱莉亚的外孙女，二人被流放的原因都是私生活不检点。显然，在其外孙女的行为中，尤其令奥古斯都苦恼的是，在一次狂野的聚会上，她把一顶花冠戴到了好色之徒玛耳绪阿斯①（Marsyas）雕像的头上，这是一个明目张胆

[82]

---

① 他的故事是这样的：女神雅典娜曾造出一支长笛，又把它扔掉了，因为吹笛使她的脸变歪。玛耳绪阿斯捡到了这支长笛，并自己学会了如何吹奏。他的技艺十分高超，以至于向阿波罗提出挑战：由他的长笛与阿波罗的里拉琴进行比赛。不可避免地，这鲁莽无礼而好色淫荡的"萨提尔"输了。阿波罗可怕的报复，是将他吊起来、生生剥皮。人们一贯将这个故事视为一则寓言，关于艺术，同时也是生活中性的自发性（玛耳绪阿斯）与守纪律的创造力（无情的阿波罗）之间的对立。
——原注

的性暗示。然而奥古斯都企图通过立法让臣民重拾美德的尝试，就像古往今来大多数类似的努力一样，以失败告终。

　　与他的丰功伟绩相比，这一点失败也可谓微不足道。他重建了罗马的国家与政权，使其重焕生机，并且为罗马设定了一套延续五百年之久的治理模式。在古代，没有一位政治家敢宣称自己做到了这些。更不用说达到了以自己的行为准则为后世树立令人叹服的榜样的程度，而他也做到了。奥古斯都身上一概没有他的继任者们那些突出的恶习。他相信自尊自重而不是自大自夸；在仪式庆典上，他的表现总是如此，必要而又不逾越一位祭司长适当的限度，但也不是东方式的炫耀，尽管他已被人们当作神一般的存在——"神圣的奥古斯都"（Divus Augustus）。他也从不热衷奢侈的炫耀，尽管他的财产富可敌国。除了克劳狄与哈德良，在后世的皇帝中，几乎没有几人像他这样展现出了对"威信"（auctoritas，权威性影响力）与"统治"（imperium，来自上级的命令）之间差别的深刻理解。

[83]　　奥古斯都不是个贪吃的人。他的生活与饮食都很节制。"他……偏好平民的食物，"苏埃托尼乌斯回忆道，"尤其是粗面包、银鱼、新鲜的手压奶酪……也不会特意等待正餐，而是随处进食。"在演讲方面，他厌恶所谓"牵强附会之词的恶臭"。但他"竭尽所能地给予知识分子以鼓励；他会礼貌而耐心地出席朗诵会，不仅是关于这些知识分子的诗歌与历史作品的，还包括他们的发言与对话；然而他却拒绝被当作任何一部作品的主题，除非该作品的作者素以态度严谨、声誉卓著闻名"。他还颇具冷幽默感——如果你相信一些关于他的逸事的话。他曾到一名朝臣的府上赴宴，菜肴却颇为寒酸、敷衍。在离开时，他喃喃道，"我怎么不知道，我和你居然成了自己人。"在得知一名偷偷欠下2000万塞斯特斯巨债的骑士（eques）去世的消息后，奥古斯都派出了一名代理人前往这名骑士的财产拍卖会。在拍卖会上，他拍下了那人的枕头并收为己用。这一举动令众人大跌眼镜。可这位皇帝却解释道，"他背着如此巨债还能高枕无忧，这枕头一定

是特别助眠。"他还曾开过一个玩笑，或者说，有这么一个传说。在他击败安东尼与克利奥帕特拉并凯旋后，一名男子上前告诉他，自己驯服了一只渡鸦，会叫"恺撒万岁！胜利者！首领！"，要价20000塞斯特斯。奥古斯都把钱给了他，可是鸟主人的一个朋友后来却告诉奥古斯都，鸟主人其实还有第二只渡鸦，为了以防万一，他当初教给这只渡鸦说，"安东尼万岁！首领！胜利者！"这只渡鸦被带了上来。它果然叫了安东尼的吉祥话。这位皇帝却不以为忤，只是让鸟主人把钱分给他的朋友。他的赏赐也常常是异想天开的，可能是黄金餐盘，也可能只是"长长的山羊毛、或海绵、或扑克牌、或钳子"。

在这个新近稳定下来的罗马，位居社会结构的顶端、仅次于皇帝本人的，是元老院成员与他们的家族。地位凌驾于众人之上并不符合奥古斯都本人的利益，因为这会有损于他所假装的"同侪之首"（primus inter pares）的形象，并且增加了心怀不满的公民将他视作国王的风险。传统上，元老院成员都是出类拔萃的精英，而奥古斯都也谨慎小心地为他们保留了这一地位——即使在他的统治下，他们已越来越无事可做。为元老院成员们维持面子起到尤为重要作用的，是他们所能掌控（且是独自掌控）的地方行政长官职位。他们被期望成为"尊贵"的标杆，有时这甚至是法律的规定——元老院成员不可娶曾经是奴隶身份的女子为妻，不可以演员的身份出现在舞台上，或者（想也不要想！）以角斗士的身份进入竞技场。成为元老院成员还需具备财产资格：事实上在奥古斯都时代，身家少于一百万塞斯特斯的男子是不可能当上元老院成员的。

[84]

元老院成员之下，是骑士与扈从（equites）。在共和国初期，他们是一支骑兵力量，因此颇为富有。但现在情况已大不相同，因为在共和国后期与元首制时代，骑兵都是由罗马的盟国提供。可要取得骑士资格，财富仍然必不可少——至少需要400000塞斯特斯。

接下来是平民（plebs）——罗马公民的主体。有些平民生来就是自由的，而有些人则是自由民（liberti），是被主人释放的前奴隶。作为自由民并不羞耻，父母是奴隶的自由民也不会受到歧视。相反，这是一件值得庆贺的事。当小说家佩特罗尼乌斯（Petronius）在《萨蒂利孔》①（Satyricon）中描写自由民特立马乔（Trimalchio）吹嘘夸耀自己的地位时，他的笔触并不带轻蔑色彩，更没有恨意：特立马乔或许确实是粗俗不雅而颇为恶劣的，就像我们今天上东区②（Upper East Side）半数的市民一样，但他已经成功获得了社会地位，谁又会去指责一个前奴隶的挥金如土呢？

罗马社会的底层是奴隶，没有他们，整个社会将不可能正常运转。他们的法律地位十分简单。他们是动产，是物品，完全由他们的主人所有，可以任意买卖，随意指派去做任何工作。奴隶劳动力效率不及自由劳动力，这在罗马是人尽皆知的事实，因为这也是一名奴隶主学到的第一件要事。例如，普林尼就将前帝国时代罗马的高粮食产量归因于对农场中自由工的依靠，并把他自己所在时代粮食产量的下降归因于对奴隶劳动力的普遍使用。"在从前，"他更多地以一位道德家而不是经济学家的身份写道，

[85]

> 土地由普通大众的双手所耕耘，泥土在装饰着月桂花环的犁头下欢快地翻腾，一位农夫牵引着犁头，喜悦使他容光焕发……可是在今天，同样一片土地却由腿上戴着镣铐的奴隶耕作，由罪犯和打上烙印者的双手经营……让我们吃惊的是，作坊奴隶的劳动产量竟然还不如那些诚实战士的辛勤劳作！

话虽如此，可若是有选择，有哪个罗马人会将自己的奴隶放着

---

① 《萨蒂利孔》：佩特罗尼乌斯创作的讽刺小说。
② 上东区：美国纽约的一个地区，被认为是富人的聚居地。

不用呢？尽管大多数奴隶主并没有几个奴隶，大概也就是不超过一两个——就像在美国南北战争前，蓄奴的美国南方地区大多数的奴隶主那样——但一些罗马上层资本家家庭的奴隶人数却是十分令人惊讶的。自由民凯厄斯·凯利乌斯·伊西多鲁斯（Caius Caelius Isodorus）在公元1世纪末去世时，留下了4116名奴隶。不少罗马权贵拥有1000名奴隶，而服务于皇帝的奴隶可能多达20000人。但这些统计数字并不可靠，特别是关于顶级奴隶主的。传统上，人们估计在罗马帝国，每三人中就有一人是奴隶。

奴隶们做些什么？他们什么都做。他们的工作涵盖数目惊人、五花八门的任务与服务，劳动力的分门别类细致得几乎令人发疯。奴隶可以做送水工、贴身男仆、砖瓦匠、抬垃圾的。乡村的奴隶则修剪葡萄藤、喂猪、播种与收割小麦。他们可以是秘书、起草人、会计、石雕工和教师。大人物的梳洗打扮要由沐浴侍从（balneatores）、按摩师（aliptae）、美发师（ornatores）、理发师（tonsores）精心打理。他的膳食则由糕点师（libarii）、面包师（pistores）以及其他各类厨师（cocus）准备，并由大管家（structores）、餐厅侍从（triclinarii）、传菜侍从（ministratores）与揭盘侍从（analectae）传上。任何菜在被主人进食之前，都要先由尝菜侍从（praegustatores）尝过，以防有敌人潜入厨房下毒。在一连串上菜的间隙，还有舞女（saltatrices）、侏儒（nani）和小丑（moriones）为皇帝或贵族表演助兴。若有奴隶能当上主人的贴身侍从或秘书，这就表示主人对他相当信任，甚至是亲厚了。然而这也就意味着，他会被当作掌握秘密信息的人，这会导致他在审问中受到严刑拷打。

[86]

显赫人家的家庭奴隶的生活环境一般会优于乡村地区的农场奴隶，虽然事实也并非一定如此。但是，家庭奴隶的生活也更不稳定且缺乏保障。法律没有规定奴隶要为失去身份而受到惩罚，因为奴隶本就没有身份可以失去。主人拥有奴隶的身体，可以随心所欲地对他（她）做任何事：鞭打、强暴、把四分之三的人奴役致死。"敬重顺从法"(obsequium)就是铁律。另一方面,奴隶有时可能会从自己的主人那里得到一笔钱,叫做"私产"(peculium);他(她)可以把钱存起来,最终为自己赎身、获得解放。可是这笔钱完全是一种赠予,依法律而言,任何奴隶也没有必须拿到这笔"私产"的权利。

一切与之相关的人,无论是奴隶还是主人,都将"私产"理解为加强敬重顺从纽带的一种工具。有时,面对不公平的、可能极为可怕的惩罚时,奴隶们也会互相帮助、渡过难关。例如,皇帝康茂德(Commodus)因洗澡水太凉而对自己的一名沐浴侍从很不满意,于是命令另一名奴隶将其扔进皇宫的火炉里活活烧死。这名奴隶悄悄地以一张羊皮取代了那沐浴侍从,焚烧的味道骗过了皇帝。

[87]

几乎所有的奴隶多多少少都能值上些钱;只有极为年老、弱智或疯了的奴隶才完全一文不值。种类适当、调教得法的奴隶可以让他们的主人发财。非凡的政治家、投机者与奴隶主马库斯·李锡尼·克拉苏(Marcus Licinius Crassus,前约112—前53)富有启发性的生涯就是一例。他曾与庞培及尤利乌斯·恺撒同为前三头同盟成员。克拉苏的财富有很大一部分是由他那群忠心耿耿、训练有素的奴隶赚来的。克拉苏拥有不少银矿与大片农业用地,但据普鲁塔克记载,所有这一切的价值与他的奴隶相比却根本不算什么,"他拥有数目庞大、种类众多的奴隶——朗读员、秘书、银匠、管家与餐桌侍者。他亲自指导他们的训练,并亲身参与到教学中,简而言之,尽到了一个主人将奴隶培养为活生生的家政管理工具所应尽的主要照顾之责"。而克拉苏的奴隶们为他赚取了真金白银的巨大利润。他买入建筑工与建筑师奴隶。接着,在罗马总会不时发生的毁灭性火灾之后,克拉苏会介入其中,低价购入被毁的场地与烧坏的建筑,利用自己手中具有专业技能的奴隶将其修复重建:

> 当他已拥有超过500名这样的奴隶时,他会将失火的房子以及与其毗邻的房子一并买下。出于对火灾的恐惧与担

忧，房主情愿以低价将房屋出手，于是罗马最重要的一片土地就落入了他的手中。

克拉苏也是镇压了由色雷斯人角斗士斯巴达克斯（Spartacus）在公元前73年领导的伟大奴隶起义的人，这次起义在加普亚①（Capua）爆发，以野火燎原之势蔓延到了整个意大利。能当大任、英勇无畏、强健有力而仁慈高尚的斯巴达克斯确是一位才能出众、魅力超凡的领导者，他最终聚集起一支90000名反叛奴隶组成的军队，其中许多人都是被他们的主人训练而成的角斗士。斯巴达克斯率军一路杀向罗马的高卢地区；他们战胜了好几支完整的罗马军队，但终于还是在渡海前往西西里的希望破灭后，于意大利南部的卢卡尼亚（Lucania）被彻底扑灭。沿着亚壁古道（Appian Way），克拉苏残忍地用十字架钉死了六千名起义者（当然，这些都是无人认领的奴隶；余下的奴隶都回到了他们主人处，因为克拉苏十分尊重财产法）。这个极端残忍的房地产之王于公元前53年的一次惩罚性的远征中惨遭失败，被击败他军团的帕提亚人俘虏并杀死在美索不达米亚的卡雷②（Carrhae）时，但我们似乎很难对他的死感到哀伤。

传统上，人们认为基督教的到来使奴隶的生存得到了改善，但事实并非如此。早期的基督徒皇帝并不敦促解放奴隶，4世纪的布道里也不曾充满了要求基督徒奴隶主还他们的活人财产以自由的训诫。相反，他们倾向于遵循圣保罗的建议——奴隶们应该留在原处、顺从地侍奉他们的主人，作为侍奉基督的善行。大多数教会领袖与普通的虔诚基督徒们自己就是奴隶主——在许多个世纪后的美国南方，这也是一个不容忽视的事实。

奴隶制对罗马的影响绝不仅限于经济领域。它也在稳定而不可逆

[88]

---

① 加普亚：位于今意大利南部坎帕尼亚的古城。
② 卡雷：即哈兰（Harran），位于今土耳其境内。

的程度上改变了罗马青年教育的性质。在共和国早期的岁月里，青年的教育往往是业余的，并且受制于传统。一个孩子的老师就是他的父亲，即男性家长（Paterfamilias），母亲也会给予一些（全然保守类型的）教育。课程主要包括了解罗马历史上的民族英雄，以及称作《十二铜表法》的法律大全。这种常规教育教授的主要技能是死记硬背，外加对体育和基本军事知识的大力强调。普鲁塔克的《老加图生平》记述下了加图的父亲是怎样只许自己一人教育儿子的，尽管他拥有一名叫做奇洛（Chilo）的奴隶，是其他男孩的良师。"他认为，把自己的儿子交给一个奴隶训斥，或者让他在孩子学习缓慢时拧孩子的耳朵，这是不合适的；他绝不会把'教育'这么一件无价的重任交到奴隶手中……在儿子面前，他克制污言秽语，就如同在维斯塔贞女的面前。他也从不与儿子一起洗澡。"这就是那种必定会被大量希腊奴隶的输入而消除的"冷浴"式家教。当教育被交到希腊教师之手，其性质就改变了。它被希腊化并自由化。它不再进行传统部落智慧的机械式背诵，而是偏爱讨论与思索、哲学思辨、诡辩，以及对希腊文与拉丁文学的学习。

[89]

最重要的是，它使演讲术成为了要掌握的主要技能、知识能力的真正检验。西塞罗描述了他在童年与成年之初是怎样专心于四处拜师学习演讲术的。首先，他"使自己全然沉浸在"斐洛的教导中——斐洛是一位流落海外的希腊哲学家，因米特拉达梯战争而在知识分子朋友们的帮助下逃离雅典，定居罗马。他向另一位希腊人——罗得岛的莫洛（Molo）学习辩护；向斯多葛派的狄奥多图斯（Diodotus）学习辩证法，狄奥多图斯实际上还搬进了西塞罗的家中。"最好的老师只会用希腊文，除非我也用希腊文，否则他们就无法纠正我的错误，也无法传达他们的教导。"之后，他就该去雅典了，他在那里拜哲学家安条克（Antiochus）为师，又积极地在叙利亚人德米特里厄斯（Demetrius）的指导下练习演讲术。后来，他游历了小亚细亚，从

"全亚洲最具口才的人"——斯特拉托尼西亚①（Stratonicea）的梅尼普斯（Menippus）开始，一个接一个地拜师学习。如此种类多样、密集紧张的课程当然是不多见的。但是在旧式罗马制度下，这简直就是不可想象的，因为没人认为有这个必要。

一说起"奥古斯都时代"，人们就会不可避免地联想到诗人维吉尔（Virgil），就如同"现代性"一词之于画家巴勃罗·毕加索（Pablo Picasso）。普布留斯·维吉留斯·马罗②（Publius Virgilius Maro）是土生土长的曼图亚人，他并不出生在罗马，但没有几位创造了拉丁诗文经典的作家是生于罗马的——李维来自帕多瓦，卡图卢斯（Catullus）来自维罗那，马提雅尔（Martial）则来自西班牙的一个穷乡僻壤，维吉尔来自曼图亚。据说，他在临终时口述了自己的墓志铭："曼图亚带给我生命，卡拉布利亚带给我死亡，如今那不勒斯拥有了我；我曾歌唱羊群、农田和领袖。"对于一位罗马所孕育的最伟大的诗人，这可谓十足的谦逊。

就是这样一个人，他的生平（前70—前19）与事业不可磨灭地将他与罗马首位皇帝的统治时期联系在了一起。在他身为罗马公民的生命中，有十六年因为内战、杀人流放、随之而来的尤利乌斯·恺撒遇害、卡西乌斯与布鲁图斯在腓力比兵败自尽而饱受损害。而当意大利稍微安定之时，数不清的征用与驱逐仍然使人民不得不与之抗争：主人以从和平时期就拥有土地的人手中把没收来的地块赏赐给自己手下的士兵，这使意大利农村社会的正常秩序乱了套。据推测，大约有四分之一的意大利良田都以这种灾难性的方式易了主，而这一创伤也在维吉尔发表的首部作品《牧歌》（*Eclogues*）中有所反映：

一个邪恶的士兵夺走了我珍爱的良田，

---

① 斯特拉托尼西亚：今土耳其境内的古城。
② 普布留斯·维吉留斯·马罗：即维吉尔的原名。

> 野蛮人霸占了我的土地：那丰饶的出产曾养活了内战
> 我们为他们白白种了地！
> 唉，你种了梨——却喂饱了他人的肚皮。

说话人是农民梅利伯（Meliboeus），在维吉尔的《牧歌》第一章中：他正在为失去家园而悲叹，而这却是伟大而遥远的政治世界强加给他的。"提屠鲁（Tityre），你闲倚在山毛榉茂密的华盖之下，以纤细的牧笛为缪斯吹奏美妙的夜曲，而我却要离开我的家园和那深爱的土地：我们不得不背井离乡。"

维吉尔的家境还算小康，至少足够供他到米迪奥拉努姆（Mediolanum，即米兰）和罗马接受哲学及演讲术的教育。尽管并不确定，但有可能，维吉尔的家产在公元前42年腓力比战役之后的大规模征用中被夺走，那时，自由土地都被分发给了屋大维的退伍士兵，好在经过他那颇有身份的朋友马塞纳斯（Maecenas）仁慈的调停，他总算得到了那不勒斯附近的一块地产。据说在他去世时，他的身家达到了一千万塞斯特斯，这样一笔可观的财富只能是奥古斯都的赏赐。

[91] 维吉尔身材高大、黑发黑眸、性情腼腆；他鲜少去罗马，而更喜爱乡村生活。他的肺很虚弱（一生中有很长时间都在咳血，51岁就去世了，虽然这在当时并不算早逝），却有一副悦耳的嗓音；众所周知，他曾连续四天为奥古斯都朗读《农事诗集》（Georgics），直到喉咙嘶哑才被马塞纳斯替换下来。每个人都对他朗读的表现力与戏剧性的力量赞不绝口。被众多崇拜者频频搭讪令他烦恼不已，当这种事在大街上发生时——这确实经常发生，当他的诗歌才华以及他与皇帝的友谊传开后——他就会躲进离自己最近的房子里。在那不勒斯，他谦逊低调的言谈举止为他带来了"处子"（Parthenias）的绰号。当然，他并不是处子，而且他更偏爱少年。

在古罗马，一个诗人是怎么谋生的？什么也不做，要不然就是依靠资助。这只不过是一件罗马生活中最经常发生的事在文学方面的延伸，那就是每日往来中依附者与保护人的关系。一个诗人能否依靠版税维持生计几乎是没有悬念的——假如有可能的话，更不用说和现在相比——因为那时还根本不存在出版业。书籍的印刷量很少，而且没几个人买书。当庞贝和赫库兰尼姆[①]（Herculaneum）被淹没在公元79年维苏威火山爆发的灰烬下时，数以千计的雕塑和大量的壁画随之被埋，并在后世被不断找到，然而经历过去几个世纪的发掘，人们只出土了一座私人书库。

至少，有些人在成为诗人之前就拥有了一定的财政独立性：贺拉斯有足够的钱在雅典完成某种形式的大学教育，奥维德（Ovid）与普罗佩提乌斯（Propertius）都是世袭的扈从（骑士），后者有亲戚是元老院成员、朋友曾做过执政官。卡图卢斯来自一个元老院成员家族，从来不缺钱，特别是他的家族与尤利乌斯·恺撒交好。可是，对于那些投胎不那么幸运的人来说（甚至就算出生在富贵人家，即使有显赫的亲戚也不会给诗人钱花，顶多给他发去宴会请柬），庇护人仁慈的关心就是赖以为生的一切了。

庇护人制是古罗马最具特色的制度，或称社会习惯。在共和国早期，一名自由人会寻求一名有钱有势者的保护，并向他提供服务。在这样做时，这名自由人就成了那人的"依附者"。获释的奴隶会自动成为前主人的依附者。这种关系并不完全是契约性的，尽管早期的罗马法的确会在某些情形下将其视为具有法律约束力。依附者的任务是殷勤侍奉自己的庇护人，每日晨起问安，为其跑腿打杂，还要在政治上为他出谋划策。在形式上，庇护人会赏赐给依附者一份"酬劳"（sportula）——一点食物，有时是金钱。有些时候，但并非一定，庇护人与依附者间的关系会发展成真正的友谊，可这几乎是不可预见的，因为友谊的先决条件是平等，而古罗马的阶级差别是十分显著

[92]

---

① 赫库兰尼姆：遗迹位于今意大利坎帕尼亚的埃尔科拉诺。

的。在庇护人制度的安排中，权力的流动是单向的。当然，这种制度源远流长，直至现代，特别是在西西里：一位传记作家在1950年代观察到的场景为其运作方式提供了完美一例——在巴勒莫一家大酒店的餐厅里，一位"pezzo di novanta"（字面意为"90磅重的大炮"，意即"大人物"）走了进来，脱下大衣，看也不看就往后一扔，显然是身后有人会在大衣落地之前将其接住。罗马的讽刺家们——主要是尤维纳利斯和马提雅尔——对庇护人制进行了辛辣的嘲讽："一个不具有自我的人才应该拥有'庇护人'或'主人'，他必须急切觊觎着他的庇护人或主人所急切觊觎的一切。若你能忍受没有奴隶，噢，那你也就能忍受没有庇护人了。"事实上，他们的辛辣嘲讽是完全有理由的，因为庇护人与依附人之间的关系在帝国时代已经明显地变了味。依附者如今的地位比食客或跟班高不了多少。最开始在希腊时，一个"食客"（paraseitos）仅仅只是"宴席的宾客"，然而在罗马，这种身份的声誉却每况愈下，沾染上了强烈的鄙视色彩。

[93] 庇护人与诗人之间的交易并不简单，这不是随便一位诗人提出将平庸无奇的颂词卖给想要扬名立万的有钱人就结束的事。蹩脚的诗人无法使他们的庇护人之名流芳百世，他们的作品与他们的肉身一同消亡，或者（更有可能）消亡得更早。可是，一位伟大的诗人也许会通过诗句中的赞颂，为他的庇护人赋予"不朽的声名"（memoria sempiterna）。于是，在维吉尔之前，罗马第一位重要的史诗诗人卡拉布利安·恩尼乌斯（Calabrian Ennius，前239—前169）为主人富尔维乌斯·诺比利奥尔（M. Fulvius Nobilior）的军功歌功颂德，并且据不可靠的说法，以此被授予了罗马公民身份作为奖励。然而，达成庇护关系的谈判是一件微妙且需要谨慎对待的事，一般需要通过一位风尚带头人、一位中间人从中牵线，他们需要在潜在的庇护人那里说得上话，而且享有他的信任。骑士盖乌斯·马塞纳斯（Gaius Maecenas）就是一个这样的人，在拉丁文学的所谓"黄金时代"拥有一时无二的影响力，他是奥古斯都的朋友和知己，据称为伊特鲁

里亚皇室的后裔,并且还是贺拉斯的庇护人。在贺拉斯为屋大维在亚克兴战胜安东尼与克利奥帕特拉而创作的《克利奥帕特拉诗》(Cleopatra epode)的背后,我们不难发现马塞纳斯操纵的手,这首诗开头写道:

> 伙伴们,现在让我们举杯痛饮,无拘无束地跺脚,以撒利人的筵席为神的卧榻增光添彩。在这一刻以前,卡库班(Caecuban)葡萄酒是不得带出祖先的酒窖的,因为有一个女王,连同她那无耻堕落的手下,妄图对卡匹托尔山以及我们的法规进行破坏与毁灭,他们肆无忌惮、野心万丈,小人得志般冲昏了头脑。但是当仅仅只有一艘战船从火焰中逃离时,她的嚣张气焰遭到了挫败,恺撒更是将她的妄想打回了恐惧的严峻现实……

这是一首伟大的诗歌,但也是一次肆无忌惮的政治宣传,对敌人疯狂诋毁,没有半句真话。

就像与贺拉斯一样,马塞纳斯与普罗佩提乌斯及瓦列乌斯·鲁夫斯[①](Varius Rufus)的诗歌紧密联系在一起,并对他们诗作的宣传推广起到了作用。然而他最主要的关联——使他永载文学史册的,却是与维吉尔之间的关系。他的一些诗人取得了成功;维吉尔去世时身家富裕,贺拉斯得到了一座萨宾的农场作为赠礼。但维吉尔为赢得自己的赏赐所付出的却是最多的,他从根本上成了皇帝的喉舌。他的《牧歌》是拉丁语田园牧歌传统的主要源头,也是英语和法语田园牧歌的起源。他的《农事诗集》为说教诗建立了模式和榜样,这种诗歌形式在 20 世纪遭到了遗忘,却在之前的年代里占有极为重要的地位。《埃涅阿斯纪》是罗马英雄叙事诗的典型范例。奥古斯都真是格外幸运,

---

① 瓦列乌斯·鲁夫斯(约前 74—前 14):古罗马奥古斯都时代的诗人。

有马塞纳斯为他牵线、达成了与维吉尔的庇护关系。

在《农事诗集》中,维吉尔理想化地描述与再现了他心目中奥古斯都将要归还给意大利的生活方式——简单,直接,接近大地与自然的法则:一言以蔽之,一个田园牧歌般的天堂。(田园诗"Georgics"一词起源于希腊语单词"geourgos",意指"耕作土地的人"。)这是一种不拘形式,全无谄媚,也不讲究繁文缛节的生活——而且,我们估计,也没有扰人的访客:

> 哦,耕作者的喜悦无可估量……纵然他们没有高门华屋,清晨从每个房间中涌出浩浩荡荡前来问安的人群;纵然他们没有令人瞠目的梁柱,镶嵌着美丽的龟壳……也没有科林斯式的青铜像;纵然他们使用的纯橄榄油里不曾混入香料,可是他们却享有无忧的睡眠,以及绝不会幻灭的生活……

没有什么事会打乱这些人的平静;他们已经找到了自己生活的中心,他们享受"无忧的睡眠……树下的小憩",对于建立军功、达契亚人"从多瑙河猛扑下来"的威胁、王国崩溃前的动乱、腰缠万贯与一文不名之人,他们通通漠不关心。

> 他的犁沟因收获而越堆越高,他的粮仓满得快要溢出来……饱食橡实的猪群归来,树林中盛产出野草莓……同时,可爱的孩子们认真倾听他的教诲,他那朴实的一家人保持着本真,奶牛垂下的乳房饱含乳汁……这是古代萨宾人曾经珍视的生活;也是雷穆斯与他的兄弟曾经的生活;所以无疑,伊特鲁里亚发展壮大,罗马成了世上最美好的事物……

而这一切都与贺拉斯不谋而合。"保佑这远离蝇营狗苟的人吧,他就像世上的第一个凡人那样,以自己的耕牛耕耘着祖先的土地,与世无争"。

《埃涅阿斯纪》是继荷马的《伊里亚特》之后,以欧洲语言书写的最重要的长诗;通过这部作品,维吉尔对人类的思想产生了影响,也对诗歌作为艺术形式的概念产生了影响,这是其他作家不曾做到的。直到以维吉尔作为《地狱篇》中虚构向导的但丁出现,才有一首诗歌在想象力与创造力的成就上堪与《埃涅阿斯纪》匹敌。当然,但丁满怀感激地向他的向导致敬,因为后者向他展示了写作所可能达到的方式与影响。"正是从你,我的作家与大师 / 也只有从你那里,我才得到了 / 那令我备受尊荣的美好风格。"

从本质上来说,维吉尔写下了罗马人民的创始神话,陈述出了他们在奥古斯都领导下的天性与命运。不论是在艺术方面还是在政治表达方面,其重要性早在完成之前就已为人所认识。"一边去吧,罗马作家;让开路吧,希腊人!"对他爱得神魂颠倒的诗人塞克斯图斯·普罗佩提乌斯写道——那时他已因屋大维与安东尼的放逐而经济破产。"比《伊里亚特》更伟大的作品正在诞生!"

维吉尔直率地承认,其他种族,比如希腊人,的确在某些事情上胜过他的罗马人。"就让其他民族制造那些栩栩如生的青铜像吧,他们确实能做到,"他写道。其他民族可能是卓越的演讲家、天文学家。可是罗马人要记住,你的艺术形式是统治术。你必须使各族人民和平共处,对被征服的民族宽宏大量,并坚定地反对狂妄自大之人。对真正的罗马人而言,权力的艺术才是最重要的。为了说明这一观点,维吉尔讲述了命定之人——特洛伊英雄埃涅阿斯建立罗马的故事,他与自己备受崇敬的父亲安喀塞斯及年幼的儿子阿斯卡尼俄斯从特洛伊燃烧的废墟逃出,受到女神朱诺的一路跟踪追击,历经在大海上危机四伏的流浪,终于建立了罗马城——第二座特洛伊,一座命中注定同样神话般辉煌的城市。"我歌唱战争与一位战士,"在

[96]

约翰·德莱顿[①]（John Dryden）的译本中，这部史诗这样开头：

> 我歌颂的人与军队，受到命运的胁迫
> 还有傲慢的朱诺降下的无情灾祸，
> 他流离失所，不得不离开特洛伊海岸，
> 在海洋与陆地上承受漫长的苦干……

在某种程度上，《埃涅阿斯纪》是对荷马史诗《奥德赛》的模仿。埃涅阿斯已经是《伊里亚特》中的一个角色。在有些方面，《埃涅阿斯纪》极端复杂、几乎无法参透，但它的故事可以用十分简单的形式概括。从燃烧着的特洛伊起航后（卷一），埃涅阿斯抵达了迦太基，在这部书中，迦太基的形象不是罗马的敌人，而是一处远离可怖大海的奢华避难所；统治此地的是美丽的女王狄多，以奥德修斯[②]的方式，埃涅阿斯向她讲述了特洛伊的陷落与他的航行（卷二—卷三）。狄多与埃涅阿斯坠入爱河（卷四），可是众神责令他再度起航，将她抛弃，导致她心碎自尽，这是刻意为后续的情节留下了伏笔。他受人崇敬的父亲去世了；埃涅阿斯为他举行葬礼竞技会（卷五），继续航行，并在意大利上岸，在库迈[③]附近发现了通往阴间的入口（卷六）。在阴间，他遇到了狄多的鬼魂，她用无数诅咒将他狠狠斥责。埃涅阿斯为自己的行为找不出任何辩解——也根本没有理由——只能给出了站不住脚、言不由衷的借口：他是因为朱庇特的命令而离开她的。他在那里还遇到了父亲的鬼魂，鬼魂告诉他，他将要建立的城市——罗马的命运。

在卷七中，埃涅阿斯来到拉丁姆，向拉维尼娅（Lavinia）公主求

[①] 约翰·德莱顿（1631—1700）：英国诗人、文学评论家、翻译家、剧作家，被选为英国的第一位桂冠诗人。
[②] 奥德修斯：古希腊神话中的英雄，《奥德赛》的主人公。
[③] 库迈：第勒尼安海岸的古城。

婚，这使公主的前任求婚者图尔努斯（Turnus）大发雷霆，并在有仇必报的女神朱诺的煽动下，与埃涅阿斯及特洛伊人展开了战争。在卷八，埃涅阿斯取得天国护甲，包括一块由伏尔甘[①]（Vulcan）精心打造的盾牌。这是一件预示性的物体，显示了未来将要在罗马发生的一系列事件，其中就包括奥古斯都在亚克兴战胜安东尼的事。

经过旷日持久的战事（卷九—十二），图尔努斯被杀，埃涅阿斯征得对新建的罗马的统治权。

从一个层面上说，这是一部雄伟庄严的爱国主义诗歌，弥漫着史诗的规模与命运之感。它将奥古斯都时期古罗马的那些道德迷恋——和平（pax），文明与法律（mos，ius）——的建立作为叙述的基本主题。维吉尔写道，"建立罗马民族是一项多么艰难而繁重的任务啊。"差不多同样的话也可以用来感叹维吉尔对这部诗歌的创作。就像莎士比亚一样，维吉尔创造了数量惊人的习语和形象，它们深深嵌入了拉丁语的使用中，如同古已有之一般自然：它们是不断自我更新的陈词滥调。特洛伊木马的出现引发了一阵神秘的战栗："特洛伊人，不要对那木马放松警惕。不管那是什么，我恐惧那些希腊人，特别是他们带着礼物来时。"还有关于地狱的警告：

> 通往诅咒之地的道路平坦无阻，然而
> 死亡之黑暗王国的大门日夜敞开：
> 但你若要回溯来路，重返阳光之下——
> 那可是个艰险的任务。

在整部《埃涅阿斯纪》中，关于罗马命运的暗示与预言不断回响。埃涅阿斯安抚鼓励他那精疲力竭的部下（I. 205—210）："我们要坚定不移地向着拉丁姆前进，在那里，命运／为我们准备了避风港与休憩所。

[①] 伏尔甘：罗马神话中的火神与金工神。

特洛伊的王国将在那里再次矗立。要有耐心：／保护好你们自己，为了明天数不尽的好日子。"埃涅阿斯在不久后就将建立起这座城市：

> 身披茶色毛皮的仁慈母狼
> 是他的乳母，年轻的罗穆路斯
> 将夺取领导权，建起战神马尔斯的城墙，
> 以他自己的名字，为子民命名为罗马人。
> 对于这一切，我不设疆域与时间的限制，
> 只有一座帝国作为赠礼，永无尽头。

在卷六的死亡之国中，安喀塞斯预言道，"辉煌的罗马将以她的力量统治大地。／她的精神与奥林匹斯山同在。她将以／一道伟大的城墙圈起七座山峰，／为子民孕育幸福吉祥。"他还指示儿子埃涅阿斯：

> 将你的双眼
> 往这边看，瞧瞧这些人，你的子民罗马人。
> 这里是恺撒，以及尤路斯[①]的后裔，
> 终有一天，他们都将经过苍穹之下；
> 这个人，就是他，
> 你已无数次听闻他的伟大前途，
> 恺撒·奥古斯都，奉若神明者之子，
> 他会再一次带来黄金时代，
> 为拉丁姆，为萨杜恩[②]支配的土地
> 就在不远的未来。他将使他的威势扩张

[①] 尤路斯：即埃涅阿斯之子、阿尔巴隆加城的创建者阿斯卡尼俄斯。
[②] 萨杜恩：罗马神话中的农业之神。

越至加拉曼特人①与印度人的领地，
南征北战，封疆万里……

因此，帝国的发展历程早已注定。

维吉尔之后，无论是在当时还是现在，最具声誉的奥古斯都时代诗人都是昆图斯·贺拉修斯·弗拉库斯（Quintus Horatius Flaccus）——贺拉斯。（卢克莱修［Lucretius］的影响力也确实很大，既在罗马，也通过对弥尔顿的影响流传后世；但他却没有贺拉斯那么广受喜爱与欣赏。）贺拉斯比维吉尔小五岁，是一名被解放的奴隶的儿子，他的父亲是位拍卖师，曾经作过奴隶。直到引起马塞纳斯的注意并被带入奥古斯都的圈子之时，贺拉斯的诗人生涯一直平庸无奇。事实上，他曾经参过军，为布鲁图斯与卡西乌斯一方作战，且得到了军团将校的高级军衔，在腓力比与未来的奥古斯都对抗。

贺拉斯的确是受到马塞纳斯恩惠的，但他却丝毫不觉得自己的地位低于后者——反而，他以平等的身份、一个朋友的身份，称呼马塞纳斯——"马塞纳斯，皇家血统的后裔／我的朋友，我的荣耀，我的磐石"。他们二人之间似乎洋溢着一种放松的亲密关系。曾有一度，在《长短句集14》中，贺拉斯甚至提到了奥古斯都与一名男演员巴西鲁斯（Bathyllus）间的桃色关系——倘若他与奥古斯都的朋友马塞纳斯之间不存在对他能保密的信任，是绝不可能拥有这种自由的。

一开始，他也犯了一点错误，对奥古斯都过于谄媚，给其赋予了一种在政治上不受欢迎的神圣性。对于有些人而言，他有点过于刻意地紧跟奥古斯都时代喜欢批判私生活淫乱和疲软的公务处理能力的风头："罪孽深重，我们的时代先是玷污了婚床，我们的子孙，我们的家园；从这一源头开始，灾难的溪流已经溢流过了人民和祖国……年

[99]

---

① 加拉曼特人：古代柏柏尔人的部落，公元前500年到公元700年在古代利比亚西南部建立了地方政权。

轻的姑娘现在甚至练习着卖弄风情，被激情冲昏了头脑，谋划着要去偷情。"不过很快，他就找到了赞美的正确比例，与此同时，贺拉斯也已经成长为一个绝妙的歌颂者，既赞颂欢愉之光，也为那太阳下的阴影而叹息。

贺拉斯身形矮胖，头发灰白，是葡萄酒、花园和谈话交际的行家里手。他温文尔雅、风趣幽默，面对人类的愚蠢也并无愤懑。若你能从一个人的诗作判断他的品性，贺拉斯会是一个理想的伙伴。他热爱那座由奥古斯都通过马塞纳斯赠给他的乡间农场：那繁盛的果园，那汩汩冒泡的泉水"比玻璃还闪耀"。据推测，他是位同性恋者。他终身未婚，而且有几首最美丽的诗篇是献给一位叫作里古林努斯（Ligurinus）的罗马青年的。不过他对女性也绝无敌意，他曾以一个男人写给女人最美好的诗句来歌颂女性，虽然是想象中的：

> 皮拉，在那愉悦的岩洞下，是哪位浸染了流水芬芳的纤瘦年轻人俯身向你？你又是为谁简单优雅地绾起了你的金发？

其他卓越的诗人也享受着马塞纳斯的恩惠，并通过他获得奥古斯都的赏赐，比如塞克斯图斯·普罗佩提乌斯和提布鲁斯（Tibullus）。直到19世纪，他们诗歌中的人物还能重现于英文诗中，这要归功于英国上流社会教育的古典基础：普罗佩提乌斯的辛西娅（Cynthia），以及提布鲁斯以其奴隶自居的姑娘——迪莉娅（Delia）。

然而在这些诗人中，最令人无法抗拒其魅力的、同时也有奥古斯都时代写作界"坏小子"之称的是奥维德[①]：普布利乌斯·奥维迪乌斯·拿梭（Publius Ovidius Naso），公元前43年出生于罗马以东

[①] 奥维德（公元前43年—17年）：古罗马最具影响力的诗人之一。代表作品《变形记》《爱的艺术》《爱情三论》。

的亚平宁山谷内，约公元 8 年死于流放中，位置在黑海西岸的托米（Tomi）村（今罗马尼亚的康斯坦察①），当时，他的书籍被奥古斯都下令搬出罗马的公共图书馆。事实上，情况或许本可能更糟，因为他还被允许保住了在罗马的财产。奥维德究竟做了什么才招致这样的严惩？据记载奥古斯都从没有流放过其他优秀作家，当然事实也未必如此，奥维德本人也没有在写作中留下更多提示，只是说过，这是由一首歌（carmen）和一个错误（error）导致的。这个错误很可能是男女关系方面的，或许与奥古斯都放荡不羁的外孙女茱莉亚有关，她比诗人年轻约 25 岁，差不多在奥维德被流放到托米的同一时期，她也因道德败坏被放逐到了地中海的一座岛屿上。至于那惹来非难的歌，其实奥维德有无数首诗歌符合条件。"子孙后代，认清你们在阅读的是怎样的一个人吧，／他是乐趣、善良与爱的诗人。"他在写于流放中的《哀歌》（*Tristia*）中这样宣称，以此坚称自己无罪。诙谐机智，文思流畅，结过三次婚，他的《爱的艺术》（*Ars amatoria*）以及代表作《变形记》（*Metamorphoses*）中的每一行诗句都在闪耀着洞明世事的魅力，奥维德是第一批真正意义上的花花公子，将他扔到托米这样的穷乡僻壤去，无论当地的风光与女人多具乡间野趣，都是对这份增益人生的天才的严重浪费：

[101]

> 尽我所能，
> 我以诗歌抚慰自己。
> 无人倾听。
> 我在假装中虚度时日。
> 我还活着，我以坚定的态度直面困苦，
> 我面容哀戚，
> 我的一切都要归于诗。它带给我慰藉，

---

① 康斯坦察：位于罗马尼亚多布罗加地区，黑海沿岸。

> 宁静与治愈,
> 它是我的向导与伴侣……
> 我们的时代孕育了众多伟大的诗人,
> 而我的声望屹立,
> 许多人使我自叹弗如,
> 但他人却将我与之并列,
> 且我就是销量之王。

无怪乎他是销量之王;在罗马作家中,前无古人、后也没什么来者,能像奥维德一样花样百出地描写男女秘事。他建议一位女友:

> 一旦你上了床
> 那就尽情欢愉吧;让我们在那儿抛开端庄。
> 可是一旦下了床,亲爱的,可要捡起你的矜持——
> 床是你唯一能够随心所欲的地方。
> 在那里,你可以大胆地把衣裙抛到墙角,
> 在那里,你可以大胆地肢体相交,
> 在那里,正适于唇舌纠缠的热吻,
> 在那里,让激情主宰一切爱情的创造。
> 在那里,运用一切词句,从喊叫,到低语,
> 在那里,就让床架的吱吱呀呀仿佛没完没了。

而丈夫们,特别是那些垂垂老矣的丈夫们,则被他们渴望爱情、如狼似虎的妻子戴了绿帽:

> 兵家以夜袭为上,
> 用先锋部队抓住昏昏欲睡的敌人,
> 情人们也使这一招——趁着丈夫睡着,

在敌人打盹时发起猛攻。

如此高调宣扬乱交显然与奥古斯都决意要在罗马加强的"家庭价值"标准相去甚远。奥古斯都信仰"克制";奥维德却从不相信。任何一个曾在火热的下午经历一场火热的性事之人都会成为他的同谋:他在《科琳娜》(*Corinna*)中写道——

> 我一把扯下那又薄又透的裙子;
> 她装模作样地抵抗了几下。
> 我得说,这不过是欲盖弥彰的幌子,
> 何必奋勇抵抗只为了把裙子留下?
> 很快她便一丝不挂,任我观赏,
> 不只是观赏,更是感受她的完美,
> 抚过那无瑕的美体,以我的手掌,
> 那胸部、那禁地、那大腿。

奥维德在性方面的直白大胆确实有助于他作品的流行,这也是其至今仍不乏读者的原因之一,但在罗马时代,他拥有堪与维吉尔匹敌的巨大影响力的主要原因则在于,他的诗作是罗马引进希腊神话的主要来源。罗马宗教的神祇一般都是自然神灵,比如福尔图那(Fortuna)、门斯·博纳(Mens Bona),都是不具人格个性的。是奥维德使罗马的神仙们有了各自的面目,也随之有了生殖器。他的主要贡献在于创造了一种理念——以神话作为娱乐,作为一种风俗喜剧,充满了奥林匹斯山众神那戏剧性的、丑闻式的故事:正如理查德·詹金斯[①](Richard Jenkyns)所观察的,"奥维德距离奥芬巴赫(Offenbach)更近,而不是荷马。"在意大利文艺复兴时期,他成了最受喜爱,也

---

① 理查德·詹金斯(1782—1854):英国学者。

[103] 是最常被模仿的拉丁诗人，还经常被转译为英语，特别是经由乔叟①与斯宾塞②之手。对他的仿效出现在莎士比亚的作品，以及克里斯托弗·马洛③（Christopher Marlowe）戏剧最伟大的台词中，由浮士德博士在等待着被打入地狱时说出——这句话直接引用自奥维德的作品："慢点跑，慢点，黑夜之马。"

我们对奥古斯都本人的性偏好近乎一无所知。但我们却了解他在一些其他方面的口味，尤其是建筑与城市规划。文学保留下了一部分的文化遗存，而大理石保留下的则更加坚硬牢固。

奥古斯都对建筑怀有伟大的热情。他想让罗马变得无与伦比的美丽。鉴于此，罗马必须成为希腊；但要比希腊更宏大。他那著名的宣言——他用泥砖筑起了一座城市，留下一座大理石之城——在大得令人惊讶的程度上，并不是一句空话。更多的时候，大理石不是实心砌筑块，而是贴在普通砖块上的厚表面单板。但情况也并非全部如此。也有许多大理石建筑是令人胆战心惊，抑或鼓舞人心的庞然大物，其中极致的例子就是广阔的奥古斯都广场。他完成了尤利乌斯·恺撒因遇刺而未竟的计划：纪念性地重建罗马在建筑学意义上向外扩散的中心——这真是一项创举。

若说奥古斯都激活了罗马的建筑行业，未免过于轻描淡写。他声称，自己曾在一年里单是罗马神庙就建造（或修缮）了八十二座——众多神祇，众多神庙——还不包括其他建筑物，而这绝不只是自吹自擂。

这些建筑物的表面材料是大理石，这是能够得到的最优品，开采自北方城市卡拉拉④的月亮（Luna）采石场。若你需要纯白无瑕，就如奥古斯都与他的建筑师所要的那样，月亮大理石就是你可以找到的

---

① 杰弗里·乔叟（1343—1400）：中世纪英国诗人，被誉为"英语文学之父"。
② 埃德蒙·斯宾塞（1552/3—1599）：英国诗人。
③ 克里斯托弗·马洛（1564—1593）：英国伊丽莎白时代的剧作家、诗人、翻译家。
④ 卡拉拉：意大利中北部城市，以盛产雕像用的白色大理石闻名。

最佳选择。它皎洁如月，因此得名。月亮大理石一般都十分均匀，到了任何沉积岩与变质岩都不含内部纹理与裂痕的地步。因这一特性，类似柱顶过梁的一片洁白，或更糟的——一尊维纳斯或将军像的脸颊上意外出现有碍观瞻的缺陷的风险就得到了降低。在建筑物上，月亮大理石往往与其他种类的大理石结合使用，这些大理石原产地的多样性象征了罗马帝国的广袤疆域，使其可以从被征服世界的任何角落运来任何种类的石头——从亚洲、从近东、以及从地中海沿岸各地。粉红大理石来自希腊的希俄斯岛；一种被称作"绿云大理岩"（cipollino）的碧蓝色大理石来自优卑亚岛①（Euboeia），黄色大理石则来自北非。还有许多其他种类的大理石，虽然还没有帝国后期的设计师开发出来的，特别是巴洛克罗马的极致时期所拥有的那么多种类。对这些石头制作的镶边与贴面板的谨慎使用，使奥古斯都时代的建筑物生动了起来，若没有这些装饰，建筑物的表面就会显得有些单调乏味了。

　　除了颜色的一致性，月亮大理石最出色的特性之一就是其稳固的晶体结构。这在石头中产生了一种均匀的"颗粒"，转而有利于石头的脆性与细节的深度。奥古斯都时代建筑的某些细节是极为精致的。奥古斯都时代的首席建筑师与理论家是维特鲁威·波利奥（Vitruvius Pollio），他为古典罗马建筑写下了基础性的文献，即十卷本的《建筑十书》（*De Architectura*，前25—前23）——从古罗马流传至今的唯一一部建筑专著。他讨论的内容不仅关于建筑学，还涉及城镇规划、供水、工程学与战争装置，但他以翔实细节陈述的建筑学观点，却在欧洲建筑实践中占据统治地位近千年。他的实际建筑作品都已毁坏，人们对他的生平也几乎一无所知，除了他曾以炮兵的身份在奥古斯都的军队中服役，设计了投石器（ballistae）与攻城器。

　　维特鲁威不仅在建筑的实践环节十分敏锐，在建筑的隐喻性内容方面也是如此。于是就有了他对建筑学的"柱式"及其含义的专论。

[104]

---

① 优卑亚岛：希腊岛屿。

多立克式、爱奥尼亚式、科林斯式、托斯卡纳式——每一种形式都有各自的人类与神性意义：

> 密涅瓦、马尔斯和赫拉克勒斯的神庙应为多立克式，因为这些神祇孔武有力的特点会使秀美精致的风格与他们的居所格格不入。在维纳斯、芙罗拉①、普洛塞庇娜②、泉水之神与宁芙③的神庙中，科林斯柱式会占有特殊的意义，因为以上为雅致柔弱的神，科林斯柱式那纤细的轮廓，那花、叶和装饰性的螺旋形会带来恰如其分的效果。为朱诺、狄安娜④和巴克斯⑤修建爱奥尼亚式神庙……符合他们所占据的中间地位：因为这样的建筑物恰当地结合了多立克式的严肃与科林斯式的精美。

在奥古斯都时代的"柱式"中，最突出的当属一种新型的柱顶，被称作"混合式"，结合了科林斯柱式的叶形装饰与爱奥尼亚式的螺旋形装饰。这种混合款式成了奥古斯都时代建筑最典型的形式之一，然而它需要极为高超的技艺才能雕刻成功，当时绝大多数的罗马石匠都达不到这一水平。于是，罗马不得不引进希腊的大理石切割师，因为希腊训练出的石匠要比公元1世纪的罗马石匠技高一筹。

这些希腊工匠的工作并非只限于雕刻建筑细部。他们也制作雕像；必须有人来大量生产元首及其家族人物的肖像。这也有助于解释一种现象——帝国时期的肖像往往缺乏早期罗马肖像那种写实的，有时甚至是毫无掩饰的逼真性。这些雕刻工从没见过奥古斯都一眼，所

---

① 芙罗拉：罗马神话中的花神。
② 普洛塞庇娜：罗马神话中的冥后。
③ 宁芙：希腊、罗马神话中居于山林水泽中的仙女。
④ 狄安娜：罗马神话中的月亮与狩猎女神。
⑤ 巴克斯：希腊神话中的狄俄尼索斯、罗马神话中的酒神。

以对于他"究竟"长什么样根本没有第一手的印象，对于他的个性自然也没有任何概念，除了帝国的宣传所散播的形象。可是奥古斯都被认为是一位神，而希腊雕塑家们早已谙熟于描绘神祇。这也有助于解释在奥古斯都统治时期，无论在帝国境内何地，他的肖像都具有一定的相似性。

除了用数不胜数的硬币、半身像与雕像充溢罗马文化，希腊人对罗马这座城市本身也产生了深远而持久的影响。在罗马城中，有两座纪念物清晰地显示了希腊对罗马艺术与建筑的持续影响力，那就是约公元前2年完工的奥古斯都广场，和公元前9年落成的奥古斯都和平祭坛（Ara Pacis Augustae）。

在布局设计阶段，奥古斯都广场完全是罗马式的，就像它应该的样子：一块排列着柱廊的矩形开阔空间，人们在此会面、做生意。广场的一端收尾于一座坐落在高高基座上的神庙，这种形制继承自更为古老的伊特鲁里亚风俗；广场上还安放着各位国家英雄的塑像，其中当然包括奥古斯都本人的。不过可以想见，希腊式的细节无孔不入。广场圆柱的柱顶是科林斯式的：一排女像柱（一种用于承重的、圆柱状的女性人像）在柱廊上层的出现，直接就是对雅典厄瑞克忒翁①（Erechtheum）神庙柱廊的怀旧。② 整个复合体的规模是极为广阔的。神庙的圆柱高达约18米，由开采自卡拉拉采石场的闪闪发光的白色月亮大理石制成——这正是奥古斯都时代建筑的标志。与此形成对比的是，如今只剩残砖剩瓦的柱廊地面则是以帝国境内色彩最鲜艳的大理石铺成：来自土耳其的孔雀色大理石（pavonazzetto）、来自突尼斯的努米底亚黄（giallo antico），以及红色和黑色的非洲大理石（africano）。

[106]

---

① 厄瑞克忒翁神庙：古希腊神庙，位于雅典卫城北侧，供奉雅典娜与波塞冬。
② 以头部支撑柱顶过梁的女像柱是奴役的象征。小亚细亚的卡利亚城曾反抗过雅典人，从此以后，该城的女人就被描绘为战败的负重工形象。——原注

奥古斯都和平祭坛则是更为直接地引用了希腊的规范与形式。其建造的目的是歌颂冲突与纷争的结束——罗马国家由它伟大的统一者奥古斯都安定下来，他被视为执掌着罗马的大局，而这个国家已经从终结了共和国的分歧中重生。祭坛沿着台阶逐步升高，台阶被包围在高高的月亮大理石隔离墙之内，东西两侧各设敞开的入口。每个入口的两侧都置有神话内容的石雕板。它们描绘了奥古斯都的统治所带来的种种精神与物质上的恩典，很显然是希腊艺术家的作品。举例来说，其中一幅作品预示了黄金时代的回归。在这张石板的中心加冕为王的，是"创造自然的自然"（Natura naturans）——形象最为甜蜜富饶的大地母亲，两个婴孩在她怀中嬉戏。水果与鲜花环绕在她身边，一头牛与一只羊安卧在她脚下，她的身边是两位仁慈的自然精灵，代表"海洋"和"水"。这种情绪与内容就如维吉尔的《牧歌·其四》（Fourth Eclogue）中所述，诗人在其中描绘了即将到来的阿波罗时代：

> 我们所处的正是预言中昭示的时代：
> 时间的诞生，一个伟大而崭新的世纪循环
> 就要开始，正义回归大地，黄金时代
> 将要归来，它的长子自上苍降临人世。
> 贞洁的鲁西娜慈祥地望着这婴儿的诞生，
> 因为他的到来将终止钢铁之心，黄金之心
> 就要继承整个大地——是的，现在是阿波罗统治的
时代。
> 而就在担任执政官之时——你，波利奥——这辉煌的
> 时代就要破晓……

"自上苍降临人世"的长子指的是谁？至今仍是个谜。维吉尔去世后的基督徒解读称，他毫无疑问就是圣婴耶稣，但这一愿望显然催生了以下思想：维吉尔所写的并不是基督教的预言，虽然有许多人希

望如此。

在和平祭坛的另一处,我们能看见奥古斯都,亦即埃涅阿斯在进行献祭,以他和平使者的形象,在终于克服了可怕的冲突与特洛伊的陷落后,建立了罗马城。这样的教训不可避免:我们的面前是一位救世主,这位救世主通过古老的法律与虔诚为未来建立了罗马的国家,以此重演了最初建城的一幕。更重要的是,无论是在现在还是未来,这位救世主的家族将永远是这个伟大国家的象征。这就是"奥古斯都的和平"。

在罗马,地位可与和平祭坛并列,而且也勉强保存下来的另一座奥古斯都时代建筑物,是奥古斯都本人的家族陵墓,其原始形态经过许多个世纪岁月的侵蚀,除了圆形的形状,其余已经难以辨认了。奥古斯都陵(Te Augusteum)(当然,其中连已故皇帝的一丝灰也已荡然无存)其实更接近于一处土方工程而不是一座建筑物——一个大而浅的圆锥体,直径 89 米,高 44 米,带有明显的早期伊特鲁里亚纪念物特征。第一位葬入陵墓的奥古斯都家族成员大概是他最宠爱的侄儿马赛勒斯(Marcellus),公元前 23 年被奥古斯都的第二任妻子莉薇娅毒死,因为她要让自己的儿子提比略继承皇位。在近代,奥古斯都本人的遗骸丢失后,奥古斯都陵很快被开发出了许多其他的用途,可是都不怎么光辉;12 世纪,科隆纳(Colonna)家族在其上加筑工事,将其用作军事基地,后来它又成了石灰华的采石场,在 1354 年,被罗马暴民的匕首捅得千疮百孔的科拉·迪·里恩佐①(Cola di Rienzo)的尸体在此陵墓中火化。往后,这里变成了一个巨大的家庭菜园,再往后,当事事追求时髦的西班牙人于 19 世纪来到罗马,这里又被改造成了斗牛场。直到 1930 年代,据说贝尼托·墨索里尼打算在自己身后入葬这座陵墓之时,此处才恢复了稍许古迹的尊严——这尊严如今又不得不绝望地给来来往往的罗马人弃置其上的废纸、糖果皮、空烟

[108]

---

① 科拉·迪·里恩佐(约 1313—1354):意大利中世纪政治家,罗马的民众领袖。

盒积成的垃圾堆让步。

在建筑业不甚发达的帝国边缘地带，奥古斯都对建造这件事似乎怀有特殊的热忱。奥古斯都时代的一些最伟大的构筑物在地理位置上都颇为"偏僻"——远离罗马，虽然处于罗马的统治下——却像罗马本地的任何事物一样精密复杂。这些奥古斯都时代最美丽的纪念物之一是加德水道（Pont du Gard），一座位于普罗旺斯的内毛苏斯（Nemausus，即现代的尼姆）附近的高架渠，以一个又一个拱桥的节奏跨越山谷；对于那些亲眼目睹它的人，甚或是那些只在照片上了解到它的人，这座外观庞大而比例精妙的三级构造物就是正宗的高架渠，是该类式样的典型。

作为重要的地方性中心、纳尔博南西斯高卢（Gallia Narbonensis）

《加德水道》，公元1世纪，加德河，法国南部

的首府，尼姆也建有一座竞技场，可以容纳约 25000 名观众，大致修建于公元 1 世纪末。然而，在尼姆的奥古斯都时期建筑中，皇冠上的明珠还要数一座向奥古斯都的两个外孙——盖乌斯·恺撒与卢修斯·恺撒——致敬的神庙，被称为"四方形神庙"(Maison Carree, 2—3)。这座神庙被保存得极好，大约是由于它在中世纪早期就被改造成了基督教大教堂。它的一些细节，特别是科林斯式柱顶的设计，与之前几年在罗马落成的马尔斯神庙类似，它们共同反映了奥古斯都对科林斯柱式的偏爱。同样，该神庙中的雕带装饰——连续的莨苕叶饰漩涡纹样——也是模仿自和平祭坛。在一位叫作托马斯·杰斐逊①(Thomas Jefferson)的美国人在 1784 年第一次见到四方形神庙之前，它已经广受盛赞达许多个世纪之久。当他有幸作为代表来到法国时，在这座神庙的设计上，他为民主政治新构想找到了庄严肃穆的官方建筑的理想原型：高贵典雅，奥古斯都式，且骨架纤细，带着些许亲切感。由此，四方形神庙的影响力跨越了大西洋，成了新建的"国会大厦"(State House)即弗吉尼亚州议会大厦的原型。这并不是一次被动的复制：杰斐逊必须做出改动，以爱奥尼亚柱顶替代科林斯柱顶，因为他担心（这无疑是正确的）弗吉尼亚本地的泥瓦匠没有能力雕刻出那些复杂的莨苕叶纹饰。可是，用杰斐逊自己的话说，里士满的弗吉尼亚州议会大厦显示了"我们希望展示出的理念的宏伟，共和式的简洁，以及'比例'真正的优雅，以此呼应一种温和的自由，排除了小家子气的轻浮"。恐怕奥古斯都本人对这番话也要点头称赞了！

公元 1 世纪也见证了装饰艺术在私人领域的蓬勃兴盛。第一等的绘画大约进口自希腊，或是由希腊艺术家在罗马创作完成。在希腊与罗马世界存在着强烈的架上绘画传统，但我们却只能从文献史料中了解这一点——这些作品本身，作为时间的牺牲品，早已散佚，只留

---

① 托马斯·杰斐逊(1743—1826)：美国开国元勋之一，《独立宣言》的主要起草人，1801—1809 年任美国第三任总统。

下惊鸿一瞥。没有迹象表明,奥古斯都时代的罗马墙壁在品质与精妙恢宏的程度上可与庞贝古城神秘别墅那红色背景壁画最初的景象相媲美——该别墅建造于约公元前60年。

我们对罗马的花园设计几乎一无所知,但它确曾存在,尽管无论奥古斯都时代的庄园位于何地,早在许久以前就已被后世的建筑物所替代了。我们可以从庞贝遗留下来的花园中推断出罗马花园的特征——鱼池、贝壳洞窟、铺面小径、藤蔓棚架、荫廊与色彩瑰丽的灌木丛。马赛克地面十分流行,无论是由鹅卵石还是玻璃地砖铺成。中产阶级的罗马人似乎同样对庸劣的装饰雕塑有着异乎寻常的喜爱:马库斯·卢克莱修(Marcus Lucretius)的庞贝式宅邸的花园,如果你能从照片中判断出来的话,就会发现与路易吉(Luigi)在新泽西海滨的意大利面宫(Pasta Palace)类似,塞满了酷似花园地精的各类雕塑——一尊西勒诺斯[①](Silenus)站在水神庙里、从酒囊里倒着水,许多鸟类,许多萨堤尔[②],一尊普通的带胡子的头像,一尊骑着海豚的丘比特。这些物件中的一部分或许从祖上继承得来,但其中绝大部分无疑都是从当地加工厂里、按照屋主的订单制作而成。

不过,在所有这些建筑物中,究竟哪一座才是罗马人建造过的最重要的纪念物,而且其一部分在今天仍能见到?我们脑海中的"纪念物"总是竖直的,以庄严宏伟的形式矗立,远远的就能看见。诗人贺拉斯却写道:"我已赢得了一座比青铜还要不朽的纪念碑",意指他通过自己的诗作所得到的名声。

可是,最伟大的纪念物——倾注了罗马测量师、规划师、工程师、劳工、泥瓦匠和奴隶几个世纪的苦心,使迄今为止世上所知最广阔帝国的领土扩张与行政管理具备了可能性的——却既不是一座雄伟

[①] 西勒诺斯:希腊神话中半人半兽的森林神灵的首领,酒神狄俄尼索斯的养子,其形象时常是醉醺醺地骑着驴子的样子。
[②] 萨堤尔:希腊神话中的森林之神,具部分人身和部分马、羊身,好女色。

的楼宇，也不是一尊雕像，而是一种乏味而实实在在的物体，完全是横向的，也因此（至少是在一定距离之外）很难看清：作为一个整体，无疑是隐形的，也是十分难以想象的。它就是庞大的道路系统，如果没有它，罗马帝国根本不可能存在。对于其规模的种种估计差异很大，取决于将多少二级与三级道路计算在内。但可以确定的是，其总长绝不少于 80000 公里，且有可能长达 100000 乃至 120000 公里，包括众多跨越湍急河流的桥梁、沼泽之上的涵洞和山岩内开凿出的隧道。这是一项测量、规划与劳作的惊世壮举，一切工程都没有铲土机、平路机与炸药的参与——只有手动工具与肌肉的力量。

[III]

没有了持续不断的道路网，罗马的政权就难以想象，正如同难以想象没有了广播、电视、电话、因特网及其他一切电子通讯手段的美利坚帝国一样。它使相隔遥远的两点之间的信息传递史无前例地快速。经由亚壁古道，从罗马到布林迪西骑马穿越意大利只需短短八天。道路配备有自身的支持系统，也就是今天高速公路沿途修车厂与休息站的前身——工坊与旅店，设备齐全的马厩，马匹的兽医。如果你的车辆——最普遍的类型叫作"carpentum"（即"车辆"car 一词的来源）——在路上掉了轮子或断了车轴，你可以叫来一名技工或修车工（carpentarius，即"木匠"carpenter 的词源）前来修理。而若是没有马车，一名步行者通常可以在一天内行走大约 20 公里。一名行军中的士兵或可达 30—35 公里。

过去，其他兴盛的帝国政权（埃及，以及阿契美尼德王朝①的波斯）也曾拥有道路系统，有时甚至是规模庞大、精心维护的。可是，要么这些道路的使用权有所限制（在埃及，所有道路均为皇家专用，禁止普通人上路），要么它们与现成港口间的衔接很不充分，使得陆

---

① 阿契美尼德王朝（前 550—前 330）：又称波斯第一帝国，是古波斯地区第一个把版图扩张到中亚及西亚大部分地区的君主制帝国，也是第一个横跨欧亚非三洲的帝国，公元前 330 年被亚历山大大帝所灭。

运与海运间的关系十分模糊不清。罗马的道路系统运行却是史无前例的流畅，每一位罗马公民无论有什么需要运送——一支军队、一支马车队、一卷载有重大或琐碎消息的纸莎草纸、一篮甜瓜——都可以上路，无论是亲自还是交由自己的代表或门客。从贸易与战略的角度看，在从前，类似罗马大道这样的事物是不可想象的，更遑论建造出来。没有道路，战略就不可能存在。在一座帝国的内部管理如此多的分支是极其耗费时间的。通讯速度与兵力部署的准确性是其中关键。无论是过去还是现在，帝国的凝聚力都是由通讯决定。

[112] 考虑到修建道路所需的劳动力，罗马路网的规模在今天看来也是相当惊人的，在两千年前更是几乎难以想象。它环绕了整个地中海盆地，若是时间足够，一名旅人可以骑马或乘马车从罗马出发，向东穿过阿米尼乌姆（Arminium，即现代的里米尼），再向东穿过塞萨洛尼卡（Thessalonika），朝着拜占庭（那时还没有因君士坦丁大帝而得此名）而去，进入亚洲境内，随后，他可以循着同一条路向南穿越安条克、大马士革与加沙，那时在他面前的依旧是铺设平坦、服务齐全的漫长西向海滨线路，穿过亚历山大港、昔兰尼（Cyrene）和大莱普提斯（Leptis Magna），最终止步于当今摩洛哥的巴纳萨（Banasa）。在那里，他或许会凝望着那分隔西班牙与北非的狭窄海峡的对岸，有另一位旅人，选择了又一条罗马道路，沿着欧洲的远端向西，穿过阿莱拉特（Arelate，即现代的阿尔勒 Arles）与纳尔波（Narbo，即现代的纳博讷 Narbonne），翻越比利牛斯山的沿海山脚，前往塔拉科（Tarraco，即现代的塔拉戈纳 Tarragona），又从那里向西去往卡萨劳古斯塔（Caesaraugusta，即现代的萨拉戈萨 Saragossa），自该处向南来到西斯帕里斯（Hispalis，即现代的塞维利亚 Seville）与加德斯（Gades，即现代的加的斯 Cadiz），眺望北非海岸。罗马地理学家斯特拉波（Strabo）相信，到公元14年，罗马人已在伊比利亚半岛建成了超过3500英里的道路，而其总长很快就达到了约10000英里。

向北，模式也大致相同。罗马道路的修建标志着被占领的地区对罗马的臣服。一条这样的道路连接了米迪奥拉努姆（Mediolanum，即现代的米兰）与奥古斯塔·温德利科伦（Augusta Vindelicorum，即现代的奥格斯堡），又沿着莱茵河谷通往莫甘提亚库姆（Mogantiacum，即现代的美因茨）和阿格里皮纳殖民地（Colonia Agrippina，即现代的科隆）。法兰西布满了铺砌整齐的道路网，从卢格杜努姆（Lugdunum，即现代的里昂）到洛托玛古斯（Rotomagus，即现代的鲁昂）。当然，这路网也延伸到了英吉利海峡另一边的不列颠尼亚（Britannia），一路向北与哈德良长城相连，该城墙修建于公元122—125年，以挫败苏格兰敌人的进攻。这些道路的建设鲜有变化，完全由严格监督下的奴隶与军队劳动力进行。他们首先挖出一条宽大的沟渠，宽六七米，深约80厘米。沟渠的两边排列着路牙石（gomphi），然后用一层层沙子、碎石与小石头填满路基，塞实压平。最后用石制平板拼接在一起，铺成路面。修路工会特意为路面修出弧度，以使积水流向两边。

[113]

并非所有的罗马道路都是这样的。许多道路虽然是弧形的，且修有路沿，但没有铺设路面。还有一些道路，比如连接北非的迦太基与泰贝萨（Theveste）的大型运兵道，则铺砌了路面，并且有人勤快地维护。这些道路包括罗马与加普亚之间的亚壁古道（Via Appia），以及穿过巴尔干半岛，从亚得里亚海通往爱琴海的伊拿迪亚大道（Via Egnatia）——这条大道一路延伸至君士坦丁堡。然而，随着时间的流逝，很多道路由于来往车轮的碾压而渐渐破碎瓦解，在今天已不见踪迹，只留下了残存的里程碑——为旅人指示距离最近的主要城市的低矮圆筒柱。（一"罗马里"约为1.5英里。）尽管如此，到目前为止，罗马道路系统仍然是欧洲在19世纪以前人力所能建设出的最精密复杂、影响深远的交通网络。自然，它发挥作用的时间远超奥古斯都本人的寿命，是他为继任者留下的庞大遗产中最为宝贵的部分之一。

奥古斯都统治罗马近44年，在他七十七岁生日的前一天与世长辞。他得到了自己曾向上天所祈求的：迅速而无痛苦的死亡。尽管有传言说，他是死于妻子莉薇娅端来的下了毒的无花果，但那只不过是流言蜚语。权力的交接十分顺利：莉薇娅的长子提比略[1]是奥古斯都的首要继承人，他接过了皇位。谁也不指望能有人达到元首取得的丰功伟绩；毫无疑问，无论是提比略还是其他人都不可能。根据苏埃托尼乌斯的记载，在他临终时，"最后，他亲吻了他的妻子，说道，'再见，莉薇娅。永远不要忘记你曾是谁的妻子。'"这是一句略显多余的嘱咐。

---

[1] 提比略是莉薇娅与前夫克劳狄乌斯·尼禄所生，后被奥古斯都收为养子。

第三章

帝国后期

我们习惯于将奥古斯都之后的大多数罗马皇帝，除了克劳狄（多亏了罗伯特·格雷夫斯①那引人共鸣的小说），视作残暴可怕的败类——作为"绝对权力会导致绝对腐败"的证据。这并不是真相，但我们可以理解，为什么大多数人会有这样的想象。

最臭名昭著的犯罪者是两名确凿无疑的疯子，盖乌斯·尤利乌斯·恺撒·日耳曼尼库斯（Gaius Julius Caesar Germanicus），通称"卡利古拉"（12—41），以及卢修斯·多米提乌斯·阿赫诺巴布斯（Lucius Domitius Ahenobarbus，37—68），通称"尼禄"。卡利古拉的昵称取自军队——该词意为"小靴子"——他所穿的小号军靴（caliga），那是在公元14年，他那备受爱戴的父亲日耳曼尼库斯去世后不久，还是个孩子的他成了莱茵河军队里的吉祥物。关于他，众所周知的一件事是，他相当疯狂，极度迷恋他的坐骑英西塔图斯（Incitatus，大意为"驾驾"）。他不仅赐给这动物一座大理石马厩、象牙的畜栏、紫色的毛毯、许多奴隶以及镶嵌宝石的颈圈，他还实实在在地将这匹马任命成了执政官。这些都是故事里讲的。然而，没有证据表明他做过任何这样的升迁。执政官"驾驾"只不过是个颇有些故弄玄虚的宫廷传闻。这一事件唯一的古代信源苏埃托尼乌斯只是写道，"据说，他甚

---

① 罗伯特·格雷夫斯（1895—1985）：英国诗人、历史小说家。

至打算赏给英西塔图斯以执政官之位"——打算做某事可不等于做了某事。马儿执政官的故事有可能只不过改编自卡利古拉喜欢开的众多恶毒玩笑中的一个，这样的情况绝非个例。我们可以想象，他对着倒霉的元老院大发雷霆，称他们比自己的马还愚蠢无知。

[115]　　有什么可为卡利古拉辩解的吗？大约没什么可说的，尽管罗马角斗士与他们的主人无疑会因他对竞技场格斗的狂热兴趣而感恩戴德。不过，他确实为公共工程作出了突出的贡献。意识到罗马七条高架渠的水供应已不能满足日益扩大的城市需求，他下令增建两条高架渠，即克劳狄高架渠与新阿尼奥高架渠，虽然他没能活到亲眼见证完工的那一天；两条高架渠的修建由他的继任者克劳狄完成。他开始了一项令三万人辛勤劳动了十一年的巨大工程（直到克劳狄时期才完工），夷平并掏空一座山体，排干意大利中部的弗辛湖（Fucine Lake）——堪与斯大林下令开挖白海运河的骇人劳动量相媲美。

在卡利古拉为罗马增添的建设物中，最不受欢迎的该数图利亚努姆（Tullianum）或称马梅尔汀（Mamertine）监狱，这是城中最古老的监狱，坐落在卡匹托尔山脚下。许多著名的囚犯都曾被监禁于此；据推测，这里是圣彼得受镣铐之苦的地方（这副镣铐本身就是圣物，与米开朗琪罗伟大的《长着角的怒目圆睁摩西像》一道，保存在不远处的圣彼得锁链堂 [S. Pietro in Vincoli] 中，紧夹着摩西律法石板 [the tablets of the Law]）；在这座带有穹顶的悲哀圆形小房间里，曾经的努米底亚国王朱古达（Jugurtha）于公元105年死去，而高卢勇士维辛格托里克斯——恺撒在高卢的主要敌人——在公元46年被斩首。

不过，卡利古拉对罗马建筑最受欢迎的贡献位于"梵蒂冈区域"（Ager Vaticanus）内，是一座巨大的竞技场或称赛马场，叫作"盖乌斯与尼禄竞技场"。如今，该建筑几乎全部埋在了圣彼得大教堂及广场之下，而这是有一个简单且合乎逻辑的理由的。正是在这座竞技场上，尼禄于公元64年的大火后公开将基督徒迫害致死，因为该宗教的教徒被控导致了这场大火。早期基督教传统也认为，这里是圣彼得殉道的地点。卡利古拉与尼禄都对战车竞赛有着极大的热情，他们都曾在这里的赛道上与专业御者一较高下。

很久以后的皇帝埃拉加巴卢斯（Elagabalus，218—222年在位）也曾在梵蒂冈驾车，只不过他的战车不是由马匹牵引，而是由一支四头大象组成的队伍，其显然只能龟速前进，特别是由于他那笨重的车队不断踢倒路上的坟墓。埃拉加巴卢斯在传说中的形象是一个疯癫的同性恋异装癖者，曾安排用他宫殿天花板活板门内落下来的玫瑰花瓣淹死宾客。在性方面，埃拉加巴卢斯使卡利古拉也相形见绌，尽管这二人并没有什么不同；埃拉加巴卢斯的身边环绕着各类戏子、舞者与御者，一个赛一个的淫邪变态。至少，他还是一名双性恋，还有"条件"娶了三任妻子：茱莉亚·宝拉（Julia Paula，婚姻维持了一年），阿奎丽娅·赛维拉（Aquilia Severa，一名维斯塔贞女，他与她结婚、离婚又复婚，各时长一年）以及安妮娅·福斯蒂娜（Annia Faustina）——后来的马库斯·奥列里乌斯的亲戚，埃拉加巴卢斯似乎是为了声望才娶她。同样，她的婚姻也只维持了一年。

为了确保自己没有遗漏地得罪每个人，埃拉加巴卢斯还从东方带来了自己的神，从而惹怒了宗教保守派，他带来的是埃美萨（Emesa）的黑石，本身为一个敬礼的对象，代表着巴力①（Baal）。在他于218年被东方叛军立为皇帝后，221年，他的祖母——一个可畏的老悍妇，完全操纵着他，事实上她与他的母亲一同掌控着宫廷——劝说他过继自己的表弟赛维鲁·亚历山大（Severus Alexander）为子且立为罗马皇帝。大约不可避免地，这少年的出现使埃拉加巴卢斯妒火中烧：比起他这位皇帝，西方帝国军队更青睐赛维鲁。埃拉加巴卢斯计划将他杀死，可士兵却反将埃拉加巴卢斯、连同他母亲一起杀了。这位罗马历史上唯一可与卡利古拉较量风流放荡的皇帝就这么惨死了。

根据颇为贫乏的历史记载——主要来自苏埃托尼乌斯的著作，卡

---

① 巴力：犹太教之前迦南的主神太阳神。

利古拉和尼禄的行为都是在审美异常与全然疯狂之间波动，是放纵而狂暴的残忍。据说，他强暴了自己的姐妹德鲁西拉（Drusilla），还有与她和另外两位姐妹在宴会上公然乱伦的习惯，此时（可以想见）无甚热情的宾客只能盯着面前的烤孔雀闷闷无语。他的娱乐活动也更为公开。卡利古拉惯于将罪犯放到竞技场上给猛兽吞食（ad bestias），或者将他们塞进狭窄的笼子里一锯两半，"这只不过是因为他们批评他的表演（或）没有向他的神仙起誓"。使人们在卡利古拉统治下的生活尤为艰难的是，他希望无处不受到掌声喝彩，不仅要得到他的侍臣们的，还要全体罗马大众的。他像是时刻在上演一出大型的悲喜剧、扮演着各种放纵的人物。角斗士、歌者、舞者、战车御者、演员：没有什么事是他不擅长的。大概每一位演艺界明星的性格中都有一丝卡利古拉的元素，但卡利古拉本身就是一切的卡利古拉，而没有一个在表演上超过他的人有可能活得久的。此外，他对文学事务也绝非一无所知。他也许会胡言乱语、大喊大叫，但他熟悉哪些是可供自己参考的书目。这些皇帝的观众已被他俘虏，而他自己很清楚这一点。说到离今天更近、倒也不见得比卡利古拉更具威胁的"现代卡利古拉"，我们大概会联想起阿道夫·希特勒在拜罗伊特①（Bayreuth）的演唱，剧院里的每个座椅后面都立着一名盖世太保。

不过，他的一些（为数众多的）自我戏剧化行为并不需要任何理性化的解读。苏埃托尼乌斯曾记述了卡利古拉是怎样在出征高卢的途中、面对英吉利海峡之时，命令麾下的士兵集结为战斗队形，依托着各类战争器械——诸如投石器——指向遥远的英格兰海岸。随后，他乘上一艘三桨战船，出海航行了一小段距离。再之后，他的战船就掉头返回了岸边，他爬上高高的船尾，大声下令道，"收集海贝！"他的军队一头雾水，然而只能服从于他们的总指挥，遵照命令往头盔与长袍里塞满了卡利古拉所谓"归功于卡匹托尔山与皇室的海洋战利品"。

---

① 拜罗伊特：德国巴伐利亚州东北部城市。

他还许诺,要给军队里的每个人赏赐四张金片(solidi),尽管没有记录表明他真的兑现了。这些海贝被当作"战利品"火速运回了罗马。最新版本的卡利古拉传记中颇为轻描淡写地评论道,"这一小插曲为学术的磨坊里添加了不少谷物。"

也许,这一匪夷所思的事件只不过是一次军事演习;可那是在冬天,天气与海洋条件都十分不利,即便卡利古拉本人(畏惧大海,也不会游泳)没有意识到这一点,他手下的任何一名指挥官本也可以提醒他,在一年之中的这一时节对不列颠发起入侵是不可能办到的事。无论怎样,他为自己计划了一场小凯旋式,庆祝成功攻入不列颠,甚至还挑选了几个健壮的高卢人,把头发养长、染红,装成战败的敌军——大体来说他们也确实是战败的敌军。可是对卡利古拉而言,要以"英雄"、日耳曼与不列颠征服者的身份受到众人的赞誉与钦佩,这一切还不够。他决意要让众人崇拜他为活生生的神。确实,在他之前的皇帝已被视作神,并在一定限度内受到了神一般的崇敬。维吉尔将屋大维/奥古斯都列为"人间的神"(presentes deos)之一,而且在帝国东部的希腊地区,为皇室成员授予神的荣耀也是普遍的现象。但是,将活着的皇帝尊奉为神在罗马本土远没有像在外部帝国那么寻常,"神"本身的概念就是相当模糊不清的,并且不管怎样,有些皇帝觉得这是过于极端,甚至令人尴尬的:例如,提比略就在公元25年拒绝了修建神庙供奉他自己和莉薇娅的提议。故去的皇帝可以被当作神崇拜,并有供奉他们的神庙,但卡利古拉却是第一位(虽然不是最后一位)愈加前进了一两步的皇帝。根据苏埃托尼乌斯的记载,他决定在卡匹托尔山上与众神之王朱庇特住在一起。据说,他计划要将运至那里的菲狄亚斯著名的奥林匹亚宙斯像作为他自己的宗教形象,想必还要换上一个新头像,不过最终还是被劝止了;后来,他造了一尊自己的全身像,真人大小,黄金铸造。每天,奴隶们都要从卡利古拉那阔大的衣橱中挑出不同的全套服装,为雕像换上。

[118]

总的说来,在卡利古拉短暂而癫狂的统治生涯中——他死于公元41年,时年二十九岁,系被自己护卫队的军官暗杀,统治罗马还不满四年——最令人吃惊的事大概要数,他竟然有办法将统治维持了这么长时间。至于那些海贝的下落如何,历史上没有记载。

他的继任者是个在家族内被普遍当成傻子的人,受到高高在上的侄子卡利古拉的羞辱:提比略·克劳狄乌斯·德鲁苏斯(Tiberius Claudius Drusus,前10—54),在历史上简称"克劳狄",是朱里亚-克劳狄(Julio-Claudian)王朝的最后一位男性成员。然而,他却很受罗马公众,以及军队的欢迎;他的确比招人反感的卡利古拉得到了多得多的尊敬与喜爱。我们也许可以想象,他对接任皇位没有任何的准备。他是个瘸腿;他一激动就会流涎、抽搐;一些历史记录者,尤其是苏埃托尼乌斯和塔西陀,将他当作一个荒谬可笑的人物,笨拙无能、说话结巴。他的一些特征符合妥瑞综合征①(Tourette syndrome)的症状,但疾病的判断没有这么轻易。此外,与大多数罗马皇帝相比,他的性取向似乎全然不同寻常,简直有违常情:根据苏埃托尼乌斯的记载,他对男人不感兴趣,只喜欢女人。不幸的是,他总是遇人不淑:第一任妻子是个笨重的大块头女人,名叫厄尔古拉妮拉(Urgulanilla),第二任妻子是个悍妇,名叫埃莉娅·帕提纳(Aelia Paetina),第三任妻子是他的嫡亲表姐妹瓦勒丽娅·梅萨里纳(Valeria Messalina),一个视钱如命的色情狂,根据塔西陀常常不那么可靠的证言所说,她曾与一个妓女比拼,看谁一夜伴侣最多;他的最后一任妻子是阿格里皮娜(Agrippina),奥古斯都的后人,尼禄的母亲。从幼时起,克劳狄就被母亲安东妮娅(Antonia)与祖母莉薇娅当作傻瓜,遭到无情的欺侮与轻视,这似乎为他一生的婚姻定下了被心机女掌控的模式。

---

① 妥瑞综合征:又称抽动秽语综合征,是指不自主的突然的多发性抽动以及在抽动的同时伴有暴发性发声和秽语为主要表现的抽动障碍。

卡利古拉遇刺身亡时，克劳狄已经五十岁了。在行刺后的一片混乱中，他匆忙躲进了宫里的一扇门帘后面。一名叫作格拉图斯（Gratus）的护卫队成员发现了他藏在门帘后的脚，将他一把拉了出来。感到大限将至的克劳狄紧紧抱住那士兵的膝盖，求他发发慈悲——然而令他半是惊惧又半感安慰的是，士兵把他掳到了宫廷护卫的驻地，他在那里被宣布为新一任的皇帝。他是第一位由禁卫军，而不是元老院宣告的皇帝，不过很显然，元老院在此事件中已没有什么选择的余地了。

对于克劳狄的统治而言，这也许不算是个吉利的开头，但他证明了自己是个令人吃惊的明君——确实要比他那疯狂的前任卡利古拉，或者卡利古拉的前任，平庸的提比略更好；提比略曾在日耳曼前线战场积累了广泛的军事经验，然而在前途无量的开局之后，却以一个衰老、残暴的纵欲者的模样在卡普里岛①（Capri）结束了统治，而将罗马的有效控制权留给了自己的禁卫队长塞扬努斯（Sejanus）。人们对其没抱什么指望的克劳狄却比他做的多得多。他通过在偏远地区修筑设防定居点，相当可观地扩大与强化了罗马帝国；英国的科尔切斯特（Colchester）和德国的科隆原本都是克劳狄时期修建的定居点。成功率军征服不列颠的殊荣也要归属于克劳狄，该次征服始于公元43年。在俘获不列颠将领卡拉克塔克斯（Caractacus）后，克劳狄准许其活命，还待他以非同一般的仁慈。卡拉克塔克斯被允许在罗马国家赐给他的土地上度过余生，而不是像那些胆敢率众抵抗罗马的首领们通常的命运那样，被绞死在狱中。毋庸置疑，这一做法对不列颠人与他们的征服者之间的殖民关系产生了奇效。

克劳狄是一位很有天赋的管理者（那些逐渐习惯了卡利古拉的胡作非为的罗马公民一定有此感受），对法律的细枝末节也考虑得十分

[120]

---

① 卡普里岛：位于索伦托半岛之外的第勒尼安海上，意大利坎帕尼亚大区那不勒斯湾南侧。

详尽。他主持公开审理，将自己的出席既视为责任，也当作乐趣。尽管他颁布的有些法令在今天读来颇觉奇怪；据苏埃托尼乌斯记载，其中一条法令将"在餐桌旁任意放屁"当作一项健康措施进行推广。尤为值得一提的是，他还致力于许多公共工程项目——高架渠的建造，弗辛湖的排干。（后者差点酿成一场惨祸：由于工程人员的误算，湖水涌出的速度太快，用以阻挡的水闸又太窄，险些将克劳狄与他的同行者淹死，他们原本在湖岸边准备了一场大型庆功宴。）弗辛湖排干计划由一个商人财团承包，他们得到的回报是拥有这片开垦土地的所有权，这一工程动用30000人劳动了11年，但据说最终还是产生了收益。在克劳狄的这些工程建设中，最重要的一项大约是在奥斯提亚建造的一座深水港、连同高耸的灯塔；此举转变了罗马进入地中海的贸易路线，特别是在冬季的风暴期。

他对大众娱乐的主要贡献在于对竞技场格斗的恣意热爱。克劳狄——根据我们唯一的信源苏埃托尼乌斯的说法——极为嗜血，即便以罗马人的标准衡量也是异乎寻常的。若有被告人要被严刑逼供，克劳狄很喜爱前去旁观。有时，当他已花了一整个上午观看角斗与斗兽表演，"他会解散观众，自己留在座位上，不仅观看常规的搏斗，还命令舞台木工们互相之间进行即兴的战斗……作为任何机械设备故障的惩罚。"克劳狄作为一名历史学家的作品已荡然无存——这是一个相当大的损失，因为他著有许多关于罗马、伊特鲁里亚，甚至迦太基历史的书籍，采用的来源是存在于两千年前，而如今已经散佚的资料。

他十分贪吃，这导致了他的死亡。他最喜欢的菜是蘑菇，而在一次家宴上，他的最后一任妻子阿格里皮娜为他端来一道下了毒的牛肝菌（funghi porcini）。这道菜毒死了他，顺利地让阿格里皮娜的儿子继承了皇位，那就是卢修斯·多米提乌斯·阿赫诺巴布斯，更出名的名字是"尼禄"。

没人能说尼禄缺乏教育与出身的优势。

来自西班牙的卢修斯·阿奈乌斯·塞内卡（Lucius Annaeus Seneca，卒于公元65年）是尼禄的家庭教师，也是一位极其高产的作家；单是流传至今的散文作品就足以密密麻麻地印满超过一千页。他深深地为自己的斯多葛派思想而自豪，但没有哪一位斯多葛派学者比他更冗长啰嗦、自我陶醉。他能在一件事的两面同时进行辩论——克劳狄去世时，是塞内卡为继任者尼禄撰写了致克劳狄的悼词，但也是塞内卡写了一篇讽刺已故皇帝的《颂圣》（Apocolocyntosis），想象他变成了一个愚蠢又爱说教的蔬菜神。在古代世界，塞内卡是一个几乎无出其右的伪君子。他歌颂中庸之道："做自己的奴隶是最痛苦的奴役；而它的枷锁却可以被轻易砍断……一个人的需要只不过是一点点，且毋须太久。"这话说得漂亮，遗憾的是，和塞内卡本人生活中的实际情况却没什么关系：他是个冷血无情、贪得无厌的放贷人。当他在尼禄的直接命令下，在热水浴中割开血管自杀身亡时，没有几个人为他哀悼。

在尼禄大肆破坏的行为中，最臭名昭著的莫过于，（通常认为）他曾烧毁了很大一部分的罗马城。

我们并不确定，他是否像传说中坚持认定的那样，一边放火一边拉小提琴——虽然他是一位热情的业余音乐家，但他更偏爱长长的声乐宣叙调，一般是悲剧类的，其中一些作品的标题——尽管或许应该庆幸的是，不是这些作品的剧本——保留了下来：这些标题包括《卡那刻的诞生》（Canace in Childbirth）、《忧心如焚的赫拉克勒斯》（Hercules Distraught），以及《弑母者俄瑞斯忒斯》（Orestes the Matricide），在剧中，他会戴上英雄、神仙或女神的面具，这些面具是以他自己的面容，或当时情妇的特征为模型而造。

[122]

然而，尼禄在火焰不断上升之时拉着小提琴的形象还是进入了英语语言（以及许多其他语言）之中，很可能不会很快消失。就算不背上纵火罪的指控，尼禄对他人的所作所为——包括对他自己的家人——往轻了说，也是缺点重重的。他的受害者名单十分长，其中就包括他的母亲阿格里皮娜,据称他与她频频犯下乱伦的罪行。他会毫不犹豫地下令处死任何使他不悦的人,无论这冒犯是多么微不足道,甚至压根不存在。就连他的几任妻子也不能幸免:他的皇后奥克塔维娅——克劳狄与梅萨里纳的女儿——公元 62 年死于潘达特里亚[①](Pandateria)荒岛的流放中,这使他得以迎娶第二任配偶波佩娅(Poppaea),将她奉若神明,最后又将她活活踢死,只因为她竟敢抱怨他从比赛场上回来太晚。他还以过量泻药害死了姑母多米提娅·勒皮达(Domitia Lepida)。总而言之,用苏埃托尼乌斯的评价说,"没有一位家庭成员没受到过尼禄的荼毒。"他通过模仿取笑他们来竭尽所能地嘲弄自己的亲人:就连对他极为迷恋的娈童斯波鲁斯(Sporus)也是如此;他曾将他阉割,后来又娶了他。苏埃托尼乌斯尖酸地评价道,"要是尼禄的父亲多米提乌斯当初娶的是个那样的妻子,如今天下就该太平多了。"

据说,为了自己的消遣,他向位于他后来的"金宫"(Golden House)附近的几个粮仓发起了攻击,用攻城器推倒围墙,又命令军队放火焚烧粮食。自然,他为自己的行为找了一个公开的理由——清理贫民窟。老旧建筑已经破烂不堪了,而他只不过用一场火灾将其彻底毁灭。然而,没有证据表明,尼禄本人需要对拆迁中爆发并蔓延的火灾负责。这些火灾可能是——而且多半就是——全然一场事故。如果罗马与 18 世纪的伦敦有某些相似之处——也的确如此,都是过度拥挤、容易失火,充斥着易燃的岛屋,这些建筑物被人一口气匆忙建起,缺乏水包与安全条例的保护——那么居住其中显然会时时刻刻受到威胁,特别是在寒冷的天气里,人们对敞口火盆的依赖一定使屋内充满了一氧化碳,进一步减弱了他们睡觉时的知觉。

无论起源为何,这些零星的起火很快汇聚成了一场连续不断的火

---

① 潘达特里亚:又称文托泰内,属于第勒尼安海上的庞廷群岛,距意大利拉齐奥与坎帕尼亚大区之间的加埃塔海岸 46 公里。

灾，持续了六日七夜，摧毁的不仅仅是罗马大众居住的摇摇欲坠的岛屋，还有不计其数的大宅和神殿，历史可追溯至对抗迦太基与高卢的战争时期。火灾开始于公元64年6月18日，与高卢侵略者在公元前390年纵火焚烧罗马城的日期恰好是同一天。它不仅对阿文丁山与帕拉丁山的居民区造成了巨大的损害，还严重破坏了广场本身，毁掉了广场上的大多数纪念物。据说，尼禄醉心于观看大火，还有谣言说，为了歌颂他所谓的"火焰的美丽"，他穿上悲剧演员的戏服，从头到尾地演唱了一首关于特洛伊被焚的冗长戏剧选段，题为《伊利昂的陷落》（The Fall of Ilium）。这似乎真是全无心肝，可是我们也很难想象现实中的尼禄能采取什么样的行动扑灭火灾。除了给焦头烂额的救火队员碍事，身穿昂贵镶边衣袍的他还能做些什么？又有谁——无论是皇帝还是平民——会不去占据一个有利地点，观看那诱人的城市火灾场面呢？

　　这一传说无疑就是那句老生常谈的起源。[①] 根据塔西陀的记载，火灾从大竞技场的店铺中爆发，在这座城市肆意蔓延，没有一堵可以阻碍火情扩大的砌石墙。控制火势的努力无异于蚍蜉撼树，"由于那些描绘出旧罗马城的狭窄曲折的街巷与杂乱无章的道路，这座城市完全处于大火的摆布之下"。火情真正开始严峻起来的时候，尼禄不在罗马，而在罗马以南的安提乌姆（Antium，即安齐奥[②]Anzio）。看起来，没有什么能够牵制住这场大火了，但是匆匆赶回罗马的尼禄命人敞开战神广场、阿格里帕（Agrippa）的公共建筑物，甚至他自己花园的大门，其中还建有应急避难所。然而这些一片好心的措施却并没有达到应有的效果，因为到那时，罗马的平民已经被谣言说服——是他们的皇帝，那个被奉为神明的纵火犯，导致了这场摧毁大半座城市的

---

① 即"罗马失火，尼禄弹琴作乐"（Nero fiddled while Rome burned），比喻在危难中不负责任，不恤民情的行为。
② 安齐奥：意大利拉齐奥大区的海滨城镇，位于罗马以南51公里处。

灾祸。

在这场名副其实的清场狂欢过后，尼禄自己萌生了建造一座适宜的新建筑物的想法，那就是"金宫"（Domus Aurea），古代传奇性的建筑物之一，如今已几乎没有留存，我们只能形成对其辉煌壮丽最蒙眬的印象。帕拉丁山和埃斯奎林山之间原本由一座巨型宫殿连接，在其被焚毁后，尼禄将其重建，并在门厅内竖立了一尊高 120 英尺的他本人的塑像（可以用来对照的是，位于纽约港的巴托尔迪［Bartholdi］的自由女神像，从脚趾到头冠高约 150 英尺）。在门厅后面，一条有柱拱廊延伸一英里长，据苏埃托尼乌斯所说，两侧是"仿似城市的一座又一座建筑物"与人工林地，各类家养与野生动物在林中闲庭信步、放牧吃草。在里面，金宫得名于其镀金且镶有珍珠母与宝石的墙面。尼禄餐室的天花板装饰着象牙浮雕，还会根据指令，为惬意斜倚着的宾客们释放出一阵阵香水或玫瑰花瓣的芬芳。尼禄举行筵席的主宴会厅为圆形，整个屋顶以浮雕细工装饰，昼夜在天空下庄严和谐地回转。"他相信，"关于尼禄，苏埃托尼乌斯写道，"财富就是用来挥霍的，在他看来，任何能够算清他所花的每一分钱去向的人，都是吝啬的守财奴。"金宫一经建成，尼禄本人对其的评价却只不过是，现在他终究是可以开始像个人类那样活着了。

如今，金宫已经所剩无几，其大部分遗迹还有待发掘。尼禄皇宫的上方早已建起了巨大的图拉真浴场（Baths of Trajan）。不幸的是，其绝大部分价值连城的装饰品——彩色的大理石贴面板，镀金的嵌板，当然还有精雕细刻的象牙——都已在该宫殿废弃之初就被人纷纷剥下、洗劫一空；留下的只有二等房间墙面上的画灰泥图像。但在 16 世纪，这些图画深深吸引了从浴场掘开地道、进入宫殿废墟研习画作的艺术家们，还成为了被称为"穴怪图像"（grotteschi）的整个一系列光线与戏谑装饰的基础，因为这些图像是在"洞穴"（grottoes）里被发现的。这一切影响了欧洲的设计与装饰达两个世纪，特别是通过英国人如亚当兄弟（the Adam brothers）的作品。以金宫遗迹为基础发展而来的装饰物中，首屈一指的典型是拉斐尔的作品，他敬仰于这些遗迹，并将其复制到自己的作品中，追随他的不仅是其他艺术家，还有一群无畏的观光客，他们打起火把，进入地下的黑暗，有时还将自己的名字刻在那腐朽的墙壁上——这些人中就有卡萨诺瓦[①]（Casanova）与萨德侯爵[②]（Marquis de Sade）。拉斐尔将穴怪图像运用到他为梵蒂冈的凉廊（Loggette）所作的装饰中（约1519），这成了他无限创造与狂想的来源——即使，正如艺术史学家玛丽·比尔德（Mary Beard）和约翰·亨德森（John Henderson）不怀好意地指出，那些后来的教皇们所引以为傲的，实际上不过是尼禄仆人房的复制品。

在最初的天花板下、金宫的芳香水池旁，尼禄放纵自己于"各式各样的淫秽之事"中（苏埃托尼乌斯语）。这些行为包括穿上动物毛皮，在皇家花园里袭击被绑缚着的、无助地站在木桩上的男人和女人的私处。在人们的推测中，一个人要把所有已知或可以想象到的性变态行为全部实施一遍是不可能的；但是尼禄显然像任何一个罗马人那样，有着一整套令人印象深刻的此类保留节目。众所周知，他通过把罗马厄运的发生归咎于一个特殊的群体，将这些保留节目组合在了一起。该群体就是被称作"基督徒"的微小宗教派别，在火灾之后，尼禄对他们的迫害程度堪称丧心病狂。

将如此大一部分城市毁灭殆尽的大火过后并没有太长时间，平民就已把原因归于皇帝本人了。单是出于这一理由，尼禄就必须找到旁人——另一个群体——将指责的矛头转移出去；而该群体就是基督徒。历史学家塔西陀解释了原因：这些基督徒已经"招致了他们守护神的憎恶"，无论是犹太还是罗马，"在这些地方，从世界各地汇集而来的一切可怖或可耻之事都在变得流行。"在审讯中供认自己是基

---

① 卡萨诺瓦：即贾科莫·卡萨诺瓦（1725—1798），极富传奇色彩的意大利冒险家、作家、享誉欧洲的风流情圣。
② 萨德侯爵（1740—1814）：全名多拿尚·阿勒冯瑟·冯索瓦·德·萨德，法国贵族、革命政治家、哲学家、作家，以情色文学闻名。

督徒的人"数量巨大",且被判有罪——"与其说是由于大火之罪,不如说是由于对人类的仇恨",于是"嘲弄羞辱被肆意加诸他们的死亡之上":

> 他们被盖上野兽皮、由恶犬踩躏致死,或者他们会被钉在十字架上,在太阳落山后遭放火焚烧,用以在夜间提供照明。尼禄将自己的花园拿出来公开展示这种场面,他还同时举办了竞技比赛,混杂着身着战车御者服装的平民……因此,尽管(那些基督徒)遭受最残酷的极刑也是罪有应得,但一丝怜悯之情却也在民众心中产生了,他们感到,这些人之所以被用来献祭,不是为了公共的福祉,而是由于皇帝一人的野蛮残暴。

事实的确如此。"基督被钉在十字架上"在艺术方面的第一次表现,是大竞技场附近、帕拉丁山上某处的一幅用以嘲笑的粗刻画。画中是一个粗糙刻出的、长着个驴脑袋的人物,悬挂在一个简略的十字架上,还有一个人尊敬而崇拜地举着手臂。一行说明潦草地写道,"亚力山米诺斯(Alexamenos)拜他的神。"在罗马人流行的说法中,驴是一种被人绝对看不起的动物,地位比猪还低。这副刻画不会早于2世纪——这显示了,基督十字架的故事是怎样以极其缓慢的速度渗透进了大众的意识里。"现在人们普遍接受的观点是,"一位权威学者就这一主题写道,"在2世纪,或者说公元200年以前,不存在可以有把握地确定时代的基督教考古遗存。"

有句名言,"殉道者的鲜血孕育了教会。"这句话的正确性无可争论。基督教是怎样设法从4世纪罗马世界那各类信仰互相竞争的罕见混乱中脱颖而出的?那时存在着形形色色的神秘宗教,其古怪、戏剧性与怪癖的程度各不相同。有一种来自中东、影响力强大的舶来品密特拉教(Mithraism),在罗马军队中拥有大批追随者。罗马收留了大量流亡犹太人作为少数民族,他们当然要坚持自己的信仰原则,并且举行自己的宗教仪式。被奉为神的皇帝们接受着各种形式的供奉。有信奉伊西斯、狄俄尼索斯、赫耳墨斯或塞拉皮斯的种种宗教,还有信仰医生的守护神、化为星座的人类医治者——阿斯克勒庇俄斯（Asclepius）的。经常地,当一位春天女神或丰产神的宗教已经建立了许多年,人们会仅仅给其换个名字,然后开始新的献纳。基督徒相信,上帝倾向于惩罚不顺从的人类,但总体而言,异教却没有这样的特征。加诸崇拜者身上的罪行与罪孽的分量并不沉重。在此方面——就像在其他方面一样,异教的道德世界与犹太教或基督教的精神环境是两个截然不同的体系,而后二者在极大程度上是由负罪与对赎罪及饶恕的渴望来驱动的。

但是,基督教与异教之间最大的不同在于过去与未来的观念。罗马宗教展现给信徒的只有最为蒙眬的来生概念。它对于幸福的梦想集中于久已过去的"黄金时代"（Golden Age）,这时代或许可以重温,但确定无疑的是,"现在"派生于"过去"。然而,基督教中却没有什么强烈的"失去的早年幸福"观念。对基督徒而言,最要紧的事是死后的幸福或痛苦,二者都将是永恒的,也都是无法改变的。在耶稣的帮助下,基督徒的灵魂对自己的命运负有极大的责任,其程度是传统宗教所不曾想象的。因此,基督教的力量也是无法想象的。此刻,基督教与异教的道路即将交叉,带来完全不可预见的结果。

参观衰朽的尼禄金宫遗迹可能会令人大失所望,而再过五十或一百年,能看到的东西恐怕会更少。然而,从古代保留至今最完整的罗马建筑物却建成于那之后稍晚,在哈德良皇帝的统治时期。这就是庞大的混凝土、石头工程杰作——万神庙（Pantheon）。这座万神庙的修建是为了取代原来的万神庙——公元前27年,由马库斯·阿格里帕在自己的第三个执政官任期内建设并落成的,是屋大维在亚克兴取胜的余波。该建筑与毗邻的其他建筑物一起,在公元80年的一场严重大火中化为灰烬。它于公元125年由哈德良皇帝依原样重建。

[128]

颇为容易造成误解的是，万神庙的山形墙饰上镌刻着这样的文字：M.AGRIPPA.L.F.COS.TERTIUM FECIT，意即"卢修斯之子、第三次担任执政官的马库斯·阿格里帕修建"（Marcus Agrippa, Lucii filius, consul tertium fecit）。但这座万神庙并不是他建的——而是哈德良建的。在万神庙建成时，阿格里帕早已去世多年了（公元前12年）。

希腊语词"Pantheon"的意思是"万神"，因此这座建筑属于多神信仰。卡西乌斯·狄奥（Cassius Dio），一位深受希腊影响的罗马元老院成员，在现今的万神庙建成约75年后的一部著作中认为，"该建筑得名于……其仿似天穹的拱形屋顶。"

论工程的大胆与彻底，论比例宏伟的和谐，论其渗透进历史中的深远分量，万神庙都当之无愧是古罗马保存至今最伟大的建筑物。斗兽场在体量与规模上胜过它，然而引人讶异的却是万神庙的形态：那顶点开有圆孔的巨型穹顶，似乎不仅是要展示，还要容纳苍天，它是建造史上的里程碑，我们也许应该加上，它还是建筑隐喻史上的里程碑。甚至在今天，这座建筑完工——在约公元125年——的两千年以后，有心的参观者仍然更有可能被其无穷无尽的新鲜感所震惊，多过对其久远年代的惊叹。这是一座真正的罗马式建筑，而不是希腊式。希腊式建筑全是横平竖直的支柱与过梁。罗马人的天赋在于设想与建造出种种立体曲线式结构，万神庙的穹顶就是其中的崇高典范。用粗削石是造不出这样的建筑的，至少无法形成任何规模。它需要一种可塑可成形的物质，而罗马人发现了混凝土，在希腊建筑中不见这种材料的使用。

罗马混凝土是一种结构性陶瓷，它的凝固不是源于加热（如窑中的陶器），而是来自与水合（泥浆或饱水的）成分产生的化学相互作用。它包含一份骨料（一堆硬石子），混合着水硬水泥的半液态砂浆——由水、石灰，以及一种被罗马人称为pozzolana的碎火山灰沉积物混合而成。随后，这种黏稠液体被放进一种叫作"模壳"的模具中夯实。人们可能还会在其中加固金属棒以增加其拉伸力，尽管这并不是罗马人的做法。在收干过程中，整体的化学变化使其凝固成坚硬且不透水的块状物，其形状由模壳内部的空间决定。人们会将模具拆除，只留下混凝土块。

古罗马建筑工会将他们的配料——湿石灰与火山灰——放在手推车中混合，铺开在骨料的碎石上，再以一种英语里称作"beetle"（大槌）的沉重木夯将其一起充分捣碎。用的水越少，灰浆与骨料混合得就越好，最终的成品就越坚固；而令人惊奇的是，罗马建筑工竟然以手工操作，不用机械夯、回转式搅拌机或任何现代的机动化工具。维特鲁威的《建筑十书》（约前25年）推荐的配比是：建筑物的石灰与火山灰为一比三，水下工程为一比二。火山灰凝结物的作用类似于波特兰水泥①（Portland cement）。在海水中，它还有干燥的优点，这可以发挥非凡的用处，使其成为海上建筑的无价之宝；克劳狄皇帝在奥斯提亚修建海港防波堤时，采用了十分简单的权宜之计：用一艘大型船只作为模具，在其中填满火山灰、石灰和水，然后将其凿沉，使其凝固成为一个（准确地说是船形的）混凝土块。

利用水泥，罗马人得以建造出高架渠、拱门、穹顶与道路；它打开了在从前的砖石文化中不曾存在的迅捷交通、仓储与防卫之门。水泥建起了数以百计的桥梁，使罗马军队可以迅速地到达帝国各个最偏远的地区。它是填充起权力与规章的原材料。它是丑陋的，而且将一直如此：20世纪短暂的"粗糙混凝土"（beton brut）时尚风潮产生了一批所有建筑中最丑陋可怖、藏污纳垢的外表面，只要到伦敦的节日大厅（Festival Hall）看一看就知道了。但是，人们可以在上面粉刷灰泥、贴上薄薄的石板，而且，水泥非常坚固、低廉，使其可以被用来修建极为大型的工程。而其规模——质朴而强有力的规模——对于建设帝国的罗马人具有强大的吸引力，就像对于两千年后建设自己帝国的美国人也会有着同样的吸引力。

---

① 波特兰水泥：亦称硅酸盐水泥，即普通水泥。

万神庙为圆形，位于一个 4.5 米深、超过十米宽的混凝土环梁之上。鼓形座壁厚六米，且是实心的：室内唯一的光线来自上方穹顶的圆孔。万神庙的穹顶由木质模具塑形的混凝土建造而成。这一工程并不需要一口气灌注完毕。其要点在于对模具尺寸的严格控制，由此在穹顶内部产生出阶梯式的花格镶板；对各要素角度的严格控制，由此塑造出圆孔的正圆形状（直径 8.92 米，边缘最初环包着青铜）；以及对混凝土不同混合密度的严格控制。最后一点是至关重要的，因为为了使穹顶达到结构稳定，其顶部重量必须轻于底部；其厚度从圆孔周围的 1.2 米增加至底部的 6.4 米，穹顶基部与鼓形座在此相接。此外，结构的完整性也要靠在顶部使用重量较轻的骨料——浮石和石灰华——相对于基部的砖块与凝灰石。建筑工们小心翼翼地小批量添加混凝土，将其彻底夯实，在添加下一批混凝土前排出气泡与水分。总而言之，这座五千吨重穹顶的建设是建筑学上深谋远虑的奇迹——我们在今天称之为系统规划——而一位建筑历史学家也许会渴望着一睹那建设中必不可少的木质模具、脚手架与模壳的真容。

虽然一望即知，但统计数字必不可少。43.30 米的直径使其成为世界上最大的无钢筋混凝土穹顶，超过圣彼得大教堂穹顶正好 78 公分。地球上当然还有更大的穹顶。但这些穹顶由钢筋分段加固，例如 1960 年建成的罗马帕拉佐体育馆（Palazzo dello Sport）的 100 米穹顶。没有一位现代建筑师敢采用相同的结构原理尝试再建一座万神庙。然而万神庙已屹立近两千年，不曾显露一丝坍塌的迹象。

虽然如此，万神庙还是经受了数次损害。一开始，大穹顶上覆盖着镀金青铜，而这些装饰于公元 655 年被基督徒（拜占庭）皇帝君士坦斯二世（Constans II）抢劫一空。一个世纪后，教皇额我略三世[①]（Gregory III）代之以相比之下平庸乏味的铅板。人们素来相信，巴尔

---

① 额我略三世（？—741）：731—741 年在位。

贝里尼家族的教皇乌尔班八世①（Urban VIII）——巴尔贝里尼的保护人——将万神庙门廊上的青铜横梁取下、熔解，重新铸成了圣彼得大教堂的祭台青铜华盖与圣天使堡的数门大炮。呜呼，一些今天的历史学家对此传说持怀疑态度。

　　罗马帝国也诞生了一件当属古代世界无出其右的叙事雕塑杰作。它矗立在图拉真广场遗迹之上，是这座城市主要的地标之一。图拉真那庞大广场上的大部分雕塑都已被毁于基督教时期，不是被烧成了石灰，就是被拿去装饰了其他建筑物——君士坦丁凯旋门（the Arch of Constantine）上几幅展现罗马人与达契亚人之间战斗场面的浮雕就是如此，被人从广场上取走，加入君士坦丁与李锡尼②的头像，安在了凯旋门上。

　　另一方面，图拉真的圆柱却几乎完整无缺。不过，我们却仍然不可能将它"读作"一个连贯的故事，那是因为它的形式：一条连续不断的石雕带，700英尺长，雕刻着浅浅的浮雕，包在环绕着100英尺高立式圆柱的螺线上。它是连环画的巨型祖先。这位皇帝的其他纪念物已消失殆尽，比如，在图拉真广场的中间，曾有一尊气势恢宏的图拉真骑马像，这是由元老院献给他的，后来却毁于一次蛮族对罗马（或许是对天主教）的入侵。然而图拉真记功柱依然耸立，保存完好。这是一件野心勃勃到令人惊讶的宣传作品，可是人们找不到一个得以一睹整个设计全貌的有利位置，对于地面上的参观者来说，随着距离不断拉大，越是往上、细节就越模糊不清，尽管为了抵消这种现象，设计图拉真记功柱的艺术家将人物的高度从底部的0.60米逐渐增加到了顶部的0.90米。它代表了人们在连续叙事上的挫败，直到电影摄影机的发明，这一难题才被征服。

［132］

　　这些浮雕用十七个月亮大理石鼓柱雕刻而成。每个鼓柱直径约

---

① 乌尔班八世（1568—1644）：1623—1644年在位。
② 李锡尼（约263—325）：308—324年任罗马皇帝，后被君士坦丁大帝击败并杀死。

十英尺，空心，用来容纳一条185阶的狭窄螺旋梯，以便一个人可以（颇为吃力地）爬到顶端；台阶由四十三个小型隙窗中的光线照亮，这些隙窗在外侧几乎看不见。鼓柱本是各自分开的，但人物的拼接是如此精确、连接处又保存得如此完好，以至于它看起来就是浑然一体的圆柱。圆柱的雕刻者是罗马的工匠，其中一定有许多人是希腊奴隶；浮雕的画面中充满了各类从希腊式原型中传承而来的人物，而在希腊训练出来的雕刻者也通常比罗马匠人更受青睐。到底有多少雕工参与了这一浩大的工程，我们当然不得而知，但数量一定是十分巨大的。

该圆柱落成于公元113年，以纪念公元101—102年及105—106年图拉真在多瑙河边境达契亚战争中的数次战役。若你有一副优质望远镜、对罗马军事史的持续兴趣以及不怕抽筋的脖颈，这就是一份令人入迷的文档——如果一件如此庞大、石质且坚硬的东西也可以称作"文档"的话。再没别的物体记载了如此多关于罗马军队在战场上的信息——并不仅仅是杀戮与俘虏野蛮人，还有行军、搭桥、搜寻补给、养护武器、建立营地、聆听指挥官的讲话，以及肩扛军旗。制服、盔甲与武器上的每一个细节都准确无误。无论是作为军事战利品显现在圆柱的矩形底座上，还是出现在浮雕带上的冲突场面中，蛮族军队的刻画也是同样一丝不苟。在这条拥有2600个人物的叙事螺旋中，图拉真出现了约六十次，有向军队训话的、接见使节的、与手下将领商讨的、祭祀上天的。我们或许也会注意到画中一个巨大的河神，也就是多瑙河的化身，在军队过河时保佑着他们。故事展开之熟练与石头上细节刻画之清晰一样，令人叹为观止。

遗憾的是，曾经屹立于图拉真记功柱顶端的图拉真青铜像在基督教时代被拆除、熔解，于1588年换上了一尊圣彼得雕像，他和达契亚战争全无关系。若你近距离观察圆柱的基座，你还能在通往圆柱内部的门上方辨认出另一处基督教化的遗迹——一座曾经的微型教堂圣尼古拉圆柱教堂（S. Nicola de Columna）屋顶的轮廓，这座教堂有记录于 11 世纪初，却在 16 世纪被拆毁。圆柱内部的主要重点——保存有图拉真骨灰的黄金骨灰瓮——早已不可避免地被抢走了。

在留存于英语中的古典拉丁语习语里，最为人熟知的当属"面包与赛会"（bread and circuses）一词，它表达了社会的无责任感、即愚昧享乐主义，以及大众对它的渴望。该词源于尤维纳利斯的一首讽刺诗，以攻击公元 1 世纪他的罗马同胞中的那些"乌合之众"。尤维纳利斯目睹了这群乌合之众通过破坏众多赛扬努斯的公共雕像，来对这位提比略的左膀右臂施以暴力的情景：

> 人们拉起绳索，扯倒一座座雕像，
> 用斧头拆毁战车的车轮，无辜的
> 马儿也被砸断了腿。此刻，这大火
> 已在熔炉中咆哮，火焰也在风箱中嘶鸣：
> 那人民宠儿的头颅被烧得炽热发亮，伟大的塞扬努斯
> 正爆裂熔化。仅仅是昨天，这张脸
> 还是一人之下、万人之上。
> 今天就成了十足的一堆废铁，
> 等着被制成水壶与脸盆、煎锅与夜壶。
> 在你的门前挂上花环吧，牵上献祭的白色
> 大公牛往卡匹托尔山去吧！他们正用钩子
> 拖着赛扬努斯招摇过市。人人拍手称快……
> 一如既往，他们追捧成功者，而憎恶
> 受害者与失败者。倘若那赛扬努斯
> 曾沾上一丝伊特鲁里亚的运气，倘若那老态龙钟的皇帝
> 在当初被出其不意地击倒，同样是这一群暴民
> 如今就要赞颂这一具死尸为奥古斯都的
> 称职继承者了。可是如今，
> 他们已无选票可出卖，他们的座右铭

[134]

就成了"与我何干"。过去,他们以公民投票选出
将军、国家首脑、军团指挥;然而如今
他们已勒紧了自己的犄角;只有两件事是他们在乎的:
面包与赛会。

"只有两件事是他们在乎的:面包和赛会。"——曾经热切关心政权及公共利益严肃事务,譬如执政官与军队的公众,如今渴望的只有两件事,面包和赛会。我们也许可以将这看作一位诗人的放肆不羁,但它与真实八九不离十。要统治一个疆域广阔、暗藏危机的国家,早在一个共和国公民固有的权力能力塌陷为独裁者的单一权力之时,罗马的君王们就已发现了一个更好的助力:以公费转移公民们的注意力。消遣娱乐的无穷政治力量,以及其培养出的社会麻醉,都是从前不曾有人充分认知的。罗马人使其达到了极为壮观的效果。

也就是说,罗马的历任君王为休闲活动买单,使人们可以任意消遣娱乐。首先,它创造的公共休闲活动远超任何国家所能想象,或是愿意给予公民的。这就让人上了瘾。罗马人将一年分为允许从事一般业务的日子(降谕日 dies fasti)和因为害怕触怒神灵、不允许开展业务的日子(非降谕日 dies nefasti)。随着休闲日,或者说非降谕日数量的增加,降谕日的数量也就随之缩减。早先,在共和国时代,罗马就已设立了一些为了供奉神灵而举行运动会的假日;为期两周的罗马运动会(Ludi Romani)始于公元前366年,在随后的几个世纪里,平民运动会(Ludi Plebei)、芙罗拉运动会(Ludi Floreales,旨在向女神芙罗拉致意)以及其他各类运动会相继登场。这样的运动会共计有59个。但是,除了这些运动会,我们还必须加上苏拉以各种借口举办赛会的34天,以及45天的公假日(feriae puiblicae),比如二月的牧神节(Lupercalia,纪念母狼养育罗穆路斯与雷穆斯)、八月的伏尔甘节(Volcanalia)和十二月肆意狂欢的农神节(Saturnalia)。接下来,还有罗马的皇帝们指定用来膜拜他们自己的日子,或者是由谄媚的元老院

褒奖给他们的日子。总而言之，到了皇帝克劳狄的统治时期，罗马一年中有159个公共假日——平均一星期就有三天！——绝大多数假日都伴随着以公共资金举办的赛会与演出。再加上皇帝常常以最微不足道的借口不定期发布的节日令，我们差不多可以说，罗马帝国的每一个工作日都在放假了。

用现代眼光来看，这样的安排也太不成比例了，且情况也的确如此，但它维持住了平民的秩序，并带来了两个主要的副作用。这意味着，罗马一年到头都会缺乏能干、高产的自由劳动力，此差额只能由奴隶填补——他们是唯一不会参与到无休无止的节庆欢乐中去的人群；对奴隶劳动力的依赖造成了罗马在某些领域的技术与创造将一直处于滞后状态。其次，这同时意味着，由皇帝的奴才分派的食物是伴随着马戏竞技这种安抚消遣所不可或缺的物资，因为不论一个人是否工作，他和他的一家老小都必须吃饭。乌合之众是反复无常的。一群饿着肚子、无所事事的民众无异于火药桶，而奥古斯都的继承者们决不允许这样的风险存在。无论何时，在罗马总有大约150000人靠"公共援助"即免费的食物与赛会娱乐生活。假设不是这样，而是给了他们一个怒火的共同缘由，这在政治上可能会导致风险。

从短期来看，使民众对国家举办的娱乐活动上瘾是个十分奏效的办法。"这是政治智慧的高度，"2世纪的评论家马库斯·科内利乌斯·弗朗托（Marcus Cornelius Fronto）如是说。"治理的成功取决于娱乐活动，如同取决于那些严肃的事务一样。忽视严肃事务会引发多少损害，忽视娱乐活动就会损失多少民心。人们对金钱施舍的渴求还不如对展览演出的追捧。"

这些演出包括哪些内容？基本上，它们分为三类：赛马、戏剧，以及最受欢迎的角斗。

[136]

赛马在"圆形竞技场"中举行，那是一种特别为赛马而设计的赛马道。罗马有三座主要的竞技场：弗拉米纽斯竞技场，盖伊竞技场

(意即"盖乌斯的竞技场",以皇帝卡利古拉的本名命名,他将这座竞技场修建在了今天梵蒂冈的境内);以及正如其名所蕴含的那样,最宏伟的竞技场——大竞技场。所有这一切都已被埋葬在了经年累月的后世罗马建造物之下。竞技场的形态总是一成不变的,尽管规模有大有小。两条长长的直道形成一个矩形,两端各带一个半圆。赛道之间的长条形地带被称为主干(spina)。大众坐在看台上一排排带坡度的长椅上,和主干平行,隔着赛道与其相对。大竞技场可以容纳约250000名观众,虽然人们对具体数字的估计有所不同;这是一个不可思议的庞大建造物,600米长,200米宽,每圈长度超过1.5公里,而其一般拥有七圈赛道。它的总面积约45000平方米,是斗兽场的十二倍。

战车如迅雷般驰骋赛道,每架战车由一名御者单独驾驭。战车、马匹与它们的御者被关在出发栏(carceres)中,等待出发的信号;随着一声令下,栏门弹开,比赛开始。出发栏由石灰华制成,标志转向点的杆子则是木制的。皇帝克劳狄对此进行了升级改造,将出发栏改建为大理石的,转向杆改为镀金青铜,使比赛的外表更为壮观。一些战车是双马战车(bigae);其他还有三马战车(trigae)、四马战车(quadrigae)以及更多;最普遍与流行的赛车由四匹马牵引,但八马战车也并非闻所未闻。

一般而言,战车御者一开始都是奴隶,凭着自己在赛道上的高超技艺与所向披靡的战绩赢得了自由身。对于一个浑身是胆、目不识丁的壮汉来说,在竞技场上拔得头筹是从乌合之众中脱颖而出、成为英雄的最有效方法:一位竞技场上的常胜将军就是一颗闪耀的明星,乌合之众对他鼎力支持,狂热的追随者将他团团包围,他名利双收、获益惊人。本质上,罗马战车英雄的时代和当今赛车明星的并没有什么不同,当然,两千年前的战车御者不会得到产品代言的机会,只能仅仅依靠奖金维生。但奖金的数目可以是极为庞大的。毫无疑问,历史上最成功的战车御者是盖乌斯·阿普利乌斯·狄奥克勒斯

[137]

(Gaius Appuleius Diocles)，他出生于西班牙的卢西塔尼亚，在 24 年的职业生涯中参加了超过 4200 场比赛，并于公元 150 年引退，那时他已四十多岁，在 2900 场比赛中获得冠军或亚军，累积起 35000000 塞斯特斯的奖金。可以想见，再没有一位御者拥有如此技巧、精力与好运，来达到堪与这令人难以置信的纪录相媲美的成绩。有些人的战绩也相当辉煌：比如御者斯科尔普斯（Scorpus）在 2048 场比赛中名列前茅。可是显然，御者更普遍的命运是被碾轧于对手的车轮下，在二十多岁时就英年早逝或沦为跛腿的乞丐。

　　戏剧演出也很受罗马民众的欢迎，但它几乎无法与赛车的强大吸引力相比较；罗马三座主要剧场（庞培剧场、马塞卢斯剧场和巴尔布斯剧场）可容纳的座位数加起来大致为 50000，以现代标准而言可谓庞大，但与大竞技场相比简直不值一提。这些剧场里上演的节目往往是粗俗下流、情节夸张、思想浅薄的——我们也许可以说，与今天美国电视上的大多数节目一脉相承。罗马没有与索福克勒斯[①]或阿里斯托芬[②]相当的戏剧家。正如巴里·坎利夫[③]（Barry Cunliffe）指出的，"希腊式观念中富有创造力的戏剧已经消亡了。普劳图斯[④]（Plautus）与泰伦斯代表的不是罗马人对戏剧与喜剧的新探索，而是受到希腊影响产生的传统的终结。"

　　但这些也仅仅是戏剧，不是现实。罗马演出中最令人陶醉其间的内容——如此野蛮残暴、骇人听闻、（在我们看来）难以理解的——是"赠礼"（munera），即一个人在特别建造的场地上举行的角斗战中屠杀其他人的表演。出于道德，我们就连想一想这样恐怖的娱乐都要退避三舍。我们更无法想象排起长队观看这样的演出了。它代表的是

---

① 索福克勒斯（前 496—前 406）：雅典三大悲剧作家之一，作品《安提戈涅》《俄狄浦斯王》等。
② 阿里斯托芬（约前 446—前 385）：雅典喜剧代表作家，有"喜剧之父"之称。
③ 巴里·坎利夫（1939—　）：英国考古学家、学者。
④ 普劳图斯：与下文中的泰伦斯都是罗马戏剧家。

一种与我们的人类生命价值观——或者我们乐意宣称自己拥有的价值观——截然相反的观念，扑灭了一切将我们自己与古罗马人进行比较的可能性。我们这些温良仁慈之人的皮肤下绝不会潜藏着这样凶暴变态的血液——我们总是更愿意这么想。

可是，倘若"赠礼"的存在与流行是一种象征，那么正是那些受过教化的文明人（其中也包括女人）才能、才会无所不为，无论一件事是怎样稀奇古怪、骇人可怖，如果他们看到别人正在做，并且劝说他们这是稀松平常、必不可少且娱乐身心的，他们就会做同样的事。而且，罗马人将"赠礼"视作君王赐给他们的慷慨豪礼。从奥古斯都开始的一连串专制君主，甚至向前可追溯到庞培与尤利乌斯·恺撒，都将这样的演出当作最重大的帝国盛举来对待，因此它是一份十足的公共赠礼。在历数自己为国家所作贡献的《功业》表中，奥古斯都叙述，"我以自己之名三次举行角斗表演，以自己的儿孙之名举行了五次；在这些表演中，约10000人参与了战斗……在竞技场、广场或圆形剧场中……我举办了二十六场猎杀非洲野兽的演出；在这些展会上杀死动物约3500头。"不去参加这样血腥的狂欢、不让自己沉浸在这种娱乐活动中，就是一种从根本上忘恩负义的表现。高居主席台之上的皇帝倒不会发觉；可你的罗马同胞不会视若无睹，并要因此对你进行嘲笑蔑视。

罗马人将"赠礼"的起源归于古时。许多人认为，这一活动肇始于罗马建城之时，据推测，那时人们举行这样的决斗是为了致敬康苏斯神——海神尼普顿的原型之一。第一场该类"比赛"——尽管其规模不大——很可能是在罗马屠牛广场上的角斗士之间进行。这样的比赛很快就风靡起来，规模也迅速扩大：公元前183年，在普布利乌斯·李锡尼的葬礼运动会上，六十对角斗士拼死厮杀。这种人类对人类的战斗还有一种变体，即人类与野兽的狭路相逢，罪犯将在其中遭受"兽刑"（damnatio ad bestias）的奇耻大辱，被判遭到畜生的毁灭。

第一例此类事件被认为发生在埃米利乌斯·保卢斯①以战象将逃兵踩死后的那一年，那是在他于公元前168年取得对马其顿国王珀尔修斯的军事胜利之后。

只要有城市的地方，就有露天剧场。到公元2世纪，高卢已建有剧场七十二座，罗马北部边境的城镇有二十八座，大不列颠则有十九座——整个罗马世界共计约186处。而在这些露天剧场中，迄今为止最庞大，也是最具知名度的，是罗马的斗兽场。斗兽场最初被称为弗拉维安剧场（Flavian Amphitheater），它是一种罗马帝国特有建筑物最大型的范例，这种建筑物被用来举行演出与角斗赛，成千上万的人类与野兽在场中拼杀至死，以娱乐数目庞大的观众。

这些露天剧场中建立最早的可追溯至公元前53年，矗立在屠牛广场，在此之前约两个世纪，人们就曾在那里举行致敬德西乌斯·布鲁图斯·斯开瓦（Decius Brutus Scaeva）的早期"运动会"——与伊特鲁里亚人黑暗神秘的葬仪不无关联。无论是关于这座建筑物的建筑形式还是其中上演的角斗表演，我们都近乎一无所知。如今在它的原址上是卡斯特伦斯剧场（Amphitheatrum Castrense），一座三层的椭圆形构造物，与耶路撒冷圣十字圣殿的现址相去不远，在平面上是一个宽阔的椭圆形，长轴长达88米。最开始时，卡斯特伦斯是罗马唯一的露天剧场。

尽管规模宏大、令人印象深刻，但在人尽皆知的"古罗马斗兽场"（Colosseum）面前，这座建筑物还是相形见绌。"Colosseum"的意思并不是"巨大无比的建筑物"——它的意思是"巨像的所在地"，其中的区别是必不可少的，因为所谓的"巨像"就是一座实实在在的雕像。它是尼禄皇帝的肖像，由希腊雕塑家芝诺多罗斯（Zenodorus）用青铜铸成，裸体、高约120罗马尺（苏埃托尼乌斯所载），坐落在尼

---

① 埃米利乌斯·保卢斯：即卢基乌斯·埃米利乌斯·保卢斯·马其顿尼库斯（约前229—前160），两度担任罗马共和国执政官。

[140] 禄那奢华奇观——金宫——在威利安山（Velian Hill）一侧的入口处。这个诞生于帝王自恋癖的巨怪并没有比它的本尊更长命。不出所料地，在尼禄死后，他的继任者、皇帝韦斯巴芗（Vespasian）不愿被罗马世界另一位君主的巨型雕像抢了风头，命令手下的艺术家与工程师为这座雕像装上光芒四射的头饰——类似自由女神像那样的，拥有七道射线，每道23罗马尺长——以将其改造成太阳神索尔（Sol）的形象。公元128年，哈德良皇帝把整座雕像迁到了紧临斗兽场西北的位置——街面上一块边长7米的方形广场标出了这一地点。哈德良对巨型工程项目并不陌生——他毕竟是修建了万神庙与他自己在蒂沃利的壮观别墅的人——但尼禄雕像的迁移却是他经历的最大工程之一。这座雕像被垂直竖立着移动，由24头大象牵拉。该工程于公元128年左右完成，但在哈德良于公元138年去世后，他的儿子与继任者、疯癫又放荡的康茂德将巨像的头部取下，换成了他自己的头像，目光炯炯地瞪视着全城。（斗兽场的场地与康茂德的幻想有着很大的关系，他自认为力比赫拉克勒斯，痴迷于当一名角斗士。关于他的技艺，最著名的一例是：他骑马驰骋在赛场上，砍掉瑟瑟发抖的鸵鸟们的头颅，就像疯子在公园里挥舞着手杖砍杀郁金香。）

没过多久，康茂德的特征也被剥离了巨像，它又再一次变成了索尔。定期举行、用于崇奉这尊巨像的仪式渐渐变少，到了8世纪末，它已不再被人提及，于是可以推测，人们已经为了利用它的青铜而将其拆除、熔解。它留下了一句著名的习语。被称作"可敬的比德"（Venerable Bede）的英格兰修道士兼历史记录者曾经写道："只要巨像矗立一日，罗马就矗立一日；当巨像坍塌，罗马也将坍塌；当罗马坍塌，世界也将随之坍塌。"这句话被许多后世的英语作家一再仿效，其中最为人所知的是拜伦在《恰尔德·哈罗尔德游记》中的诗句，他将关于这尊雕像地久天长的想象转移到了竞技场本身：

[141]   斗兽场存在一日，罗马就不会消亡

"斗兽场土崩瓦解，罗马也将不复存在；

"当罗马不复存在——世界也就随之灭绝。"这话出自我们的土地上

朝圣者曾在铜墙铁壁的另一边高声告白

在撒克逊时期……

这座庞大的椭圆形竞技场坐落在尼禄金宫中，虽然只占去一小部分。它的设计规划，就如金宫本身一样，是在罗马大火灾后完成的。也许尼禄手下的建筑师们——除了姓名以外，我们对他们几乎一无所知——的本意是要建造一个兽笼（cavea）或称"内部空间"，拥有约八十个规整的拱形开口，并以附着于建筑物的托斯卡纳式、爱奥尼亚式和科林斯式柱作为外框。一开始，此地是一个人工湖，后来改造成了一连串喷泉与石窟，被威利安山、欧皮安山与西莲山环绕。该想法是要建造出世界上最广阔、最美丽的露天剧场，但这工程过于艰巨费时，不是哪一任皇帝可以用一己之力完成的。整个建筑物的平面规划为椭圆形，长轴 86 米，短轴 54 米。

在韦斯巴芗（69—79 在位）于 79 年去世之时，他已将建设推进到了外墙第二拱廊的顶层看台。皇帝提图斯加上了第三与第四层座位。图密善（Domitian，81—96 在位）据说完成了露天剧场最高一层的"镀金"（ad clipea），也就是一直建设到了环绕内部最高层的镀金青铜盾牌象征物。在其落成时，景象一定壮观到令人叹为观止，虽然多年以来，一系列雷击与地震对它造成了许多损害。它经历了 217 次雷击，挺过了 442 年与 470 年的地震，还有不少破坏者觊觎斗兽场的石雕与大理石面板，将其拆下来用在后来的其他罗马建筑上，这对斗兽场也造成了严重的破坏。例如，16 世纪时，圣彼得大教堂的台阶就是用从斗兽场挖来的石材建造的。

那时，这座遗迹的外观就已经变得和现在差不多了——一座巨型回廊阵。通过这些放射状的大通道（vomitoria）或径向走廊，观众如

[142]

潮水一般涌入或涌出剧场，坐上或离开自己在倾斜看台上的位置。在他们的下方，是角斗士的囚室、野兽的牢笼——打死这些野兽是斗兽场的"赛会"中最受欢迎的项目——以及制作精良、体积笨重的舞台装置。虽然座位已经荡然无存，但十分清楚的是，这座竞技场本身为椭圆形，铺设有沉重的厚木板，上面撒上沙子以增加摩擦力，还可以为了"特殊效果"将其清除。这些效果究竟是什么样，在一定程度上还不得而知。

竞技场的观众席可以容纳多达50000名观众，甚至还可能达到75000名，我们不由得想象这样一群人山人海的观众拍手顿足、呐喊助威、叫嚣着要一方杀死另一方的情景；这种"赛会"是人类所能设计出来的最野蛮的狂欢释放方式，它使人上瘾的力量是巨大无边的。

所有的打手都是在角斗士学堂（ludus gladiatorius）里进行的训练，角斗士学堂通常附属于某座露天剧场。每所学堂由一位称作"经营者"（lanista）的承办人组织运营，有时，他自己就是一名退役角斗士，一名强硬而无情的教头，从社会底层将他的打手训练起来：从源源不断注入的战俘与被判刑的小偷和杀人犯中，从奴隶中，甚至从走了背运、急需现钱、不惜自愿作角斗士的人们中。大概有五分之一的角斗士都是自由民。对于一个真正成功的恶棍而言，重型武装战斗（hoplomachia）的确至少可以带来自由与奖金的机遇，如果他能在竞技场上赢得足够多的胜利。通常，一名角斗士一旦被击倒，就已经难逃死亡的命运；一个象征性地扮作冥府渡神卡戎（Charon），或魂灵引领者赫耳墨斯·普绪科蓬波斯（Hermes Psychopompos）的恐怖人物会拿着一柄沉重的木锤上前打碎他的前额。但如果这名角斗士已经杀死了足够多的对手，并且观众与皇帝都竖起大拇指以示认可，他就有可能会被赐予一把木剑（rudis），作为受到恩惠、获得解放的象征。随后他就得以留下性命、满载银盘金饰等财宝而归。

西塞罗的一封书信（《致阿提克斯》，7.14）曾提到，仅在加普亚一地就生活着五千名角斗士，而公元前73年，正是从加普亚的角斗士学堂中，色雷斯英雄斯巴达克斯率众发起了罗马历史上最危险，也是最接近成功的奴隶起义。

为了保证比赛戏剧性的各种变化，通过提供各种各样类型的角斗士以使观众全神贯注是必不可少的。一种角斗士会在战斗中使用剑与全长盾牌，另一种则佩有短剑与圆形的皮质小盾。还有持网和三叉戟的角斗士（retiarii），他们选用的武器是为了向海神尼普顿致敬——努力用网缠住对手，再用锋利的三叉戟将其刺穿。而按照习俗，他们在战斗中的对手是"海鱼斗士"（murmillones）——不带网，但挥舞着利剑，头盔上的鱼是他们的标志。公认尤为刺激的是，类型迥异的对手被派上竞技场的沙地——你会听到这样的介绍："下面是一队英勇无畏的小矮人——他们发起攻击、受到伤害、对敌人发动死亡的威胁——以如此渺小的拳头！"没有经过角斗士学堂训练的女性也会被派上沙地，毫无章法地互相砍杀痛击，或者与小矮人们进行对决——这种比赛总是大受欢迎。

有时我们也会读到，为了在竞技场上进行海战，人们会特地用水淹没场地，不过即使这种比赛曾经举行过，也一定是非常罕见的。在罗马的此类活动中，唯一真正得到证实的，是发生在今天特拉斯提弗列以南某处的一个人工池塘（stagnum）中，奥古斯都下令在该处以缩小的规模重演萨拉米斯①（Salamis）之战，三十艘全尺寸的双桨战船与三桨战船参演。可是，尽管这场活动造成了大量人员伤亡，两班可怜的船队却并没有多少演习的空间：这池塘只有五百米长。

由于角斗士团伙是私人拥有、雇佣的，他们常常会被派遣到竞技场与训练营以外的地方，参与由他们富有的老板因政治野心及私人恩怨挑起的街头暴力之中——实际上，成了私人军队。

还有人与兽，或兽与兽之间的战斗，称作"斗兽战"（venationes）。

---

① 萨拉米斯：希腊东南海岸岛，公元前480年希腊海军曾在该地大败波斯军。

[144] 前者仿似狩猎——除了一点,即动物是无处可逃的,没有巢穴或森林供其逃匿。它们关在露天剧场地板下的兽栏和囚笼中,比赛开始时被释放冲上坡道,与兽斗士(bestiarii)正面相对。出类拔萃的角斗士也许能为自己赢取可观的声望,虽然与英雄级别的战车御者不可比——可是一名兽斗士却一无所有,地位仅在屠户与普通罪犯之间,而他们的身份通常也确实就是这两种。这些娱乐活动在公元2世纪早期首次出现。罗马帝国的非洲领地为竞技场提供了(在一开始看来)取之不尽的野生动物资源,由勇猛无畏的猎人从沙漠和草原上捕获而来,装船运回罗马,活生生地装在笼子里,在各式各样的竞技场上遭受狂暴人类的一顿毒打,然后死去。这些野生动物中有大象、狮子,很可能有老虎,以及——虽然听起来也许不太可能——还有河马,无论怎样,它们还是在笼中活着度过了海上之旅。(尽管外表温顺、身形肥胖、步履蹒跚,河马一旦被激怒时,脚步却十分迅速,可以轻易将人杀死。)由于竞技场上的巨大使用量,北非象在罗马时代惨遭灭绝。公元80年,在斗兽场举行的开幕屠杀期间,依照皇帝提图斯的命令,

《神秘别墅横饰带》,1世纪湿壁画;庞贝

单单一天就有五千头野兽被杀,有的是被人类屠夫所害,有的是被其他动物所杀。

但是,并非所有的罗马人都赞同"赠礼"。这些活动令有些人十分厌恶,而他们也着重表达了自己的观点。塞内卡即是其中之一。在他的《道德信札》(*Moral Epistles*)中,他描述了自己前往竞技场观看正午演出的经历,并发觉,

> 这纯粹是一场谋杀。这些人没有任何防护。他们的整个身体都暴露在重击下,而每一击都是拳拳到肉……早上,这些人被抛给狮子和野兽,中午,他们又被抛给他们的观众。观众要求将这些屠杀者抛给接下来要屠杀他们的人,而获胜者又要被扣留下来,经历又一轮的屠宰。这些战斗者的结局就是死亡……当表演进行中场休息时,就会有人嚷嚷:"快杀人给我们看看!我们可不想闲着!"

[145]

西塞罗曾参观过一次狩猎赛（venatio），大失所望而归。"我……在此看不到任何新意。最后一天是猎杀大象，这给那些暴民和大众留下了极其深刻的印象，但他们却没有表现出任何欢乐的迹象。甚至，这导致了某种怜悯，人们甚至感觉到，那庞大的野兽其实是与人类有着相似际遇的同伴。"

这些活动的起源一定是更正式化的活人献祭，而这种献祭传统已在远古遗失；推测起来，这些活动应是传承自伊特鲁里亚人黑暗的丧葬习俗——人们设想，血腥的杀戮能使死者与生者达成和解。

毋庸置疑，角斗表演使罗马大众的声誉受到了贬低。事情怎会不是如此呢？国家对此采取过任何反对的举措吗？什么举措也没有；不过，罗马君主们至少还是给他们的臣民赏赐了一种多少不那么凶残的休闲途径：公共浴池。这些建造物发挥着小而精的作用。对于罗马的大多数公民来说，私人浴室几乎是闻所未闻的事物：加热耗费巨大，而且水供应充其量也只能断断续续。但公共浴池是罗马城市生活中举足轻重的便利设施。较为完整的公共浴池出现在公元前 2 世纪，公元前 33 年，阿格里帕曾经对罗马付费入场的公共浴池数量做过一次统计：当时就已达 170 家，到了普林尼的时代，总数更是逼近一千家，这些浴池即使不是都非常肮脏，想必也好不到哪去。然而，雄伟的皇家浴场复合体——其建设大约始于公元前 1 世纪后期，一直持续到公元 3 世纪——则完全是另一番景象：宏大、辉煌、受到民众的热烈追捧。它发挥的作用，即作为皇家的慷慨赠予与罗马民众的需求之间的联系点，是怎样估量也不为过的。公共浴池（thermae）不单单是一个休闲设施，更是罗马及其帝国文明生活里的中心元素。例如，公元 215 年，卡拉卡拉（Caracalla）下令将亚历山大港居住的所有埃及人作为可能的颠覆分子驱逐出去，除了"猪肉贩子、渡河船工，以及为浴池加热砍伐芦苇的人"。

第一所浴池由阿格里帕在公元前约 25 年左右创建，位于万神庙附近。它拥有一座发汗干浴室（laconium），并且装饰有大量艺术作品，即使是温度最高的浴室墙面上也嵌着图画（既有蜡画，也有湿壁画）。

第二座大型浴池复合体是由尼禄修建于公元 62 年的"尼禄浴场"（Thermae），它曾遭雷击起火，最终在 64 年完工——正赶上那一年灾难性的大火席卷罗马，而它侥幸躲过一劫。它占据着万神庙西北角与图密善体育场（the stadium of Domitian）之间的位置，也就是今天纳沃纳广场所在地。尽管该浴场目前几乎已经消失殆尽，但在 17 世纪时，它的两根灰色花岗岩柱还被用来修复万神庙的门廊，其他珍宝也被拆下送往后世建造的宫廷中，迟至 1950 年，还有一根圆柱及一片飞檐被人从圣王路易堂①（San Luigi dei Francesi）外广场的地下挖出，安放在圣欧斯塔基奥大道（Via di San Eustachio）。这些残片无一能够显示出尼禄大浴场究竟有着怎样的规模，就目前所知，其规划为长度约 190 米、宽度约 120 米。

第三座主要的罗马浴场是提图斯浴场，落成于公元 80 年，与斗兽场为同一年——这是又一座建造在尼禄金宫部分所在地上的广阔构筑物，它如今已所剩无几，除了其面向斗兽场的门廊柱上几个砖砌拱模。

第四座浴场于公元 104 年以后修建在尼禄金宫焚毁后废墟的一块巨大矩形地上，宽 250 米、深 210 米，这就是图拉真浴场。第五座浴场的官方名称是"安东尼努斯浴场"（Baths of Antoninus），尽管所有人都叫它"卡拉卡拉浴场"（Baths of Caracalla）。它于公元 2 世纪提前修建完成，面积广大，占地 11 公顷。第六座，即戴克里先浴场（约 306 年）的规模甚至更大，面积 13 公顷。今天，在它的原址与残迹上包含有一座大教堂、一个小礼拜堂以及意大利最伟大的古代艺术收藏地之一——罗马国家博物馆。由于为数众多的意大利博物馆行政机构都陷入了管理与财政混乱之中，这些在人们概念中登峰造极的藏品却已成

---

① 圣王路易堂：位于罗马的天主教堂，距纳沃纳广场不远。

片向公众关闭——例如，除了路德维希宝座①（Ludovisi Throne）本身，路德维希的收藏品一件也看不到了。但是，罗马国家博物馆的收藏仍然丰富非凡，不仅是在雕塑方面，在古罗马绘画方面亦是如此，几乎可与那不勒斯博物馆（Naples Museum）那无出其右的收藏量相匹敌。

那些至今矗立的皇家浴场一直在为建筑师们提供源源不断的灵感——特别是在过去的一个世纪中。罗马尼禄浴场为19世纪美国旅程的传奇——即中央火车站（Grand Central Station）及前宾夕法尼亚火车站——的那些强有力的表达方式提供了范例，这两座车站由"麦金、米德与怀特"（McKim, Mead & White）公司设计建造于1902—1911年，其候车室仿造自卡拉卡拉浴场，但面积扩大了四分之一——

《卡拉卡拉浴场》，约 212—216 年

---

① 路德维希宝座：一座发现于路德维希别墅内的古希腊宝座，后背及左右两侧有珍贵的浮雕。

它于1963年被拆除,在曼哈顿遭受过的最严重的暴行之一中,它被推倒,为取而代之的肮脏棚户区腾出地方。卡拉卡拉浴场同样为19世纪纽约的另一件杰作提供了原型——莫里斯·亨特[①](Morris Hunt)设计的大都会艺术博物馆(Metropolitan Museum of Art)那沉静、威严的门厅。但是古罗马公共浴场的影响力也充分延伸到了20世纪,也会继续给未来那些视体量与容量于单纯透明度之上的建筑师们以感触。

一位如亨特一般的美术派建筑师会致力于重现罗马浴场威严质朴的形式。六十年后,另一位美国设计天才路易斯·I·卡恩(Louis I. Kahn)受到了罗马浴场遗迹境况的启发。各种各样的浴场,包括卡拉卡拉浴场和戴克里先浴场,都是由混凝土和砖块建造,再华丽地裹上石灰岩与彩色大理石。帝国灭亡后,一切装饰外表与雕刻的细节都被渐渐剥去,砖块也化为齑粉,只余建筑的基本要素:体量,空间与光。这些正是卡恩要求自己在新的建造物中所要捕捉的要素,而他对这些要素的追寻始于目睹罗马遗迹,尤其是公共浴场,它们的巨型拱顶只有通过罗马人的发明——产生了拱顶(若延伸)及穹顶(若旋转)的灌浇混凝土——才能实现,这与希腊式是多么不同、多么具有典型的现代性。

无论各个建造物在建筑设计上有怎样的不同之处,洗浴的过程——以及其意味着的空间与功用的分区——却极少有什么变化。理所当然,浴宫的一切功能都必须在同一片四四方方的巨型屋顶下进行分门别类,其外侧排列着店铺,以及健身按摩室,内部设有洗浴设施。罗马浴的一整套固定程序可以说如仪式般一丝不苟。一进门,一个人要在更衣室(apodyteria)脱去衣服,存放进储物柜里,然后进入温水浴室(tepidarium),该浴室的一侧是冷水浴室(frigidarium)、另

---

① 莫里斯·亨特:即理查德·莫里斯·亨特(1827—1895),19世纪美国建筑家,美国建筑史上的杰出人物。

一侧是热水浴室（calidarium）。接下来是蒸汽发汗室（sundatoria）。该系统所需的庞大热能来自燃烧木柴或芦苇的火炉。通过蒸发身上多余的体液，一个人能在这样的地方减掉许多体重。塞内卡曾描述过他在公共浴池所经历的场面（他的讲述惟妙惟肖，尽管多半有些夸张的成分）。那一波未平、一波又起的喘息与呻吟足以令他反胃：

> 当人高马大的同伴们做着运动，摆荡着手中沉重的铅制哑铃时……我听到他们的呻吟，而无论何时，当他们释放出屏住的呼吸，我又听到他们刺耳地嘶嘶呼气……加诸这一切之上的还有逮捕滋事者或小偷的动静，洗浴者的大声喧哗，以及有人跳进池里激起的巨大水花，仿佛他们是砸进了水里……想象一下，剃头匠用他那尖细刺耳的嗓音不住地唠唠叨叨，还有卖香肠的、卖糖果的，以及卖小吃的小贩们此起彼伏的叫卖……

公共浴场的功能不仅是洗浴。在罗马，大型浴场往往还包括有图书馆和美术馆。有些浴场云集了如此多的雕塑作品——既有复制品，也有大理石与青铜的原件——它们本身几乎成了一座座博物馆：被18世纪鉴赏家视为集古典雕塑之大成的"拉奥孔"（Laocoon）据称就是从一座浴场的废墟中发掘出来的。大概，这些艺术作品的存在很大程度上平息了保守派罗马人"洗浴文化歌颂健壮体魄就是反智"的指责。洗浴恰到好处地启发了公民自豪感。"看看这么多不可或缺的供应水源的高架渠，"弗朗提努斯[①]（Frontinus）评价道，"若你愿意，再看看那闲置的金字塔或那些名声在外却毫不实用的希腊工程。"这并不是吹嘘，纵然弗朗提努斯称希腊建筑"无用"的原因令人费解。的

[①] 弗朗提努斯：塞克斯图斯·尤利乌斯·弗朗提努斯（约40—103），公元1世纪后期罗马杰出的土木工程师、作者、政治家。

确，对一个罗马人来说，埃及的金字塔——那除了埋葬单独一人之外别无它用的石造奇观——看起来一定是"闲置"的，宗教而非个人的奢侈浪费看起来往往确实是这样。可是，一个罗马人却为他城市的浴池感到极大的自豪。它们宏大的规模与堂皇的构造不会将他压垮——与此正相反，这使他意识到，他正是这个国家存在的理由。在形式与意义上，它们都是公共建筑真正的精华所在。

皇帝盖乌斯·瓦勒良·戴克里先（Gaius Valerianus Diocletianus，284—305），或称戴克里先，其功绩远不止在罗马修建了那座以他命名的庞大浴场。他是一名来自达尔马提亚的直率的军人，没接受过什么正式教育，祖上甚至不是罗马人（他的原名戴可利斯 Diocles 是希腊语），出身于最为低微的阶层。这是他执掌军队，且军队对他忠心耿耿的关键因素。军队指挥官与士兵的社会鸿沟在那时已进一步扩大；这并不仅是一种不便——就像一位伯爵指挥官与英国军队里的普通大兵之间的社会差距那样——而是罗马武装力量凝聚力中一种始终存在的危险。军队越是不得不在其队伍中充入更多的"野蛮人"而非纯种罗马人（Romani）——正如事实所发生的那样——它能从那些为罗马而战的人身上指望得到的爱国热情就越少。至少对于普通士兵来说，得知他们的皇帝也和他们一样是从地位低下的外族人起家，他们就更容易坚定地效忠于他。

他十分虔诚地信奉罗马神明，这一定在他的妻子普丽斯卡（Prisca）与女儿瓦莱丽娅（Valeria）双双改信基督教时造成了家庭关系的紧张。他也富有极端自负的心理，而他将其视为执掌权力必不可少的条件。奥古斯都开创了皇帝永远都是"同侪之首"（primus inter pares）的元首政制；他厌恶被称为"主"（dominus），尽管在实践中，他的权力是绝对的。不同程度地深信这一点的后世皇帝们也都遵守了该准则。

例如，戴克里先的先辈，皇帝韦斯巴芗（提图斯·弗拉维乌斯·韦斯巴芗 Titus Flavius Vespasianus，9—79），就曾以十分可贵的怀疑论观点审视神化皇帝的幻想,但他却是唯一一个这么做的皇帝。他是一位明智可靠、公正诚实、冷峻强硬的军人,在克劳狄手下,他因自己于公元43年在征服不列颠的战斗中立下的军功,以及公元66年在犹太战争(Jewish War)中指挥三支军团而荣耀加身。他厌恶骄矜自负与阴柔娇弱,而这些特质都是他之前的皇帝们少不了的。当一位打扮花哨、香气四溢的年轻军官因韦斯巴芗对他的拔擢而前来谢恩时,这位皇帝直言不讳地评价说,他宁可闻蒜味也不愿闻这种味道,并且将那军官降回了普通士兵。他还拥有一种讽刺的幽默感,对神化皇帝的那一套繁文缛节很不耐烦——公元79年,因患热病而大限将至,他在那著名的临终感言中叹道:"哦,不!我想我是要成神了!"

戴克里先的目标却只有一个:成神。他将元首政制进化完善为专制君主制(Dominate)——不加掩饰、仪式隆重的君主专制政体:正如许多人认为的那样,东方式的君主制。靠近皇帝时,臣民要顶礼膜拜,皇帝发表讲话时,要称呼他为"主人与统治者"(dominus et magister)。正如我们所见,前代的皇帝们就已经做出了趋于这一方向的行动。享受人间之神的待遇——那正是卡利古拉、图密善与康茂德所期望的。到戴克里先担任皇帝之时,皇帝崇拜已没有任何陌生或奇异之处,且这与3世纪伟大的法学家乌尔比安"皇帝高于法律"的断言配合得天衣无缝。有可能,戴克里先将这句话看成了一句完全的吉利话,他信仰的一个推论是,他就是"罗马人民的父亲"(pater patriae)。可是,一旦你踏足神坛,想再下来就没有那么容易了。

然而,他足够务实地认识到罗马帝国的绝对规模与复杂度,以及这种规模所导致的通讯速度低下,需要在政府行政管理上做出改变。因此,他提出了"四帝共治制"(Tetrarchy)。实际上,该制度最初以两头政治(diarchy)的形式开始。285年,他将自己的副手马克西米安(Maximianus)指定为"恺撒",命他负责掌管帝国的西半部,而他自己继续掌管东半部。(戴克里先被奉为朱庇特在人间的化身,而出于宗教目的，马克西米安随即就成了赫拉克勒斯。）293 年，戴克里先又任命了两名"恺撒"：君士坦提乌斯（Constantius）——未来君士坦丁大帝的父亲，负责统治西边的不列颠与高卢；以及伽列里乌斯（Galerius）——分得了东边的巴尔干半岛。但是，戴克里先必须确保野心勃勃的分封王们不会变得过于强大，于是他通过分列各省的方法分而治之。从此以后，东方与西方各有六大辖区，这些辖区又分为约100 个行省，每个行省都有自己的总督。就其本质特征而言，该制度的名单持续了许多个世纪——它是后世大多数国家分区的基础。

通货膨胀是一个巨大而难解的问题，戴克里先缺乏将其控制的经济妙计。他曾通过下令限制工资与各种商品及服务售价的方法试图平抑物价，但以失败告终。比如，一个军队摩底①（modius）的小米定价100 迪纳里厄斯；一磅最优等猪腿肉 20 迪纳里厄斯；一个牡蛎一迪纳里厄斯；诸如此类。一名算术教师月薪 75 迪纳里厄斯，一名木匠日薪 50 迪纳里厄斯，一名"二等书写质量"的抄写员每百行挣 20 迪纳里厄斯；一名律师打一场官司收费 1000 迪纳里厄斯，而一名浴场衣物寄存处的服务员向每名顾客收取 2 迪纳里厄斯。可是这一切政策并没有奏效；它仅仅催生了一个失控的黑市。与此同时，帝国所铸的货币质量变得极为低劣，几乎到了一文不值的地步。没人信任这种货币。帝国已没有足够的金银锭来恢复货币价值，最后戴克里先被迫接受税款支付，并且以实物而不是现金为手下的士兵支付报酬。同时，为了实施四帝共治制，一些地方还要修建司令部：东方司令部位于尼科米底亚（Nicomedia）、安条克（Antioch）和塞萨洛尼卡（Thessalonika），巴尔干司令部位于西尔米乌姆（Sirmium），北方司令部位于米兰、特里尔（Trier）和约克。

我们也许会以为，所有这一切问题足以使戴克里先无暇顾及小众而边缘的犹太人宗教之类的事务，但事实绝非如此。在他统治的头

---

① 摩底：古罗马干重单位，1 摩底约合 8.73 升。

二十年里，戴克里先不曾注意过基督教，但将近303年时，他开始忧心于这种信仰对高层的渗透，这主要是通过转变统治者妻子和女儿的信仰而进行的。考虑到他自己强烈的自我中心主义与对旧神的虔诚信仰，我们可以理解，他担心这些家庭会脱离君主崇拜，特别是鉴于一些足智多谋的军队高层指挥官也转变成了基督徒。这种毒瘤最好切除；就连米利都（Miletus）附近迪迪马（Didyma）的阿波罗神谕也敦促皇帝对教会发起攻击。其结果就是对基督徒迫害的猛烈复兴，旨在强迫他们接受君主崇拜、奉戴克里先为神——毫无疑问，没有几个基督徒会这么做。我们不得而知，303—313年的"大迫害"（Great Persecution）中究竟有多少人被杀；尽管事实一定是非常严酷的，但基督徒作家如拉克坦提乌斯（Lactantius）必定也对戴克里先作了夸张、妖魔化，"恶行的创造者，罪孽的策划人……毁灭万事万物。"（或许我们应该记住，拉克坦提乌斯也是另有些私人牢骚的；他原本被从非洲召到尼科米底亚教授拉丁修辞学，由于尼科米底亚计划着要成为罗马新都之一，因此这是一个极其重要的学术职位。后来，在"大迫害"期间，戴克里先解雇了他。丢了这样一份工作对他来说是个十分沉重的打击，必须用笔杆子报复回来，而拉克坦提乌斯也确实用令人毛骨悚然的文章《论迫害者之死》[*On the Deaths of the Persecutors*]敲了一笔竹杠。）

在人们的印象里有一种诱惑——无疑是由虔诚的冲动培养而成的——认为到4世纪，基督教已在某种程度上"胜过"了罗马的异教信仰，彻底改变了罗马的宗教视野。然而这一观点与事实相差十万八千里。

随着四帝共治制的建立，再没有皇帝在罗马统治过。一度曾是世界之都的罗马不再是权力的实际中心；它对此的垄断一去不返。或许是因为这样，其异教体系延续了往日的兴盛。抵御蛮族入侵的巨型防御壁垒奥勒良城墙（Aurelian Walls）的修建（309—312及402—403），连同其 15 米的高度与 380 座塔楼，构成了理查德·克劳特海默①（Richard Krautheimer）所谓的"古代罗马后期最伟大的丰碑"。在首位基督徒皇帝君士坦丁登基前三十年的异教徒事业列表中，必定要包括戴克里先浴场、罗马广场元老院议厅（283 年火灾后重建）、朱里亚会堂（Basilica Julia，同一场火灾后重建）、由马克森提乌斯（Maxentius）建造于他的六年任期期间（306—312）的新会堂巨厅及其三个巨型筒形拱顶壁龛、维纳斯与丘比特神庙的半圆形厅，凡此不胜枚举。广场、神庙、圣所、神殿时常翻修重建。4 世纪期间，罗马在外来客的眼中"本质上是一座传统而世俗的异教徒城市"。4 世纪的地名索引目录列出了 28 座图书馆、11 座广场、10 座会堂、11 座公共浴场、9 座竞技场与剧场、36 座凯旋门以及 46 家妓院。甚至在君士坦丁逝世后，异教记忆的留存依旧强烈。一个"新罗马"也许已经出现，君士坦丁无疑也改变了这座城市，但绝没有达到使其与"旧罗马"突然割裂的规模。城市不会被一笔勾销。异教的记忆对基督教产生了极为强烈的抵抗。罗马在诺斯替教②徒与新柏拉图主义哲学家手中保留下了一块开明异教的大本营，一些世界上最伟大的艺术与文学作品使它得到了强化，强有力的保守派本地贵族为它提供了支持。在那几十年间，保守就意味着反对基督教——甚至将基督教视为浅薄的入侵邪教，不值得文明人的注意，除非是将其当作来自北非的荒唐事物之一例。如果有人告诉罗马人，有朝一日这不起眼的邪教会发展得比几个罗马帝国还要广大、富有、权势通天，那人恐怕会把这当作疯言疯语。而围绕这一权力转移展开的斗争将是十分猛烈的。

　　在那个时代，又有哪个国家能比罗马更强大、更富有？四帝共治制也许是分散了中央权力，但罗马赢得的战争越多，其帝国扩张得就

---

① 理查德·克劳特海默（1897—1994）：20 世纪艺术史学家、建筑史学家，巴洛克艺术与拜占庭文化的研究者。
② 诺斯替教：基督教异端派别，起源于公元 2 世纪的地中海世界，是罗马帝国时期在地中海东部沿岸各地流行的许多神秘主义教派的统称。

越广，获得的财富也就越巨：这是必然的结果。而罗马获得的财富越巨，罗马人的生活就越发奢侈。显然，并不是每一个人的生活都是如此；但对于社会顶端百分之五的罗马人来说，他们的生活以疯狂的穷奢极欲为特征，令人不快地联想起今天美国超级富豪们的生活。塞克斯图斯·普罗佩提乌斯写道："骄傲的罗马如今正因她的财富而堕落。"早在公元1世纪，老普林尼就在作品中估计道，"最少算来"进口自印度、中国与阿拉伯半岛的昂贵商品也要"每年从我们的帝国吸走100000000塞斯特斯——这就是我们为奢侈品和女人付出的代价。"的确，罗马作家们（就像两千年后的美国作家）也津津乐道于呼唤共和国初期的好时光，那时男人还有男子汉的气概，日子过得简单，道德要求更严。为什么古时崇尚节俭？据塔西陀解释，那是因为我们曾经都是一座城市的公民。"即使是在我们单单统治了意大利全境之时，我们也还没有面临今天这么多的诱惑。对外战争取得的胜利教会我们鲸吞他人的财产，内部战争的胜利则教会我们彼此巧取豪夺。"为了强烈抨击那时兴起的奢侈堕落的风气，塞内卡一个不落地历数道：

> 若没有面积广大、要价不菲的镜子使我们的墙面熠熠生辉；若我们那来自亚历山大港的大理石没有努米底亚石马赛克的衬托，也没有用精美的涂层全包，以致看起来就像一幅斑驳的油画；若我们的拱顶天花板没有隐藏在玻璃之后；若我们的游泳池——我们在汗蒸之后将流失水分的身体投入其中——没有萨索斯大理石的包边（曾几何时，这在神庙里也是难得一见的景象），或泳池水不是从银质水龙头里流出，我们就会自认为贫穷寒酸……我们奢侈的程度甚至到了非宝石不能踏足的地步。

在差不多同时期的历史学家李维看来，罗马对于使人衰弱的奢侈享受的欲望始于其对东方的征服，这是由军队带回来的：

> 正是通过军队在亚洲的服役，异域的奢侈享受才开始被引进这座城市。这些人将青铜长榻、昂贵的床罩、床帷、其他种类的织物，以及当时看来十分华丽的家具——单脚桌与餐具柜——第一次带到罗马。演奏琉特琴与竖琴的姑娘们出现在宴会上，为其增光添彩……在古代被视作最低贱的奴隶的厨师们也身价倍增，原先不过是奴隶的任务如今被看作一门精细的艺术。

这些罗马人吃些什么、喝些什么？倘若你对罗马饮食的期待是建立在佩特罗尼乌斯《萨蒂利孔》里传奇般的豪华大餐与其他奢华生活的记载之上的话，答案会令你有些失望。我们可以读到因投机而大发横财的前奴隶特立马乔是怎样在他坎帕尼亚的宅第中款待宾客的。他给众人展示了一头青铜驴——科林斯青铜铸成，这是最昂贵的一种青铜——驴身两侧装有驮篮，一边盛满了白橄榄、另一边是黑橄榄。银质餐盘上"满载撒上了蜂蜜与罂粟子的睡鼠……（还有）银烤架上热气腾腾的香肠、连同切成一片片的洋李子和石榴。"每个餐盘上都刻有特立马乔的名字及餐盘自身的重量，以使每位宾客都明白这些餐盘的价值。筵席上的主菜是一个装满了稻草的篮子，一只木雕雌孔雀高居顶端，伸展着两翼。两名奴隶将它安放妥当；小号手吹奏开场号；奴隶们在稻草中翻查，找出一枚又一枚孔雀蛋。特立马乔惊呼："朋友们，我命人将孔雀蛋放在雌孔雀下面，现在只怕已经半孵化了；可咱们还是试试看能不能吮一吮吧。"每位宾客都分到一把"至少重达半磅"的银勺子，于是他们开始品尝孔雀蛋，却发现这些蛋原来是由"香醇的油酥点心"制成的。隐藏在内里的蛋黄中，叙述者发现了一只精巧而浑圆的歌林莺，这在当时与现在都是不可多得的美味佳肴。

[156]

在今天，当大多数人想到罗马美食时，脑海浮现的总是这种令人垂涎欲滴的描写，但它和广大罗马民众实际所吃的却没有什么关系。他们每日用以果腹的食物更接近于波伦塔（一种玉米粥，可以趁热时黏糊糊地食用，也可以凝固后切片复炸）、豆类与苦草，肉类（他们更偏爱猪肉）已经是稀罕物，还有鸡蛋以及偶尔才能吃到的鸡肉。大多数工薪阶层的罗马人都是主要靠豆类与面包维持生存。奶酪的食用量很大，并且我们今天消费的羊乳干酪（pecorinos）与罗马时代的同类之间应该没有太大差别。蔬菜当然也是不能缺席的，人们用嫩西葫芦做出美味的"油炸调味菜"（scapece），至今在一些罗马餐馆中仍有供应。当时人们应该也吃鱼，尽管在没有冰箱的情况下难以保持新鲜。巨富们可以维持得起鱼塘——甚至有恐怖故事说，有人用奴隶投喂他们的巨型鳗鱼。人人都爱的美味是一种煎煮腐鱼肠，看起来似乎是伍斯特沙司[①]（Worcester sauce）更臭、更咸的始祖，这种食物被称为鱼酱（garum）。罗马的千家万户都离不开它，就像今天的美国下层人家离不开番茄酱，什么食物都要抹上一点。我们很容易把鱼酱想象成散发着腐鱼的臭气，但它的味道尝起来一定没那么浓烈。

当然，马铃薯、番茄以及其他一切来自未被发现的新世界的舶来品在那时还不为人知。糖蔗也是如此。当罗马厨师要增加菜肴的甜度时，他采用的是蜂蜜。

在那一时期，罗马人财富与堕落的另一出口是艺术。就像在今天一样，时尚"精致"艺术的价格被抬到了惊人的高度：看起来，古罗马也有着与巴勃罗·毕加索、安迪·沃霍尔与贾斯培·琼斯作品相当的疯狂定价。演说家卢修斯·克拉苏不可思议地豪掷 100000 塞斯特斯，只为两个由著名希腊银匠门托尔（Mentor）雕刻的银质高脚杯，"但他承认因为羞愧，自己从来不敢把它们拿出来用。"科林斯青铜以其高超的工艺而要价不菲，甚至到了令人倾家荡产的地步。普林尼曾

[①] 伍斯特沙司：一种英国风味的辣酱油。

记录道，有一个象牙桌以1300000塞斯特斯的高价易手——"倘若有人以这么一笔巨款收购地产的话，这值得上一大块地产的价格了。"

另一项开支是珠宝，如同今时今日，一些罗马贵夫人们对珍贵宝石的炫耀达到了丧心病狂的程度，而这些贵夫人自己的言行却是粗鄙丑陋不堪的。譬如卡利古拉皇帝的第三任妻子洛丽娅·宝琳娜（Lollia Paulina），她的美貌与她的粗俗齐名，"在一场普通的订婚宴上，她的身上也要覆满绿宝石与珍珠，这些珠宝彼此交错，在她的头部、头发、耳朵、颈项与手指上熠熠生辉，总价值加起来达到40000000塞斯特斯，而她本人则随时准备着在有人注意时秀出账单，证明自己的所有权"。不论是在台伯河边还是在百老汇的灯光下，钻石的确是女人最好的朋友。帝国的扩张免不了为罗马带回越来越多的奢侈商品与昂贵的小玩意儿：来自埃及与乌拉尔的祖母绿、来自斯里兰卡的蓝宝石、来自印度的紫水晶与钻石。最精美的中国丝绸被以不可思议的巨款买来，一磅丝绸一磅金的事例也并不鲜见。在罗马最受推崇的珠宝是珍珠（margarita），罗马的各处海域都有出产。自然，珍贵与半珍贵材料的大量出现帮助催生了一个广大的奢侈品工匠阶层。毫无疑问，假如罗马没有被洗劫得那么频繁，他们的工艺本该有更多能流传到今天。

在罗马的古迹之中，填满艺术品的不动产里炫耀得最壮观的一个——甚至超过了尼禄的金宫——是位于罗马东北20英里处蒂沃利的一座别墅，为皇帝哈德良而建。称之为"哈德良别墅"似乎太过轻描淡写，因为其场地规模约有拉斯维加斯市中心那么大——差不多300公顷，是庞贝城面积的两倍。就像一些被遗弃的玛雅古城，比如蒂卡尔（Tikal）那样，哈德良别墅被发掘出来的只是一部分，尽管如此，在过去的几个世纪中，已经有数量巨大的雕塑与其他艺术品被人从其中转移（掠夺）出来，分散往伦敦、巴黎、柏林、洛杉矶与圣彼得堡的博物馆，更不用说运往罗马本地博物馆的，当然还有未入册的私人收藏。一些古迹历史学家认为，哈德良别墅中已经被开挖重见天

[158]

日的只占全部建成面积的10—20%，这使它成为意大利，或者说罗马世界规模最大的未被研究的古代遗址。

一种特殊类型的古代雕塑被人们与哈德良别墅联系在了一起——哈德良的情人安提诺乌斯（Antinous）理想化的裸体肖像，这位希腊人是招牌式的同性恋范本，在他于公元130年溺亡在尼罗河中后，他那迷人的身体与撅起的猫王式嘴唇就在整个帝国迅速扩散开来。可是，别墅内的物品反映了一种普遍的高度模仿文化，工匠们遵照帝王的命令一个又一个地再现出"最佳雕塑大全"中的作品，他们的唯一任务就是创造一个文化梦境：在罗马（或者说正好在罗马之外）重现一个奇妙非凡的希腊。"英雄般的创造力"概念，亦即现代人对新事物崇拜的基础，在古典时代根本不存在，它会被认为是一种愚蠢的越轨行为，而不是卓越的标志。其结果之一就是，罗马对希腊原作的复制品，或者（相对）自由的改编版，几乎已经成为我们对希腊原创艺术所知的一切，只有少数几件毫无争议的希腊制造杰作——比如帕特农神庙大理石雕（Parthenon marbles）——是例外，今天所知的希腊在很大程度上都是罗马化的。而且，因为有如此多的"希腊"杰作要么是由在罗马的希腊人为罗马客户制作，要么是由罗马的罗马人制作，要么先在希腊粗略刻出原始块，之后再由罗马当地工匠完善而成，要明确说出古典艺术品的起源与本质通常是一个无法解决的难题。但有一件事似乎还是相当明确的。论雕塑的质量，古罗马从来不是古代雅典的对手。菲狄亚斯拥有众多罗马模仿者，可是罗马没有自己的菲狄亚斯。大多数罗马雕塑充其量只做到了忠实地描述——让人想起因美德而紧绷着、面目稍显严肃的公民葬礼上那逼真的肖像。像和平祭坛上歌颂奥古斯都的浮雕板那样的伟大雕塑实在是十分例外，而当这样的例外出现时，人们也许会颇为相信作者是希腊人，或至少是希腊培训出的雕刻家。维吉尔说的没错：罗马的伟大艺术不是雕塑，而是统治。

第四章

异教徒 VS 基督徒

若是以庞大社会结构的突然失灵或不复存在而论,探讨"罗马帝国的终结"是没有什么实际意义的。以种种余威尚存的形式,它为整个欧洲国际社会提供的框架持续了几百年之久。这就是说,自君士坦丁统治时起,旧式异教徒规则与新兴基督教力量之间的斗争将缓慢地侵蚀帝国的威力。

罗马皇帝针对基督徒展开的第一次迫害相对而言规模并不大,但却是一次再理智不过的行动。在一个罗马帝国这样教派林立、崇拜对象五花八门的城市里,因为异端信仰而迫害任何人似乎都是一件奇怪的事——我们或许会以为,供给各类人等信仰的迷信比需求还多——但在帝制时代,出于两大原因,统治与祭司阶层不会这样看待此事。

第一个原因是,基督徒拒绝敬皇帝为神。他们不愿以侍奉上帝的方式向皇帝祈祷或献祭。甚至只要象征性地参与到罗马宗教仪式中,大概就能令当局满意。但如果将这些一概拒绝,就是违抗的举动了。这被当作大不敬的粗鲁行为而招致怨愤。基督徒似乎被以一条共同信仰与崇拜的纽带紧紧维系在一起,而这条纽带与罗马人和他们的神之间的关系毫不相干。罗马人与神的关系保证了罗马国家的稳定。而基督徒却好像更忠诚于他们自己的秘密社团,这只能意味着,他们不忠于罗马。

与之相关的第二个原因就是,在经过了一段相对无人关心的时期之后，基督教开始招来了关于其信徒人数、行为与信仰，以及他们对有序社会可能构成威胁的流言，满怀敌意、凭空想象、十分夸张。他们正在成为一个越发引人注目的教派，由于其公元3世纪在罗马帝国老百姓中缓慢增长的流行度，这引来了一些人对成功者的嫉恨。对于他们来说，基督徒不过是最近才来的，而其中一位的德尔图良（Tertullian）吹嘘道，"而我们已经把你们的一切全都占满了——城市、岛屿、堡垒、城镇……宫廷、元老院、广场。留给你们的只有神庙了。"这是极端夸张的说法。但在基督教的早期，几乎所有与之相关的说法都带有夸张的成分，而异教徒对基督徒实际信仰与所求的普遍概念则是再夸张不过了。

若是考虑到基督教在往后的日子里取得的成功，考虑到这一尚处萌芽时期的宗教将很快主宰一切、怀抱世界、把异教神祇赶出他们的圣殿与神龛，我们或许会以为，反对基督教的势头从一开始就是排山倒海的；事实上，却几乎没有什么反对。在不认为构成威胁的情况下，罗马人一般总是相当容忍少数派宗教，即使当这"少数派"已经很庞大之时。例如，皇帝奥古斯都得知，台伯河对岸的一大片土地被犹太人占有并定居了。这些犹太人中的大多数都是获得自由身的罗马奴隶，从前作为战俘被带到这座城市，后来又被各自的主人释放。他们不崇奉罗马神，也不对罗马圣地敬礼。但是，由于他们的教义与行为没有导致任何麻烦，奥古斯都也就认为不需要对犹太人的会堂施加压力；没有哪一条法律显示禁止犹太人与他（她）的教友见面——"与此相反，他对我们的传统表现出了极高的敬意，他与他的几乎整个家族都花费巨资修缮我们的会堂。他下令，永久性地每日进行定期燔祭[①]，费用由他亲自承担，作为对至高神（Most High God）的奉献。这献祭一直延续到了今天，并且将永远延续下去，作为他真正帝王之姿

[①] Holocaust（燔祭）此处取其原意，即"用以取悦神的焚烧祭祀"，而非"针对不情愿者的大肆烧杀"。——原注

的证明。"

人数虽少但逐步壮大的基督徒，在罗马"官方"宗教的衰朽所产生的宗派丛林中过着毫不惹眼的生活；作为一种宗教，它似乎鲜有值得争论之处。对于大多数思考过这件事的罗马人来说，它大约是不会造成什么后果的，而在不久的将来，文明世界将从一位来自加利利的木匠之子[①]的生平开始变成基督徒的天下，这种想法看起来纯粹是个笑话。

在苏埃托尼乌斯关于克劳狄的记载中，曾一笔带过（第25页，第4段）罗马犹太人"在克斯多（Chrestus）的煽动下"掀起的几次动乱，但我们完全无法弄清，这里的克斯多与基督是不是同一个人。在公元178年之前，甚至没有一位异教徒作家会费心去攻击基督徒的思想。（第一位批判基督徒思想的异教徒作家是一位叫作塞尔苏斯 [Celsus] 的新柏拉图主义者，他的著述已经失传，因为一位基督教辩护者——教会神父俄利根 [Origen]——对他的观点的攻击，我们才知道他曾写下这些文字。）

肆无忌惮的毁谤被放投掷于基督徒的身上，根据米努修斯·菲利克斯[②]（Minucius Felix）的说法，他们被称为"一群罪恶阴谋者的乌合之众，""为了亵渎神明"，惯于分食"野蛮人的食物"。不说它的发展壮大，单是基督教的出现，（据那些反对基督教的罗马人所说）就已经是罗马帝国的一种普遍的道德堕落，而它彻头彻尾是一种"淫欲宗教"。基督徒遭到了各种道德败坏、行为失当的指责，包括在邪恶仪式上杀害儿童、吃他们的肉——这种臆想肯定是源于基督为门徒设立的圣餐礼，即食用他的身体（面包）、饮用他的鲜血（葡萄酒），"以这种方式纪念我"。他们的这种设宴方式"恶名远扬，街头巷尾都在议论此事"。基督徒们要以大火毁灭大地、月亮与星辰，"死后要从灰烬

[①] 来自加利利的木匠之子：指耶稣基督。
[②] 米努修斯·菲利克斯（？—约250）：拉丁最早的基督教辩护者之一。

与骨灰中复生"。总之，后世很快会喷射向犹太人的那一套反犹主义预言未来的胡话正在被一些罗马人编列起来，以煽动对基督徒的迫害并证明其正当性。

这样的恶意又是从何而来？一个理性的人可能会对基督徒的行为持保留看法，并且有理由不同意，甚至反感基督教的观点。但是，认为基督教将要毁灭世界的想法看起来实在是过于离奇，或者对于那些将其视作一种仁慈温和的宗教——就像今天人们的普遍认识那样——这至少也是个牵强附会的谣言。其他人造成毁坏，而基督徒温和、乐意饶恕。然而对于公元1世纪的罗马人来说，事情看起来绝非如此，他们面临的雄辩之辞不仅来自这个教派的忠实信徒，还来自该教派的创始者，咄咄逼人的加利利人——耶稣基督。

早期的基督徒并不是一团和气、宽宥一切的。我们之所以清楚这一点，是因为我们了解他们的信仰，那就是基督教导他们信仰的。所有基督徒的心底都牢记着他关于"不容异己的战斗精神"的训谕："我来并不是叫地上太平，乃是叫地上动刀兵。"①《新约》关于早期基督徒信仰的记载包含在《使徒行传》与《使徒书》中。这些记载充满着世界末日的言论：无疑，其中的有些内容是断章取义、经过篡改的——《新约》是在基督去世很久一段时间后才汇编成书的——但我们有理由相信，它确实是基督及早期基督徒所信所言的清晰缩影。也是罗马人的认知中这些基督徒所发表的言论（这一点同样重要）。

这些信条的主要内容是，世界将要终结。圣彼得对此深信不疑。"因为时候到了，"他宣布。"审判要从神的家起首。"这件事随时都会发生，因为这已经是"末世"——该词将在此后的两千年中被基督教末世论一再使用。圣保罗的观点与此相近，他热切地期待着有一天"主耶稣同他有能力的天使，从天上在火焰中显现，要报应那不认识神，和那不听从我主耶稣福音的人。他们要受刑罚，就是永远沉沦，

---

① 译文引用自《圣经》（和合本），下同。

第四章 | 异教徒VS基督徒

离开主的面和他权能的荣光。"

耶稣本人关于这些即将到来的可怕事件的言论记载在《马太福音》中：

> 民要攻打民，国要攻打国。多处必有饥荒，地震。这都是灾难的起头……你们又要为我的名，被万民恨恶……我实在告诉你们，这世代还没有过去，这些事都要成就。

基督徒们不相信这些预言、允诺与威胁仅是隐喻性的。它们在本质上就是真实的，并且很快就要变为现实：不在遥远的未来，而是迫在眉睫，就在这一代之内。罗马已经注定将在几年之内毁灭，至多不过几十年。那时《新约》还没有成书，但这样的信仰已经被四处传播、描述，成为这门新兴宗教及其信徒基本而公开的认识。对他们而言，它极有意义，因为它是"启示的真理"。但对罗马当局而言，它也是有意义的，是另一种意义。它意味着，这些加利利人"需要"这场预示过的毁灭——无疑就像其中的许多狂热分子所做的那样。激进者梦想当着全体居民的面推翻整个社会、幻想着在烈火中终结社会秩序，这使他们变成了在20世纪颇为常见的一种形象——对一些人是英雄，对另一些人则是噩梦：身藏炸弹的无政府主义者，高喊着"死亡万岁"（Viva la muerte）的长枪党党员，为了"殉道"而将他自己连同犹太人的校车炸成一片青烟血海的阿拉伯少年。我们似乎没有什么理由怀疑，假使一位文明开化、遵纪守法的罗马人相信了耶稣的狂热追随者们关于历史未来的言论，以及他们在其中的使命，他会得出应对这一敌对而边缘的教派最好的方法，就是趁着其流传愈广之前将其消灭。当然，世界末日并没有到来——头脑正常的人松了一口气，尽管一些疯子无疑很失望。可是，以世界末日为要挟（这正是罗马认为基督徒们正在做的）却是一种严重的反社会行为——该怎么实施呢？它使"对'人类的仇恨'驱使着基督徒"的说法显得越发说得通了。

[165]

毫无疑问，在历任罗马皇帝对基督徒发起的进攻中，最为疯狂残暴的是在公元64年罗马大火后进行的，那时，尼禄需要一个为那场大火背黑锅的替罪羊。根据历史学家塔西陀的说法，在犹太，基督徒已经"因为他们的恶行而遭人憎恨"。对于犹太人，特别是最为正统的犹太人来说，再没有比将他们自己除掉更令他们乐见的事了——这就满足了他们再明显不过的殉道的夙愿。因此，他们欢迎尼禄施加的迫害，尽管根据塔西陀的记载，这样的需求完全无法使罗马人信服。他们认为这简直是怪诞荒谬的：

> 尼禄将他的花园开辟出来用作展示，又在竞技场上公开展览，他自己混迹于人群之中——或者打扮成战车御者，站在一架战车上。即便他们是有罪的基督徒，遭受这样残忍的刑罚是罪有应得，这些受害者还是得到了人们的同情。因为人们感觉到，他们只是一个人的残酷暴行、而非国家利益的牺牲品。

在尼禄的癖好与基督徒的胜利之间不存在突然的转折——这又怎么可能存在呢？——然而，当我们回顾此事，却完全有可能从尼禄对这渺小宗派采取的暴力进攻中，发现两个半世纪后情形的预兆。这一将罗马帝国的历史分成两截的划时代大事件是在罗马城外赢得的一场战役，发生在312年：横跨台伯河之上的米尔维安大桥（Milvian Bridge）战役。尽管在当时还没有人意识到这一点，但这场战役标志着旧式罗马帝国体系的终结，拜占庭帝国的开端。罗马的小道消息传播者与历史学家苏埃托尼乌斯曾在记述1世纪的皇帝图密善时颇具意味地引用了荷马的一句诗，可作为一种预言："太多统治者并存乃危险之事。"

事实证明，此言非虚。

在戴克里先治下，统一的罗马帝国被分裂，一种新的形式被拟

第四章 | 异教徒VS基督徒　　　　　　165

定：公元 4 世纪之初，罗马帝国由东部与西部帝国组成，以四帝共治制（the tetrarchs）统治——不是一位，而是两位主帝，被尊称为"奥古斯都"。各自由自己的"恺撒"，即副帝辅佐，因此一共是四位统治者（"tetra"在希腊语中意为"四"）。关于这一奇特的制度，最出名的一幅作品是由君士坦丁堡的一位佚名艺术家创作的，它在 1204 年被十字军掠夺带到了威尼斯，在那里被构建入圣马可大教堂的正面。这幅画面描绘了四帝共治制中的双方——东方与西方各自的奥古斯都与恺撒——互相拥抱的场面。他们身体结实、人高马大、孔武有力，用空闲的一只手紧握着自己的剑。你也许会说他们是面和心不和的，但展现在我们眼前的是一幅坚定而忠诚的画面，虽然并没有显示出他们的姓名。

[166]

305 年春，东部帝国的奥古斯都戴克里先——当时西部的奥古斯都是马克西米安——正式退位。他随即退回到了他的巨型宫殿中，这宫殿的废墟至今依旧耸立在达尔马提亚海滨的斯普利特①（Split），即从前的斯巴拉多（Spalato）。他的东部奥古斯都一职由他坚定的反基督教同道者伽列里乌斯继承，而伽列里乌斯是从先前的东部恺撒职位上晋升的（他的侄子马克西米努斯·达亚 Maximinus Daia 继承了恺撒一职）。同样地，马克西米安也从帝国的西部奥古斯都职位上退下来，由当时的西部恺撒君士坦提乌斯·克罗鲁斯（Constantius Chlorus）继位。

将这按部就班的帝国"排排坐"游戏抛入混乱的，是 306 年野蛮的边界部落皮克特人——现代低地苏格兰人的祖先——对罗马统治下的不列颠发起的入侵。君士坦提乌斯·克罗鲁斯不可容忍如此的放肆之举，带着一支军队，以及他身为战士的儿子君士坦丁起航驶往不列颠，决心剿灭皮克特人。他按照计划行事；但不久之后，即 306 年的夏天，他却因为未知的原因去世了。这就将他那不列颠、高卢与西班

---

① 斯普利特：克罗地亚第二大城市，位于亚得里亚海东岸。

牙皇权统治者的王位、连同奥古斯都的全部地位与头衔留给了野心勃勃的年轻人君士坦丁。或者说，君士坦丁本期望能够这样：然而，东部的在任奥古斯都伽列里乌斯不希望这年轻人马上继位。君士坦丁写信要求他批准自己为奥古斯都。伽列里乌斯却只愿意授予他第二等级，即恺撒之位。君士坦丁无疑是不情愿的，但他还是以自己最优雅的风度接受了这一职位。

[167]　可是在罗马，无论是军队还是大多数民众都不赞同这项安排。原因在这里不再赘述，总之是源于他们对强制征税前景的怨愤，他们希望由马克西米安的儿子马克森提乌斯（Maxentius）担任恺撒。而马克森提乌斯一经就职，就请求他的父亲结束退休状态，回来再一次担任奥古斯都。伽列里乌斯希望接替奥古斯都之位的则是一位名叫塞维鲁的军事强人（但不如伽列里乌斯本人强大），于是伽列里乌斯拒绝了这一提议，并下令攻打马克森提乌斯。他们失败了；塞维鲁的军队发生了兵变，杀死了他们的领导者，这使马克森提乌斯与他的军团乘机掌控了罗马。回顾往事——尽管在当时看起来显然不是这么一回事——在马克森提乌斯对罗马及其帝国的统治中，最重要的一件事还是对弱小而依旧相对边缘化的基督教那难以缓和的厌恶，就像之前的戴克里先一样。

312年春，君士坦丁带领着一支约40000人的远征军——大概是他全部军队的四分之一——从高卢翻越了阿尔卑斯山。他的目标是壁垒森严的罗马，马克森提乌斯已在此掘壕固守。意大利北部的城市没做出多少抵抗。其中一些城市，尤其是米兰，热烈欢迎君士坦丁的到来，因为马克森提乌斯对罗马的占领已大大削弱了它们的地位与势力。随着君士坦丁一路向南进发，马克森提乌斯准备打包围战的迹象越发明显。然而当君士坦丁的军队几乎已经进入罗马的攻击范围时，罗马人自己却丧失了抵御漫长围城战的信心；流言与神谕游说人们，君士坦丁是战无不胜的，因此马克森提乌斯意识到，他必须出城，到台伯河北岸迎战。跨越河流通往罗马的桥梁全部被拆毁，但马克森提乌斯在固定的米尔维安桥原先所在的地方以小舟和筏船新建了一座临时桥。312年10月28日，马克森提乌斯和他的军队正式跨过这座以锚固定于台伯河水流中的构造物，前去对战君士坦丁。

其结果是一场灾难，一败涂地。

在后来的年月里，君士坦丁给出了他这一方关于米尔维安大桥战役的说法，并郑重发誓，是上帝向他赐予了这场早有预兆的奇迹般的胜利。他宣称，在他率领自己的军队南下罗马的途中，他和麾下的所有士兵都目睹了一座由天空中闪烁的光所筑成的十字架，以及"见此必胜"(In hoc signo vinces)的字样。当夜，当君士坦丁在自己帐中昏昏欲睡之时，基督出现在他的梦中，手持那不同寻常的十字架标志，并指引他为自己的军队换上了带有十字架的新旗帜。

[168]

这一切对他究竟意味着什么？在4世纪早期，大多数人，包括君士坦丁在内，对于十字架的象征意义并没有什么概念。他不是基督徒，在那时还不是，但他的谋士中有一些人是基督徒，比如科尔多瓦主教奥西乌斯(Ossius)，他们众口一词地指出，十字架象征着那最伟大的神明，倘若君士坦丁愿意接受指引，他就将战无不胜。君士坦丁想的大约是，那就试试看吧。异教徒的旗帜被撤下，换上了十字架，而很快，马克森提乌斯的军队就在一片混乱中四散奔逃了。浮桥垮了，马克森提乌斯本人据说在试图游过台伯河往回逃的过程中，被沉重的盔甲拽进了河底。

就在参战之前，君士坦丁表明了对基督教的赞成。312年的米尔维安大捷之后，罗马帝国境内针对基督徒的国家迫害——拷打、杀害、没收财货——得到了有效中止。这些措施被移出国家政策。这一新兴教派不再受到诽谤性的解释，就像曾经遍布戴克里先政策中的那样——认为该教是叛国谋逆、残暴恶毒的，不惜以莫须有的纵火罪名严刑拷打任何一个被怀疑是基督徒的人，将他们活活烧死，又拆毁他们的礼拜堂。

君士坦丁下令归还在戴克里先授意下充公的基督徒财产。但君士坦丁的这种情况，我们可以轻而易举地将这一举动归结为一个具有多神论背景的头脑冷静的军人所采取的持续不断的现实主义行动，而非纯粹的宗教信仰。的确，他肯定会把自己对马克森提乌斯取得的胜利——至少是部分地——归功于某种强大神明的干预。对于一位胜利者来说，宣布神站在自己一方总是明智的，也是轻易的。可是，在米尔维安桥战役之后的二十年间，异教符号还一直出现在他铸造的货币上。君士坦丁甚至直到临终之时才受洗成为基督徒，那是在四分之一个世纪后的337年。若说他确定无疑地"改信"了一个新信仰，一种新的精神训导，这无异于在引述神话——无论这个神话对基督教的宣传是多么有用，就像它确实做到的那样。"君士坦丁是第一位基督徒皇帝"，这句话究竟意味着什么？大概并没有像后世基督徒所理解的那么意义重大。隔着时空的距离，以及他的时代与我们时代之间如此巨大的文化差异，我们鲜有解答这一问题的可能。

虽然如此，显而易见的是，宗教地形标志性的改变已经发生。对基督教以宽容和承认被铭刻在313年颁布的所谓《米兰诏书》（*Edict of Milan*）中，当时已大限将至的伽列里乌斯希望以此可以使基督徒"再一次重建他们从前举行集会的房屋"。（那时，基督教宗教仪式一般不是在教堂举行，而是在领衔教堂[tituli]或有信心的信徒的房屋里——"礼拜堂"是准确的表述。由于当时相对而言还没有几所专用的教堂，那些圣祠与礼拜堂通常也是领衔教堂的一部分：因此该法律也是对个人的礼拜隐私的肯定。领衔教堂通常以该私产所有者的名字命名，比如"塞西利阿[Ceciliae]领衔教堂"或"阿纳斯塔西亚[Anastasiae]领衔教堂"，或者如"拜占提斯[Byzantiis]领衔教堂"，以罗马元老院成员拜占提乌斯[Byzantius]命名，他将自己的房屋赠给基督徒作为礼拜的场所。到公元4世纪末，人们所知在罗马有二十五个这样的场所。也许还有更多一些，但无论如何，在君士坦丁时代罗马拥有的44000座岛屋与超过一百万居民中，基督徒的存在感都是十分微小的。）于是，在米尔维安桥取得胜利后，君士坦丁与他的共治皇帝李锡尼在米兰进行会晤并发布声明，基督徒从此必须拥有完全的宗教自由，不得再以此没收他们的财产，并且，就像伽列里乌斯所希望的那样，若有被夺走的礼拜堂，也须归还给基督徒。这在文化与宗教方面同样产生了巨大的成果，因为它打开了一个空间，明确的基督教肖像与象征性细节得以在其中繁荣发展，它得以从罗马式的原型分离出来，尽管在许多方面它都是建立其上的。这一过程的生动一例是尤尼乌斯·巴苏斯（359 卒）的石棺，他是首批拥抱基督教的罗马贵族之一。形式上，这是一个异教石棺。但在其两侧，以深浮雕刻着诸多圣经事件的场景，比如以撒的牺牲、基督在比拉多前受审，以及亚当与夏娃为赤身裸体而羞愧，代替了常见的神仙、女神与战争场景的石棺图像。

[170]

最起码的一点，君士坦丁知道，基督教是帮了他大忙的，因为那十字架上的新神一览无遗地俯瞰着他完胜马克森提乌斯，又将他置于皇位之上。他也知道，欠债就得还钱，特别是亏欠这么强大的神明的；罗马国家要对基督教会大开绿灯。

首先，君士坦丁写信给东部帝国的统治者马克西米努斯，他在信中指出，由于马克森提乌斯已经死亡，且罗马元老院如今已承认了君士坦丁的皇权团体成员身份，他有绝对的权威来命令他的副手马克西米努斯停止东部境内针对基督徒的一切迫害，无论是税收、暴力、没收财产还是（上帝禁止的）殉道。从他们那里夺走的一切必须归还。他们在自己的礼拜场所内外都不得受到骚扰。

君士坦丁清洗了马克森提乌斯任命的各级官员，换上了对基督教友善的一些人。他还做出了一个波及千秋万代的决定——比如，为现代美国的邪教庸医和电视布道者打开了巨大豁免权与暴利的大门——那就是免除了教堂的纳税义务。他很精明地没有对臣民中那些想要继续崇拜旧神的人们（一开始，这样的人还有很多）施以任何处罚。整个帝国的宗教习俗与忠诚不是一纸诏书就可以改变的。相反，他赐予基督教最受优待的宗教地位，然后让社会压力自己发挥作用。

[171]

新秩序中最引人注目的一景，是君士坦丁的帝国金库对年轻的教会敞开大门。这一点在罗马表现得最为明显，其结果大多数人都可见到。倘若皇帝没有为新宗教神庙的修建投入他的前任们为旧宗教支付的巨资，又谈何"最优待地位"呢？随着早在313年基督徒进入君士坦丁的谋士团，教会就已经在转变为一股主要的政治力量，而通过获取新的土地范围，它同样成为一股重要的经济力量。君士坦丁将罗马在北非、希腊、叙利亚、埃及等殖民地取得的大量税收用于为新兴基督教的基础设施买单及装修上，每年约达四千索里达金币，折合今天的货币约25000000—30000000美元。

有了这么一大笔资金，基督徒们就可以建造真正的教堂，不再仅仅只是将私人住宅改建成礼拜场所。

在西莲山的东侧、奥勒良城墙边，是一块土地，原先属于一名叫作普劳提乌斯·拉特朗努斯（Plautius Lateranus）的骑士；君士坦丁取得了这块土地，决定在上面建造一座宏伟的大教堂，可以容纳2000名做礼拜的人，作为感谢基督助他战胜马克森提乌斯的还愿物。（普劳提乌斯·拉特朗努斯早先实在是不够明智，他站到了君士坦丁的手下败将马克森提乌斯一边，拆毁他那禁卫骑兵团的营房一定使君士坦丁身心舒畅，显然此人曾为反对君士坦丁出过力。）该地位于城市的边缘，虽然正好还在城墙以内，而这一位置意味着，君士坦丁不需要着手进行强拆工作，那会冒犯依旧信奉异教的精英阶层，他们供奉传统神祇的神庙已挤满了罗马城中心。

这一精英阶层在公元4世纪，以及随后的5世纪中持续发挥着举足轻重的影响力。基督教作家夸口称，他们与他们的教友正在取代旧宗教，但任何事情都不会这么简单。4世纪时，基督教建筑物确实纷纷兴建，但还要在几个世纪以后的609年，万神庙才被教皇波尼法爵四世[①]（Boniface IV）改建为基督教堂，又过了三百年，下一座罗马神

[①] 波尼法爵四世（？—615）：608—615年在位。

庙——福尔图那神庙——才被基督教化。为什么是这样？原因尚不确定，但虔诚的基督徒们可能是认为这些建筑物遭到了残存在此的邪灵的污染。这的确就是人们关于斗兽场的想法。与此同时，异教纪念物却在被不断翻修甚至新建——广场、街道、高架渠、神龛、神庙。确实，对于罗马那些见多识广的居民来说，异教所代表的文化——学识丰富、审美多彩、根深蒂固——才是唯一值得拥有的文化。

君士坦丁尼亚那大教堂（Basilica Constantiniana），或称拉特朗圣约翰大教堂（San Giovanni in Laterano，因认可该地的原始所有者而命名）在象征意义上和政治意义上都具有重要性，这不仅因为它是罗马第一座主要的基督教堂，也因为它的建成表明，基督教的目标不是要抹杀更古老的罗马秩序："共存"是君士坦丁与旧贵族家族之间心照不宣的暗号。拉特朗圣约翰大教堂从过去到现在都一直是罗马的主教座堂（而不是声名显赫的圣彼得大教堂，尽管如此之多的游客都有这种误解）。它是整个基督教世界的母堂，不是一次而是两次镌刻在其门面上的铭文阐明了它的职责——"这座城市及这个世界上一切教堂的母亲与首脑"。

它奠定了西方基督教堂的典型形式，以最小幅度的改变沿用了一种罗马式的建筑形式："长方形廊柱大厅"设计，该词在希腊语中意为"皇家官邸"：一座长方形中殿，相对的两侧宽边上设有入口与半圆形殿。环绕着中殿殿身的侧廊为回廊和祈祷室提供了空间。该形式改编自罗马异教的范例（罗马第一座长方形会堂早在共和国时代的公元前184年由马库斯·波尔奇乌斯·加图修建）。在殿内举行的仪式有着相同的类型：一列列信徒，庄严地往一个指定的汇合点列队行进，就像圣餐与告解仪式上举行的圣礼那样。长方形会堂的设计清晰与严格地将司仪神父（即牧师）与领受圣餐者分离开来，而希腊式仪式的集中式设计则不是这样。但是，基督教大教堂的设计是形式多样的：它可以有数个中殿（有些教堂拥有多达九个这样的侧廊，以一行行圆柱分开）。这种矩形、轴向的大教堂比在东方更受青睐的、集中

[173]

式设计且盖有石造穹顶的大教堂修建起来花费要少，因为它不需要用于建造拱顶与穹顶的精雕细刻的模板。

以那个时代（或者说任何时代）的标准来看，这是一座庞然大物般的建筑，拥有一个 98 米长、约 56 米宽的四侧廊中殿。它的主立柱均为红色花岗岩材质，而次级侧廊柱则回收自古代建筑，是绿色大理石材质。除了巨大的建设支出，君士坦丁还捐赠了足够多的金片——都是很久以前掠夺来的——以装饰半圆形殿。

当然，这并不是君士坦丁在罗马所做的唯一教会事业。他还在塞索利安宫（Sessorian Palace）捐建了耶路撒冷圣十字圣殿（Santa Croce in Gerusalemme），后来成为他母亲赫勒拿（Helena, 250—330）的私人祈祷室。在约 326 年，未来的圣赫勒拿（St Helena）向圣地发起了一次朝圣之旅，她从圣地带回了一船又一船的圣物，包括几桶来自髑髅地①的泥土，以及（如果是真的话，可谓相当可观的浩大工程）据信为基督在耶路撒冷的本丢·彼拉多②的宫殿中攀登过的楼梯。

罗马一些早期的基督教堂是由原有建筑物改造而来的，几乎令人昏乱。一个典型的例子是距斗兽场不到半英里的圣格肋孟圣殿。它从公元 1 世纪就存在于此了，建立在一座建筑物的基础之上，该建筑物可能是一座仓库，也可能是一座公寓大楼，在公元 64 年的大火中被焚毁，由一位名叫提图斯·弗拉维乌斯·克莱门斯（Titus Flavius Clemens）的执政官所有，他是皇帝韦斯巴芗的外甥。根据罗马年代史记录者迪欧·卡修斯与苏埃托尼乌斯的记载，克莱门斯于公元 95 年因被控犯有与"不信神"及犹太教相关的不虔诚之罪，而被皇帝图密善处决。这是否意味着与基督教的关联是一个有争议的问题；虔诚的基督徒倾向于相信确实如此。然而，相当确定的一点是，到 2 世纪末与 3 世纪初时，这座从前的岛屋中阴暗潮湿、洞穴般的空间已经变

---

① 髑髅地：耶稣被钉死在十字架上的地方。
② 本丢·彼拉多：1 世纪罗马帝国驻犹太总督，耶稣即由他判决被钉死在十字架上。

成了一座密特拉教①的神殿，又在 4 世纪被废弃，那时的密特拉教——主要由跟随庞培进军小亚细亚的军团带回来的宗教——被获得胜利的基督徒们宣布为非法。

令人沮丧的是，我们对密特拉教近乎一无所知，文献上几乎没有任何记载。它属于那些神秘宗教之一，它的努力使其绝大多数秘密在今天依旧是谜。密特拉神（Mithras，或者 Mithra）是一位英雄神，化身为光和真理。在众多尊称之中，他的信徒称他为"广阔牧场的主人"，而在神

《圣格肋孟圣殿的马赛克壁画》，12 世纪

话传说中，他的主要行动是追捕与屠杀野牛，他将野牛拖回洞里，然后宰掉。从牛的鲜血中诞生了生命与谷物。这位献祭的神被称为密特拉·陶洛克托诺斯（Mithras Tauroctonos），意即"屠牛者密特拉"。因此，屠牛是一种具有高度生产力的行为，也许正是这份记忆以一种大量改变后的形式流传到了今天西班牙人的斗牛仪式中。该故事可能来源于珀尔修斯杀死戈耳工·美杜莎的希腊神话，并且可能始于波斯国王米特拉达梯六世，他被指定为密特拉，又据称是珀尔修斯的后裔。

密特拉教从不宣称拥有一支庞大而团结的受众群——如基督教所追求的那样。它不需要宽广的厅堂——它那洞穴般的集会场所通常

---

① 密特拉教是庞培于 67 年镇压的海盗所信奉的宗教，公元前 1 世纪在古罗马落地生根。该信仰的传播极为迅速，使康茂德皇帝在公元 2 世纪末也加入该教，并且是 4 世纪"叛教者尤利安"（Julian the Apostate）创教的重要因素。——原注

不会超过六十英尺长、二十五英尺宽。而且，密特拉教即使举行集会，也是要刻意保密的。密特拉教是一种属于男性战士的崇拜，女性被严格排除在外。迄今为止人们在罗马发现的太阳式洞（Mithraea，即密特拉教的集会场所）总数约十多个，其中最大的是卡拉卡拉浴场下的瑟尔马鲁姆·安东尼亚纳鲁姆太阳式洞（Mithraeum Thermarum Antonianarum）。其他太阳式洞的遗迹存在于奥斯提亚，这提醒着人们，密特拉崇拜在港口的水手和旅行者中曾是多么普遍。

密特拉崇拜与耶稣崇拜之间确实存在一些相似性，但这些相似性其实往往是表面上的，那个曾一度流行的观点——认为基督教由密特拉教发展而来——没有什么支持性的证据。的确，密特拉教比曾在罗马兴旺一时的任何其他东方神秘教派都更类似于基督教。但二者之间也是迥然有别的。基督教渴望广泛传播；它的主要优势之一在于女性中的流传度，对早期教会而言，将人类中的一半排除出本信仰是不可思议的念头，无论他们对女性有着怎样的猜疑。

在克莱门斯（或称其意大利语名格肋孟 Clemente）大教堂最下的密特拉教层级之上，是另一层可追溯至 4 世纪后期的、明显与基督教崇拜联系在一起的层级。许多个世纪以来，人们用一系列壁画与马赛克将其装饰，其中最美的一幅是半圆形后殿中描绘的"生命树"——基督被钉上十字架，白鸽栖息在十字架臂上，从树下盘绕而起的螺旋结构，填满了背景中的黄金半圆。在罗马所有的早期基督教纪念物中，这幅 12 世纪的马赛克画堪称最具装饰性，也是最令人满意的作品。

这座教堂的四周围绕着各种各样的传说。有一个传说是有关圣彼得后的第三任罗马主教圣格肋孟的：公元 98 年，他被不信教的罗马人在脖子上系了锚后抛入黑海，后来他的遗体被两位斯拉夫圣人西里尔（Cyril，826—869）和美多德（Methodius，815—885）找到并带回罗马，安葬在与他同名的这座教堂里。另一个传说则被记录在教堂中殿的一幅壁画上。它讲述了一个丈夫是怎样因为恼怒妻子经常参加弥撒，而将圣格肋孟圣殿的教士称作"婊子养的"。这句话不仅是出现在教堂任何地方都令人惊讶的铭文；据说它还是已知最早的书面本土意大利语。[176]

君士坦丁尤其尊崇一位叫作圣老楞佐（St Lawrence, San Lorenzo）的早期基督教殉道者（其原因不得而知）。一般认为，这位执事是于3世纪在烤架上被活活烤死的。（关于他蔑视他的异教折磨者，高喊"将我翻个面，我的这一面已经熟了"，并在几分钟后烤至半熟的宗教故事无疑是杜撰的。）君士坦丁确定了老楞佐的坟墓（至少是猜测出），在上面覆上了气派的银质格栅，以颂扬原本的烤架。然后他建造了一座嵌满了哥斯马特式①装饰的大教堂（basilica major），作为该地点的标记。

为了补偿异教的迫害造成的巨大不公，他花钱修建了各种各样的殉道者圣祠，其中，在宗教影响力方面最具重要性的，是在梵蒂冈为使徒彼得修建的教堂。对圣彼得遗骨的崇拜早已有之，而圣彼得是在尼禄的迫害中殉道的。没有证据证明，这具君士坦丁为之修建大教堂的遗骨，事实上是属于那位据说被耶稣委以新生教会的使徒的。（"你是彼得，我要把我的教会建造在这磐石上。"）圣彼得大教堂被不断重建，最终达到了令今天的忠实信徒叹为观止的惊人规模，虽然人们相信这座教堂是矗立在那位圣人真正的遗骨之上的，但这证明不了什么；这一问题，就像一位基督徒历史学家委婉提出的那样，被"对忏悔室的忠诚遮蔽了"。

君士坦丁慷慨解囊大兴土木的另一个主要受益者是巴勒斯坦——特别是耶路撒冷城。他的母亲赫勒拿，就像其他出身低微，又获得了巨大财富与权势的女子一样，不加节制地大行赏赐；她创立并建造了伯利恒主诞教堂（the church of the Nativity in Bethlehem），奉献给圣母马利亚，还有一座橄榄山上的教堂，以标明基督升天的地点。但是，

---

① 哥斯马特式：一种中世纪意大利典型的石工几何镶嵌风格。

最宏伟的工程还是由君士坦丁本人亲自建设的，旨在显示君主与上帝之间特殊的关系。在人们所相信的耶稣受难的地点与基督之墓重叠的所在，这位皇帝下令建造了一座美轮美奂的大教堂。为了大教堂的建设，一座供奉维纳斯的罗马神殿不得不被拆除，而在工程的进行中，挖掘的工人们发现了一个墓穴，里面没有尸体（人们的确本就不希望找到尸体，因为耶稣复活的教义——"他已复活了，他不在这里，"天使说），而是一堆木材，这（当然）只可能是人类之子死于其上的真十字架的木头。这堆木材的碎片将在今后的几个世纪里填满基督教世界的圣物箱。那些倾向于相信这类物品的人也辨认出了一个小型石室，比孔洞大不了多少，毗邻被重建为教堂回廊的位置，据说是基督在被钉上十字架前所陷的囚室。

在《新约》中关于基督受难的记载与发掘出的建筑物中可以找到的蛛丝马迹之间存在的关联是相当稀薄的，但这不妨碍君士坦丁的代表们言之凿凿地宣布，圣墓的所在地已经找到了。君士坦丁一声令下，扩建与晋封工作几乎立刻就开始了。所有曾亲眼目睹圣墓大教堂的人都同意凯撒利亚大主教（约260—340）优西比乌（Eusebius）的说法，这是一座无与伦比的建筑物，四周包裹着大理石，方格天花板铺满各处。而且，在一间小型附属礼拜堂内，包含有据信是耶稣死于十字架上的真正所在——髑髅地之岩（the Rock of Calvary）。当圣墓大教堂于335年、君士坦丁加冕为罗马皇帝的三十周年纪念日正式落成时，它的形式就已经是基督教世界至高无上的建筑奇迹，这布满黄金、镶满珠玉的豪宅证明了上帝的胜利。

不幸的是，圣墓大教堂如今已所剩无几。614年，在波斯人征服耶路撒冷后，圣墓大教堂遭到了洗劫。之后的几百年间陆续进行了一些修复，然而灾难性的是，哈里发哈基姆①（Al-Hakim）——一名宗教狂热者，相信伊斯兰的土地上决不允许存在任何基督教机构——下令

---

① 哈里发：伊斯兰教执掌政教大权的领袖的称号。

彻底拆毁了圣墓大教堂。但在那时，曾经属于异教徒的东方已经矗立起了诸多基督教堂，以没收来的神庙财产作为建造与维护的资金，任何哈里发也无法染指。 [178]

当然，君士坦丁没有将自己局限于修建教堂。他还是一位不知疲倦的立法者，重新制定了许多与行为和惩罚相关的法律。由于注意到，过去的杰出基督徒——如圣保罗——对于被迫在异教徒的法庭起诉民事案件多有怨言，他立法允许基督徒将他们的案件从民事法官手中转移给大主教仲裁，以大主教的裁决为最终结论。此举大大加强了教会在公民生活中的影响力，正如保罗从前希望的那样。在刑法方面，他废除了钉十字架的刑罚，认为我主耶稣的死亡方式不应该再如异教罗马的观念中那样，是一件凶残而耻辱的事；对普通罪犯施以基督教认为可怖，而如今神圣化的牺牲形式，这是错误的做法。

这并不是出于神经过敏。论施加酷刑，君士坦丁可以像任何一名皇帝那样残忍无情。在性行为的复杂问题上，君士坦丁的观点是如此极端，甚至到了丧心病狂的地步，在任何习惯了异教家庭律法更为宽松态度的人看来一定更是如此。

在326年4月1日下达的一份诏书中，他全面禁止已婚男子蓄妾。只有男人（丈夫、父亲、兄弟或叔伯）才能告发家族之内的通奸行为——女人则不能。强奸犯和勾引女人的人必须被活活烧死，未经父母允许而与他人私奔的女孩也要受此刑罚，一切协助私奔的人也要一同获罪。如果有保姆鼓励女孩以这种方式出走，她就会被强迫张开嘴，往喉咙里倒入沸腾的铅液。然而，一个失贞于强奸犯的女孩自身也要受到惩罚；显然，她是罪有应得——她本来可以待在家里不出门的。更糟的是，君士坦丁规定，一旦被强奸，女孩就必须失去从父母那里继承财产的权利。这将她抛入了被弃者的边缘人生之中，因为她被剥夺了嫁妆，而没有男人会娶一个没嫁妆的女人。 [179]

我们似乎很难将这些令人厌恶的规章条例的制定者与那个常常因向异教世界带来"温和的耶稣"的消息之人的形象调和起来。可是在君士坦丁的灵魂深处,一种与生俱来的施虐倾向在寻找着宣泄口,而最终在基督教禁欲主义厌女狂那里找到了出口。这一点可以从克利斯普斯(Crispus)——君士坦丁早年婚姻中生下的长子——的不幸命运里看出。他早早结婚,享有军事奇才的辉煌声誉,而且已经成为他的奥古斯都父亲手下的恺撒,本来肯定是要继承大统的。但是,因为种种至今不明的原因,君士坦丁后娶的妻子福丝塔(Fausta)皇后指控他玷污了自己。这只是她指责他的一面之词,没有证据能证明。怒不可遏的君士坦丁自己一人审问了克利斯普斯,然后将他处死了。可后来,君士坦丁的老母亲赫勒拿——她不相信克利斯普斯与福丝塔之间的事——似乎收到了一些有说服力的证据,证明福丝塔捏造了谎言,以掩盖她与宫里一名奴隶通奸的事实。得知真相后的君士坦丁将福丝塔关进了皇宫浴室的加温室中,烧红了炉子把她活活蒸死。

可是克利斯普斯已经在普拉①(Pola)被处死了。这在政治上导致了一些尴尬,大概正因如此,君士坦丁之母赫勒拿紧接着就在326年开始了一次大讲排场的圣地朝圣之旅。这绝不会是一次轻松的出行,因为她在出发时已年近八旬。但这位老太后以令人钦佩的毅力完成了任务,他的儿子鼓励她,不惜一切代价也要让人们尽可能忘掉克利斯普斯-福丝塔丑闻及其点燃的种种风言风语。正是在这场旅途中,她在巴勒斯坦捐建了两座教堂,一座在伯利恒用于纪念圣母马利亚与耶稣的诞生,一座用于崇奉耶稣从橄榄山上升入天堂。她在去往圣地的沿途大肆赏赐——士兵、牧师、穷人——还将因犯释放出监狱和矿区。她获取了数量惊人、体积庞大的各类圣物,比如前面提及的、据说耶稣在彼拉多宅邸中登上过的台阶,并将它们通通用船运回了罗马。然后,因旅途劳顿、广施恩惠而精疲力竭的她终于寿终正寝,地点很可能在尼科米底亚。她的遗体被安放在厚重的斑岩石棺中,在军队护卫下运回罗马。

---

① 普拉:今克罗地亚西部的港口城市。

作为罗马帝国的政治领袖，同时也是宗教领袖，君士坦丁不可避免地要处理关于异端的事务。对于原先的罗马宗教来说，异端原本不是问题，它们留给信徒选择宗派与仪式的自由远大于基督教世界愿意，或者说能够提供的。而基督教则并非如此，将信仰的正统置于极端重要的地位。越来越多怒发冲冠的大主教与神学家正摩拳擦掌，要与最轻微的歪曲、教义上的毫厘之差战个你死我活。其结果就是一场宗教-政治正确的噩梦，他们押上的不单单是对他人的容忍或反对，更是（人们相信）灵魂在永恒地狱中的前景。这使神学辩论的严肃性达到了恐怖的程度。以21世纪的观点来看，许多这样的讨论简直是荒唐可笑的（没几个信教者还会关心一根针尖上能有几位天使起舞），但在4世纪，它们却引发了第一次基督教迫害，在这场迫害中，一派的信徒对另一派严刑拷打、取人性命，只为了信仰上微末到荒谬的一点点差别。

第一次这样的分离是关于"多纳图斯派"（Donatism）的。这一异端在非洲的教会导致了一场大分裂，在欧洲只引起了轻微的影响。它的起源相当简单，那就是在戴克里先实行迫害期间，一些基督徒屈服了，否认自己的信仰以求保命。如今既然戴克里先已成了过去，基督教成了国教，这些叛教者又开始寻求重返教会，得到谅解。可是，有一派人斩钉截铁地坚决反对他们。对这些人而言，过去的投敌者决不能在未来得到原谅。他们的领袖是一位叫作多纳图斯（Donatus）的迦太基牧师。你也许会以为，这一问题只需在教会这样较低的层面就能解决，但事实证明，根本解决不了。皇帝不得不亲自裁决——而他也的确出动军队强迫多纳图斯派屈服。由此开始了正统、官方的基督徒对"异端"基督徒的第一次迫害与折磨。

这样的迫害绝非个案。其中规模最大、最残酷血腥的一次是4世纪对阿里乌斯派的迫害，它将教会一分两半，导致大批教徒遭受了几乎永无宁日的折磨，他们彼此排斥、酷刑折磨、自相残杀，只为了简简单单的一个元音，一个额外的"o"——以描述基督与圣父及圣

[181]

灵之间的关系。基督与圣父究竟是"本体相同"（homoousios，即与上帝由同样的本质构成、从时间的开始就一直存在）或只是"本体相类"（homousious，本质上类似但并不相同，在圣父之后被创造出来，存在着一段"没有他的时间"）？这听起来有些荒诞的争论由亚历山大港一位学识渊博的牧师阿里乌斯（336 年卒）提出，他强烈反对普遍流行的《圣经》解读，即宣称基督是上帝之子，"是首生而不是创造出来的"，共享着圣父的神性本质，且从时间的开始就一直存在。正统基督教不同意他的观点。教会将三位一体的教义——上帝由三位位格组成，即圣父、圣子与圣灵，三者构成一体——作为信仰的基本与中心原则，否认三位一体的就是异端。可以说，正是"一体"一词引发了人们对基督与圣父到底是本体相同还是本体相类的激烈争辩。三位一体的教义是一个"谜"，不是人类的逻辑可以理解的；尽管后世也不断有人试图使其合理化，比如维多利亚时代一名教士提出，我们只需将其想象成三人驾乘一辆马车——对此同时代的另一名教士反驳称，我们应该想象的是一人驾乘三辆马车。

在君士坦丁感到自己不得不介入干预以后，这场争端总算勉强平息了。325 年，他在尼西亚①城召见一批大主教举行会议，对阿里乌斯的理念发表看法。不出意外，他们裁定阿里乌斯派为异端，应该被扑灭。该结论被载入《尼西亚信经》（Nicene Creed），此文件否定了阿里乌斯的观点，并且在形式上得到了天主教会所有大主教的一致认可。现在，基督与圣父被官方认定为"本体相同"了。

尽管君士坦丁倾向于相对宽容的姿态，到 325 年时，异教信仰在罗马帝国内部还是大势已去了。君士坦丁从前的共治帝李锡尼仍是一名异教徒，在他死后，他的许多支持者纷纷被杀。（据说，是君士坦丁亲自扼死了李锡尼，但真实的情形仍然扑朔迷离。）绝大多数幸存者也被边缘化了。异教仪式，比如祭神、占卜或求问神谕，那时都已

---

① 尼西亚：安纳托利亚西北部的古城。

被绝对禁止。实际上——这一点对后世的考古学来说十分幸运——异教徒可以保留他们的神龛、神庙与圣林，不用拆毁它们，但也不能在里面做礼拜。君士坦丁确保再也不会有异教徒——甚至是那些最近才宣布放弃异教信仰的人——会被任命为裁判官、行政长官或省级统治者。凡事以基督徒为优先。但他们并不需要对异教进行主动迫害，因为这也许会激起暴力反抗。君士坦丁要的是和平，虽然这和平只能以向基督教屈服为条件。

除了基督教本身，君士坦丁政权的又一受益人是君士坦丁堡这座城市，他于330年建立该城，距他登上帝位不足四分之一个世纪。若说君士坦丁堡是真正意义上的"新罗马"，以单单一个意志行为就取代了原罗马，那当然是把问题愚蠢地简单化了。但君士坦丁下定决心要创建一座崭新而伟大的基督教城市，使他和往后的基督徒皇帝可以在不受异教物质记忆污染的环境中建立他们的王朝——没有诸神的神庙，没有基督教以前机构的遗迹。这就排除了重建特洛伊城原址的想法，他也曾因该地神话上的魅力而短暂考虑过此计划，但随后否决了，因为他不希望人们把他的行动归因于受到荷马的启发。

在欧洲东南端的半岛上，位于叫作"金角湾"（Golden Horn）的咸水海峡与叫作"博斯普鲁斯海峡"（Bosphorus）的马尔马拉海入口之间，是一片狭长的陆地，坐落着一个希腊殖民地的遗迹，以及一座初建的罗马小城，起源于公元前7世纪。这座城市被称为"拜占庭"。它有着明显的战略与贸易优势。它位于从欧洲去往亚洲的陆上路线与从地中海去往黑海的海上航线的交叉点上。它的地势易守难攻。它的北边大部分被金角湾围绕，南边则是马尔马拉海。只需要在两边海水之间的地基上建起围墙，就可以使入侵变得十分困难。埃格纳迪亚大道（Via Egnatia）将其连通至罗马，另有两条道路从此地向东通往小亚细亚。该城周边的土地盛产庄稼果蔬，建筑石材资源也很丰富。四周环绕的海洋里水产不计其数。高架渠输送来淡水，而这座新兴城市里的重大建筑工程一经开建，众多大型蓄水池就已取代了这些高架渠，其中约四十个蓄水池（贮满了新鲜淡水）一直留存到了今天——即"水宫"，其中之一被土耳其人称为"一千零一根石柱的蓄水池"，该描述一定所言非虚。

在这里，可以建起一座新首都——东罗马帝国的首都从此建立。在地理上，它本应效忠于三地。它位于地中海的东端，罗马世界与东方世界之间，正好在欧洲与亚洲的边界上。然而它并不包含任意一方的全部特征。它的一部分属于小亚细亚，而小亚细亚无论是在地理还是在种族文化上都不属于亚洲，尽管在某种意义上，它位于亚洲大陆。同样地，拜占庭及该地区接壤的东巴尔干半岛在大部分意义上也和意大利、德国或希腊人口中通常所说的"欧洲"相去甚远、彼此分离。拜占庭，无论其怎么发展、发展得多远，都几乎必然是一个既不同于欧洲也不同于亚洲的异类。这与君士坦丁的需求不谋而合。他将自己领土上的资源大量投入这项工程中，因之建成的这座大都会自然也以他的名字命名，叫作：君士坦丁堡。

关于君士坦丁堡的考古发现比罗马的要少。造成这一点的原因多种多样，但主要原因在于，自从该城在中世纪早期被穆斯林征服后，土耳其就一直对在这座城市发掘寻找基督教遗迹持消极态度，这态度最好时是不情愿，最差时是反对，因为考古发掘有可能要以牺牲后来的伊斯兰古迹为代价。这一死结在可以预见的未来都没什么解决的可能性；它在今天的激进伊斯兰教，甚至温和伊斯兰教那里都是绝对行不通的。

在君士坦丁建立新首都愿望的鞭策下，君士坦丁堡的建设推进得十分迅速。在某些方面，它重复了罗马的布局，有一个中心广场、一个元老院议厅、一座皇宫与一条主街——梅塞大道（the Mese）。城市的中心是剧场，君士坦丁死后，这座城市的一些伟大戏剧——既是政治性的也是娱乐性的——将在这里演完。然而，这座城市却没有角斗场，并且以教堂取代了神庙。君士坦丁的教堂几乎一律设计成长方形会堂式，产生出一种庞大、长型的室内空间，没有内部支柱，类似于他早年担任恺撒时在特里尔修建过的会堂。这些教堂的终极典范是拉特朗圣约翰大教堂——他对米尔维安桥大捷的无上谢礼。

君士坦丁逝于公元337年。很有可能，虽然并不一定，即便创造了辉煌的文治武功，他仍然会被一种失败感苦苦折磨：他杀死了自己的长子与可能的继承人——天才的克利斯普斯，连同自己的妻子福丝塔，这使他很难能感到全然满足。他还有三个儿子，全部都被正式封为奥古斯都：君士坦丁二世，父亲去世时21岁，以及君士坦提乌斯二世（20岁）、君士坦斯一世（17岁）。他们之间立刻爆发了殊死争斗。公元340年，君士坦丁二世——他已继承了西部帝国的控制权——向意大利与非洲的统治者君士坦斯一世发起了进攻。这次进攻以失败告终，君士坦丁二世兵败身亡，使西部帝国全境（包括不列颠和日耳曼）落入了君士坦斯手中，而与此同时，君士坦提乌斯二世掌控着东部帝国。然而，君士坦斯在西部帝国的严酷统治导致了军队叛变——这在罗马军队是极其罕见的情况——他于公元350年被废黜并杀害。经过多次冲突，领导这次叛乱的军队被内讧搞垮，最终被第三位兄弟君士坦提乌斯二世消灭，君士坦提乌斯二世也于353年成为统一罗马帝国的统治者。

经过这一切互相残杀与尔虞我诈之后，君士坦提乌斯二世发现自己需要一个共治帝：操纵一个如此广阔的国家不是单凭一人就能完成的任务。在他看来，他找到了一个合作者，那就是君士坦丁的侄子弗拉维乌斯·克劳迪乌斯·尤利安努斯（Flavius Claudius Julianus，331—363）。在当时，君士坦提乌斯已经于337年谋划了对尤利安的父亲及大多数近亲的谋杀，尤利安（暂时还有他的异母兄弟加卢斯Gallus）只是因为年幼才逃过一劫。后来的事实证明，君士坦提乌斯的决策是一个天大的错误。在君士坦提乌斯的控制下，尤利安是在卡帕多西亚①（Cappadocia）偏远的玛瑟鲁姆（Macellum）乡村长大的，与

---

① 卡帕多西亚：小亚细亚东部的古王国。

加卢斯一起过着半拘禁的生活。很明显,他因家族遭到的屠杀而郁郁寡欢(这在他的内心中引发了多么痛苦的幸存者的内疚感!)在这件事上,他从来没有原谅君士坦提乌斯。

尤利安是被严格按照基督徒教义抚养的,他甚至还曾在教会担任诵经员的低品级神职。他最终的"叛教",即背离了他那极端利己主义的恶霸堂兄君士坦提乌斯二世所信奉的基督教,似乎是一个经典的事例,说明填鸭式地强迫一个聪明而敏感的年轻人去接受或实践某种与他气场不合的信仰,会导致怎样的错误。根据历史学家阿米阿努斯·马尔切利努斯(Ammianus Marcellus)的记载,君士坦提乌斯二世将正统提升到了新高度,并且执着痴迷于让别人感知他天神一般伟岸的身姿:

> 他在穿过大门时要屈身(尽管他其实非常矮),他的脖子就像被钳住了一样,目不斜视地直望前方,从不左顾右盼……马车颠簸时他不摇晃,也从没有人见过他吐痰、擦脸、擤鼻子或来回摆手。

这个自我陶醉、神经兮兮的形式主义者很难是那种培养出年轻知识分子的人。他要求那小伙子树立起对一切古希腊文化的敌意;可是,尤利安对此的反应却是热情洋溢地拥抱古典希腊,拥抱它的艺术、它的哲学以及柏拉图的思想。他于351年开始在雅典的学习,当时年龄二十出头。他也在军事指挥方面显现出了出乎意料的天赋。355年,君士坦提乌斯二世将他派往高卢,镇压法兰克人与阿勒曼尼人中不服从信仰的势力。尽管在战斗中根本没受到任何考验,尤利安还是以得胜将军的身份证明了自己的高度成功——这是在他二十出头的年纪。事实上,他实在是太成功了,以至于他的军队更忠诚于他,而不是那个遥远的指挥官君士坦提乌斯。当君士坦提乌斯要调遣尤利安的军团前去与波斯人作战时,他们发动了兵变,宣布将尤利安立为奥古斯都。内战一触即发；只是因为君士坦提乌斯的突然死亡才得以避免，尤利安顺理成章当上了皇帝——他将是罗马的最后一位异教徒皇帝。

对于年轻的尤利安而言，君士坦提乌斯二世的思维模式似乎是顽固不化、野蛮粗暴的——而事实也确实如此。尤利安的身上具有一种深深的宗教气质，但却不是基督教的。他天生就爱亲近的是一种"法术"，一种他那个时代的新柏拉图派哲学家青睐的泛神论神秘主义。毫无疑问，法术家里不乏江湖游医和神棍骗子，但我们至少可以说，他们身上没有那种早期基督徒中普遍存在的狂热特质，也不曾迫害过任何人。他信奉毕达哥拉斯的追随者提出的"灵魂转生"论：灵魂可以直接从一个身体移居到另一个身体。（很明显，尤利安认为自己的身体可以说是被亚历山大大帝的灵魂占据并操纵着。）

在希腊语中，"法术"（Theurgy）的意思是"神术"，它是一种神秘宗教，半是新柏拉图主义、半是秘传仪式，建立在一份叫作《迦勒底神谕》（*Chaldean Oracles*）的希腊文献（今已失传）基础上。法术家希望探知宇宙运行的规律，并运用该方式增益自身。以此，使灵魂得到净化。显然，该学说对尤利安及其他想要保留旧有崇拜的知识分子具有强大的吸引力。但是，由于法术的仪式被理解为迫使神力显灵而不单单是祈求，要区分法术与巫术并不总是一件容易的事。在多神论者看来，巫术是善良的；它依靠的是对宇宙不同部分之间隐藏着的同情心与亲和力的信仰。在基督徒看来，巫术是邪恶的；它必须受到反对，因为基督徒认为它召唤的是恶魔。尤利安的信仰已经达到了很深的程度，在他的法术家同好圈外也已不是秘密，这在基督徒看来简直是走火入魔了。

[187]

正如君士坦丁将他强有力的恩惠仅给基督徒一样，尤利安也把他的恩惠全部留给了异教徒。他不会去迫害那些"加利利人"——这是他对基督追随者的蔑称——但他也几乎不容忍他们；他不愿对他们施与尊重和帮助。"当尼西比斯[①]（Nisibis）居民来信恳求他派出援军抵御即将入侵罗马领土的波斯人时，他拒绝对他们施以援手，因为他们都已全部基督教化了。他既不会重开他们的神庙，也不会前往他们的圣地，他还威胁说，自己不会帮助他们，不接待他们的使节，也不让他们来进驻他们的城，除非他已听说他们回归了异教信仰。"

在其政治观点中，尤利安回顾了早先的罗马。他所推崇的是奥古斯都关于皇帝的概念，即"同侪之首"，一个并不招摇地高出同侪地位的公民，而不是一名专制君主，并且他蔑视皇权机关。"皇宫的奢侈豪华激起了尤利安的鄙视与愤慨，"爱德华·吉本写道，"他经常睡在地面上……而且，他的虚荣心不在于仿效，而在于轻视所谓的皇家威仪。"他极为厌恶那些奴性的标志，比如被下级尊称为"主子"。他衣着简单，不刮胡子，这使他暴露在猛烈的讽刺之下。据说，自从他的妻子逝世后，他就再没瞧过别的女人一眼。

他感到自己有一种责任，要维护他所采纳的传统之权利，以对抗国家赞助下基督徒的傲慢自大。事实上，因为他致力于"站出来"反对基督教教义，他在当时及从此以后得到了"叛教者尤利安"（Julian the Apostate）的称呼。在赢得了罗马帝国官方宗教的地位后，曾经边缘化的基督教派立刻开始了进攻——这甚至在尤利安登上奥古斯都之位以前就开始了。公元357年，在《狄奥多西法典》（Theodosian Code）中，君士坦提乌斯皇帝宣布了对占卜者和占星术师的禁令，要求他们的"邪恶学说"必须从此"噤声"，"永远断绝"。他们一定是被统统赶出了罗马城。基督教对"肠卜"这种罗马从古代伊特鲁里亚人传承而来的"可憎"行为采取的惩罚似乎不加节制。对在传统神殿里拜传统神祇者的惩罚被聪明地有意留给了新加入的狂热信徒，那些基督教信众本身，以及他们喷涌而出的热情可以被利用来造成更大的破坏，这比基督教大主教们计划所需的更猛烈。传统主义者利巴尼乌斯

[①] 尼西比斯：位于今土耳其境内的古城。

（Libanius，314—393）——一位声名卓著的演讲家及作家——向皇帝狄奥多西抱怨，唱诗僧侣的武装队即"黑袍部族"无异于一群虔诚的醉鬼，他们"吃得比大象还多"，以石头和撬棍攻击毫无防备的神庙。"紧随而来的就是彻底的踩躏，掀翻房顶、拆毁墙壁、扯倒雕像、推翻祭坛。祭司们要么保持缄默，要么就得死。破坏完一处，他们就急急赶往下一处、下下一处……这样的暴行就连在城市里也时有发生。"

但在乡村地区，情况更为糟糕，通过毁坏防护薄弱的神庙，基督徒将无数地点判为宗教用途，由此导致了社会与经济一片凋敝。"陛下，"利巴尼乌斯努力向狄奥多西指出，

> 神庙是乡村的灵魂；它们标志着定居的开始，并且是经过许多代人才传承到今人手中的。农耕群体将他们对丈夫、妻子、孩子、耕牛与播种耕作土地的希望寄托于神庙。一片以这样的方式遭到踩躏后的地产已经失去了农民与他们锄头的鼓舞；因为他们相信，一旦指引他们的劳作达成既定目标的神明被掠去，一切的劳作都将变成徒劳……一位神明支持着罗马的力量，一位将罗马守护于她的羽翼之下，另一位保卫着土地，赐予其繁荣兴旺。那么，要么让各处的神庙继续存在，要么就让这些人们一致认定，你们皇帝对罗马心怀恶意，因为你们放任她行伤害自身之事。

在临终遗嘱中，君士坦提乌斯二世将尤利安立为自己的合法继承人，随即，利用这份经过确认的权威，尤利安开始着手恢复多神论遭受毁坏的声望。

他的第一条策略是降低基督教堂的收入，君士坦丁对这些教堂的赠予过于大手大脚了。异教神庙的大量财产被没收，或者说白了就是被夺走，送给了教堂。尤利安努力让这些财产、连同教堂占领的丰产土地一并物归原主。这一举动本身并不能从根本上恢复异教信仰那因

[189]

君士坦丁的转信而造成的损失与破坏。但它在某种程度上做到了拨乱反正——即使十分短暂。由此，他显然很高兴地以"财富滋养了傲慢无礼"为由对埃德萨①（Edessa）的基督徒施加了巨额罚金，他援引了耶稣对贫穷与谦卑的赞美，"因为按照他们最为推崇的法则，他们必须变卖自己所拥有的一切并捐赠给穷人，这样才更容易升入天上的王国……我下令，将一切属于埃德萨教堂的资金……没收；以此，希望贫穷能教会他们如何恰当行事，并且帮助他们进入梦寐以求的天国。"另外，尤利安还取消了与异教惯例相抵触的基督教法律，这是迈往自由方向的一大步。尤利安对基督徒没多少耐心和尊重，但他是个精明的战略家，绝不打算迫害他们。相反，他对每一种信仰和教派都给予容忍——特别是对异端者和犹太人。"我向众神保证，"他声明，"我既不希望加利利人被处死，也不希望他们受到不公正的打击，抑或是遭受任何其他伤害；可是尽管如此，我断言神之怒火一定会更多地降于他们。因为加利利人的愚蠢荒唐，一切事物都被颠覆了，而正是因为众神的恩典，我们才毫发无损。"

他曾发布过一道全然反基督教的法令，激怒了那些"加利利人"，该法令禁止他们在学校里教授经典作品，因为在那时，经典文学依然是一切更高等教育的基础；尤利安实际上是要他们固守于自己的信仰，向自己的同类教导一神论的荣光，而让其他人传授更古老的罗马文学，很明显，多神论精神是其根源。"我认为，那些阐释（经典作家）作品的人却不敬仰这些作家所敬仰的众神，这是一件荒谬的事……因为神赐予我们自由，若是让别人教授自己都不相信其合理的东西，这在我看来是荒唐可笑的。"依此类推，任何讲授文法、修辞，特别是哲学的基督徒都会被认为不是好人，因为他正在教导的是他自己不会践行或相信的。他会变成一名伪君子，于是必然要腐蚀年轻人，即使他本身无意这样做。尤利安相信，如果该政策能够施行，

---

① 埃德萨：上美索不达米亚地区的古城。

整个罗马帝国受过教育的精英阶层将在几代以内重新异教化。与此同时,空谈家和一神论者将被从他和他的同道们身边剥离出来。"我坦然地崇拜众神,与我一同归来的全体军队将士们也崇拜众神……众神命令我将崇拜恢复到最为纯粹的程度,于是我谨遵指示,满怀喜悦。"

就像谋求恢复被没收的异教土地与建筑物一样,尤利安努力重申市议会(curiales)的独立权力(以此对抗大主教的影响力)。不用说他的宗教信仰,单是这一点就受到了基督徒的深切怨恨。他容忍基督徒,不是因为他喜欢他们或尊重他们的信仰,而是因为他认识到了一句具有真理性的话语:殉教者的鲜血就是教会的种子。他不想给予"加利利人"受害者的地位,或者做出任何可能为他们招来同情的事。注意到基督教教士与神学家之中不断爆发的教义争执及其导致的激烈斗争,他认为伺机而动、坐看"加利利人"彼此自相削弱是个明智的法子。这计策能奏效吗?看起来似乎不大可能,但不管怎么说,我们是不会知道结果了,因为363年,尤利安在一次对阵波斯人的战役中被杀。一柄刺矛扎穿了他的肝脏。造成这一致命伤的可能是一个波斯人,抑或(不无可能)是他自己军队里某个背叛了他的基督徒。他是末代的异教皇帝,他的所有直接继任者都在竭尽全力消除他本可能取得的一切成果。尤利安对基督教的敌意是不言自明的,但与他之后的基督徒皇帝们迫害异教知识分子的狂怒相比,他的敌意可以说是轻微而克制,那些基督徒皇帝会以种种捏造的借口——通常是私藏"邪恶"或异端书籍——而上演凶残的女巫审判。

尤利安的皇位由相对温和的基督徒约维安(Jovian,331—364)继任。他在任仅一年就死于火盆导致的一氧化碳中毒。他那受教育程度不高的继任者弗拉维乌斯·瓦伦提尼安努斯(Flavius Valentinianus,321—375)——通称瓦伦提尼安(Valentinian)——对异教徒展现出了容忍的态度,但致命的是,他的脾气十分暴躁;在375年的一次和平谈判中,他大动肝火,以致突发中风去世。随即,皇位传给了他虔诚而嗜血的弟弟瓦伦斯,此人以"骇人野蛮"的态度对真正的和疑似的

[191]

异教徒发起了一系列清洗，4世纪的年代记录者阿米阿努斯·马尔切利努斯写道，这骇人的野蛮"如熊熊燃烧的火把一般各处蔓延"。瓦伦斯手下的审讯官积累了如此之多的告发记录，以至于在他的统治下，每个具有文化或哲学思想的人都惶恐不安，于是"在东部省份，各地拥有书籍的人……纷纷将自己的全部藏书付之一炬，杀身之祸的巨大恐惧已经压倒了一切"。仅仅被控犯有妖术或不信基督之罪就会被判即刻处决；犯人先是被可怕的铁钩撕裂致残，然后又被拖上绞刑架与断头台。并且，就像在一千五百年后的德国那样，"场面宛如杀猪宰牛"：

> 数不清的著作与卷帙浩繁的书籍被人从各种各样的住宅中搬运出来堆放一起，在审判官的眼皮底下焚毁——它们被宣布为非法，以平息行刑仪式上众人的愤慨，尽管其中绝大多数都是人文科学与法律学方面的专著。

[192] 但历史很快就要向瓦伦斯以及罗马本身施以报复，就像许多人将要看到的那样。事件从一支叫作西哥特人的日耳曼民族中爆发，他们于公元4世纪初定居在一个叫作达契亚的原罗马省份——近似于现代的罗马尼亚。这些人不久之后就遭到了其他日耳曼部落的入侵，而这些日耳曼部落则是早前被来自中亚的匈奴入侵者赶出来的。在饥饿与匮乏的驱使下，西哥特人于376年上书君士坦丁堡的帝国政府，请求允许他们越过多瑙河，到色雷斯寻求避难。东部帝国皇帝瓦伦斯没有拒绝他们，而是犯了一个错误，允许西哥特人自由进入了他的领土。他的动机简单又幼稚：他以为自己可以团结这些新移民，得到他们的效忠，将他们的战士编入自己的军队，而这军队中早已包含了数不清的西哥特人。他还以为自己的士兵可以巧取豪夺的方式染指西哥特人随身带来的财富。

因此，一跨过多瑙河，西哥特人就发现自己陷入了与罗马官员的矛盾之中。他们都是身经百战、在严酷环境里生存的人，意识到罗马人已经做好了蒙骗他们的准备。于是他们奋起反击。377年，他们掀起的叛乱蔓延到了其他群体，特别是奴隶之中。令帝国官僚界相当惊愕的是，叛军竟逼得罗马军被迫撤退。

瓦伦斯简直不敢相信这是真的，但他下决心粉碎西哥特人的起义。于是，战斗在东部边境打响，靠近现代土耳其埃迪尔内（Edirne）城的位置，当时的名称是阿德里安堡（Adrianople）。曾经是那么团结一致、万众一心、令人畏惧的罗马军队，在那时却大部分由雇佣兵组成，他们并不是为自己的祖国而战。往日的"集体精神"（esprit de corps）已不复存在，不久之后，难以置信的罗马公民就会得知，野蛮人在阿德里安堡大败罗马军——西哥特人大获全胜，瓦伦斯的尸首被埋在罗马人的尸山中——包括三分之二的罗马军队与约35名高级官员——就连找也找不到了。西哥特首领弗列提根（Fritigern）万万也不敢奢望一场如此酣畅淋漓的大胜。

阿德里安堡的惨剧重创了罗马人的自信心，以致人们一向认为，这是一场堪比六个世纪以前在坎尼输给汉尼拔的惊世之败。

这丝毫不能减缓其从异教向基督教的转变。此时此刻，大多数旧神的崇拜者无论如何也看不到放弃自己信仰的理由，许多人将新近的基督徒视为一群傲慢自大、酷爱说教的原始人。作为回应，大胆而专横地认定只有自己掌握着真理的基督徒有能力，并且也的确对那些"冥顽不化"的异教徒采取了同等高压与暴力的行为，这回轮到他们来实施迫害了。这样的事例不胜枚举，其中一些突发冲突足以致命。一个例子是公元4世纪末亚历山大港的塞拉皮雍（Serapeion）神庙被毁事件。这座供奉埃及神塞拉皮斯的神庙是地中海地区最著名也最受尊崇的异教场所，吸引着不计其数的崇拜者前来此地。在君士坦丁大帝统治期间，它还保持着完整无缺、无灾无祸。但391年，在亚历山大港主教狄奥斐卢斯（Theophilos）的命令下，它遭到了一群基督徒暴民的查封、洗劫、亵渎：

雕像被搬走，内殿（存放礼拜中使用物品的密室）被暴露；为了散播异教秘密宗教仪式的恶名，（狄奥斐卢斯）举办了一场展示这些物品——即阳具——的游行，并公开展览了其他荒唐或看起来荒唐的物品。

被这一极端挑衅的羞辱所冒犯，塞拉皮雍神庙内的异教徒攻击了基督徒，杀死了其中的许多人，夺回了神庙。报复行动是血腥暴力而旷日持久的，最终的结果是，几名基督徒被钉上十字架，皇帝狄奥多西一世宣布这些死去的基督徒为神圣殉道者以及圣徒候选人。由于意识到下一步要面临的很可能就是帝国武装的全面进攻，塞拉皮雍的异教徒们惊惶逃散了。

塞拉皮雍神庙是发生此类接管的异教基地中最为著名的一个，但显然不是唯一一个。初看之下相当奇怪的是，这样的转化很晚才在罗马本土出现。第一个被转化为基督教用途的罗马神庙——万神庙，公元609年才终于被教皇波尼法爵四世改为圣母与诸殉道者（Santa Maria ad Martyres）教堂。这一现象意味着什么？它只能说明，人们放弃自己业已习惯的宗教的进程是缓慢的，当一座城市拥有数目巨大的信奉者时——罗马拥有的无疑最多——该进程会相应地更为缓慢。在基督去世后的几个世纪之内，罗马依旧是一座各类宗教繁荣兴盛的城市。但是，基督教已经坐上了主流信仰的头把交椅，没有什么能将它驱逐而出了。从那一刻开始，它只能不断生长壮大，并在此过程中将不再受到欢迎的弱势宗派排挤出局。

第五章

中世纪的罗马与阿维尼翁

罗马的基督教（在很大程度上）从一开始就是一项帝国工程。这就是说，它来自底层，但巩固于高层。罗马最早的一批基督教堂，比如第一座圣彼得大教堂，是由皇帝们尤其是君士坦丁花钱修建的。可是这一现象注定会改变的，当教会积累起权力、威望与财富——当我们所称的"教皇国"的政治概念取代了罗马帝国的旧有形式，当教皇权将帝权取而代之。最生动地标志着这一转变的建筑物是圣母大教堂（S. Maria Maggiore），这座城市最早的朝圣教堂之一，位于埃斯奎林山顶。从该工程开始，修建教堂的义务第一次从皇帝转到了教皇。

圣母大教堂经过了多次修复与重建，时至今日，除了马赛克壁画，这里几乎已看不到文艺复兴之前的古迹。然而，这座教堂最初的地基由教皇利伯略[①]（Liberius）在352—356年间打下。它由一对富有的罗马贵族夫妇提供资金，他们膝下无儿无女，因此希望向耶稣之母马利亚献上一座壮观的供品。这座教堂的所在地附近曾经有一个供奉分娩女神朱诺·鲁西娜的罗马神庙，孕晚期的妇女们常常出入；在这样的地点建起一座基督教生育女神马利亚的大教堂，正是基督教罗马早期历史中不胜枚举的异教向基督教直接转移之一例。该教堂也被称为雪地圣母教堂（the church of Our Lady of the Snow），因为人们认为

[195]

[①] 教皇利伯略（310—366）：352—366年在位。

大约是在358年盛夏八月，教堂门外奇迹地下起了雪。为了纪念这被信以为真的事件，每年人们都会在中殿内的高处撒下一口袋的白色花瓣，让其飘落在地板上。

圣母大教堂中最杰出的艺术作品是半圆形后殿内的马赛克壁画，《圣母加冕》(Glorification of the Virgin)，由13世纪的画家雅科波·托里提（Jacopo Torriti）创作，他曾在亚西西[①]（Assisi）的圣方济各圣殿（the upper church of S. Francesco）制作壁画，1280年代来到罗马，为方济会的教皇尼各老四世工作。画中，圣母的形象有着与她的儿子耶稣同等的重要性与大小——这是一个肖像学上的创造，很快就会变得十分普遍，但在当时是非常罕见的。年代史记录者格雷戈洛维乌斯（Gregorovius）描述，后殿马赛克"以庄严的金色光辉充满了整座建筑物，当阳光透过紫色的帷幔将其照亮，此处仿佛已不属于人间；我们想起了那光辉熠熠的天堂，沐浴在但丁看见圣伯纳（St Bernard）、方济各（Francis）、多明我（Dominic）和博纳文德（Bonaventure）的荣光之中。接着，这件作品以其美妙的光辉深深吸引了我们，如同一首气势磅礴的赞美诗的乐曲"。

这是罗马为数不多在宏伟度与紧凑性上可以比得上拉文纳拜占庭式镶嵌画的马赛克作品之一。另一幅这样的作品则位于古老的罗马教堂——圣葛斯默和达弥盎圣殿（SS. Cosmas and Damian）内。其实，这座教堂的历史比基督教的历史还要久远得多，因为它是在公元6世纪初修建于两座罗马建筑物内部及顶部的，而这两座建筑物的遗迹矗立在韦斯巴芗广场（Forum of Vespasian）之上。其中一座是"罗穆路斯神庙"（Temple of Romulus）——不是传说中罗马城的共同创建者罗穆路斯，而是一个叫作瓦列里乌斯·罗穆路斯（Valerius Romulus）的人，他是皇帝马克森提乌斯之子，逝于公元309年，被封为罗马神祇，并修建了一座罗马式会堂来纪念他。毗邻于此的另一座建筑是韦

[①] 亚西西：意大利佩鲁贾省的城镇。

第五章 ｜ 中世纪的罗马与阿维尼翁

《圣葛斯默和达弥盎圣殿的半圆形后殿》，526—530 年

斯巴芎广场图书馆（Biblicoteca Pacis）。这两座建筑物都被东哥特的基督徒国王狄奥多里克大帝（Theodoric the Great）及其女阿玛拉逊莎（Amalasuntha）在 6 世纪初赠送给了教皇斐理斯四世（Felix IV，526—530 年在位）。

教皇有意以一个横跨其上的新构筑物将这两座建筑合并在一起，以供奉一对阿拉伯基督徒医生葛斯默和达弥盎，他们是一对在戴克里先的迫害中殉道的兄弟。他似乎是想将这座建筑建设成附近一座供奉异教孪生兄弟卡斯托尔（Castor）和波鲁克斯（Pollux）神庙的基督教版本，或者是对其的回击。幸运的是，这一翻天覆地的改造并没有毁坏古老神庙的构造；事实上，如今成为教堂前厅的罗穆路斯神庙与万神庙一样，是罗马保存最为完善的古代神庙。

然而，这座教堂中最为精妙的事物，却是其半圆形后殿中的 6 世纪镶嵌画，描绘了基督再临（parousia）的场景。在画面的中央，伸展右臂作出致意并赐福信众手势的，是身披金光、脚踏五彩祥云自天堂降临人间的耶稣基督，云彩以粉红及深红为主色调，随着观者目光的抬高，层层消退为银灰色。

这简直是一部名副其实的天国阶梯。

耶稣的右侧是圣彼得，左侧是圣保罗，他们都身穿罗马式外袍；他们正引领殉道者葛斯默与达弥盎来到基督的脚前。两位新晋圣人戴着殉道者的冠冕。左后方是教皇斐理斯，手中拿着新建教堂的模型；右后方是一个圣西奥多（St Theodore）形象的人——或者更有可能是该地点的捐赠者狄奥多里克皇帝。这一片画面的下方，填满了半圆形后殿弧形墙的，是一群镶嵌出的绵羊，那是顺从的古老象征——忠实信徒的羊群。绵羊共有十二只，象征着十二使徒。

罗马有七座主要的朝圣教堂，其中最宏伟的是圣彼得大教堂，使徒兼首任教皇圣彼得在殉道后据说安葬于此。其他六座朝圣教堂是城外圣保罗大教堂（St Paul Outside the Walls），拉特朗圣约翰大教堂（S. Giovanni in Laterano，罗马实际上的主教座堂），城外圣巴斯弟盎教堂（St Sebastian Outside the Walls），圣母大教堂（S. Maria Maggiore，最宏伟的专门供奉耶稣之母马利亚的教堂），耶路撒冷圣十字圣殿（S. Croce in Gerusalemme），以及城外圣老楞佐圣殿（S. Lawrence Outside the Walls）。教堂名称中的"城墙"（walls）指的是奥勒良城墙，大致修建于公元271—275年，环绕着罗马城。在这七座教堂中，只有城外圣巴斯弟盎教堂内没有特别有趣的艺术作品；它的吸引力如今已经大不如前，因为与知名艺术作品的绘画魅力不同，人们已经普遍对圣物崇拜失去了兴趣，而它的吸引力在于其收藏的圣物，其中包括一块印有耶稣脚印的石头、一支射穿了家喻户晓的3世纪殉道者圣巴斯弟盎身体的箭，还有一块圆柱的碎片，圣巴斯弟盎的士兵同僚在得知他皈依基督教后，就将他绑在了这根圆柱上，当作练习射箭的靶子。当然，其他朝圣教堂确实收藏有一些艺术作品，其中有些还很精妙；但在过去，这些作品被强调的重点总是在于它们与圣人的联系，多过它们作为审美对象的品质，有时，审美的评价是十分轻描淡写的。

这些朝圣教堂中还有一座供奉的是圣老楞佐（San Lorenzo）——258年被皇帝瓦勒良杀害的助祭。

根据宗教传说（除此之外别无佐证），圣杯（Holy Grail）——也就是基督与他的门徒在最后的晚餐上饮酒所用的一个杯子、餐盘或高脚杯，盛放过象征着圣血的葡萄酒——被传到了圣彼得手中，随后交由圣老楞佐保管，他将圣杯藏了起来：一个版本的说法是，藏到了西班牙的韦斯卡①（Huesca），另一个版本则是加泰罗尼亚蒙特塞拉特（Montserrat）的圣所。不过，在这第二个版本的圣杯传说里，这珍贵的高脚酒杯被委托给了圣殿骑士团（Knights Templar）守卫。第三种传说将圣杯交到了爱尔兰贵族世家德怀尔氏（the Dwyers）手中。第四种传说则认为，圣杯在哥伦布横渡大西洋之前一个世纪被带到了加拿大的门弗雷梅戈格湖（Lake Memphremagog）（这个说法显然不甚可靠）。关于耶稣被钉上十字架后圣杯的流转，传说的版本不计其数，有些是伪历史的，有些是公然编造的，所有这些传说都是荒诞不经的。②有好几座罗马教堂供奉着圣老楞佐。在他被烧死的地点建有帕尼斯佩尔纳圣老楞佐小教堂（minor church of S. Lorenzo in Panisperna）。他在传说中的安葬地点由城外圣老楞佐圣殿（pilgrimage church of S. Lorenzo fuori le Mura）纪念。他殉道的主要圣物有两件，一件是传说中他被火烤的烤架（保存在另一座罗马教堂——卢奇娜的圣老楞佐圣殿 S. Lorenzo in Lucina），另一件是他被火烧焦的头颅，收藏在梵蒂冈的一个圣物箱中，但似乎不常展示给信徒。考虑到这可怕的纪念品在经过烈火与岁月侵蚀后的模样，不展出好像也无妨。

---

① 韦斯卡：西班牙东北部城市，位于阿拉贡自治区内。
② 在这些传说版本中，最流行的是丹·布朗所著的《达·芬奇密码》，一部文笔拙劣但大获成功的小说，文中的圣杯被藏匿在卢浮宫地板下的一座苏格兰礼拜堂内。——原注

罗马的教堂总是格外垂青早期基督教的处女殉道者，越漂亮的越好。其中最早、最受崇敬，也是唯一一位建有专门供奉的朝圣教堂的，是4世纪的圣依搦斯（St Agnes），在经历了种种足以使寻常少女沉沦的酷刑考验（有的说法是在戴克里先迫害期间，有的说在德西乌斯迫害期间）后，她的信仰依然坚定不移。

她只有十二三岁。针对基督教的诏书一经发布，她就站出来公开宣布自己是基督徒。一开始，暴怒的异教徒们试图将她烧死，并且提前剥光了她的衣服，但她用自己流动的长发遮盖住身体，挡住了看客的目光，她的头发在众目睽睽之下奇迹般地生长出了无边的长度。后来，一个异教徒法官威胁说要把她送进妓院——但是当一个年轻男人以淫荡的目光打量她时，上帝刺瞎了他的双眼。最后，她被一把剑干脆地结果了性命。在她殉道的地点建起了一座圣祠，位置就在今天纳沃纳广场的边缘。渐渐地，圣依搦斯蒙难堂（S. Agnese in Agone，这是这座圣祠后来得到的名字）被信徒以及随后为盛产教皇的潘菲利（Pamphili）家族工作的建筑师扩建，这些建筑师中最伟大的是弗朗西斯科·博罗米尼（Francesco Borromini）。

在罗马的七座朝圣教堂中，"老"圣彼得大教堂是迄今为止最为重要的。首先，也是显而易见的一点，人们相信它是使徒彼得的圣祠，基督曾将维持教会的重任委托给这位使徒。自公元800年的查理曼大帝以来，历任皇帝都在此加冕；一个皇帝若不曾在圣彼得大教堂经历过教皇的仪式，他的皇帝身份就不会被承认。在这里，重大条约被签署、密封、放置于使徒之墓上。在这里，罗马人以及来自世界各国的人们祈求得到调停。

这第一座圣彼得大教堂——注定要在16世纪被拆除，随后渐渐被今日占据其旧址的宏伟大教堂取代——很大程度上是用被拆毁的古罗马建筑碎片建设起来的。这些回收再利用的片段被称为"废品"或"剩余物"（spoglie），从4世纪到13世纪，利用这些从古代建筑物上寻获、翻新与回收利用的部分逐步建造出一个新罗马的过程，就是这座城市所拥有的规模最大的单个产业。中世纪罗马并不仅仅是在古罗马的原址上建立起来的；前者实实在在是由后者的遗存造就的。第一座圣彼得大教堂就是这一过程最重要的例证，但中世纪罗马有超过二十座主要的教堂周边都环绕着抢救出的罗马柱廊——越台伯河的圣母大教堂（S. Maria in Trastevere）与圣葛斯默和达弥盎圣殿（SS. Cosmas and Damian）只是其中的两座。在这些教堂中，两座最重要的由君士坦丁修建：主教座堂拉特朗圣约翰大教堂，以及第一座圣彼得大教堂。拉特朗圣约翰大教堂拥有两套再利用的柱列：约四十根大型花岗岩柱，每根三十英尺高，安置于中殿；四十二根短得多的塞萨利铜绿色（verde antico）大理石柱则用来划分各条走道。尽管第一座圣彼得大教堂的所有残迹都已在教堂被毁后湮灭无踪，但建筑师的记录表明，其44根主柱均为回收而来的柱身，材质是灰色与红色花岗岩、云母大理岩（cipollino）及其他大理石。

　　古罗马的建筑人员向来喜欢采用色彩鲜艳的大理石作为柱身，一端是白色"混合式"柱顶。色彩是珍贵性的标志，特别是由于，彩色石料需要经过长途运输才能得到；罗马周围不产彩色石料。这些石料来自欧洲各地：红色斑岩产自埃及，绿色蛇纹石来自斯巴达，古黄石（giallo antico）产自突尼斯，孔雀色大理石（pavonazzetto）产自土耳其。在古罗马时代，这些进口货是极为奢侈昂贵的，在中世纪基督教的时代，其价值也几乎没有降低——然而塑造这些石料所需的熟练工劳动力——如今已不复存在——对于这些制成品来说也就不再需要了。无论如何，随着帝国及其海军的衰落，大块大块的异域奇石已不再能够从帝国边疆运回罗马，中世纪的建筑人员也就不可能用上它们了。所以，人们不得不把"寻获"的柱身利用起来。有些石柱从罗马出口到了欧洲其他遥远的地区。当查理曼大帝在780年代后期创建亚琛（Aachen）巴拉丁礼拜堂（Palatine chapel）时，他的建筑工从罗马和拉文纳运回了奢华的古代大理石，特别是整块的石柱。有时候，为了极力营造出古罗马人与查理曼之间更具隐喻性的联系，他们还会假冒：亚琛礼拜堂中的一些"罗马"柱顶实际上是卡洛林王朝①时期对"剩余物"的仿造品，是在当地造出来的。

毫无疑问，对于中世纪早期的信徒而言，古罗马石柱支撑着上帝的"现代"罗马房屋，这一存在象征着连贯性——罗马失去的权威被传递给了基督教。这一定在很大程度上使人产生了一种强有力的感觉——第一座圣彼得大教堂是真正信仰的真正中心。

结果，一种"第三罗马"——对于虔诚的教徒来说很快就成了第一罗马——在圣彼得朝圣教堂的周边兴起。此地区被称为"博尔戈"(Borgo)。它以圣天使堡为中心，该城堡是一座庞大的鼓形防御工事，修建在原哈德良陵墓的四周。博尔戈以"狮墙"(Leonine walls)为界，这是一道可追溯至教皇利奥四世（Leo IV，847—853 年在位）时代的围墙，从圣天使堡出发，通往圣彼得大教堂背后的某一点，然后转弯下延至台伯河岸。这道围墙圈出，也庇护着"狮城"(citta Leonina)博尔戈，该区域内包括大教堂、规模较小的教堂、教皇居所、修道院、神职人员宿舍与朝圣者旅店；这一群杂乱无章的建筑，因为它们与教皇的联系，享受着一种独立于罗马之外的、不清不楚的司法特权，一直持续到 17 世纪后期。这种独立性正是后来被法律确定下来的、从罗马分离出来的梵蒂冈城（Vatican City，与博尔戈地区大致相当）的起源，它是教皇国的最后一点残余。

早在 9 世纪，博尔戈就已经建有五家朝圣者的旅店，六座服务于旅店和大教堂的修道院，以及一处附属于大教堂的临时房大杂院，供隐士和穷人居住。可是到 13 世纪，博尔戈已经膨胀成了该城无可争辩的游客中心——用理查德·克劳特海默的话说，就是"古罗马的威尼托街"②（Via Veneto）。各家客栈旅舍的竞争呈白热化，店主们甚至会争相动用武力抢夺客源，广场上一定上演了别致生动的喧闹争吵

---

① 卡洛林王朝（751—987）：法兰克王国的第二个王朝，由矮子丕平建立。
② 威尼托街：现代罗马最著名与繁华的街道。

之景。

在博尔戈的另一边，是罗马的另外两块地区，分别叫作居住区（abitato）和无人区（disabitato）。居住区是人们生活、工作和做礼拜的地方。无人区是一片郊外的荒原，无人愿往，入侵者也要吃败仗。1155年，一位年代史记录者记载了巴尔巴罗萨[①]（Barbarossa）的半数军队是怎样在无人区的边缘被"绿蛇、黑蛤蟆与长翅膀的龙消灭殆尽……这些毒物的呼吸污染了空气，就像腐败死尸的恶臭"。然而，居住区却主要在忙碌于基督教的扩张。到4世纪，教会每年从其在北非、希腊、埃及与叙利亚领地上取得的收入已达3700金索里达，约合今天的25000000美元，而其中的一大部分被直接输回罗马，用于实施建造计划。1050年之前，居住区已有三十三座教堂出现在记载上，其中的十二座今天依然存在。之后修建的教堂还有更多。

在梵蒂冈、博尔戈、台伯河与贾尼科洛山的交界处，是居住区的主要部分之一，被称作特拉斯提弗列（Trastevere）——该名称是"trans Tiberim"（横跨台伯河）的缩写。到13世纪末，该处成为罗马在河流另一侧的唯一一个"区"（rione，区域或地区，编号XIII），后于1585年与博尔戈合并——该行政措施意在降低特拉斯提弗列人的一个根深蒂固的观念，即他们将自己视作唯一正统正宗的罗马人，并以此自居，而将其他所有的罗马人视作外邦人（但事实上，这一目的并未达到）。他们的这种观念在特拉斯提弗列的主要年度节庆"我们自己的节日"（festa di Noantri）名称上就能体现出来。地方骄傲一直是特拉斯提弗列的要事，这里的居民一贯厌恶任何外来闯入的努力。有一个著名的例子，虽然没有文件记载，但几乎肯定是真的，是说墨索里尼曾试图插手这一节庆的游行活动。该节日欢庆中有一列跨过伦嘉拉大道（Via di Lungara）的硬纸板拱门，通往该地区的主教堂——越台伯河的圣母大教堂。听从了他那昏招频出的宣传部长斯塔拉切

[①] 巴尔巴罗萨：意为"红胡子"，指神圣罗马帝国皇帝腓特烈一世（1122—1190）。

[203]　（Starace）的建议，"领袖"欣然下令在这些拱门上刻下爱国题词——"特拉斯提弗列，特拉斯提弗列，今日新的光芒使你熠熠生辉／圣母与领袖守护着你！"但很可惜，为了这一节庆与其宣传的尊严，一些特拉斯提弗列人在活动前夜带着油漆锅用梯子爬上拱门，在背面潦草写上了另一句话："这光芒使我们恶心又疲惫，我们就想待在黑暗里：告诉他们统统滚开吧，什么领袖、什么圣母、什么国王。"

　　特拉斯提弗列人爱唱反调、故意作对的象征性人物是罗马方言诗人朱塞佩·乔阿奇诺·贝利（Giuseppe Gioachino Belli，1791—1863），无人堪敌。在人来人往的地区，有一座真人大小的贝利石像，身着长礼服、头戴大礼帽，主持着一座广场。该石像是众筹修建的——一种稀有甚至大概是绝无仅有的现象，表明了一位罗马诗人是多么受人喜爱。一个事实或许可以让我们估计出他在特拉斯提弗列是怎样受追捧：雕刻者加给雕像的木质手杖总是不断被大众偷走。没人能质疑贝利在罗马人民方言吟游诗人界的霸主地位。有一部分原因是，他只以罗马人的语言罗马方言写作——一种与意大利语相类似的方言，但对于非罗马人却很难听懂——这使他成为这座城市一贯备受宠爱的文学之子。（但丁也许属于全体意大利人；但除罗马人之外，没人能拥有贝利。）1832年的一首十四行诗《诚实的荡妇》开头写道：

　　　　你说我得了花柳病？
　　　　这话可太让我吃惊——
　　　　我像白鼬皮一样清洁，
　　　　来瞧瞧，我这件亚麻衬衣，
　　　　是怎样叫百合花也自容无地！

　　他的写作带有一种不加掩饰的悲观色彩，夹杂着喧闹的幽默，产生自罗马下层阶级的日常生活。"信仰与希望是美丽的，"他在写于1834年狂欢节上的一首十四行诗中说道，"可在这大千世界里，只有两件事确定无疑：死亡与税金。"但他如此受欢迎的理由其实还有另外一个。贝利的黑色幽默、不时爆出的黄色段子、他对教皇与牧师统治下罗马的那一套繁文缛节肆无忌惮的尖酸讽刺，都与罗马大众唱反调的精神不谋而合——看起来，只有他一个人能够以这种精神发表作品。他完全依照彼特拉克十四行诗的格式作诗，作品超过2200首，全部加起来就组成了与教皇的罗马截然相反的一幅图景——穷奢极欲与穷困潦倒，教会规则的堕落腐朽，虚张声势的神圣尊严，信徒们的迷信陋俗。他无情地揭露了伪君子的真面目：

> 真理就像是排泄物——
> 当它滚滚而来、忍也忍不住
> 我的姑娘，你再怎么夹紧屁股，
> 扭腰发抖，都不过是白费时间。
>
> 与此同理，倘若嘴巴没被封上，
> 神圣的真谛必定喷溅而出，
> 它出自你的肺腑，拦也拦不住，
> 哪怕你发誓沉默，像个特拉普派[①]的修道士。

就像有些在青年时代思想激进的人一样，贝利后来也变得保守了。这位攻击权威的大师加入了教皇的政府，在其中担任政治与艺术审查官，镇压所谓的宗教秩序之敌——比如莎士比亚、威尔第和罗西尼——的作品。（官方对威尔第的偏见源于一个事实，即他的名字本身就冒犯了意大利的保守派：VERDI可以被读作一种隐蔽的政治宣传形式，呼吁国王而非教皇统治下的意大利统一体——"意大利国王维托里奥·埃马努埃莱"[Vittorio Emmanuele Re d'Italia]，而事实也

---

① 特拉普派：也叫严规熙笃隐修会，进行隐居沉思修道。

确实如此。)

在台伯河中间，通过切斯提奥桥（Ponte Cestio）与特拉斯提弗列河岸相通，另一边又由一座建于公元前 62 年的古老人行桥法布里奇奥桥（Ponte Fabricio）连通的，是台伯岛。在传说（没有任何历史依据）中，这座岛屿是由公元前 510 年左右，被愤慨的罗马市民倒入河中的塔克文贮藏的粮食生发而来；泥土和淤泥在这些粮食上堆积，不久就形成了一座小岛。公元前 3 世纪末，岛上建起了一座供奉疗愈之神阿斯克勒庇俄斯的神庙。但很快，罗马遭受了一场瘟疫的侵袭，对抗瘟疫的医疗资源却贫乏无力。于是人们求问了《西卜林书》(Sibylline Books)。神谕指示，人们应把 4 世纪的阿斯克勒庇俄斯雕像从埃皮达鲁斯①（Epidaurus）的崇拜中心地迁出，用船运到台伯河上。小船在岛上靠了岸，这时，人们看见一条巨蛇——也就是阿斯克勒庇俄斯本人的化身——滑下船，在陆地上安了家。瘟疫随即减退了。从此以后，台伯岛就被人们与疗愈联系在一起，治病救人的医院也纷纷在此兴建。

然而，如果说有任何一个单独的因素改变了古罗马的地图与布局，产生了罗马城在中世纪的新形态的话，那就是所谓的圣彼得之墓与博尔戈的联合。这里的各类圣物——信徒旅行的首要目标——不断增加，促成了定期举行的大赦制度的建立。

"禧年"（jubilee）一词源自希伯来语"jobel"，指的是一种具有特殊重要性的年份，羊角号会在这一年吹响，宣布一段和平与社会平等时期的到来。《旧约》主张每五十年举行一次大赦，但《新约》并不强调这一点。最初，禧年（也被称作"圣年"）与前往圣地的朝圣活动是相关联的，但在 7 世纪穆斯林占领巴勒斯坦后，这一切对基督徒来说已不可能。于是，禧年概念的重点聚焦到了罗马，教皇波尼法爵八世（1294—1303 年在位）于 1300 年宣布举行第一届大赦活动。波尼法爵

---

① 埃皮达鲁斯：古希腊阿尔戈利斯的古镇，医药之神阿斯克勒庇俄斯的神庙所在地。

的原意是每一百年举办一次大赦。但1350年，流亡至阿维尼翁的教皇克雷芒六世（Clement VI，1342—1352年在位）将间隔缩短到了50年，1390年波尼法爵九世（1389—1404）又将间隔再次缩短至33年，与基督在人间的寿命等长。人文主义者教皇尼各老五世又一次把间期减至25年。教会庆祝的最后一次禧年活动于2000年举行。此外还有常规教会礼仪年历之外的"破例"禧年。圣物在所有这些活动中发挥着重要的作用，刺激人们的虔诚，加强宗教热情。

　　圣物崇拜对中世纪罗马的意义令我们难以理解，但这基本上不可能是夸张。用克劳特海默的话说，正是这些圣物"让罗马成为13世纪世界中那光彩夺目的中心，与教廷一道吸引着源源不断的朝圣者前来，使罗马兴旺富有。"今天，数以百万计的游人涌入罗马，观赏著名的艺术品，或者至少也是被艺术品的影响力所感染。他们在14世纪的先辈却不那么关心艺术，艺术本身在当时还不被当作一个旅行的理由。可是，正如格雷戈洛维乌斯指出的，在1300年的大赦中，"罗马人赚得盆满钵满，他们向来靠做外邦人的生意吃饭。"在那神圣而疯狂的一年，在重要的朝圣教堂——罗马圣保罗大教堂里，人们可以看到两名执事夜以继日地拿着大钱耙，把朝圣者留下的钱币归拢到一起。佛罗伦萨人乔瓦尼·维拉尼（Giovanni Villani）认为，在1300年中的任何时候，罗马都有200000名朝圣者在此停留，这甚至还没有计入不含宗教动机、只是在此经商或单纯路过的人——"一切井然有序，绝无骚乱或冲突，我可以作证，因为这是我亲身经历、亲眼所见。"

　　倘若他的说法是真的——事实很可能如此——这真是一个天文数字。那时还不存在旅游业，只有其最原始粗糙的雏形。没有大众旅游的体系。没有大型喷气式客机，没有连锁酒店，当然也没有美国或日本游客。欧洲人口数比今天要少得多。旅游，借用今天的话来说，纯粹是"信仰为本"的，人们来旅游是为了希求身后的福祉。这就是1300禧年的吸引力所在。维拉尼的记录清楚地表明，教皇许下了巨大的甚至可以说是无限的精神奖励。"在整个这一年（1300年）里，任何罗马人只要连续造访神佑使徒圣彼得与圣保罗的教堂达30天，任何其他人（非罗马人）达到15天，就能被完全彻底地赦免一切罪孽，罪行与其惩罚一概免除"——当然，要经过完整的忏悔。

毫无疑问，这当然是重大的福祉，事关灵魂在死后的全部境遇。

这些朝圣者们希望瞻仰与崇奉的圣物，重要性各不相同。圣物崇拜的主干是早期基督教殉道者的圣髑，他们的下葬地点可以在古罗马各城的周边，特别是罗马本地附近找到——或者至少据说存在于这些地方。许多殉道者的遗骸被人从茔窟中掘出，这些茔窟是一条条地下隧道，布满了安葬逝者的壁龛，早期的基督徒就是将逝者埋葬于此。（"茔窟"[catacomb]一词来源于拉丁语词"catacumba"，意为"壁龛"或简单的"孔洞"。）神话坚称，这些地方是宗教迫害时期信徒的躲藏之地。传说相当生动，但却完全不是真的，特别是因为，其实异教当局早就知晓了所有隧道的存在：谁都不可能在此藏身。即使一个人因叛国罪被处死，他的亲友也完全有权利让他入土为安——但就像其他所有人一样，他的埋葬地点必须在城墙以外。比如，依罗马法律，基督在被钉十字架而死后，就被葬在了一处"还未有人入葬"的坟墓。

那不勒斯、马耳他以及北非一些地区都分布有基督徒的茔窟，但茔窟最集中的地点自然还是罗马城围墙之外。对这些茔窟的探索始于一位名叫安东尼奥·博西奥（Antonio Bosio, 1576—1629）的古文物研究者，他差一点就永远迷失在了多米提拉茔窟（Catacomb of Domitilla）中，但好在最终找到了出来的路，活下来撰写了《地下罗马》(*Roma Sotteranea*)一书。这些地下通道的总长原本可能有60—90英里，入葬有多达七十五万具遗体，全部安置在包含着壁龛（loculi）的房室（cubicula）内，人们随后会用石板（tegula）堵上这些房室的入口，并以水泥密封，以防止腐败的气味外泄。

偶尔，这样的房室中会举行弥撒或家庭仪式。少数房室里稀稀拉拉地装饰有主保圣人或《圣经》场景的彩绘图像。然而，茔窟中是没有精品杰作的。人们认为，许多这样的通道还没有被发现或挖掘，但事实上，发掘这些茔窟的意义并不很大，因为它们的内容重要性普遍不高：基督徒不会将财物随遗体下葬以此为死后所用。一旦一条通道葬满了，掘墓人可能会向下挖掘，再往地下开出一层；有些罗马茔窟内拥有四层、五层甚至七层这样的平面，就像了无生气地堆叠起来的死者之城。

但是，除了礼仪目的的短暂居留，这些茔窟中从来没有活人居住。罗马人对沾染尸体之城的封闭区域有着强烈的禁忌，但随着基督教执掌大权，将殉道者移进城内的需求越发强烈，这些遗骸可以重新葬入圣坛之下，或者供奉他们的新建（或新近奉为神圣的）教堂之中。万神庙被改为基督教堂后，命名为圣母与诸殉道者教堂，在教皇波尼法爵四世的命令下，609—610年间，足有二十八车所谓的殉道者遗骨被虔敬地倒进了主圣坛之下。

圣物箱成了崇拜的中心，并且随着异教被基督教取代，相当迅速地在各城的重组中夺取了重要地位。过去的纪念性中心——比如罗马的卡匹托尔山——与异教有着极其紧密的联系，如今被新建的大教堂取而代之，这些大教堂又转变为主教教堂，它们在宗教上的特殊地位因其中所含的圣物而高低不等。于是，教堂的重要性与神圣历史的叙述绑定在一起，而神圣历史叙述反过来又可以从这些教堂所藏的殉道者圣物的地位中读出。可以说，神圣的殉道者已经变成了可以随带随走的物品，而遗体的一部分就可以表示整个圣人。圣物箱代替了实际的安葬地，这也就意味着，不管圣髑究竟被放到了什么地方，人们都可以向他祈求庇护，百试百灵。

第一位成为广泛圣物崇拜对象的人，是第一批基督教执事，也是第一个基督教殉道者：圣司提反（St Stephen）。在招致了建立已久的犹太教的怒火后，他被押到了耶路撒冷的祭司长与长老们面前，被判以乱石砸死。处刑现场的目击者之一是扫罗（Saul），也就是未来的使徒保罗。

[209]

《圣司提反圆形堂》，468—483 年

地中海地区各处都有教堂供奉着司提反零星的圣髑，但主要的部分都被集中到了君士坦丁堡，后来又迁往罗马，与圣老楞佐葬入了城外圣老楞佐圣殿的同一座坟墓中。

在罗马，真正以他为名的教堂圣司提反圆形堂（S. Stefano Rotondo），可能藏有一块主要圣骨，也可能没有。这座教堂建于教皇圣辛普利修（Saint Simplicius，468—483 在位）任职期间，是罗马为数不多的圆形规划的纪念性建筑物之一（其他几座是万神庙、皇帝奥古斯都的陵墓以及哈德良的陵墓，其中哈德良陵墓成了今天圣天使堡的核心）。一些古文物研究者辩称，这一规划复制自耶路撒冷的圣墓，但这一论断似乎并不确凿。然而，颇能确定的一点是，圣司提反教堂的墙上载有意大利最齐全的基督徒殉道场景集壁画。该作品由教皇额我略十三世（Gregory XIII，1572—1585 在位）下令创作，留存至今，成为几近疯狂的反宗教改革价值观的极端宣言：通过展示这些百科全书式的拷打与牺牲场面，教皇希望以暗示的方法，将新教对真正信仰的敌意与天主教信徒的英勇抵抗做对比。在罗马，再没有一件艺术作品比它更生动地体现了特伦托会议（the Council of Trent）所建议的教诲风格，该会议由教会召集，以明确哪些事是天主教正统可以容忍的，哪些是不能容忍的。

在画中故作姿态的人物身上——全然是一种扭曲拙劣的风格——含有一丝西斯廷礼拜堂（Sistine Chapel）式的多愁善感的虐待狂之感。它的创作者，一位来自沃尔泰拉、名叫尼科洛·西尔西格纳诺（Niccolo Circignano，约1530—1592）——通称波马兰奇奥（Pomarancio）——的风格主义艺术家，在1580年代初制作出了这件作品；这是一个浩大无比的工程，二十四块大型面板，包括说明性的铭文，其中还记载了下令折磨这些殉道者的皇帝之名。在入口处，它以基督的十字架刑和司提反的石刑为开端。随着参观者继续前进，各种各样的刺穿、焚烧、鞭打、剥皮、痛打、绞杀、溺杀，甚至像特拉斯提弗列洋蓟那样下油锅的酷刑，在眼前一一展现。这里是圣德克拉①（St Tecla）被一对公牛扯得四分五裂。这里是圣依纳爵（St Ignatius，更早的一位圣依纳爵，不是那位耶稣会的创始人）令众人心满意足地被投进了斗兽场的狮群之中。圣杰维斯和普罗塔斯（Sts Gervase and Protase）被钉在树上，以戏仿他们钉在十字架上的神。圣欧斯塔西乌斯（St Eustachius）被放在一只青铜公牛里活活烤死。一位殉道者被大石板压碎，另一位被无情的刀斧手砍成肉末。也许，这些令人心惊肉跳的受难场面确有一些真正的说教价值，因为在16世纪末，该教堂被交给匈牙利耶稣会士负责，而许多耶稣会士在执行传教任务时都会遭受可怕的酷刑折磨；波马兰奇奥的壁画大概为他们将要经历的事做好了心理准备。的确，这些壁画可比圣司提反那枯燥无趣的遗骨要栩栩如生得多。然而，岁月的流逝一直在源源不断地带走画

---

① 圣德克拉：基督教早期圣人，传说是使徒保罗的追随者。

上原有的许多生动细节，这些细节当初一定十分耸人听闻；而鉴于罗马有数量庞大的更重要的艺术品与它一样，甚至比它更亟需修复，且可以用于这无尽的修复任务的资金又极为有限，在可以想见的未来里，这些壁画都不大可能被修复了。

在一种自然与超自然之间界线不甚分明的文化里，圣物是一项社会控制的有力工具，把敬畏扎进怀疑论者和不虔诚之人的心中。当然，一切圣物之中最为神圣、最为稀有的，还是耶稣·基督本人的。意义最重大的圣物在罗马：耶稣本人的面部印痕，奇迹地留在了一块面纱上，圣韦罗妮卡（St Veronica）曾在去往髑髅地的路上用这块面纱为耶稣擦去汗水。在这块由这位被但丁称作"我们的韦罗妮卡"（la Veronica nostra）的女性所保留下来的不可思议的图像前，虔诚的朝圣者们蜂拥而至、顶礼膜拜；1300禧年期间，它于每个星期五及隆重的宗教节日时在圣彼得大教堂里向公众展出，有一次，汹涌的人潮实在是太过庞大，甚至将一位英格兰的本笃会修士——德比的威廉（William of Derby）——踩踏致死。

说得委婉些，这样的事情在今天是不太可能发生了。韦罗妮卡的面纱仍然保存在贝尔尼尼雕刻的韦罗妮卡雕像上方的一个圣物箱内，该雕像位于支撑着圣彼得大教堂穹顶的几根强有力的支柱之一中，但这块面纱很少示人，与会众的距离又是如此遥远，所以没人能说清，上面轻浅的痕迹到底能不能构成一张脸的形状。据说它甚至还不如都灵一块所谓的"圣裹尸布"（Holy Shroud）清晰易辨，人们认为这块裹尸布上印有耶稣遗体的痕迹，但它很有可能是一个14世纪的赝品。在圣物热的巅峰时期涌现出了一大批残余织物，风俗将低劣的长布条抬成了神圣之物，倘若它接触过耶稣的遗骸，它就被圣化成了圣物。

与耶稣·基督本人相关的圣物，价值自然在圣人们的圣物之上，即使——就像前述的面纱那样——它们并不是他遗体的部分，仅仅是与他的受难和死亡相关的事物。最笨重的圣物可能是罗马的耶路撒冷圣十字圣殿里的一件。它是君士坦丁之母圣赫勒拿从圣地带回的众多圣物之一,她专门建造了一座大教堂收藏这些圣物。大教堂的地面上填满了基督受难地各各他(Golgotha)山上的泥土,由太后命人用马车运回。她带回了多少泥土不得而知。至今仍有一小部分稳定的客流前来参观,或者说至少是来站在圣赫勒拿的泥土圣物所在的地方。

她从圣地带回的另一件大型纪念品是一块块运来、在罗马重新建成的——一段28级大理石台阶组成的楼梯,出自耶路撒冷的本丢·彼拉多官邸。人们相信,耶稣·基督在去接受罗马行政官审讯与判决的路上曾走上这些台阶,而圣阶(Scala Santa,该楼梯的名称)则在罗马被重新建好,位置在原先的教皇居所拉特朗宫(Lateran Palace)内。

赫勒拿是如何将这庞然的崇拜物从中东运回罗马的,历史上没有记载,但是显然,这项任务虽然使人望而生畏,却无法与异教时代将花岗岩方尖碑从埃及运至罗马的工程量相比较。这些大理石台阶如今被木材包覆了起来,因为让凡人踏足那因耶稣本人的足迹而神圣化的石头是不合适的。朝圣者可以从镶着玻璃的窥视孔里崇奉大理石上的斑渍,那是耶稣鲜血的痕迹(他曾被绑在那柱子上遭受鞭打,因此在台阶各处留下了点点血痕)。

那些双膝跪地爬完了全段圣阶的朝圣者会得到大量赎罪券。据说,未来的异端首领马丁·路德还是个年轻修道士时曾尝试这么做,但却失败了,只能半途而废。然而,19世纪时,当意大利国王维托里奥·埃马努埃莱就要攻入罗马(并由此开始导向没收教皇国的进程),保守派的78岁教皇庇护九世(Pius IX)竟千辛万苦地用双膝爬完了全程——这对他本人和他的政治远景倒没有带来任何好处。有趣的是,这座楼梯在今天依然挤满了现代的朝圣者,虽然为了方便他们攀登,楼梯两侧被装上了扶手。

因为基督的肉身与灵魂一齐升入了天堂,他在人间只留下了一件肉体圣物,那是由耶路撒冷圣殿(Temple in Jerusalem)的祭司长在他婴儿时从他身上割下的。理论上说,这个珍藏在拉丁姆的博马尔

[212]

佐（Bomarzo）不远处一座乡间教堂里的圣包皮（Holy Foreskin）应该是所有圣物中争议性最低的，可是它那独一无二的头衔却不幸遭到了另一块包皮的挑战，后者被收藏于阿布鲁奇（Abruzzi）的一座对手教堂中。[1]

但是，无论是过去还是现在都存在着无数属于圣人们的较小的圣物，成千上万地存放在罗马各教堂（以及意大利和世界各地），没人曾试图花费力气去统计数目。最受尊敬的是圣髑，比如圣保罗的头颅（或者说是好几个头颅）。当然，这些圣物都是无法验证真伪的。那不勒斯的守护圣人圣真纳罗（San Gennaro）有一小瓶圣血保存在以他命名的教堂中，每年他的祭日都要拿出来化成液体，以期教诲那群虔诚的崇拜者。这样一件圣物该怎样"鉴定"呢？

耶路撒冷圣十字圣殿中，有一整间小礼拜堂专门供奉基督受难的圣物。它收藏有荆棘冠冕上的荆棘，不止一根，而是两根。它有真十字架上的碎片，一片"忏悔的强盗"（Good Thief）的十字架残片，以及把基督钉在十字架上的三根铁钉中的一根。（据说，这根铁钉保存得相当完整，尽管中世纪时有刮下圣钉的碎屑掺入较低等级圣物中的习惯，可以说是给这些重要性不高的圣物加点儿料，就像在肉排里撒入胡椒。）这间小礼拜堂中还有基督被绑在上面遭受鞭打的石柱，虽然更安全的说法应该是"石柱之一"：一名曾参与洗劫君士坦丁堡的13世纪十字军战士"克拉里的罗伯特"（Robert of Clari）提到，他于1204年在那里见到过基督的鞭打柱，所以要不是这柱子可以同时在两处出现，就是有两根这样的柱子；大概他在一根柱子上挨了100下，又在另一根上挨了接下来的鞭子吧。耶路撒冷圣十字圣殿里

---

[1] 然而，布鲁日的圣血礼拜堂声称拥有一个小玻璃瓶，盛装着几滴耶稣的鲜血，由亚利马太的约瑟收集而来，于1149年被耶路撒冷主教赠送给佛兰德斯伯爵蒂埃里。其他声称拥有这种珍贵液体样品的，还有德国的韦因加尔滕大教堂以及法国的芒通主教座堂。还有一顶荆棘冠冕，由法国国王圣路易得到，保存在圣礼拜堂，却在法国大革命期间失踪，并且不太可能再现世间，除非是赝品的赝品。——原注

还藏有圣母在伯利恒的马厩里安放耶稣的婴儿床,以及(某种程度上是最令人惊奇的)"多疑的多马"(Doubting Thomas)木乃伊化的食指,他就是用这根指头怀疑地探入了朗吉努斯之矛在基督肋侧留下的伤口里。

在这些最稀奇古怪的圣物中,有一块"十字架铭文"(titulus Crucis)的残片,那是一个附在十字架上的标牌,写有拉丁文字"拿撒勒的耶稣,犹太人之王",用红漆刷在一张虫蚀的木牌上。据信,这件圣物由赫勒拿购入,经历了好一番世事沉浮——它被带回罗马,躲过入侵的西哥特人,一直无人记起,直到15世纪在一个密封的铅匣中被找到——成了受难圣物收藏的一部分。在拉特朗圣约翰大教堂(即那座曾作为罗马第一座主教座堂的古代朝圣教堂)的回廊里,其至保存着参加十字架刑的罗马士兵用来在上面掷骰子、分配基督衣服的石头。

从路德时代以后,圣物一事一直令天主教会感到十分棘手。圣物崇拜看起来就是明晃晃的迷信,显得十分滑稽。可是在世人的印象里,你无论走进哪一个世纪的意大利教堂,都很难不遇到大量的圣物箱,里面收纳着一大堆遗骨、一团团布片、一瓶瓶干结的血液,以及其他古董奇珍。早期基督教时代对圣物的需求无休无止,但在一个越发多疑的年代,对圣物的崇拜已在大幅衰落。我们大概可以公正地说,大多数来参观这些收藏品的人更感兴趣的其实是圣物箱——那些金工艺术华丽到夸张的典范——而不是圣物箱里的内容。

当然,在今天,同一位圣人——一位使徒,或一位处女殉道者——也会有无数个彼此矛盾的头颅、手和腿,但与一、两个世纪以前曾在天主教堂里展示过的圣物数量相比,这一切只不过是沧海一粟。

我们当然可以嘲笑这一切。我们中世纪的祖先以及他们那些更加虔诚的后代是多么迷信,又是多么容易被过度天真的信仰所愚弄啊!可是我们自己——或者说至少是我们之中的一些人——也并非更聪明。20世纪末，众多买家纷纷在易贝[①]（E-Bay）上竞拍一片奇迹面包（尽管在那时已经很陈了），某个美国户主曾将它扔进烤面包机里，拿出来时发现上面被烤出了圣母马利亚的头像。2004年11月22日，一家名为"Goldenpalace.com"的网上赌场出价28000美元得到了这件圣物——这是史上最贵的一片面包。耶稣或马利亚的奇迹雕像，出现了流泪或渗血的现象（但最后发现其实是在雕像上巧妙地暗藏有水管、红色染料囊及其他便利的奇迹辅助物）会定期在浸透了信仰的美国发生。没有哪一段历史的记忆不涉迷信；而说到对圣物歇斯底里的狂热，驱使那些腰缠万贯的美国人在苏富比的杰姬·肯尼迪[②]（Jackie Kennedy）财产拍卖会上为她后任丈夫的一根高尔夫球杆、一个可能曾为这美国第一家庭在海恩尼斯港（Hyannisport）端上酒水的陈旧托盘而举牌叫价的，除了一种利欲熏心又滑稽可笑的虔诚，还有什么呢？

对圣物的崇拜导致了许多欺诈与造假事件，但被伪造的东西绝不只有这些神圣的纪念品。伪造文献在历史上发挥了重要作用，而其中登峰造极的是一份异想天开的文献，具体时期不明（很可能是公元750到850年间的某时），叫作《君士坦丁献土》（Donation of Constantine）。

这份自16世纪以来被识破为赝品的文献意在证明的是宗教高于世俗权力的地位。据称，该文为第一位基督徒皇帝君士坦丁在4世纪所写。它被"发现"——也就是撰写——于9世纪，但人们认为，它描述的是君士坦丁与教皇西尔维斯特一世（Sylvester I，314—335年在位）之间的关系。它的主题是教皇的权力延伸覆盖世俗世界，几乎无所限制。教皇的意志可以代替任何一位皇帝，"君士坦丁"这样写道。教皇可以立帝，也可以废帝。他拥有这样的权利，因为人类生活

[①] 易贝：知名线上拍卖及购物网站。
[②] 杰姬·肯尼迪：即杰奎琳·肯尼迪（1929—1994），美国第35任总统约翰·肯尼迪的夫人，后嫁给了希腊船王奥纳西斯。

的头等大事在于永恒的救赎，除此之外的事情，比如积累财富与行使世间的权力，（相较之下）都是细枝末节。

　　君士坦丁的致辞分为两部分。在第一部分即《忏悔》（Confessio）中，他叙述了自己受到教皇西尔维斯特基督教信仰的教导与洗礼，终结了异教徒生涯的过程，以及这一举动是怎样奇迹般地治好了他的"可怕而污秽的麻风病"。为了治病，他召来了各路名医，他们却全都束手无策。随后而来的是卡匹托尔山的异教祭司，他们建议他重现"无辜者大屠杀"（Massacre of the Innocents）的怪诞场面：君士坦丁必须在卡匹托尔山上建一个洗礼盆，"注满无辜孩童的鲜血，趁热在盆里洗浴，我的病就能治好。"无数的孩子被按时赶到了一起，而当"我的内心感知到了母亲们的眼泪"，君士坦丁心中充满了厌恶，于是取消了这一计划。此时，基督派圣彼得和圣保罗向这位饱受麻风病困扰的皇帝讲话。他们指示他去寻找教皇西尔维斯特，为了躲避君士坦丁派出的迫害者，教皇和他的教士们此时身在塞拉普特山（Mt Serapte）的洞穴里。"召其而来，其将示汝以虔诚之池。"在虔诚之池中浸泡三次，君士坦丁就能痊愈了。事实的确如此。君士坦丁对这奇迹的洗礼感激不已，他将全体统治者、元老院成员与行政官员召集起来，下令要"拔擢彼得的圣座，使其高过我们的帝国与人间的王座"。

　　如何实施这一命令？根据这份伪诏第二部分《献土》（Donatio）中阐述的手段，那就是越大胆越好。在上帝的指示下，授予教皇——以圣彼得的继承者的身份——世界上四大宗主教地位，即安条克、耶路撒冷、亚历山大港和君士坦丁堡。罗马的首要神职人员必须获得与元老院成员同等的荣耀与权利，而教皇则与皇帝的权利齐平，包括头戴黄金皇冠的权利。可是，造假者继续叙述称，教皇西尔维斯特拒绝佩戴这样的皇冠。于是皇帝转而赠给他一顶"福里吉亚帽"（phrygium），即象征着权威的白色高帽——教皇高冠的祖先。他还将自己在西方的全部土地、城市与财产，包括罗马城与城内的拉特朗宫，作为献土（donatio）赠给了教皇，使它们成为"神圣的罗马教会的永久财产"。

作为最后一道手续，他正式将帝国政府的所在地迁往东方，迁往君士坦丁堡的都城，因为"一位人间的皇帝（在罗马）行使权威是不合适的，在那里，基督教教士与首领的规则由天国的皇帝制定"。诸如此类就是这份虚假"献土"的主要条款，它是一个西方宗教用来蒙骗信徒的最凶残自私的世俗欺诈。

然而，这份伪诏却成为了12、13世纪教皇权力野心勃勃向外扩张的基础。不管是谁伪造了该文献，他都为教皇们开出了一张登上世界独裁者之位的免费票。圣西尔维斯特小礼拜堂中一套令人瞩目的壁画清晰地阐释了《献土》的意义，该礼拜堂是更大的、筑有防御工事的四殉道堂（SS. Quattro Coronati）的一部分，位于西莲山的高地上，距教皇的前居所拉特朗宫不远。许多古代、中世纪与文艺复兴时期的艺术在某种程度上都是政治性的，专注于宣扬和歌颂某些强权人物与意识形态，同时对异己发起攻击和贬低。但鲜有早期的壁画在政治意味上达到如此直白、明确的程度。

四殉道堂，即"四位殉道圣人"的教堂，最初是为了歌颂四位罗马士兵忠于信仰的举动，他们的名字分别是塞维鲁（Severus）、塞维林努斯（Severinus）、卡尔波佛鲁斯（Carpophorus）和维克多林努斯（Victorinus），他们因拒绝供奉医神阿斯克勒庇俄斯而在戴克里先发动的迫害中殉道。（倘若你觉得因为别人对医学艺术的创始人展现的敬畏不够深而杀人似乎有些多此一举，甚至自相矛盾，那么欢迎你多多了解异教崇拜的诸多怪癖。）这座9到12世纪间建造的大教堂里所纪念的不只有这四位基督徒士兵。圣坛地板下一座9世纪的地下墓室里，安葬着五位来自潘诺尼亚（现代的匈牙利）、皈依基督教的雕刻家的遗骸，他们的名字是卡斯托尔（Castor）、克劳迪乌斯（Claudius）、尼科斯特拉图斯（Nicostratus）、先普罗尼阿努斯（Sempronianus）和辛普利修斯（Simplicius），因为拒绝为医神阿斯克勒庇俄斯制作雕像而被处死。在很长一段时间里，罗马的商用石雕工——特别是那些经营从拆除的建筑物上回收的古代大理石石材者——偏爱把自己的店面开在这几位殉道雕刻家的教堂附近。

但是,四殉道堂所反映的艺术内容中主要的瞩目点还是在于13世纪无名画师所绘制的壁画,以图画的方式阐述了君士坦丁的《献土》。在画上,我们可以看到君士坦丁从麻风病中康复;教皇西尔维斯特为君士坦丁举行洗礼;以及重中之重,君士坦丁赠给教皇象征权威的"福里吉亚帽",并为教皇牵着马缰,摆出一名马夫(strator)的顺从姿态。这再明晰不过地表明了该教堂对《献土》伪诏的深信不疑。皇帝必须对教皇屈膝——事实上双膝都要屈。宗教权威高于现世的政权,且必须永远如此,这一点从不需要寻求合法性。

最为投机取巧、明目张胆地将政策与行动构筑于这一信念基础上的教皇,是英诺森三世(Innocent III,1160年生于阿纳尼,1216年逝于佩鲁贾)。在中世纪初期,他塑造了意大利的内部,但尤其是外部的政治格局,比任何一位教宗的程度都深。他年纪轻轻就登上教皇之位;教皇一般均由年长男性担任,但罗塔里奥·德·孔蒂(Lotario de' Conti)——塞尼(Segni)的特拉西蒙伯爵(Count Trasimund)之子——当选教皇时年仅37岁,他活力充沛、才智过人,全身心地投入到自己提出的"战斗的教会"(Church Militant)之概念中。

[218]

这样一个人是不大可能得到满足的,直到他已在裹挟了12世纪虔诚欧洲人的癫狂之上盖上了自己的印章,并成为一种表达的主流声音,那就是混杂了宗教热情与对领土狂暴渴望的十字军东征。

从将近一千年后的今天回望,一系列十字军东征所依凭的仅仅是一个海市蜃楼般的设想,是一场漫长而集体的宗教妄想,这看起来真是不可思议。将中东的一部分从穆斯林定居者手中"解放"出来,其原因充其量只是一位犹太人先知曾于此生活、布道与死亡,这有什么好处呢?但是,领土权,特别是牵涉宗教概念的领土权——因永生的希望而拔高、因仇外情绪而锐化——是一种杀气腾腾、狂放不羁的激情,而中世纪的许多基督徒都强烈地感受到了它。十字军东征就是这种对异己恐惧与憎恨的终极形式,这种对异己的恐惧与憎恨是种族和宗教自我感的基础，而一个意识到自己荣耀的人，一旦被讲道者与教皇唤醒，就会需要一种近乎超人的冷静超脱，才能抵抗自己的冲动。

不仅是意大利，在整个欧洲，人们都被一种普遍的妄想牢牢抓住：那就是，身为基督徒，他们集体拥有一大片领土，但他们任何一个人都没有在上面生活过——他们对这片领土有着无可置疑的权利，因为他们的救世主曾在这片土地上行走、在这片土地上祈祷，也在这片土地上死去；而人们所能想象的最值得称赞的举动，就是去将这块领土从不信基督者手中夺回来，那些先知穆罕默德的子孙、那些阿拉伯人在圣城耶路撒冷的存在会玷污关于救世主的记忆——尽管事实上，这座"圣城"从公元7世纪起就一直在穆斯林手中。圣地是由确定的几个象征性地点决定的，这几个地点都与耶稣紧密相关。除了作为一个整体的耶路撒冷以外，这些地点还包括伯利恒的主诞教堂（Church of the Nativity）、客西马尼园（Garden of Gethsemane）及橄榄山（Mount of Olives）、髑髅地及圣墓（Holy Sepulcher）。朝圣者们从3世纪就已开始前来此地。

因此，用他们敌人的话来说，这些十字军发动的是一场"圣战"（Jihad），为了这场战争，他们在极端恶劣的条件下跋山涉水、长途奔袭、远航千里。他们与之战斗的对手不是森林里的土著，而是训练有素、装备精良，往往在战略上也十分出色的正规军。十字军既是战士也是朝圣者。这双重的决心是他们开拓奋进特有的力量之源。以自己的神圣感而强化武装、以虔诚缝制在外衣上的红色十字架而彼此相连，基督教士兵（crocesignati）着了魔一般谈论着"收复"圣地——完全不顾一个事实，即圣地从来没有失去过，因为他们从来不曾拥有它，除了在集体的空想中。这就是促成第一次十字军东征（1096—1099）的推动力。

另有一项自发形成、组织松散的类似运动，叫作"农民十字军"（Peasants' Crusade），遭到了惨败。但"职业"十字军获得了胜利，于1099年攻占耶路撒冷。受此鼓舞，教皇许可发起了第二次十字军东征（1145—1149）。这次征战只取得了部分的成功，矛头指向的是控制着伊比利亚半岛的穆斯林。十字军在葡萄牙的阿方索一世（Alfonso I）领导下设法将他们赶出了里斯本，但这些穆斯林仍然牢牢掌控着西班牙，而1187年，在伟大的将军萨拉丁[①]（Saladin）的带领下，他们又从圣殿骑士团手中重新夺下了耶路撒冷。

第三次十字军东征（1189—1192）主要以英格兰威猛的摩尔人杀手——"狮心王"理查一世的参与而闻名，他曾试图奋力夺回耶路撒冷，但以失败告终。随后而来是第四次十字军东征的巨大背叛，这是英诺森三世的教皇生涯，或许也是整个天主教历史上的两次最为严重的惨败之一。英诺森从不克制自己对"光复"圣地的渴望。于他而言，穆斯林对神圣地点的"占领"就是持续不断的心头大患。这刺激他犯下了错误：批准展开一次最大规模的东征——第四次十字军东征。不幸的是，意大利既没有充足的资金，也没有适当的装备为一场如此规模的进军运载必需数量的军队与给养去穿过地中海。

意大利拥有一个基督教的海上强国——威尼斯，素以"亚得里亚海女王"著称。在教皇的联络下，威尼斯人同意以85000马克的价格将全部的侵略军队、连同九个月的给养运往圣地。十字军——一群衣衫褴褛的乌合之众，混杂着骑士与农民，主要是法国人，由佛兰德斯的鲍德温（Baldwin of Flanders）、蒙特弗尔拉的博尼费斯（Boniface of Montferrat）和杰弗里·德·威勒哈度因（Geoffroy de Villehardouin）领导——筹不到这么一笔钱，于是他们做了另一项交易。该交易的本质是，威尼斯要利用这支集合起来东征的兵力，在前往圣地的路上包围并占领君士坦丁堡——罗马在地中海地区唯一的强大对手。只有这样，他们才愿意为整个东征提供资金。如果十字军可以短暂地将进攻目的地从耶路撒冷偏离一段时间，代表威尼斯攻克达尔马提

[①] 萨拉丁（约1137—1193）：埃及和叙利亚的苏丹，阿尤布王朝的创建者，曾指挥抗击十字军东征。

亚的扎拉城的话，威尼斯就会支付远征的全部费用。随后，他们要继续攻下君士坦丁堡，帮助被废黜的拜占庭皇帝伊萨克·安格鲁斯（Isaac Angelus）重新登上皇位。提出这一建议的人，即伊萨克之子亚历克修斯（Alexius），承诺为东征的军队扩充更多人员与给养，将兵力增至约11000人，于是一支由两百艘舰船组成的巨型舰队（以中世纪的标准衡量）向着君士坦丁堡进发了。与他们同行、为他们指引方向的，是年事已高、令人敬畏的威尼斯总督恩里科·丹多洛（Enrico Dandolo）。

扎拉轻而易举地拿下了，到1203年7月，这支军队已经包围了君士坦丁堡的陆上城墙。君士坦丁堡的市民——都是希腊人与基督徒——全然被惊愕占据了：谁也不可能想象到，一支浩浩荡荡的基督徒军队，发誓要将穆斯林从巴勒斯坦赶出去，会在半途停下，转而进攻一座基督教的城市——更不用说是一座最伟大的基督教城市，仅次于罗马本身。

后果不可避免：1204年4月，君士坦丁堡的防守在一次猛攻中被打开缺口，十字军涌入城中，大肆劫掠教堂与宫殿，杀害教士，奸淫妇女。这是历史上加诸基督教城市身上最残酷无情的一次洗劫。佛兰德斯的鲍德温被立为皇帝，而在事件中没有任何发言权的希腊东正教会，则最终在教皇的权威下与罗马教会统一。

也许，以英诺森三世（相当有限）的信誉而言，这场暴行不是他授权的，更不是他组织的。他对此提出了抗议，甚至将那些促成此事的威尼斯人逐出了教会。而另一方面，他并非不情愿见到他的教会从中受益。他没有采取任何行动以迫使威尼斯人将掠走的东西归还那座任人宰割的城市。从君士坦丁堡抢来的举世无双的青铜马被安装在圣马可大教堂的正面，再也没有还回去。成百上千斤的珍贵宝石被威尼斯人夺去；在千年之后的今天，其中许多依然可以在圣马可大教堂主祭台后的黄金屏（Pala d'Oro）上找到。成吨的黄金、白银与嵌宝圣物箱、圣体匣、圣礼容器、圣饼盒、圣餐盘与圣餐杯被分配到了全欧洲各地的教堂藏宝库中,而尤以意大利为最多。就连圣像都被人从教堂里扯下、摔成碎片、再将其烧化,并从画像的金箔背景中提取出贵金属,化为混合着灰烬的闪光熔融物。没有人知道在类似圣索菲亚大教堂主祭台这样的文物身上发生了什么(尽管并不难猜到),这使那些十字军成员的描述能力相形见绌,比如罗伯特·德·克拉里(Robert de Clari),他是一位目不识丁的骑士,在回到法国后,口述了一部关于劫掠岁月的回忆录:

> 那教堂的大祭台太奢华了,简直是无价……由黄金和宝石打碎后放在一起碾成碎末制成,是一个有钱的皇帝造出来的。这张桌子足有十四英尺长。祭台四周围绕着银柱子,在祭台上方支起一个华盖,形状和教堂的尖塔差不多,整个儿是结实的银子做的,简直太豪华了,谁也说不清到底值多少钱。

"至于那城市的大小,"德·克拉里回忆道,

> 至于那座城市里的官殿与其他奇观,我们还是不提了吧。因为在这人世间,没有一个人能够数得清到底有多少这样的建筑物,或者把它们叙述给你听,无论他在这座城市待了多久。假如有任何人居然向你描述了修道院、教堂、官殿与这座城市里领略的百分之一的奢华、富丽与高贵,他估计是在撒谎,你可别信他的。

无论是奢华、富丽还是高贵都无法令这群打着耶稣的旗号洗劫君士坦丁堡的贪婪法兰克暴徒调转方向。这座城市里还充满了其他令人惊奇的事物,并不只有艺术类的。圣索菲亚大教堂的银色大门上悬挂着一个有魔力的管子,大小和牧羊人的笛子差不多,"无人知道是什

么材质制成的"；如果一个病人将管子的一端放在嘴里，"管子就会把所有的病痛吸出，使毒物从嘴里流出，它以迅雷不及掩耳的速度将他吸附起来，让他的双眼直翻、脑袋乱晃，直到管子把所有的疾病都吸走，他才能离开。"不用说，还有大量的圣物：创造奇迹的圣像、真十字架的碎片、在髑髅地刺进耶稣肋侧的长矛上的铁片、圣母马利亚的长袍、施洗者约翰的头颅，"还有其他太多的圣物，我没办法向你一一讲述，或者告诉你全部的真相"。

作为两大水火不容的世界观的碰撞，十字军东征的重要性被无数次地强调，甚至其地位已经被习惯性地夸大了。最终，这一系列东征对伊斯兰教或基督教都没有造成多大改变，除了作为高度象征性的事件。

基督教武装力量在11到13世纪发起的一系列进攻，对穆斯林世界而言只是无关紧要的事件，而穆斯林的还击也几乎不曾威胁到基督教帝国的稳定。（当然，后来土耳其人在16世纪对欧洲掀起的进攻狂潮——极其令人难忘地遭到来自维也纳城墙上的回击，又在勒班陀战役中被奥地利的堂·约翰用桨帆船击退——则又是相当不同的另一回事。）尽管如此，他们的记忆中却保留下了极为夸张的印象，在欧洲人眼中传播着阿拉伯人野蛮残忍异教徒的形象，在阿拉伯人眼中则传播着欧洲人兽性文化暴徒的形象。这就是为什么直到今天，伊斯兰媒体还会将驻伊美军称作"十字军"——绝对不是那些愚蠢的美国基督教信徒想象的那种恭维。在这一套吱嘎作响、屡遭玷污的陈词滥调背后，被忽视的却是伊斯兰教与基督教之间共同拥有的一份巨大的文化遗产——但不是那些口出狂言的美国基要主义顽固分子的基督教，也不是那些嗜血而浅薄的阿亚图拉①的伊斯兰教。就像基督徒曾经建造了沙特尔（Chartres）与圣彼得大教堂一样，穆斯林也曾建造了伊斯坦布尔的蓝色清真寺（Blue Mosque）与科尔多瓦（Cordoba）的大清真寺

---

① 阿亚图拉：伊斯兰教什叶派宗教领袖。

（Great Mosque）——阿尔罕布拉（Alhambra）的宫室与花园。他们的图书馆中保存着我们所拥有的一切古典戏剧与哲学。他们在安达卢斯（al-Andalus，摩尔西班牙的阿拉伯语名称）建立了世界史上最卓越的文化之一，它的卓越尤其在于对其他信仰与教义的宽容，而这一点是那些为斐迪南和伊莎贝拉进行收复失地运动（reconquista）肮脏勾当的反犹天主教所不具备的。

今天，伊斯兰教的原教旨主义后裔什么也发明不出、什么也保存不住、什么也创造不了。将他们与他们自己历史上的非凡人物比较，就像拿无知的爱尔兰共和军（IRA）枪手与谢默斯·希尼①（Seamus Heaney）或威廉·巴特勒·叶芝②（William Butler Yeats）相比。而在我们这一边也是同样的情况，那些基督教基要主义者什么神圣艺术也表现不出，什么美学意义也论述不了，也几乎没有任何建筑学上的创新。

紧接着第四次十字军东征，中世纪东征中最恶劣的一次运动在欧洲境内发生了，这也是由教皇英诺森三世发起的。它所针对的目标，不是拜占庭教会、不是萨拉森人与其他"异教徒"，而是欧洲人中一个异端宗教派别——法国人的"卡特里派"，英诺森三世与他的统治集团决定以一切可能的手段将之赶尽杀绝，用放逐、用火与剑的方式。

"卡特里派"（Catharism）一词源于希腊词根"katharsis"，意为净化、提纯——卡特里派信徒认为，在一个精神堕落的世界，他们被委以这样的使命。该派在法国最为壮大，13世纪，其发展与被镇压的悲惨与血腥结局就是在这里上演；但在其巅峰时期，卡特里派的"基层组织"（cells）在欧洲遍地开花，其中就包括意大利，这些基层

---

① 谢默斯·希尼（1939—2013）：爱尔兰诗人、剧作家、翻译家，1995年获诺贝尔文学奖。
② 威廉·巴特勒·叶芝（1865—1939）：爱尔兰诗人，20世纪文学先驱之一，1923年获诺贝尔文学奖。

组织一直到 1300 年依然存在，被罗马认为是对基督教自身的强力威胁——就如同庇护十二世（Pius XII）任教皇的战后时期，斯大林主义在西方民主国家的基层组织被天主教会和美国政府视作潜在的癌细胞那样。

关于卡特里派信仰社团最初的一批报告实际上于 1143 年来自科隆。但法国是该教派的大本营，特别是法国南部米迪（Midi）地区的朗格多克（Languedoc），该地具有一种强烈的与世隔绝感，它远离伟大的政权中心巴黎，它的语言自成一派（普罗旺斯语，与加泰罗尼亚语近似），并且有着激烈的虔信主义传统。

卡特里派的信仰源自何方？因为几乎所有的卡特里派"经书"与圣者都已随着那些卡特里派信徒一起被烧毁，[①] 要确定这一点很难，但大多数学者似乎都同意，它是一种根源在巴尔干半岛及拜占庭帝国的东方舶来品。它与鲍格米勒派（Bogomils）或称"上帝之友"派的信仰有关，鲍格米勒派在保加利亚尤其强势，信徒也被称作鲍格尔（Bougre）——一个经久不衰、用来表示极度轻蔑的词"混蛋"（bugger）即来源于此。

卡特里派信仰的是什么？它并不比中世纪的天主教神学更能用寥寥几句话，甚或单单一本书总结出来。此外，天主教灭绝卡特里派的努力大获全胜。在那些文献被烧后，其内容只有一点最微末的蛛丝马迹与大致轮廓保留了下来。

从根本上说，卡特里派思想的出发点为两种创造起源——一种良善、一种邪恶——统治下的二元论宇宙观。良善起源是全然精神性的。邪恶起源则是物质性的，由一个造物主创造出来，卡特里派认为

[①] 一些幸存下来的经书至少提供了卡特里派信仰思想的零散片段，天主教保留这些经书是为了当作异端的例证，它们是《两个上帝之书》（*The Book of Two Principles*）（关于"世界上有两个上帝，即一邪恶、一良善"的卡特里派教义的阐述）、《里昂的卡特里派仪式》（*Rituel cathare de Lyon*）以及《普罗旺斯语圣经新约》（*Nouveau Testament en provençal*）。——原注

该造物主就是撒旦，并将其称作"世界之王"（Rex Mundi）。我们所栖居的世界，包括我们自己的身体，都是他的产物。在卡特里派的观点中，有性生殖是一种无出其右的残酷行为，因为其将一个无助而稚拙的灵魂带到了这个充满缺陷的世界上。因此，人类精神追求的重大对象就是从魔鬼及其仆从统治下的无望堕落的物质与物欲世界逃离，进入一个超越欲望的纯粹清晰的精神世界。

这一艰难的进化几乎不可能在一闪念间完成，甚至终其一生也难以实现，虽然人们相信，有些格外受到启发的灵魂设法做到了后者。通常而言，该进化需要转世轮回：第二世，或许第三世甚至第四世，才能走完通向至善的旅程。那些完成的人被称为"至善者"（Perfecti），是在卡特里派内部备受尊崇的少数；他们相当于天主教的统治集团（尽管卡特里派绝对排斥"教士"的概念），并以极端禁欲主义为标志。卡特里派教徒中余下的大多数被称作"信仰者"（credentes），他们在寻常的世界上过着相对正常的生活，种地和做买卖，但戒绝食用肉类、奶类、乳酪与其他动物制品，也不得起誓或参加暴力行为。

有人也许会以为，这些温顺之人的存在对社会所构成的威胁和一群素食主义者也差不多——从某种意义上说，他们确实是素食主义者在精神上的先祖。但是，罗马人却不是这么看待此事的。

教皇与神职人员认为，卡特里派关于复活的教义是最为彻头彻尾的异端。

因为在卡特里派的观念中，物质世界在本质上就是邪恶的，所以他们将耶稣作为上帝之子的化身降临人世的说法视为欺骗。如果他拥有血肉之躯，他就变得邪恶；他就变成了物质存在的创造者"世界之王"，或者与之结盟，从而不能够被当作爱与和平之神崇拜。对于天主教争辩说耶稣已经以死亡赎回了物质创造，卡特里派则回应称，以死赎回一件邪恶的事物，那么他本身就是邪恶的。（正如许多宗教"论证"的结构一样，一旦你承认了最初的前提，其余的观点也就随之能够自圆其说了。正因如此，天主教神学家们想出了那句常用语"真道的奥秘"[a mystery of faith]。)

卡特里派的教义与天主教关于耶稣的本质及其十字架上牺牲的至高价值的教诲截然相反。当一名天主教徒得知一名卡特里派教徒蔑视基督,且认为他的受难毫无精神价值,或者卡特里派拒绝一切关于地狱与炼狱、圣餐的圣礼或三位一体教义的信仰时,他会惊惧不已。他会联想到魔王撒旦。而卡特里派的其他教义也引起了同等的敌意。例如,"复活"对于卡特里派与天主教有着不同的意味。对卡特里派教徒而言,"复活"意味着在通往至善的过程中,灵魂借此从一具肉身转移到了另一具肉身。本质上,这与毕达哥拉斯派关于"灵魂转生"的信仰是相同的。然而,对于一名天主教徒来说,"复活"的涵义相对较窄,就像耶稣或拉撒路(Lazarus)那样,从坟墓中升起,在死后重获肉身的生命。

卡特里派信仰的其他特征也令罗马天主教感到同样无法容忍。中世纪,在普及读写能力,也即普遍依靠书面契约以前,"发誓"有着至高无上的重要性。但卡特里派教徒将发誓看作错误——看作源自世界之王的惯例。他们都是和平主义者,不相信战争、死刑(对中世纪规范最激进的反叛)或结婚誓词。他们对繁衍后代一点也不积极;被天主教徒赋予巨大价值的神圣结合与孕育对他们没有什么意义。并且,他们厌恶罗马天主教,相信它是世界之王魔鬼撒旦的创造,完全不值得敬奉。他们正确地认识到,所谓的圣物——受蒙骗的朝圣者们向之鞠躬敬礼的几小片陈旧的骨头、碎木片与残布——都是赝品,不过是另一种形式的物质崇拜。卡特里派教徒必须摒弃罗马的方方面面:彻底与它们断绝关系,而不仅仅是批判它们。罗马就是巴比伦——穷奢极欲,腐败堕落,无可救药。事实上,卡特里派与罗马天主教徒是如此格格不入,他们甚至主动请求被镇压,就像西莱尔·贝洛克[①](Hilaire Belloc)带有幻灭感的对句所写:

---

① 西莱尔·贝洛克(1870—1953):英国作家、历史学家。

在失去血色的埃比尼泽看来，战斗就是错误，
可杀了他的咆哮的比尔却认为这是正确的道路。

在此语境中，"咆哮的比尔"指的无疑就是教皇英诺森三世。随着1204年第四次十字军东征的结束，威尼斯的藏宝库与圣物箱里也塞满了从君士坦丁堡抢来的战利品，基督在人间的代理人于是将注意力转向了倒霉的异端卡特里派。卡特里派的抵抗——在精神上多过军事上——是如此坚定，使教皇的正规十字军（被误称为阿尔比十字军，虽然这支军队并不是诞生在阿尔比，也没有进攻过阿尔比）花了二十年时间才将其消灭。然而最后，他们还是大功告成了。英诺森三世对这一特定异端的"最终解决方案"终于得到了实施。

可是，必不可少的教皇军队该怎么筹集呢？卡特里派教徒也许没有威尼斯的财富。其实，要是论珠宝、黄金与其他显见的财宝，他们中的大多数可以算是一文不名。但卡特里派与他们在朗格多克的同情者——包括许多富有的贵族——却拥有自己的土地。于是，英诺森三世将这一情况昭告天下，并让他的传道士们宣布，凡是成功将一名卡特里派教徒送去受审并处死的人，都可以得到该教徒的土地作为奖赏。这是最有效的政策，因为它吸引了掠夺成性、对土地垂涎三尺的北方贵族。此外，发动一场内部十字军征伐并不需要一支庞大的军队。以现代标准衡量，中世纪的军队都很袖珍。决定整个政权命运的激战所投入的兵力，在今天甚至不够引起任何一方的注意。一万名士兵、最多两万名，就绰绰有余了。

但是卡特里派教徒也有他们自己的那一部分忠实支持者。厌倦了12世纪教会上层统治集团中随处可见的搜刮钱财与淫乱之事，许多天主教徒站在了具有道德优越感的卡特里派一边。中世纪教会在普罗旺斯的名声非常低劣，并且每况愈下。

12世纪，神职人员的恶行——骄奢淫逸、敛财成性、淫乱堕落——并没有完全使教会失去人们的信任。总有一些谦卑的教士、诚

实的主教,以及尊重他们的会众。但卡特里派教徒比一般天主教高级神职人员更具道德并非空言,而对这一点的了解也为卡特里派赢得了许多皈依者与宽容的盟友,这对教会造成了无穷的损害。自然,英诺森三世也听说了朗格多克的这些动向。

一开始,罗马的教会试图以和平劝诫的方式对付卡特里派。12世纪下半叶,教会向朗格多克派遣了各种各样的传教团,但全部无功而返。两次天主教会会议——1163年图尔(Tours)会议,1179年第三次拉特朗会议——通过的决议案收到的效果也可以忽略不计。出身高贵的多明戈·德·古兹曼(Domingo de Guzman),即未来的圣多明我(St Dominic)以及以他为名的修道会创立者,在米迪展开了一场改变信仰的攻势,宣称"热诚必会遇见热诚,谦逊必会遇见谦逊,虚假的神圣必会遇见真正的神圣,布道谎言必会遇见布道真理"。他的行动收效甚微,虽然出现过一次壮观的奇迹,时有被描绘于艺术作品中:卡特里派与正统天主教的争论陷入僵局,双方将自己的书籍投入了火中。结果阿尔比派的书被烧了,而多明我的著作集却得以幸免,浮到了火焰的上方。托钵的多明我会修士因他们反异端的热情而得到了"多明我会笞杖"(Domini canes)之称,"主的猎犬"(他们的徽章是一只黑白两色的狗,取自该修道会黑白的衣服颜色,并且口中衔着一支燃烧的火把)遭到了卡特里派教徒固执地坚守信仰的挫败。"在我的国家,"多明我宣称,"我们有一句俗话,'语言无效,就用拳头说话。'"

很快,实施打击的拳头便如雨点般落下。1208年,英诺森三世派遣使节皮埃尔·德·卡斯特尔诺(Pierre de Castelnau)前去与米迪势力最大的统治者——图卢兹伯爵雷蒙德六世(Count Raymond VI of Toulouse)进行会面,并对其施加压力。因为相信伯爵对卡特里派持温和态度,并且已知其为卡特里派提供了庇护,卡斯特尔诺将伯爵逐出了教会。报复随之而来:卡斯特尔诺在返回罗马途中被雷蒙德伯爵的一名骑士杀死。这使得英诺森三世别无选择,或者说在他看来已别无选择。怒火中烧的他召集了足足一支十字军的兵力讨伐卡特里派，而贪求土地的北方法国贵族们也披挂上阵，挥舞着被阿拉伯人与卡特里派同样恨之入骨的十字架红色标志，蜂拥至教皇的旗帜之下。

于是，（被误称为）阿尔比十字军就这样出征了，在一位意大利教宗的唆使下，法国人手足相残。当然，这不是英诺森三世插手国际事务的唯一一例：他还曾接受阿拉贡、波西米亚、里昂和葡萄牙的封建效忠，干涉撒丁岛的继位政治活动，没完没了地介入英格兰的事务，甚至宣布《大宪章》①（*Magna Carta*）为无效。然而，针对卡特里派的十字军进攻，连同第四次十字军东征之所以被视为英诺森三世政治冒险主义的顶点，并不是由于他组织了这些行动——这些行动并不是他组织的——而是因为他对这些行动给予了许可。

教皇将被征服的领土交由一位西多会修道院长——他的使节阿诺德·阿默里（Arnaud-Amoury）掌控。1209年夏，他以围攻被认为是卡特里派大本营之一的城镇贝济耶（Beziers）而开始了他的十字军征伐。贝济耶城中也有一定的天主教徒，他们可以选择毫发无伤地离开这座城镇：意味深长的是，没有几个天主教徒离开，许多人更愿意留下来与卡特里派教徒并肩作战。一位阿诺德的西多会教友询问自己的指挥官，怎样才能分辨出卡特里派教徒与天主教徒，得到的回答堪称传奇。"统统杀掉，主会认出自己的信徒。"许多人在贝济耶城内避难，十字军攻入后立刻杀掉了7000人，之后又杀害了成千上万的人。这些人被弄瞎、弄残、被钉起来、被吊起来作为弓箭手的靶子，还被拴在马后拖行。随后，城内被放火焚烧一空。"教皇陛下，今天，"修道院长阿诺德阿谀奉承、沾沾自喜地向英诺森三世报告道，"两万名异端教徒被斩于刀下，不论地位、年龄、性别。"

---

① 《大宪章》：也称《自由大宪章》，是英国封建时期的重要宪法性文件之一，1215年6月15日由国王约翰在大封建领主、教士、骑士和城市市民的联合压力下被迫签署，主要内容是保障封建贵族和教会的特权及骑士、市民的某些利益，限制王权。

紧跟着最初屠杀的，是1229年遍及南法的宗教法庭的建立。热情高涨的暴徒们审问了成千上万名被怀疑是卡特里派教徒的人，凡是疑似有罪的都被绞死或在火刑柱上公开烧死。卡特里派的最后一个据点、几乎无法攻克的蒙特古（Montsegur）要塞（其名称意为"安全的山岳"）被纳博讷大主教的军队围攻了将近一年之久。该要塞于1244年3月陷落，随之而来的是一场大屠杀，超过200名至善者在城堡下的一座杀戮场——"烧人草地"（prat des cremats）里被烧成了灰烬。尽管这并不能消灭一切卡特里派信徒，但他们已被打散，抵抗的主心骨也被打断。最后的卡特里派领袖，皮埃尔与雅克·奥提尔（Pierre and Jacques Autier），于1310年被处死。

因此，教廷完全有能力镇压来自异端的反叛，但在很长一段时间里，它却不得不整个搬离罗马。1305至1376年间存在的"阿维尼翁教廷"本是作为教皇的权力临时流亡至法国的，但它却有一度看起来完全失去了权力，这被一些人称作教会的"巴比伦囚房"（Babylonian captivity）时期。该事件起源于法国君权与罗马教皇权之间不可调和的冲突，而其根本的源头则是那中世纪强权政治的妖魔——伪造的《君士坦丁献土》。

于14世纪初卷入事件中的教皇是执拗而傲慢的贝尼德托·卡塔尼（Benedetto Caetani），他出身罗马一个势力显赫的宗族，1294年当选教皇波尼法爵八世。波尼法爵绝对相信《献土》的宣言，即教皇权统治着全部的基督教世界，优先于任何世俗权威，包括法国国王。他很快在税赋事务上与那位国王腓力四世（Philippe IV）展开了角力。法国国家从法国封建主向神职人员征收的税款中获得了一笔不小的收入。波尼法爵激烈反对这一行为，在训谕《教士不纳俗税》（Clericis laicos）（1296）① 中他宣称，任何世俗权威都不可向教会、教会的神职

---

① 教皇训谕（bull），意即教皇颁布的官方政策宣告，该词源于此类文件上加盖的印玺（bulla），以确认为教皇的旨意。——原注

人员以及到那时已极为庞大的教会财产征收税赋。显然，一个扩张中的教会一分钱也不愿失去。

波尼法爵违抗腓力四世的自信心因他在1300年宣告禧年所取得的巨大成功而愈发膨胀，在禧年里，共计两百万朝圣者涌入了罗马；在一场如此盛大的信仰展示之后，再问"教皇手下有多少军队？"已毫无意义。波尼法爵又下达了两道训谕：《救世主》(Salvator mundi)，取消了之前历任教皇赐予法国国王的一切特权；《我的孩子，听着》(Ausculta fili)，命令腓力四世立即前来出席一场教皇会议。腓力四世一条也不服："您这尊贵的蠢人必须明白，"他回信道，"在世俗事务上，我们不是任何人的附庸。"接着，他提出了教皇买卖圣职、进行巫术、沦为异端甚至鸡奸的指控。

这是沉重的一击，而不甘示弱的波尼法爵则在1302年发布了《一圣教谕》(Unam sanctam)，主张"臣服于罗马教宗是每个人得救的必要条件"。再没有比这更直截了当的陈述了，腓力则回应以行动，而非言语：他派出了一个代表团，实质上是一支武装队，旨在将教皇从罗马带至巴黎，在一个法国的委员会面前回答国王的控告。他甚至安排了来自痛恨卡塔尼的罗马宗族——权势通天的科隆纳（Colonnas）家族的枢机主教，以羞辱波尼法爵。腓力的部下在波尼法爵位于罗马城外阿纳尼的居所中将其抓住。几周之后，他惊怒成疾而死，终年67岁。

他的继任者于1304年继位，同样是一位意大利人教皇，教皇本笃十一世（Benedict XI）。他没有波尼法爵那么强硬，也无法那么轻易地违抗法国国王。他的胆怯使他在罗马的大家族、比如科隆纳家族面前十分虚弱无能。毫不意外地，他被毒杀了，1305年又要选出一位新任教皇。这次当选的是一位法国籍的枢机主教，称为克雷芒五世（Clement V，1305—1314年在位）。这是腓力以及罗马教廷中的其他法国枢机主教在政治上的一次胜利，而克雷芒则对迁往罗马的意见非常反感。

因为，且不论罗马精英阶层内部的宗族敌对，意大利本身也已处在内战的边缘。它被归尔甫派和吉伯林派（Guelf and Ghibelline）之间你死我活的斗争切割得支离破碎。意大利最伟大的作家但丁·阿利盖利（Dante Alighieri）将其称为"悲哀的居所"与"风尘之地"。

一个因凶险的政治派别斗争而被撕裂的国家显然不是一位外邦教皇的安全之所，而没有法国人能忘记他们在阿纳尼对波尼法爵八世发动的袭击——一个只有在罗马贵族们的纵容默许下才能发生的大逆不道之举。由此，我们也就相当可以理解14世纪的法国籍教皇们拒绝在罗马临朝，而是在阿维尼翁建立了自己的教廷。阿维尼翁不属于意大利，但它也不属于法兰西。它是法国境内的一块飞地，隶属于教皇，就像今天的梵蒂冈，只是面积大得多。这片由教皇统治的地区被称作"教宗领地"（Comtat Venaissin）。一位法国枢机主教在这里会感到比在罗马更安全，当然此处仍然属于教皇的领土。

在想象中，人们往往会以为，让教皇居住在罗马之外是对教会惯例不寻常的违反。事实却完全不是如此。这样的先例有很多。在1099到1198年间的一个世纪里，数位教宗离开罗马共计55年，其中八位都居住在法国。在1100到1304年间的两个世纪里，数位教皇离开罗马总计有122年，其中一些人留在了意大利，另一些人则去了意大利之外。

在额我略九世（Gregory IX，1227—1241在位）十四年的教皇生涯中，有超过八年的时间是在罗马以外度过的。策肋定五世（Celestine V）从来没有见过罗马——当选于1294年的他，在辞职之前只做了五个月的教皇，就被围绕在身边的阴谋诡计打败，做出了"大拒绝"（il gran rifuto），放弃了教皇之位，因此但丁将他写进了《地狱篇》中。英诺森四世（Innocent IV，1242—1254在位）是在阿纳尼当选并加冕为教皇的，但在罗马居住的时间不超过一年；波尼法爵八世在维莱特里（Velletri）、奥尔维耶托（Orvieto）和阿纳尼停留的时间远多于在拉特朗宫。

总之，阿维尼翁教廷唯一打破先例的地方就在于其存在的长度——约有七十年之久。这使一些观察者忧心忡忡，感到大事不妙。有人说，教皇的离开对罗马经济与精神上造成的灾难比野蛮人入侵还要严重。德国历史学家费迪南德·格雷戈洛维乌斯（Ferdinand Gregorovius）将阿维尼翁教皇称为法国国王的"奴隶"，而这在当时的作家与知识分子中并不是一种罕见的观点。然而，教廷从罗马搬迁至阿维尼翁对教会有内在危害的观点，却很难站得住脚。从某种程度上说，这甚至意味着教会的进步：在阿维尼翁，教会的权力变得更加集中，行政管理也愈发高效。可是，教皇在此处生活的夸耀卖弄必然会激怒那些未能从中获益的人。居住在阿维尼翁的诗人彼特拉克颇感惊骇。"加利利穷渔夫的继承人们在这里君临天下，"1353年，他在信中向朋友写道：

> 他们已奇怪地忘记了自己的本源。我震惊地看到……这些人穿金戴银、身披紫袍，以王侯与国家的战利品吹嘘夸耀……没有神圣的隐居，我们看到的是一个罪恶的主人与一群声名狼藉的随从；没有庄重节制，只有放纵宴饮；没有虔诚的朝圣，只有无耻至极的怠惰……简而言之，我们似乎身处一群波斯与帕提亚的国王之中，还必须在他们面前顶礼膜拜。

虽然我们也许可以将这段话视作一位心怀怨怼的诗人的夸张修辞，但它与实情其实相去不远。阿维尼翁教廷以其纯然的奢靡铺张使欧洲各地的君王们黯然失色。在教皇宫——一座壮丽雄伟远超罗马的旧拉特朗宫的建筑——地面上铺设着精美华丽的佛兰德斯与西班牙地毯，墙壁上悬挂着丝绸幔帐。教皇与他如云的朝臣们从黄金的餐盘、酒杯、水壶、酱碟和酒壶里享用珍馐佳酿，手中用的是带碧玉与象牙手柄的黄金刀叉。策肋定五世库存的餐盘总重达700马克，约合159

千克；而 1348 年策肋定六世的餐盘总重将近 200 千克。他们的服装以最昂贵的材料制成：托斯卡纳丝绸、威尼斯黄金锦缎、卡尔卡松（Carcassonne）白呢绒、兰斯（Rheims）与巴黎的亚麻布，还要修饰以白貂或黑貂皮边。毛皮的使用可谓铺张浪费：策肋定六世的一个新衣柜里拥有 7080 块貂皮，其中包括数件披风以及不下九顶法冠（一种以毛皮镶边的帽子）。

教皇们在餐桌上从不节俭。他们的宴席以皇家规格备办，如果要说有什么区别的话，那就是比勃艮第宫廷还要奢侈浪费。1324 年 11 月，教皇若望二十二世为他的侄孙女珍妮·德·特利安（Jeanne de Trian）嫁给年轻的贵族盖查德·德·普瓦捷（Guichard de Poitiers）举办了一场婚宴。我们不知道这场宴会邀请了多少宾客，但席上一共呈上了 4012 条面包、9 头牛、55 只羊、8 头猪、4 头野猪、200 只阉鸡、690 只仔鸡、580 只山鹑、270 只兔子、40 只鸽、37 只鸭、50 只鸽、292 只"小禽"、4 只鹤，还有在这一长串名目后显得有些虎头蛇尾的零星的两只野鸡。他们还吃下了三千枚鸡蛋、两千个苹果和梨，以及 340 磅奶酪，用十一桶葡萄酒冲下了这些食物。

然而，当教皇作为宴席尊贵的嘉宾时，这些相关的苦修原则就被抛在了脑后。1343 年，意大利枢机主教安尼巴莱·迪·切卡诺（Annibale di Ceccano）为教皇策肋定六世举行了一场招待会。"膳食包括，"他报告道，

> 九道菜，每道菜含有三样菜。我们看到侍者运进了……堆成城堡般的食材，里面有一头巨大的牡鹿、一头野猪、许多小山羊、野兔和兔子。在第四道菜结束时，枢机主教为教皇献上了一匹价值 400 弗罗林[①]的白色战马，以及两个指环，一个镶着一颗硕大的蓝宝石，另一个镶着同样硕大的黄玉。

---

① 弗罗林：1252 年在佛罗伦萨发行的金币。

十六位枢机主教每人都得到了一枚镶有细碎宝石的指环,在场的高级教士与贵族平信徒也是一样。

在第七道菜后,宴会厅里举行了一场手执长矛骑马比武的竞赛,赛后是进甜点的时间:

> 宴会厅里运进了两棵树;一棵看起来是银制的,挂满了黄金的苹果、梨子、桃子和葡萄。另一棵则如月桂般青翠,树上装饰着五颜六色的水果蜜饯。

这一欢乐盛会的高潮则发生在户外,宾客们被带去参观附近索尔居尼(Sorgues)河上的一架木桥。这是一个桥梁的模型,看上去是通往另一处欢宴的景象。可是当教士、贵族与其他宾客纷纷挤上这座桥时,它就坍塌了,"不明就里的观光者们全都跌进了水中"——一种中世纪幽默极为青睐的粗俗恶作剧,就像文艺复兴时期花园冒险项目里的水上游戏那样。

就在阿维尼翁上演着这些奢华欢乐场面的同时,罗马城中却是一副截然相反的景象。在那里,教皇、教廷与天主教会相关活动的持续离开使这座城市陷入了穷困潦倒的悲惨境地。突然之间,此地的"承办权"被撤回了,或者说,即便没有撤回,也是被带进了濒临停摆的状态。随着时间的流逝,"永恒之城"的穷困悲苦与阿维尼翁的奢靡无度之间的对比只会越来越恶劣。教廷的撤出有力地剥夺了罗马的主要事业——其造成的后果堪比现代洛杉矶的整个娱乐行业,即电影、电视与流行音乐的制作与推广,被突然一笔勾销了。经济陷于停滞,人口迅速下降。街道上杂草丛生。朝圣者的安全得不到保障。无法无天、混乱失序统治了社会。城中有权有势的各大宗族之间明争暗斗,目无法纪的贵族——名为科隆纳(Colonna)、萨维利(Savelli)、奥尔西尼(Orsini)、卡塔尼(Catani)等——数量倍增,暴行也越发猖狂。

享受着这些权贵人物无所顾忌庇护的土匪强盗们根本没法控制；没有合法旅人或商人能平安地走在罗马的大街上。罗马似乎正在破产的边缘，就要陷入无政府状态了。随后，就像有时会发生的那样，在混乱与贪婪的发酵中酿出了它自己的解毒剂——以自下而上的顺序。

这个改变罗马局势的人名叫尼科拉·加布里尼（Nicola Gabrini），他的出身简直不能更低微了。尼科拉·加布里尼的父母都是罗马人：母亲是一名洗衣工，父亲洛伦佐·加布里尼（Lorenzo Gabrini）经营着一家小酒馆。意大利人的名通常是缩短的，且要附上其父的名，因此他被人们称为尼科拉·迪·洛伦佐（Nicola di Lorenzo）——洛伦佐的儿子尼科拉——或者，以当地方言省音的读法，称作科拉·迪·里恩佐（Cola di Rienzo）。在他的背景中，没有一丝一毫预示他注定要对罗马以及意大利总体产生如此强大而理想化影响的迹象。可是科拉·迪·里恩佐对罗马抱有美好的愿景，关于它曾经的繁荣与未来将要重现的辉煌。他殷切盼望着令罗马从教皇迁往阿维尼翁所导致的脏乱悲惨中振作起来，再一次成为"世界首都"（caput mundi）。

科拉于1313年左右出生于罗马，早年在阿纳尼度过。他晋升的速度很快，当上了一名前途大好的公证人。他那时还不曾外出游历，但已饱览经典著作，特别是李维、塞内卡和西塞罗的作品；他仔细瞻仰过那些鼓舞人心的纪念物，那些罗马往日伟大成就留下的痕迹。热情是最好的教师，而科拉的心中正是热情洋溢。他早已找到了自己毕生的使命。

并不仅仅是在古文物方面，他在宗教上也怀有抱负。他受到了结识的一群宗教人士——"心灵兄弟"（fraticelli）的启发。这些人宣告，官方教会已在不可避免地走向终结，而一个由圣灵执掌的新时代正在黎明破晓时。无疑，当科拉于1343年被派遣出使阿维尼翁、拜访教皇策肋定六世时，这一信念变得愈发坚定。在那里，他得以用自己的双眼清晰目睹了阿维尼翁教廷的奢侈堕落，并将之与罗马那野蛮穷困的现状作出对比——罗马是如此深重地受到贵族统治的拖累与剥削。

他在 1344 年左右返回罗马，很快在他的身边聚集起一群志同道合的年轻人，团结一心要为国家诚信与社会正义而奋斗。他痛恨罗马贵族制（这是出于他的原则，但也是因为一名贵族阶层的成员杀害了他的兄弟），并且决心要领导一场推翻贵族阶层的起义。这座城市自古以来头一位大众领袖登场的舞台帷幕就要拉开。

1347 年 5 月降灵节的那一天，政变爆发了。许诺要在卡匹托尔山上召开一场公民全体会议的科拉·迪·里恩佐出现在人群的最前方，全副武装、仪表堂堂，率领一支庞大的游行队伍向着古代罗马国家权力与公民权利的中心点进发。他向民众慷慨陈词——他的民众，这一点立刻就清晰无误地显示了出来——"以令人陶醉的口才"，向人们宣讲他们的罗马那昔日的荣光、当下的奴役与未来的解放。他在人们的眼前陈明了一系列用以治理这座城市的更新颖、更公正的法律。罗马人为他欢呼喝彩，赞扬他为罗马的护民官——"严厉而仁慈的尼科拉，自由、和平与公正的护民官，神圣的罗马共和国之解放者"。腐朽的贵族们只因恐惧便溃不成军，将这座城市与其人民的控制权丢给了这位年轻的英雄。

随之而来的是一段蜜月期，可却并没有持续很久。七月，科拉宣布罗马人民拥有意大利其余各地的统治权，并致信意大利的各大城市，要求他们派出使节，参加他打算在罗马召开的一个全体代表大会，签字认可他构想的统治整个半岛的独裁权。这无异于白日做梦。科拉关于国家政权的设想受到了那不勒斯王国等地区的严肃对待。另一些地方则没把它当回事：有哪个拥有自己传统的国家会因为一位罗马护民官的一己之见就对罗马俯首称臣？虽然如此，1347 年底，还是有 25 座城市的使节汇聚在罗马，恭敬地列于科拉面前。人们排起壮观的游行队伍前往拉特朗圣约翰大教堂，科拉在君士坦丁当年受洗成为基督徒的大型洗礼盆中进行了沐浴——这是一个意味深长的仪式，实际上代表着科拉夺取的不仅是护民官的权力，更是皇帝的君权。他宣称，这一事件象征着"意大利的重生"，他还大胆无畏地告诉教皇的代表，在将来，他科拉·迪·里恩佐可以独自统治罗马，不需要来自教皇的协助（或者按照他的看法，是干涉）。

这是一番前无古人的宣告，其中的狂妄自大标志着科拉命运的转折点。那些恨他入骨的贵族世家，如今在教皇的许可下开始再度兴风作浪。十一月，科拉集合起一支军队，前往提布尔提那门（Porta Tiburtina）外与贵族军展开战斗，并成功杀掉了敌方的头目斯特凡诺·科隆纳（Stefano Colonna）。然而他却低估了教皇策肋定，后者发布了一道废黜训谕，将科拉斥为异端、罪犯，甚至是异教徒。1347年12月15日，卡匹托尔山上的钟被纷乱地敲响，一群人聚集起来，高喊："人民！人民！打倒护民官！"

科拉失去了胆量。因为害怕发生叛乱，他逃往圣天使堡，脱去自己的徽章，换上便服，跑到北方四十英里处伊特鲁里亚海边的港口城镇奇维塔韦基亚（Civitavecchia）避难。在那里，经过一番耽搁与混乱后，他放弃了自己的护民官之位，继续向更远处逃亡——先是去了那不勒斯，后来又投奔了亚平宁山脉中的"心灵兄弟"。在神秘主义者约阿希姆·迪·菲奥雷（Joachim di Fiore）的这群虔诚而激进的简朴清修追随者中，科拉为躲避教皇军的追捕等待了两年。

在那时，他甚至更加坚定地确信了，自己就是那个被选出来的人——不仅是被罗马人，更是被圣灵选出——以领导意大利重拾美德，通往前所未有的团结。他为教会的改革与世界的再生拟定了一份充满了末日景象的计划，于1350年将这份计划呈给了身在布拉格的皇帝查理四世（Charles IV），敦促他入侵意大利，并让科拉作罗马的帝国代牧。无动于衷的皇帝把他投进了监狱，关押了一年，后来又把他交到了温柔仁慈的教皇策肋定手中，后者十分高兴，这反复无常的民粹主义反叛者最终还是逃不出他的五指山。

1352年8月，科拉向阿维尼翁的教廷当局投降，在一组三位枢机主教面前接受审讯，被判处死刑。但他并没有被处死；他被囚禁在监狱里（尽管彼特拉克为他的释放作出了洋洋洒洒却徒劳无功的辩护），在命运车轮另一次令人头晕目眩的转折中，他因 1352 年末教皇策肋定的突然离世而捡回了一条命。继任教宗英诺森六世憎恶罗马贵族，他赦免了科拉，并任命他为元老院成员。

科拉前往佩鲁贾募集资金，那是曾经支持他"罗马统治整个意大利"大计的城市之一。他募集到了足够的金钱，雇请了一支五百人的雇佣军，于 1354 年率领这支部队向罗马进军。

一开始，民众将他当作解放者热情欢迎，但这样的错觉很快就消散了。科拉满脑子都是他躲藏在亚平宁山的僧众中时滋养出的末世幻想。他担任护民官时显示出越来越暴虐专横的迹象，任意逮捕、处死反对者，夸夸其谈、大唱高调。最终，曾经爱戴他的人民已忍无可忍。一群暴民包围了科拉在卡匹托尔山上的宫殿，并将之纵火焚烧。科拉乔装而逃，但他几乎是立刻就被认了出来，就在他亲自下令修建的 124 级大阶梯顶端附近，该阶梯位于卡匹托尔山侧面，通向天坛圣母堂（Aracoeli）。暴民们一拥而上，用匕首将他残杀。这一定是一幅值得谢尔盖·爱森斯坦①（Sergei Eisenstein）拍摄进电影里的场面。事实上，在其短暂的一生与横尸街头的结局中，科拉·迪·里恩佐为小说、诗歌与戏剧提供的素材比尤利乌斯·恺撒以来的任何一个罗马人都要多。彼特拉克最美丽的颂歌之一《温柔的灵魂》（Spirito gentil）就是为纪念他而作。19 世纪，他激发了共和主义者的梦想，成为一个浪漫英雄，一个出身寒微、命运造就的领袖典范。对拜伦而言，他是英雄气概的化身，同时他也是一部小说的主人公，这部小说如今已无人问津，但在当年却十分流行，那就是爱德华·布尔沃·利顿②（Edward Bulwer-Lytton）所著的《黎恩济：最后的护民官》（Rienzi: Last of the Tribunes）。理查德·瓦格纳于 1840 年创作了一部关于他的歌剧

---

① 谢尔盖·爱森斯坦（1898—1948）：苏联电影导演、电影理论家，电影蒙太奇的先锋。
② 爱德华·布尔沃·利顿（1803—1873）：英国小说家、诗人、剧作家、政治家。

《黎恩济》。甚至，我们几乎可以说，他不仅在艺术中被纪念着，也在现实生活中被纪念着。因为 20 世纪的罗马产生了一位在如此多的方面都仿佛是科拉·迪·里恩佐唯一继承人之人：贝尼托·墨索里尼，另一位出身下层阶级的"草莽英雄"，用他"以罗马为中心的历史复兴"末世梦想震撼了整个意大利。

第六章 /

文艺复兴

关于建筑——人工建造出来的环境——的一项压倒性的事实是,它一般都是你在城市中见到的第一件事物。它赋予城市以个性。它是这世界上的一件实物,无可辩驳地存在着,而不是如绘画般的一个幻觉。因此,当我们提起"文艺复兴"一词时,作为这一开始于14世纪、横扫欧洲文化的复兴精神最强有力的象征而浮现于脑海的,正是建筑。首先,建筑指的是大型的人造事物,为社会群体提供遮蔽与集会场所,并且在其背后有着明晰的政治意图。与此同时,这些事物的起源、它们的根基,往往埋藏得很深,晦暗不明。不是单独哪一个人"发明"了哥特式建筑,我们也永远不会知道谁是第一个将水平树干横放在两根垂直树干顶端的人。但是,关于谁是文艺复兴建筑之"父",人们却从来没有多少争议。他就是菲利波·布鲁内莱斯基(Filippo Brunelleschi,1377—1446),一位佛罗伦萨公证人之子,是"在建筑学徘徊歧途许多世纪以后,上天派来创造建筑新形式的人"。(瓦萨里语)

所谓的"新形式",当然其实是旧形式:是那些古罗马的形式。委婉地说,在今天看来,这幅布鲁内莱斯基以拯救者的形象从天而降,重振建筑艺术,将其从堕落至野蛮而尖耸的哥特式邋遢建筑中拯救出来的图景,实在是有些过于简单化了——但联系16、17世纪的实际情况,这确实是清晰而唯一的真相。布鲁内莱斯基设计与

[241]

建造的一切作品，从孤儿院（Ospedale degli Innocenti）和帕齐礼拜堂（Pazzi Chapel）到这座城市的主教座堂圣母百花大教堂（Santa Maria del Fiore）的巨型八角穹顶，都是在他的家乡佛罗伦萨完成的。可许多这些建筑的原型，使他的建筑学思想受到启发的结构与遗迹，却来自罗马。布鲁内莱斯基不是个抄袭者，但他敞开怀抱接纳来自久远往昔的灵感。古罗马万神庙的大穹顶与布鲁内莱斯基圣母百花大教堂的穹顶是不同的。前者的结构完全依靠体量，而后者则是高度复杂的框架，上面覆盖着薄膜。然而，布鲁内莱斯基的建筑语言"古典风格"起源于罗马，而他的建筑作品依旧令人兴奋不已的一部分原因来自使旧物焕发新生的狂喜之感——伴随着他在罗马发现古代建筑的过程。

奇怪的是，尽管早期的人文主义者已经大量谈论了古罗马的种种物质遗产，在布鲁内莱斯基以前，他们当中却似乎没有一个人曾集中精力调查与记录过那些古代废墟。当然，被文学人文主义者热切搜寻与检视的古罗马文献、铭文与手稿是另一回事。

我们对于布鲁内莱斯基的早年生活近乎一无所知，但可以肯定的是，他并不是从建筑师学徒做起的。尽管他的父亲希望他像自己一样做一名公务员，这儿子却早早显露出了艺术上的抱负，登记加入了丝绸工人行会（Arte della Seta），该行会的成员中包括金匠和青铜匠人。他曾从事过黄金和次珍贵金属工匠的职业，他的勤恳努力使自己成为了一名（据第一部关于他的传记的作者安东尼奥·马内蒂［Antonio Manetti，1423—1491］所写）"黑金、珐琅与着色或镀金浮雕装饰品的大师，同时在切削、分离与镶嵌宝石方面也十分精通。所以说，在他投入其中的每一项工作上……他都大获成功。"1398年，他被公认为大师级金匠。他的第一个重要的建筑作品，即佛罗伦萨孤儿院，是由金匠行会在1419年出资并委托修建的，完工于1425年左右。它拥有带圆形拱廊的长柱廊，由8米高的科林斯式柱撑起，这使它成为古典罗马建筑在佛罗伦萨第一个明确的仿效物。这是布鲁内莱斯基与他的朋友——雕塑家多纳泰罗一起前往罗马进行研习旅行的成果。当时他们都刚刚在佛罗伦萨大教堂洗礼堂东门的设计竞赛中以微弱的劣势输给了洛伦佐·吉贝尔蒂[①]（Lorenzo Ghiberti）。在马内蒂的笔下，布鲁内莱斯基意识到，"去雕塑艺术真正优秀的地方学习应该是件好事"，于是，约在1402—1404年：

> 他去了罗马，因为在当时，那里的公共场所可以看到大量好东西。有些作品至今还在原址存在，虽然已经不剩下几个了。许多作品后来陆续……被形形色色的教宗与主教、罗马人与其他国家的人偷走。因为拥有一双慧眼与一颗敏感的心，在他观察这些雕塑时，他能够发现古代人的建造方法与比例……（他）似乎从这些雕塑的部件与结构件中相当清晰地辨认出确定的式样……这在当时是一件十分不寻常的事。在他观赏古代雕像的同时，就打算以同样的注意力投入到建筑的式样与方法之中了。

这一定是艺术史上关于"发现"的伟大戏剧，一部十五世纪文艺复兴时期的关于好搭档的电影：布鲁内莱斯基与多纳泰罗，一人牵着测量线的一头，因为努力和决心而满脸通红，攀过废墟、切开混乱纠缠的灌木与葡萄枝，测量着高度、宽度和间距，不知疲倦地记录着铭文，发现了一个遗失的罗马。要设想出那些遥远的岁月里罗马的模样，真的需要一番努力地想象。广场已经变成了一片废墟的荒野，俗称"牛羊牧场"（campo vaccino），而它也确实是这样的，许多动物在其上四处放牧。店铺、餐馆、工场——忘了这些吧。有人穿过这片场地都要跌跌撞撞、随处被绊。一切都已湮灭破碎，就像今天的罗马废墟一样。这座城市是一团乱麻，混杂着断壁残垣、坍塌的穹窿、破碎的拱门。那些看到他们忙于追求"古代人卓越而高度精妙的建筑方法

[①] 洛伦佐·吉贝尔蒂（1378—1455）：文艺复兴早期的佛罗伦萨艺术家。

及其和谐比例"的罗马当地人，认为他们只不过是两个疯狂的寻宝猎人——从某种意义上说，他们确是如此。"他们俩都不用为家室所累，因为两人都无妻无子……他们俩也都不怎么在乎衣食起居，只要这些东西足够让他们继续观察与测量的行动就够了。

就是以这种方式，"永恒之城"的骸骨向布鲁内莱斯基和多纳泰罗交出了它们的秘密，虽然据马内蒂所载，多纳泰罗对建筑学的兴趣并没有那么深。"他们在一起几乎画遍了罗马所有建筑物的草图……他们掘地三尺，以发现建筑物各部分之间的连接，以及这些部分是正方形、多边形还是圆形、环形或椭圆形……通过他那热切目光下的观察，（布鲁内莱斯基）开始区分出早期风格的各种类特征，比如爱奥尼亚式、多立克式、托斯卡纳式、科林斯式与雅典式，并且他将这些风格……运用在自己的建筑作品中，就像我们今天依旧能看到的那样。"

而布鲁内莱斯基实现这一点的一项有力辅助，是他用来表达立体物纵深的一种新型体系，叫作"线条透视"，它依赖的原理为，物体离观者的眼睛越远看起来就越小。如果能找到一种可靠的方法，在平面上（比如平板的表面或纸上）构造出这种错觉，那么以一种连贯一致且视觉精准的方式表达世界及其内容（比如建筑物）也就成了可能。布鲁内莱斯基的系统性研究由另一位建筑师莱昂·巴蒂斯塔·阿尔伯蒂（Leon Battista Alberti，1404—1472）继续进行——尽管他的身份远不只是一名建筑师。以这种方式展现世界，使这位艺术家为自己笔下的场景赋予了一种崭新的可信度，让栩栩如生的人物移动于真实的空间之中，甚至足够令人震惊地表现出了真实的情感。阿尔伯蒂在一篇绘画论述（1435）中写道：

> 我乐意见到有人向观者讲述那里发生了什么；或者招手致意；或者以发怒的脸与炯炯的眼神吓阻别人的靠近；或者指向那里的某样危险或奇特的事物，邀请我们与他们同喜

同悲。

在阿尔伯蒂的眼中，透视法不仅是一种产生幻觉的方法——它还是引起移情的工具。它有助于赋予绘画以及其所表达的建筑物以"文艺"的尊严，将上述二者抬高到纯粹"技艺"的范畴外。

以古物为形式，表达的真意与一种科学而务实的魅力结合在了一起。这就是文艺复兴建筑的开端。经典文艺复兴早期建筑物并不是在罗马建立的，而是在佛罗伦萨；然而，若是没有罗马古物为榜样，没有布鲁内莱斯基与阿尔伯蒂的"干涉"，这些建筑物根本不会存在。

1454—1456年，阿尔伯蒂的肖像被雕刻家马特奥·德·帕斯蒂（Matteo de' Pasti）铸上了一枚铜质奖章。这枚奖章的一面是阿尔伯蒂的侧面像——一位极其英俊的五旬男子。奖章的另一面是他的纹章图案（impresa）：一只飞翔的眼睛，眼角迸射火焰，乘着一双翅膀，就像朱庇特的霹雳——象征洞察力的速度与锐度。围绕这一图像的是一圈月桂花环，宣告着他无可争辩的成功。下方刻有铭文，"下一步还有什么？"（QVID TUM）这是人类对未来、对人类创造力的信仰宣言。没有人比莱昂·巴蒂斯塔·阿尔伯蒂更当之无愧，如果说有人给予了"文艺复兴人"一词以意义，那就是他。他是建筑师、理论家、雕塑家、画家、考古学家和作家；他研究的课题包括密码学与家庭伦理学，这正与一个习惯了文艺复兴期间的街巷中那关系紧密而又往往彼此保密世界的人相配。他对意大利本地语——不同于拉丁语——的散文写作做出了很大贡献。他编写了第一套意大利语语法。他撰写了建筑学、绘画与雕塑方面的论著——是古代的维特鲁威以来的第一人。此外，据说他还是一位杰出的运动员，甚至还作过一篇关于马的论文《作为动物的马》（*De equo animante*）。他设计出了15世纪最美丽而梦幻的建筑：佛罗伦萨的鲁切拉宫（Palazzo Rucellai，约1453年）与新圣母大教堂（S. Maria Novella，1470）；里米尼的马拉泰斯塔寺（Tempio Malatestianio，1450）；在曼图亚为洛多维科·贡扎加①（Lodovico Gonzaga）设计的圣巴斯弟盎教堂（S. Sebastiano，1460）与圣安德里亚教堂（S. Andrea，1470）。但在罗马当地，除了修复，他什么也没建造。他的文学杰作为十卷本的《建筑论》②（*De re aedificatoria*），这是有史以来出版的第一部关于文艺复兴建筑的全面论述，也是古罗马时期以后第一部古典建筑论著。它对于建筑师——至少是那些懂拉丁语的建筑师，因为阿尔伯蒂没有用意大利本地语写作该书——产生的影响就像曾经的维特鲁威一样广泛而根本。人们甚至认真地将其称为史上最具影响力的建筑学文献。

尽管阿尔伯蒂在罗马没有建筑作品，他对那里却产生了巨大的影响，而传递这影响力的媒介是教皇尼各老五世（Nicolas V，1398—1455）。这位新任教皇原名托马索·帕伦图切里（Tommaso Parentucelli），他于1447年登上教皇宝座，距阿尔伯蒂以教皇安日纳（Eugenius）的廷臣身份定居罗马仅短短四年时间。尼各老五世与阿尔伯蒂一样是一名人文主义者，他们从博洛尼亚的大学时代就是朋友了。两人在早年都曾担任过佛罗伦萨政要帕拉·斯特罗齐（Palla Strozzi）的私人教师。瓦萨里断言，尼各老拥有"伟大而果决的精神，艺术造诣极深，足以使他对他手下的艺术家进行引导和指挥，就像他们为他做的那样"。

我们不清楚他的理论是如何转化为实践的。无疑，尼各老五世与阿尔伯蒂经常就建筑学与城镇规划的问题进行长谈——他们的谈话是如此长久，又是如此频繁，使教皇自然而然地成了阿尔伯蒂将自己的文学名著《建筑十书》所题献与展示的对象。"苍天作证！"阿尔伯蒂一度曾写道，"有时，当我看到那些纪念物——就连野蛮人也为其美丽与光辉折服，就连固执的毁灭者时间本身也甘愿让其永远矗立——却因某些人的忽视（我或许应该说是贪婪）而化为一摊废墟时，我不

---

① 洛多维科·贡扎加（1412—1478）：曼图亚的统治者。
② 《建筑论》：又称《建筑十书》。

禁想要奋起反抗。"为了缓解罗马历史建筑持续不断的磨损侵蚀,他开始收集关于这座城市纪念物的一切可知情况,并且想方设法将这些情况展示出来,以使建筑物的保存成为可能,尽管这并不容易。他的教皇朋友则不遗余力地支持他的记忆工程。

不同于他的许多前辈们——他们当然全都是能读会写的,但有些人的水平差不多也就仅止于此了——尼各老五世却是一位如饥似渴的藏书家。"他在每一个可能的地方极力搜寻拉丁和希腊书籍,从不考虑价格高低,"韦斯帕夏诺·达·比斯蒂奇(Vespasiano da Bisticci,1421—1498)写道,作为佛罗伦萨首屈一指的书商,他显然对情况十分清楚。

> 他聚集起一批最优秀的抄写员,并雇佣他们为自己工作。他将许多知识渊博的学者集合在一起,指派他们产出新的书籍,同时也翻译其他不存于藏书库中的书籍,给他们的报酬十分慷慨大方……自托勒密(Ptolemy)时代以来,还没有出现过如此大规模的藏书。

尼各老的图书收藏热情为梵蒂冈图书馆打下了基础,耗资巨大。因此,他成了"为文艺与学人增光添彩、照亮四周的人,如果在他之后还能出现另一位追随他脚步的教皇,那么知识与学问就可以达到应有的地位"。但这并没有发生,因为之后的教皇没有一位拥有尼各老这么深的藏书癖。然而,与他在建筑方面的进取心相比,就连这份藏书热情也要相形见绌。韦斯帕夏诺·达·比斯蒂奇回忆,尼各老"过去常常说,他若是有钱,就要做两件事:造一座藏书库,并建造建筑物,而他在自己担任教皇期间把这两件事都完成了"。

藏书库的形成是一个循序渐进的过程。15世纪中期时,他的藏书库仅包括340卷藏书,其中希腊语藏书两卷。现代学者指出,尼各老五世是第一位以高优先级别构建教皇图书馆的教皇,但到1455

年，其藏书量总计却不超过 1160 册；在意大利，不乏与其相同或更大的藏书规模。作为一个机构，梵蒂冈图书馆真正创建者的头衔属于后来的一位教皇西斯笃四世（Sixtus IV），他幸运地拥有学者巴尔托洛梅奥·普拉提纳（Bartolomeo Platina）担任自己的图书馆长（1475—1481）。之后经过几次扩充，特别是 16 世纪利奥十世（Leo X）进行的，让藏书量得到了突飞猛进的增长。不过，"为了天下学者的便利"，尼各老的确有着为梵蒂冈建造一座图书馆的愿景，谁也不能指责他吝啬。他甚至随身带着一个包袋，里面装有几百弗洛林，用来向他认为有需要的人们一把把地分发。

莱昂·巴蒂斯塔·阿尔伯蒂正是他认为尤其有需要的一个。阿尔伯蒂的脱颖而出有两个理由。第一，在他的其他著作之外，他还撰写了《罗马城的描述》（Descriptio Urbis Romae），该书涵盖了古代的主要建筑物以及基督教时代修建的各大教堂，连同城墙与门户，还有台伯河道及其他事物——它是从曾经唯一的一本罗马古物指南书向前迈出的一大步，那本指南就是有很多传说的永恒之城《奇迹》（Mirabilia），一部充斥着各种传闻且极端不准确的文献。阿尔伯蒂的这部著作成了尼各老刚刚宣布的 1450 年禧年大赦迫切需要的前奏。"没有什么有价值的古代构建，"阿尔伯蒂以情有可原的骄傲写道，"是我没有去考察过，以寻找可供学习的内容。因此我持续不断地对凡是听说过的一切古建筑进行搜寻、考虑、测量与绘图，直到使自己成为精通古代遗迹中出现过的一切创造发明物的大师。"我们或许可以不夸张地说，阿尔伯蒂最后已经比绝大多数古罗马人还要了解古罗马建筑了。

第二个资助阿尔伯蒂的理由则在于教皇本人对考古的兴趣。

除了各类才能以外，阿尔伯蒂还有一项新奇的殊荣——世界上第一位水下考古学家。他探究的对象是一艘图拉真时代的古罗马桨帆船，于 1300 年前沉入了内米湖①（Lake Nemi）泥泞的湖底，据推测可

---

① 内米湖：位于意大利拉齐奥大区的一个小型圆形火山湖，距罗马以南 30 公里。

能是在一场海战演习（naumachia）期间。它的位置是为人所知的，因为总是缠住渔民的网。但没有人曾想出打捞这艘船的办法，在没有水下护目镜的情况下，潜水员只能在黑暗的水中看到一个模模糊糊的大家伙。接到枢机主教普洛斯比罗·科隆纳（Prospero Colonna）的打捞委托后，阿尔伯蒂以抓钩、缆绳、浮桶和绞车将该船升了起来。船头刚一露出水面，船身就断成两截并再度沉了下去，阿尔伯蒂却得以观察到——这是第一份对古罗马军舰构造的描述——这艘船是由松木和柏木建造的，"保存状况极为出色"，覆盖着浸透柏油的亚麻布，当时被铜钉固定的铅板封装着。

虽然这一壮举一定在朝臣圈子里引发了好一阵纷纷议论与焦急不安，但真正巩固了阿尔伯蒂身为尼各老五世建筑顾问不可撼动地位的，还是他庞大而与日俱增的关于建筑学及其理论、实践与历史的知识储备。此外，他对自己设计与（有可能的话）建造的服务对象有着十分清醒的认识。"要尽一切可能，"他告诫读者，"只从最举足轻重的人那里获取委托，他们是慷慨大方、真正热爱艺术的人。因为当你为社会上低等级的人们做工时，你的作品就失去了价值。你难道看不到，如果得到了最具影响力人物的支持，会为扬名立万带来多少好处吗？"而且，"国家的安全、权威与礼仪在很大程度上取决于建筑工程。"

［249］

在尼各老五世的赞助与鼓励下，阿尔伯蒂成了布鲁内莱斯基的继承者，区别则在于，前者同时还是第一位文艺复兴时期教皇的建筑师。(尽管布鲁内莱斯基对其他建筑师产生了巨大的影响，但他从来没有为教皇做过设计工作。)无疑，虽然阿尔伯蒂信奉罗马式规范与形式的至高地位，他也坚定地相信个人品味，从来不曾考虑过强加给别人一套严格刻板的美学标准。一座建筑物很可能应该拥有人体的比例，但这"人体"是哪一种人呢？

关于女性的身体，有些人崇尚极为苗条纤细、外形精巧的；泰伦斯笔下的年轻绅士们更偏爱丰满肉感的姑娘；你也许支持这两个极端之间的中间值，既不喜欢太瘦的、看起来虚弱病态，也不喜欢太过强壮粗鲁的，就像男扮女装的庄稼汉，适合去打拳：简而言之，你希望她是这样的美人——以第二个的多余，补第一个的不足。可是，因为其中一个更令你心悦，你会因此断言另一个一点也不美丽优雅吗？你决不会……

似乎相当确定的一点是，阿尔伯蒂强势介入了罗马破败建筑物的一些关键性修复工作，尽管我们不知道数量是多少。尼各老对于整修这座城市有着一系列野心勃勃的计划。其中的一个关键是处女高架渠，对古罗马的水供应曾经起过极其重要的作用。如今，其水道已倒塌，余下的大部分也因泉华或累积的水垢而阻塞不通。居住在处女高架渠曾经供给地区的居民不得不饮用台伯河肮脏污秽、细菌滋生的河水。在阿尔伯蒂的提议下，尼各老五世下令全部重新铺设这条高架渠，使其从品奇阿纳门（Porta Pinciana）附近进入罗马，在战神广场（Campo Marzio）上被称为特雷维喷泉（Fontana di Trevi）的三个出水口结束，这一工程由阿尔伯蒂设计，但后来被拆除，代之以尼古拉·萨尔维①（Nicola Salvi）的巨型石雕，安妮塔·艾克伯格②（Anita Ekberg）在费里尼（Fellini）的镜头前就是向着它涉水而去，一代又一代的游人也是向着它抛出硬币。

阿尔伯蒂监督了圣天使桥（Ponte S. Angelo）的整修，这座桥跨越台伯河，通往圣天使堡——原先的哈德良陵墓。他还忙碌于为尼各老五世修复古老而摇摇欲坠的教堂，如圣司提反圆形堂——建立于早期

---

① 尼古拉·萨尔维（1697—1751）：意大利建筑师，特雷维喷泉的建造者。
② 安妮塔·艾克伯格（1931—2015）：瑞典女演员，曾主演费里尼的电影《甜蜜的生活》。

基督教时代的圆形教堂，拥有庄严的内部圆柱圈阵。

尼各老五世对建筑学的重要性从无怀疑——一种新的建筑学，以基督徒的信仰为中心且巩固基督徒的信仰。1455年，他宣称，

> 要在没有文化的大众心目中建立坚实稳固的信仰，就必须利用一些吸引眼球的事物……一个只靠教义维持的普遍信仰只能是虚弱无力、优柔寡断的。但是，倘若圣座的权威能够以庄严的建筑物、不朽的纪念物的形式清晰可见地展示出来……信仰就将如同代代相传的传统一般不断发展、增强，整个世界都会接纳之、尊崇之。

但尼各老五世与阿尔伯蒂希望着手的伟大工程是圣彼得大教堂——基督教的中心点——的重新规划与建设。到15世纪时，君士坦丁修建的原始大教堂的维护情况已经很差，阿尔伯蒂认为，整个建筑都需要重新修筑。"一段非常长而大的墙，"他注意到，"被极为鲁莽地建在数个大空隙上，"结果就导致几个世纪以来，北风的冲击将这面墙歪歪斜斜地推出了六英尺远——任何外加压力或地面下沉都可能让其彻底倒下。阿尔伯蒂建议，将整面墙用新的砖石结构封起来，于是尼各老下令从斗兽场开采超过两千车建筑砖石，运往圣彼得大教堂的地点。然而，重建这座古老的君士坦丁时代大教堂的浩大工程却未能完成；教皇去世了，重建这座伟大教堂的责任传到了其他更具雄心的教皇与建筑师的手里。

上文所说的建筑师之一是多纳托·迪·安杰洛·迪·安东尼奥（Donato di Angelo di Antonio，1444？—1514），通称布拉曼特（Bramante）——这是一个昵称，意为"热切的"或"强烈渴望的"。（他外祖父的昵称也叫作布拉曼特——或许"热烈"就是他们的家族特质吧。）他是一名农家子弟，出生在乌尔比诺附近教皇辖境内的一座村庄。无疑，他目睹了公爵宫的建设过程，也应该曾与应公爵宫的统治

者及赞助人费德里格·达·蒙泰菲尔特洛（Federigo da Montefeltro）之邀来到这座风雅宫廷的艺术家们——包括阿尔伯蒂和皮耶罗·德拉·弗朗切斯卡（Piero della Francesca）等人物——有过一定的接触。他是生于1440年代左右的文艺复兴早期群星之一——佩鲁吉诺（Perugino）、波提切利（Botticelli）、西尼奥雷利（Signorelli），以及1452年出生的列奥纳多·达·芬奇（Leonardo da Vinci）。后来，他在迁至米兰时结识了达·芬奇，但二者的关系有多密切则不得而知。1500年左右出现的一本献给达·芬奇的佚名古罗马建筑学小册子很可能就是布拉曼特所写。两人确实都曾在1490年代为米兰的斯福尔扎（Sforza）宫廷效力。据推测，布拉曼特是经由他的姨母巴蒂斯塔·斯福尔扎（Battista Sforza，1472年卒）介绍给卢多维科公爵（Duke Ludovico）的，她嫁给了费德里格·达·蒙泰菲尔特洛。布拉曼特在米兰度过了二十年，为卢多维科·斯福尔扎公爵修建了一些建筑物。在那里，他并没有成为一颗明星；作为该城的外来人，他弄不到什么大任务。然而，圣沙弟乐圣母堂（S. Maria presso Satiro）的确是由他设计的，他也参与了米兰修道院（Milanese monastery）和感恩圣母堂（S. Maria delle Grazie）的设计，而达·芬奇正是在那里画下了保存状况极其糟糕的《最后的晚餐》（Last Supper）——那幅如今近乎消失的文艺复兴全盛期圣像。布拉曼特在中殿尽头设计了一个讲坛，该中殿本来是打算用作斯福尔扎家族陵墓的。

我们将布拉曼特前往罗马归因于政治的历史。1499年，法国军队攻入米兰，驱逐了公爵，将这座城市的文化生活彻底搅乱。他们还犯下了无疑是人类史上对艺术而言最严重罪行之一；达·芬奇为青铜巨马所作的黏土模型——该青铜马原本将是献给卢多维科之父吉安·加莱亚佐·斯福尔扎（Gian Galeazzo Sforza）的纪念物——竟被法国弩手令人不齿地当作箭靶，击得粉碎，这真是一个巨大的损失。就像痛苦失意的达·芬奇一样，布拉曼特也是离开此地前往罗马的人物之一，米兰的损失在很大程度上使得罗马获益。如同任何其他建筑师那样，布拉曼特很快就被古代构造物的庄严与纯粹全身心地吸引了。

不久，布拉曼特显而易见的才能就被文艺复兴时期伟大的"建筑教皇"之一——儒略二世①（Julius II）抢先收入囊中。但他首先设计的是几个非教皇的建筑物，其中最重要的也不比一座凉亭大多少——一座小型穹顶圆形礼拜堂，位于蒙托里奥圣彼得堂（church of S. Pietro in Montorio）与西班牙方济会女修道院（Spanish Franciscan convent）的庭院中，在贾尼科洛山上。这座被人们称为"小礼拜堂"（tempietto）的建筑，灵感可能源于古罗马的维斯塔神庙（Temple of Vesta）。其外部环绕的十六根圆柱均为多立克式，这被认为是最适合纪念强健阳刚英雄的柱式，而圣彼得绝不是一尊无生命的泥塑，而正是一位强健阳刚的英雄。布拉曼特依照维特鲁威陈述的模块化方案行事，该方案是内部和谐的秘诀——所有的主要尺寸，比如室内直径，都是立柱直径的倍数。小礼拜堂是意大利文艺复兴时期第一座完全的多立克式建筑物，正如另一位先锋建筑师塞巴斯蒂亚诺·塞利奥（Sebastiano Serlio）指出的："我们应该赞扬布拉曼特，因为正是他才将埋没至儒略二世时代的一切优秀建筑式样创造、点亮。"

"儒略二世"是朱利亚诺·德拉·罗维雷（Giuliano della Rovere，1443—1513）被枢机主教团选举为教皇时所取的名字。这个急躁、好斗、雷霆般精力旺盛的男人是罗马教会到那时为止产生出的最伟大的艺术赞助人，直到一个多世纪后乌尔班八世巴尔贝里尼（Urban VIII Barberini）与吉安洛伦佐·贝尔尼尼（Gianlorenzo Bernini）的合作之前，他一直保有这项荣誉。他的建筑师是布拉曼特，他的雕塑家是米开朗琪罗，他的画家是拉斐尔。

毋庸置疑，这三人组成了欧洲历史上由一个人所组建的最非凡卓越的艺术才华体。

拉斐尔为梵蒂冈二楼的教皇私人寓所套房创作了壁画，其中最主

---

① 儒略二世：1503—1513 年在位。

要的一间被称为"签字室"（Stanza della Segnatura），因为儒略是在这间房中签署各类重要文件的。有些人认为，是儒略本人而不是拉斐尔选择了这些房间中壁画的故事。

对于米开朗琪罗而言，儒略是他目前为止遇见的最重要也可以说是最难以满足的客户——就像米开朗琪罗也是儒略目前为止雇佣过的最难以满足、最重要的艺术家。这位雕塑家着手展开了圣彼得锁链堂（S. Pietro delle Vincole）中的儒略陵墓那浩大而永无尽头的工程。他十分不情愿地为梵蒂冈的西斯廷礼拜堂制作了天花板和端墙的壁画——该礼拜堂由儒略的叔父，教皇西斯笃四世（1471—1484 在位）修建——后来又为同样在梵蒂冈的保罗礼拜堂（Pauline Chapel）进行了装修，绘制了圣保罗皈依，以及圣彼得被钉上十字架的场景。

而布拉曼特——当他被儒略雇佣时，已年届花甲——承担了一项由阿尔贝托开始的艰巨工程，即拆除君士坦丁的圣彼得大教堂，修建一座崭新的基督教象征性中心。这将是世界上最大的教堂。

从来没有人怀疑，儒略二世就是一个意志超强、胃口极大的巨人。倘若胆敢反抗他，你多半会性命不保，更不要说获得成功了。在廷臣与罗马人眼中，他是"令人恐惧的教皇"（il papa terribile）——若是将含义再夸张上几分，就成了"骇人教皇"（Dreadful Father）。他为自己取名"儒略"（Julius）并不是没有缘由的。他的榜样是古代的尤利乌斯一世——那位征服一切、洞察一切、记住一切的，如神一般的尤利乌斯·恺撒，欧洲的征服者和罗马的重新缔造者，他所缔造的是一个胜利的罗马（Roma triumphans），一座让世界绕着它转的城市。他决心要恢复天主教会的政治势力范围，而不仅仅是表面的修修补补，教会的势力在教皇迁往阿维尼翁后已经遭到了太过明显的重创。

为了做到这一点，扩张教皇国势在必行，外交上的努力可以尝试，但只有军事力量才能打包票。于是，儒略二世成了第一位，也是最后一位披甲上马统帅大军的教皇。（他的教皇统治也在 1506 年 1 月 21 日带来了瑞士近卫队 [Swiss Guard] 的创立，这支队伍如今只不过是一群爱出风头、穿飘动黄色制服的梵蒂冈警察,但在16世纪,他们可是一支庄重严肃的戟兵队,献身于教皇的人身安全——他们就是教会版的禁卫军。)

他军事事业的很大一部分资金来源于意大利的纺织业。布料染色需要一种固定剂,在16世纪,这种固定剂就是矿物矾。从前,大多数矾来自土耳其,但在罗马以北的托尔法(Tolfa),一个原本毫不起眼的地方,人们发现了大量矾的矿藏。以其在这种矿物质上的实质垄断,托尔法的矾矿与纺织品贸易一同崛起,由此成了教皇的一大收入来源。

当儒略于1503年当选教皇时,罗马城正处于艰难的困境之中。在某些方面,它几乎已不具备城市的功能——它缺乏一个强有力的中央政府,被分割成了争吵不休、彼此孤立的各区,由当地根深蒂固的中世纪宗族后嗣凑合着经营。它深受犯罪活动的祸害,尤其是在台伯河的码头区域里帕(Ripa)与里皮塔(Ripetta),贸易被黑手党般的恶棍们把持着。因为无力抵挡不断蔓延的货币贬值,一些银行已经关门。谷物的价格升了一倍。古代的供水系统濒临坍塌,尽管尼各老五世之前曾作出了修复的努力。城中频繁爆发瘟疫。罗马的一些河畔地带变得瘴气丛生——就连儒略二世也发过一回疟疾,虽然并不致命。

[255]

在这样的背景下,儒略的举动虽然招致一些罗马人的怨恨,却是相当有意义的。他通过设立公共面包房稳定了面包价格。他从西西里和法国引入廉价粮食,并且禁止了移民。他收紧税务征收,在几个过分暴富的枢机主教死后,他顺水推舟地没收了他们的地产。这几个枢机主教被新任命的枢机主教替代,全都是儒略的朋友,他们也都很富有,但可以信赖,服从于他。此外,教会自然也被指挥着从赎罪券的销售中榨干每分每厘,这是一种舞弊而迷信的活动,信徒们被认为可以用现金从罗马的上帝代理人那里买来死后不入炼狱的豁免。"钱币落入钱柜底响叮当,灵魂瞬间脱离炼狱升天堂。"对赎罪券买卖的厌恶将是推动新教改革的力量之一,但在一开始,天主教统治集团并没有意识到这会发展为一个怎样庞大的产业。多亏了这些紧急措施，教皇金库里的财产从1505年的300000达克特上升到了1506年的500000达克特。

在锡耶纳的教皇银行，儒略幸运地拥有了一位亲密的朋友和精明的财产管理人——阿戈斯蒂诺·基吉（Agostino Chigi，1466—1520），他被认为是欧洲最富有的商业银行家，有着从开罗到伦敦的超过100间办事处，一度曾以教皇的三重冕为典当抵押物而发放贷款。

儒略因而得以沉湎于对恺撒式荣耀的渴望中。这一点在教皇军队于1507年吞并博洛尼亚、驱逐本蒂沃利奥（Bentivoglio）统治者后变得尤为明显，教会在罗马为他安排了一场帝国游行，恰恰使人联想起了最初的恺撒凯旋式。道路两旁围满了欢呼的人群，他骑着马通过凯旋门，前往卡匹托尔山。1504年，为了对他表示敬意，一种载有他的头像的、叫作"朱利奥"（giulio）的新发行重定价银币被铸造出来。第二年，儒略二世委托米开朗琪罗为自己塑了一尊巨像，安装在博洛尼亚圣白托略大殿的正面，可是三年后，当他的军队失掉这座城市时，这尊青铜像就被推倒、砸碎，并被重铸成了一门大炮。但在那时，儒略的注意力又被吸引聚焦到了米开朗琪罗，以及拉斐尔和布拉曼特的其他工程上。

占据第一位的是建筑。通过大张旗鼓地新造建筑物，儒略意在修复罗马的"体面"，为这座城市找回古代建筑物曾经被赋予的庄严与权威。尤利乌斯·恺撒曾用他的建造物为罗马建立了一个复兴的精神中心。儒略二世也要这么做，以在当时无法想象的规模重建圣彼得大教堂。

1505年，布拉曼特开始了一系列的梵蒂冈观景殿庭院扩建工程：观景殿（Belvedere）庭院的多个露台。当然，这些露台都是私人的。其私密的程度极高，被设计为可以从一个主要的观察点一览无余，该观察点即教皇书房的窗户——那俯瞰朝向台伯河的下坡，被称为签字室的教皇寓所之一部分。露台模仿的原型是古代的巨大皇宫——尼禄的金宫、哈德良的别墅。它们向来访者宣告,一个在各方面都堪与过去异教徒的罗马帝国相媲美的天主教罗马教皇国正在到来。儒略自然是希望这个巨型工程——一百米宽、三百米长,包括台阶、坡道、规则式庭园、拱廊、喷泉、水神庙与露天剧场——能够一夜建成,甚至恨不得早就完工。它将收藏有留存至今的最难忘、最珍贵的古代雕塑。观景殿的阿波罗、拉奥孔、观景殿的躯干像齐聚于此。维吉尔笔下库迈预言家(Cumaean Sibyl)警告无知者离开的话语——"走开,你们这些一无所知的人"(procul este, profani)——被刻在了雕塑庭园附近螺旋梯坡道的石头上。你可以骑马登上这条坡道。其柱顶过梁由一系列圆柱承载,其形状越往上越纤细精致:最底下是托斯卡纳式,往上是多立克式,然后是爱奥尼亚式,最后是混合式。

签字室的北墙上、窗户的上方,绘有帕纳塞斯山[①](Parnassus)的壁画。窗外的景色是传统上被认为奉献给阿波罗的梵蒂冈山的一部分。其神话历史的另一部分则是,伊特鲁里亚的祭司们过去常常从这一地点进行占卜和预言(vaticinia)。因此这一地区被统称为"梵蒂冈"(Vatican)。将阿波罗安置在梵蒂冈观景殿庭院是一种命名的行为,与其说是为雕塑命名,还不如说是为此地点命名。一个人正好可以从拉斐尔的阿波罗与缪斯壁画处眺望远处的阿波罗雕像,这印证了此地占卜预言的传统,而圣彼得在这里被钉上十字架的传说进一步丰富了这一点。

就其规模与层级,观景殿本身几乎可以算是一座城镇,而布拉曼特在城镇规划方面的雄心——尽管从没有实现——的确是他在罗马声望的一部分。在布拉曼特去世两年后,一位名叫安德里亚・古阿纳(Andrea Guarna)的作家将他写进了一出题为《猴子》(Scimmia)的喜剧里。在剧中,他死后来到天堂的门前,告诉圣彼得——要知道,他

---

① 帕纳塞斯山:位于希腊中部,临科林斯湾,古时被认为是太阳神和文艺女神们的灵地。

可是最初的教皇，儒略二世的榜样——要是不雇佣他把此处整个重建一遍，他是不会进去的：

> 我想摆脱这段从人间到天堂的艰难险阻之路；我要另修一条路，盘旋上升，宽阔平坦，让老弱病残也可以骑着马登上来。然后，我想我要把这个天堂拆除新建，为灵魂升上天堂的人们提供更优雅舒适的住所。你要是同意的话，我就留下来；要不然我就直接到冥王普路托家去，在他那儿我会得到更好的机会来实施我的想法……我要颠覆旧地狱，彻底换新颜。

无论是如何古老悠久的旧建筑，只要挡了布拉曼特与儒略实行计划的道，他们就会毫不犹豫地将其除掉。建筑师布拉曼特有个绰号叫作"拆房人布拉曼特"（Bramante ruinante），而这一点也不令人意外。这个绰号被频频提起，在他准备着手展开自己一生中最浩大的工程时——或许也是任何一位建筑师一生中最浩大的工程（除非你将后世阿联酋的超级摩天大楼与中国的巨型机场也计算在内）：新圣彼得大教堂的设计与建造。

教皇与建筑师都有理由相信，由君士坦丁建立于4世纪的旧有建筑已无法为继。尼各老五世（1447—1455在位）统治期间进行的一项调查显示，该教堂的墙壁已动摇歪斜，并且存在真正的危险，即一阵地震的颤动（15世纪的罗马比现在更易发地震）就会让这座千年古建筑彻底垮塌。两人都已意识到自己大限将至，事实上他们也确实在一年之内相继离世，儒略逝于1513年，布拉曼特则在1514年。如果历史要记住他们作为这项庞大伟业创始人的地位，他们就得加快速度了。而且，他们需要尽可能地推进工程，使下一位建筑师和下一位教皇无法摆脱他们的理念，也不能作出翻天覆地的改变。

不幸的是，由于布拉曼特没有成立现代意义上的事务所，几乎没

第六章｜文艺复兴

有书面记录或草图能表明他和儒略之间是怎样互相传递想法的，而布拉曼特本人意图的唯一一份第一手记录是一张叫作"羊皮纸规划"的图纸，藏于乌菲兹美术馆（Uffizi）。图纸上绘有一个中心穹顶与两座穹顶式礼拜堂，呈等长十字架形，但上面当然是没有标明尺寸的。可是，他们有强烈的动机将其建造得无比庞大，我们可以想象，既然君士坦丁堡已经在1453年落入土耳其异教徒之手，圣索菲亚大教堂也已变成了清真寺，那么就有了儒略和他的建筑师讨论着最大的穹顶怎样才能成为基督教世界中心的情景。由拆除老圣彼得大教堂这么一座受人尊崇的建筑物所引发的疑问，会被一块描述其崇高意图的奖章上的词句所平息："修复彼得圣殿"（TEMPLI PETRI INSTAURACIO）。"重修"（Instaurare）意味着修复、翻新；教皇与建筑师可以声称，他们只是在"修复"古代的构造，虽然事实上当然是在全盘替换。

本质上说，布拉曼特关于这座新建教堂的灵感是罗马式，而非佛罗伦萨式的。这也就是说，它模仿的是古罗马巨型浴池复合体，并且就像这些浴池复合体一样，由混凝土和砖块筑成，贴有各种各样的大理石与石灰岩饰面。建成后，大教堂长218.7米，主中殿宽26米，从地板至屋顶高46米。袖廊长154.8米。整个建筑物中包含46个圣坛。全部占地面积5.7英亩。关于一座建筑物可以达到的广阔程度，这些枯燥的数字给人留下的不过是一个模模糊糊的印象，而倘若会众全部涌入，大教堂足以容纳60000人（虽然并不舒适）。作为对比，米兰大教堂（Duomo in Milan）可容纳约37000人。圣彼得大教堂拥有世界上最高的穹顶——从地板到灯笼式天窗上的外十字架，高达448米。在直径上，它略微小于万神庙的古代穹顶与布鲁内莱斯基佛罗伦萨大教堂的"现代"穹顶。关于圣彼得大教堂是修建在圣彼得之墓的实际所在地之上的传说，只不过是一个传说，因为没有令人信服的历史或考古证据。

这穹顶辉煌灿烂而具有戏剧性的照明也是一个颇能给人留下深刻印象的方面。在今天，照明由泛光灯、聚光灯等提供，然而从17世纪到19世纪末,这种效果却是由多达几千盏灯具、灯笼与火炬达成的(在圣彼得纪念日这样的特殊时刻),由戏剧大师一声令下,齐刷刷地被点亮。在电力时代到来之前,每一个见识过此场面的人都会被其庄严宏伟震撼得惊叹不已。曾亲眼目睹的歌德记载道,"如果你能认识到,在那一瞬间,这座辉煌的大厦也不过是一场不可思议的灯光狂欢的框架,你就能充分理解,世界上再也找不到第二个如此的奇观了。"

大教堂的设计带有浓厚的礼拜仪式象征性:于是(仅试举一例)教堂的早期图纸上具体绘制了十二扇门,暗示以色列的十二个支派,以及十二门徒。在布拉曼特与儒略二人看来,设计中最为重要的一点,就是必须建立在"完美"的几何形式之上,天圆地方,环环相扣。大教堂最终并没有这样建造,但在布拉曼特修建的另一座建筑物上——不在罗马——我们可以用一种较小的规模管窥大教堂设计的大体效果。这座建筑物就是规模小得多的神慰圣母堂(Maria della Consolazione),坐落在翁布里亚①(Umbria)托迪(Todi)城下的半山腰。该教堂的穹顶升起自一个鼓形座,而鼓形座则升起自一个正方块,从上面伸出四个拱点,每个拱点上覆有半块穹顶。教堂的四周没有城镇,它兀自拔地而起,内部光亮透彻。没有马赛克壁画,没有雕像,没有镀金,也没有大理石,只有强劲而理想的几何形式。在春光明媚的早晨置身于这样的室内,就是抓住但丁所说的那种转瞬即逝的感觉:智慧光,充满爱(luce intellectual, pien d'amore)。

圣彼得大教堂的建设花费了120年时间,历经二十位教皇。1514年布拉曼特去世后,他的职责由朱利亚诺·达·桑加洛(Giuliano da Sangallo)、弗拉·焦孔多(Fra Giocondo)与拉斐尔接替。桑加洛和弗拉·焦孔多都在一年后就去世了,使拉斐尔成了工程的主建筑师,直到1520年他也去世。

---

① 翁布里亚:位于意大利中部的地区。

科拉·达·卡普拉罗拉
《托迪神慰圣母堂》，1508 年

随后，安东尼奥·达·桑加洛（Antonio da Sangallo）接过了设计稿，一直工作到 1546 年去世，这一次，这项浩大的工程又被交到了年纪老迈、力不从心而越发衰弱的米开朗琪罗手上。在当时，桑加洛已经建起了用来支撑穹顶的十字形脚柱，并且为巨型希腊式十字架的几个臂加上了拱顶。

但穹顶本身当时还不存在。

米开朗琪罗的第一步行动是全盘废除桑加洛的规划，将桑加洛的构筑物中看不顺眼的统统推翻。他想要恢复布拉曼特式的纯粹，在致圣彼得大教堂工程办公室（Fabbrica）的一封著名的信中，他写道，"任何背离了布拉曼特安排的人，就像桑加洛，都是背离了真理。"

拉斐尔
《圣彼得从狱中获得解放》，16 世纪初
湿壁画；梵蒂冈，梵蒂冈宫拉斐尔房间

拉斐尔
《伽拉忒亚的凯旋》，1513 年
湿壁画，295×224 cm；罗马法尔内西纳
庄园

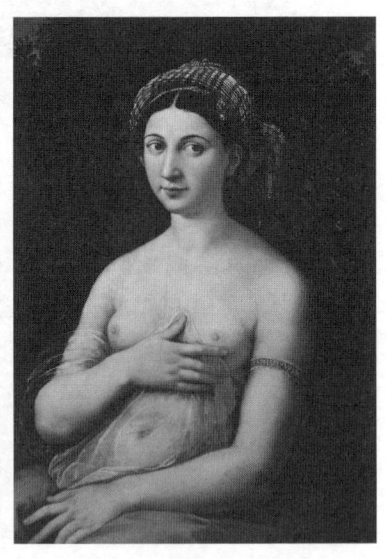

拉斐尔
《年轻女子的肖像》（"福尔娜丽娜"），
1518—1520 年
木板油画，85×60 cm；罗马国立古代
艺术美术馆

桑加洛切断了布拉曼特规划中的所有光源，或者说米开朗琪罗是这么认为的，这产生出了许多幽暗的角落，修女在那里会被调戏，伪币制造者也能进行他们的不法勾当。晚上大教堂落锁的时候，清场需要出动多达二十五人。因此，"接下（圣彼得大教堂的任务）对我会是最严重的损失，如果你能让教皇明白这一点，将令我稍感欣慰，因为我的感觉很不好。"这番话并没有什么用。1547年，别无选择的米开朗琪罗接受了任务，满腹顾虑。他派人前往佛罗伦萨取来了佛罗伦萨大教堂的黏土与木制模型。这些模型成为圣彼得大教堂建立在十六边鼓形座上的双层圆顶最初的灵感。当米开朗琪罗于1564年去世时，圆顶距离完工还遥遥无期。它最终在1590年由贾科莫·德拉·波尔塔（Giacomo della Porta）完成，与米开朗琪罗的半球形外层穹顶相比，他的设计具有几分更加尖锐向上的特质。

与此同时，拉斐尔一直在进行着梵蒂冈宫内部的工程。

拉斐尔于1483年出生在乌尔比诺，那虽然是一个小地方，但在文化上绝不是一潭死水。他的父亲乔瓦尼·桑蒂（Giovanni Santi）是一位画家，依附于乌尔比诺公爵的宫廷。首任公爵、佣兵队长费德里格·达·蒙泰菲尔特洛（Federigo da Montefeltro）是被教皇封为贵族的——乌尔比诺是教皇国的一部分——而正是多亏了他，这座城镇才成为了W·B·叶芝后来所称的"文明礼仪的榜样学校／在那乌尔比诺崎岖的山岗上／智者与美人习得必备的技能。"作为宫廷艺术家天资聪颖的儿子，在拉斐尔的成长环境中，优雅精致的礼仪、得体周到的风度（gentilezza）具有无限的价值；这个地方，这个微型的社交世界，将会成为巴尔达萨雷·卡斯蒂利奥内[①]（Baldassare Castiglione）的经典行为指南《廷臣论》(*The Book of the Courtier*, 1528) 中的典范。所以，尽管拉斐尔没有接受过一名人文主义学者所应得的第一流教

[①] 巴尔达萨雷·卡斯蒂利奥内（1478—1529）：意大利廷臣、外交官、军人，杰出的文艺复兴时期作家。

育——他的拉丁文水平似乎总是有点不尽如人意——但他却充分接受了宫廷艺术家的礼仪与技巧教育。优雅得体地游走于上流圈子中对于他从来不是问题，对于其他文艺复兴画家却常常是个难题。正如瓦萨里指出的，其他艺术家也许会"受到某种野性与疯狂因素的阻碍，这除了使他们显得稀奇古怪、异乎寻常，更会让他们身上晦暗不明的缺点展现得比使人千古流芳的、光亮辉煌的优点更醒目"。拉斐尔绝不是这样。

[262]

他的早熟毋庸置疑。从一开始，就像他现存最早的绘画作品（作于 16 或 17 岁）充分显示的那样，拉斐尔的画笔就已是才华横溢又规范谨慎了。他曾在意大利最为出名与成功的画家之一彼得罗·佩鲁吉诺（Pietro Perugino，1450—1523）的画室中作学徒。根据瓦萨里的说法，年轻的拉斐尔模仿佩鲁吉诺的风格，将其典雅甜美的特点学得分毫不差，以致他们俩的画作几乎难以分辨——"他的仿作与师父的原作无法区分"。使他不再局限于作这位精美而守旧的艺术家拙劣追随者的，是一次在佛罗伦萨的逗留经历，在那里，"他极大地改变与提升了自己的表现手法，在观察了如此之多的大师真迹后，他的手法与原先相比已截然不同；确实，二者看上去仿佛是两位大师的手笔"。

显然，一条指向罗马的路已初现端倪——在那里，由于儒略的赞助，他将对绘画以及建筑产生新的兴趣。我们不知道儒略二世是怎么听说拉斐尔的存在的。也许是与拉斐尔来自意大利同一地区的布拉曼特举荐了他。无论如何，到 1508 年，当时二十五岁左右的拉斐尔已经被召唤至罗马，接受了一项艰难而有声望的任务——装修梵蒂冈宫内的教皇寓所。从那时起，直到去世，他的生命都被这项委托占据着，这使他雇佣了越来越多的助手，包括朱利奥·罗马诺（Giulio Romano）——他立刻将自己从拉斐尔处学来的建筑设计知识转而应用到了拉斐尔在罗马的玛达玛庄园（Villa Madama），并将壁画技能应用到他自己为贡扎加家族（Gonzagas）在曼图亚的得特宫（Palazzo del Te）创作的极为异乎寻常的杰作中。朱利奥·罗马诺常常被指为粗俗,但在他曼图亚的作品中,这却成为了一种优点;因为无法将自己生气勃勃的粗俗融入拉斐尔为教皇装潢的房间中,他转而将其投入到了曼图亚的壁画上——一些壁画里简直充满了风格化的欲望——以及为淫秽作家阿雷蒂诺(Aretino)的作品绘制有趣的色情插图中。这些在他罗马的作品中几乎从未显露。

拉斐尔在梵蒂冈宫中着手装修的第一间房是教皇的藏书室与办公室——签字室。他选择的主题,或者说教皇钦定的主题,是那些适于神学、诗歌、法学与哲学的题材。

"诗歌"要求的当然是古代与近代天才们聚集在帕纳塞斯山,于象征性的月桂树下围绕在演奏音乐的阿波罗身边的情景。画面的顶端是他的代理人九缪斯——天文学、哲学与艺术的希腊神祇。她们是宙斯与摩涅莫辛涅[①](Mnemosyne)的女儿,分别为:卡利俄佩(Calliope,英雄史诗缪斯)、克利俄(Clio,历史缪斯)、欧忒耳佩(Euterpe,长笛音乐缪斯)、忒耳普西科瑞(Terpsichore,舞蹈缪斯)、厄剌托(Erato,抒情诗与赞歌缪斯)、墨尔波墨涅(Melpomene,悲剧缪斯)、塔利亚(Thalia,喜剧缪斯)、波吕许谟尼亚(Polyhymnia,哑剧、圣诗与农业缪斯)以及乌剌尼亚(Urania,天文学缪斯)。图中距离现代较近的作家——其中不乏拉斐尔的同时代者——有彼特拉克、阿里奥斯托(Ariosto)、桑纳扎罗(Sannazaro)、薄伽丘,当然还有但丁。一个人只有读完了这些作家的作品,才能自称文明开化。

[263]

传统上认为,代表"哲学"的《雅典学院》(*School of Athens*)是签字室四组画中最杰出的一幅,事实也的确如此。墙上的拱门展现出远处一连串透视的拱门;我们似乎身处一个上有庄严穹顶、但却无穷无尽的建筑空间之中。透过缝隙可以看见湛湛青天,暗示这座建筑物就是拉斐尔当时监督建造的圣彼得大教堂。对于一名首次见到这一画面的 16 世纪参观者而言,此情此景使人想起古时质朴的罗马,又被重

---

① 摩涅莫辛涅:记忆女神。

建和复原了——正如儒略二世希望展现的那样。

画面上充斥着各种各样的人物，解释着、争论着、阅读着、写作着。在众人的中央，透视画面的消失点上，有两个人正向我们走来。画面左边身着红色衣袍、伸手向上指的，是柏拉图，他正向他的听众，同时也是向我们指出，一切理想形式的来源都会在天上找到。他的手上拿着一本自己后期的著作《蒂迈欧篇》(Timaeus)，书中致力于研究自然科学，并寻求描述世界上的神与人之间的关系。《蒂迈欧篇》主张，世界是永恒的，因为其服从于永恒的规律。在他旁边，身穿蓝袍的亚里士多德则在反驳这一观点：他指向地上，表明真正的知识可以在世界及其内容本身中被实证地找到。他携有一本题写着"伦理学"的书——《尼各马可伦理学》(Nicomachean Ethics)，该书被当时基督教化的人文主义者视作亚里士多德思想的巅峰。两人各有自己的一派热切听众与信徒。拉斐尔有时会给予思想的主角以自己同代人的面孔。比如，柏拉图就有着原型列奥纳多·达·芬奇的睿智特征。

拉斐尔希望在自己的壁画中展示的，不是书籍本身是怎么制造出来，而是产生书籍内容、加固其论点的思考过程——伴随着这种思考引发的"嗡嗡"的讨论。有人在写东西，就有人在他身后阅读着。《雅典学院》经常被当作是一幅"古典式"沉着镇静的图景，但事实上，它却生气四溢得几近一幅战争画，赞同、阐述与惊讶在此交相混杂。画面的右前景是一小群人，正在观看一位学者用量角器于书写板上绘制几何图形。他代表的是欧几里得(Euclid)，正在演示其提出的一种定理。可是他的面貌却是布拉曼特的，在布拉曼特设计的建筑物上，几何学发挥了极大的创造力。左侧台阶的相应位置上是毕达哥拉斯，他正忙于在一本书上写字。独自坐在一边、周身笼罩在一团"他人勿近"的忧思中的，是米开朗琪罗，他手中的笔尖悬在一张书页上方。他在想些什么？我们不知道，也不可能知道——但我们知道拉斐尔是怎么想的，而那正是思想本身的渗透性与交换价值。而无疑，他之所以能够想到这一点，并为其找到这样一种流动且持续的体现，是因为他能够在儒略二世宫廷内外的一批人文主义者的协助与释读性支持下作画。从这一意义上说，类似《雅典学院》这样的绘画或许可以被称为协作的艺术作品。在签字室的装修中，拉斐尔手下的其他艺术家担任的是他的绘画助手，但在决定画中角色与隐含主题方面，又是谁与他合作的？

拉斐尔绘制于埃利奥多罗房（Stanza d'Eliodoro）中壁画的主题大体上是政治性的。它们代表着上帝保护教会免遭种种威胁的方式。教会的财富受到了威胁？那么妄图伸手的人就得考虑经外书（《马加比书第二卷3》）中记载的一个曾经默默无闻的事件——盗窃成性的将军赫利奥多罗斯（Heliodorus）谋划着要去劫掠耶路撒冷神殿里的宝藏。在画上，我们看到，他在地上笨拙地爬行，眼睛被弄瞎，两位俊美惊人的年轻人对他进行了猛烈的击打，而一位天堂派来的骑手则将他踏

[265]

拉斐尔
《雅典学院》，1509—1510 年
湿壁画，500×770 cm；梵蒂冈城宗座宫

在脚下。画面的左侧，儒略二世正坐在轿上观看这一场景，轿子由一群随从抬着，其中包括长相近似拉斐尔本人，以及他的助手马肯托尼欧·莱蒙迪（Marcantonio Raimondi）的人。

有人对教义的真理性产生了顾虑或怀疑？那么参观者就该参考拉斐尔的壁画《博尔塞纳的弥撒》（*The Miracle at Bolsena*），画中展现了一名神父做弥撒的情景：当时正值仪式的高潮、献祭圣体之时，随着"这是我的身体"（Hoc est enim corpus meum）的话语（由基督在最后的晚餐上第一次说出），面包——天主教徒被要求相信——就转换成了名副其实的耶稣的肉体。在这场罗马以北的湖滨城镇博尔塞纳举行的弥撒上，会众中有一名怀疑论者对圣餐变体论心存疑虑，为了令他信服，上帝使神父手中的圣体饼流出了耶稣本人的圣血。在拉斐尔的画中，儒略二世跪地目睹了这一幕，他实际上从未见过此事，但却希望强调自己对圣餐礼的忠心。

第三，教会的所在地罗马本身面临着侵略的威胁？拉斐尔在《伟大的利奥与阿提拉的会战》（*The Meeting of Leo the Great with Attila*）中象征了这种情况，该画是四幅场景中最不具灵感，也是最不令人满意的，画中我们看到，教皇利奥一世仅仅一个手势，就令匈奴王阿提拉和他的蛮族游牧部落从罗马城墙向后溃退。拉斐尔为这位教皇画上了利奥十世乔瓦尼·德·美第奇（Giovanni de' Medici）的肖像。

最后，教宗本人受到了威胁？那么参观者就该考虑埃利奥多罗房第四面墙上的壁画《圣彼得从锁链中获得解放》（*The Liberation of St Peter from his Chains*），拉斐尔以高超的夜景技法展现了这位圣人被监禁在罗马马梅尔汀（Mamertine）监狱黑暗中的情景，在守卫反光的黑色盔甲旁，这位圣人如同火把般散发着光明。生命恢复的感觉，圣人洋溢的生机与守卫们垂死的、形同甲壳虫般的身体形成的鲜明对比，显示出拉斐尔曾怎样仔细地记下从前的基督复活画像中升天的神与他睡意沉沉的逮捕者之间那与此类似的对比。这一定是儒略能够见到的最后一幅拉斐尔的壁画了。此画作于1513年，教皇去世的那一年。

　　为教皇的房间绘制壁画的工作在儒略去世后依然继续,拉斐尔担任圣彼得大教堂的钦定建筑师,耗费着他的大量精力。在这些壁画中,关于新任教皇乔瓦尼·德·美第奇——继位后命名为利奥十世——即便是最明显的提及也相当间接:画中展示了他的同名者所施行的一次奇迹,这位同名者是从前的一位教皇利奥四世(847—855在位),他神奇地熄灭了一场具有毁灭圣彼得大教堂、连同威胁博尔戈地区所有建筑物的大火。在所谓的"火之室"(Stanza dell' Incendio)里,利奥以远处一个渺小的形象出现,在一个阳台上划着十字,位置靠近整幅作品的消失点。除非刻意寻找,你几乎不会知道他出现在了画面里,但在远远的地方、他的阳台下,焦急不安、苦苦恳求的妇女们却给出了提示他存在的线索。壁画强调的重点在于近景中狂乱的罗马人,他们来回奔走,被烈焰的威胁惊得分不清东南西北。火焰在最左侧狂暴肆虐。右侧,我们可以看到一群妇女端着一罐罐水前去灭火。在画面的近景处,有一个健壮的年轻人正将一位老者负在背上,旁边还跟着一个男孩:这直接引用了埃涅阿斯带着儿子阿斯卡尼俄斯、背着老父亲安喀塞斯逃离特洛伊的大火,踏上建立罗马之路的画面。一位母亲将她襁褓中的孩子递过墙壁,送入一名好心人接过来的臂弯中;一个赤裸的男人用脚尖攀在墙上,就要安全跳下。(这是一个颇为歌剧化的瞬间,因为很显然,对于这名男子来说,疾走绕过墙壁末端也是一样的轻松。可是那样就剥夺了拉斐尔画出壮丽人体以及拉紧到极致肌肉的由头了。)

　　在他为教皇房间工作的那些年里,拉斐尔并没有拘泥于壁画。他还产出了大量的肖像画与宗教画。他为巴尔达萨雷·卡斯蒂利奥内绘制的肖像画与达·芬奇的《蒙娜丽莎》一起,跻身该流派最娴熟且独出心裁的杰作之列。他最为人所熟知的宗教画是关于圣母与圣子的,通常还有婴儿时期的施洗约翰。对拉斐尔的抱怨一般都与这些画有关,这些画从16世纪到19世纪一直倍受欢迎、长盛不衰,影响着

[267]

一代又一代艺术家，直至安格尔①（Ingres）一辈，安格尔曾写道，"我们不会轻易地称赞伦勃朗与其他艺术家；我们无法将他们及他们的艺术与神圣的拉斐尔相比较"。那群自称为"拿撒勒画派"（Nazarenes）的旅居罗马的德国艺术家（奥维贝克 Overbeck、普佛尔 Pforr 等人）推崇拉斐尔的早期作品多过晚期。其他人则将他视作多愁善感、刻板陈旧的，以及具有压迫性的高超技艺；19 世纪的英格兰艺术家米莱斯（Millais）、霍尔曼·亨特（Holman Hunt）等人自称为"拉斐尔前派"，因为他们希望像拉斐尔从来没有存在过那样、不受他影响地进行作画。

但是在今天，当一个人对拉斐尔的宗教架上画有不止于粗略的认识时，就很难不屈服于它们的魅力，并随即意识到，它们的背后存在着怎样无出其右的大师技艺。无论一个人多么频繁地观赏一起玩耍的幼年耶稣与施洗约翰，无论一个人对这一重复的主题是多么反感——先知的施洗者给幼小的救世主看一个有横档的棍子或树枝，耶稣兴致勃勃地去够，因为这预示着他未来将死于十字架上——你每一次都会被那纯然的美丽与震撼击中。"不朽""神圣""完美"——这些从前的欣赏者被拉斐尔的作品激起的赞叹，也许已绝迹于现代（或者"后现代"）人之口，但它们的记忆不可能被全部抹去。

而确实，在 16 世纪早期，没有人会感到有必要摆脱拉斐尔的影响。拉斐尔既是理想的世俗画家，也是理想的宗教画家，他的作品完美无缺，他的含义一向如泉水般清澈，他笔下的圣人崇高圣洁，他笔下的男人高贵深思，他笔下的女人楚楚动人，他的技艺无可挑剔。还有哪位画家能像拉斐尔那样，在圣母升天图中画上两个小天使，赋予他们孩童式超然的迷人气质，却又丝毫不破坏事件的庄严性？答案是：没有了。没人对他有任何微词，除了众所周知容易动怒的米开朗琪罗，他曾听说，当西斯廷礼拜堂的脚手架于 1511 年拆除时，布拉

---

① 让·奥古斯特·多米尼克·安格尔（1780—1867）：法国新古典主义画家。

曼特曾让拉斐尔未经授权地提前参观了最先完成的天花板部分。"关于艺术,他所知的一切都是从我这里得到的,"这位艺术巨匠抱怨道,虽然他们之间并不存在认真的仇怨。

拉斐尔从没让一位客户失望过,他的客户中不乏意大利最有权势的一群人。除了教皇,他的主要赞助人是教皇的银行家阿戈斯蒂诺·基吉,他为基吉装饰了人民圣母圣殿(S. Maria del Popolo)(基吉自己的葬礼礼拜堂)及和平之后圣母堂(S. Maria della Pace)内的两座礼拜堂。他还为基吉绘制了自己唯一的神话主题壁画《伽拉忒亚的凯旋》(Triumph of Galatea,约作于1511—1512),位于基吉在罗马的法尔内西纳庄园(Villa Farnesina)。这位妩媚动人的海洋女神以谁为原型?也许,甚至很有可能,她是基吉一名情妇的肖像。在《奥德赛》中,据神话传说,独眼巨人波吕斐摩斯(Polyphemus)粗鲁地爱上了伽拉忒亚。(波吕斐摩斯则由塞巴斯蒂亚诺·德尔·皮翁博[1][Sebastiano del Piombo]画进了庄园里一幅临近的壁画。)她乘着两条海豚牵引的小船越过大海,逃离了波吕斐摩斯,在拉斐尔为该事件创作的壁画中,一条迷人而风格化的海豚正用锋利的牙齿咀嚼章鱼,即"水螅虫"(polyp)——拉斐尔无疑是想起了鱼市场里的景象,但也同样暗指击败了波吕斐摩斯。涅瑞伊得(Nereids)与其他海洋神灵在她四周嬉戏,丘比特在天空拍动翅膀。伽拉忒亚本人美得动人心魄,以优雅的曲线随着海浪漂浮,但她可能不是直接对照真人模特画下的。"为了画出一个美人,我需要见到许多个美人,倘若阁下能够与我一起选出其中最合适的话。但是当缺乏良好的判断者与美丽的形体时,我会利用脑海中出现的概念。"

在那时,拉斐尔已蜚声欧洲,在教皇的宫廷中受到极高的尊敬,就连教皇的司库、利奥十世的首席大臣、枢机主教贝尔纳多·比别

---

[1] 塞巴斯蒂亚诺·德尔·皮翁博(约1485—1547):文艺复兴鼎盛时期及风格主义早期的意大利画家。

纳（Bernardo Bibbiena）也将自己的侄女介绍给这位画家为妻。而更引人注目的是，画家却礼貌地拒绝了他。拉斐尔这么做的原因似乎有两个：第一，他的生活已经被其他女人填满，尤其是福尔娜丽娜（La Fornarina），许多年间她一直是他爱慕的情人。如果罗马国家美术馆中收藏的拉斐尔为她画的肖像（作于约1518）是真实的话——据推测为真，并且没有被认错，但也可能不一定——我们就完全可以理解他也许并不愿意移情别恋。第二个理由据说则实际得多：利奥十世有可能要让他做枢机主教，已婚男性就不能得到这一官职了。假如这一任命果真发生了，拉斐尔本会成为历史上第一位，也是唯——位因艺术业务而获得红帽的艺术家。然而，无论是升官还是婚事都没有发生：六年后，37岁的拉斐尔过早地离开了人世——有人说，他的死因是患上了热病，在与福尔娜丽娜——"银行家的女儿"，特拉斯提弗列血统的黑瞳美人——共度了激情四射的一夜之后。他被安葬在万神庙的一个壁龛中，他的朋友、诗人彼得罗·本博（Pietro Bembo）以一句优美的对句作为墓志铭刻在他的墓碑上："长眠在此的是拉斐尔；在他活着时，伟大的万物之母（自然）害怕被他超越；在他逝去后，她也害怕起死亡。"

拉斐尔房间的壁画装饰工程是在儒略赞助下取得的两大主要成果之一。另一项成果，几乎不用说，就是雇佣了米开朗琪罗·博那罗蒂（Michelangelo Buonarotti）。正是为了儒略，米开朗琪罗才有时会带着最深的疑虑与怨气，在西斯廷礼拜堂绘制天花板壁画，产生了时至今日依旧在整个欧洲艺术史上最有影响力——就算不是在各方面都最受人喜爱也最易于理解的——系列人物形象。在它之后，儒略逝世超过了20年，才由教皇克雷芒七世（Clement VII）在1533年构思出礼拜堂圣坛墙壁上的《末日审判》（Last Judgment），该项目于1534年由教皇保禄三世法尔内塞（Paul III Farnese）委托，底图开始于1535年，壁画开始于1536年，最终在1541年揭开面纱，迎接世人种种不同的反应。

在这两项工程之间发生的，是儒略陵墓悲剧性的流产——这是令米开朗琪罗着了魔的项目。儒略陵墓原本应该是一个雕刻的方块，宽24英尺、长36英尺，因此拥有超过70平方米的"占地面积"。它被设计为三个层级，包含47个大理石人像。陵墓本该位于圣彼得大教堂内，由于此时贝尔尼尼还未出现，所以它本将成为基督教世界最伟大的雕刻工程。米开朗琪罗，身为佛罗伦萨大卫巨像的创造者，完全可以独自一人完成这项工作。了解米开朗琪罗并为他撰写了生平的阿斯卡尼奥·康迪威（Ascanio Condivi）叙述道：

米开朗琪罗
《摩西像》，约1513—1515年
大理石像，235 cm；罗马圣彼得锁链堂

> 陵墓外部的四周环绕着雕像的壁龛，壁龛与壁龛之间则是界石；其他雕像被圈定在这些界石的范围内，就像囚徒……从地下升起，伸出纪念碑。它们代表着……种种人文科学——绘画、雕塑与建筑学也是同样——都像是教皇儒略那样，一切的善与美都是"死亡"的囚徒，因为它们再也不可能找到如他赐予它们那么多的恩惠与滋养了。

这一工程却再也没有完成。儒略二世死于1513年，可他的继任者中却没有一位有能力或有意愿来支持这一工程的。不久后，陵墓就被迁到了儒略在罗马原先的领衔教堂——圣彼得锁链堂，外形也被大幅缩减。尽管该新址上还包含了一个原有陵墓已经完工的巨大雕像——《摩西像》，但儒略二世最终的安息之所却与米开朗琪罗一开始的构想，在规模、尺寸、地点与意象上相差十万八千里。儒略本人在命令米开朗琪罗转去绘制西斯廷壁画时，就已经隐隐破坏了他完成陵墓工程的计划。保禄三世则彻底毁掉了希望，因为他坚持要求米开朗琪罗放下锤和凿，拿起《末日审判》的画笔。然后又是美第奇家族的诸多项目，如劳伦斯图书馆（Laurentian Library）以及佛罗伦萨的美第奇教堂——圣老楞佐大教堂（S. Lorenzo）的正面。一个人——哪怕这个人是米开朗琪罗——也只能做到这么多了。

西斯廷礼拜堂之所以得到此名，是因为它是在儒略当上教皇的三十年前，由他的叔父、教皇西斯笃四世德拉·洛维尔（Sixtus IV della Rovere, 1471—1484 在位）修建的。礼拜堂的建筑师是除此之外默默无闻的齐奥瓦尼诺·德·多尔奇（Giovannino de' Dolci）。其墙壁是由几位最伟大的文艺复兴艺术家绘制的壁画，包括卢卡·西诺莱利（Luca Signorelli）、桑德罗·波提切利（Sandro Botticelli）、多米尼哥·基兰达奥（Domenico Ghirlandaio）以及贝尔纳迪诺·迪·贝托（Bernadino di Betto）——通称平图里奇奥（Pinturicchio）。但是来参观西斯廷的人里，十个中有九个都只是为了天花板壁画而来。

西斯廷的布局反映了一种尤为中世纪化的世界史概念。在中世纪，人们相信，人类的过去分为三个部分或者说时期。第一部分是上帝将律法赐予摩西之前的世界。第二部分，是制定律法的时期。第三部分，是律法颁布之后的生活，围绕基督的诞生与生平为中心：《新约》时期。西斯笃四世的艺术家们已描绘了第三部分，以及第二部分的一些内容。然而，第一部分却未曾涉及，于是，儒略二世正是将在天花板上描绘《旧约》史诗的任务委托给了米开朗琪罗。

西斯廷礼拜堂的天花板是一片空白，或者说接近于此。其唯一的装饰是一层均匀的群青色涂层，点缀着一颗颗金色的星星。天花板十分巨大，长 40.5 米、宽 14 米，上面的每一英寸都必须由米开朗琪罗亲自涂绘。绘制穹顶壁画的合约于 1508 年 5 月起草并签订，而这项工程完工于 1512 年 10 月——工期长达四年多一些，其中包括 1510 到 1511 年间近一年的中断。考虑到该绘画工程是全部，或者说几乎全部由米开朗琪罗一人实施的，没有像拉斐尔可能做的那样委派助手，这一施工速度已经简直令人震惊的快了。当然，米开朗琪罗确实是有助手的——有木匠搭建高高的脚手架和梯子，有画室的人员研磨颜料与配置灰泥，有劳工将涂料和水桶送上梯子、运往脚手架顶部，有泥水匠将湿灰泥涂抹到天花板上，在图纸上的线条被转移至灰泥上时，还有助手帮忙将底图或设计图纸固定在适当的位置，无论转移的方法是以铁笔刮出记号还是用炭粉点透过纸上刺出的小洞印出线条。没人能独自完成这些繁重而无技术含量的工作。这一宏观设计的概念一定是通过与其他人协商而形成的，这些人主要是儒略二世以及他找来的其他教士与神学家——有人猜测，数量不会很多。

但是，其余的一切——也就是说，约 95% 的实际工作，涂画整个超过一万平方英尺天花板——都是由米开朗琪罗独自完成的，而我们对湿灰泥壁画（buon fresco）技法了解得越多——这种类型的绘画以他家乡的佛罗伦萨语命名——就越会震惊于西斯廷天花板壁画所达到的高超成就。

一位艺术家是无法在一块坚硬、干燥的灰泥表面画出设计的。那会招来灾难性的后果，就连列奥纳多·达·芬奇这样技艺精湛的艺术家在尝试以此种方法绘制米兰的《最后的晚餐》时，灾难也如期而至。导致这种结果的原因是，没有一面以砖块、砂浆和灰泥砌成的墙面能永远绝对干燥无渗漏。水中的盐分会逐渐从外向内渗透，破坏内部灰泥顶层铺设的油性涂料膜。而当有色颜料与灰泥结合在一起时，这种现象就不会发生，或者不会发生得这么严重，这就是"湿灰泥壁画"的精髓。至于要与灰泥结合的颜料，其必须趁着灰泥还潮湿时就涂上——理想的时机是，新鲜石灰泥，即所谓的"湿壁画的最后一层灰泥"（intonaco）铺设后的两到三个小时。随后，二者就会干燥，形成一种牢不可破的化学键。

但是，湿壁画有着自己的特性，其中最主要的一点是，其得不分成一片片地绘制。艺术家必须在一片灰泥干燥之前完成这一片的绘画。（如果将颜料涂在干灰泥上，就像有时润饰和修正壁画时被迫采取的那样，据说就会造成所谓的"干壁画"[secco]，失去真正的湿壁画所具有的耐久性。）然而，并不是所有的颜料都适于绘制湿壁画，因为有些颜料——特别是蓝色和绿色类，比如群青色及孔雀石绿——容易受到石灰碱性作用的侵蚀。这些颜料会被运用在干壁画中。而人们偏爱在湿壁画中采用的颜料包括赭色、土黄褐色、铁红、棕土、赭褐、象牙黑和葡萄藤黑。于是，画家必须规划好每一片壁画的边界，就像一幅大型拼图。每一片的大小需要限制在单独一天所能完成的范围内。每天的一小片被称为"一日工作"（giornata），而凑近壁画，一个训练有素的观察者可以轻易地跟随着每片"一日工作"的轮廓重现出该壁画的绘制顺序。就像时有发生的那样，如果壁画需要修复，那就用水基涂料涂刷在已经干燥的灰泥上。关于湿壁画技法，更复杂的一种特点是，颜色在干燥情况下的外观与潮湿情况下并不相同——这种问题在油画和水彩画中都不会出现。带有绿或黑色调的颜料在干燥后会变亮，而氧化铁颜料会变暗。合理搭配干湿要求艺术家具有最敏锐的视觉记忆能力。

人们并不清楚，西斯廷天花板壁画的叙事究竟是怎样创作的。米开朗琪罗无疑让其他人（尤其是教皇）也参与了进来。（他声称这些全部是由自己创造的，他总是喜欢这么说。）我们现在所见的穹顶的依据是九个出自《创世记》的场景，框以虚构的（着色）石雕，在长墙之间呈对角分布。它们的开端在礼拜堂的圣坛一端，为三个创世的景象，分别是《从黑暗中分出光明》《创造日月》和《从水中分出陆地》。接着还有三幅：《创造亚当》《创造夏娃》和《亚当的诱惑》，与《逐出伊甸园》结合在一幅画板中。最后看到的是《亚伯的献祭》（也可能是挪亚)、《大洪水》以及《挪亚的醉酒》,连同那位古老的族长①之长子所犯下的所谓"含之罪"(the Sin of Ham)——可不是吃多了生火腿②,而是注视了他醉酒父亲的裸体。

当然,对阳刚裸体的注视,是米开朗琪罗坚定不移的痴迷。在围绕这些画面的着色石框上,坐着"男性裸像"(Ignudi),这是一批身材美好的裸体年轻人,他们不是《圣经》叙事的一部分,而纯粹是米开朗琪罗的艺术创造,组成了西方艺术最卓越的人体构造经典。它们的功能是支撑花环与油漆青铜圆雕饰。礼拜堂的拱肩上有着一些巨大的人像,刻画了将基督降临的预言告诉古代非犹太人和古代犹太人的预言者们(预言家和先知)。预言家与先知交替沿着墙壁向下:先是利比亚预言家,然后是但以理,然后是库迈预言家,然后是以赛亚,如此等等。一个人越往下看这张巨大的人类形态表,就越会觉得,米开朗琪罗比他之前的任何一位艺术家都更多地赋予了人物以姿态和手势从而增强表现力。比如利比亚预言家,她的手臂大张以抱住她那庞大的书,显示的是她的背面,但越过她的肩膀看到了对面。还有约拿的人像,刚刚才从鲸口中释放出来——这鲸的尺寸实际只比一条大海鲢大一些——正向后倾身,惊讶地仰头凝望着他未曾想过还能重见的天日。在参观西斯廷后,歌德写道,没有人能够想象到,一个单独的个人可以一己之力创造怎样的奇迹,除非他步入这间巨厅。这一点至今未变,再没有另外一件艺术作品可以传达。

脸朝上仰躺着往天花板上作画的工作是极为严酷而冗长的,甚至对于一个三十岁中期正处体力巅峰的男人来说也是如此。米开朗琪罗曾就此写过一首讽刺诗,寄给他的朋友乔瓦尼·达·皮斯托亚(Giovanni da Pistoia)。"我为这苦差事甲状腺都肿大了,"该诗开头写道:

---

① 即指挪亚。
② "含"的名字"Ham",与英语的"火腿"(ham)同形。

就像伦巴第的沼泽里湿漉漉的猫
或者随便什么在乡村生活的这种动物——
我的肚皮皱缩到了下巴下面,

我的胡须根根向上,我的记忆力每况愈下
在我的蛋蛋下面,我长出了泼妇的胸部,
自始至终我的画刷滴着颜料,
溅在我的脸上,成了个嵌花地板。

他感觉自己的腿跛了,变成了永久性的畸形:"我的腰身向后弯曲着像叙利亚人的鞠躬礼",他的思维也错乱不清:

就像一个人用一把歪歪扭扭的枪胡乱射击。
所以啊,乔瓦尼,快来救救我吧,
救救我死去的画艺与我的体面——
对我来说,这里是个错误的地方,我已不是一个画家。

西斯廷的天花板壁画全部是关于人体,或者说是众多人体的。唯一不属于肉体的自然标志是偶尔出现的一小块光秃秃的土地,以及伊甸园里的一棵树。米开朗琪罗甚至对风景画根本不感兴趣。在这一方面,就像在许多其他方面那样,他与列奥纳多·达·芬奇是截然相反的。人体,最好是男性的身体,其结构、肌肉组织与变化无穷的姿态,构成了他想要使用的一切表达力。而一棵愚蠢的树?一块无知无觉的草地?一朵四处流浪、外形千变万化的云?忘了它们吧。在米开朗琪罗的眼中,以上没有哪一样具有上帝以自己的模样创造出的人体那宏大的复杂性、目标卓越的整体性。达·芬奇也许会猜想,宇宙的规律隐藏在从水闸流进静止池塘的水流运动中,但米开朗琪罗却对这样的思索全无兴趣。

米开朗琪罗
《西斯廷礼拜堂》, 1537—1541 年
湿壁画, 4050×1400 cm; 梵蒂冈城西斯廷礼拜堂

米开朗琪罗
《末日审判》,1537—1541 年
湿壁画,1370×1200 cm;梵蒂冈城西斯庭礼拜堂

1533 年，在天花板壁画完成的 21 年后，米开朗琪罗开始了西斯廷圣坛壁上的壁画工程，这一次，壁画的内容无他，全部是人体（虽然在画面底部还有一小片水域，代表冥河）。这幅丰碑式的肌肉景图的主题是"末日审判"。这是一项浩大的创造，他耗时五年，才在 1541 年完工，那时他已 66 岁——这是他开始创作西斯廷天花板壁画时年龄的两倍。

在这 30 年间，意大利政坛经历了诸多风雨，其中创伤最大的事件是 1527 年的"罗马之劫"（Sack of Rome）。蛮族与其他敌人在之前几年就已兵临罗马城下，但实际上未能大规模地攻破城墙。然而，1527 年的大劫对罗马人的镇定自若与自信造成的创伤性影响，几乎就是第二个坎尼战役。

那时，欧洲已经成了一座无边无际的战场，各个民族派别为了争夺国际统治地位而争斗不休。在意大利，自封为神圣罗马帝国皇帝的查理五世（Charles V）与法国、米兰、佛罗伦萨及教皇组成的大杂烩联盟之间展开了漫长没有结果的战争（1526—1529）。有人说，神圣罗马帝国皇帝既不神圣，也不罗马，更算不上真正的皇帝，这话不无道理。尽管如此，教皇克雷芒七世还是掺合进了此事中，以免法国败在查理的军队手下。可是，帝国军队真的击败了法国 - 佛罗伦萨 - 教皇联军——只是查理发现，自己没钱支付给军队承诺的酬金。失望的帝国军发起了暴动，胁迫他们的指挥官、波旁公爵（Duke of Bourbon）、查理三世（Charles III）带领他们攻打罗马。罗马是一座富得流油的城市，满地是财宝；他们是这么以为的。神圣罗马帝国的军队中包含大量路德宗的同情者，他们幸灾乐祸于攻打"巴比伦的大淫妇"（Great Whore of Babylon），即天主教会宝座的想法；而无论他们的宗教观点为何，全部的 34000 名士兵都想要拿回自己被允诺的回报。于是他们向南进军，一路制造掠夺与混乱，于 1527 年 5 月初抵达了罗马的奥勒良城墙脚下。

[276]

罗马城的防御不算强有力。它拥有比来犯者更好的火炮，但却只有一支5000人的民兵队伍，以及被称为瑞士近卫队的教皇武装。公爵查理三世死于进攻中——从不反感自我宣传的伟大金匠兼雕塑家本韦努托·切利尼（Benvenuto Cellini）宣称自己是射死他的神枪手（有可能确是如此）。他的死带走了这群帝国侵略者的最后一道约束，他们中包括14000名令人闻风丧胆的德国雇佣步兵（Landesknecht），饥渴于鲜血、性与黄金。在圣彼得大教堂的台阶上，瑞士近卫队被砍杀到几乎只剩一人——其500名成员中仅有42人逃脱出来，并有勇有谋地通过一条密道将教皇克雷芒七世偷偷转移出了博尔戈，送到圣天使堡内，在岌岌可危的安全地带做了一名实质上的囚徒。这座城市与城中教堂的约一千名抵御者被速战速决地杀死。然后洗劫开始了。

不久以后，罗马就陷入了生不如死的绝境。神父被拖出他们的圣器室，遭到残忍地羞辱后处死，有时就在他们自己的圣坛上。数以百计的修女被轮奸后杀害，首当其冲的是那些年轻漂亮的女孩。修道院、宫殿与教堂被掏空后付之一炬，而高阶教士——包括许多枢机主教——不得不向咄咄逼人的士兵们支付巨额赎金。那段日子里造成的一些细微伤疤至今仍可见到：在拉斐尔房间中的一间里，一名叛军在赫利奥多罗斯的壁画上留下了几道抓痕。骚乱持续了几个星期。皇帝查理五世没有能力，也并不十分情愿制止他的军队。经过一个月的奸淫掳掠，直到6月6日，克雷芒七世才正式投降，并同意为自己的生命支付400000达克特的赎金。

罗马终于被饶了过去，但要恢复教皇的威望已无可能，而与罗马"世界首都"（caput mundi）的地位一同失去的，还有那份不可侵犯之感。如果上帝允许了此事的发生，那么罗马所谓的神圣使命还能有什么可信度？在全欧洲人的心目中，罗马之劫是一个预兆，协同增加了宗教改革的糟糕效应——在当时，该运动已诞生了十年之久，拥有无可争辩的持久力。上帝正在抛弃这座城市，或许是已经将它抛弃了。一道审判已经降下。这是文艺复兴教皇在罗马的统治——这短暂而光辉的事物——的结束。尽管米开朗琪罗——他目睹了这一连串事件——没有记录时事的习惯,我们在西斯廷的《末日审判》中几个人物身上发现的对应于六年前这座无助城市遭劫的巨大悲观情绪并不是一个错觉。有可能,其实是很有可能,卡戎①(Charon)的形象——那恶魔一般的摆渡者,用他的船桨重击恐惧的灵魂、将它们赶下渡船——是以米开朗琪罗在某个时刻目睹的德国雇佣兵为原型,那愉快而残忍的士兵正以手中的戟刺戳、击打着将一群叽叽喳喳的无助市民逐出避难所。

　　人物墙巨大无比。它也会引发令人几乎难以忍受的幽闭恐惧症,因为画中没有普通意义上的"空间"。没有可供你想象自己的身体移动的风景或天空景。庞大的人体充斥墙面,几乎到了挤住不动的地步。其中在做动作的人是具有强烈实体感的,但又不属于这个世界。就像在其他末日审判题材的画中一样,我们在这幅壁画中可以看出被诅咒者与被保佑者的鲜明区分,前者正走下地狱,而后者正在最高审判者耶稣的庇护下升入天国。然而,这一场景里也有一些令人心烦的不合理之处——如果这样庞大而分散的事物也可以恰当地被称为"场景"的话。为什么画中的耶稣看上去更像是一个冷酷无情的阿波罗式希腊神祇,而不是其他末日审判画里的"正常"审判者与救世主?为什么耶稣的母亲在他身旁如此谦恭地卑躬屈膝,就好像恐惧于她的儿子显露出的降怒于罪恶的强大威力?也许这二者都与但丁的诗句有关,这些诗句大概在此前就已启发了米开朗琪罗,在他雕刻成年的俊美基督死后躺卧在母亲膝上的《哀悼基督》(*Figlia del suo figlio*)时。但为什么习惯上被描绘为拿着自己的皮(在殉道时被剥下)的圣巴多罗买(St Bartholomew),却手拿另一张人皮,那塌陷的脸部明白无误就是米开朗琪罗本人的?而米开朗琪罗又究竟为什么要给神圣的巴多罗买画上一张最不圣洁的作家的脸——讽刺与色情作家彼得罗·阿雷蒂诺(其性爱"体位"集,由朱利奥·罗马诺作插图,是文艺复兴鼎

[278]

---

① 卡戎:希腊神话中厄瑞玻斯和夜女神之子,在冥河上摆渡亡魂去阴间的神。

盛时期创作的被打压的经典作品之一)？无论何时，当一个人走进西斯廷礼拜堂、凝视其圣坛墙，都会不由自主地产生许许多多诸如此类的疑问，而要为这些疑问找到得以解答的细微可能性，至少是解答一部分的可能，只能有人一睹米开朗琪罗初初画下的真容才行。

在此期间，天花板壁画与《末日审判》不断受到极度有伤尊严的责难。保禄三世之后的一些教皇极其厌恶这些作品。保禄四世卡拉法（Paul IV Carafa，1555—1559在位）将《末日审判》称作"一锅裸体的杂烩"，"杂烩"（stew）一词在文艺复兴时期含有公共浴池、炖菜（stufato）以及妓院之意。另一位美第奇家族的教皇庇护四世（Pius IV，1559—1565）下令给画中的一些人物画上缠腰带，以使其得体些；这一任务被派给了一位好画家——丹尼尔·达·沃尔泰拉（Daniele da Volterra），从此以后他的名号就成了"造裤子的"（il braghettone）。克雷芒八世阿尔多布兰迪尼（Clement VIII Aldobrandini，1592—1605在位）曾想把整幅壁画粉刷掉，但幸好被教士们劝止了。

凡是20世纪70年代末、80年代初身在罗马的艺术爱好者，没有人会忘记西斯廷礼拜堂清洗工程所唤起的热烈激情。有些人一辈子的交情会因为这场争论而毁于一旦；通常相对平静的讨论会被道德争论的欢呼与交火横扫一遍。

这些争议往往总是围绕着一个中心问题。米开朗琪罗的配色灰度很高，几乎为黑白单色的特点，到底是有意为之，还是意外造成？

对于备受青睐的艺术品的清洁工作，总有人持抵制态度。对毁坏的顾虑以及对彻底改变的天然恐惧结合在一起，有时会累积成一种极为苦恼的保守主义。某些时候，这种保守主义并不是全无道理的：那些记得伦敦国家美术馆中一些画作原本模样的人会苦涩地回想起，这些画在被主管菲利普·亨迪爵士（Sir Philip Hendy）放出的修复师用棉签和溶剂染指之时，不仅是被修饰一新，更是被脱胎换骨了。在清教主义的观念中，清洁度几乎等同于虔诚度，你除去的东西越多，你与最初的真相就越接近，这种观念在1970年代后期图画清洁行业的某些领域内依然根深蒂固，在1960年代早期近乎被奉为圭臬。西斯廷天花板壁画色彩的减退似乎十分符合人们的一种看法，即米开朗琪罗主要是一名雕塑家，自然而然地会考虑运用单色题材。人们不愿意去想，为画中的人物带来了大理石般的庄严、恰恰同时也模糊了其细节的，只是尘土、烟灰与几个世纪的污垢。

反对清洁画作的派别策划了煞费苦心的各类解释，不夸张地说，这一派中包括了一些意大利与世界各地最杰出的艺术史学家。他们提出的说法中最受欢迎的一种是，米开朗琪罗不喜欢西斯廷壁画相对明亮的色调，于是为它们加上了"最后的润色"（ultima mano），即以颜料和稀释动物胶进行了颜色变暗与统一化的洗刷。他们挖出古代文献中模糊不清的关于使用"黑液"（atramentum）——一种深色调洗剂——处理古画的记载，证明米开朗琪罗也运用了这种物质。

胶确实用到了，深色颜料也用到了。但不是米开朗琪罗把它们用在这些地方的。它们是后来的添加物。所谓的"颜料"主要是空气中的烟灰，来自几百年来燃烧的蜡烛。（在电力时代以前，西斯廷礼拜堂是由许多大而粗矮的蜡烛点亮的，在壁画水平线以下的一个内置壁架里不断地冒着烟。这些蜡烛用的不是燃烧起来相对清洁的蜂蜡，而是你在烤肉时烧烤木料形成的那种黑色粘性物质。）而所谓的"胶"则是动物胶，大多也是在米开朗琪罗辞世很久以后才由多事的保管员添加上去，他们试图以降低暗色的办法提升亮色。其最终结果造成了一片乱七八糟的模糊。多年以来，人们做了各种各样清除脏膜的尝试，但无一成功。

你若是想知道米开朗琪罗在绘画中真正爱用的色彩，明智的做法是去看他唯一一幅现存的架上画《圣家》（Holy Family），作于约1504年。明亮而音乐般的色彩，被称为"变化的色彩"（colori cangianti），闪光绸般的色调，马利亚裙子上波纹状的天蓝色，约瑟外袍的大片黄色，通透无遗的光线——这些与西斯廷天花板壁画的色彩毫无任何

[280]

相似。不可避免地，当天花板壁画被清理干净、与《圣家》类似的颜色开始显露出来时，那些感到米开朗琪罗遭到诋毁的艺术史学家就会发出一片抗议的呼声：这些"新"色彩是属于后世风格主义艺术的，其代表艺术家是蓬托莫①（Pontormo）或罗索·菲欧伦蒂诺②（Rosso Fiorentino）。由这一新发现产生的推论明显应该是，风格主义的"变化的色彩"本是仿效自米开朗琪罗的西斯廷壁画，当这些艺术家涌入西斯廷观看米开朗琪罗的新作时，他们视他为终极向导，只愿满怀敬意地追随他的足迹。但关于修复的批评者们却本末倒置了。

十年后，看着整修一新的西斯廷壁画，一个人只能猜测当年受到歇斯底里反对的究竟是什么。全部的丰富色彩如今得以重见天日，这是世界上至高无上的名胜之一。在这一点上，我大概应该承认自己的偏爱：在供职于美国当时的重要刊物《时代》期间，我有幸进一步进入了清洁人员工作的、架在西斯廷墙壁之间的"移动桥"（ponte）上，在上面度过了三天中的大部分时间，我的鼻子离壁画表面只有几英尺距离，亲眼目睹在蜡渣下埋藏如此之久的米开朗琪罗的色彩是如何再次鲜活起来，其形式又是怎样重获新生的。这是一项殊荣，很可能是我作为艺术评论家的五十年职业生涯中最为记忆犹新的殊荣。这使我不再怀疑，梵蒂冈团队一点一点一丝不苟的高科技工作，就像约翰·布里尔利（John Brearley）在马德里对委拉斯开兹（Velasquez）的《宫娥》（Las Meninas）所做的规模宏大而谨慎小心的清理工作一样，是技巧与耐心的伟大壮举，而一度尘封的文化真相正在大白于天下。

米开朗琪罗的壁画自然是对来到罗马的游客极具吸引力的名胜景点——由于这一年到头拥挤不堪、令人难以忍受的人群，安安静静地欣赏壁画已成了奢望。然而，米开朗琪罗在罗马的建筑事业却是另一

---

① 蓬托莫（1494—1557）：原名雅各布·卡鲁奇，意大利佛罗伦萨画派的风格主义画家。
② 罗索·菲欧伦蒂诺（1495—1540）：原名乔瓦尼·巴蒂斯塔·迪·雅科波，意大利佛罗伦萨画派的风格主义画家。

回事了。他的主要建筑任务有三：卡匹托尔山的改造（连同马可·奥勒留的雕像），罗马最宏伟的宫殿——法尔内塞宫（Palazzo Farnese）的设计，以及圣彼得大教堂的发展。

在米开朗琪罗创作《末日审判》的时候，不时有人与他接洽，希望他转向公共建筑工程的建设。随着《末日审判》的完成、保罗礼拜堂工程的结束，他如释重负地转移到了建筑方面，而他投入其中的第一个规划，就是罗马神话与历史的核心——卡匹托尔山（意大利语称为Campidoglio）的重新设计。"罗马之劫"九年后的1536年，重修卡匹托尔山的需要变得明显起来，因为战胜方查理五世对创伤依旧触目惊心的罗马进行了一次国事访问，而教皇保禄三世意识到，尽管为了迎接这位皇帝的到来，他们在沿着罗马旧日的凯旋之路匆忙赶制出了临时性的游行拱门，可是却没有举行接待仪式的大型中心广场。

拥有众多历史关联的卡匹托尔山似乎是一个合适的地点，1538年，保禄三世下令将马可·奥勒留骑马像从拉特朗宫外面的原址迁移到卡匹托尔山。教皇误将这座雕像的人物当成了基督徒君士坦丁大帝。这是一个幸运的误会，只因中世纪的所有罗马人都把此雕像当成了君士坦丁（或者是后来的一位基督徒皇帝安东尼·庇护［Antoninus Pius］），它才得以免于因身为异教纪念物而被拆除、熔化。有趣的是，米开

《马可·奥勒留骑马像》，公元176年青铜像，350 cm；罗马卡比托利欧博物馆

朗琪罗反对将马可·奥勒留像放置在该处——原因不得而知，但对罗马来说幸运的是，教皇否决了他的意见。1537年米开朗琪罗被授予罗马荣誉市民，在这一赞美的奉承下，他加紧推进了卡匹托尔山的构想。他为雕像设计了一个椭圆形的底座，又在雕像四周铺设椭圆形人行道，以取代元老院宫（Palazzo del Senatore）前的不规则形广场。他在宫殿正面加上了两条对称的阶梯，并设计了一条优美宽阔的台阶式坡道——"大台阶"（Cordonata），将广场与下方如今的威尼斯广场（Piazza Venezia）层级连接起来。因此，大台阶的视轴从马可·奥勒留像通过，直达元老院宫双阶梯的交汇点。此时，这座雕像需要一个新的建筑环境。它的一侧，建立在曾经是朱庇特神殿的废墟之上的，是15世纪的保守宫（Palazzo dei Conservatori）。米开朗琪罗重修了宫殿的正面，加上了强有力的全高度科林斯式壁柱，而在雕像的另一侧，面对着保守宫，他修建了与之匹配的新宫（Palazzo Nuovo），也就是今天的卡比托利欧博物馆（Capitoline Museum），那里收藏着海量的罗马古物。

就这样，米开朗琪罗创造出了建筑史上最伟大的都市中心之一。在空间美方面，意大利只有区区几处广场——如威尼斯的圣马可广场与锡耶纳的贝壳形广场——可与之相比，而没有一座广场能够接近它那异常丰富的艺术内容。它的高度空前绝后，无出其右。许多年以后，新古典主义艺术家亨利·富塞利（Henry Fuseli）的一幅素描概括了该广场对前来参观的美学家的影响，富塞利于1770年来到罗马，在此旅居了十年。画上是一个人物，绝望地将头埋在双手中，坐在今天依旧位于卡匹托尔山上的君士坦丁像那庞大的大理石手脚前。这幅画的标题为《古代碎片的宏伟前绝望的艺术家》。这是一种许多时候、许多人都曾感受到的情绪，但米开朗琪罗没有。拉斐尔才是两人中更热心的古物保护者。

在短暂的一生中，拉斐尔积极推动了无数古代遗迹与纪念物的保护。一份古迹衰朽报告被提交给儒略二世的继任者利奥十世，他于

1515年任命拉斐尔为罗马古迹长官。这一官职并没有赋予拉斐尔阻止掠夺古代大理石的权力。正相反——它给拉斐尔加上了收集古代材料、用于建设新圣彼得大教堂的职责。因此报告中的嗟叹多少有了些虚伪的意味。我们不清楚这份报告的编纂与撰写者是谁。因为没有署名，人们曾把它归于布拉曼特、拉斐尔、作家巴尔达萨雷·卡斯蒂利奥内等人名下。由于一份巴尔达萨雷手书的报告草稿被发现于卡斯蒂利奥内家族图书馆，而拉斐尔（1483—1530）不仅是圣彼得大教堂的钦定建筑师与利奥十世的首席美学事务顾问，还是卡斯蒂利奥内的知己，因此很有可能，正是这两人一同撰写了这份报告。

据报告所载，作者踏遍了整个罗马，四处查看、绘图、测量，显然这是一种百感交集的乐趣：这种"如此众多的杰出事物的知识给我带来了最大的愉悦；另一方面，也给我带来了最大的悲伤。因为我见到，这座高贵的城市——这从前的世界女王——是如此伤痕累累，几乎成了一具僵尸"。在罗马，古物在不断地被罗马人自己巧取豪夺，遗迹上的细碎石头被掠走，圆柱被砍倒运出，大理石塑像与雕带被烧成石灰，青铜也被熔化成水。这些行为已经持续了数百年，没有受到教皇或元老院的制止。罗马人自己对罗马造成的毁坏，比最恶劣的蛮族入侵还要多。与这些罗马人相比，"汉尼拔看起来也成了一个虔诚的人"。"当那些比任何人都应该担负起守卫罗马可怜遗迹之责的人们竟然沉迷于研究——长久的研究——这些遗迹是怎样被毁灭消失的，我们怎么还能为罗马的敌人——哥特人、汪达尔人等的所作所为叹息悲悼？"这荒谬怪诞的拆毁遗迹的工程，这毫不留情的城市自毁，就是罗马最大的、几乎也是唯一的产业。

> 有多少教宗、圣父曾执掌与您相同的职位，却没有如您一般渊博的学识……他们曾批准对古代神庙、雕像与拱门，以及其他宏伟建筑的破坏与损毁，以此作为他们手下建造者的光荣。为了掘出火山灰水泥，多少教皇曾允许开挖古代建

[284]

筑物的地基，以致没过多长时间，这些建筑物就轰然倒地？为了得到石灰，又有多少古时的雕像与装饰物被付之一炬？

无知的开发者对这座城市零碎不断的破坏，是"我们时代的丑恶"，是一种残忍的历史阉割。拉斐尔与卡斯蒂利奥内——我们可以将二人假定为报告的作者——非常清楚地认识到他们恳求的对象是谁。他是乔瓦尼·德·美第奇，强势的儒略二世的继承人，最不适合被选为教皇的外行，佛罗伦萨的"伟大的洛伦佐"[①]（Lorenzo the Magnificent）之次子，一个当时四十出头、尚还年轻的男人。在佛罗伦萨的洛伦佐宫廷里，他接受了良好的人文主义教育，他的老师有皮科·德拉·米兰多拉（Pico della Mirandola）、马尔西利奥·费奇诺（Marsilio Ficino）与诗人安杰洛·波利齐亚诺（Angelo Poliziano）等人。无论是在佛罗伦萨还是罗马，他都一直沉浸在艺术与文学中；他对古典往昔的崇敬是彻底而逐渐被灌输的，绝不仅仅是装模作样或冒充博学。此外，他对前辈教皇的意见没有什么天然的尊敬，特别是在建筑史事务方面。

"既然上帝赐予了我们教皇这一职权，"乔瓦尼·德·美第奇在当选为利奥十世后的言论十分出名，"那就让我们享受它吧。"他打算这么做，也的确这么做了。据威尼斯驻罗马大使马里诺·乔吉（Marino Giorgi）记载，他是一个"天性温和、极为坦诚爽朗的人，回避一切困局，万事以和为贵……他热爱学习；在教会法与文学方面，他具有令人瞩目的渊博知识"。他豢养了一大群野生动物，其中包括一头驯服的白象。据1525年弗朗切斯科·圭恰迪尼[②]（Francesco Guicciardini）的证言所说，他是一个活跃的、毫不掩饰的同性恋者，"极端热衷——

[①] 伟大的洛伦佐：即洛伦佐·德·美第奇（1449—1492），意大利政治家、外交家、艺术家，文艺复兴时期佛罗伦萨的实际统治者。
[②] 弗朗切斯科·圭恰迪尼（1483—1540）：意大利历史学家、政治家。

而且天天无甚羞耻地——投身于那种不为名誉的欢愉中去"。而他在文化方面是严肃认真的。利奥十世恢复了罗马大学（University of Rome），该校在儒略二世在位期间一度落入了艰难的境地。利奥十世提升了教授的薪酬，扩充了师资队伍，还资助了一家希腊语印刷社，其创造了在罗马出版的第一本希腊语图书（1515），是为这座城市植入人文主义思想的重要一步。他让一批学者与诗人担任教皇秘书，例如彼得罗·本博、吉安·乔吉奥·特里西诺（Gian Giorgio Trissino）等。

所有这一切都是要花钱的——并且耗资巨大。利奥十世在两、三年的时间里就将教皇金库花了个底朝天。作为基督在人间的代理人，主管着一座像罗马这样可悲地剥夺了自己古老光荣的城市，这自然令他感到尴尬。教堂需要防卫措施，发生在新的建筑物上的事就是清楚明了、实实在在的证据。儒略二世与他的建筑师布拉曼特已经开始以一座广阔的新教堂取代旧的圣彼得大教堂。而现在，利奥十世要着手将其规模加倍，这是在基督教历史上前所未有的。在大多数时间里，这些扩建工程都是混乱无序的，因为新任教皇往往会听任他们登位前开工的工程偏离正轨。历任教皇们的军事、政治、建筑与艺术雄心使教皇陷入了一阵又一阵漫长而突然发作的无底债务之中，为教皇的银行家们带来了无法解脱的灾难。利奥十世显然也无法逃脱这种财政厄运，而他为此实施的一系列短期缓和措施对教会来说却是一场灾难。他是教皇历史上花钱最无计划者之一。他对美术的依恋，特别是他对文学和学术的鼓励，使我们不由得对他产生好感。但教会需要的是一个更有节制的人，而节制却不是一种可以被利奥十世所理解的美德。他需要一笔巨大无边的数额，不仅用来支持他的奢侈品味，还要投资种种大型工程，其中最大的工程就是新圣彼得大教堂的建设。他由此打开了教会历史上最恶劣的赚钱手段的大门：大规模出售赎罪券。

当从出售赎罪券中流入的现金不够时，利奥又卖出了与教皇结交的声望（当然是向经过挑选的买方）。他新发明了形形色色的教廷官职，把这些官职售卖给出价最高的竞买人。据可靠估算，在利奥去世

[286]

时，有超过两千人花钱购买了他创造出来的官职，产生了三百万达克特的资本价值，每年为教皇产出 328000 达克特。红衣大主教的官帽也被普遍拿来出售，这使得教会统治集团的高等层级中充斥着贪得无厌的骗子无赖。甚至有消息说，利奥典当、出卖了梵蒂冈的一些艺术藏品——家具、碗碟、珠宝和艺术作品。

我们不能确定，利奥十世是否充分理解这一股即将推动思想与信仰史上的史诗巨变的怒火，而该巨变即将震动欧洲。很难找到比这位美第奇家族的教皇和名叫马丁·路德的德国修道士更加迥异的两个人了，在利奥当上教皇的第四年，1517 年 10 月 31 日，马丁·路德将自己的《九十五条论纲》钉在了维滕堡（Wittenburg）的教堂大门上。路德是一个学问深厚的人，但他没有那种鼓舞着利奥的、文化上的享乐主义乐趣。他是绝不可能被称为感官主义者的，而利奥则在各方面都是如此。

利奥的做法在忠实信徒中引发的愤慨与厌恶，将是宗教改革的起因之一，在这场运动中，为了教义上的原因，天主教与新教之间划时代的分裂从此生根。可是，就在利奥如此鲁莽地处置这些杰出艺术品的同时，他也在为日益扩大的梵蒂冈图书馆添砖加瓦，尤其是许多书籍与手稿。在此过程中，这位导致了宗教改革的教皇也培育了一批新的知识分子精英：罗马人文主义者。

第七章

17 世纪的罗马

如果没有教皇西斯笃五世（Sixtus V）一人在 16 和 17 世纪对罗马施加的改变，你无法想象现代的罗马会是什么样的。由于儒略二世对米开朗琪罗等艺术巨匠的赞助，我们自然而然地倾向于将其视为 16 世纪首要的"建筑教皇"。从某种意义上说，他确是如此——但如果一个人不曾领会到西斯笃五世佩雷蒂（Peretti）对罗马城市结构进行改变的规模，他（她）就注定会误解这座城市。是西斯笃五世奠定了巴洛克罗马的基础，而巴洛克罗马的外骨骼正是今天的游客们亲眼目睹，却往往视作当然的。

西斯笃五世于 1585 年当选为教皇，继承了这样一座混乱无序的城市——犯罪四起、濒临破产，各处散落着半遗弃的废墟。在帝国的巅峰时代，罗马拥有超过一百万人口。而在西斯笃五世登基的时候，人口也许只有 25000 人，很可能更少。使罗马突然一落千丈的天主教会大分裂（the Great Schism）对 14 世纪的罗马造成的经济衰退，将其变成了一座遗迹遍布、名副其实的鬼城。

罗马的七座主要教堂是稳步增长的宗教客流的焦点，与后世开发程度更高的大众旅游业不同，这对于这座城市的经济总体无甚助益。的确，进行朝圣的忠实信徒数量每年都在增加。但这些朝圣景点之间的结缔组织——所谓的"永恒之城"的血肉之躯——却在以惊人的速度枯萎皱缩。这时一项革新工程站了出来：米开朗琪罗的城市规划杰

[287]

作——卡匹托尔山的重建，完工于 1540 年代，而这远在西斯笃五世当选教皇以前。但是这座城市依旧百废待兴，而罗马赖以维持其连贯的市民生活的秩序却已经消失，取而代之的是一片混乱，使人联想起 1970 年代的纽约城与 1990 年代的华盛顿特区。一些人相信，土匪已经接管了城市。一种估计认为，土匪的数量有两万人，几乎是有多少守法公民、就有多少土匪。这一数字看起来很难说得通，但犯罪率确实已增长到了难以估量的程度。

[288]

这样的危机不是某一个人可以扭转的。而如果没有坚强的领导，这危机也无法克服——若是没有残酷无情的意志，一般都无法将委员会召集起来。然而就像有时会发生的那样，危机呼唤着英雄的出现——一位教士在 16 世纪末登上教皇之位，由此接管了罗马及其行政管理大权。他就是菲利斯·佩雷蒂（Felice Peretti）——蒙塔尔托枢机主教（Cardinal Montalto）——方济各会修士，在额我略十三世（Gregory XIII）逝世后于教皇选举秘密会议上被选为教皇，称为西斯笃五世。

他是个农家子，出生在格罗塔姆马雷（Grottamare），教皇国的蒙塔尔托附近一个籍籍无名的乡村。据说，他儿时是个猪倌，这很有可能是真的。身为小兄弟会的托钵修士，他在教会中晋升迅速，先后当上了锡耶纳（1550）、那不勒斯（1553）和威尼斯（1556）的女修道院院长。一年后，他被任命为威尼斯的宗教法庭顾问。凶狠而狂热的宗教法庭审判官在威尼斯并不鲜见，可即便是在该地，佩雷蒂也因他的高度热忱而显得过于异常，1560 年，威尼斯政府提出请求，将他撤出本地。

1566 年，教皇庇护五世任命他为主教，1570 年，他又戴上了枢机主教的红冠。十五年后，他被选举为教皇。据说，他是拄着双拐进入选举秘密会议室的，装出一副极度虚弱的样子。无疑，他是希望以此让别人以为他是个短命的临时教皇，以此增加自己当选的机会。确认由他当选的白烟一从烟囱里冒出来，他就一把扔掉了拐杖，生龙活虎、身姿挺拔地站在了集合的枢机主教团面前。这故事不是真的，但也未必全假，就像罗马人常说的那样——"假如它不是真的，它也该是真的。"

从某些方面来说，西斯笃五世是个恐怖的人物，从另一些方面来说他是个无知的人物，而总体来说，他是个令人敬畏的人物。犹豫不决或缺乏创造力这样的词语从来不可能用于指责他。席卷教会的变革氛围是由这样一个笃信绝对权威，特别是他自己的教皇权威之人带来的。然而，作为一个铁腕领袖，他是不会倾向于聆听他认为的下级意见的——也就是说，在这唯一、神圣的罗马天主使徒教会里，他不会听从其他任何人的意见。

这一点在他的一切行动中都显露无疑，从城市规划到圣经学问。

1580年代后期，西斯笃负责出版了"西斯廷译本"（Sixtine Vulgate），即《圣经》的官方拉丁语译本。这在宗教上是必需的，因为它会给予意大利人以基督教世界基础性文本的最终印刷形式，以保护其不受异端的入侵。可是，西斯笃对这些编辑们没有什么好感。他将他们视作吹毛求疵的麻烦精，粗暴地无视他们的建议。这个出版于1590年的版本成了文献学界的罕见品，因为书中错漏百出，不得不被废止——自然是在西斯笃过世之后。

这样的事从未在他对罗马城本身进行的规划上发生过。从整体的角度考虑，西斯笃以全城的规模而不仅是一座又一座建筑物，改造了罗马的形状。

但首先，他要解决的是犯罪问题。

"我来并不是叫地上太平，乃是叫地上动刀兵。"他告诉一位祝贺他当选教皇的枢机主教同僚。这是基督说过的一句话。

教皇的刀锋第一次出鞘，就对罗马的恶棍与窃贼群体起到了致命的作用，他们纷纷被逮捕、斩首、绞死，悬吊在绞刑架与台伯河的桥上。西斯笃五世绝对不相信市民具有携带武器的权利。他深信不疑的，是司法震慑。当有四个带有入鞘之剑的无害年轻人被发现跟在教皇队列后面时，他便下令将他们立即处死。这一政策十分奏效，不久之后，教皇国就被认为是欧洲最安全的领域了。为了庆祝这一成就，西斯笃铸造了一枚奖章，一面刻着他的头像，另一面是一名在树下安睡的朝圣者，上面刻有铭文"绝对安全"（Perfecta securitas）。

为了防止坏人卷土重来，西斯笃首次与各邻国签订了引渡条约。没有哪国的统治者会冒着触怒教皇的风险而置这些条约于不顾。如果说死亡刑罚增进了市民秩序，那么它也可以为道德秩序创造奇迹。在被西斯笃宣布可判死刑的行为中，除了盗窃财物和侵犯人身安全，还包括堕胎、乱伦和娈童。理论上说，这些罪行在从前就达到了死刑惩处，但西斯笃使刑罚绝对强制、无一例外。较轻的犯罪，比如在安息日犯戒，会被处以桨帆船服役的惩罚。（教皇国仍然保有一支较小规模的舰队，虽然舰队里的船只与其说是用于作战，不如说是用于以划桨的劳役惩处罪人。）罗马到处都是娼妓，从前的历任教皇几乎都不予干涉；西斯笃禁止她们白天在主干道上揽客，夜晚则全面禁止上街。他还打算这么做：如果一个姑娘被人抓到在错误的地点或时间招揽生意，她就会被在脸上或胸部打上烙印。

在犯罪与恶行受到某种形式的控制后，西斯笃下一步将注意力转到了他的前任额我略十三世规划却未竟的城市工程上。那位教宗已经对这座城市作出了自己的改变。据安排，1575年要举行一次禧年大庆。这会吸引大量朝圣者前来罗马，成倍加剧其交通问题。借着为禧年做准备，额我略清理出了一条宽阔的街道，叫作梅卢拉纳大道（Via Merulana），从圣母大教堂通往拉特朗宫。他还修改了建筑法规，鼓励规模更大、更宏伟的土木结构。

但与西斯笃五世如今着手开建的工程相比，以上这些不过是些小意思。西斯笃的工程是通过主建筑师多梅尼科·丰塔纳（Domenico Fontana，1543—1607）进行的。

早在很久以前的1576年，丰塔纳就为西斯笃在奎里纳尔山设计了一座庞大（且不断扩展）的庄园——蒙塔尔托庄园（Villa Montalto）。

他建议教皇修复罗马最美丽的早期教堂之一——5 世纪的圣撒比纳圣殿（Santa Sabina），连同其二十四根从某座古代异教神殿拆下来的一整套科林斯式柱。他设计了一座广大而平凡无奇的建筑，以容纳当时已收藏颇丰的梵蒂冈图书馆（1587—1590），他还选择了一批画家，创作了诸如库迈预言家主持烧毁《西卜林神谕集》(Sibylline Books）等场景的壁画。① 西斯笃不赞成保留拉特朗圣约翰大教堂，其一些部分可追溯至 6 世纪，到 15 世纪时已经成了主要的教皇居所。教皇尼各老五世搬离了此地，迁往梵蒂冈的新址。从此这座老旧的建筑物就因疏于管理而不断腐朽，许多地方已不能住人，更不能供尊贵的教皇居住了。西斯笃下令将其夷为平地，丰塔纳在其原址上修建了一座新的拉特朗宫，于 1589 年建成完工。

尽管如此，西斯笃五世的特别关注、几乎成了他的执念的，却是罗马城本身的外形与流通。对于这位教皇来说，禁止街道上的悬伸木制构造物是不够的，虽然他确实这么做了。街道本身需要一番根治性的大手术。到最后，西斯笃在罗马铺砌，也可以说是重新铺设了约 120 条街道，并在城中延伸了约 10 公里的新路。

16 世纪初的罗马城市地图显示了城中的七座朝圣教堂：拉特朗圣约翰大教堂，圣彼得大教堂，城外圣保罗大殿，圣母大教堂，圣老楞佐圣殿，圣依搦斯堂，圣巴斯弟盎教堂。在这七座教堂之间迂回而行的是一条条道路，其中大多数仅是牛羊小径。这种杂乱无章冒犯了教皇的秩序感。在未来，笔直的街道将以一个个中心点连接，依次向

---

① 库迈预言家是"预言家"姐妹团体中最著名的一个。她提出将填满了九卷本的预言与神谕以高价出售给罗马的最后一位王塔克文·苏佩布，他拒绝了；预言家烧掉了三卷本，提出以原先的价格将剩下的六卷出售给塔克文，他再一次拒绝了；她又烧掉了三卷，售卖仅剩的三卷，他终于买下了。《西卜林神谕集》中充满了关于如何消除天神之怒的预言与建议，其被交由贵族照管。女预言家后来被人们认为等同于《旧约》中的先知，也是如米开朗琪罗西斯廷礼拜堂等作品中的人物。——原注

前。例如，他主导规划并建设了从圣母大教堂直抵拉特朗宫以及从拉特朗宫通往斗兽场的大道。一条名为菲利斯大道（Strada Felice，以教皇本人为名），后来又更名为西斯提纳大道（Via Sistina）的街道，宽广、大方，从耶路撒冷圣十字圣殿通往圣母大教堂，又伸至山上天主圣三教堂，全长三公里。没有一座已有的建筑物可以阻碍大道的铺设。不管什么挡道，照拆不误。教皇对世俗与教会建筑物一律拥有无可置疑的征用权，而他毫无克制地行使了这项权利。

而他也丝毫不注重那些经典纪念物。西斯笃五世在文化追求上是一个肤浅的人，从来不受罗马往日人文主义影响，甚至文艺复兴记忆的约束。他的前任额我略十三世曾在卡匹托尔山上竖立古代的雕像；西斯笃反对这一做法，声称这些雕像和其他异教偶像一样不可容忍，于是命人将它们搬走了。他告诉自己的一名廷臣，此行动使他感到特别享受，因为他早就梦想自己仇恨的额我略十三世在炼狱里受折磨了。他乐于投入共计5339斯库多，用来毁灭戴克里先浴场遗址。他毫无不安地拆除了皇帝赛普提穆斯·塞维鲁（Septimus Severus）修建的七节楼（Septizodium，落成于201）华丽的正面遗迹——该遗迹极受15、16世纪艺术家们的推崇——他还将上面的珍贵大理石用作自己的建筑工程的一部分，分散到城中各处。他想要把两面神雅努斯的四方形拱门拆掉，让自己的宫廷建筑师丰塔纳用拱门上的大理石建造拉特朗圣约翰大教堂前方尖碑的基座，还下令毁掉塞西莉娅·梅特拉[①]（Cecilia Metella）的陵墓，即便这座陵墓远在罗马城范围之外。他还认为，应该把斗兽场改造成一个羊毛加工厂，以提高本城的就业率。最后一个计划得到了推进，但在1590年西斯笃去世后被废止。（幸运的是）他另一个更为糟糕的主意也被废止了，那就是拆毁斗兽场的一大部分，为新建一条连接卡匹托尔山与拉特朗圣约翰大教堂的大道腾出空间。

---

① 塞西莉娅·梅特拉：古罗马将军苏拉之妻。

至于怎么处理古罗马的两大记功柱——图拉真记功柱与马可·奥勒留记功柱，西斯笃的回答是毫不考虑这两座纪念物的原意，直接在图拉真记功柱顶端安上一尊圣彼得雕像（以熔化的古代雕像的青铜水铸成），又在马可·奥勒留记功柱上安置一尊圣保罗雕像。为了供奉圣彼得的地位，教皇陛下解释称，这样一座图拉真的纪念物只有被天主教会用来重新供奉，才有资格充当基督在人间代理人的形象——这真是一场令人吃惊的诡辩。

事实的真相是，就像其他许多权力不受约束的人物一样，西斯笃五世对未来的相信大过对过去的相信，因为未来可以塑造，而过去不可以。以此为核心，他无非是不能理解，为什么一个被打败的异教信仰的遗存要被允许阻碍一个鲜活而胜利的信仰的进程。从这一方面说，他是反宗教改革的理想教皇。在他的统治下，一切建造、修复、雕刻与绘画活动都必须用来说明"得胜的教会"的力量。如果要设计一个喷泉，其主题就再不可以是异教的海仙女和特里同①围绕着尼普顿了，而应该是摩西敲击岩石，释放出喷涌的信仰之水。

到那时，水已经是宗教艺术的一个主要隐喻。丰塔纳的许多作品依靠的都是他建设的一条新高架渠——为了致敬教皇的本名"菲利斯·佩雷蒂"，这条高架渠被命名为"菲利斯高架渠"（Acqua Felice）。这的确是一条"幸福之水"；直到那时，罗马的大部分新建工程还仅仅局限于台伯河沿岸的低洼地带。菲利斯高架渠翻越山丘进入罗马，终点在圣苏撒拿广场（Piazza S. Susanna），位于戴克里先浴场，即今天的罗马国家博物馆旁边。这更为广阔的珍贵水资源分配，使城中更多荒地或空地得以投入开发与利用中。自然，与先要拆除、清理原址相比，还是在空地上建设轻松得多。

因此，各类工程层出不穷，但那一个让丰塔纳为人所记住，并且 [294]

---

① 特里同：半人半神的人鱼，系海神波塞冬及安菲特里忒之子，传说他有一个海螺壳作号角用。

赋予他实至名归的不朽工程师声名的项目,则是圣彼得大教堂方尖碑的迁移与重新竖立——那从未来基督教的心脏升起的巨型长钉。

西斯笃五世极其喜爱方尖碑,而罗马拥有的方尖碑比任何一座欧洲城市都多——准确地说是十三座,除了其中一座,其他要么折断了,要么倒下了,大多数是二者皆有。① 一首流传于他统治期间的辛辣对句讽刺了他的狂热:

> 我们已经受够了方尖碑和喷泉:
> 我们现在需要的是面包、面包、面包!

这些愤怒的韵文被称作"讽刺诗文"(pasquinade),因为在传统上,它们是被贴在一个破旧的古代雕像上的,这座雕像自古名为"帕斯魁诺"(Pasquino)。罗马曾有好几座这样的"发言雕像",在罗马人还没有新闻出版的时代用作市民烦恼的出气口。另一座"发言雕像"是一尊女性半身像,如今已严重毁损了,被罗马人称为"卢克雷齐娅夫人"(Madama Lucrezia),固定在威尼斯宫(Palazzetto Venezia)的墙上,就在圣马可教堂(Basilica di San Marco)——罗马的威尼斯人聚居地教堂——角落的旁边。不过,最著名的一对发言雕像还是帕斯魁诺与他的老朋友马尔佛里欧(Marforio)。马尔佛里欧是一位古代的河神,它曾被置于马梅尔汀监狱的入口,但后来又被提上了卡匹托尔山,斜靠在卡比托利欧博物馆的入口处。帕斯魁诺位于以他命名的小广场——帕斯魁诺广场(Piazza di Pasquino)上,位置在纳沃纳广场的后面。马尔佛里欧会通过一张标语牌说话,然后帕斯魁诺来回答(或者反过来进行),而他们的对话——通常使用一种非罗马人看不懂的方言——是罗马最重大的喜剧节目之一。

就像马尔佛里欧一样,帕斯魁诺也十分古老:它是一尊公元前

---

① 人们认为,罗马方尖碑的数量曾超过四十座;其他方尖碑的命运则依然不得而知。

3世纪的陈旧破损的古典躯干雕像，人物是墨涅拉俄斯[①]（Menelaus），在附近一条街道整修时被发掘出来。1501年，一位枢机主教将它安置在了现在的位置。据猜测，"帕斯魁诺"的名字来自附近一家商店的裁缝，他总是危险地任意对教皇政府进行粗鲁的批评。但是，关于帕斯魁诺的起源传说数不胜数，想要分清哪一个是真的大概是不可能了。

无论如何，在西斯笃五世统治时期的某一天，人们发现帕斯魁诺穿上了一件肮脏不堪的衬衫。于是马尔佛里欧想知道，他为什么要穿上这样一块又脏又臭的破布？帕斯魁诺回答说，因为唐娜·卡米拉（Donna Camilla）当上了公主。唐娜·卡米拉是教皇的姐妹，她在最落魄的日子里曾经作过洗衣妇，但如今已被教皇陛下封为贵族。

大人物们对帕斯魁诺的忍耐是有限度的，而这一举动突破了底线。此事传到西斯笃五世的耳朵里，他昭告天下，如果这位匿名讽刺家站出来坦白是自己所写，他就饶其一命不死，还赐予礼物一千皮斯托尔现金。但倘若是其他人将他找到、告发出来，他就要被绞死。自然，那位无名的涂鸦者出来认罪了——谁会拒绝这样一笔巨奖呢？西斯笃五世交给了他奖金、饶恕了他的性命，然而却卑鄙地补充说道，"我们保留了砍掉你的双手、割掉你的舌头的权力，以防你以后还这么诙谐机智。"但没有什么事情能让帕斯魁诺闭嘴，他有一百条舌头、两百只手。就在此事发生后的下一个星期天，人们看到帕斯魁诺裹上了一件刚刚洗过、还湿着的衬衫，在太阳底下晒着。马尔佛里欧好奇地问它为什么不等到星期一。"没时间可浪费了，"想到教皇陛下的征税习惯，帕斯魁诺说，"要是等到明天，也许我得为阳光花钱买单。"

罗马的各座方尖碑都是罗马帝国征服埃及的纪念品，其中大多数在帝国时代就已被运回罗马城。古埃及有三大基本纪念形式：金字塔、狮身人面像和方尖碑。可是，将一座方尖碑（就不要想狮身人面

[296]

[①] 墨涅拉俄斯：希腊神话中的斯巴达国王，美人海伦的丈夫。

像和金字塔了）运过地中海的任务，其令人畏缩怯步的程度也不比从头建造方尖碑少多少——建造方尖碑是一件足够困难，其实应该说是困难到疯狂的事，只有像古埃及这样的神权国家才能承担。

所有已知的埃及方尖碑都出自同一个采石场——一座极其坚硬、纹理细密的正长岩或称黑花岗岩矿藏，位于尼罗河第一大瀑布下的阿斯旺（Aswan）。它距亚历山大港 700 英里，距赫里奥波里斯（Heliopolis）500 英里，此二地是完工后的方尖碑竖立最为集中的地方。古埃及人的工具均十分简单。没有石锯或炸药，当然也没有钢铁工具，而一旦将这些沉重的花岗岩块从采石场开采出来，要移动它们就只有原木杠杆、滚筒、斜面、楔子、棕榈纤维绳、油脂和无穷的人力。至少，人的肌肉是不会短缺的，并且人力比动物拉力更受青睐，因为这些农民可以服从命令，而一群牛是听不懂命令的。埃及拥有约 11500 平方英里可居住地域，在法老王时代人口或为 800 万人，人口密度约 700 人／平方英里——比当时中国或印度的人口密度高六倍。

切割用于建造方尖碑的花岗岩块是一件简单的事——属于沉闷无聊、无穷无尽艰苦劳动的简单。

你和其他奴隶在花岗岩上凿出一条沟槽——约两英寸深、两英寸宽，作为劈开花岗岩的预定线条标记。在这条沟槽的底部，你钻出一排小孔，每个小孔直径三英寸、深度六英寸左右，依次间隔约 18 英寸。

接下来，你和你的奴隶同伴们有两个选择。

第一个选择是，在每个小孔中锤入一个木塞，然后往沟槽中注满水，这些水由其他奴隶使用动物皮从附近的尼罗河运来。尽管埃及的太阳毒辣、蒸发力极强，但如果木料保持浸透的时间足够长，木塞就会膨胀起来，运气好的话，会使整块石料从主体上爆裂开。

第二个选择是，升起一堆与沟槽等长的火，一直烧到岩石滚烫；然后扫除灰烬，迅速将岩石浸入冷水中，从而（幸运的话）也能将花岗岩爆开。

第七章 | 17世纪的罗马

　　人们至今没有发现其他用来建造方尖碑的工具，除了在底比斯[①]（Thebes）找到的一柄青铜凿子。铁制工具——如果曾经存在的话——已经完全消失了，（一些人认为）被高度含硝的埃及土壤腐蚀殆尽。这些凿子上可能装有菱形齿。要完成漫长而艰辛的打磨方尖碑花岗岩面的任务，某个种类的磨料必不可少——金刚砂、刚玉甚至钻石粉。而古埃及从来不会短缺的主要原料，是无穷无尽的人类劳动力。

　　方尖碑是怎样形成最终的雕刻形状，也就是在柱头上造出被称为"顶角锥"的尖端的，我们不得而知。这无法用磨料做出——要除去的岩石太多了——可要在四个面都精确地以60度角劈开废石，委婉地说，这也太碰巧了。

　　虽然如此，方尖碑还是建成了，接下来的问题就是将它送到需要的地点。但这阻挡不了一位真正认真的法老。约公元前1400年，第十九王朝的拉美西斯二世[②]（Rameses II）命人将一座900吨重的他本人的雕像从花岗岩矿床拖到了138英里外的底比斯蔓诺利乌姆（Memnorium），使用的交通工具是一种巨型橇，由顺从命令的埃及人在前方的道路上倒油以减轻摩擦力，另有数以千计的埃及人拖拽绳索。方尖碑的花岗岩矿床距尼罗河则没有这么远——至少没有远到难以想象的地步。最有可能的猜测是，埃及人于低潮时期在河岸上建造一座旱码头。在旱码头里，他们造了一条运输驳船。紧接着，方尖碑被人用一个大型木橇从采石场拖到旱码头，这一操作可能需要五万人力分成两列或四列，以及几英里长的棕榈纤维绳。

　　就这样，方尖碑被一点一点地装进了驳船。在这里等待着一件重大事件——一年一度的尼罗河泛滥。洪水会将载货的驳船浮起，借着足够的运气和技巧，驳船随后会顺着尼罗河漂流而下，到达尽可能

[298]

---

① 底比斯：上埃及古城，位于尼罗河畔。
② 拉美西斯二世（约前1303—前1213）：古埃及第十九王朝法老（约前1279—前1213在位），其执政时期是埃及新王国最后的强盛年代。

接近方尖碑竖立位置的地点。在那里，耐心的埃及人会将整个过程倒序重演一遍，建造另一个旱码头，在里面固定住驳船，等到尼罗河退潮，将方尖碑从驳船和堤岸上拖拽到最终的基座上，然后将其立起。

这一切可能的实施方法完全是推测出来的，因此也不得不被一遍又一遍地重新发明。首先，克利奥帕特拉和托勒密时代的古罗马人得重新发明此种方法——无疑得到了俯首帖耳的埃及人的大量帮助。然后，在一千多年之后，意大利人需要将其再次发明一遍，因为当初的行动已找不到任何记载。

将方尖碑运来罗马的船只没有留下任何痕迹。据推测，它们是一批巨型桨帆船，每艘都是定制的，拥有五列桨座，至少 300 名桨手，平放的方尖碑上压载有许多吨麻袋装的小麦或干豆，这些麻袋塞满方尖碑的周围，防止其移位，因为一件如此巨大的货物的任何一点晃动都会立刻倾覆货船。（水下考古在古代沉船上发现了种类多样到令人惊异的各类物品，包括在安迪基西拉［Antikithera］岛海域发现的、据推测为计算机原始祖先的"安迪基西拉装置"［Antikithera Mechanism］——但目前为止还没有一座方尖碑。）

载着方尖碑的货船一经抵达奥斯提亚，整个过程就要倒过来重复一遍：制造旱码头、挪上大橇、一寸一寸地拖往罗马。至少有一些方尖碑被竖立到了大竞技场及其他地方的基座上，但我们不知道这是怎么做到的。这些方尖碑中的大多数都断成了几块，有的因年代久远而倒塌，有的因地震或地面塌陷的破坏而倾倒。然而，在 16 世纪的罗马，依然有一座完好无缺的方尖碑屹立着。这是埃及境外的完整方尖碑中最大的一个。它建造于公元前 1300 年左右的第十九王朝，正是在卡利古拉的命令下被运到了"永恒之城"，而它原先的所在地是赫里奥波里斯。卡利古拉命令将其运送到尼禄的竞技场，在一千多年以后，该竞技场变成了老圣彼得大教堂的背面。这座方尖碑是一个锥形的花岗岩柱，八十三英尺高，顶角锥尖长一英寸，重 361 吨。顶角锥的顶上是一个青铜球，没有人曾将它打开。据称，球里装有尤利乌斯·恺撒的骨灰。

教皇西斯笃五世经常远远打量这座方尖碑，总觉得不顺眼。它不应该竖立在即将完工的新圣彼得大教堂后面。它必须往前挪。这是市政标点符号的简单问题——改变感叹号在句子中的位置。新圣彼得大教堂前要修建一座大广场（许多年以后，广场确实建成了，由此时还没出生的吉安洛伦佐·贝尔尼尼设计）。把方尖碑挪动、安置在那里吧，让它笔直矗立在中心点上，成为当时朝圣者眼中的奇迹，几个世纪以来忠实信徒的启迪，以及教皇西斯笃五世的永恒纪念。

可眼前是那个由来已久的问题——怎么移动方尖碑？

教皇钦点了一个委员会调查该问题。1585年间，意大利各地，甚至远在罗得岛（Rhodes）的约500名专家参与了商议（罗得岛的专家之前有过移动阿波罗巨像的经验）。一些人赞同平放运输方尖碑，另一些人认为应该直立移动，还有至少一人提议，以45度角移动。一些人希望水平地移动方尖碑，然后再通过一个固定方尖碑的巨型半轮将其竖起来。还有一些人提出，用楔子将方尖碑从基座上起出来。专家们提出了大量方案，其中大多数看起来都没什么用，有些简直会酿成大祸。

没过多久，西斯笃五世就厌烦了审阅这些意见，钦点了他一直属意的那个人：他本人的建筑师多梅尼科·丰塔纳。小问题在于，丰塔纳当时年仅42岁，因此在一些教廷官员看来太过年轻、经验不足。于是委员会任命了一位监察员：杰出的佛罗伦萨建筑家巴尔托洛梅奥·阿曼纳提（Bartolomeo Ammanati），时年74岁，以设计了多个建筑杰作著称，譬如佛罗伦萨的碧提宫（Palazzo Pitti）庭院、横跨阿尔诺河的天主圣三桥（Ponte Santa Trinita），以及罗马的朱利亚别墅（Villa Giulia）。

阿曼纳提是一位出色的建筑师，但却没怎么派上用场，因为丰塔纳是一位更伟大的工程师。丰塔纳提出的方案是，在方尖碑的每边各搭建一对大型木塔架。四个塔架中，每个塔架都由四条垂直构件组

[300]

成,该构件长92英尺,由20×20根木料以1—1/2'厚的铁制方头螺栓和铁箍牢固搭接在一起。这些木梁从20英里外运来。绳索绕过在塔架顶端的滑轮并缚在方尖碑上,而方尖碑的四周将被填满稻草,然后以2'厚的木板围住,作为某种程度的保护——尽管方尖碑要是倒在地上,什么也挽救不了它摔得四分五裂。这些缆绳连接在固定于铁箍的吊环螺栓上,而铁箍紧扣着封装起来的方尖碑体。缆绳引向地面上的绞车,这些绞车由马拉绞盘转动,就像用来升起船锚的绞盘。丰塔纳计算了方尖碑的毛重,其支架与金属起重螺栓等加起来共计681222磅重。他估算,四匹马拉的一个绞盘可以举起14000磅。因此,他需要四十个绞盘才能竖直举起方尖碑80%的重量——剩下的重量由五个大型木杠杆承担。一旦方尖碑开始倾斜就会酿成大祸,导致其侧向滑倒在地,因此最需要小心翼翼的部分就是要保持四十根缆绳承受的拉力均等,向外展开至围绕着方尖碑的绞盘上。缆绳的绞吊需要改造自船舶索具的滑轮,但这样庞大的尺寸是从来不曾应用在船上的——大量的双滑轮组,以2∶1的比例包铁套封,其中最大的长5'2"。每条缆绳本身长750英尺,直径三英寸,在福利尼奥①(Foligno)一座特大制绳工棚里绕成,其致断拉力(据丰塔纳计算)达到50000磅。这是意大利航海业在当时已知最大的一单设备订货。可是另一方面,如此巨大的工程也是意大利土木工程史上尚未尝试过的。它需要几乎闻所未闻的小心谨慎与协调合作,丰塔纳提议,以一个声音讯号体系来实现这一点——一声喇叭,各绞盘开始牵拉,一声铃响则停止牵拉。

首先,必须把方尖碑从基座上抬起来,然后将其放倒平卧在巨型马车兼滚筒上,以此将方尖碑从圣彼得大教堂后方拖拽到前方。随后,塔架和绞盘也要被随之带来,重新装配就绪,将这巨大惊人的石块再次竖起,谨慎小心地缓缓降落在大教堂前方为它准备好的基

---

① 福利尼奥:意大利翁布里亚大区中东部佩鲁贾省的城镇。

座上。

西斯笃五世下达了冗长而详尽的命令,要求任何人"不得阻碍,或以任何方式干扰施工"。这意味着对方尖碑迁移路线上存在的一切物体动用了土地征用权:假如一座房子挡道,那就直接拆除。整个迁移操作耗费了好几天时间和 900 名人力、140 匹马,罗马的大部分人口都来围观了该行动——他们被拦在一道安全护栏以外,并且被明令警告,任何发出一声噪音或说出一个字的人都会被立刻处死。没人敢吱出一声。

然而,关于这一巨型工程的民间传说却讲到,在某一时刻,维系着方尖碑的绳索开始因负荷而磨损,也有说因摩擦而闷燃。灾祸正朝着丰塔纳虎视眈眈。据传说,是一位名叫布雷西亚·迪·博尔迪盖拉(Brescia di Bordighera)的铁肺热那亚水手拯救了一切,他以一声大吼"往绳上泼水!"(Acqua alle funi)打破了寂静。当教皇意识到这位水手是怎样拯救了该工程后,他不但没有因打破安静而惩罚此人,反而以祈福和年金奖励了他。

遗憾的是,这个故事看上去并不是真的。无论是记录了方尖碑放下、移动和抬起全过程的丰塔纳,还是当时在场的任何人,都没有提及这位水手与他救命的一声喊,而任何人要及时在圣彼得广场找到或运来所需的水,也是一件几乎没有可能的事。

方尖碑竖立的那一刻,西斯笃五世无法控制自己的喜悦,得胜地喊道:"异教的事物如今成了基督教的象征。"而这正是事情的要点:于西斯笃而言,这座方尖碑与其他方尖碑的迁移,或者说"平移"——以如此巨大的齐心努力与果决才达成——象征着反宗教改革的作用、教会的重新统一、对异端的战胜与驱逐。

[302]

教皇大大表彰了丰塔纳。方尖碑顶上的铜球被打开,一丝恺撒的踪迹也无,里面空空如也。一切不过是迷信。

梵蒂冈方尖碑与菲利斯高架渠是西斯笃在位期间对罗马贡献出的最壮观的两大工程,但决不是仅有的两大工程。拉特朗圣若望大教堂附近倒着一座更大的方尖碑，断成了三截。该方尖碑最初由法老图特摩斯三世（Tuthmosis III）下令建造，公元330年被君士坦丁移到亚历山大港，然后于公元337年由君士坦提乌斯二世（Constantius II）运至罗马，竖立在大竞技场。这座方尖碑高105英尺——足足比巨大的梵蒂冈方尖碑还要高上二十英尺——重510吨。应西斯笃五世的指示，丰塔纳设法将其升起，并且完美地修复了原貌，如今只有凑近才能看出断裂的痕迹。他又担纲了第三座方尖碑的修复工程，这座方尖碑也曾被用作大竞技场的标志物，他将其移到了人民广场，它至今依旧矗立于该处。与梵蒂冈方尖碑和拉特朗方尖碑相比，这第三座方尖碑几乎是小孩子的把戏——只有78英尺高，263吨重。最后，他将奥古斯都陵墓西侧、里佩塔大道（Via di Ripetta）上断成四截的方尖碑发掘出来，修葺一新地竖立在了圣母大教堂的半圆形后殿后面、埃斯奎林广场（Piazza Esquilina）上。这一工程于1587年完工。

　　后来的几任教皇也仿效了西斯笃五世的先例，因此在一个世纪之内，罗马城中矗立起了十几座方尖碑。继西斯笃之后最主要的方尖碑教皇是庇护六世布拉斯齐（Pius VI Braschi），他在自己五年的教皇生涯（1775—1799）中竖立了三座方尖碑。第一座位于奎里纳尔山，在驯马的狄俄斯库里①（Dioscuri）、卡斯托耳（Castor）和波卢克斯②（Pollux）白色大理石巨像之间。这座方尖碑同样出自奥古斯都陵墓，它于16世纪在那里被发现，又被重新埋进地里（对里佩塔大道上的河边交通是个巨大的障碍），再次发掘出来时已断成了三截，而在建筑师乔瓦尼·安蒂诺里（Giovanni Antinori）的指挥下，于1786年竖立在奎里纳尔宫（Quirinal Palace）前方。第二座方尖碑于1789年安置在西班牙阶梯顶部，山上天主圣三教堂之外。第三座方尖碑发掘自奥

---

① 狄俄斯库里：希腊罗马神话中宙斯和勒达的双生子卡斯托耳和波吕丢刻斯的合称，死后成为天上的双子座，被视为体操运动员、战士和水手的守护神。
② 波卢克斯：即波吕丢刻斯。

古斯都的陵墓，被称作"太阳方尖碑"（Obelisco Solare，因为其在古代被用作巨型日晷的指时针），断成五截的它被运往蒙特西托利欧广场（Piazza Montecitorio），由安蒂诺里重新拼好，至今仍矗立在法院宫（Palazzo dei Tribunali）前。奥古斯都将它从埃及的赫里奥波里斯带回罗马，而它原是法老塞米提克斯一世（Psammeticus I）建造的。

因此，西斯笃五世竖立方尖碑的行动并不是独一无二的。在继承了一个破产的教皇之位后，这位给人留下狂躁印象的教皇是怎样继续维持自己坚决推进公共工程建设的节奏的？通过卖官鬻爵，通过新发公债（monti，一种资金募集手段，由克雷芒七世在16世纪首次采用），还有最主要的——横征暴敛。所有这一切使教皇的私库堵塞不堪，就像那万能的史高治·麦克老鸭①（Scrooge McDuck）一样，他喜欢将金银和硬币堆放在圣天使堡巨大的铁条金库里（至今依然能见到，但已是处处漏缝、空无一物了）。在这些钱匣中，他隐藏了三百万斯库多金币以及一百六十万斯库多银币，是意大利最大规模的现金汇聚之处，也是欧洲几大之一。事实上，他的积累抽走了太多流通现金，为罗马经济造成了严重的问题：货币无法像从前那样正常流通，于是商业出现了停滞。西斯笃要么是没有意识到这一点，要么是根本不在乎。宏伟的公共展示、浮夸的方尖碑，这才是重要的事。

他的政治在大多数方面都是一团混乱，尤其是外交政策领域。他沉溺于好大喜功的幻想中。他不是上帝在人间的代理人吗？他就要征服埃及，他就要把圣墓带回意大利，他就要消灭土耳其人。他重新将英格兰女王伊丽莎白一世（Elizabeth I）逐出教会，并同意交给西班牙人一大笔补助金，让无敌舰队去征服英格兰——然而，只有西班牙军队真正在英格兰登陆，这笔款项才会给付，而他们当然没有做到，因此西班牙人在英吉利海峡因风暴而导致的沉船失败凑巧为他省下了

[304]

---

① 史高治·麦克老鸭：迪士尼动画角色，唐老鸭的舅舅，是全世界最富有的鸭子，并且爱钱如命。

百万克朗。

但是,围绕着这些方尖碑感叹号的、针对罗马的再思考与再建设,作为一种修辞循环形式的城市扩张再创造——是新的事物,配得上又一位恺撒,而这一切都是在他那难以置信地短暂、过分狂热地活跃的五年在位期间完成的。19 世纪的方言诗人朱塞佩·贝利为他发表了一首公正的墓志铭(1834 年):

> 在一切执掌上帝代理人之位者中
> 从前还未曾见过
> 好斗、强硬、疯狂
> 如教皇西斯笃者。

这样的教皇往后也不会再有了。一位来自曼图亚的访客安杰罗·格里洛(Angelo Grillo)记录道,"先西斯笃五世为这座古老的城市美化装饰的高楼大厦、街道、广场、喷泉、高架渠、方尖碑与其他惊世奇观是如此崭新",以致他几乎认不出这个自己暌违十年的地方了。西斯笃五世之后的教皇也修建工程,但他们从来不曾发下如此宏愿,要改组罗马的基本模式与外在空间感。在某种意义上,巴洛克时代的"建筑教皇"都存在于西斯笃的阴影下,他痴迷于将这座城市当作容纳运动以及调和公共雄辩的典范,而不仅仅是单个纪念物的集合。因此,来到罗马的访客都对西斯笃心怀感激,他在各个不同的方面是如此善于创造,如此暴虐专横,又是如此令人畏惧。然而,当听说他刚一断气,他在世时为表彰自己而竖立在卡匹托尔山的雕像就被罗马的老百姓——所谓的"暴民"——推倒在地时,也没有什么人会感到吃惊。他们一定是觉得自己有权利将这雕像砸碎,因为它正是用西斯笃从他们身上敲诈来的税金建造的。

而西斯笃在 17 世纪早期的那些继承者们呢?他们又是怎样改变了罗马的外貌与布局?他们的作为也是十分可观,虽然或许不像可怕的西斯笃那么激进彻底。他们之中最伟大的计划在亚历山大七世基吉（Alexander VII Chigi，1665—1667在位）统治期间完成——人民广场（Piazza del Popolo）的重建，该广场就在人民之门（Porta del Popolo）以内，而人民之门是罗马的主要出入口之一。"人民"一词并不包含原始社会主义的含义；在中世纪，"人民"（populus）是一个政治中性词，意义仅是"教区中的全体居民"。

亚历山大七世通过复兴"道路委员会"（Congregazione della Strade）——一度被弃置不用的罗马规划委员会——来为自己建设城市的愿望扫清障碍。他授予该机构任意拆除建筑的权力，只要它觉得合适，随时可以行使。这是一道强有力的许可。例如，他借此拆除了葡萄牙拱门（Arco di Portogallo），这座拱门束缚着科尔索大道（Via del Corso），导致了没完没了的交通拥堵。

亚历山大青睐的是宽阔大方的广场，直通宽广的街道（绝非中世纪迂回曲折的小径），规划有各具特色的建筑物、喷泉和雕塑群；他将其称作"剧场"（teatri），而人民广场确实展现了他想要的广场样子。这里是大多数来到罗马的外国人第一眼见到的部分，理应得到特殊对待。吉安洛伦佐·贝尔尼尼已经设计建造了这"基吉之星"骄傲高悬的大门，而在广场的另一端，如今又建起了一对教堂。1661—1662年由建筑师卡尔洛·拉伊纳尔迪（Carlo Rainaldi）设计，1670年代由贝尔尼尼和卡尔洛·丰塔纳（Carlo Fontana）完成，这些建筑物构成了直插罗马核心的三叉街（科尔索大道、巴布伊诺大道 Via del Babuino、里佩塔大道）的入口，并提高了已经由人民之门引起的期待感。除非事先知情，否则每一个从广场上看到这些建筑物的人都会赞叹它们的对称性。事实上，这些建筑物并不是对称的，而是建造在形状不同的位置上。圣山圣母堂（S. Maria in Montesanto，从广场上看位于左侧）所在的三角形地块比它的同伴更长一些。因此它的穹顶是椭圆形的，而奇迹圣母堂（S. Maria dei Miracoli）的穹顶是正圆形。但是从外面看，（一开始）没人能发现这一点，直到你上前细看，才会识破这对称

[306]

的错觉。

反宗教改革时期的罗马——16世纪末到17世纪初——没有为伟大的意大利本土画家们提供许多工程，尽管它培育了一批非凡的侨居海外者。然而，也有几个出色的例外，其中一些人（主要是罗马的博洛尼亚派画家）肯定了古典传统，而另有一些人则似乎完全颠覆了传统。古典风格派的第一人是安尼巴莱·卡拉齐（Annibale Carracci，1560受洗—1609卒），以及他的兄弟阿戈斯蒂诺·卡拉齐（Agostino Carracci，1557—1602）。他们是土生土长的博洛尼亚人，而卡拉齐家族还有第三位画家成员——他们的堂兄卢多维科（1555—1619），选择在博洛尼亚度过一生，从未在罗马作画。阿戈斯蒂诺和卢多维科都是优秀的画家，但家族中的天才无疑还是安尼巴莱。

如果有可能安排的话，只要到法尔内塞宫的大厅看一看，就能最好地估量到安尼巴莱的创造力是多么强大了。在过去，一般来说，这是办不到的，因为这座由极度任人唯亲的亚历山德罗·法尔内塞（Alessandro Farnese），也就是后来的教皇保禄三世（Paul III，1534—1549在位）修建的宫殿，毋庸置疑也是意大利最奢华的宫殿，已经变成了法国大使馆，而其门禁曾经严格得令人难以置信，就连其庭院——安东尼奥·桑加洛（Antonio Sangallo）与米开朗琪罗的联合作品——也仅向公众一周开放正好一小时，在星期日的11点至正午12点之间。至于大厅，那就想也不要想了。这意味着，前来罗马的游客们只能从不完美的复制品处领略这幅17世纪意大利最卓越的绘画作品之一。令人高兴的是，限制条件如今放宽了一些，并且可以提供导游带领参观。这样的参观行程不容错过。

奥多阿多·法尔内塞命令，这幅画的主题应为"爱的力量"，并且是人世而非神圣的爱。于是，带着极大的热情与活力，安尼巴莱·卡拉齐开始了以湿壁画覆盖直径20米的筒形拱顶的工程，用巴克斯①（Bacchus）与阿里阿德涅②（Ariadne）的寻欢作乐象征"爱的胜利"（Triumph of Love）——出自奥维德《变形记》一幕幕场景中起伏翻滚的幽灵，一个名副其实的古典肉体的苍穹，牢牢扎根于对拉斐尔的法尔内西纳凉廊（Farnesina Loggia）以及米开朗琪罗西斯廷天花板男性裸像（ignudi）的参照，但却异教化到了绘画艺术可以想象的极限。身为一位杰出的画家，安尼巴莱是历史上最伟大的裸体画再创造者之一，而法尔内塞天花板则实质上是意大利艺术史上，古典冲动在其雄心抱负外边界上的最后一次全力展现。

如果有人想看到安尼巴莱·卡拉齐作品的另一个极端，它同样在罗马，就位于科隆纳美术馆（Galleria Colonna）——那是一幅早得多，也更加社会现实主义的肖像画，画上，一名工人正狼吞虎咽地吃着他的豆子与洋葱午饭，手里抓着一个面包卷，以一种野性占有欲的眼神回凝视着你，张着嘴巴，戴着一顶破旧的草帽——《吃豆子的人》（Bean-Eater），约作于1583年。这同样是一幅杰作，尽管类型截然不同。对于今日那些身着礼服的晚宴嘉宾，当他们从卢库鲁斯冻鹅肝（foie gras en gelee Lucullus）餐盘上抬头瞥见大使馆天花板上喧闹的神之欢愉时，想必很难将这样的两幅画联系在一起。令人难过的是，法尔内塞为安尼巴莱·卡拉齐耗时四年、充满灵感的劳动所支付的报酬十分吝啬，以致这位艺术家陷入抑郁，酗酒成瘾，49岁就英年早逝，（恐怕）最后沦落到了吃豆子的境地。

另一位在17世纪初期活跃于罗马的重要的博洛尼亚画派艺术家是圭多·雷尼（Guido Reni，1575—1642）。在整个艺术史上，可能也没有几位像他一样，职业生涯跃上如此之高的声望巅峰，接着又直坠深深谷底的艺术家。在他辞世后的一个多世纪里，鉴赏家、游客与其

---

① 巴克斯：希腊神话中的狄俄尼索斯，罗马神话中的酒神。
② 阿里阿德涅：希腊神话中克里特国王弥诺斯之女，在情人忒修斯杀死弥诺陶洛斯后，给了他一个线团帮他走出迷宫。

安尼巴莱·卡拉齐
《吃豆子的人》，1580—1590 年
布面油画，57×68 cm；罗马科隆纳美术馆

安尼巴莱·卡拉齐
《巴克斯与阿里阿德涅的胜利》，1597 年
湿壁画；罗马法尔内塞宫

他艺术家一致将他誉为具有天使般卓绝灵感之人；以自己的方式，他就像米开朗琪罗、达·芬奇或毕加索（就此事而言）那样著名。死于意大利的珀西·比希·雪莱（Percy Bysshe Shelley）认为，如果某一场大灾难席卷了罗马，那么"单单是拉斐尔与圭多·雷尼作品的损失就是一件令人痛心之事"。毋庸置疑的天才们，比如吉安洛伦佐·贝尔尼尼，都认为他描绘出了"天堂的图景"，并以他的作品为榜样，其他艺术家也不吝溢美之辞。他们对他在罗马的罗斯皮利奥斯·帕拉维奇尼宫（Palazzo Rospigliosi-Pallavicini）创作的湿壁画，比如1614年的《奥罗拉》（Aurora），大约也是如此推崇，这足够证明，雷尼在他罕见的最好作品中，拥有一种精致的风格。在18世纪和19世纪初，他绘于朝圣者天主圣三堂（S. Trinita dei Pellegrini）的大幅三位一体祭坛画被认为是罗马的风景名胜之一，是严肃的年轻艺术家必须参观的地方。但到了1846年，在《现代画家》（Modern Painters）中，约翰·拉斯金（John Ruskin）却将雷尼归属于"一个污点与瑕疵，一个刺耳的不和谐声……标示着淫荡和不洁"。五十年后，伯纳德·贝伦森[①]（Bernard Berenson）宣称，"我们对圭多·雷尼感到难以言说的厌恶"——并不是说他的作品有什么令那位严格而挑剔的审美家极其厌恶的地方。他的声望在这之后的五十年降到了最低点，在当时，你可以在拍卖会上以低于300美元的价格轻松拍得一幅十英尺的雷尼作品（如果你想要的话。没什么人会要的）。

究竟发生了什么？那就是人们的品味发生了天翻地覆的改变。维多利亚时代的人们并不介意多愁善感的崇高品格，只要它不是虚伪造作的，而"虚伪"正是圭多在身后越来越频繁受到的指控。他曾说过，自己骄傲于能够"以一百种各不相同的方式绘画抬起眼睛的人物头像"，但在后世看来，这不算什么优点——至少敌不过雷尼各种显而易见的缺点：媚俗的表达，自我重复，生产过剩等。

[①] 伯纳德·贝伦森（1865—1959）：美国艺术史学家，主要研究文艺复兴史。

此外，他的个人生活也是灾难性的，是一片神经征的泥沼。他不幸沉迷于赌博，总是债台高筑，不得不炮制出大量粗制滥造的画作以维持生计。有人猜测（无疑是正确的），他的赌博是受到了受虐癖的鼓动——输钱是一种因活着的罪孽而自我鞭笞的形式。因为有大量债务要还，他维持着一家规模庞大的画室——曾有一度，他的传记作者马尔瓦希亚（Malvasia）不无惊愕地注意到，雷尼雇佣了约两百名助手。与此同时，他在社交方面则很笨拙，总是苦闷地意识到自己受教育程度不高的问题（这阻碍了他在历史画方面的发展，也使他在与一些世故之人或学者书生打交道时显露出无可救药的尴尬），并且他还是个极端深柜。人们普遍认为，他一直到死都是处男。他不仅日日做礼拜，还是个迷信到病态地步的人。女人令他恐惧——他怀疑她们都是巫婆，只有当她们显示出自己是圣母马利亚时，这一怀疑才能有所减轻，而这是一件很难证明的事——而且，他不能容忍任何人触碰自己需要洗的衣服，除了他的母亲。

　　虽然有着如此种种的缺点，他却有能力创造出非凡的作品。他最伟大的绘画或完成于1618—1619年，从他离开罗马、回到家乡博洛尼亚不久，这幅画如今在普拉多。它就是《阿塔兰忒与希波墨涅斯》（Atalanta and Hippomenes）。神话传说中，阿塔兰忒是一位奔跑迅捷的女猎人，她决定终身不嫁，凡是不能在竞跑中赛过她的人，她就会拒绝他的求爱。没人能跑得比她更快，直到希波墨涅斯向她发起挑战，爱管闲事的女神阿弗洛狄忒（Aphrodite）曾交给他三个金苹果。在比赛的间隙，希波墨涅斯有意投下了金苹果，而阿塔兰忒无法抵挡这一诱惑，捡拾金苹果的动作严重拖慢了她的速度，于是她输掉了比赛，也输掉了不婚之身。在雷尼的画中，两人宏伟的裸体充满了整个画面，只露出了空空的大地、无云的天空与朴素的地平线。但其隐含的意义却是毫无疑问的。希波墨涅斯遥遥领先于阿塔兰忒，后者正贪婪地弯腰捡拾第二枚金苹果。然而他面对她的姿态却是排斥与驱逐的，他正避开一切与她接触的可能性。即便在神话中，他在赢得比赛后就将有权利娶她为妻。他正为了一个并不渴望的奖品而竞跑。很难想象还有比这更直接的排斥的表现了(在不逾矩的范围内)。

"激进"一词在20世纪晚期被过度使用到了滑稽的地步,以致它已被磨损得接近完全空虚。但曾有几度(如今早已一去不返),它可以被用来(以应有的谨慎)形容艺术上发生的事。其中一次就是在17世纪初期的罗马,而"激进"的事件是一位年轻画家在罗马的出现,他名叫米开朗琪罗·梅里西(Michelangelo Merisi),人们以他的出生地称呼他,那就是意大利北部城镇卡拉瓦乔(Caravaggio),他于1571年出生在那里。没有理由会想到,有哪怕一丝指望、更不要说产生巨变的重大价值,会出自卡拉瓦乔这样的穷乡僻壤。这里过去没出过一位艺术家,没有精神生活的氛围,也没有一件让年轻画家欣赏或模仿的贵族收藏品可供夸耀。然而,米开朗琪罗·梅里西是一位天才,所有知道他的人一致承认,他拥有真正不可思议的才华(uno cervello stravagantissimo)。这种不可思议是以什么形式表现出来的?一言以蔽之,现实主义。卡拉瓦乔对风格主义绘画的那些花招和比喻甚至连一点兴趣都没有——那些拉长的身体,芭蕾舞般装腔作势的姿态,故弄玄虚的隐喻和复杂精妙的概念。在卡拉瓦乔来到罗马的那一年,即1592年,罗马的绘画有着辉煌的过去,现状却是矫揉造作的。当时大多数的画作就像四个世纪后在这里(还有纽约)被誉为"后现代主义"的玩意儿一样愚蠢。迂腐呆板、自作聪明、喋喋不休、充满无力的引用。卡拉瓦乔想要看到迎面而来的现实,并以这种直接源于生活的方式作画,带着最大限度的冲击与真挚,最后直至脚上结了茧、指甲盖都脏污了。

[310]

这样在今天看来自然到令人钦佩的追求,在当时却为他招来了一片非议:他被称为"反米开朗琪罗者",就好像意味着反基督——一个邪恶的天才,一个胡椒粉加多了的汤羹调制者,如此等等。但是,卡拉瓦乔的作品真正扭转了欧洲绘画的历史。曾有一段时期,一名画家除了成为卡拉瓦乔派(Caravaggista),几乎别无选择。法国、荷兰、西班牙、德国,当然还有意大利本土,都纷纷臣服于他的影响力之下。在他出生的时代,欧洲几乎所有的画家都遵循着米开朗琪罗的古典理想主义绘画风格。四十年过去,在卡拉瓦乔英年早逝之后,这些画家的后辈们又同样亦步亦趋地追随着卡拉瓦乔,既无古典主义,也无理想主义。随便找一位17世纪的艺术家,你几乎都能发现卡拉瓦乔的痕迹:荷兰的伦勃朗、西格斯(Seghers)和洪特霍斯特(Honthorst),西班牙的委拉斯开兹和里贝拉(Ribera),法国的乔治·德·拉·图尔(Georges de la Tour)和瓦伦汀·德·布洛涅(Valentin de Boulogne),以及十几位其他画家,不计入大量的纯粹模仿者。

卡拉瓦乔
《逃亡埃及途中的休憩》,1597年
布面油画,135.5×166.5 cm;罗马多利亚·潘菲利美术馆

第七章 | 17世纪的罗马

卡拉瓦乔
《圣马太的召唤》，1599—1600年
布面油画，322×340 cm；
罗马圣王路易堂

卡拉瓦乔
《圣彼得受难》，1601年
布面油画，230×175 cm；
罗马人民圣母圣殿

[311] 卡拉瓦乔眼中的渴望、他对完全及非理想化的人类真实，在那个时代——即17世纪初——产生了如此强大的影响力，有两个原因。第一个原因是普遍的：在全欧洲，人们正越来越厌倦于往往伴随着抽象的委婉表达。例如，有人在剧院里看过：詹姆斯一世时期的"复仇"剧作家是怎样以强烈而揪心的场面使观众入迷的：

撕掉他的眼皮，
让他的眼珠子仿佛血泊中闪烁的彗星：
坏人血流成河，好悲剧才大快人心。

或者，想想《李尔王》①（Lear）中的场景吧——冷酷的贡纳莉（Goneril）坚持要弄瞎她父亲的双眼，而不是直接将他绞死，解脱痛苦——又或者是《泰特斯·安特洛尼克斯》（Titus Andronicus）中的场景。显然，惊骇与戏剧性的绝境语言并非17世纪艺术家与作家们的发明，但它跃居至他们想象力的最前列——无论是为了快感还是宗教上的启示——并由此成了巴洛克艺术的主要成分之一。然后，我们必须加上这样的事实，即不管恐怖与否，17世纪的欧洲人正越来越感兴趣于实际与真实。挥舞着纱翼的天使越来越少；空洞的精神性也不似从前盛行。取而代之的是嗅觉、触觉、听觉，以及对这个毕竟是由上帝创造的世界的真实观察与感受带来的直接吸引力。如果画家将一幅崇高卓绝的人造物的图像置于观者面前，这可能不会影响他的信仰。但是，若是一幅源自真实世界，而又戏剧性地归属于现实世界的图像，一幅与观者寓于同一种类空间、受支配于同一种类感受的图像——那就有说服力得多。这就是特伦托会议的观点，该会议决心找到办法，使罗马天主教的教义更生动直接地传达至普通老百姓处。艺术的目标不是要驳倒路德，不是要赢得神学辩论，而是要通过一种更

---

① 《李尔王》：与下文的《泰特斯·安特洛尼克斯》均为莎士比亚的悲剧。

有效的冲击力、对事件与情感更可感知的真实性，确保信徒的虔诚。而这一点，赞助人们很快意识到了，正是卡拉瓦乔的特点。

他的确不能取悦每一个人，但没人可以说，他是默默无闻的。"在我们的时代，也就是教皇克雷芒八世在位期间，"16世纪的画家与理论家维森特·卡尔杜秋（Vicente Carducho, 1570—1638）在一篇檄文的开头写道——他是一名移居马德里的意大利人，

> 米开朗琪罗·卡拉瓦乔发迹于罗马。他的新菜肴里下了猛料，浓香扑鼻、滋味鲜美，胜过了所有人……过去有谁像这位天赋与创造力的巨人一样，几乎不讲规则、不讲理论、不讲学习与沉思，单凭自己天才的能力与面前的模特作画，并且获得了同样的成功？我曾听本行业的一名狂热分子说，卡拉瓦乔这个人的出现意味着绘画毁灭与终结的预兆……

虽然到最后成了一名极端的宗教戏剧家，卡拉瓦乔在当初却是一位天性温和的画家。诚然，有时虫子是在发芽期就生出的——卡拉瓦乔早期的静物画中经常描绘烂熟、发黑的果实——但卡拉瓦乔式的黑暗洞穴不是一夜之间创造的。他在罗马的早期作品，比如精细优美的《逃亡埃及途中的休憩》（*Rest on the Flight into Egypt*，1594—1595），光线均衡而清晰，某种程度上令人回想起文艺复兴高潮时期的画家洛伦佐·洛托（Lorenzo Lotto）以及（更久远的）乔尔乔内（Giorgione）。画中，圣母马利亚昏昏欲睡地俯身向她的婴儿，她有着一头美丽的红发（据推测，可能是卡拉瓦乔当时的女友），而上了年纪的圣约瑟（St Joseph）手里拿着乐谱，天使正在那母子瞌睡时用提琴演奏着舒缓的音乐。

这样的作品使他在罗马的上层收藏家中受到欢迎。这些收藏家包括枢机主教弗朗西斯科·马利亚·德尔·蒙特（Francesco Maria del Monte），拥有卡拉瓦乔的八幅绘画，还有眼光敏锐、荷包丰盈的侯

爵文钦佐·朱斯蒂尼亚尼（Vincenzo Giustiniani），收藏了十五幅。

因为画中均衡的光线与优雅的配色，我们往往会以为这些早期作品是"非典型的"。尽管如此，到他三十岁出头时，卡拉瓦乔作为艺术家的本质特征已经形成了。其基本要素就是他对姿态刻画的精通。卡拉瓦乔以不可思议的精准度观察事物，并把它们描绘下来：人们是怎样移动、倚靠、端坐、指点和耸肩；他们是怎样痛苦地扭动；死者又是怎样僵卧。因此，《奉献以撒》（*The Sacrifice of Isaac*）中亚伯拉罕的姿态才是如此生动准确，他将自己恸哭哀号的儿子按在岩石上，就像案板上的一条鱼。在《以马忤斯的晚餐》（*The Supper at Emmaus*）中，当基督在食物（一块普通的罗马式面包）上进行圣餐礼，画上的人物看起来都像要从画布上走下来；而悬在餐桌边缘的水果篮就要把水果撒到观者的脚上。而卡拉瓦乔为之绘画了《圣保罗皈依》（*Conversion of St Paul*）与《圣彼得受难》（*Crucifixion of St Peter*，1600—1601）的人民圣母圣殿（S. Maria del Popolo）里的切拉西礼拜堂（Cerasi chapel）是如此窄小，使人无法从一定距离以外观看这幅画：画中人几乎贴到了你的脸上，就像拥挤房间中彼此的身体，我们没法相信这样的效果不是有意为之。这一点在圣彼得与三个行刑者的人像上尤为明显：他们的肉体与暗色的衣物构成了一个强有力的"X"形，两名行刑者的脸完全从我们面前隐去了，第三名则转向了阴影里。只有圣彼得（根据宗教传说，他是被头下脚上地钉在十字架上，因为他认为自己没有资格以和弥赛亚相同的方式死去）是完全可见的——那健壮老人的身体反射着光线，他的双眼极度痛苦地盯着铁钉穿过自己的手掌，扎进木头里。

这些不是虚构或想象出来的人物，他们有着巨大的实际存在感，我们无疑会相信卡拉瓦乔创作方式的那些故事——他在大街上的人群中寻找模特，将他们的样子原原本本地画下来——这些故事基本上是真的。显然，他在自己幽暗的画室里不遗余力地安排着照明光线的方向。但是，关于他的工作方式，其他情况却所知不多，因为没有一张可归属于卡拉瓦乔的草图流传下来。也许他将草图全部销毁了，或者是在许多次临时画室到临时画室、一座城市到另一座城市的搬迁中的某一次遗失了。可是也有一种可能性我们无法马上驳斥，那就是他压根没画过任何草图：他直接在油画布上下笔，不经事先规划。

[314]

　　自然，这冒险而崇高的自发性——与看上去并不一样，且在"正常"的画室实践中会失常——似乎与卡拉瓦乔的生活方式带来的图景十分相称，从我们所知的情况来看。1610 年，他死于一场热病，时年 39 岁，在埃尔科莱港——那时是一片疟疾流行的西班牙飞地，位于罗马以北马雷玛（Maremma）的海滨。他生命中的最后四年是一场躲避警察与刺客的漫长逃亡。逃亡途中，在极端压力之下工作，他在从那不勒斯到瓦莱塔再到巴勒莫的地中海港口城市留下了多幅祭坛画——部分为十分伟大的杰作，无一平庸之作。在 1606 年罗马的一场网球比赛上，他用藏在腹股沟处的一把匕首刺死了一名男子，他还刺伤过多人，包括圣天使堡的一名卫兵，以及一名作家——卡拉瓦乔在一次关于洋蓟的口角中割开了对方的脸。他在罗马被控犯有诽谤罪，在那不勒斯的一场酒馆斗殴中打残了身体。他忧郁阴沉、粗鲁不雅、性情古怪，在 17 世纪初罗马的繁文缛节里左突右冲，就像渔网中的一头鲨鱼。但他在 1600 年之后作品中展现的生动鲜活的虔诚是巴洛克绘画的根本，他作为反宗教改革边缘时期罗马艺术至关重要的人物之一，将被永远铭记。

　　其他激进的艺术家大部分是外国人，被卷入这世界艺术首都不可抗拒的轨道上来。对巴黎的一次无甚获益的拜访中，在宴请上，数位法国画家向伟大的巴洛克雕塑家与建筑家吉安洛伦佐·贝尔尼尼展示了自己的作品。这些作品没有给他留下什么深刻的印象。在这位年高德劭的艺术大师无情挑剔的眼中，他们看起来不过是一群无足轻重的小人物——小打小闹，至多能创作出一些无趣而合乎规范的作品。然而，在这群画家中，有一位的作品却已被尚特洛阁下（sieur de Chantelou）、路易十四世（Louis XIV）的管家保罗·福里阿尔特（Paul

Freart，1609—1694）收藏。这位画家就是尼古拉·普桑（Nicolas Poussin）。在他看来，贝尔尼尼的反响很强烈，长时间、仔细地观赏了他的画作，最后还惊呼道，"噢，这真是伟大的叙事者！"（只可惜，这段虚构的故事显示了一种超越纯粹轶事的道德重量，使其成了一则严肃的寓言）。随后，向着尚特洛，贝尔尼尼又会指着自己的脑袋，钦羡地夸赞普桑是一位"用这里创作"的艺术家。①

这话是真的，而它真实的原因之一就是罗马。普桑是法国古典主义之父与开山鼻祖。他创作生涯的大部分时间都生活在罗马，最后是怀着极大的不情愿才离开罗马的。就文化意义而言，罗马以北的一切地方都是殖民地——特别是法国，他来自的二流强国。"我们的确是人人的笑柄，没有人会怜悯我们，"关于法国，普桑愁苦地在一封1649年寄自罗马的信中写道。"我们被拿来与那不勒斯人相比，并且与他们受到的待遇一样。"

于他而言，罗马及其周围的乡村地区首先是一片思想与记忆的领域。这"思想"不是抽象的，它扎根于观察。这"记忆"将观察到的自然世界的深深感受与一种诗性的博学结合起来——这种"诗性的博学"在17世纪就是凤毛麟角，在今天的文化中更是难觅踪迹。威廉·哈兹里特②（William Hazlitt）从该处入手比较普桑与约翰·弥尔顿（John Milton）。画家中的普桑，他写道，"比任何人都更类似诗人中的弥尔顿。他们都带有某种同样的学究气，同样的僵化，同样的崇高，同样的庄严，同样丰富的借用材料，同样统一一致的个性。"当看着普桑的某些作品，画中身着颜色朴素的外衣、身体健壮的人物走在枝繁叶茂的风景中，你不得不想起《利西达斯》（*Lycidas*）末尾的诗句，描写牧羊人走在乡间小路上，唱着他的歌，"以热切的思想啭鸣

---

① 保罗·福里阿尔特主要以陪同贝尔尼尼访问法国而引人注目，并且长篇累牍地记载了这位雕塑家对法国艺术的反应，以及他对雕塑的见解。——原注
② 威廉·哈兹里特（1778—1830）：英国作家、戏剧与文学评论家、画家、社会评论家与哲学家。

乡音浓浓的歌谣"："最后他终于站起身来，拉起蓝色的斗篷飞扬／明天奔向新鲜的树林与又一个牧场。"普桑风景画中的一切都是有序而连贯的，但从没有抽象之物。它们是《复乐园》(*Paradise Regained*)中"美丽的旷野"(Fair Champaign)，

> 大地肥沃，出产谷物、油脂与美酒，
> 漫山遍野牛羊成群，
> 城市广阔，高塔耸立，看上去仿佛
> 千古一帝的宝座，这景象
> 是如此阔大，处处空余着
> 不毛荒漠的地带……

[316]

普桑展现的首先是他所创造世界的质朴，那些在这个世界里劳作、拥抱、玩耍、打盹的男人、女人和孩子的质朴。这不是一个无生命的大理石构成的抽象世界。你可以想象自己将感情投射到这个世界里的居民身上，就像对一具有血有肉的身体，而不是理想化的石头：大腿修长的牧羊女与她的放羊人伙伴们（他们显然都不识字）一起探身向前，仔细凝视着树林中一个被遗忘的石棺上的铭文"即使是在阿卡狄亚①，也有我"(Et in Arcadia Ego)，石棺的顶上有一个骷髅头骨，提示你阿卡狄亚里的"ego"，也就是"我"，正是无法阻挡的死亡的存在，或者是美丽得令人神魂颠倒的女神狄安娜形象，陷入热恋的恩底弥翁②(Endymion)向她跪下，表白自己的爱意。"这个年轻男人身上燃烧着魔鬼的心灵之火，"普桑在罗马的一名熟人写道，而事实上，正是他的蓬勃活力，将自己的生命力吹入了古物的重构之中，才使他

---

① 阿卡狄亚：古希腊伯罗奔尼撒半岛中部山区，其居民过着田园牧歌式淳朴生活，后成为"世外桃源"的代名词。
② 恩底弥翁：月神所爱恋的英俊青年牧羊人。

的作品区别于17世纪罗马出产的其他仿古绘画。

就连孩童的玩耍,在宁芙的注视下骑在羊背上互相猛攻的游戏,也有着某种骑士般的激情,虽然这同时也是对骑士的一种戏仿。这风景是有生命、会呼吸的,看起来没有什么发生在其中的事情是微不足道的。他笔下的女神和宁芙不是从奥林匹斯山降落人间,她们是从土地里生长出来的。她们像枝头绽放的花朵一般带着古风,因此在1628年的《狄安娜与恩底弥翁》中,纯白的女神与跪地的牧羊人之间有着比一百个雷诺阿①(Renoir)更甚的性张力。对于他来说,这种张力就是古典主义的一部分。"我敢肯定,你在尼姆一定已经见过的漂亮姑娘们,"他在1642年给朋友的信中写道,"带给你精神上的欢愉不会比你从四方形神殿(Maison Carree)美丽圆柱的景象处得到的少,因为后者不过是前者的古代复制品。"这是一种迷人的自负,而又不仅仅是自负:认为古代建筑柱式是美丽人体理想比例"复制品"的思想深深根植于普桑的心中,就像根植于许多鉴赏家的思想中一样。正是这种思想赋予古代建筑以人性,并强调了其与"现在"的关系。它还强调了观者的一种感受,即普桑的一幅画中,从井中打水的妇女与她们身后的建筑是有关联的,这种关联不只是形式上的,从某种历史的角度看,也是精神上的。

在作于约1640年的《风景与圣马太》(*Landscape with St Matthew*)中,我们看到那位福音传道者被废墟包围着——倒塌的圆柱,断裂的横梁——他正在把一位降临人间的天使般人物的话语写在一张纸上:这一主题与卡拉瓦乔为圣王路易堂(S. Luigi dei' Francesi)创作的画(《圣马太听写福音》)相同。但在其姊妹篇,即《圣约翰在拔摩(Patmos)岛写下启示录》,普桑却创作了一幅几乎相当于自画像的作品,他坐在浩大的古代废墟之中,画着废墟几何碎片的草图(棱柱、圆柱,背景中还有一座方尖碑和一座看起来完好无损的神殿),与他

---

① 雷诺阿:即皮耶尔·奥古斯特·雷诺阿(1841—1919),法国印象派画家。

自己在真实生活中偶遇坎帕尼亚罗马遗址的情形十分相似。无论他还有可能在何方，他都不会在自己出生的地方。他在"命运"与他自己的艺术需求所驱使他前往的地方。他是侨居者的典范。这就是普桑一生的故事。

他出生在雷桑德利（Les Andelys），诺曼底境内塞纳河边的一个乡间集镇，位于鲁昂临近地区。关于他的童年，人们所知不多，除了他显然接受过某些经典方面的教导，若没有这一基础，他就不可能发展出对古罗马及其文化的热衷。1612年左右，他离开家乡前往巴黎，人们知道的是，他在那里曾试图去往罗马，但疾病和贫穷挫败了他（他已经走到了佛罗伦萨那么远，但又不得不折返回去）。不过随后，在巴黎，他幸运地遇到了意大利诗人詹巴蒂斯塔·马里诺（Giambattista Marino，1569—1625），诗人对年轻的普桑为自己创作的几幅以奥维德《变形记》为主题的素描印象深刻，邀请这位初露锋芒的艺术家随自己去罗马。这正是他求之不得的。1624年，尼古拉·普桑来到罗马，开始四处结交，这些人对他作品的注意将为他带来极大的好处。其中一人是弗朗西斯科·巴尔贝里尼——乌尔班八世的侄子。另有一人为卡西亚诺·德尔·波佐（Cassiano del Pozzo），巴尔贝里尼家族的秘书，一个具有非凡鉴赏力与一定科学知识的人。①

在他的画作打开销路之前，普桑在罗马的主要工作是为德尔·波佐绘制古典雕塑的记录。这给了他接触私人藏品的绝好机会，以及充足的时间来发展出一套人像画的全部技能，在往后的日子里填满他的作品。前述二人为普桑安排了他的第一单大型委托任务，尽管这一任务完全没有体现普桑的特点——为圣彼得大教堂创作的一幅祭坛画，完成于1628年，题为《圣伊拉兹马斯殉道》（*Martyrdom of St Erasmus*），这是一位遭受了开膛破肚的早期圣人，他的内脏被一个辘轳缠出。画中的场面仁慈地没有画得太过血腥，伊拉兹马斯的肠子看

---

① 在卡西亚诺的介绍下，普桑为达·芬奇光学研究的出版物绘制了插图。——原注

起来就像是一长串细细的卢加尼加（luganiga）香肠。这几乎是普桑唯一一幅展现极度痛苦中人类的图画。其唯一的竞争对手是《诸圣婴孩殉道》（The Massacre of the Innocents）中一名妇女极度痛苦的脸庞，弗朗西斯·培根（Francis Bacon）认为，这是一切西方绘画中关于悲痛最撕心裂肺的描绘。普桑的确有能力画出人类情感的极致，但他明智地将其维持在控制之下，只有在效果最强烈时才释放出来。

普桑将他在罗马的最初几年时间贡献给了古代建筑研究、真人模特绘画（先是在多梅尼基诺 Domenichino 的画室，后来在安德里亚·萨基 Andrea Sacchi 的画室），以及为罗马的雕塑与浮雕制作实测图。但是，凭借着两幅宏大的作品，他的历史画家事业在1620年代大放光彩，每一幅描绘的都是罗马往事中的英雄或悲剧时刻。第一幅是《耶路撒冷圣殿的毁灭》（The Destruction of the Temple at Jerusalem），纪念的是皇帝提图斯洗劫至圣所。（士兵们从那里带走了七枝形烛台，如今被雕刻在罗马的提图斯拱门上。）第二幅是《日耳曼尼库斯之死》（The Death of Germanicus）。

[319] 日耳曼尼库斯·尤利乌斯·恺撒，德意志的征服者，于公元18年被派去指挥罗马的东部帝国并死在安条克，他是在养父提比略皇帝的命令下，被一名猜忌的罗马总督毒死的——人们相信是这样。他很快成为"遭受背叛的英雄"的典型。在普桑的画中，这位英雄面色灰败、奄奄一息地躺在一块蓝色帷幕框架的下方，既暗示着军帐，也暗示着神殿的人字墙。右边是他的妻子，女仆和年幼的儿子们；左边则是他手下的士兵与军官。最左侧的那名普通士兵正失声痛哭，他魁梧的背影朝向我们。在他的旁边，一名身上飘扬着红色披风的百夫长正迈步向前；悲痛使他在此刻立即行动起来。接下来，身披金甲的中流砥柱、即一位身穿蓝色披风的将军（改编自一块古老的浅浮雕）正通过发誓复仇将悲痛投射到未来。我们看不到他的面部表情，这正是普桑有意为之，暗示日耳曼尼库斯的死亡不是一桩个人事件，而是"历史"本身之一部分。这一群集上升的决心之浪的目标并不仅是日耳曼

尼库斯垂落在枕头上的头颅,而且还有他那幼小的儿子,那孩子蓝色的披风正与将军的披风匹配;女人们遭受痛苦而无能为力,可那男孩已将一切看在眼里,记在心上,要在日后采取行动。

1629年,普桑搬进了一户居住在罗马的法国厨师雅克·迪盖(Jacques Dughet)家中,他们照料着身染梅毒的普桑,这疾病伴随着他到余生。到最后,普桑深受梅毒晚期导致的不断震颤的折磨,以致再也没有信心作画。1658年,64岁的他在一封信中为没有向夫人单独致函而对尚特洛道歉,因为"我的手抖得很难写字。希望得到她的原谅"。不过,他依然还有二十年连续不断的创造力。普桑是那种不太在乎社交世界的人。精挑细选的几份友谊,比如他在巴黎与尚特洛的交情,对于他才是极为重要的,而不是那些宫廷的世界,无论皇家、贵族还是教皇。有一个故事流传至今,他的朋友兼赞助人——大主教卡米洛·马西米(Camillo Massimi)来到他在巴布伊诺大道(Via del Babuino)上那座朴素的房子里,惊讶于普桑是怎么做到不用仆人的。"主教大人,我其实很同情您,"这位画家回答说,"因为您有那么多仆人。""他竭尽所能地避免社交集会,"他的朋友、鉴赏家安德烈·菲利比恩(Andre Felibien)回忆,"以使自己能够独自退回罗马的葡萄园与各种最偏僻的地方去……正是在这些避世独处的漫步中,他为自己遇见的种种事物画出草图。"

在散步时,普桑常常与另一位旅居罗马的法国侨民克劳德·洛林(Claude Lorraine,1604—1682)结伴同行。两人对完美与古典的风景有着同样的激情,但在其他方面则彼此迥异。与克劳德相比,普桑是一名明显更偏学者型的画家,熟谙古典诗歌与哲学,而克劳德在古罗马与希腊文化方面的知识就相对薄弱一些。他比普桑受教育少,部分原因是他出身于较低的社会阶层——他的祖辈世代务农,父母是洛林的香槟(Chamagny)乡村的小农。他对寓言或图释神话不感兴趣。普桑是"寓言派"(favoleggiatore),而克劳德不是。这样也无妨,因为他一点也不具备普桑绘画人体的才能,因而也就没有多少叙事的天赋。

他精细入微、如痴如醉地观察着树木、大地、水，特别是光线。他风景画中的人物（依惯例必须要有）一般鲜有佳作，多为拙劣，看起来就像是纺锤或鼻涕虫——不出意外，克劳德伟大的追随者J·M·W·透纳也有这样的缺点。不论怎样：克劳德极其精通理想田园风景画的传统手法（其中一部分就是由他创造的），且在其中包含着极佳的灵感，这使他成为几代画家的典范，而前来罗马的访客们也依然乐于从克劳德的眼中捕获意大利风光的短暂一瞥。

可能早在 1617 年，还是少年的他就来到了罗马。在他的家乡法国，他似乎没有接受过艺术训练，尽管经常有人说他曾做过糕点师——人们有时甚至相信，是他在罗马学会了千层酥（pate feuillete）技术，将其介绍到了法国。此事不无可能，但没有文献记载。人们所知他第一次接受画家培训，是在旅居那不勒斯的德国画家戈弗雷多·沃尔斯（Goffredo Wals）的画室中。他在那里待的时间不长，很快就回到罗马，成为意大利风景画家阿戈斯蒂诺·塔西（Agostino Tassi）的画室助手。1625 年，他短暂地回到了法国，为一位名叫克劳德·德略特（Claude Deruet）的不出名的宫廷画家工作。但在 1627 年或者更早一些，他就回到了罗马。在这里他度过了余生，再也没有回到法国或去往欧洲其他地方，一直待在西班牙广场边马古塔街（Via Margutta）上的同一个地址，那里是外国艺术家在罗马出没的地方。他的一生都是低调而谦逊的。他节衣缩食，终身未婚。人们对他的爱情生活——如果有过的话——一无所知。他谦虚、勤奋，离开画架大概就变成了一个乏味无趣的人。克劳德的事业是一帆风顺的：几乎所有的作品都卖出去了，在他去世时，画室里只剩下四幅未售出的画作。他对在上流世界里攀高结贵不感兴趣；而那世界却能找到结交他的办法，他们确实常常这么做。

事实上，在 1630 年代中期，他实在太受欢迎，以致饱受赝品的困扰，那些罗马艺术家将制造"克劳德作品"视为补贴他们微薄（或者一文不名）收入的方法。某种程度上，一幅克劳德作品的商标确实很容易模仿：风景的平行平面，明亮的群青色天空（大师绝不用廉价颜料，只用最好的），配衬的树林如羽毛一般，构造出水面或罗马遗迹的远景——被移位的斗兽场或塞西莉娅·梅特拉圆柱陵墓特别受到收藏家的喜爱。为了捍卫自己作品的权利，克劳德想出了对画作进行记录的办法——将最终稿的草图写上注释，装订在一本册子中，称为"真迹册"（Liber veritatis）。凡是不见于真迹册的画作，显然就是赝品。事实上，克劳德并没有以这种方式复制自己的全部作品，这就导致了对一些貌似极真画作真伪性的激烈争论——但是，"真迹册"是画家为自己的作品编纂目录的首次尝试。

克劳德的生涯证明了一个事实，即若非已在罗马学习与工作过，一位外国艺术家就不能真正自居是一个完善之人，尽管在这座伟大城市的学徒时间当然有长有短。数量极多的艺术家云集此地，欧洲的几乎每一个国家都有人来，试图全部列举一遍是没有意义的。其中重要的绕不开的人物是来自西班牙的胡塞佩·德·里贝拉（1591年受洗—1652）和迭戈·德·席尔瓦·委拉斯开兹（1599年受洗—1660）。

里贝拉是一位出身低微、才华横溢的现实主义画家（是一名巴伦西亚补鞋匠的次子），他深受卡拉瓦乔的启发，可能在那不勒斯遇见过后者。他最明显的卡拉瓦乔式特质是精确的绘画能力，现实而不甚完美的日常街头模特与强烈的照明，以辉煌的光线将面孔与肢体从四周的黑暗中摘出，就像卡拉瓦乔在圣王路易堂中创作的《圣马太的召唤》（Calling of St Matthew）那样。尽管他几乎全部的创作生涯都是在侨居地那不勒斯度过——他在那里被亲切地称呼为"西班牙小家伙"（lo Spagnoletto），里贝拉早年却也在罗马居住了几年时间，从1611年到1615年，与一群放浪不羁的西班牙和荷兰侨民一同住在马古塔街周围。

他在那里创作的作品中，流传下来的主要画作是一个超凡脱俗的象征"五感"（The Five Senses）的系列。例如，"视觉"是一位外表内向

[322]

的思考者的肖像，他无疑是里贝拉的一个朋友，手里拿着伽利略望远镜，面前的桌上放着一副眼镜和一面镜子。早先且更文雅的画家大概会用宁芙手中的鲜花和香水瓶象征"嗅觉"；里贝拉画了一个衣衫褴褛、脏兮兮的老头，你可以想象出他浑身发臭，将一个切开的洋葱拿到脸旁。然而，与之截然相反的却是"触觉"，熟悉罗马文化生活的人一眼就能认出来——一个收拾整洁、修饰体面的商人，身穿棕色夹克，闭目思索，他那敏锐的手指来回抚摸着一个古董头像。

[323]

共同来自卡拉瓦乔式的现实主义，造成了早期里贝拉与早期委拉斯开兹之间的某种亲缘相似性。这一点，以及西班牙的血统，构成了二者拥有的一切共同点，而他们在意大利是否只是短暂地见过，甚至这短暂的会面是否存在，都令人怀疑。里贝拉的天性是一名民主主义者、平民主义者，而委拉斯开兹则是一名颇具天赋的溜须拍马、谄上欺下之人。（从个人来说是这样。两人都画下层人物、普通工人、暴徒与酒馆常客，因为17世纪的富人们喜欢在墙上悬挂穷人的图画，就像20世纪的富人喜欢挂毕加索蓝色时期 [Blue Period Picasso] 的画一样。）

委拉斯开兹无疑是史上最伟大的绘画天才之一，但为了适当的头衔，他或许会全然放弃绘画。他呆板、保守，极

迭戈·委拉斯开兹
《英诺森十世肖像》，1650年
布面油画，114×119 cm；罗马多利亚·潘菲利美术馆

端重视世系与礼仪,严格遵守教规到了过分的地步(为了让枢机主教们给你好的委托,你必须如此),并且痴迷于在高贵的圣地亚哥骑士团(Order of Santiago)取得一席之地——经过多年的游说,他最终于 1658 年获得了这一殊荣,两年后就离开了人世,他毕生都在试图证明自己的家族是贵族出身,却没有成功。在他的巅峰杰作《宫娥》(Las Meninas)里画架之后的自画像中,他的束腰外衣上佩戴着圣地亚哥的红色十字。加入这一高贵的团体需要证明自己血统纯正(limpieza de sangre)——阿拉伯或犹太血统是不被允许的。他不可能以一个随和之人的形象为人所知。与他同时代的人对他的钦佩与尊敬大过喜爱。但关于他的品质是几乎无疑的:意大利顶尖艺术家卢卡·焦尔达诺(Luca Giordano)称他的作品为"绘画的神学",这是可以想象出来的最高赞扬。

委拉斯开兹出生在塞维利亚,职业生涯的绝大部分时间在马德里度过,为国王腓力四世(Philip IV)服务。他曾跟一位以宗教画为主的画家弗朗西斯科·帕切科(Francisco Pacheco,1564—1644)学画六年。作为艺术家,帕切科显然只是个小人物,但他在艺术理论和基督教肖像学方面造诣很深,并传授给了年轻的委拉斯开兹。至于他的绘画,有这样一段俏皮话(boutade)大概最好地概括了其特质:

> 噢天哪,是谁把你画成了这样,
> 如此枯燥乏味,平淡无趣?
> 有些人也许会说这是"真爱"——
> 但我告诉你,这是帕切科画的。

[324]

作为一位肖像画家,帕切科在塞维利亚的上流社会中结交广泛,这给了他的学生初涉社交界的契机。委拉斯开兹的学徒生涯结束于 1617 年,当时已被准许独立创作绘画的他有幸迎娶了帕切科的女儿胡安娜(Juana),并创立了自己的画室。然而,在早年间为他赢得了最多名望的,与其说是他的肖像画,不如说是他的风俗画(bodegones)——"bodegon"一词最初指的是一种简陋的饮食店,只提供最简单的饭食和葡萄酒。风俗画不被认为是一种非常严肃的绘画形式,但正是以年轻的委拉斯开兹为首的画家,将这种画转变成了对物质与人性最细致入微感知记录的载体。在欧洲艺术史上,再没有比《塞维利亚的卖水人》(*The Waterseller of Seville*)(约 1617—1619)中老人递给男孩的那杯水画得更美的一杯水了,也再没有以更多着迷与清醒的注意力画成的陶瓦水瓮了。也许这些委拉斯开兹早期作品借鉴了朱塞佩·德·里贝拉的早期作品,但这种借鉴更像是一种恭维。当一位新的哈布斯堡王室国王腓力四世于 1621 年登上西班牙王位,已经得宠于国王之首席顾问、奥利瓦雷斯伯爵(后来的公爵)加斯帕·德·古兹曼(Gaspar de Guzman)的年轻人委拉斯开兹踏上成为御用画家(Pintor del Rey)之路几乎就是必然之事了,而他于 1623 年升任这一官职。

在 17 世纪的马德里,担任国王的画家不单单是一项荣誉头衔,更是一项无与伦比的有利条件。它给了委拉斯开兹无限接近欧洲最大绘画收藏品之一的机会,这一收藏由英格兰君主查理一世(Charles I)被奥利弗·克伦威尔[①](Oliver Cromwell)砍头后散佚的皇家藏品组成——是提香、鲁本斯与其他大师作品名副其实的宝库。由于西班牙没有公共收藏——直到 1819 年才由普拉多创建,也由于普通画家没有进入皇宫或埃斯科里亚尔建筑群(Escorial)的可能,这给了委拉斯开兹优于国内几乎所有画家的条件,而他也将这一有利条件运用到了极致——且不提"御用画家"身份带来的社会利益。后来,在 1628 年,当彼得·保罗·鲁本斯(Peter Paul Rubens)从荷兰与罗马来到马德里宫廷,一个更加广阔的世界在这狂喜的 30 岁西班牙人眼前展开。

---

① 奥利弗·克伦威尔(1599—1658):英国政治家、军事家、宗教领袖,在英国资产阶级革命中,逼迫查理一世退位,建立英吉利共和国。

鲁本斯（他似乎曾在委拉斯开兹的画室内绘画过几幅马德里的委托）力劝他前往世界的中心——罗马，而当然用不着怎么劝，委拉斯开兹就动心了。请辞与介绍的信函安排妥当，委拉斯开兹于1629年启程去往意大利：威尼斯、费拉拉、博洛尼亚。但最重要的目的地是罗马，委拉斯开兹在那里待了一年，与西班牙大使蒙特雷伯爵（Conde de Monterrey）一起。在这初次的到访中，他的身份是一位年轻画家，虽然才华出众。在他二十年后（1649—1651）第二次来到罗马时，他已毫无疑问是一位板上钉钉的大师了。

委拉斯开兹从罗马得到了什么西班牙给不了的东西？一种绘画灵感的可能，与全然的技术：西班牙绘画无法与文艺复兴以来的意大利——米开朗琪罗、拉斐尔、委罗内塞、提香、卡拉瓦乔、卡拉齐——所呈现出的自信、范围与图画想象力方面竞争。而且，这里还有那些古物，委拉斯开兹不是来复制古代雕像的，但这些雕像加固了他对于久远过去有可能达到的连贯性的感觉。没有一幅罗马画作会像委拉斯开兹1635年的作品《布雷达之降》（*Surrender of Breda*），亦称《长矛》（*The Lances*）一样，而他如果没有认识并内化罗马艺术的成果，也很难达到此表达的戏剧效果，那种深度空间的复杂构成，那二十四根竖直长矛组成的充满灵感的绒毛（只有三根倾斜的长矛打破了这种韵律节拍）。

对于一个有技巧也有决心弄懂其学问的有抱负的艺术家，17世纪的罗马就是全世界无可争辩的学校。它给予艺术家们伟大的自由与机遇。以委拉斯开兹为例，罗马激励了一位人像画家去绘画裸女。这种事在西班牙即便不是闻所未闻，也是十分罕见的，因为神职人员对其怀有道德敌意；至于买画的顾客，他们也不能在墙上展示裸体画，因为害怕招致非难。但在意大利，绘画女性裸体却不带有任何风险，而在西班牙广场附近游荡等待雇主的大群潜在模特之中，委拉斯开兹找到了一个女孩，她那纤细可爱的身体注定要成为艺术史上最著名的也是第一个由西班牙画家记录下的裸体：即《维纳斯的梳妆室》（*The

Toilet of Venus),亦称《镜前的维纳斯》(*The Rokeby Venus*,约1651),所表现的是对镜自怜的主题。

罗马也为委拉斯开兹提供机会创作出了人力所能在画布上呈现出的最迷人的影像。无疑,这就是作于1650—1651年的教皇英诺森十世潘菲利(Innocent X Pamfili)的肖像画,至今仍悬挂在纳沃纳广场上方多利亚宫(Palazzo Doria)的小间内。现代主义晚期的名气使然,在今天,也许大多数知道这幅画的人们都是通过弗兰西斯·培根①的"尖叫的教皇"版本来认识它的。这些改编版是培根最好的作品,但无法与原版相提并论(原版当然不是尖叫的:所有人里最不可能尖叫的,哪怕是在私下,就是这位潘菲利了)。甚至有时我们禁不住会说,没有几幅肖像画,假如还算有的话,能够接近委拉斯开兹的《教皇》——据说就连英诺森十世本人在看到这幅完成的画作后,也称其"太逼真了",而当有人面对画中那钢铁一般质问的瞪视时,被看穿是件太容易的事。

第四位17世纪侨居罗马的伟大外国艺术家不是西班牙人,而是佛兰芒人,出身安特卫普的彼得·保罗·鲁本斯(1577—1640)。论多才多艺、影响力与纯粹的叙述历史与神话本领,还未有另一位艺术家可与鲁本斯齐名,而很可能未来也不会有了。他的充沛精力与发挥重大公共作用的能力使每一位20世纪的画家黯然失色。我们往往将毕加索的《格尔尼卡》(*Guernica*)视作极为重要的一幅公共艺术作品,而它也确是如此——对于它的时代;但它在毕加索的作品中是独一无二的。而鲁本斯,这位与反宗教改革联系在一起的最伟大的北方画家,却有能力,也的确做了许多这样的表达,通常是宗教种类的,有时也有描写政治的,其宏大的规模与庄严的美感将毕加索远远抛在了身后。这样的画作——怀有对绘画语言如此强烈的抱负——根本不可能再出现了。它的用途已遭颠覆,宗教的衰退、对政治与政治家的不

---

① 弗兰西斯·培根(1909—1992):爱尔兰画家。非同名的英国哲学家。

信任，以及对权威信仰的去魅，构成了我们这个时代的特征。再也不会有另一个鲁本斯出现，因为他作品的知识与伦理背景已不复存在，更不要说支持与灌输它的教育体系和对历史原型的尊崇。人们也不可能希望它的存在。这条庞大的鱼已没有可供遨游的水，它的河口已干涸。

毫无疑问，鲁本斯作为艺术家的公共职责感是在一次意大利、特别是罗马的长时间旅行中得到的。1601年底，他第一次到访此地，当时他在曼图亚公爵（Duke of Mantua）文森佐·贡扎加（Vincenzo Gonzaga）的宫廷中服务。在那座北方城市里，他已经有机会研习当时存在的最伟大的文艺复兴艺术收藏——被斩首的英格兰君主查理一世的收藏。不久之后，这批收藏又被迁移到了西班牙，在那里，委拉斯开兹开始研习它，鲁本斯后来也得以更新自己对其中提香、丁托列托、委罗内塞及其他文艺复兴巅峰大师作品（当时迁移到了马德里的皇家收藏中）的认识。在他的第一次罗马之旅，以及1606—1608年的旅居中，鲁本斯得以学习了"庄重风格"（Grand Manner）的主要作品——全部都在罗马：米开朗琪罗的西斯廷湿壁画、拉斐尔的梵蒂冈房间。它们对他产生的影响是不可估量的，而一个事实使这一影响愈发强烈——作为这些前辈艺术家权威来源的古罗马大理石艺术品仍然存在于此，等待着鲁本斯前来研究学习与一笔一画地模仿：观景殿的躯干像、拉奥孔，以及一些地位不如前者，但依然具有启发性的作品，如《非洲渔夫》（那时被人们当作临终的塞内卡的大理石雕像）。

由于教会的压倒性特权地位，这些古董最丰富的收藏还是在富裕的教士手中：譬如，法尔内塞宫那间天花板由安尼巴莱·卡拉齐创作了湿壁画的巨大房间中，就塞满了古代雕像，而在1589年，枢机主教亚历山德罗·法尔内塞（Alessandro Farnese）就已经对学者及挑选出来的部分艺术家（还没有向一般公众）开放了这些古董收藏。在公共博物馆出现前的时代，这一情况简直就是为鲁本斯量身定制的，他使出了浑身的魅力、天才与讨好的本事，以求接近这些美学的宝藏，并将它们精确、快速、全方位地画下来。他画出了几百幅这样的素描，用来帮助他回忆——这是摄影再现术诞生之前的主要工具——并且为他自己后面的许多人物与构成提供了基础。鲁本斯从不停止向过去的艺术学习，而素描就是他学习的媒介。复制一件作品就是将其吸收进自己体内，潜藏进自己心中，同化进自己的 DNA 里。在今天这个大规模机械复制的时代，这种方法几乎已经失传了。

在这次早年的造访中，鲁本斯并未在罗马留下许多作品。他的知名度还不足以让他在那里接到多少大型委托，尽管他为耶路撒冷圣十字圣殿创作了一幅祭坛画，纪念赫勒拿太后在耶路撒冷取得了目前收藏于该教堂内的真十字架与圣梯圣物。但是，在罗马的经历，特别是一份由这座城市的古建筑传递至今的、广阔无垠的历史感，从未离他远去：它成为他艺术创作的基本资源，旧的事物强有力地支撑巩固着新的。没有一位艺术家比罗马的鲁本斯更强烈地显示出一种艺术上的传承性。

第八章

巴洛克鼎盛时期

　　面对17世纪的种种压力，天主教会以绝妙的技巧与充沛的精力来应对。它集结起保卫自身教义与影响力的各类力量，而视觉艺术正是该集结发生的战场之一。这是被称为"反宗教改革"的意识形态与想象力攻势的一部分。建筑家、雕塑家与画家从来没有被寄予如此高的保卫天主教信仰的厚望，就连在中世纪也不曾。如果有人想找出单独一位雕塑家兼建筑家，其本人与作品均充分体现了反宗教改革的精神，那么候选人只有一位。他就是吉安洛伦佐·贝尔尼尼（1598—1680）。在他漫长而惊人高产的创作生涯中，贝尔尼尼集中体现了"天主教艺术家"最全面的意义。"天赋灵感"是一个需要谨慎使用的词，但再没有比它更适合形容贝尔尼尼的了。不仅是他的信仰与他为之服务的皇室要人及天主教统治阶层之间没有任何偏差：他从他们那里获得极度刺激，因满足他们的教义需求而获得真实的喜悦。

　　贝尔尼尼是教皇正统在17世纪的大理石扩音器。如果你在17世纪的意大利（在欧洲其他地方也是一样）从事雕刻石头的营生，那你就要在那位罗马奇才的阴影里创作了。事情就是这么简单（但也就是这么复杂），在欧洲历史上，没有几位艺术家能像贝尔尼尼一样完全定义他们的时代与精神环境。从一个决定性文化特征受到怀疑的世纪回望贝尔尼尼，我们似乎很难相信一位具有如此惊人技巧与稳定性（certezza）的人竟真的存在。但他确是如此，并且找到了与自己才华

[329]

匹配的正确赞助人。

[330] 在今天,"巴洛克艺术"的存在感是如此强大,强势地占据了我们对欧洲文化的解读,就好像从始至终都存在于此一般。但事实并非如此。"巴洛克"是一个被滥用的术语,其所指的作品被认为是粗俗、可憎且拙劣的(不管其技术技巧如何),一直到18和19世纪。科伦·坎贝尔①(Colen Campbell, 1676—1729)——柏灵顿勋爵(Lord Burlington)的苏格兰被保护人,其著作《不列颠建筑师》(*Vitruvius Britannicus*)对英国的建筑品味产生了极为强大的影响——将这一时期视作从帕拉第奥式(Palladian)天才的巅峰向"任性装饰,最后一定以哥特式告终"的下场:

> 我援引上个世纪的文艺成果:贝尔尼尼和丰塔纳的作品是多么做作而放纵?博罗米尼的设计是怎样奢华到了疯狂的地步,力争用他那些古怪荒诞的美物诱使人类堕落——那些东西各部分不成比例,固体没有真实的支承,大量的材料缺乏强度,过多的装饰失去优雅,整体根本谈不上匀称?

接下来的两个世纪也并没有为人们的心意或观点带来多少改变。对于义愤难平的拉斯金,哥特式是宗教建筑的崇高形式,巴洛克式只不过是"卑贱异教的繁荣兴旺"。在《意大利风光》(*Pictures from Italy*)中,造访罗马的查尔斯·狄更斯发现贝尔尼尼的巴洛克式纪念物简直是"令人难以容忍的怪胎","整个大千世界里最可憎的那一类文艺作品"。在英国建筑史的圣经——班尼斯特·弗莱彻(Bannister Fletcher)的《比较方法建筑史》(*History of Architecture on the Comparative Method*)1911年的版本中,给整个17世纪的只有三十行内容:巴洛克时代的作家们往往满足于对旧时代坟墓的纯粹践踏。这代表着,弗

---

① 科伦·坎贝尔(1676—1729):苏格兰建筑师、建筑学作家。

莱彻写道：

> 一种（对帕拉第奥）无法无天的反应。复杂曲折的房屋正面与细节上牵强附会的创造是其特征……装饰被使用到了离奇的程度，根本不考虑适应度与适合性，充斥着夸张与设计糟糕的细节……马代尔诺（Maderno）、贝尔尼尼和博罗米尼是从事这种低劣艺术形式的人里较出名的几个。

[331]

这样一种对巴洛克成就，特别是罗马巴洛克的描述，在今天已经不可能找到了。人们的品味改变了，这是理所当然的，但就 17 世纪建筑物以及对其的反应而言，我们也许是在打量一个不同的世界——从真正意义上说，我们的确如此。在拉斯金与坎贝尔们看到混乱的大量虚饰，满足欲望的浮华夸耀却无关宗教情感的地方，我们更有可能看到的是最后一个关于精神性的伟大通用语言。这一切的理由始于贝尔尼尼，也终于贝尔尼尼（1598—1680）。

贝尔尼尼曾在自己的雕塑家父亲彼得罗·贝尔尼尼（Pietro Bernini）的工作室中接受训练，彼得罗·贝尔尼尼是一位小有成就的佛罗伦萨风格主义艺术家，曾在那不勒斯工作，后于 1606 年定居艺术世界的中心——罗马，为教皇保禄五世（Paul V）服务。小贝尔尼尼为人所知最早的独立作品创作于他的童年：一个小型群雕，主题为山羊阿玛尔忒亚①（Amalthea）哺育婴儿朱庇特，以复杂的现实性完成，他一定是从自己在罗马看到的希腊式大理石雕以及他父亲对这些石雕的模仿那里学到了这一点——那些虬曲的山羊毛是多么有趣味！——时间可追溯至 1609 年左右，他当时是 11 岁。当他的作品第一次引起枢机主教马菲奥·巴尔贝里尼（Maffeo Barberini）的注意时，他还是

---

① 阿玛尔忒亚：希腊、罗马神话中用奶哺育主神宙斯即朱庇特的母山羊，其角被称为丰饶之角。

个毛头小子，巴尔贝里尼看到了他关于圣老楞佐殉难的雕刻，那位圣人被架在火炭与升腾的无情火焰上活活烤死，却颇为镇定地看着这一切。据说（有此一说），这位20岁的雕塑家安放了一面镜子，然后将自己的腿放进了火里，以更好地观察自己脸上的痛苦神情——尽管他创作的老楞佐的表情看上去并不显得格外苦痛。难道贝尔尼尼比别人都能忍痛？大概不是吧。

正是通过巴尔贝里尼，罗马最初的一批艺术收藏家中的一人才开始发现年轻的贝尔尼尼的作品。此人就是枢机主教西皮奥内·鲍格才（Scipione Borghese, 1576—1633）——教皇保禄五世的侄子，古董鉴赏家，锦衣玉食、腰缠万贯之人。他是教皇的秘书，实际上掌管着梵蒂冈政府。他手握众多官职的任命，其中绝大部分都为他带来了数量可观的金钱回报，到1612年，他的年收入据说达140000斯库多之巨。

在17世纪，娈童是一种招致死刑的犯罪，至少在理论上是这样。西皮奥内·鲍格才的同性恋倾向是毫无疑问的，但他的出身与财富却保护了他——确实是全副武装的保护。他身边环绕着娈童美男，而伟大的现实主义画家卡拉瓦乔的同性恋身份也是几乎无疑的，鲍格才是第一批支持他的收藏家之一，卡拉瓦乔的早期画作——如《生病的巴克斯》(Sick Bacchus)、《被蜥蜴咬的男孩》(Boy Bitten by a Lizard) 及其他作品——入选了他的收藏，这是主要的原因。这些粗俗男妓的撅嘴画像，他们昏昏欲睡的深色双眸与黑色冰淇淋般的头发，显然很对这位枢机主教的胃口。

他的古代雕像收藏中包括在欧洲最受推崇的几件，如鲍格才的"角斗士"(Gladiator, 约前100年)，是贝尔尼尼竭力效仿的。鲍格才很清楚，稚气未脱的贝尔尼尼是一位未来的大师。而作为一名收藏家，鲍格才是不会为任何他所爱的作品而等待，或者被拒绝的（他的一个更可憎的行为是，以没有缴税为名没收了"阿尔皮诺的骑士"[Cavaliere d'Arpino]——一位软弱无力的风格主义画家的100多张画，后者声称拥有教过卡拉瓦乔一小段时间的殊荣）。鲍格才着手积

第八章 | 巴洛克鼎盛时期

聚贝尔尼尼的作品,并且到手了一些他在早期最好的作品:这些作品中,有一件埃涅阿斯与其年幼的儿子阿斯卡尼俄斯的真人尺寸群像,他们正逃离燃烧的特洛伊城,带着老父亲安喀塞斯,这位老人携带着他们失去的家园的守护神像。以下原文摘抄自维吉尔《埃涅阿斯纪》中的诗句:

> 那么来吧,亲爱的父亲。刀剑架在我的脖子上:
> 我会将您扛在肩头,没有多大重量。
> 无论发生什么,两人面对同一个危险,
> 找寻同一份安全……
> 父亲,带上我们的灶神,我们的珀那忒斯。
> 若我来看顾它们是错误的——
> 刚刚从艰苦拼杀、血腥恶战中来——
> 直到我用流水将自己清洗干净。

这尊雕像——其身体的螺旋式运动很大程度上参考了伟大的风格主义雕塑家詹波隆那(Giambologna)的作品——是为西皮奥内·鲍格才在罗马品奇阿纳门的新别墅设计的,它至今仍竖立在那里。同时为该别墅配套设计的还有非凡的《普路托与珀耳塞福涅》(*Pluto and Persephone*,1621—1622),雕像上,肌肉强健的冥王正将宙斯与得墨忒耳(Demeter)那无助的女儿掳走,使她做他在阴间的囚徒与新娘。弥尔顿的诗中写道:

> 女孩被从恩纳[①]的美丽田野上
> 抢走,普洛塞庇娜在那里采摘鲜花
> 她本身就是一朵更美丽的鲜花,被幽暗的冥府

---

① 位于西西里岛。——原注

摘下，这让刻瑞斯历尽千辛万苦
在世上各处将她寻找。

普洛塞庇娜徒劳地尖叫，她无助而诱人地挣扎扭动，我们甚至在她的面颊上看到了大理石做的泪水，以及普路托的手指紧紧扣入她大腿而下陷的皮肉。这是一件极为色情的雕塑，而它也应该如此，因为其主题是一次强暴。西皮奥内·鲍格才拥有无人能及的古罗马色情作品收藏，那位年轻的雕塑家一定曾高兴地与之亲近。这件雕塑的非凡特性在于雕刻技艺的精湛，它超越了现代主义关于"忠于材料"（truth to material）的清规戒律——就好像某些东西只能用木头和石头制作才正当，逾越了就是一种罪恶。贝尔尼尼使你不再怀疑，如若塑形的手足够灵巧精通，石头也可以用来表现任何事物。将其视为仿佛是模型塑造而非雕刻的，这错了吗？确实没错，普路托与普洛塞庇娜身体绝妙的表面与纹理告诉了我们这一点。这种效果是一个谎言吗？当然，但艺术本身就是谎言——一个为了服务于真相而撒的谎言。

然而，贝尔尼尼早期精湛技艺的展品却是《阿波罗与达芙妮》（*Apollo and Daphne*），由西皮奥内·鲍格才委托，在贝尔尼尼将《普路托与珀耳塞福涅》献给这位教皇之侄以巴结教皇以后。这是对古典诗歌中更美丽与痛切瞬间的雕塑图解，故事出现在奥维德《变形记》的第一卷中。阿波罗与河神珀涅乌斯（Peneus）之女——宁芙达芙妮邂逅了。目睹此事的爱神丘比特从自己的弓上射出了两支箭：一支锋利、以黄金为箭尖，射进了阿波罗的命脉；另一支平钝、以铅为箭尖，射中了达芙妮，她立刻变得无法爱上别人。随即，阿波罗被强迫着不停追求达芙妮，而她则同样注定要不停地逃离。"婚姻点燃的／是达芙妮心中的憎恶与罪恶感"，她恳求自己的父亲"让我孤独终老吧"。而阿波罗当然另有所求。她奔逃，

可是阿波罗，

是一位如此年轻的神祇，不愿花时间去劝诱，
一路飞速追随。当猎狗惊起一只兔子
在旷野上，前者是为了游戏，后者是为了活命，
他追到了她，或者以为是这样，她却认为未必
自己已被捉住，只是堪堪擦过边缘，
于是天神与女孩你追我逃，一个怀着希望飞奔，
一个怀着恐惧，可是他的脚步更快，
乘着爱情的翅膀，不给她喘息的机会，
阴影覆上了她的双肩，呼吸喷上了她流动的秀发，
她的力气已经耗尽，因漫长的奔逃而精疲力竭；
她面色惨白，正看到
她父亲的河流，于是大喊道"噢，救救我，
如果河水中有任何神力，
改变和摧毁这具太讨人喜欢的身体吧！"她的话音刚落
她的四肢就开始变得麻木沉重，她柔软的胸脯
被娇嫩的树皮封住，她的头发变成了树叶，
她的手臂变成了树枝，而她迅捷的双脚
扎根不动了，她的头变成了树顶，
一切的一切都消失不见，除了她优雅的风姿、闪亮的光彩，
阿波罗依然爱慕于她。他将手放在
他曾希冀的地方，感受那颗依旧跳动的心
在那树皮之下；他又拥抱那些树枝
仿佛依旧是她的肢体，亲吻树身，
那树身却退避他的吻，那神祇
呼喊道："既然你再也做不了我的新娘了，
至少你也要做我的树！从今以后，就让月桂
装饰我的头发，我的里拉琴，我的箭囊，
就让罗马的胜利者，在长长的游行队伍中，

头戴凯旋与欢呼的月桂花环……"
他的话说完了。那月桂树,
为他的话打动,似乎也答应了,要说"是的"。

贝尔尼尼
《阿波罗与达芙妮》,1624 年
大理石像,243 cm;罗马鲍格才美术馆有人也许会想，这应该是一个不可能用雕塑诠释的故事。雕塑——至少是直到贝尔尼尼之前——一向描述的是已完成的动作与完整的状态。此前，没有人曾试图以雕塑展现转变中的事物，传达不完整或正在变化过程中的东西。然而，在《阿波罗与达芙妮》中，我们却真真切切地看到，从少女到树木的变化就在眼前发生：树皮包裹、圈围住她轻盈的身体，柔软让位于木质的坚韧，活动转变为扎根不动。而且，这座雕塑似乎在对抗我们所知的石头的主要性质：脆性。究竟是怎么回事（人们好奇），用了什么不可思议的技巧，贝尔尼尼才做到以大理石雕出月桂叶那些易碎的茎秆与细小、独立的叶片，却不会将它们折断？这一定是用锉刀、钻子和磨料做出的。一个锤打、一次凿刻，就会毁了一切。而一旦有一片叶子断裂，在17世纪早期还没有类似环氧树脂的粘合剂可以将其修补起来。人们感觉，没有比这风险更大的雕塑了。当然，人们对贝尔尼尼技艺的钦佩不只局限于欣赏其吹影镂尘的精湛技巧，人们一向感觉其已超越了纯粹的技巧。没有人认为，他是通过某种把戏或花招达到如此效果的。这些效果实实在在地存在于此，不是魔法将它们变出来的。再如情感与表达的展现，堪与画家圭多·雷尼作品的强烈程度媲美，而我们知道，这位意大利艺术家正是贝尔尼尼极为推崇的。在接下来的几年中，贝尔尼尼的作品将愈发加深、拓宽情感共鸣。他和他的作品将一起走向成熟。但是，在他二十多岁时，他就已经展现出自己的能力——制作一件似乎扩大了人类可能性范围的艺术作品。那些将年轻的毕加索视作天才、神童的人，应该回过来想想贝尔尼尼，就会受到告诫。在他身边，没有一位20世纪艺术家——21世纪也一样没有——可以显得不渺小。

[336]

他是一个极度专注、精力充沛的人。即使是在晚年（他活到了82岁），贝尔尼尼也能游刃有余地在一块大理石上一口气雕刻七到八个小时。他将其从未丧失的生命力与令人惊讶的执行力结合在一起。他运行着一家规模很大的画室，并且必须这么做，因为他自信满满地从政府与教会的最高层承接并完成了大量雕塑与建筑委托。他是到目前为止在罗马最具影响力的雕塑家，或者说在17世纪的世界。贝尔尼尼将成为反宗教改革时期雕塑与建筑领域至高无上的艺术家，就像鲁本斯在绘画领域。

而就像鲁本斯一样，他也是一个具有强烈而深厚的宗教信念的人。当然，并不是说创作出重要宗教作品的人必定是虔诚的。更不一定的是，一位艺术家本人的虔诚性可以保证他的艺术作品作为艺术的质量——世上许多最低劣、媚俗的宗教庸作都是由诚实可靠、道德无瑕的人们怀着崇敬创造出来的。但也存在某些个案，虽不寻常，但却真实，即当深切的宗教冲动为耶稣受难与复活的认信带来了强烈的精神感受，这是冷静超然与不可知论所无法提供的。贝尔尼尼就是这样的例子。

使贝尔尼尼事业蒸蒸日上的典型事件，发生在1623年8月6日，那天马菲奥·巴尔贝里尼当选为教皇乌尔班八世巴尔贝里尼（1623—1644在位），他是佛罗伦萨人，具有最为恣意放纵的政治抱负。的确，他的教皇统治标志着教皇国在意大利境内的范围与权势达到了顶峰。对于他来说，保持远离政治几乎是不可能的事，这不仅因为教皇统治着罗马，而且也因为他在位期间碰上了长达21年的"三十年战争"①（Thirty Years' War）。

但是，于他而言，对艺术的赞助与战争的进行同等重要。他在罗马大兴土木，其中一些成果极尽奢华——尤其是他自己的居所，奎里纳尔山上的巴尔贝里尼宫（Palazzo Barberini）（四泉街13号［Via delle Quattro Fontane 13］）。它最初的设计——一座别墅，两侧翼楼延伸至其花园被整个环绕——是由卡洛·马代尔诺②（Carlo Maderno）作出的；在因1629年马代尔诺去世而中断后，这项工程被贝尔尼尼和弗

---

① 三十年战争（1618—1648）：由神圣罗马帝国的内战演变而成的一次大规模的欧洲国家混战，也是历史上第一次全欧洲大战，战争以哈布斯堡王朝战败并签订《威斯特伐利亚和约》而告结束。
② 卡洛·马代尔诺（1556—1629）：意大利建筑师，被誉为巴洛克建筑之父。

朗西斯科·博罗米尼接管。从本质上说，它的正面外观源自罗马巴洛克宫殿——法尔内塞宫的强大样板。倘若他不曾造出其他建筑物，马菲奥·巴尔贝里尼单凭这一私人寓所就能在建筑史上占有一席之地，但是，他所做的当然多得多。他决心要在罗马留下一个难以磨灭的伟大印记，就像他的许多前任一样，他选择通过罗马首屈一指的教堂——圣彼得大教堂来实现这一目的。将为他实施该工程的人是年轻的贝尔尼尼。据说，就在他当选的当天，乌尔班召来了这位雕塑家，并宣称："骑士，你很幸运，能见到枢机主教马菲奥·巴尔贝里尼当选教皇，但我们却更加幸运得多，在我们的教皇任期内拥有贝尔尼尼骑士的存在。"或者说，他至少也说了效果与此差不多的话。之后，乌尔班又针对他的艺术家写道，"稀世奇才，鬼斧神工，由上帝派来，为了罗马的荣耀而诠释这个世纪。"

斯特凡诺·马代尔诺
《圣则济利亚的殉道》，1600 年
大理石像；罗马圣则济利亚圣殿

贝尔尼尼年仅23岁就被封为教皇骑士（cavaliere）。这一荣誉只不过是对一个凡是见过他早期雕塑作品的人都已了解的事实的正式确认：在创作于欧洲的一切石头与青铜雕刻者中，贝尔尼尼是技艺最娴熟、创造力最强的：不仅在于他对原材料技术上的精通，而且在于他创造雕塑"概念"（concetto）的惊人能力。这一天赋远远超过了雕刻一个强壮的赫拉克勒斯或动人的维纳斯的能力，这些能力（相对来说）不过是小菜一碟。这种天赋要做的是从姿态、手势与表情中创造出一种全新的戏剧。它确保贝尔尼尼获得了第一批教皇的委托，其中最主要的任务都是与圣彼得大教堂有关。事实上，在1623年之后的半个世纪里，几乎没有一年是贝尔尼尼不曾参与装修这座庞大教堂的，而正是乌尔班将他以教皇工程总设计师的身份带入其中，以在穹顶正下方、（传说中）使徒彼得的埋葬地之上修建的一座巨型纪念物为开始。

这座纪念物就是"华盖"（baldacchino）。这一点无论怎么强调都不过分：贝尔尼尼与乌尔班八世共担的这项工程，意在向世界展示天主教对新教异端的胜利，并为反宗教改革的教义赋予令人难忘的视觉形式。华盖是此概念的首个标志：一个硕大无朋、感情充溢的信仰宣言，表示圣彼得——基督在人间的代牧与延绵不绝的教皇世系的开端——就埋葬在这里，再无别处，而基督教的正统就是他的信仰与他继承者们的信仰，不是马丁·路德的（打消这念头吧！）。它标志着教会的基石：据记载，基督一语双关地告诉彼得："你是彼得，我要把我的教会建造在这磐石上。"这些话语被铭刻在华盖上方交叉点的圆鼓石周围，每个字母高达五英尺。

华盖必须非常大。在那巨大的穹顶之下，中殿广阔的空间之内，从入口的距离（中殿长218米）看去，任何达不到"庞然大物"级的物体都会看起来像一把遮阳伞一般微不足道、格格不入。显然，一把真正的华盖——杆子撑起的锦缎——是不能用在这里的。该物体的尺寸是任何布料也达不到的，而布料总会腐烂。因此，这座华盖必须是坚硬的，由金属制成。恰当的金属应为青铜。但是，一个如此庞大的结构，连同其螺旋形的上部结构及 20 米高的绞绳形柱（这种类型被称为"所罗门式"，因为人们相信所罗门的耶路撒冷圣殿中使用了这种螺旋形扭卷的柱子），需要数量庞大的青铜金属。这些青铜从哪儿来？除了另一座教堂，还有别的地方吗？乌尔班八世给予贝尔尼尼许可，使其

[339]

贝尔尼尼
《圣伯多禄大教堂青铜华盖》，1623—1634 年
梵蒂冈城圣伯多禄大教堂

从圆形圣母圣殿的柱廊上剥下古代的青铜覆层——圆形圣母圣殿即万神庙的新名称,它被接受并重新用于举行天主教仪式,属于圣座的财产。从此处以及其他回收青铜的来源处,贝尔尼尼取得了制造华盖的金属,还足够剩下了一些为圣天使堡铸造大炮。这引得一些罗马人愤愤不平,虽然他们的愤怒是有理由的;尽管两者兼得显然更好,但我们也很难说,用万神庙的青铜交换贝尔尼尼的华盖到底是否赚到了。

华盖是世界上第一个无可置疑的伟大巴洛克纪念物。无怪乎贝尔尼尼的敌人们嘲笑(当然是背地里)这是个"四不像"——它究竟属于装饰物、雕塑还是建筑,人们莫衷一是。时至今日,它依旧给观者以令人敬畏的冲击,通过其细节的丰富与复杂性,不亚于通过其令人震惊的规模——它是世界上最大的青铜雕塑。可是,它是雕塑吗?还是金属建筑物?显然,二者皆是。作为一件宣传作品,它在美术界几乎没有对手。它宣传的不仅是天主教教义与天主教考古学,而且还有马菲奥·巴尔贝里尼本人。华盖上四处攀爬的青铜蜜蜂,那些尺寸有椋鸟①那么大的巨型昆虫,就是巴尔贝里尼家族的纹章蜜蜂(api)。缠绕在巨大绞绳柱上的那些循环分布的太阳与月桂,同样也是巴尔贝里尼的象征。还有那句"教会就是我。"

马菲奥·巴尔贝里尼在位的时间是相当长的——十一年,从1633年到1644年。在财政上,他不能称为成功,他任人唯亲得太严重了。在他登基时,教皇的负债为1600万斯库多,而乌尔班仅用了两年时间,就将这一数字抬升到了2800万。到1640年,负债达到3500万,以致单是利息支出就耗费了五分之四的教皇年收入。他的政治冒险活动则引向一场大灾难。乌尔班是最后一位为求扩张教皇领地而参与战争的教皇,而他总是吃败仗。他的科学素质也好不到哪里去。他大力反对伽利略的宇宙日心说——相信地球绕着太阳旋转,而不是相反——并于1633年将伽利略召至罗马,以使其放弃自己的主张。他

---

① 椋鸟:椋鸟属鸟类的通称。中型鸣禽。体长17厘米—30厘米。

还在 1624 年颁布了一道教皇诏书，对吸用烟草者处以逐出教会的惩罚——从较真下降到了荒唐的地步。他的理由是，当吸烟者打喷嚏时，他们的抽动就像性高潮，这在乌尔班看来就是一种淫荡的弥天大罪。

贝尔尼尼比他的赞助人活得久得多，并在其过世后以一座占据了大教堂中至尊位置的坟墓来为其颂扬，那雕像戴着教皇的三重冕（坟墓雕像以不戴帽子较为普遍）。他面对着参观者，没有人会错过他那环绕的祝祷手势，但人们并不总能注意到贝尔尼尼为他的永生所做的部分：三只青铜巴尔贝里尼蜜蜂从石棺飞出，向着上方，以诠释维吉尔《牧歌》中描写这种协作性昆虫之不朽的诗句："没有死亡的空间：它们活着飞升／加入群星、升上高高的天堂。"

乌尔班八世去世后，权力过渡至新任教皇，没有比处理这一事件更能体现贝尔尼尼的外交手腕了，新任教皇名叫乔瓦尼·巴蒂斯塔·潘菲利（Giovanni Battista Pamphili），他于 1644 年继任渔夫的宝座，以英诺森十世之名统治了 11 年。尽管贝尔尼尼度过了几年被冷落的时期，他还是等到了东山再起的机会。他绝对的才能与无敌的创造保证他一定会重新受宠。英诺森对他的前任怀有发自本能的嫌恶，那人使教皇的财产严重耗尽——对自己的家族大施恩惠，就像乌尔班所做的那样，是一种花费最高的嗜好。①

---

① 这份嫌恶是双向的，就像潘菲利家族嫌恶巴尔贝里尼家族一样，巴尔贝里尼家族也嫌恶潘菲利家族。1635 年左右，乌尔班八世的兄弟、枢机主教安东尼奥·巴尔贝里尼曾为嘉布遣会的总部教堂——圣母无玷始胎教堂委托创作一幅绘画，嘉布遣会是他事业开始的地方。这幅画由罗马最受崇敬的画家之一圭多·雷尼所绘——这一事实确保了城中所有的文化人都会前来观赏画作。绘画的主题为，持剑的战士大天使米迦勒正在践踏被他从天堂掷下的叛乱魔鬼。这匍匐在地、身受凌辱的魔鬼，有着一张明白无误就是乔瓦尼·巴蒂斯塔·潘菲利、即未来的教皇英诺森十世的面孔。不顾未来教宗的盛怒，嘉布遣会的修士们将这幅画挂上了圣坛，至今依然在那里——虽然它远不及另一幅肖像那么出名，那幅肖像画的是更年长一些的英诺森十世，由委拉斯开兹所绘，弗兰西斯·培根的"尖叫的教皇"常常将其复制，而这幅画本身还留在多利亚宫的小间里，该宫殿位于潘菲利家族的广场——纳沃纳广场上。——原注

[341]　　英诺森的强烈厌恶延伸到了曾经受到乌尔班慷慨赠与的人们身上，其中最显眼的就是贝尔尼尼。这位伟大的雕塑家被罗马的绝大多数艺术家与建筑家所憎恨，因为没有什么比极致的成功更能惹来嫉妒了。伴随着压倒性的"松了一口气"与幸灾乐祸之感，罗马的文化界不仅目睹了他的失败，还目睹了教皇的"见死不救"。

　　这块绊脚石是他在 1673 年为圣彼得大教堂正面钟塔所作的设计。显然，贝尔尼尼没有为钟塔设计一个足够坚固的基底，地下水流对地面的损毁作用比这位建筑师认识到的更强烈。在钟塔建成之后不久，左塔就出现了裂缝。令他的敌人们——包括他主要的竞争对手博罗米尼——大为开心的是，贝尔尼尼的钟塔不得不被拆掉了。因为英诺森十世的默许，任何人都可以肆意为难这位曾经无所不能的乌尔班八世之爱将。有生以来头一遭，贝尔尼尼受了冷遇。从他辉煌事业的角度看，这次从教皇建筑师尊贵地位上被贬的经历没什么要紧——从富人那里也能拿到足够多的委托，但使他为之忙碌终身的赞助人却少了。失宠于教皇依然是一个严重的打击，是伟人所不能接受的。

[342]　　而英诺森是当真的。他一旦下定决心，绝不轻易心软。乌尔班在贝尔尼尼为他于圣彼得大教堂修建的豪华坟墓里还尸骨未寒，英诺森十世就以侵吞公款的罪名起诉了他的亲戚——枢机主教安东尼奥与弗朗西斯科·巴尔贝里尼。两人逃往法国，在枢机主教马扎然[①]（Cardinal Mazarin）的强力羽翼下找到了庇护，将财务上的烂摊子扔在了身后，英诺森立即没收了他们的财产。

　　他也像他那中世纪的同名者英诺森三世一样惯于干涉他国事务。但对一个教皇国这样强大的神圣-世俗国家而言，这依然很正常。我们不应忘记，教皇那时仍然施行着罗马的民事与政治统治。它管辖的不仅有教会事务，也有国家事务。教会就是国家。这

[①] 马扎然：即儒勒·马扎然（1602—1661），意大利枢机主教、外交家、政治家，曾任法国国王路易十三及路易十四的首席部长。

第八章｜巴洛克鼎盛时期

种干涉的一个极端案例是关于爱尔兰的。在英格兰和爱尔兰的内战（1642—1649）中，教皇派出一位大使——教会的外交官——大主教乔瓦尼·里努契尼（Giovanni Rinuccini），带着一大笔资金与十吨最好的火药前往基尔肯尼①（Kilkenny）。尽管他信誓旦旦地宣称自己是要支持英王，但他的目标其实是帮助爱尔兰天主教徒摆脱英格兰新教的束缚，为爱尔兰教会恢复被没收的财产，为爱尔兰人民恢复信仰天主教的权利。事情的发展却严重失控；爱尔兰不但没有夺回失去的权利，反而招来了"可恨的屠夫"奥利弗·克伦威尔（Oliver Cromwell），他率领他的"新模范军"（New Model Army）入侵爱尔兰，在一场可以委婉称之为"警察行动"的事件中，他无情地碾碎了叛乱，并在充满了往事的爱尔兰土地上引发了天主教徒与新教徒之间接下来三个多世纪的流血杀戮——"多的是憎恨，没什么余地"，用 W·B·叶芝意味深长的话来说。大主教里努契尼于 1649 年被英诺森召回，他的火药白费了。

全神贯注于政治冒险的英诺森十世没有什么，或者说根本没有时间留给贝尔尼尼，他蛰伏等待，做着一些较为私人化的委托。其中最好的是胜利之后圣母堂中的科尔纳罗礼拜堂，这一作品标志着雕塑家思想上崭新而无畏的发展。这是一项汇集了雕塑、透视法、叙事与建筑的工程，以一种前人从未完成，甚至不曾尝试过的方式——一个关键的转折点，不仅在贝尔尼尼的事业上，也在 17 世纪的艺术史上。

这是一座纪念建筑，由威尼斯主教费德里戈·科尔纳罗（Federigo Cornaro，1579—1653）委托，纪念他本人和他的家族。该礼拜堂赞美的圣人是亚维拉的圣特蕾莎（St Teresa of Avila，1515—1577）——西班牙圣女，加尔默罗会的创立者（该教会属于她），以及十字若望（St John of the Cross）的导师，她丰富的著作中包括《神圣之爱的异象》，以一位持矛天使的形式显现。她对这一异象的描述常常被引用，但其

---

① 基尔肯尼：爱尔兰东南部城市。

之所以值得被一再重复，不仅是因其在神秘主义教规中的经典地位，而且还因贝尔尼尼对它的绝对跟从，作为一个最虔诚的天主教徒，他笃信话中的每一个字，力求尽可能地用雕塑使其具体化：

> 他身材小巧，容貌俊美；他红光满面，仿佛应是最高等级的天使之一，他们似乎都是充满热情。他们一定属于智天使一类……在他的手中我看到一把巨大的金矛，铁尖上冒出一簇火焰。他用这把金矛几次插入我的心脏，以穿透我的脏腑。当他拔出金矛，我感觉他将我的脏腑也一并带出了，使我全神贯注于上帝伟大的爱。痛楚是如此剧烈，我不由吐出几声呻吟。这强烈的疼痛所带来的甜蜜是如此极致，根本不可能有人会希望它停止，从此除了上帝，谁也不能满足他的灵魂。这不是身体上的疼痛，而是灵魂的疼痛，尽管身体也承受了一部分——甚至是相当可观的一部分……如果有人认为我在撒谎，我祈祷慈悲的上帝让那人也体验一二。

在贝尔尼尼的雕塑中，圣特蕾莎漂浮在空中，乘着一朵大理石的云。她的身体只有三个部位可见：她的脸，一只赤足，以及一只无力的手。她的其他部位都被一大块罩衣遮住，那是一片近乎杂乱的褶皱与折痕，在此之下辨别不出任何体态的迹象。一切都是焦躁不安的，大理石布料上的漩涡与皱褶表明了异象降临带来的强烈情绪。她的嘴巴张开，正在呻吟；她沉重的眼皮低下来，强调着异象的内在力量。谨慎小心而绝无歧义地，贝尔尼尼为我们呈现了一个高潮中的女人——"如果那就是神圣之爱的话，唔，"一位在1780年代第一次见到《圣特蕾莎的狂喜》的世俗法国外交官说，"我很熟悉呀。"（应该补充一点，即贝尔尼尼对此也是很熟悉的；他有一名长相土气的情妇，名叫科斯坦扎·博纳热利（Costanza Bonarelli），他曾为她雕过一座半身像，诱惑地朱唇微启。）与圣德兰相比，天使气贯长虹，直立在她身边，他的面孔充满温和而阳刚的美丽，他的双眼注视着她，一边将矛拔出，以再次插入她迎合的肉体里。(他的左手触碰着圣人凌乱的罩衣，这是一个极为模棱两可的接触：它可以被看作轻柔地提起布料，以暴露他能看到，而我们看不到的肉体，或者也可以被看作是失重般地向上抬起圣人的整个身体——使人们想起圣特蕾莎说自己曾经

贝尔尼尼
《圣特蕾莎的狂喜》，1647—1652 年
大理石像，150 cm；罗马胜利之后圣母堂

历过的漂浮。）

　　这座礼拜堂位于胜利之后圣母堂的左耳堂，其空间相当小。它的焦点自然是特蕾莎与天使的大理石群像。该雕像被置于一个壁龛内，这是一种舞台式的构造，带有一个弧形前突的三角饰，两侧以一对暗绿色的非洲角砾岩（breccia Africana）柱为框。暗色的四周使天使与圣人的洁白人像愈发如幽灵般显露，特别是因为，它们是由我们看不到的上方光源照亮的。在一个隐藏于视野之外的烟囱或采光井内，光线透过一个黄色玻璃窗倾泻而下。（至少从前是这样。如今，鸽粪和灰尘层层糊住了窗玻璃，加尔默罗会的修士们不得不安装了一个电灯泡，以取代太阳光源。）这"真正"的光落在了假想的光上——一束镀金的太阳光线，从人像的后方投射下来。

[345]　　礼拜堂两侧的墙上各有一个对称的壁龛，以虚假透视法设计，表现出往复的纵深空间效果。这些壁龛中坐落着八位科尔纳罗家族成员的白色大理石肖像：捐赠者、枢机主教费德里戈，他的父亲、威尼斯总督乔瓦尼·科尔纳罗，以及六位科尔纳罗家族的前辈，同样都是枢机主教——一个虔诚家族势力的枢机主教团，跨越了数代人。他们入迷地探身去看眼前上演的奇迹。他们面向彼此，探讨、争论（由于这里是教堂，或许是怀着敬畏地窃窃私语）这奇迹与其含义。他们的惊讶平行于我们自己的惊讶，又增加了我们的惊讶。这是有史以来群体肖像雕塑（独立真人大小的雕塑，而非仅为人像群）最大、最复杂的尝试。而这也使观者想起——就像贝尔尼尼的许多作品那样——他曾经有过的剧院背景：他喜爱设计舞台装置、剧场布景与特效，比如洪水与日出，虽然我们很难想象出这些是怎样逼真地被使用着。我们确实知道，它们给观众留下了深刻印象，几乎以假乱真。① 难怪科尔纳

---

① 尚特洛阁下保罗·福里阿尔特是路易十四的管家，1665年贴身陪同了贝尔尼尼对那位法国君主的拜访，据他回忆，贝尔尼尼曾写过几部舞台喜剧，"以其美轮美奂的装饰与采用的精巧奇妙的装置在罗马引发了巨大轰动，就连事先得到告诫的人也被蒙骗了。"见伊丽莎白·吉尔摩·霍尔特著《艺术文献史》，第二卷，第125页——原注。

罗礼拜堂在这个摄影与胶片的时代也保持住了错觉的魔法，作为一个融媒体杰作，维持了护身符般的力量，将雕塑、剧场、建筑与染色大理石表面聚合为一个充满灵感的整体，一个瓦格纳也许梦寐以求的"总体艺术品"。

在一个公共赞助的时代，一个拥有贝尔尼尼这般天才的人是不可能被冷落太久的，而贝尔尼尼也确实没被冷落很久。使他重新恢复教皇宠幸的，正是那位早前令他失宠的教宗：英诺森十世潘菲利。没有哪个罗马望族与罗马某个特色建筑的关联有潘菲利家族与纳沃纳广场的更紧密。那是"他们的"广场——事实上，是一块细长的"U"形场地，几乎与埋在其下方的古罗马图密善竞技场（Circus of Domitian）的轨迹完全重合。因为这座竞技场在古代是用来举行竞走的（既不是战车竞赛，也不是凶残的角斗士庆典的举办地点），其长度相对较短，也不设中央分割线，即"主干"。作为一处激烈体力拼搏的地点，这里曾经被称作"濒死竞技场"（circus agonalis）或"受难场"（platea in agone），后来在罗马方言里改成了"纳沃纳广场"。该广场是一块宽广的场地，宫殿遍布，一端以笨重的多利亚宫（Palazzo Doria）为终点，曾以圣依搦斯蒙难堂（S. Agnese in Agone）而闻名，该教堂建立在据推测为那位儿童圣贞女的殉难地点——一座罗马妓院原址之上。其最初的形态是一座低调的教堂，但不久就会因潘菲利家族几位不同成员的命令而改变了。1652年，英诺森十世下令彻底重建依搦斯那狭小的圣坛。这一工程被委托给了英诺森的建筑师吉罗拉莫·拉伊纳尔迪（Girolamo Rainaldi）。他曾设计了隔壁的潘菲利宫，并在这项工程上工作到了去世前不久的1653年，当时该工程由他的儿子卡尔洛接管。但在1653年，弗朗西斯科·博罗米尼也加入了这项委托的工程，这位压抑的天才是贝尔尼尼的主要竞争对手。他将圣依搦斯蒙难堂的正面重新设计为两侧钟塔之间的一个凹面椭圆弧形。因此，从广场上看，这座教堂的正面是三位建筑师作品的重叠：上至飞檐是博罗米尼的，古典人字墙是贝尔尼尼（1666年）的，最后的穹顶与钟塔上

[346]

博罗米尼

《圣依搦斯蒙难堂》，1653—1657 年

部是拉伊纳尔迪的。这是一个集体的成果。

然而，这座广场还是已经发展成为罗马最重要的节庆区域之一，既是达官贵人们晚间散步的地方，也是各种杂耍艺人、柔术演员、扒手、皮条客、妓女、小贩与看客云集的场所，他们的后代在日色西沉的时分依旧挤满了广场。在一场市民戏剧的极佳展示中，直到 18 世纪末还有一项风俗，就是以水淹没广场，让马车的队列在水中欢快地四处巡游——这一场面曾不止一次地出现在休伯特·罗伯特[①]（Hubert Robert）这一类艺术家的画笔下。此活动一定相当壮观，虽然长时间

---

① 休伯特·罗伯特（1733—1808）：法国画家，以风景画闻名。

浸于水中不可能对马车的木制底盘与辐条轮有什么好处。但是有时候，一个罗马人别无选择，即便他的马车已经歪曲变形，还必须维持美好的风度。巴洛克时代的纳沃纳广场是街头戏剧的中心，充满了种种列队游行与庆典仪式，譬如"骑射撒拉森"（Giostra del Saraceno），这是一种马上长矛比武竞赛，参赛骑手长矛的靶子是一个支在杆上的撒拉森人雕像。可是在这些"短暂的巴洛克时代"的欢愉中，没有一样可以与贝尔尼尼辅佐下的英诺森十世为这座广场所作的贡献相媲美。

一开始，教皇完全没有要启用贝尔尼尼的意思。纳沃纳广场是潘菲利家族的后院，是他们家的地盘，而英诺森十世决心将其转变为自己在位统治的一处永久纪念地——罗马最伟大的公共广场。他特意邀请意大利所有证实有能力的雕塑家兼建筑家来为重塑纳沃纳广场提交设计方案——只有唯一的例外，那就是吉安洛伦佐·贝尔尼尼，他受到过可恶的巴尔贝里尼如此明显的喜爱，自然是没有资格的。

起先，博罗米尼看起来好像要赢得这项委托了：正是他为这座广场构想出了雕塑中心装饰品的创意，即圣依搦斯教堂外一座大喷泉，带有代表四大河流，也可能象征着已知世界四大区的人物。他还为一条新的高架渠策划了方案，该高架渠会为喷泉输送足够的水。项目模型将被呈送给英诺森，而他将选定这一方案。

但是博罗米尼不知道，包括教皇在内的其他所有人都不知道，贝尔尼尼的朋友尼科洛·路德维希亲王（Prince Niccolo Ludovisi）向那位伟大的雕塑家简述了情况，并推荐他也做一个自己的模型，有些人说是用银子；这个模型将被秘密放置在一个房间中，教皇会看到。贝尔尼尼也选择了四大河流的主题——无疑，博罗米尼从未原谅这次剽窃——并提议加上一座埃及方尖碑，英诺森十世以前就见过这座方尖碑，它断成五截地倒在马克森提乌斯竞技场的主干上，就在亚壁古道的路旁。如果西斯笃五世能够拥有自己的方尖碑，那么英诺森十世也能。

[338]

只不过有必要给这座方尖碑加上一个比别的方尖碑更宏伟堂皇、令人难忘的底座。而贝尔尼尼提出，将该方尖碑移过来重新组装，然后竖立在石灰华的假喷泉上，四大河流的雕像也被安置在该喷泉上。这四大河流是尼罗河、拉普拉塔河、恒河与多瑙河。每条河流都将分别代表世界上当时已知的一个大洲，即非洲、美洲、亚洲与欧洲，由寓言式的人物与暗示来分辨：非洲是一头雄狮，拉普拉塔河是一堆财宝（代表着新世界的希望），恒河是一个持桨的人，而多瑙河是一个教皇牧徽。这个作品将是一个令人震惊的戏剧性突变：那巨人一般的长钉承载在一个粗糙的石拱上，竖立于水上的空隙处——一个"世界的形象"(imago mundi)，一件前无古人的雕塑。

方尖碑顶角锥的顶上将装有一个青铜鸽——这是潘菲利家族的象征，如同蜜蜂之于巴尔贝里尼家族——向世界宣告基督教（鸽子同时也象征着圣灵）对埃及人与其他一切异教获得的胜利，以及那圣灵对潘菲利家族全体，特别是这位教皇满意的认同。

随后是更深一层的含义：在传统形态的天堂中心有一座喷泉，灌溉了世界四大区的四条河流正是从这里涌出，那就是基训(Gehon)、比逊(Pison)、希底结(Tigris)与伯拉河(Euphrates)。贝尔尼尼的设计也暗示了这一点，因而也就意味着，潘菲利教皇掌管着天堂，在神学观念上，他就是天堂的实际守门人。

模型完成了，卢多维索亲王安排将这模型放置在潘菲利宫的一个房间内，英诺森在晚餐后总是会穿过该房间。当模型吸引了他的目光时，他正与他的枢机主教兄弟以及嫂子奥林匹娅夫人（Donna Olimpia）同行，

> 当见到一件如此高贵的创作物，以及如此广阔的纪念物简图时，（他）几乎是入迷地停住了……在欣赏与赞叹了这件作品半个多小时后，他在整个枢密院前突然嚷道："这是卢多维索亲王的花招。雇佣贝尔尼尼是必须的，纵使是那些不

情愿的人也不得不如此，因为如若有人不想采用贝尔尼尼的设计，他必须小心地使自己不要看到它。"他立刻派人去请贝尔尼尼前来。

就这样，贝尔尼尼的四河喷泉走在了前头。[①] 多亏了一班为他的设计方案效力的娴熟助手，该工程于 1648 年开建，1651 年即告完工——在这种项目中，贝尔尼尼扮演的角色更多是工程指挥而非雕刻工，尽管据普遍认为，他亲自雕刻了马匹、棕榈树、狮子、一些岩石，也许还有弗朗西斯科·巴拉塔[②]（Francesco Baratta）雕刻的拉普拉塔河人物身边那奇异的四不像生物，它看上去不像任何一种曾经存在的东西，但其原意是一只犰狳，这种动物实在是太异域了，贝尔尼尼或罗马的其他任何人都不曾见过一只活体，就连它的版画也没见过。这块石头上有种种古怪与带玩笑性质的设计：安东尼奥·拉吉[③]（Antonio Raggi）的多瑙河人像伸着手，据称是为了遮挡其目光，不看博罗米尼设计的圣依搦斯堂那讨厌的正面。由于那时还不知道尼罗河的源头，所以由雅科波·范切利（Jacopo Fancelli）雕刻的尼罗河人物的头裹在布里——不过也有人说（误传），这蒙眼布是为了不让尼罗河瞥见博罗米尼的作品。

方尖碑的重新拼装与竖立是一项复杂艰巨的大计划：它也许不像丰塔纳为西斯笃五世移动圣彼得方尖碑的任务那么浩大，但也伴随着诸多工程难题。这是一个平衡在空隙上方的巨型长钉。贝尔尼尼用石

[350]

---

① 人们不知道那座银制模型的下落为何。它或许落入了贪得无厌的奥林匹娅·马伊达尔奇尼手中，她曾嫁给英诺森已故的哥哥，据信在守寡后作了英诺森的情妇，对其施加了巨大的影响。她在罗马既受人尊敬，又被人厌恶，二者都是因为她的冷酷无情与用肉体换来的权力，这使她得到了"奥林匹娅"的绰号，大意为"从前贞洁的"。确实，她会是接受一座银制小样贿赂的有用之人。——原注
② 弗朗西斯科·巴拉塔（约 1590—1666）：巴洛克时期的意大利雕塑家。
③ 安东尼奥·拉吉（1624—1686）：巴洛克时期的意大利雕塑家。

灰华为其建造了基座，表面上看是坚固的岩石，但其实是被雕刻成仿"天然"石头的拱门。一个人的视线可以看到其正下方并从中穿过，从广场的一侧到另一侧。这就是方尖碑的新基座。我们不禁猜测，圣彼得大教堂钟楼的坍塌对贝尔尼尼必定造成的情感影响与他在四河喷泉中心的空隙上竖立方尖碑的大胆之间的联系。就让公众与教皇看看，他实际上是在宣布，我能做出什么！让他们知道，钟楼的惨败不是我自己造成的！而接着，我们会意识到其他一些东西。拱门"腿"之内空隙上的长钉——这不是了不起的古斯塔夫·埃菲尔①（Gustave Eiffel）在两个半世纪后以钢铁在巴黎筑成的庆贺铁塔的预想吗？埃菲尔是否在这里得到了那被一致认定为现代性的结构的最初想法？这一疑问引人好奇，但已不可能有答案。

"四大河流"是目前为止贝尔尼尼为罗马贡献的最复杂精密、雄心勃勃、赏心悦目的喷泉，但它当然不是唯一的一个。他最早的喷泉作品可能是西班牙广场上的"破船喷泉"（Barcaccia）。该喷泉也有可能是由他的父亲彼得罗设计的，后者是处女高架渠的官方建筑师，而喷泉的水正是来自此高架渠，但儿子似乎是更具可能性的创作者。喷

贝尔尼尼
《四河喷泉》，1651年

---

① 古斯塔夫·埃菲尔（1832—1923）：法国土木工程师，埃菲尔铁塔的建造者。

泉建设于1627—1629年间，利用了该地区的低水压，并将其转化为优势：该作品的主题是一艘半沉没在水池里的大理石船，水从炮眼里向外滴落，而不是喷涌而出。也许，这含有一种政治关联，因为委托这项工程的赞助人是乌尔班八世，他当时正与法国和西班牙共谋从海上入侵信奉新教的英国——正是那场以西班牙无敌舰队的耻辱毁灭而告终的进攻。带着无比圆滑的虚伪，乌尔班题写了一幅镌刻在喷泉上的对句，翻译过来意为"教会的战船不会倾泻炮火，只会带来熄灭战火的甘甜之水"。

贝尔尼尼曾插手特雷维喷泉的原始设计，但该设计并非由他开始，而将其修建完成的任务最终于18世纪中期落在了尼古拉·萨尔维（Nicola Salvi，1697—1751）的肩上。委托这项工程的教皇是克雷芒十二世科尔西尼（Clement XII Corsini，1730—1740年在位）。该喷泉占据了波利宫（Palazzo Poli）的整个一侧。其规模巨大——宽20米，高26米。喷泉的中心人像，由彼得罗·布拉奇（Pietro Bracci）雕刻，代表着海神尼普顿，他乘着一个庞大的海贝，由几匹海马牵拉，两个特里同引路。它们的两侧依次是寓意丰饶与健康的人像，以歌颂教皇政府的恩惠。相对于它宏伟的规模和拥挤的设计，其大众普及度至少有相当大的一部分是多亏了1950年代的经典电影《罗马之恋》（Three Coins in the Fountain）——除了这部电影，还有费里尼的《甜蜜的生活》中，年轻的金发尤物安妮塔·艾克伯格坚定地涉水行于喷泉中的标志性景象。有一个都市传说讲到，如果你背朝喷泉，向身后的水池里抛入一枚硬币，你就一定会再次回到罗马。另一个或许更加吸引人的喷泉传说是，如果有恋人当着他爱慕之人的面喝下一杯喷泉之水，他就再也无法使她离开自己的心。推测起来，这个故事应是与喷泉水的源头有关，该源头过去被称为"处女高架渠"，因为其千里之外的上游是由一位少女指给古罗马水源勘探者的。

在贝尔尼尼的喷泉中，至今仍受到罗马本土人民特别喜爱的是巴尔贝里尼广场（Piazza Barberini）上的特里同喷泉（Triton Fountain），建于 1642 年，位于巴尔贝里尼宫（Barberini Palace）之外，该宫殿本身就有一部分是贝尔尼尼的作品。如果说特雷维喷泉是罗马最宏伟堂皇的，那么特里同喷泉无疑就是最优雅且最简练的——如果你愿意这么形容的话。在一个几何图形的水池中间，四条头朝下的海豚以尾巴抬起一个庞大的扇贝壳，这扇贝壳如一本书般张开它那带有棱纹的壳瓣，露出一个正在吹海螺的特里同。而观者期待从海螺里吹奏出来的"音乐"则是一股垂直喷出的水流，在罗马的阳光下闪闪发光。这是一个绝妙的意象（concetto），风采几乎不减，即便周围停满了汽车，那些阿涅利家族[①]的产品如围满了食槽的猪。

意大利是唯一一个可供贝尔尼尼的才能展翅高飞的国家。法国君主路易十四（Louis XIV）曾邀他前往法国，这位 66 岁的文化英雄（警告陛下不要跟他谈论小项目）事实上真的进行了这场漫长而艰苦的旅行，以商讨可能实施的卢浮宫重建事宜。这趟旅途没有得出什么成果，除了几张图纸以及一座华丽繁复的太阳王大理石半身像，流传到今天，它们依然留在法国。除此之外，这是一次徒劳无功的旅行——虽然在人们蜂拥而至，像围观大象一样瞻仰他时，贝尔尼尼也生出了几分冷笑的愉快。

这次拜访也成了这位艺术大师坏脾气的大型展示，当他听到建筑师克劳德·佩罗特（Claude Perreault）——贝尔尼尼"御用建筑师"（architecte du roi）之位的最终继承者——针对贝尔尼尼设计的亭阁可能出现的瑕疵向尚特洛评头论足时。这两人说的是法语，虽然贝尔尼尼一个法语单词也不会讲。虽然如此，他却觉得他听懂了，并且为此大发雷霆。

据贝尔尼尼所说，他是要让佩罗特知道，在设计上，佩罗特连给他提鞋都不配。他的作品曾使国王龙颜大悦，而国王将会亲自得知这次的凌辱。"我这种地位的人，"他大怒道，"我，教皇对我也要关心体

[①] 阿涅利家族：意大利菲亚特（FIAT）汽车创始人乔瓦尼·阿涅利的家族。

谅、尊重对待，竟然遭此侮辱！我会向国王抗议此事。我明天就要离开这里。经过如此奇耻大辱，我不知道自己有什么理由不拿一把锤子将那半身像砸了。我这就要去见教廷大使。"最终，这位大艺术家同意接受道歉的安抚，而他再也没有听哪位法国官员说话。他已经占据了制高点。带着胜利，他撤回了罗马。

简短的总结不足以概括贝尔尼尼在罗马的巨大产出，也不足以概括其"调性"——如果可以这么说的话。在非正式作品中，贝尔尼尼可以是非常风趣滑稽的，比如他画的关于梵蒂冈要人们的漫画，这不是为了公开展出而作的。密涅瓦广场上备受喜爱的大象，背上驮着一座方尖碑，充分展现了他诙谐幽默的想象力。17世纪时，大象在意大利是名副其实的奇观，难得一见的稀罕物。这种动物的名称本身就是"奇异""意外"的意思，有时甚至是"威胁"的同义词——汉尼拔不就是用这种巨大的野兽在坎尼粉碎了罗马军队的吗？

不过，除了另外三座教堂，[①] 以及那些阶梯、喷泉、半身像、礼拜堂、宫殿与陵墓，吉安洛伦佐·贝尔尼尼对罗马的浩大改造主要集中在基督教最伟大的教堂——圣彼得大教堂。你无法想象这座综合体会是什么模样，倘若没有贝尔尼尼与他带来的影响，不仅是在建筑方面，而且还有舞台艺术上——二者是难分彼此的。贝尔尼尼要负责的不单是教堂的大部分及其内容物，还包括其连接梵蒂冈宫的通道，以所谓"皇家阶梯"(Scala Regia，建于1663—1666)的形式。在他建造阶梯之前，教堂与宫殿之间的通道需要越过一段上上下下的狭窄台阶，教皇不无危险地乘着轿子通过。贝尔尼尼将这陡峭而不体面的斜坡拆毁，代之以一个新的阶梯，其在接近底部的位置有一个转折。在这个转折点处——楼梯在此九十度左转，升往最后一段，也是最长的

[353]

---

① 均建造于亚历山大七世在位期间：奎琳岗圣安德肋堂(1658—1670)、冈多菲堡的维拉诺瓦圣托马斯堂(1658—1661)与基吉家族在阿里恰的升天教堂(1662—1664)。——原注

贝尔尼尼《圣伯多禄广场》,1656—1667年

一段台阶——他安排了一座君士坦丁皇帝的巨型雕像,骑着他培育的战马,深受十字架异象的纠缠——"战胜的迹象",昭示着他在米尔维安桥上对马克森提乌斯获得的胜利。

可是紧接着,他不得不借助一种透视技巧。因为大教堂与宫殿的墙壁不是平行的。它们聚合在阶梯的顶端。于是,贝尔尼尼在阶梯的两边各安排了一连串柱子,产生了一个逐渐缩小的隧道拱顶,你的视线越往上看就越小,从而留下一种印象,即两面墙壁没有聚合。

在圣彼得大教堂所有的贝尔尼尼式特征——载有教皇宝座(cathedra Petri)的祭坛、青铜华盖、众多教皇坟墓以及圣人肖像、中殿装饰、中心方尖碑两侧的一对喷泉①——其中绝对体现了巴洛克式的壮丽宏伟,"代表"着17世纪教会规模与包容性的,当然还是其广场。圣彼得广场不是一座露天广场,而是一个巨大的椭圆形柱廊,中间被"撕开",它以容纳数以万计蜂拥而来接受教皇祝祷的人群而著名,被人们——甚至是一些新教徒——认为是基督教名副其实的中心:贝尔尼尼自己说过,它是一双从大教堂正面伸出的,作出拥抱世界姿势的广阔手臂。

这是建筑学历史上最伟大的拟人姿势。

它同时也是巴洛克风最精炼的本质,因其几乎不带有通常与巴洛克设计联系在一起的繁复细节与装饰。柱廊的柱子——284根,排成四行——均为朴素的托斯卡纳式,而非人们也许以为与巴洛克风相称的、更华丽的科林斯式。其横饰带为完整连续的爱奥尼亚式,不含雕刻装饰,尽管沿着屋顶的边缘,分布有约三百件雕塑——有人也许会想,这是穷尽一生也难以完成的数量,即便是对于贝尔尼尼的一队助手。但在广场的广袤空间与距离中,这些雕塑没有引起任何视觉上的拥挤之感。诚然,有些评论家说过,这座广场没有凸显、赞颂占据其方形一边的、由卡洛·马代尔诺设计的大教堂庞大正面。

[354]

---

① 一座喷泉由卡洛·马代尔诺设计,相对应的另一座由贝尔尼尼设计。——原注

对于其高度，圣彼得大教堂的正面显得太宽了——约115米宽。贝尔尼尼钟塔的缺失造成了这种比例失调。必须承认，这是一点瑕疵，但在一个空间与概念上均如此宏伟的计划背景下，这瑕疵不过是沧海一粟。

贝尔尼尼在形成罗马巴洛克建筑风格过程中的对手、他那惊才绝艳的同代人博罗米尼，修建的作品并没有贝尔尼尼多，而且也不是雕塑家；但他那相对较少的建筑产出是如此浓缩精华、如此别出心裁，将他送上了与贝尔尼尼并列为建筑史上英雄人物的地位。此外，我们需要记得，贝尔尼尼一开始并不是建筑师，他关于建筑设计的许多本领都是从博罗米尼处学来的，而他通常并不承认。很难找到两位才华相当的建筑师，在心态与气质上会如此迥异。贝尔尼尼之死传达出一种功成名就之满足感，而博罗米尼生命的终结却全然不是这样。68岁那年，饱受嫉妒与愤懑的失败感折磨的博罗米尼在烛光下写下了遗嘱，然后给了自己一个自认为的真正罗马式的离开——拔剑自刎。这一过程糟糕而痛苦，根本不是迅速或轻松的了断，完全是一次惨烈的死亡。

无可置疑的一点是，他是一位不合时宜的、第一流的天才。生性忧郁的他极端欣赏米开朗琪罗对离群索居与使人产生畏惧感的爱好。在以男性性道德之松懈而闻名的罗马，他却拥有极其严谨贞洁的名声，只专注于自己的工作，从不沉湎歪门邪道。他坚持从来只穿一身西班牙风格的葬礼黑，就像哈姆雷特一样。在别的建筑师身上，这或许是爱赶时髦的标志；在博罗米尼身上，我们却能相当肯定不是这样。这更像是苦修，或者也许是在一座强烈的时尚意识文化之都中，对时尚的一种漠不关心。在他自己的一生中，博罗米尼从来不曾得到每一个人的欢心。他的同代人乔瓦尼·巴廖内[①]（Giovanni Baglione）——一个自以为是且颇有影响力的人物——谴责博罗米

---

① 乔瓦尼·巴廖内（1566—1643）：意大利画家、历史学家。

尼是"一个最无知的野蛮人、建筑学的腐蚀者,是我们这个世纪的耻辱"。

他为自己的建筑物精心添加细节与规划的新创造,与他向客户展示这些设计的方法是一致的。因此博罗米尼是第一位使用石墨铅笔而非墨水涂层绘画展示图纸的建筑师。而且,他似乎是将这些图纸看作它们本身的终结、完整的艺术作品,而不仅仅是用来显示结构与成品样貌的示意图。他喜欢把这些图纸称作他的"孩子",经常拒绝与它们分开以送去参加竞争——用他的话说,就是"送去向世界行乞"。

[356]

博罗米尼出身寒微。他是一名建筑工人的儿子,出生在卢加诺湖(Lake Lugano)边的比索内(Bissone)。体力劳动者的学徒生涯开始得很早,在他只有九岁时,父亲就将他送往米兰,在当时修建中的米兰大教堂装饰细节上学习石匠的基础知识。当他于1619年迁往罗马时已经是一位极为娴熟的石匠了,他在圣彼得大教堂的工地上找到了活儿干,当时的官方建筑师卡洛·马代尔诺是他(很远的)亲戚。一开始,他雕刻装饰细部;后来,马代尔诺与其他人发现了他作为绘图员的才能与条件。

对于古今建筑史,他不断汲取着极为广泛的知识,很可能比包括贝尔尼尼在内的任何一个同辈都要广泛。他吸收并尊崇古罗马的建筑物,但也研习16世纪的大师,从布拉曼特、拉斐尔到帕拉第奥、维尼奥拉——特别是米开朗琪罗,他称其为"建筑师之王",将其奉若神明。

这使他对于更加融会贯通但可能多少不那么用功学习的贝尔尼尼来说,有着极为突出的价值,贝尔尼尼只比博罗米尼年长一岁,正忙于他那快车道职业生涯中的第一个大项目——圣彼得大教堂的青铜华盖。在那一早期阶段,贝尔尼尼还没有任何建筑经验,不得不依赖博罗米尼——他被贝尔尼尼雇来绘制华盖的所有施工图纸,连同一些细节的设计图,例如青铜葡萄藤叶,以及四个大理石柱基与它们复杂的巴尔贝里尼盾徽和蜜蜂纹章。同样有可能、但没有书面记载的一点是，博罗米尼还设计了华盖富于动态的顶部，这四个青铜涡旋极为成功地替代了贝尔尼尼原先的半圆形拱肋构想。若是果真如此，这有可能为博罗米尼余生在贝尔尼尼面前痛苦挫败的竞争感播下了种子：那些涡旋是备受推崇的建筑学天才之举，他却没有得到任何名分。

[357] 然而，博罗米尼和卡洛·马代尔诺的关系却保持得不错，这使他参与了巴尔贝里尼宫（Palazzo Barberini，1628—1632）的建设，这是大罗马巴洛克宫殿的典型范例之一。马代尔诺也聘请了彼得罗·达·科尔托纳①（Pietro da Cortona）与贝尔尼尼作为联合设计师，而谁设计了什么，又是什么时候设计的，就成了过于复杂难解的问题，三言两语没法说清。马代尔诺于1629年逝世，将未竟的工作留给了三位晚辈建筑师——这三驾马车似乎早已饱受意见分歧的困扰，鉴于其中的每位成员都是意志顽固之人，这也没什么可惊讶的。不久之后，博罗米尼就离开了。

他接到的第一个单独委托是在35岁左右，当时为1634年，是通过枢机主教弗朗西斯科·巴尔贝里尼的斡旋得到的。该委托是一座赤足三一会的修道院兼教堂，这一修道会是确立已久的三一会（Trinitarian Order）的分支，而三一会最初创立于1198年，目标是将基督徒俘虏从穆斯林"异教徒"那里营救回来。赤足三一会试图通过苦修树立改革的榜样——我们或许几乎可以说，他们对原修道会近乎执念的关系与博罗米尼对贝尔尼尼是一样的。他们没什么财产，也没什么积聚财富的手段。但他们的会长乔瓦尼·德拉·阿努恩齐亚齐奥尼神父（Padre Giovanni della Annunziazione）成了巴尔贝里尼的告解神父，而后者恰好十分富有。他们幸亏搭上了这层关系，因为苦修的赤足三一会迫切需要资金，以及与教廷的牢固联系。当博罗米尼将自己的第一份教堂兼修道院——也就是后来的四泉圣嘉禄堂（S. Carlo alle

---

① 彼得罗·达·科尔托纳（1596—1669）：意大利巴洛克画家、建筑师。

Quattro Fontane）——的图纸呈现给修士们看时，他们都惊骇了，并且抱怨说，他们本来只想要一座五分之一造价的建筑。最终，经枢机主教巴尔贝里尼居中协调，他们之间才达成了妥协，而巴尔贝里尼很可能就是这次建设的出资人——虽然我们不知道资金具体是多少。

他们得到的回报则是罗马巴洛克式小型建筑中激进而大胆的作品之一。尽管缺乏资金，博罗米尼却得以发展与保持其工程的三大关键要素：平面图、穹顶与正面。

这一工程的平面图几乎立刻就出了名，来到罗马的建筑师们不断乞求得到它的复制品（但他们没能如愿，因为博罗米尼并不信任他们）。一开始，该教堂的结构是中心圆顶，带有四个交叉的脚柱。由于这片场地形状长而窄，此结构被压缩，使圆形的穹顶变成了椭圆形。这进一步产生了一种感觉，即墙壁仿佛在不断起伏、"呼吸着"，就像一个有肺脏的活物。

[358]

穹顶装饰有花格镶板。其内部塑造得很深，那一连串环环相扣的六边形和十字形产生的图案看上去就像要从你眼前后退，当你的视线向穹顶的中心移动时——那穹顶的中心由一个象征性的三角形标出，这三角形代表着教会以之命名的"三位一体"，即圣父、圣子与圣灵。这是一种透视错觉：几何图形越来越小，但穹顶并没有变得更深。尽管如此，其空间效应是十分强大的。博罗米尼乐于营造这种透视的错觉：在斯帕达宫（Palazzo Spada）之中也有一个规模较小的——斯帕达宫是法尔内塞宫附近卡波蒂菲洛广场（Piazza Capodiffero）上的一座宫殿，由博罗米尼在 1652 年为枢机主教贝尔纳迪诺·斯帕达重新设计——该效果由一个造成错觉的多立克式柱廊产生，因为该柱廊框架柱急剧缩减的尺寸与天花板的倾斜，其看上去有二十米长，而实际长度只有 8.6 米。这种"透视效果"（Prospettiva）在过去与今天都是罗马最有魅力的小景观之一。可是，当你注意到它并留心观察它是怎么产生的，它的把戏就立刻一目了然了，而且还说不定会联想到更深一层的寓意：就像它的尺寸是一种错觉，尘世的宏伟也是一样。当然四泉圣嘉禄堂的穹顶则不带有这样的讽刺意义。

  接下来，是教堂的正面。据说博罗米尼曾满怀渴望地谈到，他希望创造一种由单独一片模塑赤陶瓦构成的建筑物正面，而圣嘉禄堂的正面体现出了这一没有实现的构想。它布满了此起彼伏的波纹与突出。实际上，它并非全部由博罗米尼建造。该正面的下半部分是在他逝世前的 1677 年建成；其上半部分是在他逝世后由贝尔尼尼的追随者建造，他们的想法被稍显被动地应用在柱上楣构上方由天使支撑的椭圆形浮雕上。假使博罗米尼还活着，他会怎样建造正面的上半部分？这只能任人猜测了。

  虽然如此，对于现代参观者来说很幸运的是，他完成了一座教堂的穹顶，那就是通常被视为其杰作的圣依华堂（Sant'Ivo alla Sapienza,

博罗米尼
《圣依华堂》，1660 年

1642—1660），即罗马大学礼拜堂。这座相当小型的建筑物，当你第一眼看上去时，其墙面呈现出几乎在不断流动的效果，是意大利——或者说世界上——最具创造力的事物之一。它是空间构型的奇迹，以六边形的平面为基础，带有尖锐的刻花与裂片，形成一个陡峭的帐篷，光线从中倾泻入下方的中殿内。用建筑史学家鲁道夫·维特科夫尔（Rudolf Wittkower）的话说，"几何简洁性与无穷无尽的想象力、技术技能与宗教象征，从来不曾达到如此的和谐一致。"几何结构、想象力与技能是不言自明的，博罗米尼概念的宗教象征或许没有那么明晰。也许，平面的几何图形指的是所罗门之星，那位国王众所周知的智慧与这座建筑物作为"智慧"（Sapienza）教堂的名称正协调。该教堂最突出的特征是其灯笼式天窗，博罗米尼将其顶部设计为逆时针旋进了三圈的螺旋状——这座建筑物精彩而极富戏剧性的高潮，如火焰一般，于空中升腾。人们为其象征意义作出过各种各样的解读，却没有一种能令人完全信服。可是，作为绝对建筑活力的一种表达，罗马再没有与之颇为相似的产物了。

一个伟大而激励着精神觉醒的世纪意味着是一个能产生强有力宗教艺术的大好时机，由卓越的名人推动——这些名人之所以卓越，与其说是因为他们的虔诚，不如说是由于他们的聪明才智与战斗精神。巴洛克时期的罗马就是这样，其艺术与建筑的能量与其神学传播的能量是齐头并进的。宗教改革唤醒了罗马教会，给了它一个崭新而炽热的"存在的理由"（raison d'etre）。

在罗马天主教复苏的最强大的力量、教会在与路德宗异端的战斗中产生的首要激进团体，是耶稣会（Society of Jesus）——他们也被称为耶稣会士（Jesuits）。这一教区神父组成的修会从一个微小的核心发展而来——最开始是两个巴斯克人，他们后来被封为圣徒，即圣方济·沙勿略（St Francis Xavier）和圣依纳爵·罗耀拉（St Ignatius Loyola）。两人都是传教士，一个在欧洲境内，另一个在远东。选择欧洲作为自己活动领域的是该修会的创始人依纳爵·罗耀拉。如果不谈耶稣会士对"纪律"的共同观念，他们的本质就无从领会，而这"纪律"是由创始人依纳爵的军事背景所决定的，他是巴斯克的吉普斯夸（Guipuzcoa）省欧纳兹（Onaz）与罗耀拉领主的第十三个，也是最小的孩子。

无论是在起源还是当下，罗耀拉都是一个军事家族。他们是边境首领，强硬、暴力、对敌人毫不留情，对朋友和同盟具有钢铁般的忠诚。依纳爵有两个哥哥在西班牙对意大利的战斗中被杀，一个哥哥在美洲殖民地（conquista）被杀。依纳爵一辈的罗耀拉家年轻人痴迷于为基督征服新世界，并在旧世界将摩尔人——阿拉伯占领者——赶出西班牙，恢复基督教信仰在半岛的首要地位。他们是热衷者，或者可以直截了当地说，是狂热者，他们完全认同的信条为，宗教与民族感情就是也应当是同样的。在他们的眼中，《高卢的阿玛迪斯》（*Amadis of Gaul*）（在西班牙印制的第一部关于骑士精神的书籍）之类早期骑士小说的要旨与圣母马利亚的崇拜之间没有多少区别。这一确信导致的必然推论，即肯定西班牙的至高伟业就是将摩尔人消灭后再把犹太人赶走，是这群西班牙征服者剑尖上的狂热信仰。这一信仰为军队职业带来了高贵的地位，这在四个世纪之后的另一种文化中是难以领会，也不可能共有的。

在罗耀拉家族的依纳爵心中，这种信仰达到了极致。几乎从儿时开始，他就将自己视为军人。他从来不愿为自己的生平写回忆录，但他口述于1553年之后的《忏悔录》（*Confessions*）忽略了早年的经历，只是谈到，"到二十六岁时，他已是一个沉迷于世间虚荣的人，最大的乐趣就是怀着远大而自负的追名逐利之心练习武艺。"

他追逐到的却不只有名利，还有改变了他一生的灾难与残暴的痛苦。1521年，纳瓦拉[①]（Navarre）的总督纳胡拉公爵（Duke of Najera）卷入了一场对抗法国人的分裂战，法国人主张巴斯克西班牙的该部分

[①] 纳瓦拉：位于西班牙北部和法国西南部的地区。

地区是他们的领土。依纳爵为纳胡拉公爵而战,但一枚法国炮弹炸碎了他的两条腿——右股骨几乎无法修复。出于骑士的怜悯,法国人将他用担架运回了五十英里外的阿斯佩蒂亚(Azpeitia)老家,一段漫长而千辛万苦的康复期由此开始。一开始,依纳爵面前的道路似乎只有两条:因感染而痛苦不堪地死去,或者活下来,成为一个无助的瘸子。但是,他即便不算幸运,也是一个顽强坚定到不可思议的人。当他的伤如果任其"自然"恢复很显然会留下终生跛腿时,依纳爵主张将自己的腿打断,然后重新复位。这一惨剧发生在阿斯佩蒂亚的老家,接下来的是一连串同样可怕的手术,在依纳爵本人的坚持要求下,他刚刚打断的腿被一个临时刑架拉伸开,以使两条腿的长度达到差不多相等。他是怎么挨过来的?只有和依纳爵一样经历过这一切的人才会明白。

没有现代医学视为理所当然的麻醉药、抗生素或其他任何药品,疼痛在16世纪几乎是无法克服的。不仅如此,依纳爵还不得不忍受一个痛苦的认识:他游侠骑士的生涯如今已彻底结束。一个意志力稍弱的人在如此沮丧的重压下恐怕早已丧失决心,但没有什么能阻止这位跛腿的武士追求自己的雄心抱负:前往耶路撒冷朝圣。在该抱负得以实施之前,依纳爵的灵魂必须得到净化,而他是通过先去往加泰罗尼亚(Catalunya)蒙特塞拉特(Montserrat)的古代朝圣中心来着手实现这一点,那里是黑圣母崇拜像的所在地,他在其祭坛上留下了自己的兵戈与盔甲,又从该处去了曼雷萨(Manresa),那是一处穷乡僻壤,他用了一年的时间斋戒、祈祷与苦修。

依纳爵的苦修并不像某些中世纪神秘主义者加诸自己身上的惩罚那么极端,这些神秘主义者如亨利·苏索(Henry Suso),他曾记载道 [362] (依习惯以第三人称):

> 他为自己秘密量身定制了一件内衣。在这件内衣里,他固定上一条条皮革,里面有一百五十个突出而锋利的铜钉,

使这些铜钉朝着自己的肉体刺进去。他将这件衣服制作得非常紧，令其裹住自己，在前部扣紧，以便紧凑合身……

依纳爵不需要施行这种受虐狂般的极端手段，因为他的医生已经为他做了。尽管如此，他在蒙特塞拉特与曼雷萨时的形象也十分古怪。他抛开了自己的衣服，穿上了粗糙多刺的麻布衣。他将头发蓄成了长而缠结的一堆乱草；他的指甲长成了动物的爪子；他四处乞讨、浑身发臭、忍饥挨饿、彻夜不眠。他谈到自己的愿望是"逃离一切公众的注意"，可他正在成为街头奇景之一。渐渐地，这些嬉皮士一般的怪癖减少了，仅剩下了严格克己的沉淀，再没有意志薄弱、行为怪异的空间。依纳爵与亚西西的圣方济各（St Francis of Assisi）这样的圣人没有什么相同点，方济各曾因对"虱子兄弟"的温柔怜悯而退避清洗羊皮；他与圣托马斯·阿奎那（St Thomas Aquinas）一类的肥胖神学家也无甚相似，后者曾可爱地从餐桌上锯下一块，以便给他那福尔斯塔夫式的大肚皮腾出空间。他一心扑在传教工作上，而实现该目标所必需的训练与那些冥想派修会不同——特别是要学习他和他的教士同伴们将要前往工作的外国之语言与文化风俗。

这位军人圣人在域外荒漠里艰辛岁月的产物是一本体积虽小但影响无限的书——《灵性操练》（*Spiritual Exercises*，出版于1522）。这是一本为所有想要走上服从依纳爵规则之路的人所写的小册子，而依纳爵的规章准则没几个人能一开始就考虑采纳，可后来却成了天主教复兴与复原的真髓。在一切寻求开辟一条脱离尘世的道路、为灵魂与上帝相遇做准备的西班牙天主教文献中，这是目前为止名声最响、影响力最大的。它的力量存在于它那毫不留情的心无旁骛之中。"小心不要在你的心中燃起任何媲美耶稣基督的感情，"依纳爵写道：

如果有任何令人愉快的东西勾起了你的感知，而与此同时又不是纯粹地为了上帝的荣耀与光辉，为了基督之爱，戒绝它吧……根本的解药是对四大自然情感的克制——快乐、希望、恐惧与悲伤。你必须设法剥夺这些种种的满足感，就如同将它们留在黑暗与空虚中。

依纳爵的《灵性操练》是一个漫长而区分精确的想象力壮举。首先，灵魂必须在对地狱恐惧的驱使下进行忏悔。忏悔要持续一个星期，在结束时，这如今已经历惊吓、顺从驯服的灵魂将已准备好接受启迪。接下来是一连串渐进的阶段，它们依次达到了一种自我治疗的强烈形式，这在后来的几个世纪中都处于耶稣会士实践的中心。想知道它对那些谦卑、敏感而可塑性强的年轻心灵施加的影响，你只需读一读乔伊斯的《一个青年艺术家的画像》中，关于耶稣会士兼学生的斯蒂芬·迪达勒斯（Stephen Daedalus）是怎样经历了痛苦的"静修"并最终拥抱了这一切的描述。一旦一个新加入者经历了这些，他就没有回头路了。以下是依纳爵关于"地狱冥想"的描述，即第一周的第五个操练：

第一点，　用想象力的眼睛，看熊熊烈火，还有那些仿佛在烈火中燃烧的灵魂。

第二点，　用耳朵，听对我主基督与诸位圣人们的悲叹、号叫、哭喊、亵渎。

第三点，　用嗅觉，嗅烟火、硫磺、垃圾与腐败的气味。

第四点，　用味觉，尝味道苦涩的东西，如泪水、悲伤、良心的折磨。

第五点，　用触觉，感受那些火焰是如何触碰与灼烧灵魂的。

[364]

一个接一个地，每一种感官都被动员起来。依纳爵坚称，以这种方式，感观会被赋予灵性体验。这些不再是抽象或假设的。该训练的一部分是学着抵御一个人自身的五感，服从使这一点变得很有必要。然后，渐渐地，初学者将一步步从悔悟发展为希望，并且由希望发展为对天堂欢乐以及与上帝结合的渴望：但是，这些阶段的每一步都必须充分形象化，被完整地想象出来。这些操练，正如一位教士兼心理学家所说的，创造了一种"回归的危机，连同与之相伴的心理结构的分解，以及压抑屏障的弱化"，其产物就是一个"新身份"。

从入门到最后以未来耶稣会教士的身份出现，整个过程需要花费约十二年——而且除了通常教士的"清贫、贞洁、服从"的誓言，耶稣会士还要进一步发誓，服从他在教廷中的上级，义不容辞地前往教皇希望他去的世上任何地方，履行传福音的任务。有时候，这是一种令人恐惧的职责，因为在16和17世纪，世界还是一个浩大无边、敌意丛生、充满未知的地方，而耶稣会士的军团在这世上还十分稀疏。不过，它的生长却缓慢而坚定。到依纳爵去世的1556年，该修会已拥有958名成员；七十年后，15000名；到1749年，22500名。这是一个高度重视精英统治的修会，既在智力上，也在阶级上。其他教士修会将重点聚焦在招募穷人上。毫无疑问，耶稣会传教士的智力精英主义保证了他们在18世纪中国阶级分明的社会中取得巨大成功一样，他们的坚忍克己与军事上的韧性也使其经受住了北美洲野蛮部落施加的种种残酷折磨，并生存下来。他们是"战斗的教会"中的突击队员。

该修会于1540年从教皇保禄三世（Paul III）处赢得了官方承认。一旦确立了教廷认可，耶稣会就必须在罗马拥有一座属于自己的教堂总部，当然，其外观务必美轮美奂，而那就意味着需要金钱。幸运的是，为耶稣会士们自愿捐资的是枢机主教亚历山德罗·法尔内塞（Alessandro Farnese），他后来成了教皇保禄三世，并在十五年的在位期间（1534—1549）为自己的家族及其工程项目倾注了大量资金。他也为这座城市本身作出了很大贡献：他斥巨资修复1527年大洗劫对罗马造成的破坏，主导了卡比多利欧广场（Piazza del Campidoglio）的创造,并指示米开朗琪罗将马可·奥勒留的雕像移到该处,由此产生了 16 世纪最壮观、最有影响力的城市规划方案。然而,毋庸置疑的是,他承认耶稣会的举动对教会产生的影响,在重要性上至少可与他的城市规划工程比肩。耶稣会已经有他们自己青睐的建筑师,即原本默默无闻的乔瓦尼·特里斯塔诺(Giovanni Tristano,卒于 1575),他已经于 1560 年为他们在罗马设计了学院。但对于修会的教堂总部,还需要在精神层面有更拔高的设计,而最终选定的设计师是一位枢机主教法尔内塞的爱将——贾科莫·巴罗齐·达·维尼奥拉(Giacomo Barozzi da Vignola,1507—1573),他于 1550 年代进入教廷服务,为罗马和教皇国设计了一连串项目。其中最伟大的一项是卡普拉罗拉(Caprarola)的法尔内塞别墅(Villa Farnese,1559—1573),它一开始是一座五边形的堡垒,但被改造成了一幢雄伟壮丽的乡村别墅,一个独立的山间小城,拥有一条条豪华的引道坡。此外他还设计了一些规模较小的世俗建筑物,其中一些也是杰作,如双阁的巴尼亚亚(Bagnaia)兰特别墅(Villa Lante)。

但是,在亚历山德罗·法尔内塞的投资下,他最重要的教堂是为耶稣会而建的:耶稣教堂(Il Gesu),建于 1568—1575 年,其为世界各地数不胜数——尽管通常低调一些——的耶稣会建筑物提供了样板(就像依纳爵的追随者建立的福音传道修会那样被传播着)。它也是第一座以耶稣本人的名字命名的教堂。

各耶稣会教堂的主要需求,被维尼奥拉与他之后的每一位设计师所忠实执行的,即:弥撒仪式应该被会众清楚明白地看见,而神父的布道——将教会的福音带进与改革派异端主张的斗争中——应该在建筑物的每一个角落被清晰无误地听见。在旧式的教堂布局中,这不是一个容易,甚至可能达成的目标。耶稣会的工作以布道为中心。因此,耶稣教堂必须拥有一个广阔的中殿,以容纳尽可能多的参加者,还要能畅通无阻地看到主祭坛,以及清晰地看见、听见正面与侧面布道坛。它不需要交叉空间——浅的两侧礼拜堂会比袖廊更合适。耶稣教堂的中殿长约 75 米，拥有三个主要的礼拜堂：右边的属于圣方济·沙勿略，用来纪念这位依纳爵的传教伙伴，他将天主教的消息带到远东，并将天主教教义与神学传进中国，于 1552 年逝于该地。后殿一端的礼拜堂属于圣罗伯特·贝拉明（S. Robert Bellarmine），伟大的反宗教改革神学家，逝于 1621 年。左边的礼拜堂是必不可少属于圣依纳爵本人的，根据耶稣会士艺术家安德里亚·波佐（Andrea Pozzo）的设计而建，其中存有一个青铜骨灰瓮，盛着依纳爵的遗骸。如果有人将这位军人圣人想象成一位清教徒式的反对挥霍浪费者——他在世时确是如此，那么看看他逝世后的景象是个不错的主意：这是全罗马最奢侈昂贵的坟墓之一。其柱子全部包覆着蓝色的天青石，而在这整座精美建筑物的顶上，还矗立着一个由这种珍稀亚宝石制成的球体，为全世界最大的，用罗伯特·勃朗宁[①]（Robert Browning）的话说，"蓝得就像圣母胸前的一条静脉"。正是因为这样，托斯卡纳大公（the Grand Duke of Tuscany）才提议，将首字母缩写为"IHS"的耶稣会座右铭解读为"Iesuiti Habent Satis"，即"耶稣会已经捞足了"。[②]我们可以生动地意识到歌德以下这段话（1786 于雷根斯堡，在去往罗马的路上）的含义：

> 我一直在想着耶稣会的特质与他们的行为活动。他们教堂恢宏壮丽的设计……令全世界敬畏与赞美。在装饰上，他们采用了大量的金、银与珠宝，使来自各个阶层的观者相形见绌、眼花缭乱，不时还用一点庸俗之物吸引大众。罗马天主教向来显露着这种天赋，但我还从来不曾见过做得如耶稣会这般智慧、巧妙、连贯一致的。与其他的宗教修会不同，他们摆脱了崇拜的种种陈规旧习，顺应时代的精神，以富丽

---

① 罗伯特·勃朗宁（1812—1889）：英国诗人、剧作家。
② 事实上，"IHS"是耶稣名字的希腊语形式缩写。——原注

堂皇使之焕然一新。

耶稣教堂的天花板拱顶上铺陈着乔瓦尼·巴蒂斯塔·高里[①]（Giovanni Battista Gaulli）气势逼人的画作《耶稣之名的胜利》（Triumph of the Name of Jesus），作于1678—1679年。高里出生在热那亚，但早在1658年之前就来到了罗马，余下的一生都在此工作，他深受贝尔尼尼的影响，而贝尔尼尼将他介绍给了潘菲利等有势力的赞助人。他的《胜利》使我们想到，维多利亚时代与现代那些关于巴洛克艺术"太过戏剧化"的非议是多么愚昧无知。有人也许会责难戏剧本身为"太过戏剧化"。在极致的程度上，戏剧的本质就是：最大规模的情感与诱惑，通过汹涌澎湃的身体弯曲、面部表情与姿态实现。

耶稣教堂的天花板分为三块区域，可以辨别但不算泾渭分明。在中心部位，熠熠生辉的顶点，圣光从基督的花押字"IHS"流出。在其四周是一团团云朵，诸位圣人驾此而来，就像铁屑被吸引向磁石那般。其中的一些人物可以从绘画的建筑框架中越出来一些，进入"我们的"空间。随后，在这巨型椭圆形轮廓的底部，我们看到可恶而羞耻的堕落从神圣化的基督之名处奔流而出。为了与他们尘世的地位相称，这些图像是最为实体化的，不像圣人一样受到圣光的美化，而是翻滚扭曲，（有一些）紧抓着他们罪孽的象征——代表"虚荣"的是一只孔雀，而"异端"的头部则像美杜莎[②]一样涌出了一条条蛇。

堪与高里的杰作相媲美的巴洛克天花板壁画同样也存在于罗马，同样是献给耶稣会创始人的。这幅壁画由安德里亚·波佐创作，位于圣依纳爵教堂（S. Ignazio）。其标题为"圣依纳爵·罗耀拉的荣耀与耶稣会的传教工作"，创作于1688—1694年。它表现了依纳爵升入天

[368]

---

① 乔瓦尼·巴蒂斯塔·高里（1639—1709）：巴洛克鼎盛时期及洛可可早期的意大利艺术家。
② 美杜莎：希腊神话中的三个蛇发女怪之一。

堂的场景。这幅中殿拱顶上的巨型壁画从虚拟架构的地盘中溢出，而这虚拟架构又反过来与教堂的真实架构融为一体，它与高里的作品一起，总括了绘画巴洛克幻觉的夸张壮丽。一旦站在右"观察点"（被认为由地板上的一个金属盘标出）望向天花板的透视聚汇处，要想分辨出中殿的墙壁在哪里结束、天花板又从哪里开始，是个棘手的难题。错觉与真实之间的屏障降得很低，想要将其升上来，需要颇费一番意志与想象力的艰苦努力。重要的是，在天上与地面的景物之间不设可视的断裂：二者之间的无缝衔接意味着一种连贯性，既是超凡脱俗的保证，也是一败涂地的威胁。墙壁看上去延伸得那么高，在开放的天空中变得云雾迷蒙，它们之间的空间充满了曲折回旋的人物，上演着一种精神上醉酒般的狂喜。在这些天花板上，贝尔尼尼的绘画艺术与他在科尔纳罗礼拜堂的雕塑成就一样辉煌。波佐接下来还会为耶稣会设计一系列其他教堂的规划方案，在特伦托与蒙特普齐亚诺（Montepulciano），甚至远到维也纳，但罗马一直是他的根，他后来的作品也再无超越他在罗马的壁画了。在波佐与高里之间，他们代表了巴洛克壁画艺术在罗马最大程度的伸展。但是，当1700年后，伟大的外国文化旅行时代在罗马拉开帷幕，巴洛克壁画却不是英国绅士（milordi inglesi）、法国鉴赏家或俄罗斯王公们前来此地研究与欣赏的对象。他们全力追寻的是古物，以及看似已经失落的古罗马权威。

第九章

18世纪的罗马：新古典主义与大旅行

现代的旅行者——透过狭小的舷窗凝视下方连绵的阿尔卑斯群山，急躁地瞥一眼手表，看自己乘坐的航班是要晚点30还是40分钟到达菲乌米奇诺（Fiumicino）机场——根本无法想象，在18世纪晚期，也就是大旅行的全盛期，从伦敦到罗马的旅行意味着什么。

旅行还处在尝试中，有时是危险的，漫长拖延，尤其充满未知。一切旅行都是有钱人的专享。那时没有所谓的"大众旅游业"，原因很简单，大众还没有学会移动，为了度假或学习而出国，甚至只是想象去往欧洲。为了消遣放松而"出国度假"的概念还没有发明出来。国外都是血流成河的地方，外国人都是混蛋无赖。在1780年，大多数英国人生活在离他们出生地15—20英里的社交半径以内，而英吉利海峡则是阻挡进一步探索的屏障。英格兰街道上的英国人不会想到要去法国；法国人，在大部分时间里，都是卑劣可鄙的敌人，并且这种印象还会继续维持几十年。西班牙根本就是不可想象的——一个悲惨穷困的国家，讲的语言谁也不会说，亡命徒见了你就要开膛破肚，食物油腻肮脏，简直没法下咽。在1593年的小说《倒霉的旅行者》（*The Unfortunate Traveller*）——一部关于恶言毁谤、别出心裁的仇外心理的杰作中，托马斯·纳什（Thomas Nashe）为英国人对欧洲外国

[369]

人的态度给出了颇为公平的总结：

> 意大利，人间的天堂，美食家的乐园，把我们的少爷变成了什么样？它使他像猿猴一样亲吻自己的手，饿鬼似的缩着脖子，和人打招呼时"嘿嘿哈哈"、就像玩杂耍。从那里，他带回了不信神的艺术，讲究吃喝的艺术，嫖妓的艺术，下毒的艺术，堕落邪恶的艺术……正派人物在为一个臭名昭著的恶棍扣上异类的帽子时，的确会说"他曾在意大利待过"。

尽管如此，严格来说，英格兰名流显贵对意大利的旅行并不是在其第一次兴盛的时期——即18世纪——才诞生的。譬如，托马斯·霍比爵士[①]（Sir Thomas Hoby）曾在将近三十岁时无畏地进行了一次意大利之旅，那时他还年轻，有足够的财富与沛充的精力，顶得住四处袭来的大群意大利无赖、盗贼、告密者与教会密探。

但在那段早期的岁月里，英格兰旅行者在意大利往往并不受欢迎，特别是在那文雅有教养的伟大中心之外，因为他们是一群被当作异端的新教徒（通常说来也没错）。他们可能与之打交道的意大利人都痛恨宗教改革，他们自己反过来也出于类似的原因而恐惧于宗教法庭及其专横的权力——这权力毫不讲人身保护权，可以随意将陌生人投入地牢。在伊丽莎白时代及詹姆士一世时代早期，前往意大利需要取得英格兰枢密院的旅行通行证，而这不会轻易发放。英格兰人的旅行通常被限制在意大利北部：威尼斯、帕多瓦（其大学录取外国新教徒学生，其他意大利学术机构均不录取）与维琴察（Vicenza）。罗马作为教皇国的首都，要进入则困难得多。要在此处多待一些时间总是花费高昂，还要为行政上的种种障碍提心吊胆。至于那不勒斯，想都别想了，那就是小偷与宗教狂热分子的老巢。总而言之，面对意大利

[①] 托马斯·霍比（1530—1566）：英国外交官、译者。

之旅的艰难险阻,你需要丰厚财力与坚定决心,最好是二者兼备,而这样的认识用了几个世纪才得以渐渐消除,即便其已丢掉了伊丽莎白时代最初的恶意。

18世纪后期,在一个叫作"麦麸"(Della Cruscans)的英格兰打油诗人团体中,一位署名为"列奥纳多"(Leonardo)的诗人对意大利发出了警告,那时大旅行已经成了一项制度。因为该半岛对道德正气造成的威胁比对人身安全的威胁更大,不管它可能带来多大的文化进益:

[371]

> 千万得避开意大利海岸,
> 种种情操一概消失不见,
> 背信弃义盛行,卑鄙低劣成功,
> 还有夺命凶杀——望望空中,
> 肮脏的自私自利浮现
> 在所剩无几的畏惧感中。
> 噢,丝竹管弦之声带来了什么,
> 或者雕塑的优雅美丽,提香的绚丽夺目,
> 才能为多情的心灵补偿
> 那抛在身后的英国美德风尚?

这些人担心,即便是欧洲大陆上所有的艺术加起来——无论其如何优秀——也不能弥补意大利那会传染的道德崩坏、礼节缺失。幸运的是,大多数有财力进行此类旅行的人们没把这些清教徒式的疑虑当回事,依然我行我素。你也根本不需要对艺术有多大的兴趣。因此,在塞缪尔·约翰逊①的传记作者詹姆斯·鲍斯韦尔②(James Boswell)笔下,意大利主要是一个寻花问柳的旅游地,就像今天的泰国。鲍

---

① 塞缪尔·约翰逊(1709—1784):英国作家、词典编纂者。
② 詹姆斯·鲍斯韦尔(1740—1795):苏格兰传记作家、日记作者。

斯韦尔绝没有被梅毒疮吓阻，虽然——就像一本旅游书上评论的——"许许多多的旅行绅士们有充分的理由发怒，为了意大利女士们利用他们剩余的喜爱而给予他们的时髦瘟热病。""我对了解世界的渴望，"鲍斯韦尔在自己的日记里透露，"使我下决心在意大利稍稍私通一番，那里的女人是如此放荡，很难把她们当作有道德的人，都是低劣的存在。"

然而，要了解那个世界——那才是问题的所在。在今天，就连18世纪进入意大利的道路有多艰难都难以想象。有两条路线可以前往意大利：海路，以及翻越阿尔卑斯山。两条路线都要花费数周时间，（取决于天气）可能还会延长至数月，特别还要不时停下来仔细观察艺术作品。走海路必须先穿越法国陆地前往地中海，随后紧贴着海岸线进入法国-意大利边界，然后缓缓南下经过热那亚、莱里奇（Lerici），由此到达平原与罗马。约翰·米特福德（John Mitford，1748—1830），也就是后来的雷德斯代尔男爵（Baron Redesdale），曾描述了他在1776年进行的海上之旅的部分经历：

[372]

> 从热那亚到莱里奇，旅人们通常会乘坐三桅小帆船，以避开那令人疲惫的山地旅程，在那道路上，只有骡子可用来代步。这些地中海船只抵抗不了恶劣天气，配备的水手技能也不算非常娴熟。在礁石下小心翼翼地前进时，他们极少离开岸边超过一支桨的距离，每一阵风来都令他们颤抖，总是害怕扬起风帆。如果天气晴朗、风向适宜，小帆船从热那亚到莱里奇只需八个小时。但如果风向恰好相反，或者风力太轻，这些胆小的海员又信不过风帆，划桨足足二十个小时都到不了。

如果说海路旅人要经受无聊、不适与晕船的话，陆路旅人面对的困难就更糟糕了，因为他们照例要越过阿尔卑斯山道上的塞尼山口。

这山口极为陡峭曲折，路面上又积满了冰雪，没有马能拖车走过。因此，车辆必须在山坡脚下就拆卸掉，将马无负重地送上去。车轮、车轴以及马车的所有部件，连同旅人的行李，都于随后负在骡子背上，送向前去。在路线上意大利的那侧，也就是安全的平地上，马车会被重新组装在一起，装载上旅行箱、板条箱与其他一切东西。而乘着杆子上的椅子翻越陡坡的旅客们又是怎样？托马斯·佩勒姆（Thomas Pelham）在 1777 年（略微出人意料地）记录道，"对于我们自己来说，这旅途既不危险，也不麻烦：霜冻是如此严重，我们到达山顶时就放弃了椅子，改乘雪橇下降，这虽然非常考验神经，但却不算令人不快。这是可以想象出来的最晴朗的一天，景色之美难以言喻。"

旅途中的耽搁一定令人心烦不已，偶尔还会有伤心之事发生：霍勒斯·沃波尔（Horace Walpole）的宠物——西班牙猎犬托利（Tory）在翻越阿尔卑斯山途中被一头狼生生吃掉。的确，不是每一位试图穿越塞尼山口的旅人都像佩勒姆那样沉着冷静或喜爱冒险；可是想要撤退已经太迟，意大利正在前方招手，而要去往那片柠檬树盛放的土地，这是唯一的道路。

"在我阅读罗马经典的时候，"第八代汉密尔顿公爵（Duke of Hamilton）宣称，"没有哪一次不曾强烈地希望去它们描述、它们诞生的国度亲眼看一看。"这至少是人们出发进行大旅行——古典教育的载体——的核心动机之一。这趟旅程会让在英国公学生活中的艰辛严酷，无论是被鞭打、替人跑腿、遭受欺凌还是花在分析解读西塞罗与维吉尔上的时间变得值得吗？很可能会的，但并不总是以想象中的方式。

没有几个来访者不被罗马 18 世纪文化环境的密度所震惊。"即便我的期待值已经提得这么高了，"英格兰旅行者托马斯·格雷在 1740 年给母亲的信中，表现出了一种典型的反应，"我得承认，这座城市的宏伟壮丽无限地超过了我的预期。你每走过一条街道，都一定能看见宫殿、教堂、广场或喷泉的景观，那是一个人所能想象的最优美如

[373]

画、高贵典雅的风景。"

当然，极为重要的是你认识哪些人物，或者被介绍过。尽管有些尊贵的英国人抱怨罗马的社交生活一片贫瘠——与威尼斯或米兰等城市那令人眼花缭乱的圈子相比——但罗马也确实不乏大量的社交聚会东道主。在18世纪，许多来到罗马的大陆贵族都是由法国大使、枢机主教弗朗索瓦·杰奎因·德·贝尔尼斯（Francois-Joaquin de Bernis）招待的，他款待客人最为慷慨大方。1775年教皇大赦，来到罗马的贵客包括查尔斯·西奥多（Charles Theodore），即普法尔茨选帝侯（Elector Palatine）；不伦瑞克（Brunswick）的王公们；英王乔治三世（George III）的弟弟格罗斯特伯爵（Earl of Gloucester）；奥地利大公马克西米利安（Maximilian），以及数不清的小贵族。到1775年时，前来罗马的外国贵客已经形成了稳定的流量，但在该世纪的最后二十五年里，这股客流发展成了洪流。贝尔尼斯坚定地确信，他款待来宾的方式应当直接反映他所代表的国王路易十六（Louis XVI）的荣光。位于西班牙广场附近的法国大使馆是欢宴的中心，其奢华程度令那些看惯了荣华富贵的宾客们也惶恐不安；而当这位枢机主教的手下在后门分发盛宴过后的残羹剩饭时，就连罗马的平民也对谁才是欧洲天主教第一势力的答案深信不疑。这种变相炫耀的罗马慈善，在城中各处的贵族宅邸外以较小规模不断上演。不出意外，贝尔尼斯后来抱怨说，担任路易十六大使的花销几乎使他破产。

这种对高价私人及官方招待的狂热，与罗马对公共奢靡之风那贪得无厌的欲望紧密结合。没有一座意大利城市——也许威尼斯除外——像教廷首都一样如此热爱游行庆典，或上演了如此多的此类活动。就像在恺撒的时代那样，罗马使身在其中的每一个人，上至枢机主教、下至衣衫褴褛的小破孩，都沉溺于狂欢庆贺、节庆盛宴、假日休闲、骑兵马队、彩灯装饰与列队游行之中，别忘了还有盛大的烟火表演以及分派给穷人的免费食物和葡萄酒。在这些方面，宴饮款待与官方生活交会了，所谓官方生活包括依旧生机无限的宗教生活，以及无所不在的教皇权力。一位新当选的教皇登基时，他会举行"登基大典"（Possesso），令长长的车马队伍从拉特朗圣约翰大教堂（这座城市的主教座堂）行至卡匹托尔山——实际上是重现了古罗马军队凯旋式的路线。在拉特朗圣约翰大教堂中，新任教皇将确认自己教会精神领袖的地位；在卡比托利欧广场，首席治安官将罗马的钥匙交予他，象征着他的政治权力统治着全城。

人们还热切期待着一个举行更为频繁的活动，即"役驴"（Chinea）庆典，该庆典每年上演，但于1787年被废止。[①] 在这一天，那不勒斯王国——在18世纪的绝大部分时间里均为教皇的采邑——会向教皇进贡封建税捐。这些税捐以一袋黄金的形式送来，由一匹白色的驴子驮着，称为"役驴"（chinea）。教皇代表会接收这笔钱款，交接仪式在十二使徒广场（Piazza SS Apostoli）上一个巨大惊人的纸板建筑物前进行，该建筑物俗称"奇异装置"（macchina），由一位当时最好的建筑师设计，传统上由科隆纳家族出钱制作。

对于一名来访的英国人而言，一开始很难理解富人的宅邸中拥有大量的仆人在罗马人（更普遍地说，意大利人）的生活中占据着怎样必不可少的位置。在英格兰，私人财产比在罗马更私密。英国贵族也有侍从以及一些跟班，但一般而言绝没有聚集在罗马贵族家庭周围的食客数量那么多，并且被理所当然地当作蓝血贵族开销的一部分。对于一名显赫的贵族——一位科尔西尼或鲍格才、欧德斯卡尔齐（Odescalchi）、基吉或科隆纳家族的成员——这是很平常的事，他甚至不必知道自己有多少家仆、这些家仆又做了什么。在欧洲，罗马是弯腰鞠躬、伸手要钱的首都。来访者时常要为每个人做的小事——经常看起来什么也没做——那就是分发小费（mancie）。这实在是令人感到陌生，对外国游客来说，相当恼人。罗马人自己却不这么看：毕竟，施舍纠缠不休的乞丐也算履行了基督"救济穷人"的训令。

[①] 在那一年，那不勒斯拒绝继续接受教皇采邑的地位。——原注

在罗马的外国人强烈地感受到了神职人员的地位和领袖权。无论是在政治上还是社会上，这些富裕的游客们所遇见的罗马都在神职人员的统治下：富有、受人尊敬、令人敬畏，时常受到游说与恳求，且各个层级都很活跃——从教士、蒙席①、主教到枢机主教。欧洲再没有其他社会——即使法国也没有——显露出影响力如此巨大，或者说如此执迷于年龄与等级的宗教势力集团。针对这些事务，或者也可以说，他们是如此热衷于参加筵席聚会。在今天，一个全副盛装的枢机主教的出席会扫了大多数派对的兴。18世纪的罗马却不是这样，那时的天主教会统治集团成员热爱说长道短、美酒佳肴与赌博娱乐，虽然（我们估计）不跳舞；1729年，枢机主教亚历山德罗·阿尔巴尼（Alessandro Albani）闹出了一起颇为有趣的丑闻，他在圣波诺公主（Princess of S. Bono）的宫中玩牌，一夜输掉了2000斯库多巨款。然而，据人们认为，当上枢机主教就意味着升上了财富的巅峰。所以才有了一种奇特的风俗，即当一位新任枢机主教的消息四处传开时，那位有望当选的教士会连忙清空家里所有的家具和贵重物品。如果不这么做的话，这就成了罗马暴民打劫的好机会。

有些教会统治集团的成员会对他们自己及他们的地位产生怀疑，歌德就转述过一个同样是关于枢机主教阿尔巴尼的故事，说的是他曾出席一个神学院学生的集会，诗人们在会上用各自不同的民族语言朗诵。据歌德写道，这是"又一个小故事，显示神圣者在神圣罗马的当选是多么轻易：一名神学院学生转身朝向枢机主教，用他的外语诵道'冲！冲！'（gnaja! gnaja!）发音听上去多少有点像意大利语的'恶棍！恶棍！'（canaglia! canaglia!）于是这位枢机主教对他的同僚说，'那家伙肯定认识我们！'"

即便某人没有机会进入豪门大户，公共场合每日上演的罗马生活也是同等精彩——广场与广场上的咖啡馆、饮食店、市场与活水不断

---

① 蒙席：对天主教高级教士的尊称。

的喷泉。无疑,床是穷人的歌剧院,但只要走到屋外坐下,眼前就是他的剧场,而一个罗马人或外国人(straniero)单单把鼻子伸到外面就能满足他对生活与艺术的好奇心。对于在罗马的所见所闻,你不会很快忘记。三十年过去了,歌德的一位名叫霍夫拉思·梅耶尔(Hofrath Meyer)的朋友依然在兴致勃勃地谈论自己在那里见到的一名鞋匠,他在门前一位皇帝的大理石古董头像上敲平皮革条带。

这里有对往日的回忆,有新的知识,对于那些更勤勉的旅行者而言,或许还有日志可记。关于古代往事的感受——用拜伦《恰尔德·哈罗尔德游记》(*Childe Harold's Pilgrimage*)中的话说,"英雄曾踏足这片土地;而你踏足于他们的尘埃"——也许依旧激荡在那些出发时如白纸一般懵懂无知的贵族们的心中。对于诗人而言也是如此,还有那些介乎二者之间的人,更不用说如拜伦一类的贵族兼诗人了。在斗兽场的诗歌意象中,外国人写下最美的一个大概就出自拜伦之手,他描写道,在夜晚,穿过斗兽场重重拱顶看到的星星"透过时光的道道回环"闪烁光芒。当他的朋友珀西·比希·雪莱于1818年来到罗马时,认为斗兽场是"古代与现代艺术奇迹"中首屈一指的,超越了一切出自人类之手的作品、一切原本的期待时说道:

[377]

> 斗兽场与我从前见过的一切出自人类之手的作品都不同。它的高度、圆周极其巨大,巨石筑就的拱顶一重又一重,直上青天,渐渐破碎为悬在空中的石块……灌木丛遮蔽着你的四周,令你仿佛徘徊于迷宫之中,而这鲜花地毯上的野草在你脚下茂盛生长。竞技场上覆满了青草,并像天然平原的边缘一般,刺入四周石拱的裂隙。但是有一小部分的外部圆周保留了下来——它精致轻盈,非常美丽;其完美构造——饰以一排排科林斯式壁柱,支撑起一个险峻的飞檐——所达到的效果是如此强烈,几乎缩小了其雄伟的效应。斗兽场的内部已毁坏殆尽。

作为一名优秀的反对教权主义者,见到附近的君士坦丁凯旋门令雪莱痛心不已,他称这座凯旋门的修建是为了纪念"那个卑鄙的基督徒,他踏着杀害了自己全家的鲜血爬上了权力之巅",尽管凯旋门本身"精致美丽、完美无瑕"。于他而言,对古罗马遗迹的认识抹去了其他的一切。"看哪,那曾致力于心灵抽象的伟大民族的残骸!可以说,罗马是一座逝者的城市,或者不如说,是那些永不消亡者的城市,他们比栖居与经过这个地方的代代庸碌之辈活得更久,他们使这个地方神圣永恒。在罗马,至少在你初次的怀古热情之中,你是看不到其他意大利人的。"现代意大利人做不到,也不想要做到符合他们祖先的形象,而那是游客们所期待看到的。"有两个意大利,"珀西·比希·雪莱写道,

[378] 一个由绿地澄海与伟大的古代遗迹组成,还有空中的群山,无孔不入的温暖灿烂的阳光。另一个意大利由今日的意大利人、他们的工作与生活组成。一个是人类想象力能够构想出来的最崇高、最令人爱慕的沉思;另一个,则是最退化堕落、令人厌恶的事物。

没有一件事是可以完全预料的。若不亲身来到罗马,就发现不了多少罗马,"只有身在罗马,一个人才能知道罗马,"约翰·沃尔夫冈·冯·歌德(Johann Wolfgang von Goethe)宣称。"在蛮族手中侥幸偷生的,也已经被现代罗马的建造者毁灭了。"在他于1786年来到罗马的两个多世纪后,这句预言般的话在今日比当时更真。"在这里,没有一件事物是平庸的,如果某处有一件品味不佳的东西,它也能蹭到无处不在的庄严宏伟。"

事后关于罗马的回忆是怎样,这又是另一个问题了。一个人对罗马的回忆必然是一件人造品。很可能,没有一位游客能够见到预期的东西。对于一些人来说,这座城市保证是要令人失望的。一些新教徒

自然而然地持怀疑态度。在莎拉·边沁（Sarah Bentham，杰里米·边沁①守寡的继母，逝于1809年）看来，当你接近这座城市时，它并没有唤起你的期待。从平原上望过去，它"仿佛耸立在一座荒漠之中"。而你一旦进入了这座"永恒之城"，

> 街道狭窄，脏乱污秽。就连宫殿宅邸也是肮脏与优美的混合物，夹杂在破屋陋舍之中。罗马最大的露天空间是用来卖菜的。喷泉是唯一惊艳的所在……无论在罗马城墙以内还是以外，都没有任何一样能让一个英国人想要在此定居的事物。

在此之上，我们还得算上一些英国来访者对罗马天主教统治中窥探、告发与偏执等行为的厌恶之情，以及其与英国相对的坦诚自由之间的对比。虽然有些外国人（stranieri）略有夸大其词之嫌，但压迫确实是非常沉重的。曾在罗马生活了五年（1739—1744）的英国侨民撒切维罗·斯蒂芬斯（Sacheverell Stevens）在《近七年之旅途中评论》（*Remarks Made on the Spot on a Late Seven Years' Tour*，1756）的引言里写道，他希望"在使其他民族不幸的人民呻吟叹息的可怕桎梏下明白无误地表达，他们那比埃及奴隶主更残暴的主人已邪恶地夺走了他们'理性'的能力，剥夺了他们的特性，而这一切都是打着'宗教'的神圣之名"。事实上，一位热情得超乎寻常的苏格兰长老会信徒曾试图在圣彼得大教堂的一个典礼上令庇护六世改变信仰，汉密尔顿公爵（Duke of Hamilton）的医师兼文化顾问约翰·摩尔医生（Dr. John Moore）也出席了该典礼。"噢，你这骨子里的畜生，"这名狂热分子当着教皇的面喊道，"你这七个头、十只角的恶魔！你母亲是穿红着绿、

[379]

---

① 杰里米·边沁（1748—1832）：英国哲学家、法学家、社会活动家，现代功利主义的创始人。

披金戴银的娼妓！抛掉你那令人厌憎的金杯，还有淫乱的丑行吧！"

教皇的回应（如果他确实作了回应的话）没有被记录下来。这名无法无天的新教原教旨主义者被瑞士近卫队抓住并短暂关押。但随后，教皇不但下令将他释放，还感谢了他的好意，并资助了他回苏格兰的路费。

从英国绅士旅行者在前往罗马的路上，以及他在这座"永恒之城"内遇见的种种令人眼花缭乱的影像与财物中，基本上，有三个种类的纪念品是他可以带回伦敦宅邸或乡间别墅的，以此证明他已进行了增长见识的朝圣，并且已从历史伟大的精修学校毕业了。

他可以购入古董文物——一个骨灰瓮或基里克斯陶杯，古代雕塑上的石雕或碎片（其中绝大多数注定是赝品，但也不乏极具古典韵味的现代产物，由安东尼奥·卡诺瓦①[Antonio Canova]或他的众多模仿者制造）。在罗马，最丰富的古董收藏通常掌握在皇室或教会手中，但机敏的中间商有时也能把它们撬出来。朱斯蒂尼亚尼的古代艺术藏品于1720年卖给了彭布罗克伯爵（Earl of Pembroke），奥德斯卡尔齐（Odescalchi）家族积聚的雕像与花瓶在1724年转让给了西班牙国王，而枢机主教波利尼亚克（Cardinal Polignac）在罗马购置的古董则于1742年被普鲁士的腓特烈打包买走。

将赝品（或者可以称之为"乐观的修复物"）引进回英国的两大主力，是英国人托马斯·詹金斯（Thomas Jenkins，1722—1798）与詹姆斯·拜尔斯（James Byres，1734—1817）。

詹金斯是一个有趣迷人、近乎千变万化的人物：推销员、掘墓人、导游、银行家、中间商。他过去曾做过画家，但头脑十分清醒地意识到自己在这一行没什么前途。他于1752年来到罗马，争分夺秒地结交上层人士。通过他在梵蒂冈圈子里结下的交情（其中包括两位教皇——克雷芒十四世和庇护六世，并且因其英国驻罗马教廷非官方

---

① 安东尼奥·卡诺瓦（1757—1822）：意大利新古典主义雕塑家，以大理石雕塑闻名。

代表的身份而愈发巩固）他得以在罗马与外国旅行者的社交圈中附凤攀龙。到18世纪60与70年代，他已经在来访的英国上流人士中形成了一个相当可观的客户群，他们乐于请詹金斯带着自己游览罗马的景点（公平地说，他对这些景点的了解确实深于大多数的意大利"私人伴游"），并且信任地让他为他们搜罗精美古董——这些古董并不总是那么精美。

在乔治王时代的英格兰，一个要当鉴赏家的人却不收藏古代大理石，这是不可能的。因此，詹金斯雇佣了几个罗马雕塑家雕刻赝品，并用烟草汁制造出古旧的铜绿。1774年，他甚至帮忙组建了一个财团，以从台伯河底打捞古董。但是，他也同时带动了整套现成的无瑕真品收藏的流动，比如（1785年）全套的蒙塔尔托-内格罗尼别墅（Villa Montalto-Negroni）藏品。罗马的古董所有权在18世纪发生了大手笔的转移。1734年，克雷芒十二世从孜孜不倦的收藏家、枢机主教亚历山德罗·阿尔巴尼手中买进了约400个罗马雕像，其中大多是半身像，这些成了卡比托利欧博物馆（Museo Capitolino）核心藏品的一部分。而卡比托利欧博物馆是罗马当时唯一向普通公众开放的博物馆，并因此成为涌入罗马研习古物的众多年轻艺术家独特的教育资源。身为一个无名的年轻雕塑家，要进入贵族宅邸中观赏宝藏是很难的，通常根本不可能——因此获得接近大量皇家收藏的机会是委拉斯开兹与鲁本斯等画家的有利条件——而这赋予了卡比托利欧博物馆愈加重要的意义。千方百计前往罗马的外国艺术家数量还在不断增长中。对于他们来说，其他人的大旅行经历是一种重要的事业过滤指标。如果一位英国雕塑家在罗马遇见了另一名英国人，那么这名旅行者很有可能是来观摩艺术品的，并会因此更易于接受那位新来者（英国雕塑家）的作品。

除了大理石制品，詹金斯的专长还有古代宝石和浮雕，既有真的，也有赝品。赝品浮雕宝石是在建于圆形剧场角落处的一家工作室（bottegha）内制造出来的，在当时，圆形剧场的这块角落是各类粗

[381]

制滥造工坊与小店的有利位置。不巧的是，詹金斯那蒸蒸日上的事业被1796年拿破仑入侵罗马而打断。因为拥有准外交官地位又不具备外交豁免权，同时十分恐惧法国人会加害于他，詹金斯不得不逃离罗马，将所有的财产抛在身后。

詹金斯在雕塑方面所做的，正与詹姆斯·拜尔斯（1734—1817）在绘画方面的做法一致。他获得了一项荣誉，即在1764年花费数周时间带领历史学家爱德华·吉本——未来《罗马帝国衰亡史》的作者——游历这座"永恒之城"。他为客户提供古董欣赏方面最具知名度的课程：该课程持续六个星期，被所有参加过的人认为大有裨益，即便十分繁重。

作为中间商，拜尔斯与詹金斯并不构成竞争关系。拜尔斯主要关注绘画方面，尽管他确实设法取得并转卖出了今天英格兰最著名的物件之一——来自巴尔贝里尼宫（Palazzo Barberini）的古罗马浮雕玻璃容器，被称为"波特兰花瓶"（Portland Vase）。这件作品经过威廉·汉密尔顿爵士（Sir William Hamilton）之手，于1784年被波特兰公爵夫人玛格丽特·本廷克（Margaret Bentinck）得到。他最离谱的一次大捷是用欺骗的手段从罗马波纳帕杜利（Bonapaduli）的收藏中弄出了普桑最伟大的杰作之一——一组七幅油画，包括《七大圣礼》（*The Seven Sacraments*）——并将它们以复制品的名义出口到英格兰，而且以2000英镑的真迹价格卖给了拉特兰公爵（Duke of Rutland）。

[382] 大量的绘画、素描与印刷品可供购买，而许多伟大的英国收藏都是从英国绅士在大旅行途中带回的物件开始的：如果有可能的话，当然是拉斐尔、米开朗琪罗与提香——其中鲜少真品——但是同样不难看出，还有大量其他大师也极对18世纪的胃口：委罗内塞、圭多·雷尼、卡拉齐与多梅尼基诺。大旅行的游人们不买"原始"艺术。文艺复兴早期的产物对他们没有吸引力，而哥特式绘画看起来就明显是野蛮、呆板、缺乏表现力的。使他们产生响应的是16和17世纪宏大而圆滑的生动流畅性，还有往往被假扮成所谓圣母和圣人的、漂亮

第九章 | 18世纪的罗马：新古典主义与大旅行

尼古拉·普桑
《阿卡狄亚的牧人》，1637—1638 年
布面油画，185×121 cm；巴黎卢浮宫博物馆

丰满的女孩子。然而，如果认为英国旅行者是唯一的买家，那就是个错误的印象。罗马吸引了来自世界各地的鉴赏家与收藏家，这是一门竞争激烈的生意。神圣罗马帝国皇帝约瑟夫二世（Joseph II）与俄罗斯女皇叶卡捷琳娜二世（Catherine II）以及波兰国王奥古斯都三世（Augustus III）进行着竞争，而后二者又与俄罗斯的尼古拉·尤苏波夫亲王（Prince Nicholas Yussupov）及玛丽亚·费奥多罗夫娜女大公（Grand Duchess Maria Feodorovna）处于角逐中。罗马的绘画市场在繁荣兴旺、自由开放方面优于古董市场，（尤其是）外国侨民艺术家也兼任了中间商的角色。例如，正是苏格兰画家加文·汉密尔顿（Gavin Hamilton）在罗马购入了伦敦国家美术馆（National Gallery in London）的两件镇馆之宝：拉斐尔的《安西帝圣母》（*Ansidei Madonna*），购

于 1764 年，以及达·芬奇的《岩间圣母》(Virgin of the Rocks)，购于 1785 年。

然而，在 18 世纪的意大利，最受欣赏的罗马画家却未必是最受英国人与其他大旅行者追捧抢购的那些。首屈一指的例子大概就是卡尔洛·马拉蒂（Carlo Maratti, 1625—1713），他在装饰上的大古典风格，与天主教会的教义和情感需求亲密相连，所以在更加新教化的纬度并未声名远播。但在意大利，马拉蒂获得了巨大的成功。他的神话与宗教题材作品激励了整个欧洲的年轻画家，而且他一共服务了七位教皇。1680 年，贝尔尼尼的去世将罗马派艺术无可撼动之领导者的地位留给了马拉蒂。由他绘制了祭坛画的罗马教堂主要包括耶路撒冷圣十字圣殿、神庙遗址圣母堂（S. Maria Sopra Minerva）、和平之后圣母堂、人民圣母圣殿，还有十多座其他教堂，包括圣彼得大教堂。他的名声与影响力是如此巨大，甚至被公认为"罗马的阿佩莱斯"①（Apelles）。可是，在他逝世一个世纪之后，这位影响力深远的艺术大师就沉寂得近乎无声无息了。现代的博物馆从未举办过马拉蒂的回顾展，这真是个离奇的疏漏。

大旅行者用作纪念的第二选择多少更低调一些。罗马已经在制造旅游纪念品了。当然，这些东西比亚洲血汗工厂（梵蒂冈自然更倾向于称之为"工坊"或"工作室"）为今天的游客们批量生产出来的垃圾精美得多：散发磷光的塑料念珠、笑得露出牙龈的铝制教皇奖章、三英寸高的卡匹托尔山母狼复制品。虽说如此，18 世纪的纪念品已有了轻微工业化的特征，尽管你只有将它们排在一起时才能发现。各类工作室都在制作著名雕像的小型青铜复制品——观景殿的阿波罗（Apollo Belvedere）或拉奥孔。这些工作室中最著名的一家由雕塑家贾科莫·佐佛利（Giacomo Zoffoli）经营。乔瓦尼·沃尔帕托（Giovanni Volpato）——一位享有盛誉的陶瓷艺术家（也是卡诺瓦的朋

---

① 阿佩莱斯：公元前 4 世纪的希腊画家，宫廷画师。

友)——制作的瓷制品达到了高水平的拟合度。比例精确的古代建筑物软木模型由乔瓦尼·阿尔蒂耶里(Giovanni Altieri)的商号制作——英国建筑家约翰·索恩(John Soane)购买了好几个这样的模型。

在这项关于回忆的生意中,接近于真正艺术的一部分是微型马赛克的制作。梵蒂冈雇佣了一小队马赛克工匠装饰圣彼得大教堂。但在他们的活计日趋减少时,这些手艺精湛的马赛克工匠便开始为前来旅游的英国绅士们生产微小便携的马赛克图画了。这种小型马赛克(mosaicisti in piccolo)的大师是贾科莫·拉法埃利(Giacomo Raffaelli),他以接近微观的、由纱釉(smalti filati)制成的镶嵌块做出微缩建筑图景、风景甚至是名画的复制品,而纱釉是用各类金属氧化物上色,再由锡氧化物渲染成不透明的玻璃丝,最后剪成针尖大的微末。一平方英寸画面中可能包含1200块这样的镶嵌块。你可以买到载有整个斗兽场的胸针(微观的角斗士可能需要额外收费),或者盖子上绘有古罗马广场景观的鼻烟盒,全部由不朽的玻璃制成。

[384]

第三种选择只向富人开放,几乎也是富人义不容辞的责任,那就是委托绘画——可以有意大利的风景名胜,但主体肯定还是委托人本人,带或不带家人的都有。这是真正的艺术赞助,不仅仅是购买纪念品,而在英国风景画家中,这一类委托的主要接受者是一个威尔士人,名叫理查德·威尔逊(Richard Wilson,约1713—1782)。威尔逊的父亲是一位牧师,给了他极为彻底的经典教育,特别是在拉丁诗歌方面。他将贺拉斯、维吉尔的长篇论述熟记于心,可以随时引用。这意味着,在他亲眼看见将要绘画的对象,也就是他的客户可能去拜访过的地方——比如内米湖(Lake Nemi)那里女巫出没的地方,或者蒂沃利附近的瀑布,他后来在那里与结伴同游罗马的萨尼特(Thanet)、彭布罗克和埃塞克斯伯爵享用了一次惬意的野餐,席间有很多令人沉思的谈话——之前,他就已经十分熟悉这些地方了。他与他们拥有着如此相似的背景,这使他古色古香的画作愈发受到他那些受过教育的英格兰赞助人的欢迎,他们将他视为英格兰的克罗德·洛林[①](Claude Lorraine)。

但是无论大旅行者是否带回一幅曾踏足的"圣地"的古典风景画——由真正的法国人克罗德或"英格兰的克罗德"所绘——他几乎必定会在那里留下自己的肖像。人像被置于"永恒之城"的远景中,背景里有斗兽场或圣天使堡(总是那些最受欢迎的景点,因为容易辨识),他会用一只粉红色的手说教般地指向罗马辉煌过去的某件代表性作品——很可能是鲍格才角斗士,或垂死的高卢人、观景殿躯干像或拉奥孔。看哪!这就是我见过的东西,某种意义上像是占有了它!而且,就像我带回了这幅画一样,我也带回了其文化背景蕴含的学问!

这种业务的大师,外国人绘制罗马游肖像画的首要人选,是一位金匠的儿子——庞培奥·巴托尼(Pompeo Batoni,1708—1787)。他出生在卢卡[②](Lucca),在他那谨慎细心的父亲那里接受了部分训练,于1727年前往罗马学习绘画。而几乎是从他刚一来到罗马起,他就显示出了摹仿古代雕像的天赋——才华横溢、与日俱增。这项技能本身可能就足够为他挣来一份稳定的收入,他可以向富有的英国来客们出售美丽而完善的画作,这些来客想要将他们在梵蒂冈和罗马其他地方看到的古典杰作带回家留念。可是巴托尼还有着强烈的抱负,他想要成为一个宗教与历史题材的画家,而这样的胃口只有为教会工作才能满足。一开始,他在教会的工作为他带来了连续不断的成功。他的主题绘画受到了英国人(Inglesi)的喜爱,更重要的是,教皇本笃十四世(Benedict XIV)对他欣赏有加,设法使他得到了罗马几间最大教堂的委托,其中包括圣母大教堂(1743)。他职业生涯的早期巅峰

---

① 克罗德·洛林(约1600—1682):巴洛克时期的法国画家,是最早一批专注于风景画的画家之一。
② 卢卡:意大利西北部城市,在佛罗伦萨以西。

应该是在1746年，当时他受到委托，为圣彼得大教堂的祭坛绘画《行邪术的西门的失败》(Fall of Simon Magus)。

巴托尼为了这项浩大的工程辛勤苦干，这是近十年间罗马的画家——或者其实是意大利各地的画家——能够接到的最重大的工程。而他失败了。梵蒂冈本打算以马赛克重构他的油画，因为没有预料到大教堂内部空气的潮湿，画布上生满了霉菌。可是教皇收入临时出现的短缺使计划未能施行，而使巴托尼极为沮丧懊恼的是，他的巨幅油画被搬到了天使圣母大教堂(S. Maria degli Angeli)，至今依然留存在那里。

对于任何一位普通的艺术家来说，这都是一个享有声望的地点，但巴托尼可不是一位普通艺术家，他强烈地为失去圣彼得大教堂这么一个荣耀的地方而感到失落——事实上，他是如此痛苦，以致将教会的工作统统放弃，并下定决心，从此专注于一个更加有利可图的领域：为到访罗马的贵族绅士绘画肖像。他效率高、技巧精湛，到他去世时，已完成了约200幅富裕游客的肖像画，其中大多数人已被封为贵族或不久将继承头衔。他在意大利的地位就相当于约书亚·雷诺兹[①]爵士(Sir Joshua Reynolds)在英格兰的地位，而且事实上，这两人的逝世仅相隔一年。雷诺兹似乎很憎恶他的意大利对手。巴托尼的命运早就注定了，雷诺兹在巴托尼去世后写下的第十四篇《论述》中断言："无论他们的名字在我们现在听来是多么如雷贯耳，(他们)将很快落入几近被彻底遗忘的境地。"雷诺兹可不信什么"死者为大"(De mortuis nil nisi bonum)的说法。

就他提到的大多数画家而言，他说的没错——今天谁还记得英佩里埃尔(Imperiale)、孔查(Concha)或马苏齐奥(Massuccio)？——但关于巴托尼，他错了，虽然他的预言也几乎要

[386]

---

① 约书亚·雷诺兹(1723—1792)：专事肖像画的英国画家，皇家艺术学院的创立者与首任院长。

成了真，因为到 1800 年时，巴托尼的名字已经到了消失的边缘。大多数买过他作品的人已去世，活着的人也垂垂老矣。他们的继承人认为祖传的肖像画已经过时了，将其从客厅的尊荣位置放逐到了幽暗的楼梯平台边。几乎没什么其他人看过这些画，因为它们从来没被展出过。它们出了大师在罗马的画室，就直接上了买主家的墙，根本不需经过中间的展出环节，使大众有机会见到它们。因此，尽管他在英国有许多客户，他的受众群却从来没有大到让他流行起来的程度。所以，即使是在今天（或者也许该说，特别是在今天），巴托尼的作品仍有一种由陌生感而带来的魅力。应当承认，这些画中的有些看起来稀松平常，虽然我们应该敏感地认识到其真正的魅力所在——那赏心悦目的配色似乎保留住了遇见鲜活生命体时的全部新鲜感，那绘画的流畅与精确性，还有那令人愉快的优雅气质。因为画中的主人公早已不在人世，我们不再能够欣赏到为这些画作赢来盛名的栩栩如生的特质。然而，有些巴托尼作品的抢眼之处不仅在于精湛的技巧，而且还满足了某种怪癖——它们夸张的忠实性似乎迎合了海外上流社会英国人在外国人里的自信心。

在这些画作中，出类拔萃的一幅——尽管绝对称不上是绝无仅有的一幅——是他为一位苏格兰贵族威廉·戈登上校（Colonel William Gordon）所作的肖像画。它几乎就是过去称之为"名人画像"的定义。在画中，贵族地主靠在他那柄十分显眼的宝剑上。（可为什么一个游客要在罗马拔剑？）他全身裹在几码长的家族方格呢中，像是在一件奇异的古苏格兰式长袍里。他看上去就好像是拥有着这片土地，预备要把意大利人赶出去一样。

然而，一切在意大利的外国人肖像画中，最出色的一幅画的主人公却既不是富人也不是贵族，不是英国人，画的作者也不是意大利人。这幅超过真人大小的、歌德在罗马平原的象征性肖像，由威廉·蒂施拜因（Wilhelm Tischbein，1751—1829）作于 1786—1787 年。蒂施拜因与歌德是多年的挚友，他们在罗马的相会对两人都是深深的激励。出生于1749年的约翰·沃尔夫冈·歌德24岁就成了德国文学名人，美因河畔法兰克福的奇迹。一两年之内，他的名声就传遍了全欧洲。正如尼古拉斯·博伊尔[①]（Nicholas Boyle）在他权威性传记的第一卷指出的，歌德在《浮士德》中写出了"近代欧洲文学中最伟大的长篇诗歌……歌德不仅是一位诗人——在德国、英格兰甚至法国的浪漫主义一代中，他是不言自明的那位诗人……他影响了后来一切关于诗人是什么、诗人做什么的概念"。他早期的作品就已经使他获得良好的名声，并且，由于他已最终实现了前往罗马旅行的毕生愿望，这被蒂

约翰·海因里希·威廉·蒂施拜因
《约翰·沃尔夫冈·冯·歌德在罗马科尔索寓所的窗边》，1787年
水彩画；法兰克福歌德故居博物馆

施拜因（以及其他已经在此安顿下来的德国文化侨民）看作一次意义重大的行动，即便是在其带来的文学成果还不明朗之时。当我们观看蒂施拜因所作的肖像时，应该记住这一点。来到罗马的时候，歌德比该地精力旺盛的德国艺术家群体的大多数成员都略微年长：他当时37岁，蒂施拜因35岁，其他人没有超过40岁的。除了蒂施拜因，他在罗马最亲密的艺术家朋友是天资卓绝、享有盛名的瑞士画家安吉莉卡·考夫曼（Angelica Kauffman，1741—1807），她与丈夫安东

---

① 尼古拉斯·博伊尔（1946— ）：歌德传记的作者。

尼奥·祖奇（Antonio Zucchi）在西班牙阶梯顶部的西斯廷大道上经营着一家画室。在艺术方面，歌德与她进行了许多启发性的谈话。

[388] 蒂施拜因一五一十地画出了歌德的形象。歌德的身上蕴含着无限的能量，他难以抑制地渴望着通过艺术与建筑来理解历史，而画上的形象将这两种特点传达得淋漓尽致。戴着一顶宽边艺术家帽、裹着一条白色长款披风——看起来恰是一件古罗马长袍，他想要在潜意识中传达出歌德是受神启发的先知的形象，虽然这只不过是一件实用的衣服——歌德斜倚在一片枝叶丛生的平原遗迹之中。他正凝视右方我们不知道的某个事物，眼神坚定而深邃。他的右手，也就是用来写作的那只手，被着重突出于画面上。他没有指向哪一幅著名艺术作品，像是巴托尼的客户通常假装自己是艺术品的所有者那样。亚璧古道上的塞西莉娅·梅特拉圆形墓耸立在画面的远处。它是蒂施拜因与歌德两人的最爱，也深受拜伦的喜爱，他在《恰尔德·哈罗尔德游记》里就曾写到过；他笔下的主人公在接近罗马的途中看到：

> 一座旧日圆形高塔巍巍耸立，
> 石头的防卫，筑起壁垒森严，
> 如同六军不发，耽搁停滞，
> 唯余半数城垛迎敌前线。
> 两千年的常春藤生长蔓延，
> "永恒"的花环，那绿叶的波涛
> 席卷一切，由时光为它加冕；——
> 这力量之塔是什么？在其塌落的陷凹
> 隐藏着怎样重重封锁的宝藏？——一座香冢杳杳

画面的前景中是一片古代浅浮雕的碎片，一块落在地上的混合式柱顶，以及一堆凌乱的石砌块——可能是一座方尖碑倒塌后的残砖断瓦——歌德正在上面安逸地休憩。更确切地说，围绕着诗人的古代

第九章 | 18世纪的罗马：新古典主义与大旅行　407

约翰·海因里希·威廉·蒂施拜因
《歌德在罗马平原》，1786—1787 年
布面油画，164×206 cm；法兰克福施泰德艺术馆

遗迹被画作了他思考与内省的天然环境的一部分。它们并不是潜在的"纪念品"。而那块浅浮雕（正如尼古拉斯·博伊尔指出的那样）有着颇为特殊的意义，与歌德本人的作品有关。它描绘了《依菲琴尼亚》(*Iphigenia*)中"真相大白的场景"，歌德当时正在写作该故事的戏剧改编版，而其大理石砖块上正蔓生着，或者说加冕着常春藤，那是永垂不朽的象征。

"我将不会停歇，"1787 年 6 月，歌德在罗马写下的一篇言辞优美的文章中声明，"直到我能感觉到，我的一切思想不是从传闻与惯例中得来，而是从我与事物本身真实而鲜活的联系中得来"。怀着这种精神，他遍访了这座城市的角角落落，以及其数不胜数的古迹。

正因如此，游历罗马是极为费时的。不仅歌德如此，任何一位认真的来访者亦然。"想要走马观花地过一遍是不可能的，"查尔斯·卡多根（Charles Cadogan）在1784年记录道，"就像人不可能会飞一样。"要依照顺序建立起印象，顺利获得参观收藏的机会，还要听到古罗马那复杂混乱的概述的讲解，大旅行者将需要帮助。这帮助轻易可得，即一位向导或"伴游"——一位旅行家庭教师，最好是英格兰人，富于古董方面的经验，可能是居住在罗马的侨民，但更有可能是与旅行者的团队一同前来。一些伴游是无甚过人之处也不会惹麻烦的神职人员，但佩勒姆雇请了一位不亚于门斯（Mengs）的人物带领自己游历罗马，而众所周知，托马斯·霍布斯（Thomas Hobbes）与亚当·斯密（Adam Smith）这样的大师也做过伴游——事实上，为"熊崽子们"（意大利人指年轻富豪）作向导，是一文不名的知识分子得以前往意大利的唯一途径。

最受欢迎的罗马向导之一是伟大的德国艺术史学家约翰·温克尔曼（Johann Winckelmann），"没有人能比他更谙熟古代雕像"（爱德华·沃特利·蒙塔古[Edward Wortley Montagu]语）。进行大旅行的权贵们争相向他发出担任向导的邀请。歌德观察到他与平凡（以及不那么平凡的）罗马人之间友好的关系，但是，"他在外国的访客们那里吃尽了苦头。的确，没有比来到罗马的普通游客更恶劣的事物了。在任何其他地方，旅行者可以自行其是。然而在罗马，那些不能入乡随俗的旅行者对于真正的罗马人却是极度令人厌恶的"。这些乡下人似的观光客——心胸狭隘、不守规矩，总是匆匆忙忙，还傲慢自大——温克尔曼不止一次地咒骂并一再发誓，再也不当这些人的向导了，只不过下一次又会不由地心软……而且，在为名流显贵提供向导服务的过程中，他自己也获益颇丰。

这些权贵中的某些人，特别是英格兰人，令他感到恶心：巴尔的摩勋爵（Lord Baltimore）弗雷德里克·卡尔弗特（Frederick Calvert）带着八个女人组成的后宫出现在罗马，环肥燕瘦各不相同。胖的吃的是

第九章｜18世纪的罗马：新古典主义与大旅行　　409

酸味食物，瘦的吃的是肉和奶制品。温克尔曼，一个挑剔的同性恋者，对以上二者及其主人都十分反感。乔治三世（George III）的弟弟约克公爵（Duke of York）似乎是"我认识的最大的蠢货，与他的地位或国籍无关"。自然，这位学者将这些意见自己保留着。他做伴游教师的次数不多，但其他人做得很多，而如果没有这些向导——就像一个朋友给画家乔治·罗姆尼（George Romney）的信中所写，初学者就无法自在穿行了。他会走在整片图画的宫殿群中：

安东·拉斐尔·门斯
《约翰·约阿希姆·温克尔曼》，1755年
布面油画，63.5×49.2 cm；纽约大都会美术博物馆

　　（就像）一个装饰工穿行在梵蒂冈。他们曾被告知古物的意味，但在哪里找到，或者怎么区分，他们知道的也不比自己的母亲多。然而，他们还要购买古董，就像购买其他奢侈品一样，于是到头来，他们的向导为他们找到了一件便宜货，或许是一个拼凑的玩意儿——图拉真的头像接在一个现代的肩膀上，上面还混杂着卡拉卡拉的鼻子与尼禄的耳朵……他们带着享有殊荣的古董回了家，从而有资格去指责他们自己国人能够创造出来的一切。

　　有些大旅行者收藏的规模很庞大。在英格兰主导了帕拉第奥式"复兴"的第三代柏灵顿伯爵（Earl of Burlington）理查德·博伊尔（Richard Boyle）就是一个智慧的赞助人。他别具慧眼的藏品数量众多。这位"艺术的阿波罗"——就像霍勒斯·沃波尔称呼他的——在两次前往意大利大旅行期间，陆续收集起的藏品规模庞大，第一次是1714—1715年，第二次是1719年。柏灵顿于1719年第二次意大利大旅行归来时，带回了不少于878件行李，塞满了各种艺术品。他在购买时具有极其高超的辨别力，譬如说，在他旅居维罗纳与维琴察期间寻获了超过六十件帕拉第奥的原图，连同这位大师作品的印刷品与珍本书。柏灵顿勋爵是稀世奇才之一：本可以赞助人的身份改变建筑史，但却是以他自己非凡的创造设计天才做到了这一点。通过直接以设计师的身份参与到建筑业中，而不仅仅是赞助人的身份，他在英格兰转变了赞助人与艺术家之间的社会关系。的确，他自己设计的建筑物，比如他自己的帕拉第奥式别墅奇斯威克宫（Chiswick House），或者宏伟纯粹的约克郡礼堂（Assembly Rooms），都带有一种接近极简主义的紧凑性，超过了绝大多数帕拉第奥原型。

　　在博伊尔从意大利带回的材料中，一定有各种各样版本的乔瓦尼·巴蒂斯塔·皮拉内西（Giovanni Battista Piranesi）的罗马蚀刻版画，皮拉内西是一位高超的版画家和有能力却未能成功的建筑师。在记录一座伟大城市的遗像方面，没有一位艺术家做得比这位对罗马废墟冥思苦想的威尼斯人做得更多。实际上，他为18世纪的公众创造并且再创造了这座永恒之城及其令人着迷的古迹——一个废墟接一个废墟，几乎是一块石头接一块石头。在他约四十年的职业生涯中，皮拉内西为罗马的每一种构造物制作了蚀刻版画：露天竞技场、浴场、教堂、修道院、桥梁与拱门、会场、广场与独立圆柱、街道的远景、花园与岩洞、方尖碑、陵墓、高架渠、喷泉、荒废的神庙、坟地、剧院、弃置和长期有人居住的别墅与宫殿、下水道，以及火葬场。

　　作家兼鉴赏家霍勒斯·沃波尔力劝艺术家们"学习皮拉内西的崇高梦想，他构想出的罗马景象似乎比罗马全盛时代的还要辉煌"：

凶猛热烈如米开朗琪罗、生机洋溢如鲁本斯，他曾想象

第九章 | 18世纪的罗马：新古典主义与大旅行

出会让几何学也大吃一惊的景象……他将宫殿堆在桥梁上，神庙又堆在宫殿上，还将高楼广厦攀上天堂。可是，他的放肆中蕴含着怎样的品味！任性中又体现着怎样的宏伟！

他重现了因时光的侵蚀（tempus edax）而残缺破损、近于模糊难辨的铭文。他设计了三角祭坛、骨灰瓮、胜利纪念碑、盾牌、想象出来的盔甲、灯具、大理石地图、埃及风格的床、伊特鲁里亚风格的烛台以及张着大口、洞穴一般的罗马式壁炉。他创作了巨大的装饰性首字母：铅管的段落彼此靠在一起，组成了字母 V；在字母 D 的曲线以内，罗马母狼（lupa）龇牙瞪视着读者。他创造出一套钟表，还设计了轿椅与车厢门，以及英国咖啡馆（Caffè degli Inglesi）内部的某些埃及复兴（Egyptian Revival）装饰，还有一种萦绕不绝的气氛，显示了想象中监狱里阴郁曲折的空间，他那至高无上的想象力成果给许多人留下了深刻的印象，为作家们留下的影响多过任何一幅 18 世纪的蚀刻版画。他还设计过精美的家具，这些家具后来已几乎全部消失了——唯一留存下来的是一个雕刻镀金边几，出自罗马的奎里纳尔宫，是为他的主要赞助人之一——枢机主教乔凡巴蒂斯塔·雷佐尼科（Giovambattista Rezzonico）即未来的教皇克雷芒十三世（Clement XIII）而设计，经过一番辗转，最终在明尼阿波利斯美术馆（Minneapolis Institute of Arts）安家落户。

皮拉内西逝世于 1778 年，享年五十八岁，已属相当长寿。他留下了约 1024 幅雕刻画，这一产量是任何一位同时代图画艺术家无可匹敌的。他还有超过七百幅预设图纸留存。但矗立在罗马的建筑物只有一座是他设计建造的：位于阿文丁山上的马耳他骑士团（Knights of Malta）教堂及总部。作为一个以"威尼斯建筑师"自居的人，只修建了一座建筑物一定是一件令他相当沮丧的事。可是到头来，他那版画与图纸的庞大产出对建筑学经验、对人们关于这门艺术的期望所产生的影响，已经比他用真实建筑物可能达到的影响要大得多了。整个西

[392]

4II

方世界都强烈地受到了这一影响，迥异如约翰·索恩（John Soane）的英格兰银行（Bank of England，1798）与本杰明·拉特罗布（Benjamin Latrobe）的巴尔的摩大教堂（Baltimore Cathedral，1805—1818）都是如此。他的版画能够，也确实走遍了每一个地方，这种轻而易举是实体建筑物所无法比拟的。这些"我从来没见过的建筑物"，正如伟大的英格兰设计师罗伯特·亚当（Robert Adam）在1755年所写，"对于建筑学爱好者的创造力而言，是能够想象到的最伟大而润物细无声的投资"。在这些画中，记忆、幻想与学问合并成了一个平行的罗马，在许多方面与这座城市本身一样真实：一座永恒不变、永不失落的罗马。这一定慰藉了皮拉内西没能建造多少建筑物的遗憾。这位抱负远大的艺术家不仅重现了一座城市，还重现了它的数个时代。

但这并不意味着，他对罗马往事的直觉就必然是正确的。皮拉内西努力使自己相信，一切古典建筑的根源，无论希腊还是罗马，其实都出自伊特鲁里亚。他甚至将伊特鲁里亚建筑物与埃及建筑物相比较。（当然，皮拉内西从来没去过埃及。）他的信仰从不动摇，而这信仰却得不到一丝一毫证据的支持。他曾研究过罗马的输水与排污系统，从马克西姆下水道开始。了解到伊特鲁里亚人是排水方面的专家后，他错误地推测，他们也是罗马人发展出的同类巨型隧道与拱顶的大师。他想象，伊特鲁里亚建筑是规模魁伟、石头垒砌的，空间与凹进浩大广阔——他相信，具有罗马建筑物的一切特质。实际上，虽然一些伊特鲁里亚神庙与宗教场所是通过挖空基岩（松软且易于切入的石灰华）得到的人造空间，可那些建造出来的建筑物，比如维伊（Veii）6世纪的波尔托纳乔神庙（Portonaccio temple），都是由木材与泥砖造出的，同皮拉内西的巨型幻想物没有任何相似之处。

1720年生于威尼斯的皮拉内西是一位石匠的儿子，长大后，他对"古典建筑的根源在意大利何处"的问题陷入痴迷。要想到，由于其潟湖中的水上位置，威尼斯是唯一没有罗马时代建筑物，也就没有罗马遗迹的意大利主要城市；这一定极大地提高了罗马对年轻皮拉内西产生的冲击力,当他第一次来到这座城市时。此事发生在他二十岁那年,他是马可·福斯卡里尼(Marco Foscarini)手下的一名绘图员,而马可·福斯卡里尼是威尼斯驻新任教皇本笃十四世教廷的大使。那时,皮拉内西已经对古物产生了热爱。这份热爱由他的哥哥安杰洛培养起来,安杰洛是一名加尔都西会修士(Carthusian monk),他鼓励弟弟阅读李维、塔西陀及其他罗马历史学家的作品。

[394]

威尼斯也有高楼广厦,但没有一座是罗马建筑,更不用说卡拉卡拉浴场或弗拉维安竞技场这样规模的罗马建筑了。而且,因为威尼斯(就像怀抱着它的大海)是一片平坦,皮拉内西自小到大从来没有见过,如拥有七座山峰的罗马一般曲折险峻的淀积地形,连同它那些巨大的覆盖物——圆柱、落下的飞檐、倒塌的拱顶与古代发掘物。这对他想象力造成的冲击将是巨大的,并且也会解放他的想象力。这激励他将大型事物转化为庞然巨物。"这些遗迹,"他会写道,"充斥着我的心灵,就连不朽的帕拉第奥之精确图纸也无法成功传达的伟大形象。"

这些形象往往带有强烈的戏剧性。没有证据支持皮拉内西曾与意大利的顶级舞台设计师、威尼斯人费迪南多·加利-比比恩纳(Ferdinando Galli-Bibiena,1657—1743)共事的传言,但他确实知道比比恩纳的作品——哪个威尼斯人会不知道呢?——而且他在两位知名度稍逊的威尼斯舞台设计师手下做过学徒,即朱塞佩和多梅尼科·瓦莱里亚诺(Domenico Valeriano),二人有着相似的工作模式。在雕刻家卡尔洛·祖奇的指导下,他还成了戏剧中运用成角透视的专家。

威尼斯天生是被称作"把戏"(capricci)的一类活动的中心,这也是早期的画家,比如卡纳泰罗与提埃波罗的惯用手段,他们显然对年轻的皮拉内西产生了巨大的影响。于是你会发现,他笔下的古罗马图景中填充了分散于遗迹各处的人物图像——衣衫褴褛、比比划划的微小人物,与其他罗马"图景"中更加优雅沉静的旅行者们迥然不同,他们有时像穴居人一样,仿佛刚从岩石间的洞穴里爬出来。这促成

皮尔·莱昂·盖泽
《牵熊人（伴游）詹姆斯·海博士》，约
1704—1729 年
纸上钢笔墨水画，36.3×24.3 cm；伦
敦大英博物馆

了皮拉内西后来的那些建筑学与地形版画集，比如四卷本的《罗马古迹》(Le antichita Romane, 1756) 给人留下的印象。他刻画出充满遗迹的这个罗马简直就是一个尘世巨人的造物与家园，一个根系庞大，如今却已销声匿迹的"种族"，类似之物再也不会出现，它是雄心抱负的崇高顶点，庄严宏伟的集中体现。

能够来到罗马，是皮拉内西的幸运。任何有才华的艺术家都应该走一遭。这里是想法的交换所，是前往学习的地方，灌溉于此的有大量外国艺术家（约翰·斐拉克曼 John Flaxman、亨利·富塞利 Henry Fuseli、安吉莉卡·考夫曼、安东·门斯 Anton Mengs、皮埃尔·苏布雷拉斯 Pierre Subleyras、克劳德－约瑟夫·韦尔内 Claude-Joseph Vernet），意大利艺术家（马可·贝内菲奥 Marco Benefial、彼得罗·比安奇 Pietro Bianchi、朱塞佩·卡德斯 Giuseppe Cades、皮尔·莱昂·盖泽 Pier Leone Ghezzi、科拉多·贾昆托 Corrado Giaquinto、贝内德托·卢蒂 Benedetto Luti、乔瓦尼·帕尼尼 Giovanni Panini、乔瓦尼·巴蒂斯塔·皮拉内西、弗朗西斯科·特雷维萨尼 Francesco Travisani）、英国建筑师（威廉·钱伯斯 William Chambers、罗伯特·亚当、乔治·丹斯 George Dance 与约翰·索恩）和文化理论家（尤其是约翰·温克尔曼），以及来自欧洲各地、数以百计、才智卓越的旅行者，其中一些人修养深厚，另一些人则是求知若渴的初学者。

在前者中,皮拉内西找到了一个专业的环境。在旅行者的行列中,他找到了一个广大的市场。破碎的大理石头像与爱奥尼亚式柱顶不容易从意大利带回,但几张纸是轻便易携的,而数量庞大的皮拉内西版画——出自他的主要系列,如《罗马古迹》(*Antichita Romane*)《罗马人的气魄与建筑》(*Della Magnificenza ed Architettura de' Romani*),以及他创作的所有其他系列,别忘了还有他那异想天开的关于烟囱装饰和花瓶、烛台与墓碑设计的研究——都被想办法带回了英格兰,被人仔细研读,又被许多建筑师当作启发灵感的模型。确实,有时候,要用现实世界的材料模仿出皮拉内西作品的效果是很困难的。在他的圣天使堡下层结构图中,厚重粗琢石层似乎膨胀出来,在上层原始砖石结构的重量下露出表面。然而,皮拉内西是如此殚精竭虑地描绘他的罗马废墟建筑,甚至到了挑战信仰的地步。在一些仅仅意图描述古代建筑物技术状况的图版中,他却能够为工具和技术——比如大型石块的起重滑车——赋予技术最高的戏剧性,这一设计为其他18世纪艺术家所珍视。在那个时代,"幻想"统治着其他版画营造的世界。因此,当他描绘塞斯提伍斯金字塔(Pyramid of Cestius)时,他给了其埃及式的规模与体量,而该金字塔实际相当小巧玲珑(以金字塔而言),建在欧斯提恩西斯门(Porta Ostiensis)附近,为了纪念一个我们几乎一无所知的人。

[396]

通过使自己笔下的罗马废墟拥有石头峡谷与悬崖一般的"外貌",皮拉内西保卫着罗马的大气不受他所谓"希腊式人造"的稀释。当然,这很大一部分都是虚构的。世界上没有什么地方——即便是在罗马——有着亚壁古道全盛时期这样拥挤到令人不安的透视景。以一种超现实的远景延伸开去,摩肩接踵地挤满了雕像、陵墓、石棺、骨灰瓮与方尖碑。难怪这些东西会成为后辈小艺术家——尤金·贝尔曼(Eugene Berman)与萨尔瓦多·达利(Salvador Dali)——争相掠夺的丰富资源,以求规划出一个使人忧虑的假想建筑物梦幻世界。

《塞斯提伍斯金字塔》，公元前12年，白色大理石，37 m

　　制作大型蚀刻版画是一项花费不菲的事业，而达到皮拉内西这样的规模更是需要强大的资金支持。皮拉内西最寄予期望的赞助人是个年轻的爱尔兰人：第一代查尔蒙特伯爵（Earl of Charlemont）詹姆斯·考尔菲尔德（James Caulfield），1757年，皮拉内西致信给他道，"我相信，我已完成了一件作品，足以流传子孙后代，名垂千古，只要还有人渴望了解这座寰宇第一名城的遗迹。"对于皮拉内西而言，查尔蒙特似乎是一位适宜的潜在赞助人：他富有（虽然后来证明并没有艺术家以为的那么富有），而且在1749年，他就已为身在罗马的英国艺术家创办了一所研习古代学的学院，尽管存在时间不长，他却倾注了极大的热情。对于他本人和皮拉内西双方来说，将他高贵的名字与《罗马古迹》这样一个考古学的名词联系在一起是一个绝妙的主意。

　　但遗憾的是，就出版四卷、超过250个画版的《罗马古迹》所带来的惊人工程量与花销，查尔蒙特却全无概念——他本是个外行，从前没有出版业的经历，哪里来的概念？他原以为，自己需要支付的是

第九章 | 18世纪的罗马：新古典主义与大旅行

出版关于墓室的单独一卷的费用，而如今，他面对的却是整个庞大工程的花费，是超过十年研究与深思的成果。皮拉内西不仅计划展现所有地面以上的古罗马，他的雕刻还要展现隐藏的事物——地基与基脚，排水管线与供水系统。可怜的查尔蒙特所想却简单得多，也好卖得多：永恒之城的美景图。不出意料，他的决定泡汤了，于是他全盘放弃了这一计划，逃回了不列颠群岛。

这是皮拉内西一生里最大的挫折，他再也没能真正从中走出来，即便他还会为《古迹》找到其他支持者。假如能免于受罚的话，他也许会杀了这个背信弃义、胆小如鼠的查尔蒙特（他现在是这么看自己的前赞助人的），但他没这个机会，所以要用一种"抹煞记录"（damnatio memoriae）的方法使自己满足。他的扉页上本来登载着一段过分恭维詹姆斯·考尔菲尔德的献词，题写在一块宽敞的牌匾上，周围环绕着一圈古代遗址的象征物。皮拉内西如今把考尔菲尔德的名字从画版上移除了。这是在模仿罗马元老院的做法，公元203年后，该机构将一度受人尊敬、后来声名狼藉的盖塔（Geta）之名从罗马广场赛普提米乌斯·塞维鲁拱门上的一段献词中抹去。[①] 考尔菲尔德想必能意识到这一凌辱，即使没有几个旁人会发现。

在皮拉内西的所有产出中，有一个领域沦为了纯粹的白日梦，且似乎总是与他的考古与视图作品所分开。这就是被称作《假想监狱》（Carceri d'Invenzione）的14幅系列版画，首次出版于1745年，并于1760年再次发行。与他的其他所有作品都不同，正如该系列的标题所指，这些形象不是基于任何已知的建筑物。它们是艺术家内心的流露，从一开始人们就认识到，其与真实的建筑学没有多少关系。从本

---

① 普布利乌斯·卢西乌斯·塞普提米乌斯·盖塔（189—?）是皇帝卡拉卡拉的弟弟。两人嫌隙极深，甚至到了各自在罗马的宫殿必须分开的地步。公元211年，卡拉卡拉捅死了盖塔——在他母亲的怀里！——还试图通过毁坏其肖像、将其名字从一切公共铭文上移除的方法来抹去关于盖塔的记忆。在罗马，"抹煞记录"是对死者最后，也是最严重的侮辱。——原注

乔瓦尼·巴蒂斯塔·皮拉内西
《监狱》，1745—1761 年
蚀刻版画

质上说，它们所描绘的是无穷无尽的地下洞室，没有出口，空间紧密连结而永远无解，坡道、楼梯、桥梁、走廊、天桥、门厅与拱门将这些空间相连，它们构成了强大的存在感，但实际上却不通向任何地方。这些画作看起来是自我复制的，而这正是以其独特的直白与生动而令深深沉迷于鸦片酊的塞缪尔·泰勒·柯勒律治（Samuel Taylor Coleridge），以及他的朋友，也是一个瘾君子的托马斯·德·昆西（Thomas de Quincey）大感兴趣的地方。当柯勒律治向德·昆西生动逼真地描述起《假想监狱》时，他们的手头并没有这些画的复制品。但柯勒律治认为这些奇特而妄想的想象之物记录了"他自己在一次发烧到神志错乱出现幻觉时的场景"。德·昆西似乎也从柯勒律治对"哥特式厅堂"的生动叙述中认出了车轮、缆绳、滑轮、杠杆与刑架。他还认出了自己在吸食鸦片时产生出的幻觉的某些特征。"正是以同样无尽生长与自我复制的力量，我的建筑学造诣在梦中进步。"

在某种意义上，这些图像可以回溯至他早年学习舞台设计的经历。18 世纪到 19 世纪时，监狱场景普遍而流行，我们从贝多芬（《费德里奥》）与威尔第（《托斯卡》）那里就已熟悉。许多艺术家设计过监狱布景，其中高耸的拱顶、引发幽闭恐惧症的巨大空间、没有出口的特点，都显示出与皮拉内西梦中监狱的密切关联。曾经的宫室，如今变成了囚室。在财富、权力与特权的世界里，广阔的空间曾被用来彰显居住者的高贵地位。但在《假想监狱》迥然不同的世界里,"庞大"却将人类缩小为一只痛苦爬行的蜷蚁。

凭借着其压抑性的力量,《假想监狱》对作家,特别是英国浪漫主义者有着强烈的吸引力。第一批作出反应的作家之一是威廉·贝克福德（William Beckford, 1760—1844）,他从奴隶贸易和食糖生意里继承了惊人的财富,这位文艺方面的业余爱好者于1780年进行了大旅行。在威尼斯,贡多拉载着他从叹息桥下漂过。"从桥下通过的时候,我不由浑身战栗,"他后来回忆道:

[399]

> 回去的路上,恐怖阴郁的景象在我的脑海中挥之不去。我的想象是如此强烈,使我没法平静地用餐；可是抓起铅笔,我画出了裂谷与地洞,恐惧与折磨的地域,连同锁链、刑架、车轮与可怕的刑具,全都是皮拉内西的风格。

在未来的许多年里,关于皮拉内西《假想监狱》的回忆缠绕着贝克福德,弥漫在他于1786年出版的小说《瓦塞克》（*Vathek*）的图景中。他的记忆充满了对广阔与不确定性的恐惧——在内心的审视中,《假想监狱》不可能被重构为真实的建筑空间,也不可能预示着安全。当然,这正是其牢牢抓住了渴望做梦的心灵的原因。1960年代,当"毒品文化"寻找其执迷于幻觉的前例时,他们努力在皮拉内西的监狱幻觉与大麻或LSD（迷幻药）导致的幻觉之间找出某种相似性。有人主张,或者至少也是提出,二者之间的连结线也许是因疟疾的侵袭,皮拉内西在罗马城外蚊蝇滋生的平原上为高架渠和遗址写生时感染了疟疾,治疗疟疾的一种常见方法就是大量服用鸦片酊。但这一说法是无法证实的,这种解读大概更符合1960年代的时代氛围。

这些影像之所以能够吸引社会的注意力,有几个原因。"监禁"这件事本身——关于犯罪与惩罚,关于帮助迷途的灵魂停止作恶——相当贴合19世纪转折时代的英语文学思想。一种适宜的建筑,一种"会说话"的建筑，能让一座建筑物成为真正的监狱，并且与其他不是为了惩罚、恐吓、改造而设计的建筑物区别开来，该是什么样的？小乔治·丹斯（George Dance，1741—1825）似乎从皮拉内西的思想中提炼出了一部分答案，两人于1763年在罗马见面，他毫无疑问看到了《假想监狱》。1768年，在自罗马返回后，丹斯接到了重建伦敦的主要监狱——纽盖特监狱（Newgate Gaol）的任务。该工程占据了他十七年里的大部分时间。丹斯的设计——尽管在今天看来显得很糟糕——与刑罚在英格兰改革运动的萌芽同时出现，这很难是个巧合，而该运动由先驱者约翰·霍华德推动，凭借他1777年关于刑罚的不朽报告《英格兰与威尔士监狱状况》（The State of the Prisons in England and Wales）。我们不知道丹斯是否读过这卷大部头，但该书传递的信息的确流传在开明、理性的辉格党英国人之中，乔治·丹斯尊重他们的价值观。丹斯不打算创建一个英格兰传统式的监狱——一个痛苦悲惨、社会混乱的污水坑，没有合适的通风、照明、供暖、卫生设施，甚至男女不分开。在"新"纽盖特监狱中，他在紧张的预算内照顾到了所有这些事宜，为寒冷气温中过度拥挤的生活提供了火炉和茅厕之类的必需品。纽盖特的围墙必须遮蔽一切，不留任何可能让囚犯逃走，或者哪怕瞥一眼外面世界的开口。在这一点上，该设计显示出某种对皮拉内西监狱内幽闭恐惧式空间的借鉴。①还有一些特点直接采用自《假想监狱》，比如监狱入口处缠绕的石雕链花彩。

　　成功的建筑师雇佣助手和学徒是一种惯例，就像律师雇佣见习律师那样。在1768到1782的四年里，丹斯聘用了一位年轻的助手，有朝一日，此年轻人将改变英国建筑的语言，这在很大程度上是他造访罗马以及受到皮拉内西影响的结果。他就是约翰·索恩，丹斯是他所

---

① 然而，在此处对丹斯产生主要影响的并不是皮拉内西式，而是意大利式。其来源为帕拉第奥在维琴察市中心修建的提耶内宫那雄伟的粗琢石工，丹斯曾在旅途中亲眼见过，如今被他运用在了"不可逾越"与"因果报应"的意象中：沉重的石头被有意用作一种象征，代表压在破碎的人类良心之上的罪与恶的重量。——原注

第九章 | 18世纪的罗马：新古典主义与大旅行

乔瓦尼·保罗·帕尼尼
《预备庆祝法国王太子诞生》，1729年
布面油画，1100×2520 cm；巴黎卢浮宫博物馆

乔瓦尼·保罗·帕尼尼
《罗马圣彼得大教堂内景》,1731 年
布面油画,145.7×228.3 cm;密苏里州圣路易斯市圣路易斯美术博物馆

乔瓦尼·保罗·帕尼尼
《万神庙内景》,1734 年
布面油画,144.1×114.3 cm;华盛顿国家美术馆塞缪尔·H·克莱斯收藏

"崇敬的师父"。

有些建筑师出身于富裕及相对安逸的背景,虽然在18世纪,没有几个人是这样。索恩就的确没什么背景。他是一名砌砖工的儿子,总是缺钱,但为自己的手艺背景而自豪,这给了他自己建造建筑物的信心,但在与"高手"打交道时没什么底气。这种"没底气"可以用他改名的事作为一例,即便不能判断程度有多深。他父亲的姓氏叫"索安"(Soan),而他在这姓氏后面加了一个"e",因为这样看起来更高级些。从此以后,他就一直被称为"索恩"(Soane),并且不愿被卷入任何关于背景出身的谈话中,不管什么时候,只要交谈涉及社会地位,他就变得敏感易怒。他甚至翻查自己能找到的早期图纸,将签名"改正"了过来。

在皇家学会很有势力的财务主管威廉·钱伯斯(William Chambers)的支援下,索恩获得了一份资助三年意大利之旅的旅行奖学金。这运气来得正好。他的旅行不算"大",但这次在罗马的旅居使他与其他进行大旅行的英国人产生了接触,这些人在后来的日子里成了他的客户与同事。其中就有托马斯·皮特(Thomas Pitt)——未来的英格兰首相威廉·皮特(William Pitt)之堂兄。索恩极其热爱意大利,每年的3月18日都要庆贺一番,因为这一天是1778年24岁前途无量的他开启奇妙南下之旅的日子。这不是他的生日,但这是他职业生涯的生日,有着更深远的意义。正是在大约同样的时间,托马斯·佩勒姆写信回家,抱怨他在罗马遇到的英国游客实在是过多了。他写道,这座永恒之城与"(英国)有着太大的相似之处,挤满了约七十名英国游客。"(挤满!或许佩勒姆幸亏没有预见到两个世纪以后,数以千计的英国背包客塞满了巴士、博物馆、米开朗琪罗景点及披萨吧的情景。)

索恩很快在罗马找到了住处,并以西班牙广场南侧双屠街(Via Due Macelli)上外国艺术家与知识分子的集合地英国咖啡馆(Caffe degli Inglesi)作为自己的通讯地址。与他的朋友、新人建筑师托马

[401]

斯·哈德威克（Thomas Hardwick）一起，他开始测量罗马的建筑物，既有古代的，也有年代较近的：万神庙、维斯塔神庙、圣母大教堂、城外圣依搦斯圣殿。而且，在钱伯斯的敦促下，他找到了皮拉内西，并与其开始了一段稳定的友谊。

可是，在部分旅程中与后来的德里主教（Bishop of Derry）——当时即将成为第四代布里斯托尔伯爵（Earl of Bristol）弗雷德里克·奥古斯都·赫维（Frederick Augustus Hervey）结伴同行，却成了索恩的倒霉之事，虽然他一开始还以为是幸运。这位颇有学识但十分令人讨厌的教士将索恩一半是视作仆人、一半是视作宠物，只有偶尔才当他是一位以创造力闻名的人物。当这二人在探索罗马以南的卢库鲁斯别墅遗址时，德里对索恩宣布，他要看"古典式狗窝的设计图，因为我打算给我大儿子养的猎犬建一个"。他本来应该断然拒绝这个愚蠢的主意，因为没有一个顾及前途的英国建筑师有可能愿意花时间去建什么狗屋，即便是为一位尊贵的主教，但可怜的索恩——他自己出身低微带来的窘迫感使他没法与达官贵人游刃有余地打交道——把主教的话当了真，立刻动手画出了一座古罗马风格狗窝的设计图，装饰以自己狂热想象力所能搜集到的所有狗类细节。令索恩深感屈辱的是，这狗窝根本没有建起来。他为德里规划的其他一切也都没有建成。这位枢机主教曾经心血来潮地许诺，他们回到爱尔兰后，索恩将在他的属地唐希尔（Downhill）得到更多正经的任务，为人而不是动物设计建筑。索恩兴冲冲地将意大利之旅缩短了近一年，自费前往爱尔兰，在那里花了一个月时间测量尺寸、绘制草图。但这一切都是徒劳无功，德里不屑一顾地否决了他的意见，这一痛苦的挫折在索恩的余生里扭曲了他与客户之间的关系。

索恩不是唯一被赫维的自我中心和蛮不讲理弄得苦不堪言的人。这位伯爵兼主教的妻子伊丽莎白·赫维（Elizabeth Hervey）沦为了他凭着恶劣的脾气刻薄对待的"端庄的废墟"。在1778年写给女儿的一封悲伤的信中，她描述自己"几乎成了伏尔泰一般的骷髅……干皱如

第九章 | 18世纪的罗马：新古典主义与大旅行

冬天的苹果"。

但值得高兴的是，赫维决不是索恩在罗马密切交往的唯一一人，而其他人更认真地帮助了他。索恩的品位以及他作为收藏者展示品位的方式，在很大程度上是由他与一位罗马教士的相识开始的，这位教士就是枢机主教亚历山德罗·阿尔巴尼（Alessandro Albani，1692—1779）。阿尔巴尼是含着金汤匙出生的。他于 1692 年生于乌尔比诺，叔父乔瓦尼·弗朗西斯科·阿尔巴尼于 1700 年当选教皇（克雷芒十一世）。令这位年轻人窘迫的是，他的叔父极力抨击教廷中四处遍布的裙带关系，使其自己也无法为亲戚做太多事，这些亲戚中就包括亚历山德罗。年轻人有希望成为一名语言学家、古典文学学者以及骑手。最后一项才能使他当上了教皇龙骑兵的上校（这里毕竟是意大利，裙带之风还没有彻底断绝）。他的叔父克雷芒十一世去世后，裙带主义满血复活，英诺森十三世将枢机主教的红帽与流苏授予了 29 岁的亚历山德罗。（不先成为神父、直接当上枢机主教也是可能的。）

亚历山德罗·阿尔巴尼
《阿尔巴尼别墅》，1751—1763 年

阿尔巴尼在罗马名义上的任务是，以"神圣罗马帝国守护者"的身份照管当地德国人社区的利益。但是，他的主要兴趣却在于考古学中一种尤为掠夺性的形式。甚至有人说，当地下墓穴被打开、虔诚的修女从墓中的尘土内筛选出任何可以被乐观地称为早期基督教圣人遗迹的东西时，阿尔巴尼会直接来到她们身后，抢夺一切可能出现的浮雕宝石、凹雕宝石、硬币、指环或其他古代小件珍品。他在梵蒂冈的职位意味着，他可以恣意放纵自己的贪欲，丝毫不受拘束。在索恩与阿尔巴尼相遇时，这位枢机主教只有一年可活了，他已几乎不能行走，双目接近失明——但阿尔巴尼有着数量庞大、兼收并蓄、无情掠夺而来的收藏品，亟待有人来效仿。当他自己也成了一名如饥似渴的收藏家时，与其匹敌成为索恩往后生命里的追求之一。

除了赞助新古典主义理论与实践——安东·拉斐尔·门斯为枢机主教的图书室绘画了一幅巨大而呆板的《帕纳塞斯山》（*Parnassus*），该作品在当时及后世被视为新古典主义的关键作品之一，虽然并非始终如一地受到欣赏——阿尔巴尼还是一位令人敬畏的古董收藏家。他在萨拉利亚大道（Via Salaria）上的宫殿式别墅，是一座堆满了青铜器、大理石、钱币及其他古代艺术宝藏的博物馆，这些珍宝敛集自罗马周边进行的发掘地，特别是蒂沃利的哈德良别墅。索恩只要能想办法弄到一张邀请函，就会去拜访阿尔巴尼，而由于阿尔巴尼对外国青年十分好客，前来的青年也非常多。

对于一名初出茅庐的砖瓦匠之子来说，将阿尔巴尼视为榜样似乎有些不切实际，但到1784年，索恩因为结婚而富裕起来。他的新娘是一位富有的英国建筑商兼财产投机者的侄女。从此开始，索恩过上了衣食无忧的日子。他不仅可以在各个项目之间挑挑拣拣，还能建立起自己的私人博物馆，就像枢机主教阿尔巴尼一样（虽然受到的捐赠没有那么慷慨）。

这是一个种类多样、令人惊奇的积累，拥有建筑碎片、石膏模型、希腊与伊特鲁里亚花瓶、骨灰瓮与其他古董、版画、威廉·贺加斯（William Hogarth）、透纳、富塞利等众多画家的画作，建筑图纸，软木模型与其他奇珍，比如埃及国王塞提一世（Sethos I）笨重的雪花石膏石棺，全部都是索恩这些年搜集来的，这使得拜访他位于林肯律师学院广场（Lincoln's Inn Fields）的宅邸仿佛一场奇遇。世上再没有一座博物馆传达出继承自另一个人脑回路的强烈情感。这与众多博物馆——特别是美国的博物馆——品味千篇一律的乏味史诗简直就是天壤之别。

亨利·富塞利
《古代废墟的宏伟前深受震撼的艺术家》，
1778—80年
苏黎世美术馆

从索恩的职业前途角度来说，他在罗马结交的最慷慨的新朋友是托马斯·皮特——未来的卡姆尔福德勋爵（Lord Camelford）、英格兰未来的首相小威廉·皮特之堂兄。在威廉·皮特的支持与鼓励下，索恩——如今他的姓氏已加上了"e"——于1788年被任命为英格兰银行的监督员（或称主建筑师）。这在他35岁那年赋予了重新设计这座建筑物的重任，这也是伦敦城中最重要的建筑物之一。

从皮拉内西绘画的罗马遗迹中，你可以立即辨认出，有几种形式是索恩钟爱的。其中一种是仿佛从地平面升起的平圆拱，而不是架在柱子上——这种式样全为曲线，没有起拱线。它的高度较低，给人一种原始重量的印象。该形式源于索恩在罗马观察并速写过的、半埋在土里的真实古罗马圆拱。这是一种极为威武的外形，索恩以其作为新银行圆形大厅的主要基调——一圈窗户带来了他最为珍视的上部照明。索恩特别倾心于这样的效果，以致他实际上委托画家约瑟夫·甘迪（Joseph Gandy，1771—1843）——一位经常为索恩作透视图的建筑绘图师——绘制了一幅银行圆形大厅（1832）废墟的图画。

罗伯特·亚当（1728—1792），与威廉·钱伯斯和约翰·索恩一起，是18世纪后期最具影响力的英国建筑师。出生在法夫郡（Fifeshire），身为一位苏格兰重要建筑师的儿子，他虽然并不富裕，却也想出了办法出发前往欧洲，进行了一次中等档次的大旅行，与朋友查尔斯·霍普（Charles Hope）——他父亲的主要客户之一霍普顿伯爵（Earl of Hopetoun）的弟弟——分担开销。他们于1754年出发，结伴同行经过巴黎、法国南部、意大利中部。正是在佛罗伦萨，罗伯特·亚当遇见了对他职业生涯起到决定性作用的长辈，他写道，这是一个法国人，"拥有我们建筑师绝对必需的一切窍门"。这个人就是查理-路易·克雷里索（Charles-Louis Clerisseau，1721—1820）。在他长寿的一生中，克雷里索并没有建造许多建筑物，尽管他确实与托马斯·杰斐逊合作了弗吉尼亚的国会大厦，以尼姆的四方形神庙为原型。他的宣言来自他的图纸：他为古代、文艺复兴与巴洛克罗马纪念物制造了一个庞大的水粉画与水彩画库，既有真实的，也有想象的。亚当写道，他拥有，"我见过或者说我概念中最广博的关于建筑学，关于透视、设计与上色的知识；他提升了我的理念，他点燃

约翰·佐法尼
《查尔斯·汤利与他的朋友们在威斯敏斯特公园街33号的汤利美术馆》，1781—83年布面油画，127×99.4 cm；兰开夏郡伯恩利市汤利庄园美术博物馆

了我心中追赶竞逐的火焰。我最大的愿望就是学习他的方式方法，与他一起去往罗马"。

他的愿望成真了。在罗马，克雷里索成为了亚当的老师与向导。他的另一位导游是皮拉内西，亚当与他相遇、相识，相信他是唯一"呼吸着古老的空气"的意大利人。亚当并没有与皮拉内西想象中古罗马夸张的雄伟巨大相比试，但他的作品——即便是最精致的表达——也从来不纤弱阴柔，他有时还会借用装饰性的细节，比如从皮拉内西的壁炉架雕刻中。

与此同时，他也没有将自己局限于房屋设计之内。作为一位设计大师，他为房屋填充了家具（椅子、壁炉板、桌子、锁眼盖、门把手、枝形吊灯、地毯），并以绘画出的"伊特鲁里亚式"设计与准庞培式怪诞画——其盘旋缠绕的样式模仿自他在罗马见过的穴怪图（grotteschi）——装饰墙壁与壁龛。所有这一切都是以一种完美的精度与灵巧的手法完成，更不用说还有心无挂碍、天马行空的精神。虽然他的事业极为成功，不得不雇佣一小队助手和绘图员才能满足需求，但他无论设计什么，都几乎不存在平淡乏味、自我重复的情况。"令我们感到颇为自得的是，"他在自己《作品集》（Works, 1773—1778）的引言中评价道："我们能够相对成功地抓住古代事物的美丽精神，并且以新颖多样的方式将其灌注入我们数量众多的所有作品中。"对于亚当最经典的作品，如塞恩府（Syon House）、奥斯特利公园（Osterley Park）、肯伍德府（Kenwood House）与凯德尔斯顿（Kedleston）来说，这话当然不假，但这样的精神充满了亚当的一切作品，使其成为或许是最精炼复杂的对罗马建筑的回应，在英格兰各地的建筑物中，抑或在欧洲、在18世纪的建筑物中。

在罗马对外国建筑的影响力达到顶点之时，罗马本身修造建筑物的动力却在明显减缓。没有一位教皇具有巴洛克式建筑的雄心抱负。事实上，整个18世纪只诞生了一项规划，堪与早先西斯笃五世、儒略二世或亚历山大七世治下的罗马的广阔计划相比。这项规划就是一

[406]

座三段式阶梯，连接下方的台伯河漫滩与上方西斯笃五世排布的街道体系，从贝尔尼尼破船喷泉所在的西班牙广场上升至耀武扬威、高潮澎湃的山上天主圣三教堂及相伴的方尖碑。作为一座山城，罗马也是一座阶梯坡道之城，但"西班牙阶梯"却是所有楼梯中最为雄伟壮观的——其唯一的竞争对手是在卡比多利欧广场一侧连接天坛圣母堂（S. Maria d'Aracoeli）与威尼斯广场的下行阶梯。西班牙阶梯修建于1723至1728年间，由弗朗西斯科·德·桑克提斯（Francesco de Sanctis，约1693—1731）设计，这位极其年轻的建筑师属于法国最小兄弟会，该修会拥有教堂以下的整个山坡，而这座阶梯是建筑师在罗马唯一的主要作品。下令修建该工程的教皇是英诺森十三世。它脱胎于吉安洛伦佐·贝尔尼尼一项未实现的规划，在1660年代，贝尔尼尼曾设想修建一条连接下方的西班牙广场与上方教堂的纪念性坡道。它将以一座路易十四的骑马纪念碑作为中心装饰品。由于种种政治原因，该计划最终没有实施。将阶梯分割为三级主阶段与三级平台的设计，意指三位一体（圣父、圣子、圣灵）——阶梯顶上的教堂正是以此命名的。

西班牙阶梯是罗马唯一的大型洛可可式纪念物，而公平地说来，它根本不应该被称为"西班牙"，而应该称为"法国"。（它得名于广场50号的建筑物，过去与现在一直是西班牙驻罗马教廷的大使馆。）法国最小兄弟会控制着这座阶梯，并为其提供修建资金，而德·桑克提斯从1715年就已开始为他们工作了。然而，这件杰作却终止了建筑师的职业生涯。1728年，有缺陷的工程设计，再加上反常的大暴雨，使得连接到平乔大道（Viale del Pincio）的上层台阶发生了垮塌，尽管人们做了修复，且这场灾难也不是德·桑克提斯的错，但他在这座自己留下了令人难忘美景的城市再也没有接到工程项目。

今天，来到罗马这片地区的游人们对西班牙阶梯的西班牙风情没有什么兴趣。这座阶梯，或者说这座阶梯两侧的建筑物，有着其他引人注目之处。它们与两位伟大的19世纪英国诗人有关。在一座可以看到西班牙广场 26 号——因其颜色被称作"红屋"（Casina Rossa）——的狭小博物馆房间内，诗人约翰·济慈居住了一段时间，于 1821 年 2 月 25 日晚逝世，享年 25 岁。他带着浅笑的死亡面具保存在那里，连同他的一缕头发，以及他的同行者诗人拜伦在威尼斯戴过的一个狂欢节面具。英国医生将济慈送往罗马，本是希望治疗他的肺结核，然而却未能奏效。他被安葬在塞斯提伍斯金字塔不远处的新教徒公墓内，墓碑上刻有著名的墓志铭，"在此长眠的人，名字写在水上"。他的朋友珀西·比希·雪莱安息在近旁非天主教徒的"新公墓"，同其一道的还有歌德的独子奥古斯特（August，1789—1830），以及马克思主义政治理论家安东尼奥·葛兰西（Antonio Gramsci，1891—1937）。

[408]

每月从意大利的缤纷天地中涌现而出的古代艺术信息、考古发现、新样本、碎片与完整的杰作，注定会产生诠释它的人。其中首屈一指的，就是约翰·约阿希姆·温克尔曼——通过建立一个将古董文物以风格和起源时间来分类的框架，而掀起了考古学革命的人。

在今天，阅读温克尔曼的是艺术史学科的学者，而不是艺术学者。他的著作在 18 世纪与 19 世纪早期取得的教皇般的影响力已经化为泡影，但他作为"艺术史之父"的地位稳如泰山，想必未来也不会动摇。"我们必须将温克尔曼视为发展出一种新门类的人，"格奥尔格·黑格尔写道，"他为艺术的世界开启了新鲜的视角。"歌德将他视作不亚于道德英雄的人物。"有许多人，特别是学者的个人特质在我们审视他们的成就时消失不见时，温克尔曼却恰恰与之相反：他创造的一切都伟大而令人瞩目，因为透露着他的特质。"这特质在对希腊式理想的炽烈热忱中，要想看到这特质起作用，我们应该参阅他为"观景殿的阿波罗"大理石雕像——"一切古代雕像的崇高顶点"——写下的著名狂热赞歌：

　　一个永恒的源泉，犹如极乐世界的统治者，为魅力无穷

[409] 的成熟阳刚之气裹上迷人的青春年少之外衣,又以款款柔情摆弄那庄严宏伟的四肢结构。将你的精神注入这灵魂之美的王国,努力创造出一种天国般的自然,又以这自然中超然而出的美丽充实你的精神:因为这里的一切都不属于凡间,不属于人类欲望的需要。没有血脉、没有肌肉,他的身体没有温度,也不会活动……他精致的头发飘在神圣的头上,就像一株高贵的葡萄藤上纤细而飘扬的卷须,仿佛被一阵微风拂动,好似上帝的油膏抹了他……我的胸膛似乎溢满了崇敬之情……如何能用语言描述?

他的话在今天听来略微有些荒唐。有人会质疑这种狂喜的真实性。它或许并不是完全有可能的,但许多来到阿波罗像(套在一个木制岗亭里,不让乱看)所在地梵蒂冈观景殿的游人都极力试图达到这一点。参观阿波罗像被认为既是一项殊荣,也是一个人罗马之旅的高潮,而温克尔曼身为枢机主教阿尔巴尼(他虽几近全盲,但这不妨碍他被任命为梵蒂冈图书馆的负责人)的图书管理员,正掌管着这样的机会。当画家本杰明·韦斯特(Benjamin West)来到罗马时,此地的鉴赏家们对美国人对阿波罗像会作何反应既兴奋又好奇。不少人猜测,作为美国人,他应是一个彻头彻尾的"高尚的野蛮人",而当这些人见到面前这位年轻的费城贵格会教徒时,都吃了一惊。三十辆马车跟着他与温克尔曼去了梵蒂冈。矗立着的大理石神祇被揭开,韦斯特惊呼,"天哪,一个年轻的莫霍克[①](Mohawk)战士!"温克尔曼大为激动,这只能证实他的论证,即希腊的大师已创造出了人类的原型,放之一切文化皆准。

温克尔曼是一个鞋匠的儿子,来自偏僻小城施滕达尔(Stendal),凭借着热烈坚定的申请,在哈雷(Halle)和耶拿(Jena)的大学里学习

---

① 莫霍克人:居住在美国纽约州和加拿大的北美印第安人。

第九章 | 18世纪的罗马：新古典主义与大旅行　　433

利奥查勒斯
《观景殿的阿波罗》，公元前约 350—325 年
白色大理石像，224 cm；梵蒂冈城梵蒂冈博物馆

了希腊语、拉丁语和神学。他教授过古典学，并成了一名图书管理员。到1754年，他作为图书管理员进入了萨克森选帝侯奥古斯都三世（Augustus III, Elector of Saxony）的宫廷，开始——尽管那时还没怎么见过古典艺术品，除了一些版画——发展自己的希腊艺术相对优劣性理论，他将希腊艺术视为人类的至高美学成就，而罗马艺术，他实际视之为不值一提的堕落模仿品，配不上其希腊原型。他在德累斯顿的图书馆工作使他与改变他一生的人产生了联系，那就是驻萨克森宫廷的教皇使节——阿尔伯里戈·阿钦托伯爵（Count Alberigo Archinto）。正巧，极度厌倦了他所谓"流放巴比伦"的阿钦托在朝廷——遥远的罗马教皇朝廷——有个朋友。这位朋友是枢机主教帕西欧内（Passionei）——学者兼通谕秘书（Secretarius Brevium），负责一切教皇通谕的颁布，他当时（机缘巧合）正在寻觅一位图书管理员，能为他整理300000卷藏书。阿钦托向他推荐了温克尔曼。帕西欧内的回复是肯定并赞许的，并在自己位于梵蒂冈的宫殿内为这位年轻的德国美学家安排了一个房间。温克尔曼意识到，这样的机会不会再有第二次。一切都在将他牵引、推送往罗马，那个世界艺术的中心。

为了方便，也是为了显示自己的诚挚，温克尔曼皈依了罗马天主教信仰，该举动使他的路德宗同伴们大为惊骇，但却为他打开了一片广阔得多的天地——关于与教士的接触，关于收藏品，关于各种门路——决不是仅仅身为一名新教徒初学者、一名永恒之城里幼稚的异端可以相比。对一个痴迷于古代事物的人，路德宗教义毫无用处。罗马及其教士却能为他做到一切。温克尔曼孑然一身，没有家庭关系能阻止他皈依天主教。他挚爱的母亲早已去世；父亲在1750年死于癫痫。温克尔曼也非常清楚，倘若没有与罗马的第一手接触，没有这比他在书中看到的版画拼凑在一起还要深刻得多的古典沉浸，他永远也不会赢得认可，成为一位启蒙主义者（aufklarer），一位睿智而具有启迪性的鉴赏家。要么放逐国外，要么籍籍无名，要么是离开，要么是死亡：没有别的选择，他要去往罗马。但在走之前，他要写作。

他在艺术批评方面的首次尝试建立在摇晃的基础上。在发表于 1755 年即他前往罗马那一年的《关于模仿希腊作品的绘画与雕塑之反思》(*Gedanken uber die Nachahmung der Grieschischen Werke in der Malerei und Bildhauerkust*) 一文中,他试图将古希腊艺术奉为品位的顶端与最纯粹的尖峰。回过头看,该文的严重缺陷是,温克尔曼当时实际上根本不了解他所谈论的东西。他几乎没有见过任何希腊艺术品;他只在书中读过,并且看过几幅版画。但他自己的读者们也是一样,与他相差无几;文章立刻获得了成功。特别是其中的一段话语,成了理想面前的标准表达,一句新古典主义的座右铭:希腊雕塑鼎盛时期的特点是"高贵的简洁,沉静的宏伟"。这篇文章后来成了他最具影响力与煞费苦心的作品《古代艺术史》(*Geschichte der Kunst des Alterthums*, 1764)的基础。

"后来的古典艺术,即希腊与罗马艺术,是'纯粹'的早期希腊传统堕落的形式",对于现代这一观念的灌输,温克尔曼负有主要的责任。他对希腊的崇拜是没有极限的。"我们的种族不大可能产生如'观景殿的安提诺乌斯'(Antinous Admirandus)一般完美的身体,我们的思想也不能构思出任何形式,以超越他们在'观景殿的阿波罗'神像身上塑造的超人与和谐比例。这里是自然、艺术与人类头脑所能产生的最佳圆满。我相信,模仿希腊人可以教我们更快些变得智慧……他们已为我们划定了人类与神性之美的极限。"温克尔曼相信,有关这一点的部分原因是,希腊人已达到了某种遗传性的超凡脱俗,表现在他们对"产生美丽后代"所采取的"极力关注"上。他们力求避免自身身体的任何畸变。亚西比德[①](Alcibiades)"年少时拒绝吹奏长笛,因为那可能会使他的脸部变形,于是雅典的年轻人纷纷跟从他的榜样"。

在希腊古物真实而典型的艺术中,温克尔曼见到了许多对他自身

---

① 亚西比德(前 450 ?—前 404):古希腊雅典政客、伯罗奔尼撒战争中的将领。

[412] 所处时代及其文化表达的驳斥。现代艺术家们已经偏离了正确的轨道,巴洛克风格使温克尔曼感到满满的嫌恶。在他的同代人中,"特别是出名的那些"(意即贝尔尼尼派),他不甚欣赏,因为"姿势与动作夸张,伴随着他们视为生气勃勃的粗野'猛劲'……他们热衷的理念是'对立式平衡'(contrapposto),对于他们来说,这就是达到艺术完美的一切真髓。他们要让自己塑造的人物拥有如彗星一般离奇异常的灵魂。"由于"对立式平衡"——将主要重量置于一条腿上的立像的平衡——是一种晚于古希腊式的古典希腊艺术绝对基本手法,有人也许会好奇,温克尔曼是否知道自己在谈论的到底是什么。

不过,确实是温克尔曼发明了古代艺术风格发展的思想,一个兴起与衰败的伟大故事。他也是第一位在自己的主题内创作"性叙述"的作家。温克尔曼是一名同性恋者——在罗马的一天下午,当他的朋友卡萨诺瓦打断了他与一个仆人的纠缠时,他缺乏说服力地辩解称,自己进行这场性爱冒险是为了研究,因为想要知道古希腊人乐此不疲的究竟是什么。但他对理想希腊身体渴望而垂涎的描述显然来自更深层的来源;而他对教士的描写,比如左侧睾丸总是大于右侧,弥漫着深深的情欲。

不幸的是,他对性事的热情不仅为他的艺术诠释提供了燃料,也为他带来了死亡。1768年春,在维也纳会见女皇玛丽亚·特蕾莎(Maria Teresa)后,他在返回罗马的路上途经的里雅斯特(Trieste)时,目光被海边一名脸上有痘印的年轻男妓吸引,这名男妓名叫弗朗西斯科·阿尔坎杰里(Francesco Arcangeli)。温克尔曼犯了一个经典的错误,他向阿尔坎杰里夸耀了他在罗马的那些尊贵的朋友们,还向其展示了女皇赐给他的一些贵重奖章。当时他们俩都在温克尔曼位于洛坎达大饭店(Locanda Grande)10号的舒适房间中,阿尔坎杰里突然转向温克尔曼,试图用一条绳索勒死他,然后又反复刺了他数刀。

[413] 在罗马,鲜有外国人与本地人之间的艳遇会导致如此惨烈的后

果,但毋须强调的是,卖淫确为永恒之城中最司空见惯的永恒一面。对于前来此地的人而言,它的空气中就浸透了性的气息,开价、买卖、付款、完成。倘若你是个男人,却能在罗马片叶不沾身,那只能是因为你不想一度春宵。游客们纵享激情的频率确实难以估测,因为他们寄回家里的信中并不总会描述——与意大利陌生人的风流韵事,无论对方社会地位的高低,不可能是你想告诉家人的头等大事——而日记又经常被旅行者的后人删除篡改。但是,意大利女人容易得手——不仅是职业妓女,还有或多或少的正派已婚女性——在英国游客中是人尽皆知的事实。"如果意大利没有夺走他的贞洁、德国没有破坏他的持重,我自以为他能保持出发时的品性,作一个诚实可信的年轻人,"关于儿子亨利(1721—1803),乔治·奥克森登爵士(Sir George Oxenden)写道。没有几个大旅行者会对淫乱的主要惩罚茫然无知:死于性病,或者18世纪医学用以治疗痘疹的种种痛苦而无效的疗法。其中,莫尔佩思子爵查尔斯·霍华德(Charles Howard, Viscount Morpeth)于1741年在罗马死于此事,年仅二十出头,这迫使约克郡不得不进行补选。

淫乱的危险自古以来就是罗马众所周知的特点,在古代,娼妓被称为"母狼"(lupe),或许是为了致敬哺育罗穆路斯与雷穆斯的那头最初的母狼(lupa),而妓院——特别是云集于城中称作苏布拉(Suburra)区域的妓院——被称为"狼窝"(lupanars)。一个最常用的与性相关的词语即来源于无数站街女做买卖的简陋环境:她们在门外、在这座城市的拱廊(fornices)下拉客;于是就有了"通奸"(fornication)一词。

在这种司空见惯的发情与昂贵得多的优质佳人有约之间,是无数五花八门的等级——既有普通的娼妓(puttane,美味的烟花女意大利面 pasta alla puttanesca 之名即来源于此,这是一种用橄榄、鲲鱼和洋葱拌成的简单菜,可以在接客的间隙轻松制备),也有高级妓女(meretrici)或顶级的交际花(cortegiane),在正式场合有人护送出行,

[414]

筵席上也拥有一席之地——她们甚至还享有真正的社会与政治权力。这些女人将贵族、高级教士甚至枢机主教收为自己的客户。实在而沉重的课税显示出她们收入的规模之高,这种税收有时成了罗马国家收入平衡必不可少的手段。有些妓女还捐资修建了她们自己的教堂。城中的几块区域是专门留给她们的,不仅有用于生前的,还有用于死后的。一个普通妓女常用的下葬地点——被视为不洁之地——就在托尔托城墙(Muro Torto)边,古代鲍格才别墅的入口处。这一惯例后来被弃置不用,或许是因为妓女的坟墓太多,地方不够用了。

1870年9月,当局试图通过在几个有限的地点引入"封闭屋"(casini)——得名于其遵照法律执行闭合遮帘和百叶窗的行为——来系统化罗马的性交易行业。到1930年,这种高度有序、国家监督的妓院已有十九座,都规矩严格:客户必须能够出示显示自己的年龄(规定的下限为18岁三个月零一天)的相关证件,并且只能在上午10点与午夜之间享受性工作者的服务,从不可以过夜。自然,在这些地方进行的实际交易只占罗马整个卖淫业的一小部分,但总要找个地方起头。

几乎在任何时候,一个如罗马这样的伟大社会必定会产生其性感女神,但她们实际上却不是妓女:这些女人以她们人尽皆知的美丽与吸引力闻名,但从来不做生意。罗马当然也有几位这样的性感女神,其中最著名的一位还有纪念雕像。她的大理石肖像靠在鲍格才别墅的专属房间内,使其傲视这座建筑内的其他一切女人(除了贝尔尼尼的)。这就是安东尼奥·卡诺瓦(Antonio Canova)为拿破仑的妹妹玛丽亚·宝琳娜·波拿巴(Maria Paolina Bonaparte, 1780—1825)创作的斜倚式半裸全身大理石像,她以美貌而闻名,嫁给了卡米洛·鲍格才亲王(Prince Camillo Borghese)。这是西方艺术绝对标志性的女性形象之一,与《蒙娜丽莎》齐名,也同样表达着一种神秘感,蕴藏于其标题"胜利的维纳斯"(la Venere Vincitrice)中。这是某种传统最后的杰作,该传统始自提香与乔尔乔内的早期斜倚式裸体像,发展至稍后雅克·路易·大卫的雷加米埃夫人（Madame Recamier）肖像。

安东尼奥·卡诺瓦是伟大而受到普遍推崇的意大利雕塑家世系的最后一位，在声望与名誉上是17世纪的吉安洛伦佐·贝尔尼尼在18世纪的继承人，生前无人匹敌、身后也无人承袭，这在今天是毋庸置疑的。他在罗马的存在，以及他的艺术与罗马原型之间的关系，似乎证实这座城市依然是世界文化的中心，仍保有不灭的生机活力。他作为一位职业艺术家取得的成功几乎达到了贝尔尼尼的规模，尽管与贝尔尼尼不同的是，他在建筑方面没有那么强烈的抱负，在罗马没有建造任何作品，只在罗马以外建有一座主要建筑物——但他的工作室源源不断地涌出作品，委托又源源不断地涌入。自贝尔尼尼以来，没有一位意大利艺术家拥有卡诺瓦与达官显贵的密切关系：与他为之服务、绘制肖像与纪念物的几任教皇（克雷芒十三世、克雷芒十四世、庇护七世）；与银行家和政治家；与贵妇名媛；与各路外国人士。

卡诺瓦终身未婚，没有孩子。他有可能是同性恋者，但没有实在的证据能证明这一点。只有一个著名而模棱两可的故事，是关于宝琳娜·波拿巴的，当她被人问到赤裸着与这位大师在画室共处这么多天可曾感到战栗不安时，她反驳道，"与卡诺瓦才不可能有什么危险。"更有可能的是，他就是那种将全部欲望化为创造力的艺术家，没有留任何为性表达分散注意力的空间。这并不意味着他就是一个内向的，或者多少有些自私的人。正好相反：他素以慷慨大方享有盛名，且这是实至名归的。作为画室中不知疲倦的工作者，他还将自己的一大笔收入花在支援其他不那么成功的意大利艺术家上，包括资助学生，以及赞助一项值得赞扬的工程：将意大利艺术留在意大利，防止其被冷酷无情的外国资本吸走。

[416]

他时常探访各地的考古遗址（那不勒斯、帕埃斯图姆[Paestum]、庞培、波佐利[Pozzuoli]），为梵蒂冈博物馆寻获罗马古董文物，尽自己的全力阻止艺术品外流。庇护七世任命他为教皇国古董与美术的监察长（Ispettore Generale），这有助于他履行这项艰难而令人分神的任务，赋予他限制重要艺术品销往国外的权力。1815年，在拿破仑倒台后，正是卡诺瓦前往巴黎，确定了法国在拿破仑战争期间从意大利与教皇国掳走的重要作品归还事宜，这些重要作品是意大利文化遗产的关键部分，其中包括"观景殿的阿波罗"与"拉奥孔"。

卡诺瓦从没去过希腊，但这并不意味着他对古典希腊雕塑一无所知。有些古典希腊雕塑可以在罗马见到，而且，虽然在他还是个年轻艺术家的时候，威尼斯还没有几件这样的雕塑，但他热切地对菲利波·法尔赛第（Filippo Farsetti）收集至法尔赛第宫（Palazzo Farsetti）的古希腊雕塑石膏模型进行了速写与模仿——菲利波·法尔赛第是一位威尼斯收藏家，他希望为城中的年轻艺术家们提供一种品质意识。卡诺瓦在古代雕塑方面享有绝对权威的盛名，英国政府曾将他接到伦敦，派他鉴定帕特农神庙的埃尔金石雕（Elgin marbles）是否出自菲狄亚斯之手。反对购入的批评家们（往往是出于对埃尔金勋爵的恶毒厌恶，却打着追求节约的旗号）试图将其贬为罗马哈德良时代的粗劣仿品，甚至不是希腊的，更不要说是菲狄亚斯的真迹了。卡诺瓦作为当世最伟大的雕刻家，他的意见是有决定性份量的：他认为此石雕系真品，"出类拔萃、见之难忘"，并且说任何试图修复的举动，就连用凿子或锉刀碰一碰，都将是"亵渎圣物"。

[417] 尤其是在英国绅士中，卡诺瓦红极一时。尽管没有人会误将他的雕刻作品当作他偶尔间接引用的那种古代大理石刻，英国的鉴赏家与收藏家却赞颂他为最伟大的希腊-罗马古董权威。汉诺威国王乔治四世（George IV）购买了他的作品，并以摄政王的身份赠予他一个镶钻的鼻烟盒，上面有他的微缩皇家肖像。卡诺瓦不吸鼻烟。别人劝他试着来一撮。当他打开这鼻烟盒时，雕刻家在里面发现了一张五百英镑的钞票。而在19世纪初，一英镑都是十分值钱的。

卡诺瓦为斯图亚特王室成员在圣彼得大教堂设计的纪念碑，同样也被司汤达认为是一个人雕塑欣赏能力的试金石——如果你对它无动于衷，那么你就对艺术毫无知觉。实际上，在与他的作品相遇时，

第九章 | 18世纪的罗马：新古典主义与大旅行

每一位英国或欧洲的知名作家都受到了深深的感染，有时甚至是震撼。"见鬼！"当第一眼见到卡诺瓦创作的彼此缠绕的恋人《丘比特与普塞克》(Cupid and Psyche) 时，威廉·华兹华斯不由惊呼出声。但它引发的压倒性的感受还是一种恋旧之情——一种对想象中古代黄金时代的渴望，那时的种种感情，无论是爱国的英勇、虔诚或年轻的爱情，一切都纯洁无瑕。被卡诺瓦作品深深震撼的一部分著名英国作家包括济慈、柯勒律治、托马斯·摩尔、勃朗宁夫妇，当然还有拜伦。"意大利依然拥有伟大的名字，"拜伦在《恰尔德·哈罗尔德游记》(1818) 第四篇章的序言中写道，"卡诺瓦、蒙蒂、乌戈·福斯科洛 (Ugo Foscolo) ……为这一代确保了光荣的地位……在某些方面是最高地位；欧洲——这个世上——只有一位卡诺瓦。"如果再加上受到震撼的法国、德国、俄罗斯，当然还有意大利本土作家，这份名单将变得更长、更显赫。不足为奇，整个欧洲的收藏家——从英格兰查茨沃思 (Chatsworth) 的德比郡公爵，到圣彼得堡的俄罗斯皇室——都争相收藏他的作品，比赛着开出最高价格。

他不知疲倦地创造着、生气无限，为诸如陵墓设计这样被不断研究的问题创造新的常规。作为一名墓葬雕刻家与石头上的神话演绎者，没有一个与他同时代的人能够接近他。比如说，他是第一位在最古老的纪念形式之一埃及金字塔中发现新鲜元素的现代艺术家，埃及金字塔正是悲痛、永久与超然的象征。卡诺瓦金字塔墓的最佳案例 (1798—1805) 位于维也纳的奥古斯丁教堂 (Augustinian church)，安葬有奥地利的玛丽亚·克里斯蒂娜①(Maria Christina of Austria) 的骨灰。在过去的坟墓上，人物像会被包括或结合在主体结构中。卡诺瓦却有一个简洁而绝妙的创意，将二者分开，使人物仿佛从人间迁往死亡的领域；它们组成了老少哀悼者的队列，向着容纳看不见的尸体、吞噬看得见的生命之黑暗门道而去。卡诺瓦所想的是埃及金字塔，但

[418]

---

① 奥地利的玛丽亚·克里斯蒂娜 (1858—1929)：西班牙王后，阿方索十二世之妻。

更多的却是塞斯提伍斯金字塔,他在罗马总能频繁地见到。

后世没有一位艺术家在自己的有生之年达到如卡诺瓦一般的声望与影响力,除了法国奥古斯特·罗丹的旷世奇迹(尽管二人迥然不同)。从过去到现在,卡诺瓦一直是史上唯一在世时就树立起纪念碑的雕刻家。

在他于1822年去世后,所有这一切都土崩瓦解了。针对他的反对意见始于英格兰,约翰·拉斯金怒斥,对卡诺瓦作品的追捧只能证明上层阶级的堕落——冰冷淡漠、过度理想化、乏味无趣。到20世纪,高品位之人已经对他疏忽怠慢,甚至全然蔑视,早先堆在他身上的种种溢美之词看起来简直浮夸造作,是某种集体妄想的产物,这正是现代主义乐于灌输给我们大多数人的观念,只有极端守旧的反动派才会欣赏他这种类型。似乎没有一个人为他说话,即便是在他的祖国,他曾经是那里无可匹敌的文化英雄。意大利最具权威的艺术评论家罗伯托·隆吉(Roberto Longhi)炮轰"安东尼奥·卡诺瓦在墓葬方面犯下的愚蠢大错,他的心脏埋葬在圣方济会荣耀圣母圣殿,手埋葬在学院美术馆,身体的其他部分葬在何处我不知道"。[1]我们评论家都会犯错误,但这个错误实在离谱。一个人可以认同,也可以不认同卡诺瓦关于人体的理想主义——他或许是最后一位含蓄地赞同斯宾塞"灵魂为形式,由身体造就"信条的伟大雕刻家——但在他瀚如星海的精妙产出中,几乎没有所谓的"墓葬方面的愚蠢大错"。

如果曾经有一位艺术家恰好出现在他的社会最需要他的时刻,这位艺术家就是安东尼奥·卡诺瓦。他是一连串重新定义艺术的天才中的最后一位,从14世纪后期开始,经过中世纪晚期的安德里亚·皮萨诺(Andrea Pisano),到15世纪的多纳泰罗,到文艺复兴鼎盛时期

---

[1] 这指的是人们为敬仰卡诺瓦而实行的遗体分葬。他的大部分遗体葬在位于波萨尼奥的博物馆兼陵墓,意大利北部的波萨尼奥是他的出生地。然而,他的心脏被安放在圣方济会荣耀圣母圣殿的卡诺瓦纪念碑下;他被截下的右手安放在威尼斯学院美术馆的一个瓮内。——原注

的米开朗琪罗,以及他们之后的贝尔尼尼。但在卡诺瓦之后,这一系列就后继无人了。

不可避免地,通过了解卡诺瓦孤立于意大利文化史彼时的地位,我们对他的奇异非凡就会有愈发强烈的感受。除他以外,那段19世纪开端的历史其实是一段低潮期——是其有史以来落到的最低点,虽然还没有降到20世纪开头那么低。它那绵延久远的首要地位,特别是在造型艺术方面(绘画、雕塑、建筑),都已是明日黄花。那时已没有可稍稍与但丁相比的意大利作家。亚历山德罗·曼佐尼(Alessandro Manzoni)——未来的《约婚夫妇》(*I promessi sposi*)的作者——还没有出现,同样还未出现的还有使意大利音乐焕发生机的浪漫主义天才朱塞佩·威尔第。广义上说,意大利艺术的境况呼应着政治上的悲惨境遇:几乎所有的权威皆已丧失,几乎所有的权力皆已落入外人之手,其中最引人注意的便是拿破仑。

到1800年,大旅行的全盛期已彻底终结。法国大革命爆发于1792年,立刻对大陆旅行造成了不良影响,尤其对英国人而言。法国海军行动被认为对罗马与那不勒斯构成了十分严重的威胁。英国于1793年参与进这场冲突中,于是没有英国人会去考虑一次穿越法国的旅行,而尽管经比斯开湾与直布罗陀海峡的海路前往意大利或许是一个可能的方案,但人们恐惧法国会完全控制地中海,从而封锁英国海运的航线,这种想法严重打消了民间旅行者经海上前往意大利的念头。

[420]

恐怖政治的场面使事态雪上加霜。有谁会冒着在断头台上掉脑袋的风险来追寻文化?大旅行者在欧洲大陆上高贵显赫的联系人们已经死的死、逃的逃。英国外交官被撤回。银行业一片混乱。意大利各修道院、女修道院与研究机构闭门谢客。面对大规模没收,艺术市场萎靡不振。例如,德里勋爵(Lord Derry)的大量古董收藏原本被匆匆留在罗马的仓库中,法国人却将其视作战利品一把夺走;带得走的东西,如拉奥孔与观景殿阿波罗,被运去了巴黎(因此卡诺瓦才会在后来适当的时候将它们取回）；带不走的东西，比如壁画，则被涂抹得更难辨认。法军于 1798 年占领罗马并建立罗马共和国；教皇庇护六世于 1799 年流亡至法国。一言以蔽之，欧洲的整个文化世界正处于剧变与震动中。

第十章

19 世纪：正统派 VS 现代派

1796 年，拿破仑入侵意大利北部，在意大利引发了深刻的变化。拿破仑的思想从未在构成意大利人口大多数的不识字农民中找到追随者，他们的确在统治上也毫无发言权。但波拿巴能够挑战王族与教皇的权威，并且看起来并不像是一个外国入侵者，因为从最简单的层面上来说，他有着意大利血统——或者说，他可以振振有词地这么宣称，因他的老家科西嘉岛曾是意大利的领土，直到三十年前的 1768 年，被热那亚卖给了法国。

在当时，罗马还没有可以被称为意大利政治"首都"的理由，除了教廷设在这里。意大利政治没有首都。整个国家都受到所谓"地方主义"（campanilismo）的严重拖累——那些数量多到令人眼花缭乱的自治地区、地方权力中心。一名沿着波河下行的旅行者得穿过不少于 22 个海关壁垒，每一站都要服从搜查、支付过路费。各地区间不存在通用货币：皮埃蒙特（Piedmont）用里拉，那不勒斯用达克特，教皇国用斯库多，西西里岛用盎司。汇率上下波动，经常任凭设置海关与壁垒的人肆意摆布。仅仅说出"我是意大利人"（sono Italiano）会招来人们的嘻笑，或者更有可能是不理解什么意思。一个人是罗马人、那不勒斯人、西西里人——不是意大利人。但佛罗伦萨人看不起威尼斯人，威尼斯人厌恶那不勒斯人，那不勒斯人认为自己与阿布鲁奇人绝无共同点，阿布鲁奇人瞧不上西西里人，西西里人则坚决否认自己可能是通过墨西拿海峡从大陆来的，并将这种说法视为令人愤恨的毁谤。

[422] 这些情况导致的结果就是，尽管占意大利极少数人口的知识分子与文人能够感受到各种共同的文化纽带——比如与但丁和米开朗琪罗来自同一个家乡——这却不太可能是占人口绝大多数的文盲与不关心文化者的选择。而且，各地方言拥有极其重要的地位，它们种类庞杂，彼此之间的差异差不多保证了文化上的不统一。所以可以理解，《拿破仑法典》(Code Napoleon)——征服者试图施加于意大利的统一法律体系——虽然对一小部分受过教育、渴望良好的负责任政府的意大利人有吸引力，却在不相信这样的政府可能存在的人民群众那里遭到了蔑视。除此之外，他们已经习惯了那些定义公民生活的恶劣拼凑法条，甚至将其保护起来。

无论如何，拿破仑一往无前地执行着他的计划。在接管了被征服的意大利后，他进而废黜了这片土地上所有的国王，除了撒丁与西西里国王，这两个王国在英国海军的保护下得以保持独立。他决心取消大地主与天主教会的权力，此二者联合在一起，对他的统治构成了最大限度的抵抗。令意大利保守派无奈而恐惧的是，他将教皇从罗马驱逐出去，接管了教会的俗权，消解了教皇国作为一个政治实体的存在。大笔一挥，他就令意大利国家的数量减到了三个——皮埃蒙特、那不勒斯，以及他自己占领的地区——包括从前的教皇国在内——被他重新命名为奇萨尔皮尼共和国(Cisalpine Republic)。一点一点地，法国大革命的思想开始在意大利生了根。

但是，这些思想很难有时间在这里固定下来。1815年，拿破仑在滑铁卢战败，随着他的垮台，维也纳会议(Congress of Vienna)立刻着手将意大利各国重新分配给了它们从前的统治者。波旁王朝的君主收回了那不勒斯与西西里(即所谓的"两西西里王国"[Kingdom of the Two Sicilies])。奥地利收复了从前的属地伦巴第，还得到了威尼托。奥地利皇帝的弟弟斐迪南三世大公(Grand Duke Ferdinand III)

恢复了他对托斯卡纳的统治。而最重要的是，意大利的中心国家又回到了教廷手中。与此同时，那令人生畏的反革命策略鼓吹者，在伦巴第中心四角地区拥有约70000兵力的奥地利梅特涅亲王（Prince Metternich of Austria），与那不勒斯结成了军事同盟，其目标就是要无限期地维持奥地利干涉意大利事务的"权利"。于他而言，"意大利"一词没有意义。他说过一句令人难忘的话："意大利"只是一个"地理名词"。

因此，与拿破仑入侵之前相比，如果说意大利有什么不同的话，那就是变得愈加分裂了。意大利的作家与知识分子对这一境况哀叹不已，其中就包括诗人莱奥帕尔迪（Leopardi, 1798—1837）：

> 我看见墙垣拱顶，哦，我的意大利，
> 还有圆柱阵列与种种图像，那寂寞
> 高塔，属于我们的祖先，
> 但我却没有看见：
> 它们承载的光荣桂冠与宝剑
> 在那古老的时代……
> 谁使她沦落至如此境地？——更糟糕的是，
> 以锁链束缚了她的双臂……
> 流泪吧，因你有足够理由，我的意大利。

到19世纪初，罗马挤满了大群外国艺术家。尽管经历了拿破仑的入侵，这座城市已经再一次被视作了世界的学习地。在这些从前的外国侨民中，有几人不仅在声望上堪与意大利本土艺术家媲美，在作品的需求量上也可与其一战：比如，如果你没有能力弄到一件卡诺瓦的作品，那么丹麦雕塑家贝特尔·托瓦尔森（Bertel Thorvaldson, 1770—1844）的一件十分优秀的新古典主义雕塑也不失为一种可以接受的替代物，而且还可以轻易到手。

托瓦尔森的职业生涯大部分在罗马度过,他于 1797 年凭着助学金第一次来到这里,在此之前,他以 11 岁的年龄超前进入了哥本哈根美术学院(Copenhagen Academy of Fine Arts)。

要第一眼将托瓦尔森的成熟期作品与卡诺瓦的作品区分开来,并不总是一件容易的事。二者的主题大致相同,通常都取自荷马史诗与希腊古风:托瓦尔森大于真人尺寸的《杰森与金羊毛》(Jason with the Golden Fleece,1803—1828)产生了许多相似的委托——《伽倪墨得斯》(Ganymede)《赫伯》(Hebe)《阿波罗》(Apollo)等等。他也是一位高产而流利的肖像雕刻家——拜伦的信件显示出,他是多么急切地等待着托瓦尔森完成他自己以及他宠爱的威尼斯情妇的半身像。卡诺瓦的雕塑运用了更多的表面抛光,而托瓦尔森更倾向于粗糙哑光,但这一区别有时会被过于积极的清洁所减少,甚至完全消除。他大多数的主要雕塑作品都被设法运回了故乡哥本哈根,在那里,效仿卡诺瓦在波萨尼奥[①](Possagno)建立博物馆的先例,他为他的城市捐赠出自己大量而广泛的作品。没人能以"太过谦虚"指责这个丹麦人:他的一座大型自我雕塑将自己描绘成了雷神托尔(Thor)。

在托瓦尔森于罗马的旅居中,他对其他外国侨民艺术家的支援成了一个很重要的方面,主要是来自北方的艺术家,他认为他们的作品很有意义。所谓"拿撒勒画派"的作品尤其吸引他,这是一群年轻的德国人在罗马建立的流派——该绰号由罗马一些怀疑他们是否够虔诚的德国人所取。他大量购入他们的作品,形成了罗马最重要的现代艺术品收藏。拿撒勒画派的代表人物为约瑟夫·安东·科赫(Joseph Anton Koch)、彼得·科尼利厄斯(Peter Cornelius)、威廉·沙多(Wilhelm Schadow),以及他们的领袖弗里德里希·奥韦尔贝克(Friedrich Overbeck,1789—1869)。对他和他的朋友们影响最大的文学作品是德国文化痴迷者威廉·瓦肯罗德尔(Wilhelm Wackenroder

---

① 波萨尼奥:意大利威尼托大区特雷维索省的市镇,在威尼斯西北约 60 公里处。

的一篇随笔,《一位热爱艺术的修道士的倾诉衷肠》(*Outpourings from the Heart of an Art-Loving Monk*)。就像标题暗示的那样,在文章中,艺术被当作一种近乎祷告的神圣活动来探讨,通向一种对神圣本性坚定不移的信仰。其他艺术家与作家也许会觉得,他们是18世纪末欧洲各地进行中的文化世俗化大运动的一部分,但奥韦尔贝克与他在罗马的朋友们则不这么认为,他们只求反抗与逆转该运动。他们感到,自己有责任在德国创造一次宗教艺术的复兴,并从那里传播开去,遍及整个欧洲。奥韦尔贝克开始相信,宗教是艺术的真正基础。纯粹世俗性的绘画在文化上是虚弱无力的。他在维也纳就读的艺术学院(1806—1809)中完全世俗化、古典化的教学方法令他强烈反感,这一理念就是基础。但其向视觉文化同化的出发点,他总结道,应该是罗马,那往日宗教塑像的伟大首府。他在艺术学院结识的其他年轻艺术家也有同感,且与他一样热切,这些人中包括路德维格·沃格尔(Ludwig Vogel)、约翰·霍廷格尔(Johann Hottinger)与弗朗茨·普佛尔(Franz Pforr)。

他们在一起组建了一个小型团体,自称"圣路加兄弟会"(Lukasbruder)——使徒路加据说曾为圣母马利亚绘画肖像,是艺术家的主保圣人。在过去的艺术家中,他们最为欣赏与力图模仿的是文艺复兴时期的早期意大利人,特别是马萨乔(Masaccio)与弗拉·安杰利科(Fra Angelico)。"路加兄弟会"的成员相信,这些人对大自然与宗教信仰的响应比巴洛克与新古典主义派别的任何画家都更诚挚、更纯粹真实。巴洛克艺术家因他们风格的浮夸矫饰而变得粗俗;新古典主义艺术家则过分精致,还有异教的痕迹。不出意外,"路加兄弟会"的思想不久就传到了英格兰,在拉斐尔前派兄弟会的作品中找到了强烈的共鸣。

"艺术之于我,"奥韦尔贝克称,"就如竖琴之于大卫。我每时每刻都在用它吟咏歌颂上帝的诗篇。"可是,这种曾经在画家中如此普遍神圣的冲动,如今已经变成了什么样?它已经不可逆转地衰退了,弗朗茨·普佛尔在维也纳写道。事实是，并非所有在罗马产生的艺术都是"神圣"的，或者在大主题上是基督教的。新古典主义本身就反对针对艺术家在罗马角色的狭隘定义，并且倾向于否认对艺术及其功能的单一宗教性甚或主要道德性的解读——仅仅通过举出基督教前主题作为理想的对象。在过去的时代，"没有多少人能像艺术家一样对道德与品行产生如此之大的影响"。但现在，在这堕落的时代，这种影响力已经衰退，只有费尽力气才能重新建立。"当我们考虑起艺术如今运用的目的，我们只能哀叹其已衰朽到了何等普遍的程度。原来，艺术家努力通过展现虔诚的事物吸引观者献身上帝，诱导观者效仿他所描绘的高贵行为；而现在呢？裸体的维纳斯和她的阿多尼斯，沐浴的狄安娜——这种表现能指向什么好目标？"

普佛尔与奥韦尔贝克都感到，艺术学院里发扬的古典主义旧事物，不仅与现在毫不相关，而且会使一个良善的基督徒灵魂略感作呕。"为什么我们要寻求那些距我们的兴趣十万八千里的主题，"普佛尔发问道，"为什么不去寻求那些我们关心的？在那些古老的以色列人的故事中，我们找到的素材比什么地方都多。"奥韦尔贝克也说着同样的话，以更夸张的信仰高论。

对于他们来说，似乎只有一个地方可以满足这些欲望，一名年轻的德国人可以在那里完成他的宗教与艺术教育。罗马，凭借着宗教首都的地位，将会为这些德国年轻人提供风格上的传统与活生生的信仰之间的平衡。奥韦尔贝克与普佛尔渴望使自己沉浸其中，不是为了那些古代大理石像（他们已经在艺术学院看够了这些雕像的石膏模型），而是为了这座城市代表的基督教信仰日积月累的沉淀。对于这样虔诚的德国年轻人而言，"罗马"这个名字本身就带有一种热烈，保证是任何其他地方都给不了的。他们下定决心要移居到那里。于是，1810年5月，奥韦尔贝克、普佛尔与另外两名艺术学生——约翰·霍廷格尔和路德维格·沃格尔——离开维也纳，向着圣城进发。他们于一个月后进入罗马，一路上无暇他顾，几乎没有作任何停顿。

在当时，这座城市依然处于法国人的占领之下，他们关闭了若干宗教机构，将它们改作俗用。其中之一就是爱尔兰方济各会的圣依西多禄（S. Isidro）修道院，位于人民广场上方的平乔山上。拿破仑的占领已将修道院内的修道士们驱赶出来，四位来到这里的德国年轻人没怎么讨价还价就租下了几个房间。瓦肯罗德尔曾经描写过艺术家在修道院中的理想生活，而还有什么地方比一座真实的，且公认废弃租赁的修道院更适合实现这个理想？这里的活动模式是在自己的小房间里终日工作，夜晚在食堂里碰头，彼此争论、坦白与豪饮。许多瓶弗拉斯卡蒂（Frascati）白葡萄酒被喝得精光，瓶子被打得粉碎。很快这一团体就有了"圣依西多禄兄弟会"的称呼，他们戴着蒙头斗篷式帽子的着装方式与修道士般的行为习惯为这绰号带来了独特点，这座修道院坐落的街道成了"艺术家街"（Via degli Artisti）。

[427]

他们的团体相当短命。他们视自己为传教士，一心要转化艺术上的"异教徒"。他们力求建立起宗教艺术曾经拥有的首要地位，那是在艺术的纯粹让位于世俗主义与学术思维以前。弗拉·安杰利科、早期的拉斐尔，还有丢勒与扬·范·艾克（Jan van Eyck）等北方大师都是他们心目中的英雄与试金石。后来，奥韦尔贝克将为一位德国客户创作一幅大型绘画——《宗教在艺术上的胜利》（The Triumph of Religion in the Arts），与之相伴的还有一篇冗长的书面说明，关于"真正的艺术"是怎样因文艺复兴运动而逐渐消失——特别描绘了六十位他认可的艺术家的正面肖像。不久，其他德国年轻人纷纷加入这个罗马拿撒勒画派的核心。其中一位是尤利乌斯·施诺尔·冯·卡洛斯菲尔德（Julius Schnorr von Carolsfeld，1794—1872），一名德国历史画家的儿子，他向奥韦尔贝克申请加入该团体，获得接纳后写下了兴高采烈的感谢辞："你已经判定我有资格成为你们光荣的兄弟会一员。那就用你的双臂拥抱我吧！现在，我的生命已与你们紧密相连！"

这些艺术家中的一些人，包括卡洛斯菲尔德在内，深受一种在罗马侨民中根深蒂固的德国绘画惯例的影响，他们将这种惯例称为"友谊画",即他们自己与德国朋友的肖像画,他们虽远离家乡,但却因效忠于共同的兴趣紧扣在一起,这是一种彼此的忠诚,因其在圣城缔结而神圣化。众多极具说服力的例证之一是威廉·冯·沙多的《与弟弟里多尔佛·沙多及贝特尔·托瓦尔森的自画像》(*Self Portrait with Brother Ridolfo Schadow and Bertil Thorwaldson*,1815)。

威廉与里多尔佛是杰出的柏林雕塑家约翰·戈特弗里德·沙多（Johann Gottfried Schadow,1764—1850）的儿子,约翰·戈特弗里德·沙多作为卡诺瓦的朋友,曾经进行过一次决定性的罗马朝圣之旅,并于1785年皈依天主教。在兄弟俩自己前往罗马时,他们彼此发誓,"宁愿在罗马待到终老,也不愿默默无闻回到家乡"。威廉的画作表现了宣誓的景象。画面右边,威廉带着他的调色板与画笔同里多尔佛握手,里多尔佛则拿着他石雕家的锤子,在他们之间是丹麦雕塑家托瓦尔森,他的左手以同伴的方式放在威廉肩上,目光坚定地凝视着里多尔佛。在丹麦人与年轻的德国人之间、将这几人联系在一起,是为里多尔佛在罗马赢得早期声望的大理石雕刻《系凉鞋的女孩》(*Sandalbinderin*)。它曾以其真实诚挚受到了奥韦尔贝克及其他拿撒勒派画家的大力赞赏。

奥韦尔贝克拒绝绘画女性裸体,甚至连看一眼也不行。他认为,这样做是不道德的。这改变了比喻象征的喻体。一位从前的艺术家或许可以将"意大利"画成一位绝美的裸体宁芙,但奥韦尔贝克却不会这样画。最能表现拿撒勒派对意大利感情的绘画大概是奥韦尔贝克笔下衣着完整的一对人像,描绘意大利与德国的文化联合。金发的马利亚与褐发的书拉密女[①]：左手边的人物,头戴橄榄花冠,专心向她的同伴弯腰的,是"意大利娅"(Italia),她身后的风景就是意大利：连绵的群山,乡间的农舍(casa colonica)。右边的人物,热切地向意大利娅俯身,牵着她的手,向她悄声传授绘画与道德教训的,是"日耳

[①] 书拉密：《旧约》中赞美的新娘。

曼尼娅"(Germania),她戴着玫瑰花蕾头冠,扎着麻花辫,背景是德国山上的城市与中世纪的尖顶。

奥韦尔贝克坚定保持着自己身为艺术与道德导师所承担的责任。从根本上说,他相信自文艺复兴以来就没有一件好事——他一定是带着惊恐来审视罗马巴洛克时期纪念物的——于是他错过了17世纪贝尔尼尼等意大利人创造的新艺术产生的强大精神性。但是,他在罗马没有得到太多创作公共艺术的机会。他最大的一项委托来自庇护九世(Pius IX):这是一个"基督在拿撒勒附近的山上逃避追踪者"的场景,寓意庇护七世被拿破仑囚禁,绘画于奎里纳尔宫的一块天花板上——一件虔诚而无趣的作品,今天压根没有几个游客会抬头观赏。拿撒勒画派确实在罗马艺术史上留下了自己的痕迹,但这痕迹不深,也不久远。与此同时,意大利的文化能量几乎完全转移到了政治及其所争论的相关范围。特别是庇护九世,他的全副精力都用在了保住自己教皇国领地的方面,没有多少时间去作艺术赞助人。但是在德国,奥韦尔贝克及拿撒勒画派整体的影响力却广为流传。

有趣的是,拿撒勒画派还涌入了法国绘画的一个领域。法国人此前鲜少受到德国风格活动的影响,但在一座充满如此之多外国艺术家的城市,此事注定会发生,也确实发生了,缘于一位居住于此的重要法国艺术家。在罗马的各类外国学会中,法国学会是最古老的;它于1666年在路易十四时期创立,由柯尔贝尔(Colbert)和查尔斯·勒·布伦(Charles Le Brun)推动。在很短的时间内,学会就取得了巨大的声望,其津贴获得者(才华得到罗马大奖[Prix de Rome]官方认可的画家、雕塑家与音乐家会被法国政府奖励一笔津贴及一段时间的房屋居住权)被认为给自己的公共事业打开了一个重要的开端。1806年,才华横溢的年轻画家让-奥古斯特-多米尼克·安格尔(Jean-Auguste-Dominique Ingres)受到学会奖励津贴,来到罗马定居。学会原先坐落在科尔索大街上的曼奇尼宫(Palazzo Mancini),但在1803年,当法国政府有机会能得到罗马的一处重要地点时,他们便买了一处下来，那就是西班牙阶梯最前面的美第奇别墅（Villa Medici）。这里成为安格尔的画室，以及他余生大部分时间的家。

在罗马法国学会的历史上，19世纪是格外富裕的一段时期。在其津贴获得者中，除了安格尔，还有建筑家巴尔塔（Baltard）与加尼尔（Garnier），雕塑家卡尔波（Carpeaux），作曲家伯辽兹（Berlioz）、比才（Bizet）与德彪西（Debussy）。从1806年到1820年，安格尔以津贴获得者的身份在这里工作，坚定地抵御着环绕罗马四周的古典传统，在回到巴黎之后，他又于1835年重返罗马，这一次的身份是美第奇别墅的主管。在这个职位上，身为法国艺术教导的集大成者、古典风格的圣骑士，他对法国艺术的思想与实践发挥了难以计量的影响力。他不是一个倾向于自我怀疑的人，而他最为自豪的画作之一，即为拿破仑于1815年垮台后自己在罗马得到的第一个官方委托——《基督交予圣彼得钥匙》(*Christ Giving the Keys to St Peter*, 1820)。作品描绘了基督将他新建立的教会的未来交托给第一位教皇圣彼得的时刻，圣彼得双膝跪地，仰望着基督；基督同样也在仰望，但望的是他在天国的父，同时他以左手指向彼得手中的钥匙，那是打开与关闭拯救之门的权力，他刚刚将其传给了自己的继承者。这幅图像中的一切都指向了至少部分安格尔思想起源于拿撒勒派绘画，其中尤为明显的是其几乎坚如磐石的结构，以及强大的等级感。不过这没什么可惊讶的，因为奥韦尔贝克与科尼利厄斯曾经创作于其中的修道院就在美第奇别墅的隔壁。

所有这一切的艺术繁荣都是以一幅动荡的政治面貌为背景的。特别是在后拿破仑时代，人们认为意大利被切割得四分五裂、已然彻底无望，根本很难称得上是一个统一的国家。"我们没有国旗，没有政治名称，在欧洲各民族中没有地位，"朱塞佩·马志尼（Giuseppe Mazzini, 1805—1872），一位通过努力最终带来统一的爱国者哀叹。他在热那亚出生长大，热那亚当时在法兰西帝国的统治下成为了利古里亚共和国的一部分。

第十章 | 19世纪：正统派VS现代派

> 我们没有共同的中心，没有共同的市场。我们被割裂为八个国家——伦巴第、帕尔马、托斯卡纳、摩德纳、卢卡、教皇国、皮埃蒙特、那不勒斯王国——各自独立，互不结盟，没有统一的目标，彼此之间也缺乏有序的连接……八个各自为政的体系，货币、度量衡、民商刑法、行政机构与治安约束各不相同，使我们彼此分开，变成最一无所知的陌生人。

随着马志尼日渐成熟，朝向变革的趋势也在慢慢增强。越来越多的意大利人——开明派、知识分子、持不同政见的爱国者、憎恶奥地利统治的反帝国主义者——所期盼与渴望的，是一次"复兴运动"（risorgimento），能将意大利作为一个独立的国家统一在一起，不再处于奥地利影响之下。当然，意大利此前从未统一过，它一直是后中世纪实体拼凑在一起的产物，其占有支配地位的部分是教皇国，教皇国的规模、财富与中心性为教皇带来了庞大的政治势力并使之成为暂时的统治者。

[431]

一开始，主要的革命行动来自一个叫做"烧炭党"（Carbonari）的秘密社团。自1806年以后，他们起初以那不勒斯为中心，被一切具有激进倾向的意大利人称赞为"弟兄"，还有拜伦这样的外国人，他将烧炭党称为他的"密友"，并于1821年慷慨地将自己在拉文纳的住所房间提供给他们。"我的下层房间里摆满了他们的刺刀、火枪、子弹等物。我估计他们是把那里当作了万一发生事故时可以牺牲掉的仓库！这也没什么大不了的，假如意大利能够得到解放，无论牺牲谁，无论牺牲什么都不是大事。这是一个宏大的目标——政治之诗。只要去想一想！一个自由的意大利！为什么，自奥古斯都的时代以来就不曾有过这样的事！"

烧炭党人受到了猛烈的迫害：被捕就意味着监禁或死亡，而他们往往会全部遭遇，因为他们通常会被投入摩拉维亚①（Moravia）那令人生畏的斯皮尔伯格堡垒（Spielberg fortress），公认是可以想象的最痛苦的地方。（一位名叫西尔维奥·佩利科［Silvio Pellico］的倒霉意大利作家于 1820 年因轻微犯罪被捕入狱，他写了一本书讲述了自己在狱中的遭遇——《我的监狱》[le Mie Prigione，1832]，据说这本书对奥地利造成的重创比一场败仗还大。）但有的时候，他们会在意大利被立即处决，顶多走个正当审判的过场。

这就是 1825 年 11 月，两名异见分子安杰洛·塔尔吉尼（Angelo Targhini）与莱奥尼达·蒙塔纳里（Leonida Montanari）的命运。他们长期密谋暗算教皇利奥十二世（Leo XII，1823—1829 在位），极力反对该教皇在教皇国绝对权力的延续。他们的做法应该说是无可指责的。利奥十二世是登上教皇宝座的人中最卑鄙的反动派之一。他不仅坚持教皇国的一切法庭审判程序必须由神职人员用拉丁语进行；他还禁止犹太人，特别是在罗马的犹太人拥有财产，并且命令他们立刻卖掉自己的所有物，同时要参加基督教的教理问答。他们唯一的救命稻草就是移居到教会的政治控制之外——去往非教皇国，即伦巴第、的里雅斯特或托斯卡纳。教皇国里的所有慈善机构都在教会的直接监督之下，所有的图书馆，当然还有学校也是一样。教皇对敌人神经过敏式的怀疑担忧只会造成人们的敌意，而他对此的反应则愈发严峻。如果一名裁缝设计了低胸或任何稍显暴露的裙子，她就会被逐出教会。如果她的客户穿了这种裙子，也会遭到同样的惩处。教皇对非正统的恐惧导致了一套告发、拷问与任意逮捕的体系，用来对付臆想的教义犯罪，宗教法庭的胡作非为与此相比都相形见绌。而这一套程序往往以嫌疑人的死亡告终。

不幸的塔尔吉尼与蒙塔纳里就遭遇了这样的命运，他们在罗马与一个名叫斯蓬蒂尼（Spontini）的教皇双面间谍狭路相逢。在发现了斯

---

① 摩拉维亚：今捷克东部一地区。

蓬蒂尼的真正使命即诱捕烧炭党后，塔尔吉尼哄骗他来到罗马一条幽暗的街道上，用刀刺进了他的胸口。这一击没有致命，但在随之而来的告发中，塔尔吉尼与蒙塔纳里两人都被宣判了死刑。教皇律法判处他们斩首。然而他们坚称无罪，绝不悔改，一直到最后一刻。

作为教皇国的君主，教皇拥有自己的刽子手——一名叫作马斯特罗·提塔（Mastro Titta）的官吏，他后来写下了自己的回忆录（不带有丝毫懊悔之情）。塔尔吉尼与蒙塔纳里在1825年11月被斩首于人民广场。

烧炭党也有来自非官方的敌人。神圣信仰党（Sanfedisti），一个由贵族与农民一致支持的秘密社团，发誓"绝不饶恕任何一个臭名昭著的自由党，不管其出身、血统或财富……要放干声名狼藉的自由党的最后一滴血，不管其性别或地位"。神圣信仰党在意大利就等同于"毁灭天使"（Exterminating Angels）之类的西班牙狂暴右翼恐怖组织。但他们的成员数量远不及烧炭党，烧炭党成员据称在三十万到一百万之间。可恶的政治警察（sbirri）连其中的一小部分都难以应付。虽然如此，据马志尼估计（他已在1830年加入烧炭党），他在伦巴第居住的街区就包含了300名警官、872名宪兵、1233名警卫，还有一大群半官方的告密者，这些人全部都向维也纳汇报消息。1830年，25岁左右的马志尼被逮捕，未经审判就被以"密谋反对皮埃蒙特国家"而关押。当他的父亲向热那亚总督提出抗议时，对方告诉他，"你儿子是多少有点才华的，可他也太喜欢在夜里独行沉思了。在他这个年纪到底有什么可思考的？我们不喜欢年轻人去思考，除非我们能搞清楚他们思想的主题。"马志尼随后被监禁在萨沃纳堡垒。

他于1831年获释，但迎来的却是相当于在一个穷乡僻壤被终身软禁的黯淡前景。为了避免这一点，他选择了流放，迁往马赛，在那里开创了一个叫做"意大利青年党"（La Giovine Italia）的社团，其政治计划以合并几个国家，建立一个自由的意大利共和国为基础。它在接下来的几年中取得了一定的成功，到1833年宣称拥有60000名

[433]

追随者——虽然这个数目还不够使整个意大利发生转变,但的确已足够扰乱萨伏依①(Savoy)政府,该政府对这场青年运动进行了无情的压制,将十二名运动的成员送上了绞刑架。马志尼最好的朋友雅科波·鲁菲尼(Jacopo Ruffini)自杀身亡。马志尼被缺席(in absentia)审理并定罪,被迫流亡伦敦。他从伦敦寄出大量信件与宣传册至其他国家——德国、波兰、瑞士——推动爱国青年发起独立运动。他甚至尝试在土耳其的军校生中煽动一场运动,预言性地把它命名为"土耳其青年党"(Young Turks)。从他们的队伍中,最终产生了凯末尔·阿塔图克(Kemal Ataturk)——未来土耳其的西化者。

马志尼建立理论、不断进行争辩,但他从来没有领导一场武装反抗。他希望连续不断地点燃暴动,这被证明是行不通的。每一次起义都失败了。奥地利警察的力量太过强大。奥地利的中央集权化到了极端的地步,甚至在1840年代的某段时间,磨损的警靴都必须寄回维也纳维修。虽然是这样,在1830和1840年代,异见者的星星之火一直在欧洲各处燃烧,他们追求本地宪法统治,而非奥地利殖民统治。他们标志性的焦点就是意大利。1846年,一位宣传册的作者抱怨了无限制的警察权力。"警察可以监禁一个人,驱逐他,将他限制在一个区域里,剥夺他的办公室,禁止他携带武器或者在夜间离开住宅。他们拆开他收发的信件,根本不打算隐瞒此事。他们可以侵入他的住宅,关闭商店、咖啡馆与客栈,任意罚我们的钱。"在罗马,政治嫌疑犯(几乎不需要什么条件就能被安上这一罪名)从日落到黎明都会被关在家中。他们还不得不每月参加一次告解圣事,自然,他们在告解室的保密制度下告诉神父的话都被例行公事地披露给了当局,作为"对知识分子阶层的特殊监视"的一部分。大多数外国书籍都被禁止,或者放进禁书索引里;就连经济理论方面的私人读书会也不得举办;

---

① 萨伏依:北至日内瓦湖、南至多菲内之间的西阿尔卑斯山地区,当时由萨伏依王室统治。

神父会拒绝赦免年老或临终之人,除非他们同意出卖自己的朋友与亲人。

意大利的自由主义者与民族主义者拼尽全力反击,时有精妙计策。于是在1848年1月,抗议者在伦巴第上演了一出公民抗命。市民们集体拒绝吸烟或购买国家彩票。这一行动通过损失奥地利的收入,使其陷入了严重的窘境,因为彩票和烟草业是国家专营的。赞成宪法的起义与示威在托斯卡纳、那不勒斯、西西里与米兰爆发。但直到朱塞佩·加里波第的出现,严肃而公开的冲突才真正到来。

加里波第出生成长于尼斯,当时该地是萨伏依王国的一部分,拥有广大的意大利语人口。他自然而然地去了海上谋生,他于1833年在俄罗斯海港城市塔甘罗格(Tagenrog)耽搁了几日,在那里结识了一名意大利政治流亡者乔瓦尼·巴蒂斯塔·库尼奥(Giovanni Battista Cuneo),当时他的身份是一名商船长。库尼奥是马志尼的追随者,非法的"意大利青年党"成员,他很快使年轻的加里波第加入了他们的信仰。从此,这位船长将毕生奉献于使意大利脱离奥地利控制的愿景。他说,这令他有了"如同哥伦布第一眼发现新大陆时的感受"。

[435]

他在意大利与马志尼见了面,加入了烧炭党,并且操之过急地在皮埃蒙特煽动了暴乱。所幸这仅仅使他被人盯上了——警方的名单上又多了一个反抗者。热那亚的一家法院缺席审判了他。他从意大利逃到马赛。从那里,加里波第开始了辗转的流浪。

他的旅程将他带到了巴西,在那里他支持了一场针对肉类税的共和起义。巴西的加乌乔人①自认为国家的中流砥柱,他们痛恨施加在销售"查尔克"②(charque)上的高税收。人们情绪高涨,以致爆发了称为"破衫汉战争"的小型内战。"破衫汉"(Guerra dos Farrapos)指的是反抗者与加里波第,他嗅到正在酝酿着的令人振奋的冲突,于

---

① 加乌乔人:居住于南美大草原上的印第安人和西班牙人的混血种族。
② 查尔克是一种巴西式风干腌牛肉,为一种主食。

1839年加入他们之中。在战争期间,加里波第与一位勇敢而坚毅的女性安娜·里贝罗·达·席尔瓦(Ana Ribeiro da Silva)——人称"安妮塔"(Anita)——相识相爱,在一系列战斗中与他并肩作战。虽然没有确凿的证据,但是据说,加里波第支持者们红衬衫、斗篷和宽贝雷帽的制服就是安妮塔发明的——这种红布产自蒙得维的亚的一家工厂,最开始是订制销售给阿根廷一家屠牛场的。一些人相信,这一加乌乔人的套装正是以红色作为革命象征的起源,后来又传到了俄罗斯与布尔什维克们那里。

1842年,这对夫妻登船前往乌拉圭的蒙得维的亚,他们组建了一支"意大利军团",在一场内战中支援乌拉圭自由派反抗保守派元首胡安·曼努埃尔·德·罗萨斯(Juan Manuel de Rosas)。可是,意大利的局势成了他牵挂的中心。革命的气息弥漫在欧洲各地,他是意大利人,不是南美人,他身为起义者的责任属于意大利,而不是乌拉圭。"新近当选的教皇庇护九世(Pius IX)明显是自由派、同情改革"的错误消息占据了加里波第的内心。1846年,教皇宣布大赦教皇国内所有政治犯的事实又为这一误解增加了可信度。

1847年,他给教皇办公室写了一封信,自请"为保卫庇护九世的救赎事业抛洒热血"。第二年,他带着自己军团中占一小部分的六十人乘船回到意大利。他提出为撒丁-皮埃蒙特国王查尔斯·阿尔伯特(Charles Albert)提供资助,这位国王刚刚在皮埃蒙特颁布了一部宪法,但很快,加里波第的又转向效忠更有前途的米兰人了,3月,他们经过五天的斗争,已经将奥地利占领军逐出了米兰城。威尼斯人也同样奋起抗击奥地利霸主,宣布建立共和国。与之类似的,教皇国——令庇护九世惊骇——也声明拥护共和制。

当时的加里波第受到总是操之过急的马志尼的激励,带着接管军权的希望下行至罗马。11月,庇护九世从罗马向南逃往那不勒斯。但对于加里波第来说,这却不是一场胜利。路易·拿破仑(Louis Napoleon),即未来的拿破仑三世(Napoleon III),决心恢复教皇的地位与他的世俗权力,以此保卫教皇国。他派出一支军队,试图将加里波第赶出罗马。一开始,他们的兵力比加里波第的强大,可却于1849年4月在城门下就吃了败仗。随后,法军的增援部队抵达,经过四个星期的包围战,他们又逆袭逼得加里波第与共和军不得不撤退。依据匆忙达成的停战协议,加里波第带着他的部下——当时约有4000人——在1849年7月2日撤离了罗马。他的想法是,从亚平宁山脉的各个据点出发,以游击队的形式保持对罗马的压迫。"我们在的地方,"他以令人敬畏的挑衅宣布,"那里就是罗马。"当这一战术不奏效时,流亡军开始向威尼斯进发,但他们的兵力在途中折损大半;到残部抵达圣马力诺时,只剩下了250人,向来英勇的安妮塔也已在撤退途中死于科马基奥(Comacchio)附近。她的逝去只会令她留在世上的丈夫愈加铁了心地要夺取胜利,虽然还要经过几年的时间,才能等来下一次机会。

与此同时,法国军队进入罗马,重建了教皇的军事与政治权力。在纽约(1850)、秘鲁(1851),甚至澳大利亚(1852)短暂逗留之后,加里波第在撒丁岛以北的意属卡普雷拉岛(Caprera)上买下一块土地,定居下来务农。不过这仅仅是个间歇。1859年,他在撒丁发动的一场反抗奥地利政府的独立战争中被任命为将军,率领着一支名为"阿尔卑斯猎人"的部队侵扰了山上的奥地利人。

他于1860年赢得了撒丁的独立,同年皮埃蒙特得以吸纳了数个北方的公国——托斯卡纳、摩德纳、帕尔马与罗马涅(Romagna)。在意大利民族主义者看来,下一个目标就是两西西里王国了,该王国包含意大利大陆南部(以那不勒斯为中心)以及西西里岛本身,由那不勒斯人统治。到那时,加里波第已经相当坚定地认为,统一的唯一希望就是维托里奥·埃马努埃莱统治下的君主政体。①

---

① 维托里奥·埃马努埃莱二世(1820—1878),撒丁的查尔斯·阿尔伯特与奥地利的玛丽亚·特蕾莎之长子,1849年在父亲战败退位后登基为皮埃蒙特-撒丁国王。——原注

从热那亚出发，他计划进攻西西里与那不勒斯，该计划得到了首相加富尔（Cavour）的支持，英国也为此提供了隐蔽的援助。1860年5月，两艘汽轮组成的远征军从热那亚附近起航，装载着加里波第麾下的一千名志愿兵。

这支远征军以"千人军"（意大利语为"Mille"，他们是主要来自伦巴第与威尼西亚的志愿兵，也被称作"红衫军"）为名，在西西里西部的马尔萨拉（Marsala）登陆，在那里，加里波第宣布，他将以维托里奥·埃马努埃莱之名建立统治整个西西里的独裁政权。5月中旬，在卡拉塔菲米（Calatafimi），千人军在对战那不勒斯军一支2000人的分遣队时初战告捷。于是，从前持中立态度的西西里人开始加入千人军——那不勒斯军中甚至出现了集体大逃亡。很快，千人军就增长到了约4000兵力。加里波第包围了西西里的首府巴勒莫，他的军队在5月末拿下了这座城市。捷报频传——米拉佐（Milazzo）、墨西拿（Messina）也接连攻克。到9月末，意大利南方对加里波第的抵抗已几近瓦解；加里波第的部队已经越过狭窄的海峡登上意大利大陆，占领了卡拉布利亚，这违背了加富尔的建议，却令维托里奥·埃马努埃莱二世十分高兴。原本一直在支撑教皇领土的路易·拿破仑军队，如今却放任皮埃蒙特军队从北方长驱直入，为加里波第提供了决定性的援助。两西西里国王弗朗西斯二世（Francis II）被迫离开那不勒斯的王座，转移到加埃塔（Gaeta）的堡垒中，最后只能流亡于对他亲善的奥地利。1860年10月，公民投票正式确认，两西西里王国兼并至撒丁王国，前者在此刻灭亡。新诞生的意大利王国——一个在当时还不包括罗马的实体——于1861年3月成立，以维托里奥·埃马努埃莱二世为国王，由首届意大利国会在都灵宣告，加里波第将南意大利的管辖权移交给新的国王。他带着民族英雄的身份退休回到了卡普雷拉岛上的农场，并且宣布自己已准备好退出维托里奥·埃马努埃莱余下的统一大业。

这个计划并没有成真，因为许多——在某些地方是绝大部分——

[438]

意大利南方人拒绝顺从皮埃蒙特的统治。国民军队的120000人中，有超过一半的兵力不得不被派往两西西里镇压前波旁王朝臣民的不满，他们实际上就是占领军。南方农民深厚的天主教情结支持一切反对新政权的方式。一开始，南方的神职人员支持反抗维托里奥·埃马努埃莱的教皇官员——国有化教会财产的新律法尤其令他们愤怒。他们强烈痛恨一切试图剥夺教廷世俗所有物的努力。当他们阻挠新政策的尝试以失败告终时，他们转而鼓励起"抢劫"，南方人将这种行为单纯看作一种对自己领土权的表达。神父在布道中公然称南方的土匪为兄弟。他们祈求圣母马利亚降下奇迹，把皮埃蒙特人与他们"篡位的国王"赶回北方老家去。

[439]

许多心怀不满的南方人设法乘船去了美洲。留下来的土匪大部分转型成了黑手党，倘若没有维托里奥·埃马努埃莱二世与皮埃蒙特人的镇压，他们绝不可能成为如此强力自我保护的社团。对于这种镇压的反抗归纳在"缄默法则"（omerta）的实践中——保持嘴巴紧闭，绝不向陌生人泄密，特别是向政治警察（sbirri）。最重要的是，绝不在法庭上为被控犯有任何罪名的任何人向高层权威作证。卡拉·乌略亚（Cala Ulloa），在那不勒斯流亡政府中充当"首相"的波旁家族成员，在1863年谈到了"戒严令是如何严厉而无情的实施"。然而，皮埃蒙特人"将那不勒斯置于戒严令下达六个月之久。他们对待那不勒斯人不是当作为自身独立而战的人民，而是当作反抗主人的奴隶"。

此外，身在罗马的教皇也不愿放弃阻止统一。他决心紧握教皇国不放，并且将任何试图把它吸纳入一个联合单一的意大利国的努力都视作对他天赐权利的凶恶侵犯。然而，生活在自己小岛上的加里波第却下定决心要攻取罗马。加富尔也是如此，在1861年的一次演讲中，他宣称，"罗马是意大利唯一不止拥有当地记忆的城市……罗马，只有罗马才能作意大利的首都……我们必须去罗马，但有两个条件：我们必须在与法国协商一致后去往那里，而教宗的真正独立性绝不能被削弱。我们必须去往罗马，但世俗政权的势力绝不能延伸至宗教界。"

[440] 到目前为止,要解决所谓的"罗马之问",似乎只有三个可能的方法。要么是从前的教廷领土被外国军队重新征服,然后像1849年以前那样为教皇持有;或者经协商,由教皇完全放弃这些领土的主权;又或者,将从前教皇领土中围绕罗马的一小部分分配给教皇,并由外国军队保卫。实际的情况是最后一种,由法国担任占领担保人。第一种方案是绝不可能的,而第二种方案永远不可能得到庇护九世的同意。

1862年,加里波第与他的红衫军试图冲进罗马,但在他们的进军真正开动之前就被打退,加里波第本人的脚上还中了一枪。1864年,在《九月公约》包含的内容中,拿破仑三世同意于两年内撤出他在罗马的驻军。然而,罗马的人民并没有像共和主义者预期的那样起来反抗教皇。相反,他们大力支持法国与教皇军队。结果在1867年,加里波第与红衫军在门塔纳(Mentana)战役中被击退,六百名意大利志愿兵阵亡。再一次地,向罗马的进军失败。但意大利的统一大业没有败——1870年,法国与普鲁士之间爆发战争,法国军队在色当(Sedan)战败。这意味着,法军不得不退出罗马,而在1870年9月,意大利军队开进城内,取代了他们。终有一日,罗马成了团结在新国王维托里奥·埃马努埃莱二世之下的意大利的首都。

似乎没有几个意大利人——在意大利之外就更是没有人——将这位新国王视为政治天才。"懒惰、粗鲁、善妒、小气而暴躁"是人们众口一词的判断,英国外相乔治·威利尔斯(George Villiers)认为,"维托里奥·埃马努埃莱是个低能儿;他是个不诚实的人,到处说谎,他最终将会丢掉自己的王冠,把意大利与他的王朝双双毁掉。"他的子女实在够多。除了他与表妹——哈布斯堡的玛丽亚·阿德莱德(Maria Adelaide of Habsburg, 1822—1855)——生育的八个孩子,他还与[441] 各个情妇生了多名子女:他的大情妇(maitresse en titre)罗莎·特蕾莎·圭列里(Rosa Teresa Guerrieri)生了两个,劳拉·波恩(Laura Bon)生了两个,弗吉尼娅·罗(Virginia Rho)生了两个,还有其他知名度较低的情妇生了多个女儿。他是个正派的爱国者,似乎担得起自己"绅士国王"(il re galantuomo)的诨号,但在他身后却没留下什么智慧或思想的痕迹。

然而,他的确坚信,意大利应当统一为一个国家,由他自己来当国王,老谋深算的统一缔造者加富尔当首相,而教皇国——连同其统治者庇护九世的世俗权力(即使不包括宗教权力)——则什么都不是。

如果我们假设这样的政治事件会被直接反映在意大利文化,特别是罗马的绘画中,这完全是徒劳的。不是画家,而是作家受到了这些事件的触动。然而,在19世纪意大利绘画(至少是其中的一部分领域)与政治的纠缠之间,虽不含因果关系,但确实存在着一种韵律。

雅克-路易·大卫
《贺拉三兄弟的宣誓》,1784年
布面油画,326×420 cm;巴黎卢浮宫博物馆

可是，为艺术带来改变的事件并不是开端于罗马。

19世纪中期，一个十人左右的艺术家团体在托斯卡纳形成。他们的会面地点为佛罗伦萨的米开朗琪罗咖啡馆（Caffe Michelangiolo），他们共同的兴趣是风景画。他们全都反对佛罗伦萨美术学院（Florentine Accademia delle belle Arti）的正规化教学，而且普遍支持意大利统一，就像大多数年轻艺术家自然而然地那样——意大利统一象征着意大利自由，这是一份他们全心渴望的自由。1799年后，拿破仑入侵托斯卡纳、驱逐奥地利大公斐迪南三世，佛罗伦萨的官方艺术风格就成了法国式的新古典主义：大卫与后来的安格尔（他于1820年到1824年间在佛罗伦萨工作与教学）是其中的楷模，而其中心就是美术学院。这座机构的主要装饰者，是专精于帝国庆典的勤劳历史画家彼得罗·本韦努蒂（Pietro Benvenuti，1769—1844），他为拿破仑创作的最大作品就是后者于1806年在耶拿获得胜利的画作——《撒克逊人的誓言》（The Oath of the Saxons，1812）。可是，年轻一代的艺术家对"机械"复制这些新古典主义并不那么感兴趣。渐渐地，他们之间达成了一种共识，即以明暗对照表达出的直观色调的真实性才是更重要的——明暗对照就是明与暗之间的关系，以增长的清晰度与简洁度的色调关系来描述，就像在普通事物上所见的那样。因为这些画家——其中的主要人物为特勒马科·西尼奥里尼（Telemaco Signorini，1835—1901）——以粗线条和色块表达该关系，他们被命名（当然是由一位敌对的批评家）为斑痕画派（Macchiaioli）。

将这些年轻艺术家看作乡巴佬的想法是错误的。他们不是无家可归的印象派，而是完全不同的其他类型画家。他们中的一些人去过巴黎，充分意识到了印象派的发展。他们也从摄影术中获得了动力，这门技术在1860年代蓬勃兴起，成为都市与风景画的来源。（佛罗伦萨的"阿里纳利兄弟"[Alinari Brothers]摄影公司为再一次日益增多的游客提供留念与记录，在19世纪60年代迎来了第一次大发展。）西尼奥里尼于1868、1874、1878、1881、1883与1884年前往巴黎，在一定程度上是为了拜访其他画家（他将德加列为自己的密友之一），并且在1881年于爱尔兰旅行之后，通过画作《利斯》(*Leith*)展现出了一种相当早熟的现代性，该作品以一张粘贴在杂货店墙壁上的巨型戏剧海报为主——超前许多的波普艺术。然而，没有任何迹象表明，他或其他任何斑痕派画家受到政治情感的推动，画出了他们当时当地对意大利的见解。其中有些人确实参军入伍，为他们意大利统一的信念而战。西尔维斯特罗·勒加（Silvestro Lega，1826—1893）画下了一队队的统一军神枪手在1859年加里波第抗击奥地利的战争中引俘虏下狱的情景。但是在大多数时候，政治的地位次于艺术。

　　斑痕画派中最长寿也最多产的画家是乔瓦尼·法托里（Giovanni Fattori，1825—1908）。人们已知他创作了超过八百幅油画，大多数作于1861年之后，这些作品全部显示出了他对自然始终如一、坚定不移的眷恋。但对于罗马本身，它们却几乎什么也没说：法托里的主要题材是田园乡村，是罗马城以北马雷玛的风景。一个社会政治意见深远而鲜明的变革，甚至是动乱，也许在画家们的笔下产生不了多少直接的反映，这是又一例证。

　　但有时，建筑又是另一回事了。绅士国王维托里奥·埃马努埃莱二世于1878年去世，儿子翁贝托一世（Umberto I）继位。受到翁贝托孝心的激励——"孝顺"这种感情并不总是很容易与烧钱而变相的自我陶醉区分清楚，特别是在意大利——意大利人开始规划建造一座有史以来献给西欧国家领袖的最庞大、最浮夸的纪念物。它更为引人注目的一点是，19世纪晚期是一段罗马建筑学近乎完全荒芜的时期。除了献给维托里奥·埃马努埃莱二世的纪念物，实际上19世纪下半叶的罗马没有建造任何值得细细观赏的建筑物。这是自尤利乌斯·恺撒的时代以来目前为止给予意大利统治者——或者说是给予任何一个意大利人——的建筑纪念物中最宏大的行动。在规模或引人注目的程度方面，为纪念但丁、米开朗琪罗、克里斯托弗·哥伦布或任何其他改变世界的意大利人而建造的产物都难以望其项背。在罗马，看不见

[443]

它的地方不多，更没有几个地方不见它那白色的主体若隐若现——与其过分夸张歌颂对象的平庸特性极不相称。

这座纪念物宽 443 英尺，高 230 英尺，全然无情、丝毫不顾及周边环境地砍凿入一直以来被视作罗马最神圣的古代地点、充满历史沉淀的地方——朱庇特神庙坐落的山丘，顶着米开朗琪罗的广场与马可·奥勒留的雕像，那雕像的双眼凝视威尼斯广场。在视觉上，它完全抹杀了山上的其他一切。一百年以后，我们可以肯定地说，在这山上想顶着保护主义者的抗议、清出鸡笼那么大的地方也是不可能的，但在那时，这根本不算什么事。19 世纪晚期不是 20 世纪晚期，而且无论如何，对于自己近期历史的重要性，那时的意大利人看得要比今天更高。

几十座中世纪建筑物，甚至一些古代教堂因此被夷为平地，为这硕大无朋的怪兽腾出空间。纪念物的工程于 1884 年开工，在其建筑师朱塞佩·萨科尼（Giuseppe Sacconi）于 1905 年去世之后，还一直继续了很长时间。它于 1911 年揭牌，但直到 1935 年才被认为落成。那时，贝尼托·墨索里尼——一个明显具有建筑热情的人——已是意大利的绝对统治者，但"领袖"（Il Duce）似乎不打算干涉萨科尼几近疯狂的绚丽设计。这些设计完美诠释了亚历山大·蒲柏[①]关于暴发户贵族的房产所作的诗句："瞧！多少堆的渺小比比皆是！"这座建筑物包括无名战士墓，连同永恒之火，从十几具同样无名而无法辨认的遗体中，由一位来自格拉迪斯卡迪松佐的丧子意大利母亲在战争结束之时选出。这里还坐落着意大利统一博物馆，充斥了你预料会在此见到的杂乱半身像、文档、地图与武器。学校团体不时来此参观，有些精力更充沛的游客还设法攀登至巨型大厦顶部的弧形柱廊，但这里并不是城中人群较为拥挤的地点——也不算较美丽的地点，就像它的某些绰号提醒你的。它的称呼多种多样，如"打字机"

[①] 亚历山大·蒲柏（1688—1744）：18 世纪的英国诗人。

(macchina scrivere)——因它看上去像那种旧式的打字机器。如"英国汤"(zuppa Inglese)——一种对奶油松糕的通称，还有"婚礼蛋糕"(torta nuziale)。如"假牙"——暗示它永远炫目的洁白。以及，最流行的绰号——"国家尿壶"(pisciatoio nazionale)。

"国家尿壶"不仅仅是罗马最庞大的建筑，其材质也显眼到了荒谬的地步，没有办法使它与周遭环境适应起来。罗马建筑物的颜色普遍为牙白、浅黄至赤褐：石灰华、砖块、凝灰石与其他本地材料的温暖色调。建造维托里亚诺（Vittoriano）的石材则完全不是本地的。这种石材叫"博蒂奇诺"（botticino），是一种斥巨资用铁路货车从地理遥远的布雷西亚进口而来的惨白色大理石。无论从设计还是材质方面来看，这个"打字机"都不够罗马化，而在事实上，它就不是罗马式的。它是希腊－条顿式。设计这座建筑物的建筑师的确是意大利人，但他的灵感来源于德国建筑师利奥波德·冯·克兰泽（Leopold von Klenze, 1784—1864）——一位相当执迷而奇异的新古典主义者，巴伐利亚的路德维希一世（Ludwig I）的宫廷建筑师。该建筑风格的起源是政治性的，受到1880年代三国同盟（Triple Alliance）的影响。在德国、奥匈帝国与意大利之间存续至"一战"爆发的盟约中，各强国成员承诺，一旦某个成员受到攻击，其他成员都会为其提供支援。意大利的普罗大众对此并不热情。毕竟，奥地利向来被证明是意大利独立的敌人：它早已显露出一个凶狠殖民国家的本色。

然而，冯·克兰泽的白柱与希腊复兴式风格遍及欧洲。他不仅建造了慕尼黑古代雕塑展览馆（Glyptothek）与慕尼黑老绘画陈列馆（Alte Pinakothek），还受到俄罗斯沙皇尼古拉一世（Nicholas I）的委托，设计了圣彼得堡的新埃尔米塔日博物馆（New Hermitage），受路德维希一世之子奥托（Otto）的委托，为重建雅典做了设计，其中包括修复雅典卫城。1687年，一枚偏离轨道的威尼斯迫击炮轰炸了帕特农神庙，该建筑受到了灾难性的损毁，而帕特农神庙当时是土耳其人的军火库。

[445]

为寻求证明意大利与古典过去之联系的新古典主义建筑物，克兰泽提供了一种简单的，事实上几乎是强制性的模版。冯·克兰泽最喜爱的建筑物之一，是公元前2世纪在土耳其帕加马（今贝尔加马）希腊殖民地的希腊式祭坛，连同其描述巨人之战的巨型石雕带，它于19及20世纪初被德国考古学家分裂为碎片劫走，破坏成一截截地装船运回柏林。该祭坛包括一个下级墩座，承载着一条113米（371英尺）的雕刻带，表现赫西俄德《神谱》中描述的神族与巨人族之间的战争。这一巨型基座的顶部是一个敞开的柱廊。① 这座装饰繁复壮丽的建筑物在千百世后的子孙，就是阿尔伯特·斯佩尔（Albert Speer）为阿道夫·希特勒设计的演讲台，面朝纽伦堡的齐柏林菲尔德（Zeppelinfield）（还好没有纳粹版本的帕加马巨石像）。

克兰泽改编自帕加马设计的作品之一是慕尼黑的U形名人堂（1850），他已经在该地建造过其他希腊式建筑物，以毕生的努力满足他的君主那永不知足的希腊文物癖。从这里出发，再加上对帕加马祭坛本身的记忆，萨科尼派生出了维托里亚诺的设计，甚至比帕加马祭坛规模更大——在规划中长出约70英尺。它在布局上与帕加马的原作及冯·克兰泽的名人堂都不同的主要一点是，它的顶端柱廊呈现凹形的弧线，而非直线。这座建筑物上堆满了大量雕塑，甚至到了过度的地步：不仅有一座十米高的埃马努埃莱骑马像、② 两座胜利女神驾驭双轮战车的雕像，还有几十块博蒂奇诺材质的白色浅浮雕，象征意大利各区与市，如今由这一伟大的政治事件统一在一起，连同装饰有垂花、漩涡、老鹰与其他庆贺道具。它们提醒着参观者，在那个世纪之交，有多少能工巧匠云集意大利，而他们如今又是怎样被忘得一干二净——对于今天是一个教训。如今，有谁还会记得那些名动一时的

---

① 关于神与巨人之战的叙事很可能象征着珀加摩人概念中，自己的王朝保卫希腊式精神气质免遭北方"蛮族"的入侵。——原注
② 在一些照片上，参与施工的雕塑家们相当不舒服地挤满了马雕像洞穴般的肚子，身边围放着一瓶又一瓶苦艾酒，就像醉醺醺的希腊人进入特洛伊。——原注

地方雕塑家——创作"伦巴第"的埃米利奥·比希（Emilio Bisi）、伊塔洛·格里塞利（Italo Griselli，创作了"托斯卡纳"），或西尔维奥·斯布里科利（Silvio Sbricoli，创作了"阿布鲁佐"），全部都为萨科尼所称的"绅士国王的瓦尔哈拉圣殿"①（Valhalla）作出了贡献？呜呼，答案是没有人，就像没有人会记得我们今天绝大部分的当代艺术，当"当代"成为过去。

维托里亚诺也是一座反纪念物。它歌颂的是一个统一的意大利的首任国王，但也含蓄地标志着教皇世俗权力的终结。充分行使这一权力的最后一位教皇是庇护九世，而他也是天主教会历史上在位时间最长的教皇：他于1846年当选，占据教皇宝座直至1878年去世。没有几个教皇能接近这一纪录，更无人与之齐平，因为通常他们登位的时候就已六十多岁了。

原名乔瓦尼·马里亚·马斯塔伊·费雷蒂（Giovanni Maria Mastai-Ferretti）的庇护九世是以自由主义者的身份开始教皇任期的，或者说，许多天主教徒是这么认为的。因此，他对意大利的民族主义情感表现出了一定的同情——虽然并不太多——只要它别威胁到教廷及其手中的利益。他支持起草了一份罗马的宪法框架，并且释放了若干名政治犯，这些人是在他的前任——极端保守的额我略十六世卡佩拉里（Gregory XVI Cappellari）统治期间被控告的。

［447］

但这样的温情并不持久。就像在那个激烈反教权时代的许多强权人物一样，令邻近的奥匈帝国惊慌而怀疑的是，他一开始是以一个（相对）进步者的面目出现的。虽然他并不鼓励新教，但至少没有谴责其信徒，甚至还允许他们在这座"神圣之城"中根据自己的礼仪做礼拜。他对在自己的封地罗马城内进行社会改革表现出了严肃的兴趣，他在此地开展了一项街道照明工程，甚至还建设了第一条铁路，不时乘着自己的教皇专车——现代"教皇座驾"的先祖——出现在大

---

① 瓦尔哈拉圣殿：北欧神话中死亡之神奥丁款待阵亡将士英灵的殿堂。

众视野。他在当选以前还去过美洲，是第一位跨越大西洋的教皇，也作为教廷大使的助手游历了一些南美洲的共和国——这一姿态后来带来了美洲忠于罗马天主教的红利。用数据说话：1846年，北美洲的天主教神父约为700人，到了1878年，数字上升到了6000人。

虽然如此，不久之后他就开始变了，使他在右倾的道路上走得太远。在1848"革命之年"，意大利与欧洲各地的政治情绪是如此高涨，也令他无法做出别的选择。在这一点上是容不得机会主义的。他真切地感受到，世界信仰的稳定性正在溜走，受到良心的推动，他必须站出来与之抗争。法国已经爆发了工人起义，路易·菲利普（Louis Philippe）随之退位——他在第二年就与世长辞了——路易·拿破仑当选为共和国总统。维也纳的革命已迫使梅特涅辞职。在布拉格，捷克民族起义被奥地利军队镇压。撒丁对奥地利宣战。民族主义者拉约什·科苏特（Lajos Kossuth）在匈牙利掌权得势。

然而，在教皇看来尤为蕴含着直接威吓的是，罗马也爆发了叛乱。庇护九世的首相、教皇国的首席部长、自由派人士佩莱格里诺·罗西（Pellegrino Rossi）于11月在梵蒂冈优美的文书院宫（Palazzo della Cancelleria）台阶上被刺杀，据推测行凶者应该是医学生，他们曾事先在用于解剖的尸体上做过练习，以便准确找到割开颈静脉的位置。通常这种危机是这样发生的，可靠的瑞士近卫队放下了手中的戟，将教皇基本上没有防卫地置于民族主义风起云涌的欧洲——一个令人难以置信的想法，但却是无可否认的事实，教皇对此的反应是外出流亡。打扮成一名普通神父，他向南逃往加埃塔，这是一块两西西里王国的封地，处于斐迪南二世的保护下。

教皇的离开在罗马激起了一片欢欣鼓舞：罗马共和国在1849年早早宣布成立，盛大的烟火表演在耶稣受难日亵渎神明地上演于圣彼得广场。随之而来的是对教皇财产的洗劫与破坏。远在加埃塔安全地带的教皇对此作出的反应是将曾经参与这些暴行的所有人逐出教会，他向圣母顶礼膜拜，相信是圣母救了他一命。更现实的一点是，曾经向庇护九世确保会坚定支持他的新任法国总统路易·拿破仑，派遣法国军队前往罗马，将共和国扼杀于胚胎期。作为支援庇护九世的维和部队，他们将在这里留驻二十年，这使得罗马城内外的意大利民族主义者心中的愤恨不断升温，终至爆发。

人们有时认为，庇护九世对教条的追求旨在反抗与减弱非天主教信仰的效力。但事实并非如此——总之主要目的不在于此。它的主要斗争目标是教会内部持有的"自由派"观点。除了细心审慎的天主教徒，没有谁会认真关心如《谬说要录》(Syllabus of Errors) 这样巨细靡遗、吹毛求疵的文件，或者不去将它视作一份长长的教会抱怨，甚或是一份绝望的清单。还不如说，它是未来所谓"教皇极权主义"的宪章。

教皇极权主义 (ultramontanism)，字面的意思是"遵守阿尔卑斯山另一侧发起的理念"，它指的是罗马相对于天主教会其余地区的地理位置，尤其与法国出现的"高卢主义"(Gallicanism，即限制教皇权力主义) 形成对照，后者表示的是其他教会采取的非罗马式仪式，以及（在庇护九世看来）趋于悲哀，近乎罪恶的倾向，即给予民族政府、民族教会与当地主教团惯例与意见的重要性大过给予罗马的。信奉教皇极权主义的天主教徒是严格而条件反射性服从的，并且在任何事情上都是教条主义者：坚定不移地追随庇护九世。对他（她）而言，民族政府的意见与教皇政策中体现出的永恒真理相比根本不值一文。因此，如果某个民族政府——比如说爱尔兰或德国政府——在天主教解放运动的准许下，认为某个主教候选人在政治上不可取，于是希望否决这一任命，这是不会作数的，一个更灵活的教会才能容忍这一点。现在不能容忍了，再也不能容忍了。特别是，极端不合时宜的《谬说要录》针对的是庇护九世与罗马教廷眼中所谓"法国大革命的邪恶与持久影响"，而这场革命已经于一个世纪之前发生。

这些"谬说"是什么？《谬说要录》列举了约八十条。有些属于最基本的类型。认为"教会与国家应该彼此分离"是一条"谬说"（第55

条)。认为"婚姻关系并非不能解除"且世俗政权有权准予离婚,是一条"谬说"(第 67 条)。认为在某些天主教国家定居的人有权"公开进行自己独特的礼拜",并且无论是浸礼宗还是穆斯林,抑或是拜火教徒皆是如此,这是一条"谬说"。认为教会没有权力"武断地定义"自己的宗教为唯一真正的宗教,或者其需要"世俗政府的许可与同意"才能行使其权威,这也是一条"谬说"。凡此种种,连篇累牍。其顶点无疑是最后的第八十条,以昏聩的威严宣告,罗马教宗"绝无可能与进步、自由主义及现代文明达成和解与让步"。

我们不是经常能说一个官方文件全盘皆错,但《谬说要录》就像路德去世以来天主教会阐述的一切事物一样,接近于这个高贵的地位。说它陈旧过时是对其影响力的轻描淡写。它将天主教正统信仰置于多重敌对关系之中,不仅与时代思潮中谨慎发展的自由主义,还与科学及近代哲学中的发现对立,这将花费几代人的时间才能平复其在教会中的影响。甚至有人会说,从现任教皇本笃十六世人尽皆知的保守主义来看——这位教皇的习惯就是教皇的一切发言是"事实且绝无错谬的"——这种影响力还未平复,而《谬说要录》造成的伤害是永久性的。

不可避免地,许多教会内的温和派将其视作对教会中"最有才干与最具说服力的捍卫者"的一次打击,用英国政府驻罗马代表欧多·拉塞尔(Odo Russell)的话说,这些人现在"再也不能(为捍卫教会)说话而不被指控为异端了……沉默与盲目服从必将成为他们今后的唯一人生准则"。许多人相信,教皇已经将自己置于"教会对抗现代社会原则的广阔阴谋集团之首领地位",这确实是真的。以一己之军队隔离开教皇与"复兴运动"部队的法国政府禁止了《谬说要录》。"倘若我们不能成功制止这愚蠢的繁文缛节,"奥尔良大主教迪庞卢(Dupanloup)写道,"教会就将在半个世纪里被欧洲定为非法了。"

当人们渴望清晰明确的意识形态保证时,就会以特别的热忱拥抱宗教,而庇护九世这份笃定产生的效果是使教会更普及,而不是日渐式微,不仅在意大利,而且在欧洲其他地区及南北美洲。神职人员与世俗的宗教团体四处扩展;教会在非洲与亚洲的传教范围得到了增加。庇护九世创造了超过200个新的主教辖区。曾在法国被大革命摧毁的教会戏剧性地恢复了,产生了信仰与崇拜的漫长爆发,教堂建筑如雨后春笋般涌现,大众的圣母马利亚奇迹崇拜愈加增长,譬如卢尔德①(Lourdes)的疗愈之泉。相较而言,与更加审慎的道德神学有理有据的表达相比,许多人更偏爱关于信仰的直抒胸臆,而庇护九世对此一清二楚,他的《谬说要录》谴责一切种类的理性主义、社会主义与自由主义。许多人憎恨他,但他依然是一位广受喜爱的教皇。当你划十字时,你知道他与你同在。

[451]

这有助于解释天主教徒中对庇护九世涉及圣母马利亚的观点与教义那令人困惑的热情,以及他统治期间圣母崇拜在天主教信仰中享有的巨大威望。早期的教会没有对圣母及她的神话给予多少关注。基督的历史存在是有充分证据证明的。然而,他那据称是处女的母亲却几乎没有任何证据可言。显然,耶稣肯定是有母亲的,但关于她及她在天主教会中受到的崇拜,我们却近乎一无所知——包括她那广为传颂、全然令人难以置信的童贞。"马利亚崇拜"(Mariolatry)本质上是一个变种——虽然是一个极度膨胀的变种——其根源为远在基督教之前出现的神话母亲崇拜。她第一次出现在艺术中是公元3世纪的地下墓穴画,描绘了"圣母领报"与"三博士来朝"的情景。这代表着一位已有的异教神祇——库柏勒(Cybele)的基督化,她最初是在小亚细亚地区受到崇奉,但奉她为诸神之母的信仰于公元前3世纪初被带到了罗马。到罗马帝国时期,这已经发展为一年一度的庆典,被人与埃及丰饶女神伊西斯(Isis)联系起来,而伊西斯在战神广场拥有自己的神庙。从这里到崇奉圣母马利亚为耶稣的真母只有短短一步之遥。据说在圣地发现了使徒路加——艺术家的主保圣人——为圣母马利亚绘

[452]

---

① 卢尔德:法国西南部城市。

画的肖像真迹，这一事件加强了人们的崇拜。这幅珍贵的手工艺品，即所谓的"赫德戈利亚"（Hodegetria），很可能在1453年的君士坦丁堡围城战中被土耳其人销毁，原本特别为其修建的赫德根（Hodegon）教堂就坐落于该城。（没有圣母马利亚的物质遗迹，因为根据教理，她已经被上帝整体接进了天堂，因此"赫德戈利亚"是教会拥有的最接近于圣物的物体。这幅画有多件复制品，其中一件位于罗马的万神庙内。）

在《谬说要录》出版的五年后，1869年末，庇护九世召开了被称为"第一次梵蒂冈大公会议"（First Vatican Council）的主教集会。该会议的目的是，通过将势力与权威集中到教皇与教廷手中，来击败"高卢党人"（Gallicists），而在这一点上，会议获得了显著的成功。该会议上拍板的大问题是"教皇无谬论"（Papal Infallibility）。以宗座权威（ex cathedra，意即在至关重要的教理事务上，以其职位的全部官方分量）发言的教皇可能在实际中犯错吗？或者，上帝会亲自出手阻止他犯错吗？投票结果显示，上帝显然支持"无谬论"，虽然背后不乏教皇与教廷的大量政治活动。

庇护九世对主教们进行了无情的威吓。出席大会的800名左右主教中，约350人在经济上依赖梵蒂冈，而他们被直截了当地告知，任何对庇护九世路线的异议都会招致资金的彻底断绝。大会没有进行不记名投票。一位法国代表，主教菲利克斯·迪庞卢（Felix Dupanloupe）在日志里透露，"我再也不要来开大会了……虚伪、浮华与持续不断的说谎迫使我不得不与此处保持距离。"于1962年被任命为第二次梵蒂冈大公会议（Second Vatican Council）官方神学家的现代天主教神学家汉斯·昆（Hans Kung）认为，第一次梵蒂冈大公会议的"声誉受到了极为严重的损害"，以致其通过的无谬论教义是无效的。"承认这一点也许是痛苦而尴尬的：这次会议更像是一场刻意组织、被人操纵的政党大会，而不是一场自由的基督教信徒集会。"昆提出，教皇要将无谬论转化成教条是出于四个原因。"庇护九世有一种神圣使命感，他将其发扬到了极致，他向来是个两面派，他在精神上出现了障碍①，他滥用了自己的职权。"滑稽可笑而又不出意料的是，教会于1979年禁止了在学术上无可挑剔的昆再以教会的名义教授神学。

不言而喻，在强制通过了教皇无谬论的投票后，庇护九世的当务之急只需再作出一个绝无谬误的发言，该发言是关于圣母马利亚的。这是在1854年，他规定了"圣母无染原罪"的教理——这一信仰认为，作为救世主的完美母亲，马利亚被认为不负有"原罪"的负担。继承自亚当与夏娃堕落的集体罪行——人们相信，圣礼正是将这种罪行从每一个人类的灵魂中剔除出去，而这从来不曾加诸她的身上，她是一个全然无罪的存在，正适合担当"神之母"。不用说，这纯粹是幻想，就像对于人类一无所知的人往往会出现的言论。无论如何，它成为天主教的教理并保留至今，西班牙广场上竖立起了纪念这一教理的石柱。后来，另一位坚定的圣母马利亚崇拜者庇护十二世进一步规定，马利亚的身体与灵魂都升入了天堂，从而被拯救出尘世的堕落，这一信仰也成了教理。或许她确实升上了天堂吧，不过目前为止，那些纯净蓝色长袍的踪影总是躲过人世天文台的观测。（让我们假设那里确实有长袍吧，"在永恒轨道上运行的裸体圣母"真是令人难以想象。）

摆在基督教历史学家面前的庇护九世的生平有个明显的悖论，因为尽管具有与生俱来、日益发展的保守主义特质，庇护九世的教皇统治却标志着现代教会的开端：他成功地使教会通过了艰难的道路，绕开世俗权力，通往纯粹精神性的领土，而且以无损制度尊严的方式实现了这一点。因为此事，他受到了某些人的憎恨——1881年，在他的葬礼上，一群意大利民族主义暴徒试图夺走他的遗体，扔进台伯河，但未能得逞。（教皇的遗体遭受如此暴力侮辱的事，这绝不是第一例。

[454]

---

① "精神障碍"或许是言重了，虽然人们有充分的证据证明，并且大量讨论过，教皇确实受到一种疾病的折磨：癫痫。——原注

很久以前,当教皇选举还更加赤裸裸地掌握在相互斗争的各大派系手里时,教皇福慕[Pope Formosus,891—896在位]严重腐败的遗体就被掘出、拉离他的棺材;那曾作过多少次赐福的手指被砍下;他被拖行过闹市街头,扔上污物,掷入河中。这还不满足,罗马暴民又将他的继任者斯德望七世[Stephen VII]投入监狱,在那里将他勒死。)

庇护九世没有遭受如此严重的暴力。他当然也有敌人,但依然得到了大多数意大利人以及非意大利人天主教徒的极大爱戴与深切怀念。曾有一次强大的大众行动,劝说他在教皇国建立宪法政府,但徒劳无果——庇护坚决主张教皇统治要无条件恢复。如果说他的世俗政权有一个建立其上的准则的话,那就是教皇国(papato)内绝不容许出现宪法政府。人们对庇护个人的追随是如此强烈,使他可以随心所欲地行事。他"在圣洁的名声中"离世,正如常言所说,身后留下了一个比从前受人欢迎千百倍的教会。

在某些方面,以教皇身份承袭了庇护九世遗产的,是他继任者的继任者——庇护十世,一个现实主义者,意识到教会与意大利国家之间进一步的互相攻讦对双方都不会有多少好处。他停止公然称呼意大利国为教会权利的篡夺者(虽然他私下里是怎么看待此事就不得而知了)。乔瓦尼·梅尔吉奥雷·萨尔托(Giovanni Melchiorre Sarto,1835—1914)出身寒微,是家中十个孩子中的一个,父亲为威尼托的一名乡村邮差。不用想也知道,他不可能被称为一名知识分子,但这被证明没什么关系,甚至可以成为一个优势:他拥有确定无疑的宗教平民主义天分,并将其利用到了极致。他自视为"牧师教皇",与自己的教民进行直接接触。事实上,他是一个真正慈善的人。1908年,当一场灾难性的地震袭击了墨西拿,他向无家可归的灾民敞开了梵蒂冈的大门,令意大利世俗政府赧颜。他最著名的一句话或许是:"我清贫地出生,我清贫地活着,我希望将来清贫地死去。"

在庇护十世自己看来,他的特殊使命就是通过让孩子们参与圣事,激发他们对信仰的忠诚,以此拓展新生教会。在以威尼斯宗主教身份写下的一份牧函中，他控诉，"由于怀疑论已经提升为一个体系，通过教会与国家的分离，上帝已被逐出了公共生活……他甚至已被逐出了家庭，而人们不再认为家庭起源神圣"。补救这一切的办法就是顺从上帝。"当我们谈起教宗，我们绝不可以争论抱怨。我们必须顺从，我们绝不可以……对他的判断评头论足，或者对他的指示批评指责，以免对耶稣基督本人造成损伤。社会陷入了病态……希望与补救的所在，就是教皇。"他要让天主教的教义与教会保持一致，而他丝毫不关心"现代主义"，意即19世纪后期思想潮流与传统教会被认为一成不变的教义之间任何形式的合成。有资格教授于天主教学校与神学院的唯一一种神学，是中世纪哲学家托马斯·阿奎那的学说。因此，他不会支持初生的公教进行会（Catholic Action）运动——这是一群世俗天主教徒发起的社团，试图在社会上传播天主教的影响力——因为就连该运动本身也使信徒有了太大的自主权。教会内部的神学辩论被阻塞，直到庇护十二世在位期间，才畏畏缩缩，带着试探地重新出现。

过去，在初领圣体（First Communion）并且在告解室里口齿不清地向神父诉说自己微小的罪恶记录之前，孩子们已经有10到12岁了。庇护十世颁令将此年龄降至9岁，甚至7岁，从而复制耶稣会士们向来引以为豪的一点，"给我一个9岁以前的孩子，他的一辈子就是我的了"。初领圣体的男孩必须佩戴饰带与玫瑰花结；女孩则身穿白裙，头戴面纱。这是一项大受欢迎的"改革"，增强了孩子气的信仰圣礼的喜剧效果，取悦了所有虔诚的父母。它也增加了天主教徒前往进行告解的频率，这是圣餐礼必不可少的前奏。

就像同名者庇护九世一样，庇护十世不认为有任何将单纯的信仰与科学理论，或者与圣经诠释相适应的必要。在1907年的一份通谕函《应牧放主羊》（Pascendi）及法令《真正可悲的结果》（Lamentabili）中，他清晰表明了自己的观点及其教会的保守主义政策，而他的保守主义产生的效应对教会持续了约五十年，一直到庇护十二世的时代。

[456]

在当时教会的教学与管理中，《禁书索引》的使用变得司空见惯，甚至十分普遍。总而言之，庇护十世的统治时期是天主教精神生活的贫乏岁月。"逐出教会"的威胁险峻地悬在头上。"自由主义天主教徒是披着羊皮的狼。因此，真正的神职者必定要揭下他们的面具。从根本性质上来说，教会是一个不平等的社会。主教统治集团单独运行与掌控一切……大众的职责就是以顺从的精神执行掌权者的命令。"

庇护十世力劝他的教民以被人称作"教皇信奉者、倒退分子与老顽固"而"自豪"。他拒绝接受法国1905年的《教会与国家分离法》(Law of Separation between Church and State)——这一法律最终剥夺了法国天主教会从政府获取任何资金的权利，而以法国政府与梵蒂冈之间的官方外交破裂告终。他在教会内部的首要知识分子敌人是阿尔弗雷德·卢瓦西神父(Father Alfred Loisy)——巴黎天主教大学(Institut Catholique)的首席神学家，他广泛流传的著作《福音与教会》(The Gospel and the Church)提出，通过将圣经直译主义仅仅轻视为天真幼稚一种，激进派圣经考证的发现瓦解了新教徒对信仰的威胁，因为这些发现意味着，教会的传统背后不存在退回"无中介的"基督的道路。

然而，他的确进行了一些礼拜仪式上的改革，这正是教会需要的。意大利教堂音乐已经受到了歌剧、重音华美乐段与合奏器乐谱写的入侵。庇护统统不要这些世俗的东西，1903年，他提倡回归单声圣歌的古代传统与反宗教改革时期的古典复调音乐，特别是《求怜经》(Kyriale)、《升阶经》(Graduale)与《启应轮流吟唱圣歌诗集》(Antiphonary)中的。庇护偏爱回归额我略圣咏。他还明确禁止女性在教堂唱诗班中歌唱。

这一切都很好，他还支持了一套荒废教堂修复计划——荒废的教堂在永恒之城一直是个难题，而永恒之城如今开始看起来不那么"永恒"——这无疑收效甚微。

最初，他甚至禁止意大利天主教徒参与投票，因为世俗的意大利国家让教皇成了"梵蒂冈里的囚徒",而为一个没收了教皇广阔领地的世俗国家投票就将是默许了这一事实。可是后来,很显然无论是维托里奥·埃马努埃莱还是任何珍惜选票的当选政治家都不会在这一问题上容忍倒退,此禁令也就放松了。从此以后,教皇领地将一直保留着微小的规模——尽管天主教会在数字上的规模会十分广大,且日益增长。

在投票问题上的软化不意味着在教皇教义上的软化。1907年,庇护十世将65个关于教会性质与基督神性的命题正式定为错误与异端,并在不久以后强迫所有的神职人员立下圣誓,全面反对现代主义。"现代主义"是一个极其宽泛的词语。庇护十世与他的教廷所理解的现代主义,意味着任何试图使近代哲学家——如伊曼努尔·康德(Immanuel Kant)——的思想与教会传统教义相一致的努力。在庇护十世之类的神学传统主义者看来,这样的尝试令人惊骇,因为这就意味着,教会关于信仰与道德的教导并不是永恒而不可变的。渐渐地,教会正统与现代主义之间的战线明确起来。

第十一章

未来主义与法西斯主义

诗人很少产生政治影响力。20世纪鲜有例外。在英格兰,没有例外,也许鲁德亚德·吉卜林(Rudyard Kipling)算是一例。在美国,没有例外。在俄罗斯,有人也许会提起弗拉基米尔·马雅可夫斯基(Vladimir Mayakowsky)。但在这一点上,出类拔萃的却是一个意大利人:一位异乎寻常、极度活跃、惊人自负的作家,名叫加布里埃尔·邓南遮(Gabriele d'Annunzio,1863—1938),一个拼命使自己成为活着的传奇的男人,而当大多数试图这么做的作家都失败的时候,他却成功了。

他出生在亚得里亚海岸的佩斯卡拉(Pescara),长在阿布鲁奇——当时是意大利一处粗野的落后之地,有着极少数受过教育的精英与一大部分不识字又迷信的农民。这似乎就是永恒不变的法则,而对大众的蔑视将会是邓南遮政治主张的主要动机。他的父亲弗朗西斯科·保罗·阿遮(Francesco Paolo Annunzio)是个头脑聪明而令人憎恶的恶霸,儿子完全继承了他对"败犬"的鄙视。邓南遮写道,世界分为主人和奴隶两类,没有中间地带:

> 对于上层种族,他们受到自身意志纯粹能量的提升,万事无所不能。对于下层种族,他们一事无成,或者鲜少可

[458]

成。最大的幸福应归属特权之人，他们人格的高贵会使其配得上一切特权。平民永远是奴隶，注定遭受痛苦……

终其一生，邓南遮都受到自己乡下出身的幽灵追逐，以及他畜生般父亲的性投机主义的纠缠：除了强奸，都不算是真正的性。他年轻时就结婚了，但几乎在1881年到罗马追寻文学梦的同时，他也抛弃了自己的阿布鲁奇发妻，恋上了一连串名媛、交际花、佳丽与女演员，其顶点是与两位当时最著名的悲剧女演员旷日持久的风流韵事，这两位女演员就是莎拉·伯恩哈特（Sara Bernhardt）与她的意大利对手艾丽奥诺拉·杜丝（Eleonora Duse）。（他的发妻不久就从窗口跳下，自杀身亡了。）他冷酷无情地频繁更换床伴。邓南遮对自己性生活的美化没有任何谦虚："于我而言，肉体的劳作就是精神的劳作，二者水乳交融，达到独一无二的美。这世上最高产的美丽创造者，就是由神化启迪的肉欲。"

邓南遮涉猎了大部分种类的写作，在公众面前日益成功。16岁时，他开始出版少年作品、诗歌与短篇小说——为了炒作自己的第一部诗集，他向报纸寄送了自己坠马身亡的假消息。从1889年开始，他写作了一系列小说，第一部为《欢愉之子》（Il Piacere），随后有1891年的《无辜之人》（L'lnnocente）、《主教约翰》（Giovanni l'Episcopo，1892）、《死亡的胜利》（Il Trionfo della Morte，1894）、《岩间圣母》（La Vergine delle Rocce，1896）与《火》（Il Fuoco，1900）。这些书大多在意大利十分畅销，部分在法国也获得了欢迎，邓南遮在法国吸引了一批拥趸。由于树立了一种颓废者与性欲狂的固有形象，他与意大利的神职人员时常发生龃龉，然而这丝毫不妨碍他的畅销。《火》是一部影射小说，以邓南遮与莎拉·伯恩哈特声名狼藉而沸沸扬扬的风流韵事为原型。伯恩哈特还鼓励他进军戏剧界，他因此获得了声势浩大、多种多样的成功。他的两部戏剧大作——1898年的《死亡之城》（La Citta Morta）与1901年的《弗朗西斯卡·达·里米尼》

(*Francesca da Rimini*)都是以她为悲剧女主角所写的。

除了剧本、小说以及世纪之交出版的几本奢华的颓废劝勉诗集，邓南遮还与作曲家克劳德·德彪西合作了一部音乐剧《圣巴斯弟盎的殉难》(*The Martyrdom of Saint Sebastian*)，甚至根据古斯塔夫·福楼拜讲述迦太基陷落的耸动小说《萨朗波》(*Salammbo*)编写了一部默片剧本。他还有幸成了历史上唯一以其名字命名机场的诗人——布雷西亚的加布里埃尔·邓南遮机场。

他的诗作走红一时，但大部分还是老一套的那种：仿效斯温伯恩①(Swinburne)、罗塞蒂(Rossetti)与济慈，且为世纪末对色情恋尸癖的迷恋而定制： [460]

> 从腐败的肉体上，鲁莽的
> 新生葡萄藤繁盛茂密地肆意生长，
> 奇特怪异的植物，恐怖之花绽放
> 在地下尸身的污秽腐烂之上……

你很难猜到，这样一篇僵化的老古董是一位与庞德及艾略特同时代的人所写。甚至在1890年代，一点这样的东西还能大获成功，而在一个世纪之后，其中大多数戏剧性的"颓废"实在是太过火，就连意大利语版本也令人难以忍受了。邓南遮沉溺于审美上的故作姿态，他小说中的唯美主义英雄无不是他自身在虚构领域的投射，统统都有夸张的空间。安德里亚·斯佩尔利(Andrea Sperelli)——邓南遮26岁那年出版的小说《欢愉之子》的主人公——正是"为艺术而艺术"的年轻化身。"艺术！艺术！"他感性地向自己咆哮，

---

① 阿尔杰农·查尔斯·斯温伯恩(1837—1909)：英国诗人、剧作家、小说家、评论家。

这是忠贞不渝的恋人，永远年轻，永垂不朽。这是纯粹欢乐的源泉，大众止步，有福可入；这是宝贵的日常必需，使人类仿如升仙。一旦沾唇于这杯玉液琼浆，其他美酒又如何入得了口？

使邓南遮在意大利人心目中大放光彩的不单单是他的写作——冷酷无情地强调着任意牺牲他人的自我满足——还有他非凡的进攻性与个人勇气。这包含他对大众传媒以及对职业生涯能够起到作用的独特见解。邓南遮到处写作，也在到处被当作写作的对象：他是除了马里内蒂（Marinetti）以外，唯一能在伦敦与纽约就像在罗马或米兰上头条的作家。

[461]

无论你对他的诗句作何评价——考虑到那个时代的传统风格，其中有些尚且还算不错，尽管他的散文在现代人眼中看来充斥着难以忍受的自恋——他作为一个男人的热忱与坚韧是毋庸置疑的。第一次世界大战刚一爆发，邓南遮就离开巴黎——他前去此地一部分是为了追求莎拉·伯恩哈特，一部分是为了躲避他不断增长的债主大军——回到了意大利，以文章、诗歌和演讲不停地煽动意大利加入协约国。他相信，战争会恢复他的国家在外国眼中的形象：意大利的攻击性将抹除他的祖国那"服务生、男高音与冰淇淋摊贩之母"的恼人形象。他学会了驾驶飞机，在一次着陆事故中失去了一只眼睛，并在1918年8月达到了自己飞行事业的顶点，当时，以相当可观的勇气——要记得，这一壮举是以一架双翼飞机完成的，驾驶舱敞开且没有降落伞——他率领一支由第七飞行中队里的九架战斗机组成的飞行编队，从威尼斯附近的一座机场往返飞行700英里，对维也纳市空投宣传单页。奥地利首都没有高射炮，但"飞越维也纳"（volo su Vienna）依然是一项壮举，巩固了诗人在意大利"孤胆侠"的声望，是意大利航空业早期的英雄之一。

到战争结束，邓南遮已经被他自己的同胞（以及神魂颠倒的女同

第十一章 | 未来主义与法西斯主义

胞）视为现代的雇佣兵队长（condottiere），机翼与菲亚特航空发动机取代了战马。这与他对自己的看法是匹配的：丝毫不谦虚的他是个冷酷无情的趋炎附势之徒，追逐对勇气的嘉奖、表彰与勋章，而他不仅从意大利，也从其他协约国寻求（并且得到了）这些荣誉。通过实际地夺下部分领土，他短暂地提升了这一声望；就像许多意大利人一样，当巴黎和会上提出将人种属于意大利的北方城市阜姆（Fiume）转交给新形成的政治实体南斯拉夫时，邓南遮的民族主义情感受到了冒犯。于是他征募了两千名死硬派民族主义非正规军——阜姆的意大利公民——赶走了控制着这座城市的英国与法国占领军。

然而，意大利政府却拒绝接收阜姆，要求邓南遮和他的部下投降。诗人不同意这一要求。他反而宣布，阜姆现在是一个独立的国家，相当于亚得里亚地区的摩纳哥，由他本人统治与领导。他实行军事独裁，在这期间，他发明并实施了若干种手段，被后来的墨索里尼与意大利法西斯采用，从身着黑衫到强迫异见分子喝下蓖麻油作为羞辱性惩罚。厌烦于邓南遮的趾高气扬却又不确定该拿一位民族英雄诗人怎么办，优柔寡断的意大利政府最终建立起一道海上封锁。局势一月比一月更趋紧张。邓南遮曾一度令阜姆对意大利宣战，成为现代欧洲史上《鼠吼奇谈》①（The Mouse that Roared）的绝佳一例。阜姆甚至发行了印有他头像的邮票，上面还有一句格言——"我们坚守此地。"最后，在1920年末，别无选择的意大利政府只能接受宣战，派出海军炮轰阜姆，还要小心翼翼地尽可能减少造成的死亡与损毁。

到最后，一切还是以外交方式解决了。阜姆不再是一座城邦，仍旧归南斯拉夫领土，后来并入克罗地亚（现在称为里耶卡 Rijeka）。邓南遮回到了他加尔达湖边的家中，重拾他的文学与风流事业。他再也没有介入正式的政治中，尽管在场边和幕后不遗余力地进行活动。但

[462]

---

① 《鼠吼奇谈》：1959年上映的英国战争喜剧电影，讲述一个贫穷落后的国家向美国宣战的故事。

在1922年，他从一扇窗户中不慎坠落或被推下受伤后，他的活动不得不有所缩减。他留下的遗产是一种政治表演，但却强大有力，在贝尼托·墨索里尼将其继承后更是愈演愈烈。正是邓南遮第一次普及了罗马式敬礼、黑衫、露台上的演讲与人山人海的游行示威，我们首先会将这些与"领袖"（Il Duce）联系起来——并非偶然地，"领袖"这一头衔也是诗人原本要为自己保留的。有人可能会说，他是第一位领悟了群众与权力之间关系的作家。这使他在战后成了青年墨索里尼的珍贵榜样。邓南遮主要的活动舞台是罗马，他在此地展现出了煽动街头暴乱与群众示威的无尽天赋，针对的是意大利战时的首相、谨慎小心的中立主义者乔瓦尼·焦利蒂（Giovanni Giolitti），并且以热烈而煽动性的演讲表明，言语的时代已经过去，行动的时代正在到来。这同样也被墨索里尼记住并复制下来。更审慎的心灵会反对这些热烈的慷慨陈词吗？"我不在乎"，这就是邓南遮的回应。这句话成了全国流行的法西斯主义口号之一。

邓南遮本人并不是法西斯主义者。他差点领导了反法西斯运动，而在1922年，他在许多意大利人心目中比墨索里尼本人更加知名。他是有污点的——此事从没有被完全公之于众，但一直有人威胁要这么做——他牵涉进了1924年社会党代表贾科莫·马泰奥蒂（Giacomo Matteotti）被暗杀的事件，马泰奥蒂曾试图推翻法西斯主义以无效投票赢得的选举。邓南遮因其对游行和群众场面的编排而受到法西斯主义者的极力赞赏。墨索里尼央求他协助法西斯主义，但他得到的回复只有一封信，信中责备他剽窃了邓南遮的创意。

于是，墨索里尼掌权后谨慎地对待了这位民族偶像，也就不足为奇了。如果你嘴里有一颗蛀牙，领袖解释道，你要么会拔了它，要么会镶上金；对于邓南遮不得不选择第二种方法，否则他就可能变得太危险了。墨索里尼让国王授予邓南遮"雪山亲王"（Principe di Montenevoso）的头衔，这位诗人自然不会放过任何一个夸耀的机会。墨索里尼出资公开出版了一套邓南遮作品的华丽精装版，由政府宣

第十一章 | 未来主义与法西斯主义

传推广，付给诗人30%的版税，使他在1924到1938年间每年能挣到一百万里拉——那时的一个里拉可是相当值钱的。墨索里尼还赠给邓南遮一座加尔达湖边的庄园——意大利胜利庄园（Il Vittoriale degli Italiani），该庄园成了邓南遮的成就、自恋以及最主要是媚俗之作的纪念宫。该地至今仍开放参观，冲着那令人悚然的粗俗程度，也颇值得一看。一间音乐室的天花板上悬吊着那架脆弱的双翼飞机，邓南遮正是驾着它在1918年仲夏完成了飞越维也纳、空投宣传单的著名飞行。庄园里的其他展品包括"普利亚号"（Puglia）——一艘鱼雷巡洋舰，邓南遮曾乘着它巡查达尔马提亚海岸，该船被原封不动地移到远眺湖水的柏木花园旱地上。在从前，她的船首炮不时被点起，致敬诗人的才略。但如今炮声再也不会响起，因为将近一个世纪过后，这些大炮（就像他的诗句一样）已经耗尽了弹药。

[464]

在胜利庄园忧愁沮丧而自我炫耀的空间里，邓南遮进行了自己漫长风流史上的最后几桩韵事，相当卑鄙又敷衍。女人们依然前赴后继地上他的床。身边断了女人这种事从没在邓南遮身上发生过。对邓南遮多少有些了解的伯纳德·贝伦森（Bernard Berenson）喜欢讲一个故事：一位银发苍苍、德高望重、腰缠万贯的美国老妇人执著于征服邓南遮的欲望，通过中间人转告这位诗人，她愿豪掷千金，只为一度春宵。诗人的反应则是问道，"她头发全白了吧？"

邓南遮的风格对未来主义与法西斯主义都产生了强烈的影响。未来主义是一个局限于文化的运动，标榜影响日常生活，其领导者是菲利波·托马索·马里内蒂（Filippo Tommaso Marinetti），正如他喜欢自居的那样，是"欧洲的咖啡因"。他于1876年出生在埃及的亚历山大港。他的父亲恩里克是一位成功的公司律师，与他的母亲阿玛莉娅·格洛利（Amalia Grolli）在一起同居，但一直没有结婚。与他圈子里的大多数诗人、音乐家与艺术家不同，他从来没缺过钱。对他而言，私人收入意味着自由，就像对大多数有幸拥有私人收入的人们一样：他从来不需要为了五斗米就背离自己改变世界的既定使命，而他自己的阶级保证使他对中产阶级自我满足的攻击愈加理直气壮。作为欧洲文化创新的指挥，他需要现身于各处——不仅是在他家拥有一套大型公寓的罗马，还有巴黎、圣彼得堡与莫斯科、苏黎世、柏林、伦敦，特别是在他选择安家的米兰。这样的四处流动耗资不菲，而马里内蒂就是现代派艺术家中为数不多——的确是意大利唯一一个——财力雄厚之人。

他曾接受耶稣会的教育，这或许极大促成了他的特立独行之感。这一点得到了证实，因他此前一直在分发左拉（Zola）的现实主义小说，他的耶稣会士老师以扰乱文化将他赶了出去。

另一个似乎使他与中产阶级想法（委婉地说）格格不入的因素，是他与非洲的密切联系，经过他在埃及度过的孩提时代。马里内蒂深深地希望被视作一个异域之人，他大力突出这一点。老普林尼曾在《博物志》（Natural History）中写道："希腊人常说，新鲜事物总是从非洲出来的。"这也一定是马里内蒂的座右铭，解释了他为什么在自己的写作中频繁地提到"黑人"（Negroes，他以此称呼非洲人，是那个时代的惯用法）的英勇无畏与高超技能。非洲人被想象为坚忍不拔、活力充沛、大胆无畏之人，在令欧洲人惊惶不安的时刻也从不会不知所措。从这层意义上说，他们是天生的先锋派，马里内蒂正是以此自居。与毕加索、马蒂斯或德兰不同，他从来没有受到非洲"原始"艺术的影响。他是一名作家兼表演者，不是画家。虽然如此，很有可能的是，"黑色大陆"的语言与号子之间存在着一种关联，就像马里内蒂与其他知识分子想象的那样，而"言语自由"的胡乱拟声法将会成为马里内蒂诗歌策略的一个重要部分。就像其他某些想要展示自己与群氓之差异的欧洲人一样，他喜爱非洲野蛮人"鼻子穿着骨饰，嘴里'呜哇'歌唱"的景象。

他的父亲将他送到巴黎学习，参加高中毕业会考，他于1893年通过了这项考试。随后他返回意大利，进入热那亚大学法学院，并在1899年毕业。但他后来却从未从事法律行业。相反，他过着年轻文学浪子的生活,写诗歌、散文、剧本,还越来越规范和熟练地在意大利与法国从事新闻业。一步一步地,他被吸引向罗马、都灵与米兰的文学艺术圈。

所谓的"未来主义"运动系由马里内蒂在法国写作的一篇散文发起,与其国际化意图相称的是,这篇散文于 1909 年在巴黎出版。从此以后,发表宣言就成了马里内蒂的主要艺术形式:除了邓南遮,在欧洲文化世界里没有一个人拥有比他更强的宣传本能,或者能在虚张声势方面超越他。

[466]

某些形象一再在他及他的未来主义同伴们的作品中出现。这些形象几乎全部是机械的,带有激进的现代性。"世界的宏伟壮丽,"他写道,

> 因一种新出现的美丽而丰富了:速度之美。飞驰的汽车,其引擎盖装饰着强壮的管子,如同巨蛇般发出爆炸式的呼吸……一台仿佛靠弹片运转的咆哮着的汽车,要比"萨莫色雷斯的胜利女神"(Victory of Samothrace)更美丽。

对于今天的许多人而言,他说得很对。至少,在这篇宣言写就一个多世纪后,要发现那件雕塑与这台机器都是美丽的,这并不难,虽然它们不是一种类型的美。但在 1909 年,对于阅读文章的有教养欧洲人而言,这样的观点简直是亵渎神明、几近十恶不赦的——这相当于对审美体验"正确"秩序的反驳,因为汽车是绝对不美,而雕塑是绝对美丽的。

汽车,被一位作家称为"自我崇拜"的目标,是未来主义者的第一大标志,是象征,是壮观的欲望客体。唯一能与之相比的事物是飞机,当时(1910)尚处于发展的初期开拓阶段,莱特兄弟在 1903 年成功进行了带发动机的重于空气飞行。早期未来主义者梦想中的飞机仅仅是一架布莱里奥(Bleriot)单翼机,就是在那之前不久飞越了英吉

利海峡的那一种。火车与快速汽船也是设想的对象,但它们从来不可与汽车相提并论,对于马里内蒂与其他未来主义者而言,汽车在个人控制(或缺乏个人控制)下的急速向前,证实了他们最青睐的哲学作家之一亨利·柏格森(Henri Bergson, 1859—1941)的信条,即真实处于一种恒定的变迁中:汽车行驶呈现给司机与乘客迅速互相重叠的同一层级体验,所以总体的印象更多地是一种拼贴,而非静态视图。因此,当对象转至汽车时,未来主义者的写作与绘画总是高度私人化的——"我"处在驾驶座上——而且无不集中在方向能量与急剧变化的振奋心情上。无需多言,这种感情出现在历史上的某一个时刻,大约为该世纪的头一个十年,那时的道路上还没有其他车辆,汽车文化的象征——堵车——也还不存在。在红绿灯发明之前的年代里,夜晚驾车环绕意大利城市飞驰会是一番怎样的情景?在马里内蒂的第一部未来主义宣言(1909年)中,以一连串蟾蜍先生①(Mr. Toad)般极度兴奋的惊叹,他讲述了他自己的版本。

那是在1908年。他与两位一样爱车成癖的朋友长谈生活与文化至深夜,忽然听到"汽车饥渴的咆哮"。"我们走!"我说道,"朋友们!走吧!……我们就要目睹半人马的诞生,很快将会看见天使的初飞!我们来摇动生命的大门,试试螺栓和铰链牢不牢!"这样一番夸张的大话会在任何人的"很可能永远不会用到"列表上位居前列(虽然马里内蒂大概不是这样):无论如何,他们很快下楼来到车上,那是"三头喷着鼻子的怪兽,(人们)将双手激情地抚上它们灼热的胸部"。在某种机械之恋的谵妄中,他们"呜呜"地出发。"我们像年轻的狮子一般追逐着死亡……我们最终以自身勇气的重量渴求自由,没有什么比这一点更令我们希望死亡!"可是,呜呼,几个骑自行车的人出现,堵住了路,马里内蒂与他狮子般的朋友们只得避让。他的车翻个儿扎

---

① 蟾蜍先生:苏格兰作家肯尼思·格雷厄姆的小说《柳林风声》中的主要角色,是一只十分喜爱汽车的拟人蟾蜍。

第十一章 | 未来主义与法西斯主义

进一条水沟,给马里内蒂行了个污水洗礼。"噢,母亲般的水沟……美丽的工厂排水!我大口吞下你富含营养的淤泥,我想起我的苏丹乳母那温暖的黑色乳房……当我从倾覆的汽车下面出来时,我感觉欢乐的白热烙铁怡人地刺穿了我的心脏!"

这样的情绪中包含了太多。没有人能指责马里内蒂的唐突。你也许会对一位恼怒的意大利作家生出几分同情,当有人问他"难道不同意马里内蒂是一个天才"时,他反驳道,"不,他就是个磷光闪闪的白痴",可事实上,他在前者方面程度不高,却在后者方面高得多。有时候他可以是十足的愚蠢,比如他美化战争的称呼——"世界上唯一的卫生保健",连同军国主义与爱国主义,或者他用威尼斯宫殿废墟的碎石填平运河的荒唐劝告。"让我们杀死月光",这是他的一篇著名的反浪漫主义宣言的标题。他还绝对厌恶约翰·拉斯金关于艺术、自然以及(免不了的)威尼斯的观点。1910 年,在伦敦学园俱乐部(Lyceum Club)的一次演讲中,他问台下的英国观众,

[468]

> 你们什么时候才能把自己从那个可悲的拉斯金迟滞的思想观念中解脱出来……他对乡村生活的病态梦想,他对荷马时代的干酪与传说中的羊毛架的怀旧之情,他对机器、蒸汽与电力的憎恶,那个狂热追求古朴的疯子……还想要睡在他的摇篮里,用他老朽奶妈的乳汁喂养自己,以求回到他那无思无忧的婴儿期。

这一定是针对拉斯金发起的攻击里最愚蠢的一个,但或许其缺陷可以归咎于马里内蒂英语水平的限制。虽然他明显不是女权主义者,他却说他支持"男性与女性的彼此平等,以及减轻他们社会权利的不平衡",这使他走在了大多数意大利人的前面(或部分前面)。有的时候,他持有一种辛辣尖刻的现实主义,其中包含着某些毋庸置疑的真理金块:他希望见到

　　　　对故作多情或纵欲淫荡（amore）的鄙弃，这种特性由女人更高的自由度与情欲的放纵，以及对女性奢侈的普遍夸张而产生……今天的女人爱奢侈胜过爱情。在一位大腹便便、患了痛风的银行家朋友陪同下逛豪华裁缝店（很重要的是由他来买单），可以完美替代与一位心仪年轻男子的热恋约会。在选购她还不曾拥有的全套华服的过程中，这个女人就发现了爱的一切秘密。男人不会去爱没有奢侈品的女人。

[469]　　这或许可悲，但又是无可争议的。马里内蒂是一名狂热的登徒子，如果你相信他记述自己在俄罗斯演讲之旅中于莫斯科及圣彼得堡的美人丛中历险记的话，他就是一位不可抗拒的性爱之神。普遍来说，未来主义针对女性的大体态度，是将她们视作原生的力量，多过理性的存在。"让每一个女人重新发现自己的残酷与暴力，使她们向败者发动攻击，"1912年的一篇未来主义宣言劝告："女人，再一次变得崇高非正义，就像大自然中的每一股力量那样！"当然，在将自己的才华应募至马里内蒂独特感召力四周的一伙兄弟中，没有一位女性艺术家。

　　随着年纪渐长，马里内蒂靠向了意大利日渐兴起的一场大运动：法西斯主义。当然，他自己是不会这么看的：相反，他认为是法西斯领导人，包括墨索里尼本人在向他靠近，那个需求只有他本人以及整体的未来主义才能提供的灵感启发。1918年，马里内蒂创立的政治党派"未来主义政党"（Partito Politico Futurista）与墨索里尼的"意大利战斗者法西斯"（Fasci di Combattimento）合并。除了建筑，墨索里尼本人在视觉艺术方面没有什么强烈的党派之见，但他的确不打算心怀将现代主义视作犹太人阴谋的疯狂仇恨，这种仇恨让希特勒与他的文化副手们干劲十足。他从没表现出任何把纳粹的"颓废艺术"展（Entartete Kunst）引进意大利，或者鼓励自己的人民在意大利建设一个等同之物的兴趣。原因很简单：首先，墨索里尼并不反犹，而无论如何（正如他在 1923 年提出的①），关于艺术，"国家只有一个职责：不要削弱损害艺术，要为艺术家提供人性化的条件"，简而言之，就是别碍事。希特勒或许会厌恶未来主义，但墨索里尼怎会这样呢？马里内蒂成功劝说了墨索里尼不去将颓废艺术展引进意大利。他还在一开始成功地抗议了意大利法西斯主义者照搬纳粹的文化反犹主义。随着二十年代的时间进程，马里内蒂变得越来越宽容：他接受了意大利学会（Italian Academy）的邀请，试图将未来主义定为意大利的官方国家艺术（但失败了），插手宗教艺术的促进，还宣布耶稣基督是一位未来主义者——考虑到耶稣对来世人类生活转变的那些兴奋激动而漫无边际的预言，这个观点或许也不算多么离谱。而没有人能说马里内蒂本人不想实践他所鼓吹的东西：这个赞美战争是世界必不可少的一种"清理、保健"的男人，自愿加入第二次世界大战的现役部队（但没有被接受），当时他已年逾花甲。

在与未来主义团体相关联且受到马里内蒂提拔的艺术家中，最具才华的有三人：画家基诺·塞维里尼（Gino Severini）与贾科莫·巴拉（Giacomo Balla），以及雕塑家兼画家翁贝托·薄邱尼（Umberto Boccioni，1882—1916）。

连同上述几位一起，有人大概还会加上第四个人——一位音乐家，他的作品如今已不再能够被评价，因为演奏这些作品的特殊乐器早已消失：路易吉·鲁索洛（Luigi Russolo，1885—1947），英国作曲家科内利乌斯·卡迪尤（Cornelius Cardew）等那些离经叛道现代派的精神鼻祖。鲁索洛的信念是，非音乐声——比如工业、机器或交通发出的声音——可以拥有与弦乐器或风管弦乐器发出的传统乐声同等的审美价值，他的专长就是构建他所谓的"噪音制造器"（intonarumori）。在 1914 年于米兰的威尔梅大剧院（Gran Teatro del Verme）举行的第

---

① 当时他正在为一个 20 世纪意大利团体艺术展开幕，由他的情妇、自由策展人兼艺术经纪人玛格丽塔·萨尔法季组织。——原注

一次演奏会上，十八件这样的装置被分成嗥鸣器、裂声器、潺流器、雷鸣器、嘶声器、爆声器、蜂音器与溃声器。在气愤的观众投来的一阵菜叶雨下，他们演奏了三部鲁索洛的作品，包括《汽车与飞机大会》(Convention of Automobiles and Aeroplanes)。引发了同样令人满意的怒火的演奏会也在伦敦与巴黎举行。鲁索洛声称，自己已经"受够了"贝多芬与瓦格纳。现在，他说："在内心里结合起电车、后喷马达、车厢与叫嚷人群的噪音，使我们找到了远比重听《英雄》(Eroica)或《田园》(Pastoral)之类更多的欢愉享受。"不巧的是，没有一件鲁索洛的"噪音制造器"流传下来，我们只能粗略地估计它们可能曾发出什么样的声音。

基诺·塞维里尼是未来主义主要标志之一的创造者，该标志就是夜间娱乐那拥挤、花哨、狂乱的全景图——《塔巴林舞场的活力象形文字》(Dynamic Hieroglyphic of the Bal Tabarin, 1912)。贾科莫·巴拉（1871—1958）曾教授塞维里尼及翁贝托两人绘画，在他加入未来主义者之中时，他的艺术家身份就已经得到了广泛认可，而他也为未来主义运动带来了其最流行的形象——诙谐幽默、使人放下戒备的《牵绳狗的劲头》(Dynamism of a Dog on a Leash, 1912)。在少数几个引人一笑且几乎人人都能认出的核心现代主义画作中，这一作品的地位一定很高——一条腊肠犬的可爱图景，它摇着尾巴、四条小短腿激动地扑腾，在主人的脚下沿着人行道小跑。然而，巴拉画得最多的，还是飞驰的汽车。有些画尺寸很大——1913年的《抽象速度》(Abstract Speed)足有八英尺宽——这些画作弥漫着马里内蒂第一部宣言中吼叫的浪漫主义精神，充满力量的线条与激烈、动态的曲线。

这样的作品极大地受惠于摄影术。其主要灵感来自于艾蒂安-朱尔·马雷 (Etienne-Jules Marey, 1830—1904) 的作品，这位法国科学家是最有资格被称为现代电影之父的人。埃德沃德·迈布里奇[1]

---

[1] 埃德沃德·迈布里奇 (1830—1904)：英国摄影家。

第十一章 | 未来主义与法西斯主义

(Eadweard Muybridge)为了研究人类与动物的运动,曾设置了一连串并排的照相机,以一张张单独的影像捕捉运动的各个独立阶段。另一方面,马雷使用幻灯片,以此在一张底片上捕捉某个对象的连续动作,而该对象是由一个追踪其轨迹的镜头的单独视点所见。该方法,而不是迈布里奇的顺序拍照法,才是电影摄影机的真正始祖。

薄邱尼是一个有启发性的例子,因为他流传下来最知名的(也是最好的)作品《连续性在空间中的独特形式》(*Unique Forms of Continuity in Space*,1913)是一座跨步向前的雕像,正是以马里内蒂认为不如跑车的古希腊雕塑《萨莫色雷斯的胜利女神》为原型。该作品上的凸缘与挖出来的凹空遵循了薄邱尼的信念,即"雕塑必须通过使物体在空间中延伸其可感性、系统性且可塑性而让物体活起来,因为没人能想象一个物体在另一个物体开始的地方终结……地面可以升到我们的桌上……而在你的房子与他者之间,石膏模仿塑造出光线的网。"但这也说明了一个事实,即以未来主义者空谈新颖性的方式来创造一个100%新鲜的艺术作品,是极其困难、大多数人才都不可能做到的。任何事物都有先例,这些先例的存在并不会减少一件艺术作品的力度。以表现这种物体与周围空间互相渗透的相同思路,薄邱尼创作了至少十几件雕塑。老照片显示,这些雕塑是他最美丽与复杂的作品,但在1916—1917年举行的薄邱尼身后回顾展上,它们被粗心地遗落在外面,几乎全被雨水淋坏了。这些作品本能地接受了爱因斯坦等同时代物理学家已经视作真理的理论,无论其一开始看起来有多么深奥难懂:物质在根本上是一种能量。雕塑家薄邱尼的一部分任务就是寻找能够象征化这一理论的固体形式。

[472]

薄邱尼将大部分同时代的雕塑轻视为效仿他人、平淡无趣且粗制滥造的"一幅原始而滞拙的场面"。但也有几个例外,首先就是意大利雕塑家梅达尔多·罗索(Medardo Rosso,1858—1928),"他尝试"薄邱尼提出,"通过将一个给定环境的影响以及使其维系于主题的无形气氛关联转达为可塑的形式,来拓展雕塑艺术的眼界范围。"不同于那个时代评价更高的雕塑家，这些人都深受过去的影响，如康斯坦丁·默尼耶（Constantin Meunier，希腊式）、安托万·布德尔（Antoine Bourdelle，哥特式）、奥古斯特·罗丹（Auguste Rodin，意大利文艺复兴式，尤其受米开朗琪罗的影响），罗索是"革命性的，非常现代，意义更加深远，并且具有一种必然性。"可惜的是，他对光线印象主义建模的依恋使他的艺术沦为"普遍性的标志"，但他已经向薄邱尼所称的"环境的雕塑"迈出了重要一步。

薄邱尼是一名画家（这是他的主业），他努力想要创造"普遍心灵共鸣"的图像，使印象主义光线超越其常规的描述目标。关于这一点，他从乔治·秀拉（Georges Seurat）和保罗·希涅克（Paul Signac）的点彩画中获益良多。希涅克尤其对未来主义者们的口味，因为他是一名无政府主义者，一切既定秩序的反对者，因此也就是马里内蒂"天翻地覆巨变"思想的盟友。在薄邱尼的作品中，一些按照"点彩画法"[①]构思的绘画仿佛是在有意描绘马里内蒂未来主义宣言中的段落。"我们要歌颂因工作、因喜悦、因暴动而激情澎湃的伟大人群；我们要歌颂现代之都中多姿多彩的革命浪潮。"于是就有了薄邱尼的《画廊的暴动》（Riot at the Galleria，1910年），参差不齐的混乱人物在一家咖啡馆玻璃门令人眼盲的炫光下奋力斗争。薄邱尼这一点彩法思路的杰作，是一幅关于工业劳作的油画——《城市的兴起》（The City Rises，1910—1911），最初题为《劳作》（Work），灵感来源于米兰郊区重工业建设的景象。画面的主体是一匹巨大的红马，看上去一半融化成了光的碎片与斑点。马的挽具上，蓝色的系绳角冲劲十足地升上画面的中心。这匹役马向前拖拽着牵引绳，与之相比如同矮人般的人类工人也在做着同样的动作，这种夸张用力的动作在后来的连环漫画中颇为常见，它在"美术"上的出发点大概就是丁托列托的《拉撒路的复活》

[①] 点彩画法：Divisionism，来源于秀拉与希涅克的点式画法，在意大利的称呼。——原注

（Raising of Lazarus）在威尼斯的出发点。

一直有人想象未来主义建筑，但唯一真正有希望的未来主义建筑师却什么也没造出来。他的作品单单在纸上流传至今：在那些小巧而描绘精美的图纸上，他制造出存在于自己脑海，却找不到委托客户的建筑工程。安东尼奥·圣伊利亚（Antonio Sant'Elia）出生于1888年，在勇敢地应征加入了被马里内蒂及其朋友们赞扬为"文明的唯一清理、保健"的战争后，他于1916年夏天在奥地利攻击意大利北部城镇蒙法尔科内（Monfalcone）的战斗中阵亡，年仅28岁，而他的死亡可被归入这场冲突导致的无法弥补的文化损失之一，其他的损失还有弗兰茨·马尔克（Franz Marc）、翁贝托·薄邱尼、奥古斯特·马克（Auguste Macke）、亨利·高迪耶－布尔泽斯卡（Henri Gaudier-Brzeska）、纪尧姆·阿波利奈尔（Guillaume Apollinaire）、威尔弗雷德·欧文（Wilfred Owen），以及许许多多的其他人——他们的名字从来无人得知，因为他们消逝得太快，还来不及显露自己的才华。

安东尼奥·圣伊利亚
《新城市》，1913年
纸上墨水、铅笔与水彩画，27×38 cm；私人收藏

就连试图纪念圣伊利亚也无处可寻。他被埋葬在为自己所属部队阿雷佐旅（Arezzo Brigade）设计的公墓中。该公墓已不复存在，他的墓穴也遗失不见。未来主义画家恩里科·普兰波利尼（Enrico Prampolini）与法西斯极端现代主义首席建筑师朱塞佩·特拉尼（Giuseppe Terragni）共同参与设计了一座献给圣伊利亚及第一次世界

大战死难者的纪念物，位于科摩（Como）的公墓。（特拉尼的典型建筑作品"法西斯之家"[Casa del Fascio]也在科摩，虽然在第二次世界大战之后，原本装饰于建筑正面的墨索里尼肖像已被取下来。）这座纪念物以圣伊利亚本人为更大型构筑物（发电站、公寓大楼与工厂）进行的设计为原型，但规模微小，远不足以达成多少影响力。对于曾研究过圣伊利亚原版图纸的人来说（许多这样的图纸只有几英寸见方）这无关紧要；既然这些构造物从未存在，这些图纸就是他的纪念物，也是最有效力的纪念物。

主要是意大利的评论家花费了许多心思，以将圣伊利亚的思想与马里内蒂分离开来，而这么做的原因很容易理解：马里内蒂对"领袖"的宽容，有时甚至接近了智识恋爱的程度（虽然终究是一场劫数），这损害了他在战后的名誉，并且容易伤及他的同伴。但圣伊利亚在墨索里尼思想诞生之前就阵亡了，更远早于马里内蒂在1930年代部分对该思想转向。没有迹象暗示圣伊利亚怀有法西斯主义的极权思想，或者在他的建筑作品中有表达这一点，虽然这些设计确实是用于大规模使用与占有的。甚至有可能，他是一名年轻的社会主义者。（这依然很普遍：有些被残留激进社会主义前景蛊惑的评论家，偏爱激进社会主义的意识形态多于法西斯主义。当获得权力时，即使是左翼也会像右翼一样残酷野蛮地对待自由的渴望。）

圣伊利亚与马里内蒂的共同点，在于对现代城市可能性心醉神迷的感受——现代城市，一个强有力的信息、产品与感知交换台，一个社会的涡轮大厅，嗡鸣向前，几乎不需要人类的干预。看看圣伊利亚想象中的中等城市，连同那直通云端的摩天大楼、空中露台、桥梁与立交桥，就是看到一个令人兴奋的假想未来在建筑上的运用：

> 我们定要把未来主义城市创造并重建为一座广阔而喧嚣的建设场，每一处细节都灵敏机动、充满活力；未来主义的

第十一章｜未来主义与法西斯主义

房屋一定就像一台巨大的机器。① 升降电梯不再像绦虫一样隐藏在楼梯井的壁龛里；楼梯本身已经变得无用，必须被废除，而由电梯攀上建筑物正面的高度，如同钢铁与玻璃的巨蛇。混凝土、玻璃与钢铁构造的房屋剥离了绘画与雕塑，只富有自身线条和轮廓与生俱来的美丽，因机械的质朴而格外"丑陋"……在喧嚣深渊的边缘升起：街道不再像一块擦鞋垫平摊在地面上，而是冲下地表，包含多个层级……由金属通道与快速自动人行道连接起来，提供必要的互通。装饰必须废除……

　　就连圣伊利亚本人也不大可能说得清，在这些空间连着空间、功能连着功能的建筑物里会进行着什么。它们就像弗里茨·朗（Fritz Lang）的电影之梦中那些上升至审美尖端高度的"大都会"。但它们装填着浪漫的冲击力，就如同幻想建筑设计所能做到的。而自从（同样没有实现的）皮拉内西的幻想以来，意大利建筑史上已再没有如此强有力的设计了。或许，假如它们曾被建造出来，也可能不会维持很久。另一方面，它们的侵蚀与衰朽也许并不会使未来主义者不悦，反正他们青睐的是暂时建筑的思想，因为这符合他们对速度与无常的热爱。他们不信任"厚重、庞大、耐久、古旧与昂贵的材料"。他们希望将建筑视为"坚硬、轻盈与流动的艺术"，用翁贝托·薄邱尼的话说：虽然圣伊利亚图纸中的建筑物往往看起来像埃及平顶石墓一样四四方方。

　　1914年，圣伊利亚发表了一份宣言②："未来主义建筑的装饰价值唯一取决于原始、裸露或粗糙上色的材料使用与最初安排"——而这

---

① 类似勒·柯布西耶稍后将房屋喻为"生活其中的机器"的著名描述。——原注
② 虽然关于他在这份宣言中的实际参与程度以及合作者的名字仍有一些争论，但如果没有圣伊利亚，1914年《未来主义建筑宣言》的内容就不会存在。——原注

样的材料，就像我们从勒·柯布西耶（Le Corbusier）与他的"野兽派"后人处了解的那样，显得非常难看、非常草率。不过，既然它们只存在于纸上的空想世界里，这也就不可能经过考验了。圣伊利亚没有预见到，这些建筑物有一天会被建成，那时他已去世很久了，而这毫无疑问会引起他的厌恶。这些思想，至少是他关于单体建筑的思想被引用了过去，加上了炫目夸张的形式，在1970与1980年代由两位美国建筑师实施：赫尔姆特·扬（Helmut Jahn）与他在芝加哥建造的摩天大楼，以及大型酒店建筑师兼开发商约翰·波特曼（John Portman）与他的透明玻璃吊舱式电梯，这种电梯如拉链般上上下下，产生一种垂直循环的戏剧性（但很快就变得单调乏味了，即便对前厅里的游客来说也是这样）。

绘画、雕塑、诗歌、戏剧与建筑并不是吸引未来主义者注意的仅有几个艺术形式。因为未来主义意在做到包罗万象，成为未来生活的模版，所以它也应该，按马里内蒂的强调，将食物包括在内。食物不是"附属物"。套用一句话说，未来主义者当如其食。首先，这需要一种新的语言运用方式，一种完全意大利式的运用，不得受到别处来的借用语言的"腐蚀"。例如，大多数意大利人所称的"三明治"（sandwich），到未来主义者嘴里就成了"两面夹"（traidue）。"酒吧"（bar）也不能再存在了，它们要被"饮酒馆"（quisibeves）取代，而其中的工作人员也不叫"酒保"（barman），只能叫"调酒师"（mescitori），他们调出来的不是"鸡尾酒"（cocktail），而是"多重酒水"（polibibite）。倘若一位未来主义者想要跳上他那咆哮怒吼、轰鸣排气、预言式的六缸菲亚特，带上姑娘去郊外兜一圈，他们吃的就不叫"野餐"（picnic），而叫"露天餐"（pranzoalsole）。

可是马里内蒂与他未来主义的弟兄们（后者的程度大概轻一些）并不满足于单纯地替换词汇，无论如何，这些换上来的词语从没在意大利或任何其他地方占据主流（就像今天没多少人会说要一份"自由炸薯条"一样）。他们希望通过消除"意大利面"（pastasciutta）改变意大利人的饮食，一切形式的通心粉都滚得远远的。再也想象不出比这更注定失败、徒劳无功的计划了。意大利面是整个意大利的神圣食物。罗马甚至有一座意面博物馆，专门展示几百种形式的意面，从纤细的仙丝面到朱塞佩·迪·兰佩杜萨①（Giuseppe di Lampedusa）在《豹》中满怀热爱描述过的"夹心烤馅饼"（timballi）硕大的饼皮，从针头大小的粗面粉粒到设计用于盛装白汁（balsamella）中乳清干酪、菠菜或鸡肉泥的松软口袋。它是首屈一指的大众美食，就像美国的披萨与汉堡。

对一项与意大利的自身形象关联如此紧密的主题发起攻击，这主意看起来简直就是一种文化自杀。但马里内蒂痛恨意面。他认为意面使意大利人粗野、懒惰、自满、愚蠢，而且最糟糕的是，使他们不适于战斗。那不勒斯市长竟然真的公开表态称，天国的天使吃的是番茄酱意式细面（vermicelli al pomodoro），但这丝毫影响不了马里内蒂。"由于现代文明的一切事物都趋于减重增速，未来的烹饪也必须符合进化的宗旨。进化的第一步就是将意面从意大利人的饮食中消灭。"

他对意面的憎恶源自他在奥地利前线服役的经历。"在维尔托比扎河（Vertoibizza）上的塞洛（Selo）打过仗的未来主义者……都能作证，他们吃的一直是最难吃的意面，敌人的密集炮火将勤务兵及厨师与战士隔开，因而耽搁了时间，使意面变成了冰冷凝结的一坨。谁敢奢望热气腾腾、嚼劲十足的意面呢？"1917年5月的攻势中，他受了伤，被担架抬到普拉瓦，一位炊事兵给了他"一碗好喝到不可思议的鸡汤……（尽管）奥地利人可怕的炮弹正不断砸在军营的厨房上，炸碎了他的炉子。于是马里内蒂第一次开始怀疑，意面是否适合作为战争食品"。他曾经观察到，向奥地利人发射山地炮的投弹手从来不碰意面这种恶心玩意儿。投弹手们通常的给养是"一块污泥斑斑的巧克力，有时是一块马肉排，在一个古龙水洗涮过的煎锅里烹成。"巧克

[478]

---

① 朱塞佩·迪·兰佩杜萨（1896—1957）：意大利作家。

力、古龙水、马肉：本来就是未来主义食谱的元素——极其看重与传统和谐背道而驰的不一致感，集合成了马里内蒂心目中"英雄主义"的物质。

在后来接受一名意大利记者的采访时，马里内蒂埋怨了意面。"呸！通心粉简直就是猪食！"

> 为了让大家都明白这一点，恰巧描绘了通心粉的绘画、印图、照片与一切事物都必须从我们的房子里消失。出版商必须将图书从书店里召回，遵从严格的审查制度，毫不留情地将其删除……在短短几个月的时间里，只要听到有人提起这个名字——通心粉，呸！——人们就会作呕。这项任务十分艰巨。要摧毁一件事物，只需一只手点燃导火索，但要重建它（作为一道顺应于我们这个时代的菜肴），却需要千万双手的努力。

1930年代初，另一位记者在法国杂志《喜剧》（Comoedia）上发表的文章呼应了马里内蒂的观点，文章指责意大利面会导致"萎靡不振的多愁善感"，使得"从贺拉斯到潘兹尼[①]（Panzini）的恒久不变的罗马一直在对抗时间的流逝"，这其实大可不必：

> 今天，我们需要重塑意大利人，就算他能毫不费力地在自己的大肚腩上做出抬起胳膊的罗马式敬礼，这又有什么用呢？现代人必须拥有平坦的腹部……看看黑人，看看阿拉伯人。马里内蒂在烹饪方面的反论，其目的在于教育。

那么，未来的意大利人实际上会吃什么？"我们的未来主义烹

---

① 阿尔弗雷多·潘兹尼（1863—1939）：意大利小说家、词典编纂者。

饪，"马里内蒂鼓吹道，"变得像水上划艇的马达一般高速，会在某些瑟瑟发抖的传统人士看来疯狂又危险。但它的终极目标是在人类的味觉与人生之间创造一种平衡……在此之前，人类像蚂蚁、老鼠、猫或牛一样喂饱自己。今天，在未来主义者手中，第一个属于人类的进食方式诞生了。"

于是，"飞画家"菲利亚（Fillia，都灵艺术家路易吉·科隆波 Luigi Colombo 的笔名）提出了他称之为"飞食"的进食方式。餐食从右边端上来，有黑橄榄、茴香心与金橘；在他的左边，一位侍者放置上一块砂纸、丝绸与天鹅绒制成的矩形，由他一边抚摸一边进食，享受滋味与质地的对比。在他（她）用餐的同时，侍者在他脖子后面喷洒康乃馨香水，而在厨房里某个看不见的地方，飞机发动机的暴烈轰鸣（噪音）与巴赫的某种音乐伴奏（音乐）传进他的耳朵。因此，进餐者所有的感官都被调动起来，达到心醉神迷的境界。菲利亚的另一项发明是一道叫作"兴奋猪"的菜（一个疯狂的阴茎的双关语）：包括一整根萨拉米香肠，削皮后直立在餐盘里，盘中还有滚烫的浓缩黑咖啡，混合着"大量古龙水"。第三道发明叫作"逐猎天堂"。在混有可可粉的起泡酒里小火慢炖一只野兔。当汤汁被吸收后，将这生物浸在柠檬汁里，涂抹"大量"以菠菜和杜松为基础的青酱，饰以成百上千的银粉，使人联想到猎人的子弹。同为"飞画家"的艺术家恩里科·普兰波利尼为他称之为"赤道＋北极"的菜提出了一种煞费苦心的方案。在水中炖煮一片金色蛋黄的"赤道海"，从中搅打出一根圆锥形的僵硬蛋白；在圆锥形的顶端撒上黑松露片，这些黑松露片被"削成黑色飞机状"。这听起来至少按常规还可以进嘴，不像名不见经传的未来主义艺术评论家 P·A·萨拉丁（P.A. Saladin）提出的充满性隐喻的菜肴"午夜男与女"（Man and Woman at midnight）。放一大池红色的萨白利昂①（zabaglione），在上面安一个"漂亮的大洋葱圈"，用一根糖渍

[480]

---

① 萨白利昂：一种由蛋黄、食糖与甜葡萄酒制成的意大利式甜品或饮料。

白芷的茎秆及两颗糖渍栗子钉住，大概象征的是午夜情侣的"要害"（coglioni）吧。

以上这些，连同其他不少同样稀奇古怪的菜肴，似乎都曾在马里内蒂于罗马及别处举办的未来主义者社交聚会上端上餐桌。我们不知道这些菜受欢迎的程度如何，而有人或推测，受邀宾客中的不少"崇旧者"（passeists）也许会叹气想念一碗美味的意大利肉酱面（spaghetti alla Bolognese）。虽然如此，未来主义者们也曾短暂地经营过一家餐馆，尽管是在都灵：位于范奇格利亚街（Via Vanchiglia）2号的"神圣味觉"（Santopalato）。这家餐馆维持的时间不长，但供应的都是"菲亚特鸡"（Chickenfiat）这样的后工业化佳肴——一只大型家禽，先用水煮，再在肚子里填上钢珠轴承，缝合上并烤至"禽肉充分吸收软钢珠的滋味"。这道菜在端上桌时会配上生奶油，并且最好是由"未来的女性"分发，她们是戴着护目镜的光头。"神圣味觉"在商业上不算成功，但马里内蒂坚持经营了一段时间，以证明自己的论点。餐馆的招牌菜也在罗马的未来主义者宴会上供应，叫作"雕刻肉"（la carne scolpita）。这是一大块碎烤小牛肉的圆柱形炸肉卷，中间填充了十一种烹熟的绿色蔬菜。肯定要用一种东西（或许是一种极硬的贝夏梅尔调味酱？）把这些碎肉粘合起来，但无人告诉我们是什么。这块炸肉卷直立在餐盘里，由一个香肠环支撑，这个香肠环又依次放在三个鸡肉金球上。炸肉卷的顶上涂有一层蜂蜜。这道菜据称是"意大利多种多样风景的符号象征"。

就像未来主义者改革饮食语言的努力导致冗长的多音节词取代了短词一样，食物本身在未来主义者手中也变得复杂到荒谬的地步，远超过了任何家庭厨房所能企及的程度，无论如何都根本没法食用。然而，阅读关于这些菜肴的描述，它们看起来与极端"新式烹饪"（New Cuisine），如名厨卡塔兰·费兰·阿德里亚（Catalan Ferran Adria）等人所实践的，那些更加不切实际的幻想确有某些共通之处。菲利亚这样的味觉幻想家代表着对佩莱格里诺·阿尔图西（Pellegrino Artusi）

等伟大的意大利烹饪正规派之本土食物哲学的荒谬主义反叛,而阿尔图西的著作《良好饮食的艺术与科学》(*The Art and Science of Eating Well*)当时已经重印了无数版,被人们奉为正宗烹饪的圣经。

[481]

很可能有人会问,罗马城又在这场意大利绝无仅有的重要现代艺术运动发展中扮演了怎样的角色?事实上,它扮演了十分重要的角色。对未来主义者而言,罗马代表着"永恒"——历史意识,以及一切归纳为"崇旧派"(Passeism)一词的意义。未来主义者憎恶此地,因为它巨大无边的权威,它的古老与连续,当然还有它的美丽,这是他们最不情愿承认的。自然,要挑剔罗马不朽功业中概括的思想、感情与技艺所取得的漫长成就,不可避免地会显得像一只甲虫对着金字塔发牢骚:它会挡在道上的,所以习惯就好。无疑,他们可以沉溺于自己的幻想。一份未来主义出版物登载过一张图画,显示如果没有贝尔尼尼破船喷泉之类的崇旧派累赘,西班牙广场会是什么模样——背景中,是山上天主圣三教堂与西班牙三级阶梯平台之上方尖碑那些熟悉的轮廓;前景中,一个丑陋的单调广场上满是有轨电车与架空电线。这就是他们所认为的"进步"。

在地球上的所有地方之中,罗马是这样的一个存在:关于其过去的恶言谩骂无论如何花样频出,听起来也是细弱无力。未来主义的建筑宣言称,其作者(主要是圣伊利亚,也有马里内蒂,很可能还有薄邱尼的参与)愿"斗争与鄙视"一切古典建筑,连同"古迹的防腐、重建与复制",一切横平竖直的线条,一切立方体与金字塔的形态。这或多或少地提及了从伊特鲁里亚到维托里奥·埃马努埃莱纪念物的一切建筑——2500年,一笔勾销。怪不得,马里内蒂与他的盟友更青睐北方工业城市——米兰与都灵。

如果说14世纪的科拉·迪·里恩佐是第一位在罗马获得巨大政治势力的无产者,那么20世纪的贝尼托·墨索里尼就是最后一位。

[482]

这二人身上的对应之处是不容反驳的:都是出身寒微的劳动阶级,都拥有鲜明的性格与强有力的演说能力,都相信自己为天命所定之人。科拉痴迷于一个信仰，即罗马帝国的古代荣光能在自己的身上重获体现，在自己的统治下再次兴盛。墨索里尼也是一样，他的规模甚至更加宏大。二人都具有强烈的个人魅力，能从他们众多的追随者中唤起人潮浪涌、回荡哭泣的极端狂热忠诚。

二人都自视为天选的护民官，且他们的意大利同胞一度也这么认为，尽管墨索里尼（为了自己的政治目的，精明地）拒绝宣传这种针对富人的阶级敌意，也不同意为自己冠上科拉式政治的头衔，因为这种思想散发着共产主义的气味，而他需要富裕且有权势之人的支持。

两人各有各的知识分子盟友与支持者：科拉拥有彼特拉克（断断续续的）支持，他是但丁之后最伟大的意大利人文主义作家；而虽然20世纪20与30年代的意大利不存在与前者同等高度的作家，墨索里尼也有加布里埃尔·邓南遮当作自己的顾问与文学傀儡。两人都不得善终：科拉被一群暴徒私刑处死于罗马天坛圣母堂的阴影之下，墨索里尼则被共产主义游击队射杀，倒吊在米兰一个加油站的遮篷下。而尽管科拉（在他精神不那么过于兴奋的时候）无疑比残酷无情而自恋陶醉的墨索里尼要好一些，这两人的身上都体现出一种歌剧般的、自我戏剧化的民粹主义领袖风格，这种风格似乎依然为意大利人所特有，且说实话，依然能引发许多意大利人的怀旧之情。

属于狮子座的贝尼托·阿米尔卡雷·安德烈亚·墨索里尼于1883年7月29日出生在普雷达皮奥（Dovia di Predappio）——艾米利亚-罗马涅区的一个小村庄。他的父亲亚历山德罗·墨索里尼（Alessandro Mussolini）是一名铁匠，也是一名坚定而反对教权的社会主义者。他的母亲罗莎·马尔托尼（Rosa Maltoni）则是一名学校教师。他是家中三个孩子里最大的。他的名字承载着沉甸甸的政治象征："贝尼托"出自墨西哥激进主义者贝尼托·胡亚雷斯（Benito Juarez），"阿米尔卡雷"来自意大利社会主义者阿米尔卡雷·奇普里亚尼（Amilcare Cipriani），而"安德烈亚"则来自另一位意大利社会主义者安德烈亚·科斯塔（Andrea Costa）。在意大利的流行文化中，普雷

第十一章 | 未来主义与法西斯主义

达皮奥只因是墨索里尼的出生地才引人注目,而后来"左派"的各种小曲也是起源于此:

> 如果被神圣之光点亮的罗莎
> 怀胎领袖的那一夜
> 在普雷达皮奥的铁匠铺里
> 亮出的是她的后门而非前门
> 那么被搞得一团糟的就
> 只有罗莎——而不是整个意大利了。

贝尼托小的时候就在铁匠铺里给父亲帮工,就像阿道夫·希特勒经常毫不作假地声称自己曾忠诚而勇敢地在伊普尔①(Ypres)服役一样,墨索里尼频繁提及自己是劳动阶级的儿子,这也的确是真的。就像父亲是一位热烈的社会主义者那样,儿子在教会寄宿学校里也是桀骜不驯、不时犯下暴力行为的人。使他在本地市民中尤其不受欢迎的一个举动是,他站在普雷达皮奥村教堂门外的大庭广众之下,用石头投掷做完早晨弥撒后鱼贯而出的礼拜者。他聪明机智、成绩优秀,但因为那粗暴乖戾、一点就着的脾气,他毕业后很难找到学校教师的工作,找到了也很难保住饭碗。1902 年,他搬到了瑞士,运气也没有变好。他对社会主义的坚持以及一贯的粗暴作风使他短暂地被监禁了一段时间,最后作为失业外国人被驱逐出境。

回到意大利后,他在 1908 年终于投入了新闻业,在特伦托社会党的报纸《工人的未来》(l'Avvenire del Lavoratore)担任编辑。特伦托处于奥匈帝国的控制之下,无论对墨索里尼的反教权论还是他针对奥地利皇室的猛烈抨击,当局都不会坐视不管。最终,墨索里尼被逐出特伦托,恰逢其时地回到了意大利,在社会主义报纸《人民》(Il

[484]

---

① 伊普尔:比利时西部城镇。

Popolo）处找到了一份撰稿与编辑工作，随后又转往另一份更加激进的报刊《前进！》(Avanti!)。但尽管他反对与奥地利的战争，墨索里尼还是于1915年中旬被征召入伍。他总共在战壕中服役了约九个月，直到因一次迫击炮弹意外爆炸事故而严重受伤，于1917年退役。

第一次世界大战的经历使年轻的墨索里尼从父亲的社会主义之梦中醒悟。这场灾难性分裂的冲突，这部制造尸体的巨型国际机器，已经终结了跨国界志愿阶级合作的理想，而前一代的社会主义弥漫的正是该理想。在光明的未来中将不再有和平的"英特纳雄耐尔"(internationale)。取而代之的将是无休无止、冷酷无情的斗争，其结果是一种思想的废除，该思想就是"阶级战争可以或应该定义社会形态"。"作为一种学说的社会主义已经死亡，"墨索里尼后来写道，"它只是作为一种怨恨继续存在。"意大利可以用什么来替代这无法实现的幻梦？一个独裁主义体系，它会将这个国家统一起来，就像古罗马曾经做到的那样。

构成这一体系的某些原材料已经存在于意大利，事实上，就是由"一战"产生的。这些原材料由回乡士兵（squadristi）组成，这些退伍军人有望将贝尼托·墨索里尼尊为前战友。他们本是为胜利一方、为对抗德国的协约国而战，但这并不能消灭他们遭受的苦难，也不能消灭他们对曾经反对战争者（其中大多数为社会主义者）的厌恶，以及对非战斗人员的蔑视——更不用说，他们感觉这些人是被和平欺骗了。来自生活各阶层的军人之间的团结一心，远比社会主义阶级团结的雄辩分量更重。

墨索里尼开始聚集起这样一个精英集团。对于工人，他承诺制定最低工资、给予产业工会更多权利——后来墨索里尼稳固地执掌了大权，这些权利便迅速消失了——还有赋予女性更多权利。对于畏惧共产主义者与社会主义者多过其他群体的企业老板与银行家，他为他们提供免遭"红色威胁"(Red Menace)的保护。这是一项精明而必要的策略，因为这确保了他可以向他们请求财政支援，就像希特勒在德国

第十一章 | 未来主义与法西斯主义

那样。该政党的象征为古罗马的"束棒",即一束围绕一把斧头捆绑在一起的棍棒,被罗马的"束棒扈从"(lictors)举起,作为力量与全体一致的符号:法西斯主义(fascismo)一词即来源于此。政党的强力手段由迪诺·格兰迪(Dino Grandi)组织,这群退伍军人以准军队化的"黑衫"(camicie nere)为特征,使他们日益被意大利各城市畏惧与顺从,到了20世纪20年代后期,他们甚至将威势扩大到了乡村。法西斯主义者拒绝与当时存在的任何左翼政党结盟,同样也拒绝与右翼结盟。他们一直明智地宣告自己的独特性与独立性。他们是通往民族自足的"第三条路"(terza via)。不出意外,这个起初小规模的团体在两三年间就膨胀成了一个羽翼丰满的政党——国家法西斯党。1921年,国家法西斯党的的党魁——如今越来越多的追随者干脆称其为"领袖"——通过入选下议院赢得了官方地位。在此以及随后的法西斯统治时期,墨索里尼得到了一位后来实际上成为他的宣传部长与首席形象顾问之人的大力辅佐,此人就是乔瓦尼·斯塔拉切(Giovanni Starace),他于1931年12月受到任命。

斯塔拉切之于领袖就如同戈培尔之于希特勒,在创造统治风格方面,二者是一样的活跃。正是他构思与组织了数以万计罗马人在威尼斯广场上的"人海"大游行,位于带隐藏式指挥台的领袖演讲阳台之下;正是他创立了一切法西斯会议上的"敬礼领袖"环节,无论会议大小,无论墨索里尼本人是否出席;正是他废除了"不卫生"的握手礼,支持伸出胳膊、以罗马式为基础的"卫生"的、"砰"一声的刻板的法西斯敬礼。甚至在与他的领袖打电话时,他也要严格立正、脚踝碰齐。

他还确保精心安排的群众欢呼是仅仅朝向墨索里尼的,因为"一个人,只有一个人必须被允许统治每日的新闻,其他人必须以沉默地为他服务为傲"。在斯塔拉切手下,制服数量成倍增加,掀起了一阵名副其实的狂潮。有些法西斯领导者被要求拥有十件甚至二十件制服,一条金穗带也不能少。(这与英国式的外交服装形成了鲜明的对

[486]

比，英式外交装的特征为白条纹双排扣外套，以及备受嘲笑的宫廷大臣式卷伞。）1921年，在发起被称为"法西斯党"的运动时，领袖私下暗示社会主义者，如果他们愿意支持他的民粹独裁，他会给予他们援助——这是个谎言，但得到了社会主义者的欢迎。与此同时，墨索里尼与他的部下大量扩充进军（或乘火车进入）罗马的人数，使之达到300000名武装法西斯，他们宣称，其中三千人为自己的热忱付出了生命。国王被骗说法西斯民兵的数量超过了他的正规军，军队是不可能守住罗马的。

从此以后，领袖与法西斯的前进就一发不可收拾。他们占据主流，收获了一切声望。不仅仅对于法西斯主义者，而且对于数以百万计的人们来说，20世纪30年代是意大利形象，尤其是罗马形象的奇迹岁月。受到未来主义热潮的催化，法西斯主义似乎已真正开始飞黄腾达，是在一切方面。更快，更高，更远！意大利拥有世界上最快速的水上飞机，精致典雅的马基（Macchi）MC 72。林德伯格（Lindbergh）在此之前已经飞越了大西洋，但天才飞行员伊塔洛·巴尔博（Italo Balbo）——在某些方面算是头畜生，但无可争论地是位勇敢而天才的飞行员——于1931及1933年带领一支九架双引擎水上飞机组成的机队两次往返于罗马以北的奥尔贝泰洛（Orbetello）潟湖与伊利诺伊州的伊利湖（Lake Erie）之间。1931年，意大利下水了世界上速度最快的跨大西洋蒸汽客轮"雷克斯号"（Rex）。意大利电影的声望仿佛（至少在意大利人看来）正在超越好莱坞，而在1932年，第一届威尼斯电影节举办。1934年，意大利队赢得世界杯足球赛冠军，而剧作家皮兰德娄（Pirandello），毫无疑问是一名风格另类的法西斯主义者，被授予了诺贝尔奖。块头巨大的拳击场上的"金刚"意大利拳击手普利莫·卡尔内拉（Primo Carnera）在1933年击败美国人杰克·夏尔基（Jack Sharkey），获得世界重量级冠军。（我们应该记得，当时的意大利人普遍将拳击看得比足球更高；墨索里尼称其为"完美无缺的法西斯表达方式"。）古列尔莫·马可尼（Guglielmo Marconi

在无线电与无线电报方面的发明使托马斯·爱迪生也黯然失色。意大利机械的新楷模——同时适用于办公与家用场合——尼基（Necchi）与奥利维蒂（Olivetti）绘图板上的成果正在日益发展的世界市场上发挥影响力。

或许，这些事件中没有一件像逐步壮大的法西斯宣传机器所宣称的那么划时代，但它们加在一起促成了一种集体狂热，近乎全民族的歇斯底里。曾经是英格兰，然后是美国。如今，意大利的技术天才明显占据了统治地位。这里再也不是陈旧的油画布、发霉的穹顶与破损的雕塑之地了。这里是"未来"的国度，由一位在意大利人眼中不亚于半神之人统辖，是古罗马天神国王奥古斯都的现代继承者。多亏了领袖，马里内蒂与未来主义者最极端的幻想似乎就要在法西斯主义的统治下变为现实。这位意大利的领导者甚至还夸耀自己的优异体格。墨索里尼与他的射手（bersagliere）们慢跑锻炼的照片为意大利的报刊杂志带来了活力，这一景象直到半个世纪后才在美国再次上演——虽然很大的不同点在于，领袖慢跑时身穿全套卡其布制服、脚穿马靴、头戴军官帽，身边伴随着佩剑的军官弟兄，戴着与埃塞俄比亚的战争中获得的奖章。法西斯主义者同样深谙媒体与宣传之道。任何威胁要因其对埃塞俄比亚以及后来对西班牙第二共和国的好战政策而制裁意大利的国家，都可能会被种种图像嘲讽，比如一张海报上，一个光屁股小男孩对着"制裁"一词撒尿。"宁为雄狮一天，不作绵羊百年"，一条广为引用的口号如是说，可人们期望"雄狮"的这一天能维持到永远。"吃得太多，就是在抢劫你的祖国"，一张海报上宣告道，在这张海报上，一个身材苗条、意志坚定的巡警正轻拍着一名贪吃食客的肩膀。［488］

一个硬朗、苗条、肌肉发达的意大利是阿比西尼亚战争（又称第二次意大利-埃塞俄比亚战争）发扬的国家新形象不可或缺的一部分。在制服、标语与暴力喜好的背后，法西斯主义实际意味的到底是什么？它是否就像是软弱派与左派宣称的那样，是另一种名义的社会违法犯罪？1932年，在《意大利百科全书》的一个条目中，墨索里尼在合著者乔瓦尼·秦梯利（Giovanni Gentile）的某些协助下，对这一问题进行了论述。首先需要理解的一点是，法西斯主义不是一场谋求终结侵略的和平主义运动。恰恰相反，"法西斯主义……既不相信永久和平的可能性，也不相信永久和平的功效性。只有战争才能使一切人类能量拉伸至最高点，为有勇气有胆魄的人们打上'高贵'的标记。其他一切考验都只是替代品。"这就是马里内蒂在二十五年前所写下的概念：作为人种清理的战争。

法西斯主义将国家视为绝对，将个人视为相对。因此，它与"自由国家"没有一点关系，后者无力地强调"一切无用甚至可能有害的自由"。"自由"的意义与效用只能由国家决定，从来不可能由公民个体说了算。法西斯主义将"帝国"的思想奉为神圣。其增长是"生命活力的本质表现，其对立面就是颓废堕落的标志。向上的人们，或者经历一段颓废期后再度向上的人们，总是帝国主义者。而'放弃'就是衰朽与死亡的标志"。意大利就是如此，在"经历了许多个世纪的屈辱与外邦奴役之后"，它正在再一次崛起。

如果说这一套辞令也许显得模糊不清，你总是可以再看看上了年纪的马里内蒂关于"法西斯主义诗歌"的评述，他在1937年作为一位西西里诗人编纂的选集《意大利方言歌谣中的领袖与法西斯主义》的前言中写道：

[489]
就像宗教诗、战争诗等等并不能解释为孜孜不倦地颂扬战争或教会，法西斯主义诗歌也不能被阐述为歌颂法西斯主义的诗歌。与此相反，法西斯主义诗歌使自身适应于革命创造的历史潮流，它意味着设想或说明法西斯主义公司式国家的统一化政治、道德与经济思想，永远是建设性的（或者为了建设而推翻），从不走回头路……因此，法西斯主义诗歌就是建造物，是法西斯精神的建造物，实现在富于创造力的

第十一章 未来主义与法西斯主义　515

工作热情中，实现在永远利他、尽可能普世的人类物质或精神拯救行为中。这种诗歌反对纵欲、酗酒、悲观，反对一切于个人、于集体产生压抑、束缚、有害作用的事物。它表达了一种特殊状态的优美，这是我们正置身其中的历史运动之政治社会直觉所不可或缺的……

事到如今，一切都已像台伯河床一样明晰了，因为法西斯主义代表着未来，因此除了它的前进道路，就只剩下后退的路——通往一个理想化、纯粹化版本的古罗马。同样地，因为法西斯主义代表着未来，它必须使年轻人——他们是未来的载体——站在自己一边。因为需要征募年轻人，它召唤烈士与英雄。法西斯主义是一场青年运动，这是最重要的一点——在令人冲昏了头脑的1960年代，这一事实被认为不适宜提醒年轻人记起，这些年轻人疯狂地告诫称，不要信任任何超过30岁的人。

上个世纪的极权政体会让年轻人为了对"事业"的高尚忠诚而殉难，就像基督教早期的儿童圣人。纳粹有霍斯特·威塞尔（Horst Wessel），一个年轻的纳粹党人，据称被共产党人杀死，他创作了一首关于纳粹冲锋队（Brownshirts）的广为流传的歌曲，这首歌成了德国的国歌："高扬旗帜！团结队伍！"一个纳粹煽动起的传说称，这首歌的词和曲都是威塞尔所写，但事实上，该曲调来源于第一次世界大战的一首德国海军军歌。斯大林主义者中也有一名令人反感的少年狂热分子，他向秘密警察告发了自己父亲对党的不忠与背离的罪行，暴怒的父亲因而杀死了儿子，于是这名少年受到了人们的狂热崇拜：在莫斯科曾竖立有这名令人厌恶的年轻烈士的铜像，但在前苏联改革后被拆除。

［490］

极端依赖于吸引年轻人的意大利法西斯，同样也有自己历史上的少年英雄，虽然人们对他知之甚少。其实，甚至有人怀疑他究竟是否存在，至少是以法西斯宣传赋予他的形式。他的名字，据人们说叫作焦万·巴蒂斯塔·巴利拉（Giovan Battista Balilla）："巴利拉"一词意为"小男孩"，据称是一个名叫佩拉索（Perasso）的十多岁少年的绰号，一般认为他是热那亚人。1746年，奥地利占领了热那亚，在一次反抗哈布斯堡王朝军队的暴动中，他牺牲了生命。据说，一台大炮陷入了泥泞的道路里，他向几名使劲把大炮挪出来的奥地利炮兵投掷石块，由此惹怒了对方。

法西斯的蹩脚诗人写下了许多赞歌，纪念这位半传说中的孩童，他成了意大利"一战"获得胜利的象征，这胜利对于法西斯主义者的内心以及法西斯主义本身的未来是如此宝贵。他被人们画进插图里、海报上、壁画中（尽管，当然没有人知道他究竟长什么样，这也没什么大不了的，因为同样也没人知道耶稣长什么样）。他是阳刚的法西斯主义青年的楷模。在罗马方言诗人彼得罗·马斯蒂尼（Pietro Mastini）的诗集《意大利的珠宝》（*Li Gioielli d'Italia*）中，收录了一首典型的情感迸发之诗，该作品在第十二届罗马圣乔瓦尼诗歌节上获得了铜牌：

> 玫瑰之口
> 意大利之花
> 未来的佳偶
> 明天的妈妈
> 为了那永远亮闪
> 高贵的信仰
> 你将见到你面前
> 无数巴利拉成员的昂扬！

这位儿童烈士获得了一项特殊的嘉奖：许多机器以他命名。一系列普及的廉价汽车，比如德国大众（Volkswagen）在意大利的对等品牌，虽然在工程设计方面不及大众，就是以他的名字命名，同样以

第十一章 | 未来主义与法西斯主义

他命名的还有好几艘潜水艇。墨索里尼任命前突击队员雷纳托·里奇（Renato Ricci）组建了一支"国家巴利拉组织"（Opera Nazionale Balilla），意图"从道德与身体的立场出发"，训练意大利的青年人，于是里奇前往英格兰，寻找英国童子军运动的发起人罗伯特·贝登堡（Robert Baden-Powell）——贝登堡的理念是这一青少年军国主义运动较为和平化的范例。该法西斯民兵组织的"十诫"归纳了他们的根本信念：

1. 牢记那些为了革命与帝国阵亡的人，他们走在你的进军队列之前。
2. 同志就是你的兄弟：他与你同生活、同思考，在战斗中你有他与你并肩。
3. 无论何时、无论何地，你必须用尽一切手段，为意大利效劳，不辞劳苦、不计鲜血。
4. 法西斯主义的敌人就是你的敌人：对他绝不留情。
5. 纪律是军队的太阳：它为胜利铺路，它为胜利照明。
6. 若你果决地发起进攻，胜利就已在你的掌握之中。
7. 全体与相互服从就是军团的力量。
8. 事无巨细，只有职责。
9. 法西斯主义革命向来依靠军人的刺刀，至今依然。
10. 墨索里尼永远是正确的。

"十诫"中的最后一条——"墨索里尼永远是正确的"（Il Duce ha sempre ragione）——遍布意大利与她的非洲殖民地。刷在墙上、刻在石头上、用粉笔写在黑板上，甚至被埃塞俄比亚农民用鹅卵石拼写在学校的操场上，它是法西斯主义恒久不变的主旋律，直到20世纪60年代后期，在意大利的部分乡村地区仍能看到这些标语的残迹。

[492]

因为一个军国主义国家必然少不了士兵，所以法西斯主义极为重视意大利的人口出生率。即便不论其他方面，单是在这一点上，它就与天主教会找到了共同点，后者坚如磐石地反对一切形式的避孕节育。每年，威尼斯广场（它取代了卡匹托尔山作为意大利政治象征性中心的地位，效忠墨索里尼的大型"人海"游行在这里由宣传部长斯塔拉切召集。）领袖阳台下会举行诸多庆典，致敬国内95位最多产的母亲，她们带着哭叫吵闹的儿女。自然，这一场面招来了大量玩笑（虽然对多产的真实嘲讽是被禁止的）：在1930年的一幅漫画上，三位慌乱而坚决的父亲你追我赶地奔向跑道的终点线，每人都推着一个挤满了几十名婴儿的宝宝车，他们的妻子在一旁加油助威，高喊"加把劲，那不勒斯！""向前推，米兰！""快点，罗马！"墨索里尼本人的观点是，意大利家庭应该扩大到八个、十多个甚至二十个孩子：他们是即将诞生的帝国那勇敢的炮灰。每位高产的英雄母亲会被奖励5000里拉及一枚奖章。

还有其他刺激意大利家庭扩大规模的政策被设计与试行，作为将军事控制手段普遍应用于民众生活的一部分。于是在1926年，领袖出台了相当于变相征收单身税的政策，将单身汉的税负水平定得高于已婚已育男性。教育与行政部门的高层职位也专为这些已婚人士保留。另一方面，女性则被从国家岗位上解雇，除非她们是丈夫死于战争的寡妇。除了向来靠不住的"性交中止"（coitus interruptus），一切生育控制技术的信息都被禁止传播，尽管避孕套仍有销售，因为其能减少性病的传播。"世上有四亿德意志人口，"墨索里尼在1927年耶稣升天节（5月26日）的讲话中声称，"两亿斯拉夫人口，而意大利人口到1950年的目标是六千万，超过现在的四千万。先生们，如果我们的人数减少，我们就无法建立帝国，我们就将沦为殖民地。"

虽然墨索里尼并非罗马出身，但当他掌权以后，却只愿把自己想象成罗马人。事情并非从一开始就是这样。尽管他从不曾大肆宣扬自己的普雷达皮奥出身，除非修辞上的目标需要他积极表现自己

第十一章 | 未来主义与法西斯主义

为"民众之子",但当墨索里尼还是一名年轻的社会主义者时,他曾谴责罗马是一座"女房东、擦鞋童、妓女与官僚的寄生之城"。可是很快,随着后来发展成为法西斯主义的思想在他的脑海中成形,罗马复兴的必要性也一并成形了。从前的罗马皇帝都出生、成长在西班牙及北非之类的边远地方,而对于一个来自普雷达皮奥的年轻人而言,没有理由使他可能不去将自己视为完全的罗马人,就像他的古代先驱们那样。在与一位名叫埃米尔·路德维格(Emil Ludwig)的德国记者进行的关于建筑学的谈话中,领袖观察道,"建筑学是最伟大的艺术,因为它是所有其他艺术的缩影。""这是极为罗马式的,"路德维格赞同道。"我,同样地,"领袖喊道,"首先就是罗马人。""罗马精神"(romanita)的问题,处于法西斯国家意识形态与自我定义的核心。法西斯主义将罗马视为世界的中心。过去曾经是这样,如今,在其对现在与未来的具体塑造中,往昔必须重现。"罗马是我们的出发点与参考,"墨索里尼宣称:

> 它是我们的象征,如果你愿意的话,也是我们的神话。我们梦想一个罗马式的意大利:那也就是说,一个睿智、强健、纪律严明、具有帝国威严的意大利。曾经属于不朽的罗马精神的大部分元素正在法西斯主义中复苏:束棒是罗马式的;我们的战斗组织是罗马式的;我们的骄傲与勇气是罗马式的;"我是罗马公民"。现在必要的是,明天的历史,我们热切盼望去创造的历史,不应该……是对昨日历史的拙劣模仿。罗马人不仅是战士,也是令人敬畏的建造者,有能力挑战他们的时代。

[494]

墨索里尼认为自己也是一名建造者,是主要的建造者,也是永远的建造者。诗人埃兹拉·庞德(Ezra Pound)1935年称赞了这一点。"我不相信任何墨索里尼将会有用的判断,除非是从他对建设的激情出发。将他视作时代的典型，那么一切细节就变得明朗了。把他当作艺术家的救星，那么你就会被这种矛盾搞得晕头转向。"领袖对"仅仅将罗马视作博物馆"的思想十分厌恶。罗马必须展现出自己的潜能，它不仅可以用来纪念过去，也可以延续现在的生活，乃至延伸到未来。用莎士比亚在《裘力斯·恺撒》(Julius Caesar) 中的话说，任何够不上这一点的都会是一种默认：

> 如今的罗马人
> 有着祖先同样的筋肉与四肢——
> 可是，唉！我们父辈的思维已死，
> 我们正被母亲的精神支配。

面对天主教会迄今为止压倒性的权力，法西斯主义的成就不仅仅是与梵蒂冈达成协议而已。教皇本笃十五世（Benedict XV）已经因为放弃教皇国而失去了意大利的一大片土地。现在，经过与墨索里尼的反复讨价还价，他的继任者庇护十一世（Pius XI）发现，自己的附属地被缩减到了只有纽约中央公园的八分之一大小——仅有108.7英亩，这就是梵蒂冈城的面积。当然，伴随于此的也有让步，比如同意教皇控制冈多菲堡与拉特朗，承认《教会法》具有与国家法律同等的约束力，梵蒂冈举办独立的邮局与无线电台，教会控制所有天主教徒的婚姻，在公立学校教授天主教教义，所有的教室中放置十字架，以及付给教廷17.5亿里拉的财务补偿。更甚的是，墨索里尼还做了上帝的工作（在教会看来），他既镇压了共济会，也镇压了共产党，此二者是教会不共戴天的仇敌。庇护十一世因此违背了他行事更中庸的助手——枢机主教加斯帕里（Gasparri）的建议，公开称领袖为"上帝派来之人"，还毫不含糊地告诉意大利的基层神职人员，要鼓励自己的会众给法西斯主义者投票，而他们也依言照办了。这看起来是对温和派天主教徒"人民党"（Partito Populare）的牧师领导人堂·路易

第十一章 | 未来主义与法西斯主义　　521

吉·斯图尔佐（Don Luigi Sturzo）的严重威胁，于是他逃到伦敦，留在了那里。

然而，在庇护十一世的言论中，影响最深远的还不是他与墨索里尼之间的关系，虽然随着时间的推移，这关系也变得愈发棘手。影响最深远的甚至也不是他在1933年与阿道夫·希特勒签订的《宗教事务协定》或条约——一场最终徒劳无果的交易，由欧金尼奥·帕切利（Eugenio Pacelli）即未来的庇护十二世从中斡旋。真正产生最深远影响的，是他的通谕《论贞洁婚姻》（Casti Connubi，1930），禁止夫妻之间进行人工避孕，违者以不可饶恕的大罪论处。自然，这极对墨索里尼的胃口，但其长期的效应却是迫使到那时为止的忠实信徒纷纷离开了教会。

对罗马帝国的再次颂扬，以及其与法西斯主义的新关联，使两条策略变得十分必要：挖掘与保存古代遗物，以及积极建造新的法西斯构筑物。墨索里尼对于古代与近代之间的那些东西不怎么感兴趣。他不是中世纪、文艺复兴或巴洛克式建筑的支持者，特别是因为，尽管要做出种种外交上的姿态，他其实反感于天主教会。结果，一旦暴露出地下可能埋有真正罗马古物的痕迹，大量这样的"中间"城市就会被拆除。他的第一次大规模清场行动——银塔广场（Largo Argentina）清场——就是如此，该地原本是战神广场南部的一部分。一座16世纪的圣尼古拉·切萨里尼（S. Nicola a'Cesarini）教堂矗立在那里，但在其地基之下，考古学家察觉到了四座古代神庙的遗迹，他们相信，这些神庙的年代可以追溯至罗马共和国时期。考古发掘以及教堂的拆除的确使一批破损不堪的遗物重见天日，而在缺乏其他证据的情况下，人们推断，所有四座神庙都位于大多数罗马凯旋游行的起点线上，并且是由得胜的将军出钱修建的。到底是哪些将军，就不得而知了。同样不得而知的还有，这些神庙里供奉的是哪些神祇。但是这些与古罗马胜利的关联——无论是怎样不清不楚——自然会对领袖产生巨大的吸引力。"假如我允许在这里建起哪怕一米的新建筑，"他宣称，

［496］

"我也会为自己感到丢脸的。"

出于象征多过审美上的原因,他尤为鄙视的是19世纪复兴运动时期的罗马,从1870年到他自己上位掌权的1922年这半个世纪间的建筑,除了维托里奥·埃马努埃莱纪念物,他视其为政治上无可置疑之物,这在很大程度上是取决于领袖与国王(维托里奥·埃马努埃莱之子)之间的友好关系。

在墨索里尼看来,19世纪意大利的统一顶多算是不完全的,说的不好听就是假冒的统一。意大利被如此之多的地方政府管理,却依然受到"乡土观念"(campanilismo)的严重牵绊,如果没有法西斯主义提供的中央集权,它怎么能被称为"统一"?他要将这一切彻底改变。整个20年代与30年代,墨索里尼将政府的各项主要职能全部集中起来,由自己一手掌握。

1922年10月,墨索里尼与他力量日益壮大的国家法西斯党追随者发动了一场政变(coup d'etat)。他们在佛罗伦萨火车站集合,登上一列火车并在罗马下车,向议会前进。这次火车之旅被定名为"进军罗马"(March on Rome),虽然没有一个人是靠双脚走来的。步行走完全程实在是太过劳累、进程缓慢。发起这样一场进军的想法也并非来自墨索里尼;它由邓南遮开创,但从未组织起来,邓南遮本想带着自己的人从的里雅斯特一路挺进罗马。在工商业阶级与军方的支持下,墨索里尼得到了国王维托里奥·埃马努埃莱三世的承认,软弱无力但由选举产生的首相路易吉·法科塔(Luigi Facta)被驱逐下台。

意大利如今有了一个好战的"人民之子"作为首相,不过他却拒绝了阶级战争的想法,并且使几乎所有的意大利商人、连同贵族一起坚定地站在自己一边。一小部分社会主义者与自由主义者联合起来抵制议会,却徒劳无功:国王害怕"黑衫军"的政治暴力。

墨索里尼的"意大利战斗者法西斯"成了意大利武装部队"国家安全民兵组织"(Milizia Volontaria per la Sicurezza Nazionale, MVSN)的一部分。如今,他们的地位已是不可撼动。1923年,他的《阿切尔博法》(*Acerbo Law*)将意大利变成了一个单一国家选区,其结果就是,在1924年的一场选举中,法西斯主义者获得了约64%的选票。正是在这场有作弊嫌疑的选举之后,社会党代表贾科莫·马泰奥蒂试图推翻这一结果,于是被一名叫作阿梅里戈·杜米尼(Amerigo Dumini)的黑衫军成员谋杀,后者在监狱里度过了几年时间,但最终还是得到了墨索里尼与法西斯党的终身供养。马泰奥蒂的死亡引发了一些微弱的抗议,但没有得来任何结果;这标志着反对墨索里尼的终结,以及他绝对掌控意大利的开始。在20年代余下的时间里,墨索里尼专注于建立一个警察国家,由他本人主管外交事务、殖民地、防卫、公司企业与内部秩序的一切事宜。

自然,他也亲自负责文化审查,一年审阅多达1500部戏剧(或者说,他的手下是这么宣称的,虽然考虑到他余下的日程安排,这似乎很难令人相信)。在被禁的剧目中,有马基雅维利的《曼陀罗》(*Mandragola*)、罗斯丹(Rostand)的《大鼻子情圣》(*Cyrano de Bergerac*)与萧伯纳的《恺撒和克利奥帕特拉》(*Caesar and Cleopatra*)。除了国王,没人能够将他撤职。1928年,进一步的议会选举被通通废除,除法西斯以外的一切党派均被宣布为非法。

与此同时,领袖开始在"我们的海"(mare nostrum)即地中海扩张意大利势力。在科孚岛(Corfu)、阿尔巴尼亚、希腊群岛与利比亚挥舞"罗马之剑"(gladius Romanus)的同时,墨索里尼在意大利国内发动了铺天盖地、无休无止的法西斯主义宣传攻势。

30年代初的大型宣传活动是"法西斯革命展"(Mostra della Rivoluzione Fascista, MRF),于墨索里尼执政十周年的1932年在罗马举办。展览地点为1882年建造的旧展览宫(Palazzo delle Esposizioni),人们为其修建了一个新的正面,以束棒造型的四根30米高铝合金柱为特征,由建筑师阿达尔贝托·利波拉(Adalberto Libera)与马里奥·德·伦齐(Mario de Renzi)设计。它的主题是:法西斯主义是怎样团结了意大利人民,而非分裂;法西斯主义是怎样阻

[498]

止了阶级战争。

传统的自由主义观点认为,法西斯主义不可改变地反对意大利文化中一切新鲜与进步的因素。在意大利输掉第二次世界大战后,这一观点成了一条铁律,因为到那时,大多数意大利人只想忘掉领袖,以及他与意大利战败的苦痛。"有文化的地方就没有法西斯主义,"意大利知识分子诺尔贝托·波比奥(Norberto Bobbio)写道,"有法西斯主义的地方就没有文化。从来不存在法西斯主义文化。"这种道德反法西斯主义观点就如同法西斯主义文化学说本身那样愚蠢有害。法西斯主义给数以百万计的人带来了希望,其中就包括许多艺术家与建筑师,他们将其幻想为"新时代的标志……造就了伯里克利[①]的希腊与美第奇的佛罗伦萨之和谐,必将以同等的强度照亮法西斯主义的时代"。

法西斯主义文化不仅存在:在意大利最具天赋的画家、雕塑家与建筑师之中,有许多人全心全意地相信法西斯主义,并用热忱的工作来实现它。就连乔吉奥·莫兰迪(Giorgio Morandi),意大利在1930年代最好的画家——有些人会说,是在整个20世纪最好的画家——也真诚地感谢墨索里尼对自己作品的兴趣,因领袖曾买下数张他的画作。"我极为高兴地回想起贝尼托·墨索里尼阁下……我从一开始就完好无缺地保留了对法西斯主义抱有的伟大信念,即使是在风雨如晦的日子里。"这番话很难被当作对博洛尼亚隐居时期领袖的一切政治行动的普遍背书,因为他并不关心公共生活,对政治也几乎一无所知。确实,莫兰迪从来没有做过法西斯委托给科拉多·卡格利(Corrado Cagli)、阿希尔·福尼(Achille Funi)或马里奥·西罗尼(Mario Sironi)那样的官方艺术品——放在桌上落灰的装饰瓶,无论本身如何精美,也不太可能引起对意大利的传承与未来意识。但在

[①] 伯里克利(约前495—前429):古希腊奴隶主民主政治的杰出的代表者,著名的政治家,促进了雅典奴隶制经济、政治、军事和文化的繁荣。

第十一章 | 未来主义与法西斯主义

直接或间接为领袖工作过的意大利艺术家中，还有雕塑家马里诺·米里尼（Marino Mirini）与卢齐欧·封塔纳（Lucio Fontana），画家乔吉奥·德·基里科（Giorgio de Chirico）、科拉多·卡格利、卡洛·卡拉（Carlo Carra）、恩里科·普兰波利尼、阿希尔·福尼、埃米利奥·维多瓦（Emilio Vedova）与马里奥·西罗尼。法西斯革命展大肆展出了其中一些最好的作品。没人能说德·基里科的梦想奋斗经典组画是他的最佳作品——"形而上绘画"（pittura metafisica）属于该世纪的头十几年，早已经过时了——但其他艺术家以令人心服口服的展品致敬了法西斯主义。例如，建筑师特拉尼设计了献给所谓"进军罗马"的展室。

但是，在这场由罗马帝国的现代招魂所引起的怀旧骚动中，乔吉奥·德·基里科是最具代表性的艺术家，而这次招魂最生动地表现是在建筑学方面。他受到许多法西斯主义者的极力推崇，甚至偶尔承接法西斯党的委托，但一直愤慨地否认自己的作品与法西斯意识形态有任何联系。他也是意大利在 20 世纪产出的最后一批真正有影响力的画家之一——虽然他的影响力，至少是在他的晚年，主要落在了意大利同胞身上。起初这影响力是国际性的，因为他的作品曾经是巴黎超现实主义发展过程中的主要因素，有些人会说是决定性的因素。

乔吉奥·德·基里科的出身根本不是意大利人，正如他姓名中法国式的"德"（而不是"迪"）所表明的。如果被人称为"迪·基里科"，他会十分生气。他生于 1888 年，成长于希腊的沃洛斯（Volos）城，他的父亲在当地从事铁路规划与工程师的工作。尽管如此，他早期发展中至关重要的几次相遇都发生在巴黎，而他大部分的职业生涯都在罗马度过、与罗马息息相关，在高高的西班牙阶梯一侧拥有一间宏伟壮丽的工作室，将下方的广场与贝尔尼尼的破船喷泉尽收眼底。（在所有现代艺术家的城区工作室中，德·基里科的选址或许是最令人嫉妒的。）他用粗鲁的言语表达自己对罗马的眷恋。他在自己的回忆录（1962）中说，他想要"留在意大利甚至是罗马工作。是的，正是在这里，我想要居留与工作，工作得比任何时候更努力，比任何时候都更好，为了我的荣誉与你的天谴而工作。"

[500] 这愤怒的调子并非来自强迫。德·基里科厌恶艺术世界，他相信艺术世界为了自己的增益与自我满足，对他进行了故意地误解与诽谤。他有一副暴脾气，以及无穷无尽的怨恨之心。在他的眼中，那个艺术世界就是巴黎及其艺术家的同义词，"那群堕落者、小流氓、幼稚懒汉、自我高潮、没有脊梁的家伙，浮夸自负地自称为'超现实主义者'，谈论着'超现实主义革命'"。当然，超现实主义画家就是主要源出于德·基里科的一派现代主义者，他们最欣赏他早期的作品，可是，因为对他后期伪古典主义作品的轻视，他们成了他残忍拒绝、坚决不认的孩子。这些德·基里科眼里的恶棍中，首要的就是超现实主义领导者安德烈·布勒东（Andre Breton），"经典型的自命不凡的蠢货与虚弱无力的野心家"，在卑劣下流与背信弃义方面紧随其后的是诗人保尔·艾吕雅（Paul Eluard），"一个苍白无趣、司空见惯的年轻人，有着一只歪鼻子和一张介于自我高潮者与神秘主义白痴之间的脸"。（如果德·基里科讨厌你，他就会斤斤计较、抓住不放，而且你很快就会知道他讨厌你。）这一对人以及他们在超现实主义上的同伴（伊夫·唐居伊[Yves Tanguy]、雷内·马格利特[Rene Magritte]、马克斯·恩斯特[Max Ernst]与萨尔瓦多·达利[Salvador Dali]——德·基里科对这加泰罗尼亚人珍藏有一份特殊的鄙视与憎恨）全都受到他在1918年前后创立的早期"形而上"绘画的启发，这一派绘画将城市（主要是费拉拉，他于1915到1918年居住于该地，以及都灵——那里的塔时常出现在他的绘画中）转化为现代主义想象中的象征性地点。其基本要素一提起名字便知是德·基里科的所有物：广场、厚重的暗影、雕像、火车、人体模型，当然还有拱廊。

这些元素中的许多都是取材于德·基里科曾经居住过的真实地方，它们不是凭空创造出来的，而这一点只会增加它们的想象力。例如，沃洛斯城是被一条铁路贯穿的，因此就有了周而往复的火车与喷出的阵阵烟雾。但由于德·基里科的父亲也是一位铁路工程师，"火车"也就成了一个深刻的、父亲般的形象，这为火车站题材的绘画，如1914年的《离愁》(The Melancholy of Departure)，赋予了额外的意义：忧愁，因为父亲的火车正在驶离，将无依无靠的年轻的儿子抛入恐惧之中。德·基里科在古典建筑中找到了陌生感的缩影。它被归纳于"拱廊"的形象中——那逐渐远去的黑暗拱门阵列，那浅浅的围屏。"没有什么东西像罗马人发明的'拱廊'一样神秘，"他写道："一条街道，一座拱门——当它用光芒为罗马的墙壁沐浴，太阳看起来便不一样了。罗马的建筑具有某种比法国建筑更神秘哀伤、猛烈性也更低的特质。罗马拱廊就是宿命。它的声音讲述着谜语，谜语里充斥着一首古怪的罗马诗歌……"

[501]

　　德·基里科提出了三个词，"我希望是我创作出的每一幅作品的印章：它们就是，画架、古典、总和（Pictor classicus sum）"。这一思想受到了超现实主义者们的咒逐，他们在攻击德·基里科的后期作品中获得了无限的快感，而德·基里科在这些作品中歌颂古典世界，完全回避了他风格中那些所谓最初的超现实主义元素。超现实主义者的敌意是没有边界的，而德·基里科对此回应的怒火也是没有边界的。德·基里科坚称，现代艺术如今已处于一种彻底堕落的状态。它的误入歧途有两个原因。第一，它向巴黎式风格的现代主义屈服了，而没有保持自己真正的轨道，在德·基里科的信念中，这"真正的轨道"从古典大师处出发，经过曾滋养了德·基里科本人的北方派画家如阿诺德·勃克林（Arnold Bocklin）等人。"如果有一天，有人为土气、愚蠢、仇外与受虐狂般地贪求'不朽的法国'（La France Immortelle）设立一个诺贝尔奖，"德·基里科写道，"我确信这个奖项会颁给今天的意大利。"

　　现代艺术误入歧途的第二个原因是，绘画已经忘记了它的基本技法。其他艺术家或许也会回顾昔日的画家：毕加索回顾安格尔，莱热（Leger）回顾普桑，还有好些意大利画家回顾马萨乔、皮耶罗或洛伦佐·洛托。但德·基里科提出的并不仅仅是"回顾",而是按照古老的、如今已被忽视的技法——它们必须以某种方式再度兴起——来进行一次艺术的重建。这并不是注定会发生的事,特别是不会以角斗士战斗及古典建筑物正面的形式发生,而这些元素越来越多地定义了德·基里科后期作品的主题。

此外,还有进一步使情况复杂化的因素。德·基里科拒绝相信超现实主义者与他作品的大多数外国欣赏者们所秉持的信条:那就是,他年轻时曾是一名更出色的画家,他在1918年左右创造的所谓"形而上绘画"(Pittura Metafisica)才是德·基里科的真正本质,而他后期的作品不是当成"原创"出售的、愤世嫉俗的自我复制品,就是对德·基里科欣赏的陈旧艺术形式拉斐尔、提香之类的明显模仿。更糟的是,德·基里科毫不节制地将他的后期画作填上以前的日期,当作1918年之前的原创作品出售。意大利的艺术经销商们过去常说,这位大师的床距离卧室地面有六英尺高,才能存放下他不断从床下"发现"的"早期作品"。比如说,至少有十八幅1917年作品《令人不安的缪斯》(The Disquieting Muses)的复制品,全部是由德·基里科在1945到1962年之间所画。

为了使后期的德·基里科立于与早期作品同等的地位,进行了大量的营销努力,但迄今为止这些营销一直没有获得成功,而这也毫不冤枉。另一方面,目前与法西斯主义直接相关的画家中,最优秀的是马里奥·西罗尼,他在墨索里尼倒台后为自己在这场运动中的得宠地位付出了高昂的代价。作为"20世纪"团体的主导成员——该团体集合在墨索里尼的艺术助手兼情妇玛格丽塔·萨尔法季(Margarita Sarfatti)周围——西罗尼已反叛了自由主义,宣称美术是"精神统治的完美工具",并全心全意地以自己的作品为法西斯革命服务。这应当是"有意反布尔乔亚"的。

在他职业生涯的早期,第一次世界大战刚结束时,西罗尼绘画了工业城市米兰那黑暗严酷的风景,这(有意或无意地)反映了墨索里尼早年的社会主义思想。当法西斯在意大利掌权后，西罗尼不断强调，他希望自己被看作"一名战斗的艺术家，也就是说，一名为道德理想服务，将自己的个体服从于集体事业的艺术家"。他愿把画架画搁置一边，投身于大规模壁画与装置中。他坚持，真正的法西斯主义艺术是一种风格，在这种风格中，"线条、形式与色彩的自主特质"将现实操纵为"政治效力的介质……通过这种风格，艺术将成功地在大众意识中打上新的标记"。必须把高等文化与低等文化区分开来。西罗尼希望，他的风格——连同其粗削式的古代纪念碑特性与对古罗马浅浮雕的偶尔参照——会在塑造"通过神话与影像构建的集体意志"中发挥一定作用，而这形式秩序与政治秩序之间的等式，成了法西斯主义官方意识形态的一部分。这种"战斗的理想主义"思想获得了墨索里尼的第一任教育部长乔瓦尼·秦梯利的强力支持，在法西斯主义的第一个十年——20世纪20年代及30年代初——成为官方意识形态。

[503]

为"法西斯革命展"，西罗尼围绕法西斯主题设计了四条非常具有影响力的画廊。其中最令人动容的展览或许是"阵亡者圣祠"（sacrario degli caduti）——在暗淡的圣光中，法西斯阵亡者的名字逐渐展开，同时一个声音低语着"到"（Presente）"到""到"以及萨尔瓦托·戈塔（Salvatore Gotta）写作的党歌《青年》（*Giovinezza*），由隐蔽式的环绕扬声器轻柔地播放。

对于法西斯主义信徒而言，这绝对是一个情感阀门。所有参观者都会被带进这间展室中，特别是那些贵宾：在法西斯革命展的记录中，包括了来自德国的弗朗茨·冯·帕彭（Franz von Papen）、约瑟夫·戈培尔（Josef Goebbels）、赫尔曼·戈林（Hermann Goering），来自英国的拉姆齐·麦克唐纳（Ramsay MacDonald）、奥斯丁·张伯伦（Austen Chamberlain）、安东尼·艾登（Anthony Eden）以及奥斯瓦德·莫斯利（Oswald Mosley），还有暹罗国王。艾登在他的日志中记录道，"我觉得这地方与我不相合，而我又不想在东道主面前失礼，因此当这尴尬的折磨总算过去时，我很高兴。"虽然是这样，他感觉这"没有德国的纳粹统治那种到处弥漫强制逼迫"。尽管它也许与艾登这样的外国人气场不合，但却在意大利本国人中极受欢迎，大获成功，特别是由于法西斯当局组织了意大利各地的大批参观者前来。这些获得机会的公民从来没离开过格罗塞托（Grosseto）或阿夸斯彭登泰（Acquapendente）之类偏远的家乡地区，是第一次来到罗马。最终，约有四百万参观者乘火车与巴士来到"法西斯革命展"，该展览的运营时间又延长了整整两年。

[504]

"法西斯革命展"铭刻了一个关于艺术及其目的的中心思想，该思想在当时及其后的主要普及者正是马里奥·西罗尼。迟至1933年，又有三位意大利画家马西莫·堪培利（Massimo Campigli）、阿希尔·福尼与卡洛·卡拉加入西罗尼，起草了一个关于意大利艺术之未来的宣言。"法西斯主义是一种生活方式：它就是意大利人的生活。"艺术必须服务于法西斯主义的利益：但怎样服务？西罗尼对德国国家社会主义空洞的宣传绘画只有鄙夷。他希望看到一种骨感、结构性的艺术，然而又具有吸引普罗大众的可能性。通过复活文艺复兴的雄心，这一点方能实现：在15与16世纪的意大利壁画传统中，某些超越架上画格式所能提供的复兴或许会发生。他渴望一种以集体与社区为基础的艺术，在法西斯党的支持下展现在公共场合的巨幅墙面上。这将以西罗尼自己极其个性化的冷静、黑暗、绝不逢迎的风格完成。其标志将是带有目的的严肃性，因为西罗尼曾经与其他受到法西斯主义启发的意大利画家如卡拉及福尼一起，谴责一切不够严肃与大众化的艺术。艺术必须直接向意大利民众喊话，而且"我们有信心，墨索里尼是知道如何正确评价我们称霸世界的艺术价值的人"。

他们的艺术并没有称霸世界，几乎没什么实现这一点的机会，但它也的确不像后来的反法西斯情绪所称的那样微不足道。在意大利输掉战争、墨索里尼的时代终结后，西罗尼对法西斯主义的效忠为他带来了极其不利的后果。这或许是不可避免的，但确实不是一种公平的审美判断。一位艺术家的政治信仰并不是评判他（她）的艺术的可靠

第十一章 | 未来主义与法西斯主义

依据。在今天，谁还会关心雕刻了巴比伦公牛或绘画了锡耶纳圣母像的艺术家们的政治信念？人们尽可以在墨索里尼倒台后抨击西罗尼，因他将自己无可争议的才华提供给了法西斯主义的宣传，但既然如此，人们又该怎么评价那些俄罗斯结构主义艺术家，如弗拉基米尔·塔特林（Vladimir Tatlin）或埃尔·利西茨基（El Lissitzky）？他们希望自己的作品在"纪念碑宣传运动"（propaganda-by-monument）的国家合唱中占据一席之地，而该运动首要的，其实也是唯一的赞助人就是那新建立的共产主义国家。意大利艺术界的政党御用文人和共产主义的同情者极不体面地幸灾乐祸于西罗尼的倒下，他们热情地参与到对他战后名誉的践踏中。如果要因一位如西罗尼这样的艺术家的政治效忠而对其抱有成见，人们对于辛勤服务于"革命"的塔特林等人又能如何批判？第二次世界大战后浮现的答案是，不加批判。宣称遵守了"革命"之致命幻想的激进派俄罗斯艺术家得到了众人的一致原谅，因为他们站在了"正确"的一边，这一边的追随者帮助消灭了法西斯主义。甚至，考虑到斯大林对他们作品采取的可怕审查制度，他们在"铁幕"的这一侧还受到了自由主义观点的追捧：鉴于他们渴望为之效劳的利益，这份追捧实在是过头了。

[505]

1931年，墨索里尼政府发布了一份再造罗马的总体规划。这份规划沿袭的是领袖六年前一次演讲的主线。他宣布，规划的目标是使罗马展现为一座"非凡"城市，"幅员辽阔、秩序井然、国力昌盛，如同当初奥古斯都造就的帝国"：

> 你们必须继续将这棵大橡树的树干从一切仍然抑制它生长的阻碍中解放出来。开辟出奥古斯都陵墓、马切罗剧场（Theater of Marcellus）、卡匹托尔山、万神庙周围的空间。那些堕落世纪里产生的一切都必须扫除。五年内，从圆柱广场应该可以越过一大片地区，直接看见万神庙的主体。

[506] 墨索里尼的意图——澄清罗马"真正的"城市意义——之关键，在于恢复墨索里尼心目中这座城市真正的城市精华：也就是奥古斯都时代的罗马。通过展露与颂扬辉煌的元首制时期的建筑遗存，他要将自己呈现为新的奥古斯都·恺撒，将法西斯主义表现为帝国的复活。为了强调这一信息，一条称为"帝国大道"（Via dell'Impero）的凯旋大街将连通威尼斯广场——当时的墨索里尼国家办公室与官邸所在地——与奥斯提亚及大海。这条特别平坦的大道，700米长、30米宽，将会是罗马的阅兵场。这多少有些自相矛盾，因为要建造这条大道，就必须覆盖新近发掘出来的罗马帝国会场的大片土地。可是，正如领袖所说的，"现在，罗马的中心拥有了一条真正为伟大阅兵式而设计的街道，在此之前，阅兵式只能屈居城市外缘或乡村地区。"

有流行歌曲歌颂罗马帝国的"复活"：

圆柱与拱门回到
那光辉的废墟，就像从前……
从卡匹托尔山上，罗马帝国威风凛凛的
青铜鹰，骄傲地展开翅膀……
他们摇动古老的城墙
那是斗兽场……
他们发出狂热的欢呼：
再度崛起，永恒的罗马：
束棒扈从正在回归。

[507] 在北部，规划将大力发展住房、体育竞技场与新建道路，以打造一个通往现代之城罗马的门户，其名称为墨索里尼广场（Foro Mussolini）。第四，沿着海洋大道（Via del Mare）从南部进入罗马的道路将支撑实质上的第二座城市，一个大型的建筑展览，被称为"罗马世界博览会"（Esposiziione Universale di Roma，EUR），领袖希望于

第十一章 | 未来主义与法西斯主义　　　　　　　　533

1942 年开幕，举行他所谓的"文明奥林匹克运动会"。对这座永恒之城的浩大重塑，在规模上将远远超过奥古斯都时代以来任何一位先前皇帝与教皇的努力。通过这一工程，罗马将"恢复其帝国"，就像一首爱国颂歌里说的：

　　罗马恢复它的帝国
　　威武的雄鹰振翅欲飞
　　吹起喇叭庆贺这次飞行
　　从卡匹托尔到奎里纳尔
　　大地，我们要来将你征服！

　　从本质上说，法西斯的许多新造建筑物是相当现代主义的。这些建筑物与希特勒通过自己的御用建筑师阿尔伯特·斯佩尔（Albert Speer）所青睐的无装饰多立克式或新古典主义风格没什么关系。它们运用的是幕墙、浮悬臂等所谓"国际风格"的特质，该风格在德国与美国方兴未艾。这些建筑物中的一些，比如朱塞佩·特拉尼在科莫建造的法西斯之家（1932—1936），在精神上是相当密斯式的。
　　法西斯新造建筑物中，最生动鲜明、令人难忘的，是所谓的"方形斗兽场"（Square Colosseum），这座严格拱廊式的多层建筑构成了罗马世博会的中心主题。如果有一座建筑物可以被称作法西斯建筑的标志，那么这座建筑物就是它——"意大利文明宫"（Palace of Italian Civilization）——以其充分引发争论的特性。在 1939—1945 年战争的余波中，这座建筑物受到了很多仇视，但如今，有迹象显示，它正作为地标及年代物受到人们的重新青睐，有助于造就这一情况的事实是，这座建筑物上没有好战或过分民族主义的题字——扁平的屋顶轮廓线周围一圈横饰带上的字母，赞扬了意大利文明创造者、探索者、艺术家、科学家、圣人、诗人与水手的和平成就，但断然没有士兵。该建筑的建筑师是欧内斯托·拉·帕杜拉（Ernesto La Padula,

[508]

1902—1968年),他从战争中生存下来,但再也没有得到为官方设计建筑的机会。他的合作者是乔瓦尼·圭里尼(Giovanni Guerrini)与马里奥·罗马诺(Mario Romano)。

雕塑家阿罗尔多·贝利尼(Aroldo Bellini)在1934年承担了为领袖制作巨型肖像的任务,这座肖像高100米(与圣彼得大教堂的灯笼式天窗一样高),将独绝这座城市的天际线。这件庞然大物从未完工,虽然头的部分已经完成了。它是所有法西斯雕像中最庞大的,人们甚至打算在其中设立一座永久性的法西斯主义博物馆。

就像古罗马最重大的纪念物那样,法西斯最重大的纪念物是一条道路——或者不如说,是两条道路。一条是海洋大道,另一条是帝国大道,连通斗兽场与维托里奥·埃马努埃莱纪念物,成为墨索里尼与他的凯旋之师的阅兵场。墨索里尼的一切城镇重新规划工程都必须承受的,是与阿尔伯特·斯佩尔为希特勒所作规划的明显比较,而没有人比"元首"本人更明白这一点,他已于1934年与领袖在威尼斯碰了面,并计划在1938年春对罗马进行一次盛大的国事访问。

对领袖而言,必不可少的是在希特勒抵达时打造出一副"美好形象"(bella figura),于是1938年2月,这位独裁者进行了一次环罗马巡行,视察他的各个公共工程。这次巡行从他的政治中心威尼斯广场附近的地点开始:卡匹托尔山、帕拉丁山、大竞技场。他快意地想象着这会给希特勒留下怎样深刻的印象。他骄傲地看着广阔的天地被清扫一空,"从前(这里)被……屋棚与街巷阻扼窒息"。在他的命令下,原本堵塞拥挤的大竞技场所在地被清除了所有棚户与后世建筑物:展示的一切只余纯粹的古罗马。在大竞技场的远端,矗立着他新造的非洲大楼(现在是联合国粮农组织办公室,其法西斯起源已没有多少人记得)以及阿克苏姆的古方尖碑,由他一年前在埃塞俄比亚打了胜仗后带回。沿着连接罗马市中心与海边的帝国大道行驶时,他一路观察着眼前经过的古代建筑物——如今已被清理整洁:马切罗剧场、雅努斯四方双拱门(arch of Janus Quadrifrons)、维斯塔神庙与福尔图那·维里利斯（Fortuna Virilis）神庙。他想象着，已经部分竣工的帝国大道很快将把罗马市中心与海边规划中的罗马世博会场连接起来，该展会计划于1942年开幕，正是"进军罗马"二十周年。他思考着，他伟大的首都已经布满了法西斯的建筑：体育场、学校、邮局与各种各样的公寓住房。这足以温暖任何一名独裁者的内心深处，而事实上，许多这样的构筑物至今依然在使用，尽管改换了别的名字。

位于当时所称的墨索里尼广场属于少数几个理性法西斯设计杰作之一的剑术学院（Casa delle Armi），1934年由路易吉·莫雷蒂（1907—1973）设计，变成了一座宪兵营房，还在后世短暂地被用作严防死守的红色旅①超长审判的地点。法西斯新建的海洋大道在战后重生为马切罗剧场大道（Via del Teatro di Marcello）——尽管意大利显然希望将墨索里尼从集体记忆中清除，该名称却依然保留在了墨索里尼广场即今天的意大利广场纪念方尖碑上。帝国广场上如今满是玩滑板的人们——这是法西斯从没预料到的用处。广场上布满了马赛克壁画，展示法西斯主义的意象与标语："多少敌人，多少荣耀"，"领袖，我们将青春献给您"以及少不了的"宁为雄狮一天，不作绵羊百年"。马赛克壁画依旧显示着1919年后法西斯主义的创立、进军罗马、与教会的《拉特朗协议》，还有攻占埃塞俄比亚。

十分正确的是，更加民主的战后罗马当局没有试图将这些图像抹去。相反，在墨索里尼死后，人们又加上了更多的内容，庆祝1943年法西斯倒台、1946年国民投票废除君主制，及1948年新的意大利共和国成立。有些法西斯纪念物已经消失了。数个领袖的巨型头像留在罗马的地下仓库里，只有一尊150英尺高的法西斯巨铜像的头颅留存得足够长久，被拿去熔化成了碎片。另一方面，体育运动在理论上是无关政治的，罗马世博会区大理石体育场（Stadio dei Marmi）内的

[510]

---

① 红色旅：意大利的一个极左恐怖组织，曾于1978年绑架并杀害意大利前总理阿尔多·莫罗。

约六十座大型运动员石像至今仍站立在它们原本的基座上。终点依旧在欧斯提恩斯火车站(Ostiense station)的阿道夫·希特勒大道(Via Adolfo Hitler),被机智地更名为"阿尔迪汀洞穴大道"(Via delle Cave Ardeatine),以纪念一次针对反法西斯者的屠杀——那是为炸死一班行军中的纳粹而采取的报复。战后,为了纪念那位被杀害的社会主义者代表,台伯河上的利托里奥桥(Ponte Littorio)更名为马泰奥蒂桥(Ponte Matteotti)。

在纳粹与法西斯主义视觉艺术作品之间存在某种语言一致性,但在意识形态方面,法西斯主义与纳粹主义有关键性的区别:一种常见的错误是,因为二者之间后来的政治联盟,就以为其本质是相同的。区别的主要问题在于"种族"。不用强调,希特勒全神贯注地痴迷于将世界从犹太人手中"解放"出来的渴望。他将犹太人视作德国与世界社会中首要的罪孽。即便毁灭柏林的战斗已经进入了最后阶段、俄罗斯的炮弹正在总理府上炸响,希特勒所想的仍然是"最后解决"。

另一方面,墨索里尼却不是一名种族主义者,无论是在理论与实践上,反犹太主义也并未加入他的政纲。"种族!这是一种感觉,而不是现实,"他在1933年宣称。"至少百分之九十五是感觉。没有什么会使我相信,今日依然存在生物学上的纯种人。民族自豪感不需要种族狂热的加持。"他指出,犹太人从罗马建立的时代就已居住在意大利,我们很难想象希特勒会对德国发表这样的言论。

国家法西斯党中就包含犹太人——其中的埃托雷·奥瓦扎(Ettore Ovazza)运营了一份法西斯主义报纸《我们的旗帜》(*La Nostra Bandiera*),该报旨在坚持"意大利犹太人是爱国的意大利人,在法西斯的统治下也会继续如此"。确实,墨索里尼设置了政治监狱,其中一些严酷到了难以忍受的程度。但这些监狱的设计从来不是为了像德国集中营那样歼灭一整个社会群体,无论是犹太人、吉卜赛人,或是同性恋者。他的"黑衫军"对"外人"或反法西斯主义者可以是野蛮残忍的,事实也的确常常如此,但他们的暴力行为却不是刻意反犹的——尽管如此，如果有某些想象那就太天真了，比如意大利没有反犹主义，或者当该政权的某些可怜反对者被强迫喝下混着汽油的蓖麻油（法西斯最爱的一种折磨手段）或咀嚼并咽下活蛤蟆[①]时，不会伴随拳打脚踢与高声辱骂。1930年代后期，随着希特勒对墨索里尼的影响愈发深厚，意大利的种族状况后来也发生了很大的改变。在1938年发表的《种族宣言》中，墨索里尼复制了希特勒的《纽伦堡法案》，剥夺犹太人的公民资格与就业机会。但至少在一开始，这位新恺撒并不比那位过去的恺撒对犹太人有更多偏见。优良的法西斯主义者可以与犹太人相提并论，反过来也是一样，丝毫不会有失尊严。

在写到"进军罗马"时，诗人们时常大言不惭地将墨索里尼与带领上帝的选民来到应许之地的摩西相比较。

当然，希特勒的想法与此不同。1938年5月后，将墨索里尼比作摩西的做法减少了，就是在那个5月，一列载着元首及其随行人员的火车驶入罗马欧斯提恩斯火车站，希特勒来此进行国事访问。墨索里尼手下的官员为希特勒的到来而煞费苦心。他们甚至想办法在火车进站前最后几英里的铁路两旁用舞台布景搭建出了面朝火车的"波将金村庄"，并安排站满热烈欢呼的罗马人。有人写诗讽刺道：

> 石灰华的罗马
> 用纸板重造
> 致敬这些房子的画师
> 他是罗马的下一位主子！

[512]

受到紧紧管控的意大利大众传媒——墨索里尼统治下，无论担任何种类型的记者都需要国家颁发的许可证，墨索里尼还亲自任命所有

[①] 我永远不会忘记，四十年前，我将自己对这种法西斯惯例的认知告诉一位年轻的澳大利亚女演员的情景。"哦，亲爱的，"她惊叫道，"可怜的蛤蟆！"——原注

的编辑，就连时尚记者也不例外——以无意识的狂喜迎接了元首的到来。一个微小而恰当的例子是一幅连环画，在第一幅画面中我们看到，一名纳粹官员（没有小胡子，所以肯定不是希特勒本人）正在向卡匹托尔山上的母狼与罗穆路斯及雷穆斯婴儿雕像敬礼。第二幅画中，被犬类的喜悦所征服的母狼从基座上跑下来，对着纳粹摇尾乞怜，与此同时，暂时被抛下却兴高采烈的两个婴儿正回礼并喊道"希特勒万岁！"

要想说清希特勒的建筑观念可能对墨索里尼的罗马改造工程产生了什么影响，这是不可能的。特别是在20世纪30年代末，两人的思想在某些方面是如此相似，以致没法将其彻底解开。

然而，墨索里尼有一项施加于首都的工程，尤其凸显了轴向笔直与无言明晰的希特勒式特点。这就是通往圣彼得广场的大道，这是贝尔尼尼在圣彼得大教堂前建造的含有极丰富象征意义的地点。在墨索里尼之前，从台伯河过来的参观者要沿着"博尔戈之脊"（Spina delle Borghi）前往圣彼得大教堂，"博尔戈之脊"是一对或多或少平行的道路，通向圣彼得广场，但并不能以相称的壮观场面观赏大教堂。可是1937年，就在希特勒首次访问罗马的前一年，墨索里尼决定将这相对渐入佳境的观景方式转变为纯然单点透视的戏剧性场面。很难说他是不是打算用这一景象给希特勒留下深刻印象。两下抵消，这似乎很有可能：其结果就是一条阿尔伯特·斯佩尔风格的宽阔大道，直奔梵蒂冈方尖碑、马代尔诺的大教堂正面，以及圆顶。令人惊讶的是，原先通往大教堂的至关重要的一部分，如今就这样被淘汰了。这条新建的"协和大道"（Via della Conciliazione）的名称，是为了纪念1929年签署的《拉特朗条约》商定下的协议，梵蒂冈——到当时为止是反对法西斯主义的，因为领袖的反教会偏见——由此承认了意大利的法西斯政府，而法西斯则授予了梵蒂冈完全的领土独立。这一协议永久地塑造了意大利的教会与国家之间的关系，新建的大道正是象征它的"协和"。

在艺术与国家间的"协和"过程中，从科莫湖（Lake Como）到帕

第十一章　未来主义与法西斯主义　　　　　　　　539

利努罗角（Capo Palinuro）的每一位方言诗人似乎都在忙着告诉意大利的孩子们，要仿效他们的救世主：

> ……纯洁的灵魂
> 来到学校努力学习
> 向领袖宣誓真正的效忠

领袖的出现唤起了意大利各地方言诗人敬畏赞美的颂歌。有一位名叫南多·本纳蒂（Nando Bennati）的诗人，用费拉拉方言写作，约在1937年，他简单地称自己的领袖为"你！"：

> "你的头颅，一枚坚硬而魁伟的坚果／用修枝刀砍削，令人战栗／高而宽阔的前额，容纳着／硕大而沉重的脑／那双眉毛，就像两弯古罗马拱门／倘若降低，就连他的朋友也会瑟瑟发抖／两只眼睛放射精光，犹如两枚尖钉／看穿你的一切想法，无论好坏／鼻子如同鹰喙，四处移动／嗅闻空气，观察是否有新事件发生——／你的声音如挥鞭般震响／如一柄利刃刺穿灵魂。"

[514]

凡此种种，写了数首诗，直到阐明了一个寓意：我们必须服从领袖，一概说"是"！

墨索里尼不仅恢复了国家最初的尊严，他还被视为将意大利解救出物资短缺的人，把原初与神圣的特点归还意大利饮食。这就是"粮食之战"（la battaglia del grano）的内容，由墨索里尼在三十年代发起。"粮食之战"依靠的是耕种抽干蓬蒂内沼泽（Pontine marshes）后露出的土地——这是墨索里尼最受赞颂的工程之一——它只取得了部分的成功，并没有实现其宣传的效果。然而，它却受到了如今已被遗忘的罗马法西斯吟游诗人奥古斯托·詹多洛（Augusto Jandolo）等人的不断歌颂，如在 1936 年发表的诗作《面包》(*Er Pane*) 中：

> 要记住，吃面包时
> 要像进圣餐那样
> 低垂眼眸，心想上帝。
> 领袖曾经写过："面包
> 是家庭的中心
> 是工作的骄傲
> 是人类劳动的神圣果实。"
> 孩子，永远记得要亲吻它，因为
> 你就是在亲吻生产它的你自己的双手
> 这样的光芒永远笼罩着面包
> 就如同它照亮了世界！

就连邓南遮也受到触动，写作了一首赞扬"帕罗佐"(parrozzo) 即阿布鲁奇农民粗面包的颂歌，将它献给了自己的面包师路易吉·达米科 (Luigi d'Amico)。然而，"粮食之战"中产生的面包往往质量不佳，如果你愿意相信该运动期间出现的一首著名讽刺诗的话。在帝国大道一座恺撒雕像的脖子上，某个匿名的才子用绳子吊了一块石头般坚硬的罗马长面包，上面还附有一段文字：

> 恺撒！
> 有一副铁肠胃的你，
> 吃下这块帝国的面包吧！

重建帝国是墨索里尼的梦想，但却是一个不可能实现的梦想。他凭着经验企图实现野心的主要舞台是非洲，但已经有太多列强在该地区围出了殖民地。就连意大利本身也在非洲拥有两小块殖民地——

第十一章 未来主义与法西斯主义

1882年起的厄立特里亚以及1889年起的意属索马里。然而，这两块地区被独立的埃塞俄比亚国——又称阿比西尼亚——分隔开，领袖曾与埃塞俄比亚的统治者海尔·塞拉西一世（Haile Selassie）签订互不侵犯条约。但对于墨索里尼来说，有些条约就是用来撕毁的，这一份条约就是其中之一。

[516]

意大利放出风声，自己曾在一片叫作"瓦尔－瓦尔"（Wal-Wal）的隐蔽绿洲中储存军火，而这片绿洲很显然就在埃塞俄比亚境内。驻守瓦尔－瓦尔的埃塞俄比亚军队与一些依附于当地意大利军的索马里人之间逐渐产生了小规模冲突，据称，有约150名埃塞俄比亚人被意大利－索马里联军的坦克与飞机杀死。从此局势不断恶化，其间意大利多次进行讨价还价，直到意属厄立特里亚的士兵已充分做好了对倒霉的阿比西尼亚人开战的准备。他们没有宣战。正式宣战的任务被留给了阿比西尼亚人，他们于1935年10月宣战。这是一场无望的不公平竞争：机关枪、轰炸机与芥子气对阵只武装有手动步枪的半裸部落成员。墨索里尼派出了100000人的意大利军队，由埃米利奥·德·波诺（Emilio de Bono）将军指挥。德·波诺很快又被一位更加残酷无情的指挥官佩特罗·巴多格里奥（Pietro Badoglio）元帅取代。他们在阿比西尼亚境内肆意横行，甚至为了强调他们彻底的大胜，还动用军队力量，在沙漠里用石头和混凝土竖起了一座墨索里尼的狮身人面像，其只在新闻短片里流传到了今天。

1936年5月，意大利军队攻入埃塞俄比亚首都亚的斯亚贝巴。埃塞俄比亚皇帝、号称"犹大之狮"的海尔·塞拉西流亡国外。埃塞俄比亚方声称在战争中损失了五十万人，这大概有所夸张，但他们确实被打得溃不成军。两边都不算无辜，双方都犯下了虐待战俘及其他战争罪行。但关于谁是侵略者，这一点是毫无疑问的。意大利毫不光彩地出现在这次殖民冒险中，而阿比西尼亚——在之后不久即爆发的第二次世界大战中，其皇帝最终被英国军队迎回了王位——也不怎么光彩。为了强调胜利，意大利往阿比西尼亚送去了一座卡匹托尔之狼的铸像,连同罗穆路斯与雷穆斯像。这座雕像被安放在亚的斯亚贝巴火车站外,取代了"犹大之狮"头戴所罗门王冠的雕像——这是由一家法国铁路公司赠送给阿比西尼亚"尼格斯"[①]的,后被当作胜利的纪念品运回罗马。(但当盟军在1944年进入罗马时,原本竖立在一座城市公园里的"犹大之狮"雕像却已经神秘地消失了。原来有人已将它运回了海尔·塞拉西手中。)

如今墨索里尼意识到,他在埃塞俄比亚的冒险将不会为他在英国或法国赢得声望——这两国本身在非洲就圈有殖民地——于是在西班牙内战中,他站在了佛朗哥(Franco)的国民派一边。1936年7月,他派出一个中队的意大利军机前往西班牙,为佛朗哥作战。自然,在某种程度上,这一举动使他讨得了希特勒的欢心。他接受希特勒在1938年吞并奥地利,又在第二年占领捷克斯洛伐克。但这并不意味着,意大利成了纳粹德国俯首帖耳、被动听命的盟友。然而,它确实为德国与意大利之间的"友谊"同盟"钢铁条约"(Patto d'Acciaio)预备了道路。

不过,在实际的支援方面,墨索里尼能给希特勒提供的东西并不多——他的武器供给太过薄弱。因此当德国对波兰的入侵带来了英法的宣战,由此爆发了第二次世界大战时,墨索里尼——在意大利国王维托里奥·埃马努埃莱三世的坚决主张下——保持了非交战状态。这种非交战的状态是短暂的。墨索里尼很快确信,希特勒将迅速获得胜利,于是他命鲁道夫·格拉齐亚尼(Rodolfo Graziani)将军指挥第十军进攻驻埃及的英国军队。结果这是一场代价高昂的惨败,以英军在阿莱曼(El Alamein)击败意军告终。德国在将"非洲军"(Afrika Korps)派往北非的同时,又对苏联发起进攻,并将意大利拖入战事,而意大利犯下了重大又很可能无法避免的错误:对美国宣战。现在,突袭是动真格的了。盟军的轰炸摧毁了意大利北部的城市、工厂与

---

① 尼格斯:对埃塞俄比亚皇帝的尊称。

第十一章 │ 未来主义与法西斯主义

食品供给。煤炭与燃油开始耗尽。就连意大利面也成了黑市里的稀罕物。

1945年4月末,墨索里尼与他的情妇克拉拉·贝塔西(Clara Petacci)在向北逃往瑞士的途中被意大利共产主义游击队抓获,他们本希望从瑞士飞往西班牙。两人还没离开意大利就被抓了,地点在科莫湖边的东戈(Dongo)村。据说,他和他的15名随从携带了数额巨大的现金。没有人确切地知道这笔钱的下落,但一直有人怀疑,它是直接进了共产党的金库。因为这个原因,从此以后,罗马的共产党总部就被人们称为"东戈宫"(Palazzo Dongo)。

被捕的第二天即4月28日,领袖一干人被运往附近的朱利诺·迪·梅泽格拉(Giulino di Mezzagra)村,执行枪决。他们的尸体被装进搬家货车里向南送至米兰,扔在洛雷托广场上,游击队员把他们头朝下吊起来,用肉钩悬在一家加油站的天棚下——过去,法西斯曾在同样的地点对游击队员做过同样的事——让人们用石头、菜叶、唾沫与咒骂进行诅咒他们的仪式。在经过了漫长的捉迷藏游戏后,领袖的尸体最终被埋葬在他的出生地普雷达皮奥的公墓中,至今仍有心怀敬意的朝圣者前来参观。

最后,我们该怎样理解墨索里尼?他是个自我陶醉的暴君,这是不用说的。但是,他的确并非一个如阿道夫·希特勒那样十恶不赦的恶魔。我们无法想象一个新的"希特勒"在德国出现,但若是一个新的"墨索里尼"在意大利出现,这既不算自相矛盾的说法,甚至也不算不可想象。就像马丁·克拉克[①](Martin Clark)所说的,"墨索里尼的遗产是对当代意大利社会的真正挑战,因为他的价值观,尽管政治不正确,却是广泛共有的。"必须承认,他的信仰与信念中不含弄虚作假的成分。他的性格当然是浮夸爱演的,但有几个受人欢迎的领导者不是这样?或许表演的天才正是政治成功必不可少的要素。单调乏

---

① 马丁·克拉克(1938—2017):英国历史学家,以对意大利现代史的研究著称。

味、学究式的人物升不到最高官位,虽然他们让那些大人物活得更加轻松。在很大程度上,你从什么角度看墨索里尼,你就得出什么结论。那时的意大利人钦佩他的勇气,这是不容置疑的。他显然不是为了一己私利而从政,他毫不在意金钱或家庭的安逸。意大利人喜爱他的直截了当,以及甘愿,甚至渴望冒险的个性。他没有中产阶级背景。他一心爱国,且真正阳刚——在领袖所有站在坦克顶上指点江山或对着镜头展现好战侧影的照片中,从无强迫或造假。英国人也许会嘲弄他,但意大利人不会。以查理·卓别林的天才,好莱坞也许会让杰基·奥基(Jackie Oakie)在《大独裁者》(*The Great Dictator*)中扮演以他为原型的"贝奇诺·拿帕罗尼"(Benzino Napaloni)——但这在意大利从不是受人欢迎的讽刺法。

他相信,他为他的国家发挥了一种"媒介"的作用,出自本能、绝无谬误——至少在大多数时候,他是对的。"我没有创造法西斯。我把它从意大利人的无意识心理中提取出来。倘若不是这样,他们不可能全体追随我长达二十年——我再说一遍,是全体追随我。"这使墨索里尼那混合了总统全知与戏剧性姿态的超凡魅力得以发挥功效。将他贬低为一个小丑、一只骑在马背上的膨胀牛蛙,就像英美不断试图宣传的那样,是对他的严重低估。他懂得传媒的用处,极为成功地将其抓在手中,至少是像温斯顿·丘吉尔一样成功。他尤其清楚地认识到了电影的宣传潜力,在此方面,他走在了时代的前头,而他的事业生涯也走在了约翰·肯尼迪与乔治·W·布什等时代形象管理大师的前头——但最重要的,还是家财万贯、魅力四射的媒体领袖,通过对国家电视台的控制,仍然在意大利政坛居统治地位的人物,西尔维奥·贝卢斯科尼(Silvio Berlusconi)的前头。

第十二章

梦回罗马

将意大利首都罗马从法西斯手中收复，经过了长时间的准备。直接从北部发起进攻是不可行的。从高卢时代起，之前一切针对罗马的强攻都是从北部进行的。但德国军队的存在使该策略变成了不可能。到1943年，情况愈发明显，那就是将盟军拦在意大利境外的重担越来越多地落在了德军，而不是意军的肩上——同时也落在了击退敌方从北非出发、越过地中海发动的海－空入侵的行动上，而这样的反击最终被证明是无效的。

墨索里尼与希特勒一起，在世界大战中将意大利与德国结成了全面伙伴关系。他们两人之间无疑存在共同的迷恋。这种迷恋早已出现，自从墨索里尼于1937年对德国进行国事访问后，就变得愈加强化，而且遭遇了纳粹式夸张场面全强度的对比——一个如领袖这样的自恋之人，是不会对"街道两旁排列着他本人与各位罗马皇帝的肖像"的场景无动于衷的。

然而，没人指望意大利与德国在世界大战中的伙伴关系会是平等的。意大利经济只能支撑德国军费开支的十分之一（1938年的意大利军费开支为7亿4600万美元，而德国的军费开支为74亿1500万美元）。与德国相比，意大利的战争储备物资产量很小，尽管墨索里尼与他的宣传人员极尽虚张声势。1918到1938年间，大量意大利人移

[520]

民美国，意大利的劳动力资源也因此大幅下降——显然，这是一个无论出台多少刺激人口增长的政策也无法在短期内解决的问题。而在轴心国看来最为严重的问题是，很难让意大利普通民众仇恨美国人与英国人。盟军曾于1943年初在北非与意军开战，其结果令意军气馁。到1943年5月，根据约翰·基根（John Keegan）的说法，曾在墨索里尼"帝国"的非洲战场上沦为盟军俘虏的意军人数已经超过了35万人，比一开始派往非洲的驻防部队总人数还多。盟军在北非的胜利已是大势所趋、势不可挡了，这也就意味着，整个意大利海岸将隔海面对着从卡萨布兰卡部署到亚历山大港的敌军部队。这个被丘吉尔明确地称为"欧洲的柔软下腹"的地方，正史无前例地暴露在海上与空中的入侵威胁之中。

此外，意大利皇室，连同其大部分统治贵族及官员阶层，对领袖的忠心已普遍动摇。希特勒对此心知肚明，他正确地感觉到，"在意大利，我们能依靠的只有领袖。我们极为担心，他可能会被以某种方式除掉或中立化……行政机关中的广大部门都对我们持敌对或消极态度……人民大众则漠不关心、缺乏领导。"

情况确实如此，并且在代号"哈士奇行动"（Operation Husky）的盟军西西里岛登陆战——对意大利大陆发动全面突袭的"雪崩行动"（Operation Avalanche）的序幕——的坏消息传来之后，这种情况就更加明显了。"哈士奇行动"对意大利的统治阶层是一个决定性的事件。这说服他们在不与德国人打招呼的情况下改变了立场。迎战盟军的意大利军队崩溃瓦解，他们的指挥官巴多格里奥在此之前就已与盟军展开了谈判，与此同时还一直声称，作为首相——在法西斯大委员会（Fascist Grand Council）的要求下，墨索里尼不久前刚刚辞职——他坚定不移地效忠希特勒。在与要求其辞职的国王维托里奥·埃马努埃莱三世进行了一次不愉快的会面之后，墨索里尼被临时放逐到意大利西海岸之外的某岛屿上，最后又转移到亚平宁山脉大萨索（Grand Sasso）山顶的一家酒店。在那里过了几星期后，希特勒命令一位实力强悍、久经沙场的党卫军突击队员奥托·斯科尔兹内（Otto Skorzeny）将墨索里尼"救出"，这名党卫军驾驶一架微型施托希（Storch）侦察机从天而降，捞起领袖远走高飞，使他与希特勒重聚，并且到小城萨罗①（Salo）避难。在这里，墨索里尼作为傀儡政权"意大利社会共和国"的首脑短暂执政了一段时间。这就是领袖政治生涯的终点。

[522]

盟军初入意大利就首战告捷。浩浩荡荡的盟军舰队的中心目标是古代港口城市杰拉（Gela）——据传说，阿提卡剧作家埃斯库罗斯正是在该地被一只鹰嘴里落下的乌龟砸死。在一个万里无云的七月早晨，比乌龟厉害千万倍地猛掷于杰拉的轴心国守军头上的，是一波接一波的轰炸、不断降落的伞兵与连绵不绝的舰炮，巴顿的第七军以三管齐下的突袭发起了坚决进攻。"哈士奇行动"的部队仅花了38天就从一路负隅顽抗的轴心国手中夺回了西西里岛的十万平方英里土地。到行动结束时，德方死亡五十万人，而当盟军抵达墨西拿——卡吕普索②（Calypso）鲜血凝结的海岛之东北端时，通讯员艾伦·穆尔海德（Alan Moorehead）的视线越过窄窄的海峡，凝望着大陆，反馈道，"笔者对这样的靠近几乎没有任何准备……当笔者望向对面的海岸即欧洲大陆时，那里的葡萄园与村舍只有一片死寂，整个海滨似乎都被紧攫于一种忧惧感中，忧惧于那不可避免将要发生的事。"

那将要发生的事，就是1943年9月初发起的"雪崩行动"——盟军大规模登陆萨勒诺③。此时的意大利军已经屈服，一切战斗都移交给了德军，而德军严守着最坚定的决心——他们的决心只有入侵的盟军才可匹敌。

在盟军从西西里跨海登陆期间吞没意大利南部的枪林弹雨过后，在沿着意大利的"靴形"国土一码一码艰苦进军罗马的路途过后，在

---

① 萨罗：意大利北部伦巴第大区布雷西亚省的市镇，位于加尔达湖边。
② 卡吕普索：荷马史诗《奥德赛》中的海上仙女。
③ 萨勒诺：意大利西南部港市。

漫长而九死一生地穿过萨勒诺、安齐奥的"瘫头阵地"（军队中的戏称），以及围绕圣本笃修建于6世纪的卡西诺山（Monte Cassino）庄严的堡垒与大教堂展开的冗长攻防战的惊心动魄过后，1944年终于攻下罗马，对于盟军来说简直令人提不起精神。随着大军一步步接近罗马城，抵抗的炮火却几乎不见。罗马城内没几个德国人，却全都是罗马人，当第一辆美国坦克越过台伯河上的桥驶进城中，这些人就全都奇迹般地不再是法西斯党员了。瓶塞已被拔出，敌人涌向北部，在台伯河北侧的罗马上游驻扎抵抗。

[523]

如果盟军放出轰炸机进攻罗马城，他们本可以不受限制地制造出一片焦土。以盟军的空中优势，将英军对德累斯顿所作的事照搬到罗马来并不困难。但美国最高指挥部不得不考虑到几百万美国天主教徒的反应，假如他们看到美国军队轰炸教皇的话——即便轰炸的目标是墨索里尼。1943年6月下旬，马歇尔将军已经认可，"如果圣彼得大教堂被毁，这将是一场悲剧"，但罗马城中依然包含有一个具备高度战略重要性的目标：它不仅是法西斯的首都，而且大多数南下的铁路交通都会经过其庞大的利托里奥铁路调车场。

于是，信仰罗马天主教的飞行员与投弹手被赋予了不参与突袭调车场计划的选择权。航行地图重点标出了梵蒂冈与其他历史古迹。但一场大型突袭所能避免的损毁是有限的。五百架B-26轰炸机携带着几千吨烈性炸药从北美的基地起飞，奔赴罗马。堪称奇迹的是，事实上，他们几乎全部命中了指定的铁路目标。只有一座具有历史价值的教堂被击中：圣老楞佐圣殿，一座公元4世纪的构筑物，被一颗千磅炸弹差不多夷为平地，但后来得到了重建。

虽然数千人阵亡在了进军罗马的路上，却没有几个盟军士兵死在罗马。德军，或者说绝大部分德军，都已在先头部队抵达之前就撤退了。自5月11日开始入侵意大利大陆以来，盟军的伤亡人数已达44000人：美军18000人（其中死亡3000人），英军12000人，法军9600人，波兰军近4000人。德军的伤亡更高，据估计在52000

第十二章 | 梦回罗马

人。现在，长久以来一直痴迷于夺得罗马的马克·克拉克将军以征服者的方式穿过城市，来到卡匹托尔山脚下，登上米开朗琪罗的台阶（Cordonata），走到卡比托利欧的门前。只有少数罗马人走上街头观看了6月4日的克拉克入城——所有人都害怕会在盟军与撤退时最后防守的纳粹的交火中被误伤，但这种害怕被证明是多虑了。德军退出罗马时，没有留下"最后的防守"。

从法西斯占领中恢复的过程是缓慢而不完全的。第二次世界大战的终结也标志着罗马恢复其静态视觉艺术领先地位一切可能性的终结。在文化上，即便没有死，罗马也的确重创致残了。令人沮丧，但不得不公正地承认，到1960年代初，罗马这座历经许多世纪，曾经产生与养育了如此之多视觉艺术天才的城市，已经什么也没剩下——在绘画、雕塑与建筑方面，确是如此。自"二战"以来，在罗马创作的绘画与雕塑中，甚至没有一件开始达到罗马艺术家创作的或是由罗马赞助人委托的早先作品之宏伟庄严或精神能量。至于在罗马再出现一位拉斐尔、米开朗琪罗或是卡拉瓦乔？还是忘了这个念头吧：根本就没有这样的苗子。

究竟是什么导致了这样的局面？这是不可能说清的。文化确实会变老，有时候，文化变老的一个不祥征兆就是其努力试图显得年轻的挫败欲望。这种现象发生的原因已经讨论了很久，但依旧是一个谜。它发生在了罗马建筑的身上：谁也没法指出，在"永恒之城"过去一百多年修建的建筑工程中，有哪一项可以证明能与西班牙阶梯这样的建造物相媲美，更不用说纳沃纳广场了。令人遗憾的真相是，整体的文化也会像单独的个人一样衰弱耗尽；上了年纪的它们，精力也会油尽灯枯。它们拥有集体的生命，但这生命完全依赖于一代又一代天才个体的不断更新。它们曾经产生出许多超凡之作的事实，并不能为它们的未来下任何保证——否则，我们也可以期待（譬如）埃及或玛雅美洲在过去一百年里产生某些令人难忘的作品了。

这就是在罗马身上发生的事。这座伟大的城市渐渐不再是一个你可以期待出现伟大绘画与雕塑的地方。而事实上,没有人在注意这一切,因为人们只是想当然地以为,罗马的资源永不枯竭,因此被视作理所当然。罗马的衰落不是突然的内爆,而是缓慢的渗漏。罗马可以提供给艺术家的已不再是艺术家必然需要的东西。有谁会通过观赏卡诺瓦与贝尔尼尼的作品来学习抽象艺术——这一被认为是战后年代的正统?来罗马参观的游人越多,罗马就越被锁定在大众旅游观光的旅程表上,它对艺术家的利用价值就越低。在17世纪,没有人会怀疑罗马对艺术家的必要性。无疑,许多19世纪的法国艺术家前方如果没有罗马的至高榜样,他们就无法定义自身与作品,无论他们自己彼此之间的差别有多大:我们只需想一想那些过去被认为截然相反的画家,比如安格尔与德拉克洛瓦(Delacroix)。可是随着巴黎在19世纪接任了西方艺术的中心,罗马的地位变得愈发有争议,其力量也被削弱了。例如,没有罗马艺术家与马奈齐名,而无论是罗马还是其提供的原型,都不曾在印象主义或后来的现代主义艺术形式中发挥重要作用,除了意大利的未来主义。然后到来的是20世纪的纽约,带着它更广阔的帝国自负。在此过程中,就像古典主义的"伟大传统"步履维艰,终至倒下那样,对罗马的向往在文化上也慢慢变得可有可无了。

以一种从前未曾想象的程度,罗马已经就这样耗尽了所能产生的重要画家,而它现在的画家也正在耗尽能量。战后到现在产生于罗马的艺术作品之中,似乎没有多少能流传下去。

乔治·德·基里科也许是20世纪最著名、最受尊敬(至少为了他的早期作品)的立足罗马的意大利画家,但关于哪位画家在意大利最受欢迎,却没有什么疑问。他就是雷纳托·古图索(Renato Guttuso, 1911—1987),比德·基里科年轻许多,在各个方面二者都截然不同。德·基里科的作品丝毫没有表现出对当代社会的兴趣或认知。他完全专注于对消逝古风的怀旧之情。在画室之外,他从不参与政治。另一方面,古图索从年轻时起就是一名热烈的共产主义者,于

1940年大胆地加入了法西斯禁止的意大利共产党（Italian Communist Party，PCI），从没有偏离过他的反法西斯信仰。1943年起，他成了一名积极的反纳粹游击队员，实实在在与占领意大利的德军作斗争。他视自己的作品为意大利抵抗纳粹、抵抗黑手党势力的一部分。这将他置于青年左翼分子眼中"文化英雄"的优良地位、未受同情法西斯行为的玷污，甚至在盟军取得"二战"胜利、墨索里尼倒台之前就已得到这样的评价了。1945年后，当一名艺术家的战时政治效忠成为其战后声誉的一大因素，古图索的名字就变得不容置疑了——在左翼圈子里，任何对其卓越超群地位的异议都被当作怀旧右翼出于政治动机的攻击。古图索是除了毕加索以外，唯一在1950年代及以后的铁幕另一边仍被官方文化界尊敬地视为伙伴与典范的西方艺术家，甚至在1972年获得了列宁和平奖（Lenin Peace Prize）——苏联的诺贝尔和平奖（虽然在西方从未被视为具有同等的重要性）。与他一样享有这份荣誉的，还有西班牙内战中的"西番莲"（La Pasionaria，多洛雷斯·伊巴露丽，1964获奖）与意大利雕塑家贾科莫·曼祖（Giacomo Manzu，1965获奖），后者的专长除了向听力所及范围内的所有人讲演世界的不平等，还有制作和谐圆锥形的枢机主教肖像，以及设计了圣彼得大教堂的纪念门（1964—1967）。

　　古图索时常自称是西西里岛的农民。"西西里岛的农民们……在我心中占据着首要地位，因为我就是他们中的一份子，无论我做什么，他们的面孔总是浮现在我眼前。"事实上，这不如说是一种歪曲。他确实是西西里人（来自败落萧条、黑手党肆虐的巴盖里亚[Bagheria]镇，离巴勒莫不远），但他出身中产阶级，娶了一位罗马的女伯爵米蜜丝·贝齐-斯卡拉（Mimise Bezzi-Scala）为妻，而他画作的销售使他成为了意大利更富裕的一群人之一，无疑是最富有的艺术家。虽然如此，在纳粹占领之前、期间与之后的时间里，于刻画西西里农民生活与世隔绝、负载重压、生动到近乎猛烈的环境方面，没有一位现代艺术家可以声称比他做得更多。古图索最好的绘画作品往往都带有一种绝望感；在戈雅的巨大影响下，这些画作纪念了对无法容忍的人间环境的反抗。有时，这些画作直接引用与模仿了戈雅的作品，比如"原野的射击"（《行刑队在郊外执行死刑》[Execution by Firing Squad in the Country]，1938）——受到诗人费德里戈·加西亚·洛尔卡（Federico Garcia Lorca）被佛朗哥的长枪党杀害事件的震动而创作——就是以抗议画的典范、戈雅的《五月三日》（Third of May）为原型。古图索画下了劳动中的劳动阶级：渔民、纺织工人、硫磺矿工。他以一种凛冽而不抱幻想的同情来作画，这在他初露头角的时候让许多意大利人感觉一开始难以容忍，但后来又将其或多或少地当作一种标志。他于1942年以《受难》（Crucifixion）获得贝尔加莫奖（Bergamo prize），这幅画中伴随着种种苦难与折磨的痛苦象征——同等借鉴自《格尔尼卡》与伊森海姆祭坛画（Isenheim altarpiece）——是一名裸体女性人像，这招来了天主教会成员的刺耳抗议。

他受战争启发创作的最著名的系列画《大屠杀》（the Massacres）是以罗马城郊一处人迹罕至的地点发生的一场屠杀为原型的，这处地点就是阿尔迪汀洞穴。这些洞穴此前一直被用作火山灰矿，火山灰是用来混合混凝土的。1944年3月23日，一群德国警察（第三营第十一连，大多为讲德语的意大利人，曾在俄罗斯服役）正沿着罗马市中心的拉塞拉街（Via Rasella）行进时，事先得知了他们行动路线的意大利抵抗分子将填充了约十八公斤TNT的钢管装在一辆钢制垃圾车上，拉到与他们平齐的位置。时机精准无误的引爆当场炸死了28名警察与数名旁观者，余下的也很快伤重不治。（最终的死亡人数为42人。）

这一行动或者说德国人眼中的暴行，激起了纳粹复仇的狂怒。报仇雪恨是必不可少的：一个纳粹的死要由十个意大利人偿命。（十六名实际规划与帮助实施行动的抵抗成员从来没被捉住。）围捕到足够的人质历经了重重困难，而许多被拘留的人不仅根本没有参与爆炸，

第十二章　梦回罗马

甚至对此事一无所知，因为爆炸发生之前他们就已经入狱了。可是最后，在 3 月 24 日，共计 355 名意大利人被赶上卡车，开至阿尔迪汀洞穴，五人一组地被枪杀。屠杀用了整整一天的时间，制造出难以名状的可怕混乱，特别是由于有些纳粹行刑者本身就对手头的任务惊骇不已，他们不得不用白兰地把自己灌醉才能完成操作，而这对提高他们的准头不会有好处。当最后一名受害者被宣布死亡，一队德军工兵用炸药封住了各个山洞。直到一年后盟军进入罗马，这些洞口才被打开。但阿尔迪汀屠杀的消息走漏得十分迅速，古图索正是以此事件为基础，创作了一系列悲痛到耸人听闻的屠杀主题画作，集体冠名为"上帝与我们同在"（Gott mit Uns）——纳粹制服带扣上的标语——在意大利解放之前，出于对德军报复的恐惧，这些画作是无法公开展出的。

很可能是他最具雄心壮志的画作，完成于几十年后——画幅广达三平方米的油画《武奇利亚》（La Vucciria），作于 1974 年，是巴勒莫市中心一家食品市场的全景图。该地的名称源自法语"boucherie"，意即"肉铺"，这正是它本质的起源：在意大利语中，"肉铺"（macelleria）是规模庞大、包罗万象的，二十四小时出售一切活物与肉品，从鱿鱼仔到整猪，从月桂枝到茄子，只要是能吃的，都有的卖。正如老"巴黎大堂"[①]（Les Halles）被称为"巴黎之胃"（le ventre de Paris），武奇利亚从过去到现在都是巴勒莫之胃，"隆隆"作响、"咕嘟"有声，一刻不停地熙熙攘攘，永远充满生机活力。"武奇利亚的铺路石没有一刻是干的"，一句西西里的民谚这么说，意思是这个场所总是在使用中，一直在被冲洗与浇灌。或者，如果你想许一个你和听者都不会相信的交付承诺，你可以说"当武奇利亚的石头干了"。在这幅画中，古图索集中了他对巴勒莫的观察与感受。在他的笔下，这

[529]

[①]　巴黎大堂：巴黎的中心生鲜市场。老巴黎大堂于 1971 年拆除，被一座现代化购物中心所取代。

座城市就是它所吃的食物，一座庞大虚幻、混乱无序的屠宰场：屠宰后的羔羊与金枪鱼被劈成两半、露出鲜红的肉，与紫色的茄子形成刺目的对比，红熟的番茄几乎到了爆开的边缘，沙丁鱼等着被做成沙丁鱼意面，还有闪闪发亮的柠檬堆成了金字塔——混杂着生与死的巨大一堆。

如果说古图索的社会现实主义形式、受害者、大屁股、头发如意大利细面的女人与所有其他，在罗马内外的正统共产主义者与富裕的意大利人中受到了欢迎，这种形式却未能在战后的意大利画家中激发出许多模仿——其中根本没有高质量的——并且在1960年代明显被人们看厌了。

新的风潮似乎是抽象绘画，特别是阿尔伯托·布里（Alberto Burri）与卢齐欧·封塔纳（Lucio Fontana，1899—1968）的作品。但布里的作品如今似乎已被安东尼·塔皮埃斯（Antoni Tapies）更为精细的画作所赶超，而封塔纳的作品看起来已变得单调乏味。（思及封塔纳早年对墨索里尼与法西斯主义的热忱——他是法西斯深信不疑的追随者——有些人将此视作他应得的惩罚。）从撕裂、颜料浸透与烧焦的麻布中，艺术家能提取多少里程，又能持续多长时间？几十年以后，这些"非正式主义"画家的作品只能提醒我们，当绘画在这个世界上明显没有多少，或者压根没有维系之处的时候，它们只会以看上去相差无几而告终，如此之多抽象艺术的"自由"实际通向的是千篇一律。十有八九，多样化的保证其实是对事物本来面目某种程度上的忠实，这个世界纷繁庞杂、不断推陈出新、挑战旧有，这种千变万化不是一名画家有限的经历所能超越的。

封塔纳是这样一种艺术家：他们的作品经历了一段看似激进到近乎挑衅与警告的阶段，然后就堕入了半装饰性的千篇一律之中。自早期的立体派以来，艺术家通过向画布上添加材料取得了一定的效果——这些材料包括拼贴的报纸、胶粘的物体等。封塔纳的修辞策略是将材料从画布上取下来，把孔洞留在上面——往涂满颜料的画面上刺戳或砍划。这种方法被相当狂妄地命名为"空间概念"(Concetti Spaziali),因为其在伸展的画布后展现了空虚。封塔纳的欣赏者将其视作压抑能量激发活力的象征,虽然在今天,它看起来更像是一个艺术言语的标志,而非物质实在。回过头来看,它是多么空洞而无意义!意大利真实的表面就布满了孔洞、弹坑、裂隙,这一切都是突袭者的炸弹与装甲车的炮弹留下的痕迹。意大利整个就是一幅巨大的"毁灭"风景画。几乎没有什么做法比在画布上穿孔更多此一举了,就好像这样可以为现实世界已经历的事添加某些意义一样,而现实世界里的痕迹远比一位"先进"艺术家能在画室里对画布表面所做的要生动明显得多。封塔纳的作品没能逃脱新奇艺术过了新奇感后的命运。

普遍而言,1960年代的意大利绘画似乎陷入了一种解不开的困境:迫切渴望逃离文化传统沉重而高雅的负担,又困扰于自己辉煌往昔的记忆,它找不到一种快刀斩乱麻的方法。罗马的绘画艺术进入了一种自鸣得意、虚假激进的矫揉造作阶段,这使三个世纪之前"阿尔皮诺骑士"等画家经历的寒冬也显得生机盎然了。意大利艺术界似乎被战争以及美国艺术的崛起(随后在二十世纪五十年代达到至高无上的辉煌)搞得分不清方向,往往把一些才华与成就微不足道的艺术家当作"大人物"看待。众多事例之一就是马里奥·斯奇法诺(Mario Schifano,1934—1998),一位"意大利波普"艺术家,他曾短暂地享有"意大利对安迪·沃霍尔(Andy Warhol)的回应"之名——就好像人家需要什么回应一样!——随后他那一点微薄的才华被糟蹋殆尽,最终用巨量的可卡因杀死了自己。斯奇法诺与著名的意大利美学家兼英语学者,《浪漫痛楚》(*The Romantic Agony*)、《生命之屋》(*The House of Life*,一部围绕他的庞大收藏写就的长篇沉思随笔)等书的作者马里奥·普拉兹(Mario Praz)是隔壁邻居,普拉兹厌恶斯奇法诺,后者是左邻右舍里最扰民的,而且作为滚石乐队的朋友兼摇滚乐迷,他代表着普拉兹认为1960年代文化中最有害与危险的一切。另一边,斯奇法诺却很崇拜普拉兹，频频以见面邀请轰炸他。他还特别想要一本作者题字的《生命之屋》。最后，一本《生命之屋》被放在了斯奇法诺的门外，大学者还真的在上面题了字。"致近在咫尺又远在天涯的马里奥·斯奇法诺。"赠言写道。

20 世纪 60 至 70 年代是一段适宜罗马概念艺术发展的时期，特别是考虑到意大利人具有创造使人困惑的那种理论的才华。这些姿态中最"激进"的——该作品的锐度是最不可能被超越的，并且小规模地比杜尚更杜尚——是皮耶罗·曼佐尼（Piero Manzoni）的《艺术家之粪》(*Merda d'Artista*)，这件作品就是（或者也可能不是）其名称所说的：这位艺术家的粪便，一个重约 30 克的粪块，密封在一个小型锡罐里，永不可见。

曼佐尼于 1933 年出生在克雷莫纳（Cremona），但居住在罗马。他没有接受过艺术训练，也不需要接受，因为他的作品全凭艺术想法，而非制造审美客体。这一领域的一例是他的《无色》(*Achromes*)——白色的画布上覆盖着白色的石膏，上面刮擦出一道道平行线。（这些作品的材料也不必都是画布，曼佐尼的其他《无色》也有白棉绒甚至圆面包做的——自然是白面包而不是褐色的意大利粗粉面包。）这些作品背后最主要的影响源自法国艺术家伊夫·克莱因（Yves Klein），曼佐尼曾于 1951 年在巴黎参观过他的单色油画展，即全部用相同的"国际克莱因蓝"（International Klein Blue，IKB）涂抹画布。另一个重要的影响源是罗伯特·劳森伯格（Robert Rauschenberg），他早在 1951 年就创作了一组全白油画；而且，别忘了还有俄罗斯艺术家马列维奇（Malevich）的《白上之白》(*White on White*，1918)。

曼佐尼在长度精确——如一公里长——的纸卷上绘画一条条单线；画卷被卷起来，存放在光面金属桶里。他将自己的朋友们（其中之一是作家翁贝托·埃可[Umberto Eco]）指定为活生生的艺术品，给他们颁发防伪证书。他展出自己吹出来，然后拴在木制基座上的红色与白色气球，冠以"艺术家的呼吸"（Artist's Breath）之名。他意欲把它们当作"创造力"的遗迹或纪念品,尽管不出意外地,这些气球并不能维持多久,橡胶是会脆裂的。1961年,他在丹麦的一座公园里安装了一个钢铁块;这件作品的标题"世界之基"(Base of the World)上下颠倒地铭刻其上,使观者可以想象出,世界是坐落在这个钢铁块之上的,而非相反。因此在1963年因心脏病发作而英年早逝之前,曼佐尼已经创作出一个小件、歪斜、尖利的作品本体;这件作品接下来会怎么发展自然是不得而知了。有人怀疑,它距完成已不很远。

但是,粪便小罐是他艺术生涯的标志,就像那些更高贵的作品之于吉安洛伦佐·贝尔尼尼那样。有谣言坚称,他从萨尔瓦多·达利那里得到了这个想法,但无论如何,这件作品就是一个纯粹概念上的心理游戏。打开罐子,自然就会摧毁这件艺术品的价值。你不可能搞清楚粪便究竟在不在里面,或者那到底是不是粪便。这个客体、或者说姿态所针对的目标,是对艺术作为艺术家人格碎片的高估——有人认为,买回一件艺术品,拥有的不仅是一件制造出来的物体,还是一个创造性人格的一部分。就像成功的玩笑那样,这件作品的思想一旦解释明白就消散无用了。这也是个只能用一次的点子,加倍增强了曼佐尼的想法意图达到的"独特性"。该作品的版本规模为90罐,目前为止还没有一罐被打开过;看起来也没有任何一件会被打开,因为曼佐尼《艺术家之粪》中上市的最后一罐取得了80000美元的高价——"吓屎人了",我们忍不住加上一句。

其他聚集在"贫穷艺术"(arte povera)大伞下的艺术家创造产生了趣味较为朴素的客体。其中最优秀的艺术家大约是朱塞佩·皮诺内(Giuseppe Penone,生于1947年),他灵机一动地想到了一个值得纪念的主意,即选取一根带有节疤的木构梁,然后从暴露的节疤端开始,向这块木料的实质切削回去,以揭露出隐藏其中的树木原本更年轻的形态——这是一个新奇有趣的诗意逆转,关于时间与生长。

然而,意大利市场与公众带着兴趣对概念艺术的持续理解是有限度的。无论有多少艺术追随者推崇"贫穷艺术"的产物：如马里奥·梅尔兹（Mario Merz）用金属、玻璃、霓虹灯与其他混合材料制成的冰屋状构造（以其隐喻"游牧"与"原始"文化而在当时受到赞誉），或简尼斯·库奈里斯（Jannis Kounellis）的《十二匹马》（*Twelve Horses*）（即十二匹活的马，连同稻草、缰绳、马粪之类的东西，一股脑地于1969年在罗马的阁楼美术馆 Galleria l'Attico 展出），这些被一位后现代主义艺术史学家称为"前语言体验的典范，也是……无散漫结构、无技术、无科学、无现象艺术惯例的"——一连串硬邦邦的术语简直噎死外行——人们想要的似乎依旧是某些能挂在墙上的艺术品，一匹马或一座冰屋可没法轻易办到。就在这时，一次短暂的临时拯救以超前卫艺术（Transavanguardia）的形式出现了。

这个拗口的新词由罗马艺术史学家阿希尔·伯尼托·奥利瓦（Achille Bonito Oliva）发明，奥利瓦担当了一群青年画家指挥者的角色，这群青年画家中最出类拔萃的就是桑德罗·齐亚（Sandro Chia，1946年生）、弗朗切斯科·克莱门特（Francesco Clemente，1952年生）与恩佐·库奇（Enzo Cucchi，1949年生）。该词所指的完全不是任何定义，而是一种折衷复古的情怀、一种热切新人以考古、宗教或随便什么"碎片"支撑起废墟的气氛。但至少，该词指的是绘画，在此过多的概念艺术鲜少不会激发怀旧之情，特别是在人像画方面。关于这些，超前卫艺术提供了一定的数量。至于它们的质量，那就是另一回事了。超前卫艺术在美国引起了人们的兴趣——的确，它是唯一在美国市场激发兴奋的新派意大利艺术。然而，这种兴趣却并不持久。

超前卫艺术的三位代表画家中，作品戏剧性最强的是库奇，他绘画了多幅表现"绝望"的大型版面油画，显示狂乱的小鸡似乎是被墓地里的泥石流困住的情景，用一铲之多的褐色与黑色颜料涂了两英寸厚。

另一方面，齐亚则具有一种令人好奇的复古天分。在1980年代早期，他显然受到了一位几乎被遗忘的人物——法西斯画家奥托内·罗萨伊（Ottone Rosai，1895—1957）的影响，后者笔下的矮胖人物——屁股像飞艇、女人似的运煤工人的手臂——曾是对未来主义的一种保守反应。齐亚所创作的，似乎是比罗萨伊的肥胖更轻松无忧的变体。以同样的方式，他也借鉴了德·基里科——不是早期的都市奇景大师，而是1930年代的德·基里科，他那一切肤浅造作的仿古之作。倘若这些垫料的男孩与水肿的宁芙想要迎合真正古典艺术的要求，那似乎是违背规矩的。但在齐亚作品的风格语境中，这样的要求几乎不可能产生。一切看上去都是那么热情洋溢、鲜润饱满、善良无害，使非意大利人认为这是"典型意大利的"，比如画上的马车与歌唱的贡多拉船夫。

可是至少，它还没有第三位超前卫艺术家弗朗切斯科·克莱门特的作品那么矫饰做作。克莱门特每年都会在印度南部的马德拉斯（Madras）待上一段时间，他的作品是引用自欧洲与印度风格的大杂烩，充满了故作神秘的逗弄。他获得了"善于绘画"的美誉，而这是相当名不副实的。克莱门特笔下的人物软弱无骨，他对人脸的惯常画法——他爱好肖像画——几乎是个笑话，总是瞪着水煮蛋一样的大眼睛，抿着一个表情的紧张嘴角。这些毫无生气的面具根本不能解读一张脸庞与其上的细节。它们充其量只是漂泊无依的外形，被剥离了存在的理由。

我们很难以此责备克莱门特——他显然也没法做得更好了。而且至少，他还不是同时代其他意大利后现代主义画家那样的伪古典仿作者，他们的笔下是对新古典主义式轮廓和软弱无力的肌肉组织的谄媚而拙劣的模仿。但是，假如要责备的话，被责备的应该是晚期现代品味的机制，由市场诱发的疲软，而市场又遵循着一种看法，即新的只能是好的。有一点大概是真的，那就是一个对当代艺术具有严肃好奇心的人，可以在自己的旅途中绕过罗马。那里的任何当代艺术都被视作仿佛是翻版一般。它来自欧洲其他国家的其他美术馆，或者是来自纽约。一种明显的二手与二等气氛正在盛行。今日的罗马什么也开创

[534]

[535] 不了。17世纪，当罗马还是无可置疑的世界学校、一切艺术作品都以它们与这座伟大城市的关系而被证明合格的时候，假使一位前来朝圣的艺术家被告知如今的这一切将在不到三百年之内发生，他会不敢相信地后退。在过去，有机会在罗马举办展览或承接委托，会被认为，也的确是一位艺术家生涯的顶点。今天，这已经算不了什么了，因为"天命"（用这个恰如其分的中国古代习语来说）已经转到了别处，而且是在许多年前就转走了。

没有一位（比如）1960年后的意大利画家或雕塑家以自己的艺术为媒介、对其他艺术家产生的影响力，可以达到意大利电影制作者以电影为媒介、对其他艺术家产生的影响力。电影业是被"二战"驱赶入地下的意大利创作活力再度大批涌现之处。它首先在新写实运动中成形。到20世纪50年代末，一位想象力超凡的意大利电影集大成者终于出现了。

这个人物当然就是费德里科·费里尼（Federico Fellini），他或许也是意大利在视觉艺术方面产生的最后一位特征清晰完全的天才。费里尼并不是"二战"结束之后紧接着在罗马开始工作的唯一才华出众的意大利电影制作人。还有其他或许不那么天赋异禀的人物：比如罗伯托·罗西里尼（Roberto Rossellini）与维多里奥·狄西嘉（Vittorio de Sica）。还有其他天才迟早会出现，而且我们绝不应该认为罗马悠久的绘画历史已经永远地结束了，尽管如今其断层看起来如此之深——不断有人宣布"绘画已死"，虽然这并没有真的发生。可是的确，这些天才还没有出现，即便是对未来最乐观的巡视，也未能发现另一位在电影艺术上有望达到费里尼地位的天才。他还没有出现。或许永不会出现。

墨索里尼为意大利文化留下的最长久的赠礼，就是他建设的"奇尼奇塔"（Cinecitta），一座于1937年建造在罗马城外的电影摄制综合体。正如领袖英明指出的，在实现宣传目标包括使人民理解自身历史方面，"奇尼奇塔是一件最强大的武器"。奇尼奇塔占地99英亩，具有大型的培训、摄制与后期制作设施。实际上，它是欧洲唯一的全方位电影制作中心。在其正式开幕后的六年之内，就已经有近300部电影先后在此摄制，其中一部分是政府投资的。如今，这一数字已接近3000；当然，这些影片的质量是极为参差不齐的。

因为战争的破坏，奇尼奇塔几乎没有任何防护措施。到意大利1943年投降时，整座综合体都曾间歇性地遭到盟军的轰炸，尽管还没有严重到彻底毁灭其制作能力的地步。撤退的德军洗劫了奇尼奇塔的设备与设施。战争一结束，当对布景与摄影棚的轰炸显然已变得没什么战略作用时，同盟国就将奇尼奇塔转换成了一座难民及其他无家可归人员的营地。实际上，这座摄制中心就是被关闭了，被剥夺了相关设施的意大利电影制作者们转而走上街头，以当代罗马作为布景，以业余演员作为参演者。其结果就是"新写实主义"电影的出现，实际上迎来了意大利传媒的全面复兴。该类型的"经典"之一就是为罗伯托·罗西里尼赢得声望的《罗马，不设防的城市》(*Roma Citta Aperta*)，由安娜·马尼亚尼（Anna Magnani）主演，当时还没什么名气的费德里科·费里尼也参与了编剧，该片在1945年上映。它的一部分是作为罗马解放期间的真实纪录片拍摄的，在1946年摘得戛纳电影节最佳影片奖时引发了一片轰动。新写实主义的另一件标志性作品，是维多里奥·狄西嘉的《偷自行车的人》(*Ladri di Bicicletta*)。然而，新写实主义流派的杰作还是罗西里尼的电影。正如物资短缺的时代时有发生的那样，其沉郁的新闻影片风格其实一部分是由胶片库存的缺乏意外造成的，所以现在人们一致同意，其在影像连贯性上无法解释的差异是因恶劣的处理与缺少维修导致。倘若不是战争，这种节约就不会发生，而奇尼奇塔也就会源源不断地产出质量平平、消愁解闷的"白色电话"（telefono bianco）浪漫片与喜剧片，就像在20世纪30年代末与40年代初大批量生产的那些。但在《罗马，不设防的城市》大获成功的情况下，一种新形式的混合电影已经产生，半是出自计划、半是出自偶然；突然之间，意大利——其在电影方面的影响

[536]

[537] 力原本最多也就是轻微的——正在以其本土行业为电影创造世界标准。《罗马，不设防的城市》的影响超过了二十年，比如埃曼诺·奥尔米（Ermanno Olmi）的《木屐树》(Tree of Wooden Clogs) 与迈克尔·西米诺（Michael Cimino）被严重低估的《天堂之门》(Heaven's Gate, 1980)。

如果你以为奇尼奇塔中制作的大多数影片都会仿效《罗马，不设防的城市》这一成功先例，那就错了。在一个勇敢直面现实的开头过后，这些电影在现成的古罗马记忆中找到了自己天然的家园，只需略加修饰，就产生了一部部影片，比如其中一部的标题为《皇帝的纵欲之夜》(Le Calde notti di Caligola)。某些历史人物的故事一再被搬上银幕：最早以古罗马为背景的故事片之一、很久以前就在奇尼奇塔制作的影片，就是《斯巴达克斯》(Spartacus, 1914)。接下来是《斯巴达克斯》(Spartaco, 1953)，以及斯坦利·库布里克（Stanley Kubrick）的杰作、由柯克·道格拉斯（Kirk Douglas）主演的《斯巴达克斯》(Spartacus, 1960)，随后是《斯巴达克斯之子》(Son of Spartacus)（由威猛的美国大力士史蒂夫·李维斯[Steve Reeves]主演，他毫不费力地抬着巨大的泡沫塑料绕广场而行），还有从角斗士模式中进一步衍生的分支，《斯巴达克斯的复仇》(The Revenge of Spartacus, 1965)、《不可征服的角斗士》(Ten Unconquerable Gladiators, 1964)、《十名角斗士的胜利》(The Ten Gladiators' Triumph, 1965)，还有也许是不可避免的——《女角斗士》(Gladiatress, 2004)。从1908至2003年间，约有十六部故事片冠以《尤利乌斯·恺撒》的标题，热拉尔·德帕迪约（Gerard Depardieu）甚至操法语扮演过恺撒（《埃及艳后的任务》，2002）。声名最显、耗资巨大的重现罗马的影片是约瑟夫·曼凯维奇（Joseph Mankiewicz）1963年拍摄的《埃及艳后》(Cleopatra)，投资最低、粗制滥造的则是沃尔霍利希（Warholish）的《埃及艳后》(Cleopatra, 1970)，由维瓦（Viva）与杰拉德·马兰加（Gerarde Malanga）主演。而最愚蠢的是英国的《艳后嬉春》(Carry On Cleo,

1964)。第一部关于安东尼与克利奥帕特拉的影片上映于 1908 年，其后有超过二十部电影都是顶着这位女士的名字。

1950 年代，由于在罗马低廉的制作费用以及这座城市本身的吸引力——与在好莱坞拍片相比，哪位美国明星不会更愿意下榻罗马的大酒店？——这里摄制了多部大制作的国际合拍片，比如 1959 年的《宾虚》(Ben-Hur)、1951 年的《暴君焚城录》(Quo Vadis) 与 1960 年的第四版《斯巴达克斯》(Spartacus)。但是其大名紧紧与威尼托街（Via Vittorio Veneto）联系在一起、真正做到密不可分的导演，是费德里科·费里尼，而将二者联系在一起的纽带，就是他最著名的电影《甜蜜的生活》。

再没有一部电影比该片更令我着迷。这真正是电影胶片上的欧洲。一名作家在他躁动不安的二十岁年纪看过强烈悲观如《甜蜜的生活》这样的影片后，竟然觉得罗马显得更具吸引力了，这似乎是件奇事，但事实确是如此，并且这是出于双重原因。第一重原因是，我是一个乳臭未干、没见过世面的浪漫之人，渴望异域风情；第二重原因，则是费里尼的电影实属真正的大师杰作（即便略有瑕疵），其描绘的地域与环境对我而言是无法抗拒的异国情调。这是不可否认的。

[538]

《甜蜜的生活》的拍摄于 1959 年 3 月就已开始，在 1960 年初于一片宣传与争论的风暴中上映。它打破了所有票房纪录；梵蒂冈的官方报纸《罗马观察报》呼吁对该片进行审查；人群排队几个小时，只为一观此片，而费里尼则在米兰的一次放映中受到了身体攻击。对于没看过这部影片的人来说，这就是关于一名边缘记者马塞洛·鲁比尼（Marcello Rubini）——由标致俊美的马塞洛·马斯楚安尼（Marcello Mastroianni）饰演——的性与情感经历，他以给意大利的报社提供名人琐碎八卦为生。(最初，制片人迪诺·德·劳伦提斯 [Dino de Laurentiis] 本希望由保罗·纽曼 [Paul Newman] 出演马塞洛一角，以保证投资；费里尼强硬反对了这一点。) 为了采集自己兜售的小道消息——这些消息没有一丁点政治或文化意义——他总是在威尼托街的酒吧与咖啡馆四处混迹。(20世纪50年代后期费里尼摄制这部电影时,威尼托街还不是《甜蜜的生活》将它变成的那幅都市魅力讽刺画。但它已经处在发展之中,而这部影片的成功巩固了其在20世纪60年代的进程。街上的一座建筑物上甚至挂有一块石匾,感谢费里尼在"创造"这条为众人所知的威尼托街的过程中发挥的作用。)

马塞洛是个怯懦者,他属于这样一个阶层:他们没有创造出任何本质甚或真实的东西,事情仅仅是发生在他们身上,产生简短而微弱的反响——窥阴癖者的本质,这就是费里尼为新闻业描绘的普遍形象。他的同伴,也就是这位徒劳无用、被动消极的堂吉诃德之桑丘·潘沙(Sancho Panza)——是一位名叫帕帕拉佐(Paparazzo)的笨蛋摄影师,因为所有八卦小报都需要刊登照片。他总是无法抑制地兴高采烈、步履如飞(沃尔特·桑特索[Walter Santesso]饰演)——随着该片引起的巨大反响,他的名字从此成了狗仔队的通称。("帕帕拉佐"一名来源于半流浪的英国小说家乔治·吉辛[George Gissing]一部久已被遗忘的小说《爱奥尼亚海边》中的角色,但这一名称似乎与本片无关。吉辛笔下的帕帕拉佐甚至连照相机都没有。)

[539]

影片的第一个镜头就显示了从高空渗漏的欺骗氛围——一阵旋翼叶片的嘈杂宣布着基督的降临,当然不是那位真正的救世主,而是一尊丑恶且粗俗的十英尺高雕像,它慈爱地伸着双臂,做出赐福的姿态,被一架租来的直升机拖过罗马的上空,准备下降放置在某个圆柱或穹顶之上。与"被操纵的情感"一样,"假冒宗教的无处不在"也是《甜蜜的生活》同等重要的主题,而作为一名新近孵化的前天主教徒,我爱这种主题的每一分钟:它看上去给人的感觉就像是复仇,而它也的确是——费里尼本人的复仇。

《甜蜜的生活》通过八个情节松散地展开,这些情节被用来代表20世纪60年代破晓之时罗马生活的荒唐与空虚。它表现了宗教信仰——罗马曾是其传统的中心——的冲动,正在日渐干涸,退化为单纯的迷信。它表现了家庭关系——父亲与儿子之间的关系——正在或多或少地消亡。它表现了罗马沦为了无生气、稍纵即逝的欢愉之地。它表现了名望的死亡——它堕落成了简单而喧哗的名气。总而言之，它为一座城市画下了素描：这座城市再也不能滋养它的人类成员，也无法对他们产生磁性的魅力，于是他们也就再不能打破每个人彼此维系的轨道了。

纵观片中一切人为的古怪与戏剧化的布景，《甜蜜的生活》里最不可思议的一幕——至少对于我来说——是电影结尾时网中的鱼。我曾将它看过三四遍，尽管挺擅长辨认鱼类，我却认不出这条海兽是什么物种：估计是鳐形目的某种大鱼。人们看不到它的整个身体；只有一只灰蓝绿色的眼睛，在镜头的特写中潮湿地凝视。它的注视好像既是审视也是漠视，无疑这正是费里尼的意图。派对上的客人聚集在它周围。这只怪物是什么？它从哪里来？"来自澳大利亚，"镜头外的某个人提出。听到这话，半是爱国的自豪使我略微一振。我的祖国对罗马产生的微弱影响力！这仿佛某种预兆。我在这条鱼的古怪陌生中与它找到了关联，即便它看起来是如此倒人胃口，就像一团缠在麻绳里的粘液。像我一样，它从遥远的澳大利亚来到意大利，为了追寻……这样或那样的事物。有谁能知道或猜出，当它缓慢而黏糊糊地蹒跚在第勒尼安海床上，它曾期待的是什么（假如有的话）？不可否认，自从费里尼于1934年在里米尼附近的海滩上看见一条搁浅的丑陋大鱼，它就一直萦绕在他的想象中。

费里尼又继续拍摄了几部成为意大利式想象经典的电影。这些影片中最美丽与复杂的是《8 ½》（1963），那是他对创造过程本身的非凡思考——他希望"讲述一名导演的故事，这名导演不再明白自己想拍什么样的电影"——以及《阿玛柯德》（*Amarcord*，1973），一部童年回忆盘绕错杂的散文。（"阿玛柯德"是"Io mi ricordo"即"我记得"的里米尼方言。）可是，尽管这些影片满载各大电影节与电影行业授予的荣誉，《甜蜜的生活》却在电影史上占有特殊的地位，这是同一时期的任何意大利绘画无可比拟的，而在可预见的未来，也没有一部意大利

[540]

电影有可能产生同等的广泛文化影响。

　　费里尼镜头中的罗马是一座悲剧的游乐场，满心指望着感官的快乐，但又因无法得到的真实喜悦而蒙上阴影，这幅景象往往萦绕于观众的心头。它也优美地，并且在很大程度上是真实地反映了五十年前为游客所了解的罗马。1960年代初的永恒之城是个远比今天更亲切宜人的地方。

　　当然，这也许（在某种程度上）是一种幻觉，是因我当时不懂意大利语，以及对意大利文化延续性过度乐观而培养出来的幻觉。在几十年前的那个时候，这份幻觉看起来完全是大有前途、真实可信的。罗马在过去的五十年没有产出多少令人感兴趣的东西，在文化上、政治上，特别是在艺术上。在21世纪的开端之时，贝卢斯科尼的罗马已经因大众旅游与大众传媒对其想象力规模浩大且粗暴无情的接管而掏空了内部，但这一事实并不意味着延续性就不曾存在过。它存在于过去的某个时候，当这座城市还略微年轻一些。

　　包括意大利人在内，人们从来没有停止过对于罗马文化（既有高雅文化，也有流行文化）衰退的不满。它粗鲁庸俗。它曲意迎合。你只需在你投宿的罗马旅馆房间里打开电视机，就能看到这一切。依此照做以后，你会立刻被浸没在这些媒体的主人西尔维奥·贝卢斯科尼的所谓"本我"中——对于你或许是个梦魇般的领域，但对大多数意大利人却是某种形式的"天堂"，充斥着各种编造出来的"知识"——新闻里没完没了播报的绯闻八卦、闲话絮叨、丑闻诽谤与奢侈浮华，体育方面的无情炮轰与体育评论，以厚唇丰胸的金发女郎为报幕员的摔跤比赛，如此种种。毕竟，只有在意大利，一名叫作西西奥莉娜 [Cicciolina] 的脱衣舞女（以艺术家杰夫·昆斯 [Jeff Koons] 惨遭虐待的妻子以及他们幼小的儿子路德维格之母亲的身份，在意大利以外的世界短暂出名了一阵）才能在议会获得一席之地。在以这些玩意儿打发了一个空虚的晚上后（一晚就足够了，无论你选了哪个晚上，其内容几乎都是一样的），你会很容易断定，意大利的流行文化已经降到

第十二章｜梦回罗马

了过去的 IQ 水平以下。这是个错觉。意大利的电视——有人会倾向于说是总体的意大利流行文化——一直以来就是一堆狗屁，以后也不会变成别的模样。它也许不是世界上最最糟糕的，但这里的电视水平的确是相当低劣的。

那么，曾经的意大利"流行"艺术就好了很多吗？我们往往会为它而伤感，但有必要吗？有时漫步在从前被卡拉卡拉浴场的马赛克壁画占据的美术馆里，我会思索这个问题。在全盛时期，这些庞大的公共浴场——其驿站大得足够驶进一辆四马战车（《阿伊达》的某些版本中仍有这样的设置）——精心地装饰有 3 世纪的马赛克壁画。许多这样的壁画如今都已转移到了拉特朗的异教博物馆，重新贴在了墙面上。有些壁画不乏考古与叙事的趣味，可是它们呈现的是怎样一幅笨重粗陋的景象！他们是粗壮的肌肉男，赤膊的角斗士挥舞着看起来可能是沉重的青铜指节套的武器，这种武器上带有凸缘，用以挖掉对手的眼睛或打碎他的牙齿。观看这样一对野兽互相痛殴也许会熄灭一大半只有更致命的剑戟对决才能满足的暴力愉悦。但对于英雄式裸体的研究，这些矮胖的马赛克壁画人物全无用处。他们纯粹是作为肉体武器的人类身体的展示。他们与更优雅正式的希腊拳击手或摔跤手没有多少共同之处。而这就是罗马人所喜欢的：不加虚饰的暴力，只有怒目而视、拳拳到肉。同样的还有垃圾。壁画描绘的餐室地板上覆满了垃圾。不是一场来宾极为喧闹的宴会过后留下的寻常滴漏，而是未经清扫的厨余垃圾：果皮、鱼骨之类。走在上面（这是不可能的，因为此处是博物馆），你几乎可以想象这些东西在你的脚下发出"咯吱咯吱"的声音。除非它们已经发不出声音了，鉴于时间已经过去了有大约万年。

当我们谈及"古典"罗马艺术，"古典"一词真正的含义却与其在希腊的含义不甚相同。它倾向于表示某种更具分量、更加粗犷、更人性化，且必定不那么理想化的事物。

关于罗马人，我们不能犯一个错误，那就是以为他们都是精细

[542]

优雅的人,就像他们又羡慕、又模仿的希腊人那样。他们往往是些粗人、暴发户、新贵。自然,正因如此,他们才源源不断地使我们着迷——我们可以想象自己像他们一样,可我们无法想象自己像古希腊人那样。而我们知道,古罗马人最喜欢做的就是令众人惊讶——以壮观场面、高昂开支、暴力手段,或以上三者的融合。正如贝利(Belli)关于每年奉教皇之命在圣彼得大教堂穹顶上举行的狂欢烟火表演所写,

[543]
> 这里该是怎样的人民,又该是怎样的统治者,
> 才能在屋内拥有一座穹顶
> 就如同我们梵蒂冈的圣彼得大教堂?
> 在哪一座其他城市,哪一个其他国家,
> 才能出现这祝福的圣光
> 使你惊讶不已、忘记呼吸?

　　这问题的答案至今仍与1834年在本质上并无不同:罗马,而且只有罗马。因此同样地,罗马意义上的"古典"指的是某种比希腊式"古典"更坚固持久的东西。虽然辉煌灿烂,又在艺术、思想与政治领域留下了无数遗产,希腊文明的确已经灭亡了。而罗马文明还以某种形式与我们同在。倘若有人不欣赏阿米阿努斯·马尔切利努斯[①](Ammianus Marcellinus,约330—395)就君士坦丁于357年的到来所说的——写于这座伟大的帝国实际崩溃之后——那么他(她)真是麻木不仁到了奇怪的地步,因为在我们每个人的反应中,在我们对于这座巨大而自负的野心之城的惊讶感中,都留存有一个小小的君士坦丁:

---

① 阿米阿努斯·马尔切利努斯(约330—395):罗马军人、历史学家。

第十二章 | 梦回罗马

接着，当他考察城中的各个地区与郊外时……他认为首先映入眼帘的总是高于一切的事物；塔尔珀伊亚岩石的朱庇特神殿如此超凡脱俗，仿佛是不属于人间的圣物；浴场以各行省的风格建造；凝灰石的框架增强了圆形竞技场的巨大体量，其顶端升至人类目力几乎无法企及的高度；万神庙就像一座圆形的城市之域，以崇高的美丽盖上拱顶；还有尊贵的圆柱如平台般升起，你可以攀爬上去，如同历代帝王；城市神庙；和平广场；庞培剧院、表演场、体育场，还有它们当中其他属于"永恒之城"的装饰物。但是，当他来到图拉真广场——一个我们相信是天底下独一无二的广场，甚至连众神也会一致赞赏——他惊奇地驻足原地，将注意力转移到了关于他自己的庞大综合体建筑上，这建筑非笔墨所能形容，也再不能被凡俗人类所模仿。

[544]

后记

1959年的那个夏夜，当我于第一次罗马之旅期间站在马可·奥勒留的伟大雕像前，我深深地感受到，我所站立的这个罗马正是一直以来的那个罗马，也是将要延续的那个罗马。在如今看来，这是一种源于天然想象的、无所不在的天真。它已经被打断了，我们这个世纪污秽、腐蚀的气息打破了那份延续感。为了免受恐怖主义的威胁，这尊骏马与骑士如今已被转移进了卡比托利欧博物馆，在米开朗琪罗的基座上取而代之的，是一件复制品。许多经过的人没看出来这一点，这也没什么关系。知道它是复制品，只会搅了参观的兴致。

更糟的是，将这尊雕像安置进卡比托利欧博物馆的不知什么人，竟去掉了它的底座，将其倾斜地悬托在一个斜坡上。这真是暴殄天物。让马与骑手保持在同一水平线上，这绝对是马可·奥勒留雕像本身固有的用意，否则就会失去稳定坚固的权威。在新的位置上，以一种米开朗琪罗连一秒钟也不会赞同的、无意义地向上倾斜的方式，这座雕像变成了法国雕塑家艾蒂安·莫里斯·法尔科内（Étienne-Maurice Falconet, 1716—1791）创作的彼得大帝青铜巨像——普希金诗中的"青铜骑士"，在圣彼得堡攀登岩石——的拙劣模仿。对待一座伟大的雕像，很难想象还有比这更愚蠢的方法：不分青红皂白地"设计"，庸俗化所要阐释的作品，一概无视古时的含义，只为了达成"关联"（与什么关联？）与"创意"（假如你不知道法尔科内的话）的幻觉。可悲的是，这就是今天的罗马——在令人吃惊的程度上，一座似乎失去了与其天性之联系的城市，在某些方面已经投降于其流行在游客中的符号化形象。

曾经，罗马的"旅游季"只或多或少地局限在七月与八月，那时这座城市会塞满了游客，餐厅拥挤不堪，酒店爆满、一房难求。在那八个星期最好绕开主要的"景点",如梵蒂冈博物馆与西斯廷礼拜堂,消息灵通的旅行者甚至根本不去这些地方。而如果你认为西斯廷礼拜堂现在有点过度拥挤了,那么只要再等五到十年,当改革开放的繁荣兴旺在中国扎根,它将成为一个游客大国,那时的情形可想而知。现在,到卢浮宫(如果你还没去过的话)展出《蒙娜丽莎》的展厅里去挤一挤,可以做好心理准备:"咔嚓"闪光的照相机筑成一道铜墙铁壁,全都在拍摄这幅画像模糊难辨的照片,其作用不是为了保留与传递达·芬奇画作的信息,而是为了纪念照相机的主人曾经与这幅世界名画亲密接触的事实。我郁闷地感到,在不久的将来,罗马所有的名胜古迹都会变成这样。有些能幸存下来——至少是部分地,其他则不能,也不会幸存,因为艺术品的性质做不到这一点。封闭的空间——比如博物馆展厅、教堂之类——情况将最为严重;广场上的观感将不会有太大改变——至少是第一眼看上去。可是谁能说得清,一旦罗马的公共空间中塞进了两倍的人数、四周堵满了一圈又一圈的巴士,它又会开始变成什么样呢?

西斯廷礼拜堂拥挤的程度代表着高雅文化虽生犹死的状况,它就潜伏在大众文化的尽头——这尽头当然是米开朗琪罗无法想象的,也是梵蒂冈全然无力避免的(即便有可能避免,它也不会这么做,因为西斯廷是梵蒂冈极重要的收入来源)。你不可能过滤源源不断的水流。一座博物馆要么是公共的,要么是私人的。想象对要来参观西斯廷礼拜堂的人们实行某种文化状况评估,这自然是不可思议的。但由于西斯廷是每名来到罗马的游客早有耳闻、必去参观的两个景点之一(另一个是圣彼得大教堂),这里的极度拥挤已经使人麻木了;一个人根本不可能在此集中注意力。至少圣彼得大教堂大得足够容纳成群的游人。而西斯廷以及通向它的道路,却容纳不了。

事情并不一直是这样。两百年前,歌德在《意大利游记》中记述,他曾多少有些偶然地步入西斯廷,以躲避罗马夏天的炙热。那是一个凉爽而可亲的所在,你几乎可以与这天才的产物独自相处。这种想法在今天简直是荒唐：痴人说梦。大众旅游已经将歌德时代沉思默想的乐趣变成了一种折磨，如同有失体面的橄榄球争夺战。来看天花板的人群摩肩接踵地流动在一条漫长、狭窄、无窗而幽闭的走廊里，没有回头路。走到头后，人潮涌入一个同样拥挤的空间，也就是礼拜堂本身，几乎没有转身的余地。这是我见过最令人难受的艺术欣赏环境——五十年来，我体验过的艺术种类可不算少了。与一大群观众同享，可以令有些艺术增色。各种类型的音乐，无论是摇滚乐还是钢琴独奏，似乎都是如此。舞蹈有时也是这样，戏剧与诗歌朗诵亦然。可是视觉艺术，特别是绘画与雕塑，却不是这样。人群挡在前面，阻碍了你的视线，不时钻入耳中的评论只会激起你对安静的渴求，这些评论总是令人心烦意乱，即便它们颇有见地——这种情况极少。大家毕竟是人类同胞，天生具有我们无需在此讨论的、不可分割的权利，但你再不想听见他们在提香画前或米开朗琪罗壁画下的高见，就好像你不希望你音乐厅里的邻座在座位扶手上打拍子，或跟着歌手（甚至提前一丁点）哼唱《披上戏袍》①（Vesti la giubba），以证明他多么熟悉这部作品。（每当这种时候，你真是杀人的心都有了。）

　　绘画与雕塑是沉默无声的艺术，需要的也是观赏它们的人保持静默（不是虚假的崇敬，只是安静）。在世界各地博物馆的入口处写下这样的提示吧：你在此处看到的并不意味着一种社交经历。闭上嘴，睁开眼。携带导游、讲解员等的团队只允许在星期三上午 11 点至下午 4 点间入内。否则，就闭上你的臭嘴吧，算我求你了，求你行行好。我们也是千里迢迢过来参观这些展品的。我们不是来听您老的金口玉言的。明白吗？

　　绕过拥挤的人群参观西斯廷的唯一办法，就是向梵蒂冈缴纳费用，实际上等于是一大笔赎金。闭馆时间过后，梵蒂冈博物馆中会组

---

① 《披上戏袍》：意大利歌剧作家鲁杰罗·莱翁·卡瓦洛（1857—1919）创作于 1892 年的歌剧《丑角》中一首著名的男高音咏叹调。

织一些小型旅行团，保证参观者与米开朗琪罗及拉斐尔的作品共处两小时（从开始到结束），当然还有一位导游，他（她）能不能保持安静就没保证了。西斯廷内的"标准"参观时间是约30分钟，这比通常饱受烦扰的游客所能得到的时长多出许多。这种旅行团——目前大约是每周一个——包含十人左右，虽然人数也可能多达二十（我第一次去西斯廷的时候，据我粗略计算，整座礼拜堂里有大约三十人，但我必须重申，那是五十年以前了。那时的人数已显得有些拥挤，但还不像现在这么令人难以忍受。）在新的旅游组织中，每名参观者需要缴纳高达500美元——每人约300欧元——才能得此特权，要达成交易需通过外界的承包商，而非直接交给梵蒂冈。我们不知道这笔费用是怎么划分的。当然了，这简直就是拦路抢劫。你要是对此不满，那就写信给教皇投诉，要么就买几张明信片，在自己的酒店房间里静静地研究吧。

在教堂里发生的事情，也在教堂外面以更广阔的规模发生着。在我所知的范围里，没有一座欧洲的城市如罗马一般被汽车与驾驶员所毁，城市体验遭到严重拖累。

罗马的交通过去也很糟糕，可如今已经是致命了。在罗马停车，从前是一项需要特殊技巧的挑战，而现在，滑稽的是，几乎不可能了。当然，由于几乎没办法找到一座地下公共车库，这一切就显得愈加艰难（比如说，与在巴塞罗那停车相比）：地下公共车库这种便利设施的确是存在的，但很稀少，因为市政府向地下挖掘时，无法不遇到某些年代古老、模糊难辨、考古方面也显得多余的埋迹，源自庞培或傲慢者塔克文的时代，这不受欢迎的发现将冻结未来此地点上的一切工程，"直到永远"（in omnia saecula saeculorum），按教会为了使用本地话而放弃拉丁文时所说的。

在过去，这座城市最令人惊讶的事，是罗马人对吸引如此之多的人们前来此地的东西——也就是它的艺术沉淀——那漫不经心的漠视，这一情况直到最近才有所改变。人们倾向于推定，一个祖先留下了巨

后记

大文化遗产的民族,肯定自然而然地在当下也获得了高度的教化。

意大利则是这种观点的一大反证。大多数意大利人都是艺术上的文盲。任何地方的大多数人都是如此。意大利人又为什么该两样呢?虽然他们曾一度假装不是这样,但如今他们中的大多数根本没法费心去装了。许多意大利人将"过去"视作能赚钱的累赘。他们喜欢提起自己"文化遗产"(patrimonio culturale)的光辉显赫,但到了为这些文化遗产做点什么的时候,比如将他们充沛的精力运用到以明智的方式维护这份遗产上,或者仅仅是把博物馆参观者组织得井然有序,而他们却一事无成,无所作为。

意大利公众真正关心的,是足球(calcio)。假如某一届意大利政府发了疯,胆敢试图禁止足球比赛——千百万球迷效忠这支或那支球队的极度疯狂所在——国家将不再是一个国家,它将变得无法治理。在这个国家,高雅文化不仅不再具有社会粘合剂的功能,它被赋予的本土自豪感甚至低于西欧任何一地。大家真正在乎的是体育与电视,而它们的卓越地位因一个事实得到了保障:意大利总理西尔维奥·贝卢斯科尼是一位靠体育与电视发家的亿万富豪,似乎对文化毫不感兴趣,更不用说以任何形式投身其中了,除了为他的机智问答秀挑选金发女郎。这就是为什么大多数意大利人还能相当镇定地目睹着这样的真实前景:现在有人提出,还要再度削减文化部那已然四面楚歌、捉襟见肘的预算,到 2012 年减去 30% 之多,而文化部的现任部长会由麦当劳的现任总裁接替。

[550]

你也许会说,事情一直以来就是这样的,但实际上,并非如此。从 20 世纪 60 年代开始,随着广阔巨大、压倒一切、消灭心智的电视的威力,情况正在变得越来越糟——而意大利的电视形式是世界上最糟糕的之一。意大利民族的文化智商——如果可以这么说的话——一直在严重下降,而罪魁祸首似乎就是电视,就像在其他国家一样。培育没几个人在乎的精英阶层有什么用?它不会带来任何政治利益。在一个全神贯注于足球、真人秀与名人游戏的文化——一个纯粹消遣的文化中，对于你，一个最典型的意大利人兼老好人，多纳泰罗就像极地冰盖或亚马逊的昆虫种群一样，是没一毛钱关系的那些东西，这不再是一件羞于承认的事情。

或许（有人怀抱希望地补充），重振一种文化只需要两到三位艺术家。我们不能只因一种文化陷入了衰退就将其一笔勾销，因为历史充分证明，衰退可能仅仅是暂时的。然而，在此刻，这样的可能性看上去微乎其微。我有这种感觉，只是因为我老了、结了老茧、对复兴的迹象不再敏感了吗？或许吧。可是，我之所以会有这种感觉，是因为这座城市的文化环境已经从根本上改变了——一言以蔽之，因为贝卢斯科尼的罗马已不再是（也不可能重新成为）费里尼的罗马了吗？这也确实有可能，甚至可能性更大。与此同时，这样的衰退至少还有补偿。曾经存在的能量也许已不在那里。这些能量也许只是某种幻觉，就像美好的展望与第一眼印象注定的命运。但是更久远往昔的荣光仍存，在超负荷旅游与粗俗化景观的玷污与干扰下，受到些许磨灭，但顽固地不肯消失。甘之如饴或勉强忍耐，罗马就在那里，你不可能无视它。

人们在罗马总是能享受到某种程度上的欢乐——无惧羞耻的、愉悦感官的、坦率公开的。对于罗马现有的困难与谜团，有什么解决办法吗？假如有的话，我坦白承认，我想不到这办法会是怎样。如此之多个世纪的历史难分难解地缠绕成了这座城市，与游客，更不用说此地的居民正面遭遇，带着入门与理解方面明显无解的问题。罗马不是一天建成的，所以也不可能一天、一周、一月或一年就能理解——甚至无论你投入了多少时间，长达十年，或仅一趟导览巴士之旅。它使你感到渺小，这正是它的本意。它也使你感到伟大，因为其中高贵的部分正是由你这一物种的同类建立的。它向你展示你不曾想象的壮举，这就是智慧的开端之一。你别无选择，只能满怀谦逊地来到此

后记

地——躲着横冲直撞的伟士牌小摩托[①]（Vespa）——承认自己一次只能揭开这座城市的一点点碎片，而有些部分将永远无法触碰。这是一个令人厌烦、沮丧而矛盾的地方，既洋洋大观，也充满秘密。（你还想指望什么呢？像迪士尼乐园那样直白易懂？）我们今天所拥有的罗马，是人类荣光与人类失误的庞大凝结物。它使你看到，事物曾经是以今天难以想象的方式产生的。未来还会有另一座纳沃纳广场吗？放松呼吸。世上存在且只能存在一座纳沃纳广场，令人高兴的是，它就在你的面前，被波光粼粼的水流一分两半——一份赠与你和整个世界的礼物，来自那些已经死去、终将不朽的人们。一个这样的地方，连同此处的一切，足矣。

[①] 伟士牌：意大利常见的小轮摩托车品牌。

鸣谢

我就某座主要城市所写作的上一本,甚至应该说是唯一一本书,已经是二十多年以前的事了。那本书就是《巴塞罗那》,因为与雕塑家泽维尔·科尔贝罗(Xavier Corbero)多年的友谊,它成了我频繁造访的一座城市,而正是通过科尔贝罗的眼睛,我才发现了这充满魔力、诱人向往、令我心醉神迷、魂牵梦萦的加泰罗尼亚珍宝。几年以前,我的文学经纪人琳恩·内斯比特(Lynn Nesbit)在阳光灿烂的早春一日来访,提出以"罗马"为主题写作一本书。她对于创作该书孜孜不倦的热情与令人鼓舞的活力,与窗外正在冒头的初春新绿交相应和,使这提议实在没法拒绝。威登菲尔德与尼科尔森出版公司(Weidenfeild & Nicolson)杰出的出版人威登菲尔德勋爵(Lord Weidenfeild)已构思该书多年,他决意将其制作出版,并且作为一部历史全书,以《罗马七柱》(*The Seven Pillars of Rome*)为题。能够被他寄予执行该项目的厚望,这是一份殊荣,也是令我永远心怀感激的荣耀。

罗马是一座我曾盘桓多时的城市,但不同于巴塞罗那,我还不曾有机会在此长住,不曾连续几个月呼吸这座城市的空气。我关于此地历史的知识,来源于身为作家兼艺术评论家的职业。是我在该城内外游历途中所见的视觉语言奠定了我参考引用历史的基础,而接受这一挑战将使我的内部知识储备得以开始汇入一条紧密聚合的历史溪流——记载于编年史中、又为我亲眼所见的罗马,我的这双眼睛曾目睹无价的艺术与建筑,对于一座从历史上来说永不会完工的城市,艺术与建筑正是其组织构造。那些早已远去的能工巧匠、艺术大师、英明统治者、勇武战士与社会人类学家,为世界赠予了人类所知最伟大的宝藏。

早先，在最初的几次罗马调研之旅中，我意识到写作本书将会是一项浩大艰巨的工程，对我的妻子多丽丝·唐斯（Doris Downes）也意味着很多。在许多方面，我深深地感激她，感激她作为伴侣的支持、忠诚、友爱以及她本人关于这座城市的了解。十三年前在澳大利亚偏远内地发生的一起撞车事故使我的身体活动性受到了损害，因此我十分仰赖她与罗马许多朋友的帮助，才能顺利通行于各个地点与研究设施，以及政府机构之中。在这些崇高的工作中，我要感谢意大利艺术与文化基金会（FICA）顾问彼得·格莱德威尔（Peter Glidewell），他一生都生活在这座城市，带着他对罗马过去与今天的深刻见解，甚至可以说简直对每一处喷泉里的每一枚硬币都了如指掌。他花费了大量时间，在这座不是、也不可能做到"轮椅无障碍"（除非拆除每一条街道上的铺路石）的城市及周边为我安排行程。他在与我共事过程中所体现出的丰富学识与耐心细致，连同他的忠实可靠，是我永远也无法完全报答的。此外，我还要感谢我的朋友阿兰·埃尔肯（Alain Elkann）与罗茜·格列科（Rosy Greco）在我们造访罗马期间的热情接待，他们仁慈慷慨地为我的旅居提供了宽敞的空间，同时还感谢我亲爱的老朋友、罗马记者卢齐欧·曼尼斯科（Lucio Manisco）。

熟悉我以前所作"鸣谢"的读者都知道，没有感谢一家主要医院及一整队专家与实习医生的鸣谢是不完整的。这一次，奖章要颁给翁贝托第一综合诊所（Policlinico Umberto Primo），正位于罗马城内。没有他们的悉心照护，我就不可能完成本书。我还要衷心地感谢多丽丝，她将自己的重要工作搁置一旁，飞回罗马处理这家错综复杂的教学医院中纷乱如麻的诸多医疗事务，并将我平安送回纽约。

深深地感谢威登菲尔德与尼科尔森出版公司不辞劳苦的编辑们。感谢他们在漫长成书过程中展现出的耐心与专业，在此一并对编辑助理、制作编辑与绘图设计表示感谢。感谢"猎户座图书"（Orion Books）的艾伦·萨姆森（Alan Samson）、贝娅·海明（Bea Hemming）与海伦·理查德森（Helen Richardson）。没有纽约公共图书馆（New

York Public Library）一直以来的帮助，本书将无缘付梓，它使我有机会进入阿伦图书室（Allen Room）接触那里的稀世珍宝，从方方面面为本书的诞生带来助益。

最后，我还要感谢我的继子加莱特（Garrett）与菲尔德·朱厄特（Fielder Jewett），感谢他们在本书创作的数年间给予的爱与支持，那些年夹杂着我与"究竟能否完成此书"的自我怀疑进行的许多个回合较量。

《罗马》译后记

从 2018 年夏交付初稿算起，经过二十多个月的忐忑等待，终于传来了《罗马》即将付梓的消息。于是我又不由地想起了与《罗马》的初遇，以及在一年半的翻译过程中点滴相处的回忆。

那还是 2016 年末，上海文艺出版社的编辑林雅琳老师在聊天时提到"读城系列"计划推出一本关于罗马的新书，询问我是否有兴趣接下翻译的任务。彼时我刚刚结束"读城"之旅的上一站《威尼斯：晨昏岛屿的集市》不久，这是我的第一部译作，虽然在翻译的过程中自认为倾注了全部的心力，但交稿以后回味起来，总觉得还是有种种不尽如人意之处。那时我感到，自己在原文的理解方面还有许多欠缺，在译文的传达中也难免加入了过多自己的主观表达。我渐渐意识到，一个合格的译者应该将自己"隐身"，如果读者在阅读的过程中能够尽可能少，甚至根本意识不到译者的存在，从而实现与原文作者的直接交流，这将是翻译的成功。尽管完全做到这一点或许是一种过于理想化而不可能完成的任务，但倘若有再一次翻译的机会，我希望追求更贴近原文语意与效果的译文表现，更忠实地为读者传递作者原汁原味的表达。何况在背景资料的收集与平行语料的应用上，我自认为也积累了一定的经验。怀着这样的心情，我几乎不假思索地就接下了《罗马》的翻译。

作为自己翻译生涯的第二部作品，我总是会下意识地将《罗马》与《威尼斯》进行比较。然而虽同样以某座意大利的城市为主题，这两本书的风格与气质却是迥然不同的，就像它们描绘的这两座城市一样。《威尼斯》，轻盈、清澈、诗意、抽象而含蓄克制，富于清新灵动的短句与对气氛的描摹。《罗马》则犀利、直率、笔触辛辣，全景式地展现了罗马自建城至今日的城市历史与文化艺术的发展历程，多用长句表达作者的观点论述,描述艺术品与建筑物的结构外形,文笔优雅庄重,用词老练精到。在翻译这些长难句的过程中,我不得不意识到,或许自己将实现目标的途径想象得太简单了。汉语与英语在结构、语法,甚至背后的逻辑思维与思考模式上的差异,注定使全然忠实于原文的努力滑向生搬硬套、佶屈聱牙的深渊,使读者感到不知所云,读起来烧脑费力。而根据汉语的习惯,以短句将原文中的长句一一拆解,则有时难免破坏英语中严密的逻辑结构,乃至损害了原文中精妙的表达。究竟是让译文更接近原语还是译语,更忠于作者还是读者,这是翻译中永恒的难题,引发了从古至今无休无止的争议。而作为一个战战兢兢的年轻译者,我也只有在这两相较量的拉扯中,尽可能地以自己对原文浅薄的理解作出艰难的抉择、取舍、折中、妥协。也许从某种角度来说,翻译正是这样一种遗憾与妥协的艺术吧。在这一遍又一遍斟酌修改的过程中,要特别感谢编辑林雅琳老师的不懈努力与宽容耐心。是她不辞辛劳地反复阅读译文,指出表达不流畅与易引起歧义的部分,帮助我反复推敲,共同找出更接近原文、又适合理解的表达。至于译文中的这些取舍是否合理,效果究竟如何,读者的评判将是唯一的答案。

我在在翻译本书过程中遇到的第二个难题则是历史人物与古代建筑物译名的确定,其中又以涉及基督教的人名与建筑物名更为棘手。作为许多个世纪天主教会的所在地乃至西方文明的大本营,罗马城中的教皇、圣人、教堂与宗教活动对这座城市产生的影响不言而喻,也是任何一本讲述罗马的书籍绕不开的话题。许多教皇及圣人的名字直接来源于《圣经》,由于历史流传的原因,中文世界中的基督教新教采用和合本《圣经》,而天主教采用思高本《圣经》,二者的人物译名是完全不同的。以常见的"John"为例,应该按照在中国流传最广、影响力最大的和合本译为"约翰",还是按照天主教的思高本译为"若望"?此外,那些《圣经》记载的时代之后出现的教皇与圣人名字,如果按照天主教的习惯译名而定,则在使用中文的不同地区有不同的习惯译名，之间似乎并无权威定论。经过与编辑老师的反复探讨最终确定，对于本书中提及的基督教人物及以其命名的建筑物，《圣经》中有所记载的采用和合本译名，圣经时代之后的教皇和其他宗教人物译名从各地区天主教惯用译名及资料与媒体上常见的译名中灵活选取，以此在最大程度上争取使本书中出现的译名准确、统一且尽可能符合中文读者的阅读习惯。另外要在此说明的是，本书中引用的所有《圣经》内容，均采用和合本译文。

此外，对于本书原文中出现的少数事实性笔误，如罗马皇帝君士坦提乌斯二世应为尤利安的堂兄而非叔叔，以及教皇克雷芒五世（Clement V）为法国人而非意大利人等，均已尽量找出并直接修改，不再另行说明。对于书中可能存在的未被发现的错误，也期待读者的不吝指正。

作为一部原书多达六百多页的鸿篇巨著，本书中出现的人物、事件、艺术作品、建筑物等可谓浩如烟海，但在接触本书之初，最令我印象深刻的还是作者罗伯特·休斯犀利直白、辛辣大胆地个人抒发。他尖刻地讽刺艺术价值低劣的基督塑像为"恐同者的幻想"，又将十字军东征过程中毁灭文化艺术的暴行与今天的激进极端分子相比较。但与此同时，他又以充满柔情与诗意的笔调描绘了罗马古典时代的艺术品，文艺复兴、巴洛克与新古典主义时代的建筑物，乃至日常生活中生机勃勃的市场与喷泉。毫无疑问，休斯的审美观是保守的。在他的笔下，当代罗马的艺术与建筑乏善可陈，辉煌总是停留在过去，在属于古典英雄的时代。在后记中，休斯直言不讳地表述了自己对罗马今日文化生活与艺术环境的失望，并称大多数意大利人为"艺术上的文盲"。无论你是否同意他的观点，读到此处，也难免生出几许英雄暮年的怅然。

休斯于1938年出生于澳大利亚，1964年离开家乡前往欧洲，正式开始了作为知名评论家活跃于国际艺术领域的旅程，而他的第一站正是意大利。随后在英国，他为《泰晤士报》《每日电讯报》等多家报刊杂志撰稿，并在担任美国《时代》杂志的艺术评论家后声名鹊起，于二十世纪八十年代制作了广受好评的纪录片《新艺术的震撼》。他以观点具有争议性著称，曾被《纽约时报》称为"世界上最著名的艺术评论家"。1999年，休斯在家乡澳大利亚遭遇严重车祸，昏迷了几个星期之久。从车祸中恢复后，他又推出了包括纪录片、著作和自传在内的多部作品。2011年出版的《罗马》是休斯生命中的最后一部作品，一年后，他在纽约与世长辞。

毫无疑问，罗马对于休斯有着非同一般的意义。这里见证了他文艺生涯的开端，以及落幕。在阔别半个世纪后再一次踏上罗马的土地时，休斯的心中一定感慨万千，而这一切都被藏在了《罗马》中。对于一位暮年的老人，写作这样一部煌煌巨著无疑需要令人惊讶的毅力。在"鸣谢"中休斯写道，写作本书的那些年中"夹杂着我与'究竟能否完成此书'的自我怀疑进行的许多个回合较量"，对此我也深有同感。翻译本书的一年半时间也可谓一场漫长的马拉松，使我疲于抵抗倦怠、松懈、信心不足与懒惰本性的不断侵袭。感谢上海文艺出版社与编辑林雅琳老师的信任与帮助，感谢家人毫无保留的关爱与支持，感谢所有曾为本书问世付出努力的素不相识的人们，使我在漫漫译路的途中偶然停下回望时，才恍然发现原来已经走过了如此遥远的一程。

朱天宁
2020.9

索引[1]

Aachen: Palatine Chapel, 亚琛：巴拉丁礼拜堂 201
abitato, 居住区 202
Abruzzi, the, 阿布鲁奇 212, 421, 458, 515
Abyssinia 阿比西尼亚 see Ethiopia / Abyssinia 见 "埃塞俄比亚／埃塞俄比亚" Abyssinian (Second Italo-Ethiopian) war, 阿比西尼亚战争（第二次意大利－埃塞俄比亚战争）488, 516—517
Abstract Speed, 《抽象速度》471
Accademia delle Belle Arti, Florence, 佛罗伦萨美术学院 441
accumulates power, prestige and money, 积聚权势、声望与钱财 195
Acerbo Law, 《阿切尔博法》497
Achaea, 亚加亚 78
Achaemenids, 阿契美尼德王朝 111
achievement of, 奥古斯都的成就 82
achromes, 《无色》531
Acqua Felice, 菲利斯高架渠 293, 302 Acqua Vergine, 处女高架渠 250, 350—351
Acropolis, Athens, 雅典卫城 445 Actium, battle of, 亚克兴战役 66, 68, 79, 80, 97, 128
actions against paganism, 基督教采取的反异端行动 188, 193
Adam, Robert, 罗伯特·亚当 392, 395, 405—406
Addis Ababa, 亚的斯亚贝巴 516—517
Adrianople (Edirne), 阿德里安堡（埃迪尔内）192
Adriatic, 亚得里亚海 40, 50, 113, 220, 408
Aegean, 爱琴海 113
Aelia Paetina (wife of Claudius), 埃莉娅·帕提纳（克劳狄之妻）119
Aeneas, 埃涅阿斯 15—16, 29, 49, 94—98, 107, 332
Aeneid, 《埃涅阿斯纪》29, 94, 95, 98, 332
Aerofood, 飞食 479
Aeropainters, 飞画家 479
Aeschylus, 埃斯库罗斯 522
Aesculapius/Asclepius, 阿斯克勒庇俄斯 127, 205, 217
Africa, 非洲 35, 38, 46, 56, 78, 104, 112, 144, 153, 171, 207, 348, 450, 465, 492, 515, 521
Africa Proconsularis, 非洲殖民地 78, 492
African Fisherman, 非洲渔夫 327
africano marble, 非洲大理石 106
Afrika Korps, 非洲军 517

---

[1] 本索引条目后数字为原书页码，即本书边码。

age of the Grand Tour, 大旅行时期 369—420

Age of the 英格兰的时代 see also Britain 又见"英国"

Ager Vaticanus, 梵蒂冈区域 115

Agnes, St, 圣依搦斯 199, 291, 346—349, 401

Agrigentum, 阿格里真托 35

Agrippa Postumus, 阿格里帕·波斯图穆斯 82

Agrippa, Marcus, 马库斯·阿格里帕 127—128

Agrippa, 阿格里帕 77

Agrippina (wife of Claudius), 阿格里皮娜（克劳狄之妻）119,121,122

Alba Longa, 阿尔巴隆加 16

Albani, Cardinal Alessandro, 枢机主教亚历山德罗·阿尔巴尼 375—376, 380, 403—404, 409

Albani, Giovanni Francesco(Clement XI), 乔瓦尼·弗朗西斯科·阿尔巴尼（克雷芒十一世）403

Albania, 阿尔巴尼亚 497

Albans, 阿尔巴人 20

Alberti, Leon Battista, 莱昂·巴蒂斯塔·阿尔伯蒂 244—251, 253

Albigensian Crusade (crusade against Cathars), 阿尔比十字军（进攻卡特里派的十字军）227, 229

Alemanni, 阿勒曼尼人 186

Alesia, 阿莱西亚 53

Alexander the Great, 亚历山大大帝 68,186

Alexander VI, Pope (RodrigoBorgia), 教皇亚历山大六世（罗德里格·博尔吉亚）6

Alexander VII, Pope, 亚历山大七世 305, 406

Alexandria, 亚历山大港 68,112,145, 154, 181, 216,296, 302, 464, 521

Alexius, 亚历克修斯 220

Alfonso I, King of Portugal, 葡萄牙国王阿方索一世 219

Al-Hakim, caliph, 哈里发哈基姆 177

Alhambra, the, 阿尔罕布拉 223

Alinari Brothers, 阿里纳利兄弟 442

Allies, 同盟国 484, 517, 520—521, 522—523, 528

Alpine Hunters, 阿尔卑斯猎人 437

Alps, 阿尔卑斯山 38, 39,167, 371, 373, 449

Alsietino aqueduct, 阿尔西耶蒂诺高架渠 73

altarpiece for S. Croce inGerusalemme, 耶路撒冷圣十字教堂祭坛画 328

altarpiece, 祭坛画 308

Alte Pinakothek, Munich, 慕尼黑老绘画陈列馆 445

Alte Pinakothek, 老绘画陈列馆 445

Altieri, Giovanni, 乔瓦尼·阿尔蒂耶里 383

A Manifesto of Race,《种族宣言》511

Amalasuntha (daughter of Theodoric the Great), 阿玛拉逊莎（狄奥多里克大帝之女）196

Amarcord,《阿玛柯德》540

America, 美国 360,364, 439, 447 see also United States 又见"美国"

索 引

Amico, Luigi d', 路易吉·达米科 515

Ammannati, Bartolomeo, 巴尔托洛梅奥·阿曼纳提 299—300

amphitheatres, 露天剧场 139—144, 256

Amphitheatrum Castrense, 卡斯特伦斯剧场 139

Amulius, 阿穆利乌斯 16 amusements/public entertainments (ancient Rome), 消遣／公共娱乐（古罗马）134—145

Anagni, 阿纳尼 218, 231—233

Anchises, 安喀塞斯 15, 96, 98, 266

ancient Roman period, 古罗马时期 19,38—39, 45, 55, 87, 90, 111

ancient, 古代的 21—22, 26—64, 79—80

Ancus Marcius, King, 安库斯·马西乌斯 20

Ancyra (Ankara), 安凯拉（安卡拉）80

Angelico, Fra, 弗拉·安杰利科 425, 427

Anio Novus, 新阿尼奥高架渠 75, 77,115

and battle of Milvian Bridge, 与米尔维安桥之战 167—168

and Bruno, 与布鲁诺 7

and Cathars, 与卡特里派 227—228

and Constantine, 基督教与君士坦丁 168—173,176—178,180,182,195

and Constantine, 与君士坦丁 170—171

and Fascism, 与法西斯主义 492, 495 see also Catholicism;Christianity; Counter—Reformation; Holy Years;Papacy 又见"天主教教义"；"基督教"；"反宗教改革"；"圣年"；"教廷"

and heresy, 基督教与异端 180—182

and Jews, 奥古斯都与犹太人 161

and Julian the Apostate, 与叛教者尤利安 185,186,189—191

and laws, 奥古斯都与法律 81

and martyrs, 与殉教者 198—199

and Napoleon, 与拿破仑 423

and relics, 与圣物 214

and slaves, 与奴隶 88

and taxation, 与征税 230—231

and the army, 奥古斯都与军队 79

Anio Vetus, 旧阿尼奥高架渠 77

Annecy, 安纳西 52

Annia Faustina (wife of Elagabalus), 安妮娅·福斯蒂娜（埃拉加巴卢斯之妻）116

Annunzio, Francesco Paolo, 弗朗西斯科·保罗·阿南遮 458

Annunzio Gabriele d', 加布里埃尔·邓南遮 458—464, 482,496, 498, 515

Antichita Romane,《罗马古迹》394, 396

Antikythera Mechanism, 安迪基西拉装置 298

Antinori, Giovanni, 乔瓦尼·安蒂诺里 303

Antinous, 安提诺乌斯 158

Antioch, 安条克 112,152,216

Antiochus, 安条克 89

Antium (Anzio), 安提乌姆（安齐奥）123 see also Anzio 又见"安齐奥"

Antonia (mother of Claudius), 安东妮娅（克劳狄之母）119

Antony, Mark (Marcus Antonius) 马克·安东尼 61, 63, 64, 66

Antwerp, 安特卫普 326

Ansidei Madonna,《安西帝圣母》382

Anzio, 安齐奥 522 see also Antium 又见"安提乌姆"
Apennines, 亚平宁山脉 238, 436, 521
Aphrodite, 阿佛洛狄忒 15, 30
Apollinaire, Guillaume, 纪尧姆·阿波利奈尔 473
Apollo and Daphne,《阿波罗与达芙妮》334—335
Apollo and the Muses fresco, 阿波罗与缪斯壁画 257
Apollo Belvedere,《观景殿的阿波罗》256, 257,383, 408,409,416, 420
Apollo of Veii, 维伊的阿波罗 25
Apollo,《阿波罗》424
Appian Way 亚壁古道 see Via Appia 见"亚壁古道"
Appian, 阿皮安 64
Aqua Appia, 阿皮亚高架渠 77
Aqua Claudia (Claudian aqueduct), 克劳狄高架渠 74, 77,115
Aqua Julia, 朱利亚高架渠 77
Aqua Marcia, 玛西亚高架渠 74, 75, 77
Aqua Traiana, 图拉真高架渠 70
Aqua Virgo, 处女高架渠 77
aqueducts, 高架渠 70—78, 108, 115, 183, 250, 293
Aquilia Severa (wife of Elagabalus), 阿奎丽娅·赛维拉（埃拉加巴卢斯之妻）116
Aquinas, St Thomas, 圣托马斯·阿奎那 5, 362, 455
Ara Pacis Augustae (Altar of the Augustan Peace), 奥古斯都和平祭坛 105, 106
Aracoeli, church of the, 天坛圣母堂 239, 407, 482
Aragon, 阿拉贡 229
Arcangeli, Francesco, 弗朗西斯科·阿尔坎杰里 412
Arch of Constantine, 君士坦丁凯旋门 71, 131, 377
Arch of Janus Quadrifons, 雅努斯四方双拱门 509
Arch of Septimius Severus, 赛普提米乌斯·塞维鲁拱门 397
Archaeological Museum,Florence, 佛罗伦萨考古博物馆 24
Archinto, Count Alberigo, 阿尔伯里戈·阿钦托伯爵 410
Arco di Portogallo, 葡萄牙拱门 305
Ardeatine Caves, 阿尔迪汀洞穴 527, 528
Arelate, 阿莱拉特 112
Aretino, Giulio, 朱利奥·阿雷蒂诺 262, 278
Arezzo Brigade, 阿雷佐旅 474
Arezzo Chimera, 阿雷佐的喀迈拉 24
Argentario peninsula, 阿尔真塔廖半岛 1
Arianism, 阿里乌斯派 181—182
Ariminum (Rimini), 阿米尼乌姆（里米尼）112 see also Rimini 又见"里米尼"
Aristogeiton, 阿里斯托革顿 62
Arius, 阿里乌斯 181
Arminius (or Hermann), 阿米尼乌斯（又称"赫尔曼"）80
armour, 盔甲 43—44
army, ancient Roman, 古罗马军队 33, 41—43, 80,132—133,149,192
Arnaud-Amaury (papal legate), 阿诺德·阿

索 引

默里（教皇使节）229
Arno swamps, 阿尔诺沼泽 40
Arpino, Cavaliere dJ, 阿尔皮诺的骑士 332, 530
Arretium (Arezzo), 亚雷提恩（阿雷佐）40
arrival in Rome described byAmmianus Marcellinus, 阿米阿努斯·马尔切利努斯描述君士坦丁进入罗马 543—544
Ars amatoria,《爱的艺术》100
Arte della Seta, 丝绸工人行会 242 artillery, 大炮 43
arte povera, 贫穷艺术 532
Artist's Breath, "艺术家的呼吸" 532
Artusi, Pellegrino: *Science in the Kitchen and the Art of Eating Well*, 佩莱格里诺·阿尔图西：《良好饮食的艺术与科学》481
as Louis Napoleon, 称为"路易·拿破仑" 436, 438, 447—448
Ascanius/lulus, 阿斯卡尼俄斯／尤鲁斯 15—16, 49, 96
Asia Minor, 小亚细亚 56, 78, 89,183, 173, 451
Assembly Rooms, York, 约克郡礼堂 391
Asterix et Obelix: Mission Cleopdtre,《埃及艳后的任务》537
Aswan, 阿斯旺 296
Atalanta and Hippomenes,《阿塔兰忒与希波墨涅斯》309
Ataturk, Kemal, 凯末尔·阿塔图克 433
Athens, 雅典 48, 51, 89, 91,185, 445
Attic style, 雅典式 244
augury, 占卜 6, 26, 31—32, 187, 251

Augusta Vindelicorum (Augsburg), 奥古斯塔·温德利科伦（奥格斯堡）112
Augustus III, Elector of Saxony,King of Poland, 波兰国王、萨克森选帝侯奥古斯都三世 382, 409
Augustus, Emperor as Octavius/Octavian, 奥古斯都大帝（屋大维）50, 63—64, 66—67, 69
Aurelian walls, 奥勒良城墙 153,171, 197, 276
Aurelius, Marcus, Emperor, 皇帝马可·奥勒留 12, 48
Ausculta fili (papal bull),《我的孩子，听着》（教皇训谕）231
Australia, 澳大利亚 2—4, 8,10,11, 13, 437, 540
Austria, 奥地利 422, 431, 434, 435, 437, 438, 445, 447—448, 484, 517
Autier, Pierre and Jacques, 皮埃尔与雅克·奥提尔 230
Avalanche, Operation, 雪崩行动 521, 522
Avanti!,《前进！》484
Aventine Hill, 阿文丁山 17, 20, 123, 392
Avignon, 阿维尼翁 205, 239
Avignon Papacy, 阿维尼翁教廷 230—236
Awenire del Lavatore, L' ('The Worker's Future'),《工人的未来》484
Azpeitia, 阿斯佩蒂亚 361
Baal, 巴力 116
Baccala fritta, 腌鳕鱼 8
Bacon, Francis, 弗朗西斯·培根 318, 326
Baden-Powell, Robert, 罗伯特·贝登堡 491

Badoglio, Marshal Pietro, 佩特罗·巴多格里奥元帅 516, 521
Baetica, 贝提卡 78
Bagheria, 巴盖里亚 526
Baglione, Giovanni, 乔瓦尼·巴廖内 355
Bagnaia: Villa Lante, 巴尼亚亚：兰特别墅 365
Balbo, Italo, 伊塔洛·巴尔博 486
Baldwin of Flanders, 佛兰德斯的鲍德温 220, 221
Balearic islands, 巴利阿里群岛 44
Balkans, 巴尔干半岛地区 113, 151, 152, 183, 224
Balilla, Giovan Battista, 焦万·巴蒂斯塔·巴利拉 490—491
Balla, Giacomo, 贾科莫·巴拉 470
Baltard (architect), 巴尔塔(建筑家) 429
Baltimore Cathedral, 巴尔的摩大教堂 392
Baltimore, Frederick Calvert, Lord, 巴尔的摩勋爵弗雷德里克·卡尔弗特 390
Banasa, 巴纳萨 112
banishes members of his family, 放逐家庭成员 82
banishes Ovid, 放逐奥维德 100—101
architecture during reign of, 奥古斯都统治时期的建筑 103—109
Bank of England, 英格兰银行 392, 404
Bank of England, 英格兰银行 392, 404—405
Baratta, Francesco, 弗朗西斯科·巴拉塔 349
Barbarossa, 巴尔巴罗萨 202
Barberini Palace 巴尔贝里尼宫 see Palazzo Barberini 见"巴尔贝里尼宫"
Barberini, Cardinal Antonio, 枢机主教安东尼奥·巴尔贝里尼 342
Barberini, Cardinal Francesco, 枢机主教弗朗西斯科·巴尔贝里尼 318, 342, 357
Barberini, Cardinal Maffeo 枢机主教马菲奥·巴尔贝里尼 see Urban VIII, Pope 见"教皇乌尔班八世"
Barcaccia Fountain (ship fountain), 破船喷泉 350, 481, 499
Barefoot (or Discalced) Trinitarians, 赤足三一会 357
Baroque, 巴洛克式 287, 304, 311, 329—379, 412, 425, 428
Base of the World, "世界之基" 532
Basilica Julia, 朱里亚会堂 153
Basilica Nova, 新会堂 153
Bassius, Junius, sarcophagus of, 尤尼乌斯·巴苏斯的石棺 170
bastinado, 棒打 44
Baths of Caracalla, 卡拉卡拉浴场 146, 175, 394, 541
Baths of Diocletian, 戴克里先浴场 146—147, 153, 292, 293
Baths of Nero, 尼禄浴场 146
Baths of Titus, 提图斯浴场 146
Baths of Trajan, 图拉真浴场 124, 146
Bathyllus, 巴西鲁斯 99
baths, public, 公共浴场 145—149
Batoni, Pompeo, 庞培奥·巴托尼 385—386, 388
Battle for Grain (battaglia del grano), 粮食之战 514—515

索 引

Battle of the Giants (frieze), 巨人之战（石雕带）445
Bean-Eater,《吃豆子的人》307
Beard, Mary, 玛丽·比尔德 125
Beckford, William, 威廉·贝克福德 398—399
becomes the dominant religion, 成为统治性宗教 194 see also Church; Crusades; Papacy; relics 又见"教会"；"十字军"；"教廷"；"圣物"
Bede, Venerable, 可敬的比德 140
Beethoven, Ludwig van, 路德维格·范·贝多芬 398, 470
Belgae, 比利其人 53
Belgica, 贝尔吉卡 78
beliefs, 基督教信仰 163—164
Bellarmine, S. Robert, 圣罗伯特·贝拉明 5—6, 366
Belli, Giuseppe Gioachino, 朱塞佩·乔奇阿诺·贝利 203—204, 304, 542—543
Bellini, Aroldo, 阿罗尔多·贝利尼 508
Belvedere courtyard, Vatican, 梵蒂冈观景殿庭院 256, 257
Belvedere Torso, 观景殿的躯干像 256, 327
Bembo, Pietro, 彼得罗·本博 269, 285
Ben—Hur,《宾虚》537
Benedict XI, Pope, 教皇本笃十一世 232
Benedict XIV, Pope, 教皇本笃十四世 385, 393
Benedict XV, Pope, 教皇本笃十五世 494
Benedict XVI,.Pope, 教皇本笃十六世 450
Benefial, Marco, 马可·贝内菲奥 395
Bennati, Nando, 南多·本纳蒂 513

Bentham, Sarah, 莎拉·边沁 378
Bentinck, Margaret, Duchess of Portland, 波特兰公爵夫人玛格丽特·本廷克 381
Benvenuti, Pietro, 彼得罗·本韦努蒂 441
Berenson, Bernard, 伯纳德·贝伦森 308, 464
Bergamo Prize, 贝尔加莫奖 527
Bergson, Henri, 亨利·柏格森 466
Berlin, 柏林 158, 427, 445, 464, 510
Berlioz, Hector, 赫克特·伯辽兹 429
Berlusconi, Silvio, 西尔维奥·贝卢斯科尼 519, 541, 549—550
Berman, Eugene, 尤金·贝尔曼 396
Bernhardt, Sarah, 莎拉·伯恩哈特 459, 461
Bernini, Gianlorenzo, 吉安洛伦佐·贝尔尼尼 78, 211, 253, 270, 299, 305, 307, 314, 329, 330, 331, 332—339, 340—2, 342—5, 346, 347—51 352—5, 356, 358, 367, 382, 406—407, 412, 415, 419, 428, 481, 499, 512, 525, 532
Bernini, Pietro, 彼得罗·贝尔尼尼 331
Bernis, Cardinal Frangois-Joaquin de, 弗朗索瓦–杰奎因·德·贝尔尼斯 373—374
bestiarii, 兽斗士 144
Bethlehem, 伯利恒 179, 213, 219
Betto, Bernadino di (Pinturicchio), 贝尔纳迪诺·迪·贝托（平图里奇奥）271
Beziers, 贝济耶 229
Bezzi-Scala, Mimise, 米蜜丝·贝齐–斯卡拉 526
Bianchi, Pietro, 彼得罗·比安奇 395

Bibbiena, Cardinal Bernardo, 枢机主教贝尔纳多·比别纳 268

Biblioteca Pacis (Library of theForum of Vespasian), 韦斯巴芗广场图书馆 196

Bisi, Emilio, 埃米利奥·比希 446

Bismarck, Otto von, 奥托·冯·俾斯麦 80

Bissone, 比索内 356

Bisticci, Vespasiano da, 韦斯帕夏诺·达·比斯蒂奇 246—247

Bizet, Georges, 乔治·比才 429

Black Sea, 黑海 100,175,183

Blackshirts 黑衫军 see squadristi 见"回乡士兵"

Bleriot monoplane, 布莱里奥单翼机 466

Blue Mosque, Istanbul, 伊斯坦布尔蓝色清真寺 223

Blue Mosque, 蓝色清真寺 223，see also Constantinople 又见"君士坦丁堡"

Bobbio, Norberto, 诺尔贝托·波比奥 498

Boccioni, Umberto, 翁贝托·薄邱尼 470—473, 476, 481

Bocklin, Arnold, 阿诺德·勃克林 501

Bogomils, 鲍格米勒派 224

Bohemia, 波西米亚 229

Boii, 波伊 40

Bologna, 博洛尼亚 246, 255, 306, 309,325, 498

Bomarzo, 博马尔佐 212

Bon, Laura, 劳拉·波恩 440

Bonapaduli collection, 波纳帕杜利收藏 381

Bonaparte, Maria Paolina, 玛丽亚·宝琳娜·波拿巴 414, 415

Bonarelli, Costanza, 科斯坦扎·博纳热利 344

Boniface IV, Pope, 教皇波尼法爵四世 172, 194, 208

Boniface IX, Pope, 教皇波尼法爵九世 205

Boniface of Montferrat, 蒙特弗尔拉的博尼费斯 220

Boniface VIII, Pope (BenedettoCaetani), 教皇波尼法爵八世（贝尼德托·卡塔尼）205, 230—233

Bono, General Emilio de, 埃米利奥·德·波诺 516

Bononia (Bologna), 博洛尼亚 64 see also Bologna 又见"博洛尼亚"

Bordighera, Brescia di, 布雷西亚·迪·博尔迪盖拉 301

Borghese Gladiator, 鲍格才角斗士 384

Borghese, Cardinal Scipione, 枢机主教西皮奥内·鲍格才 331

Borghese, Prince Camillo, 卡米洛·鲍格才亲王 415

Borgia, Rodrigo 罗德里格·博尔吉亚 see Alexander VI, Pope 见"教皇亚历山大六世"

Borgo Santo Spirito, 博尔戈圣灵教堂 10

Borgo, 博尔戈 201—202, 205, 266, 276

Borromini, Francesco, 弗朗西斯科·博罗米尼 199,329—331, 341, 346—347, 354—359

Bosio, Antonio, 安东尼奥·博西奥 207

Bosphorus, 博斯普鲁斯海峡 182

Boswell, James, 詹姆斯·鲍斯韦尔 371

Botticelli, Sandro, 桑德罗·波提切利 251,

索　引

271
botticino marble, 博蒂奇诺大理石 444
Bourdelle, Antoine, 安托万·布德尔 472
Boyle, Nicholas, 尼古拉斯·博伊尔 387, 388
Boyle, Richard, 3rd Earl of Burlington, 第三代柏灵顿伯爵理查德·博伊尔 390
Bracci, Pietro, 彼得罗·布拉奇 351
Bramante, Donato, 多纳托·布拉曼特 251—253, 256—260, 262, 264, 268, 283, 285,356
Brazil, 巴西 435
"bread and circuses", "面包与马戏" 133
Brearley, John, 约翰·布里尔利 281
Brescia, 布雷西亚 301, 444, 459
Breton, Andre, 安德烈·布勒东 500
brief references, 简短提及 12, 131, 151, 153, 160, 189, 193, 195, 200, 237, 258, 281, 302
Britain (Britannia), 英国（不列颠尼亚）54, 78, 112, 117, 120, 139, 150, 151, 166, 350, 420 see also England 又见"英格兰"
bronze, 青铜 35
Browning, Robert, 罗伯特·勃朗宁 366, 417
Brownshirts, 纳粹冲锋队 489 Brundisium, 布林迪西 51
Brunelleschi, Filippo, 菲利波·布鲁内莱斯基 241—245, 249,
Bruno, Giordano, 乔尔丹诺·布鲁诺 4—7
Brunswick, princes of, 不伦瑞克的王公们 373
Brutus, Marcus Junius, 盖乌斯·卡西乌斯·朗吉努斯 62, 66, 90,98

bucchero, 布切罗 25
Bulgaria, 保加利亚 224
buon fresco, technique of, 湿灰泥壁画技法 272
Burri, Alberto, 阿尔伯托·布里 529
Bush, George W, 乔治·W·布什 519
bust of Le Roi Soleil, 太阳王半身像 352
Byres, James, 詹姆斯·拜尔斯 380, 381
Byron, Lord, 拜伦 140, 239, 376—377, 388, 408, 417, 424, 431
Byzantine Empire, 拜占庭帝国 165, 224
Byzantium/Byzantion, 拜占庭 112—113, 183
Byzantius, 拜占提乌斯 169
Cades, Giuseppe, 朱塞佩·卡德斯 395
Cadogan, Charles, 查尔斯·卡多根 389
Caelian Hill, 西莲山 17,141,171, 216
Caere (Cerveteri), 卡里（切尔韦泰里）19
Caesar, Julius, 尤利乌斯·恺撒 21—22, 49—50, 51—55, 57,59, 60—63, 66—67, 72, 87, 90, 91, 103, 254, 256, 299, 302
Caesaraugusta (Saragossa), 卡萨劳古斯塔（萨拉戈萨）112
Caetani family, 卡塔尼家族 231, 235
Caetani, Benedetto 贝尼德托·卡塔尼 see Boniface VIII, Pope 见"教皇波尼法爵八世"
Caffe degli Inglesi, 英国咖啡馆 392, 401
Caffe Michelangiolo, Florence, 佛罗伦萨米开朗琪罗咖啡馆 441
Cagli, Corrado, 科拉多·卡格利 498, 499
Calabria, 卡拉布利亚 438
Calatafimi, 卡拉塔菲米 438
Calde notti di Caligola, Le ("The Hot Nights

of Caligula"),《皇帝的纵欲之夜》537
calendar, 历法 25, 57—58
Caligula, Emperor (Gaius Julius Caesar Germanicus), 皇帝卡利古拉（盖乌斯・尤利乌斯・恺撒・日耳曼尼库斯）74, 77, 114—119,136,157, 299
Calling of St Matthew,《圣马太的召唤》322
calumnies against, 对基督教的诽谤 162—163
Calvary, 髑髅地 173,177, 210, 219, 222
Calvert, Frederick, Lord Baltimore, 巴尔的摩勋爵弗雷德里克・卡尔弗特 390
Camilla, Donna (sister of Sixtus V), 唐娜・卡米拉（西斯笃五世的姐妹）295
Campania, 坎帕尼亚 46, 63,155, 317
Campbell, Colen, 科伦・坎贝尔 330—331
Campidoglio 卡比多利欧 see Capitol 见"卡匹托尔"
Campigli, Massimo, 马西莫・堪培利 504
Campo dei Fiori, 费奥利广场 3—7
Campus Martius (Campo Marzio), 战神广场 60,124, 250, 451, 495
Canada, 加拿大 198
Canaletto, 卡纳莱托 394
Caninius, 卡尼乌斯 47—48
Cannae, battle of, 坎尼战役 40—41, 43—46, 52, 275
Cannes Film Festival, 戛纳电影节 536
Canopus, 克诺珀斯 78
Canova, Antonio, 安东尼奥・卡诺瓦 379, 383, 414—420, 423, 427, 525
Capitol (Campidoglio), 卡匹托尔（卡比多利欧）12, 18, 24, 25, 27, 60, 237, 238, 239, 255, 281—282, 287, 292, 293—294, 304, 374, 443
Capitoline Hill, 卡匹托尔山 17, 21, 63,118, 239, 281—282, 374, 508
Capitoline Museum (Museo Capitolino), 卡比多利欧博物馆 282, 294, 380—1, 545
Caprarola: Villa Farnese, 卡普拉罗拉：法尔内塞别墅 365
Caprera, 卡普雷拉 437—438
Capri, 卡普里 119
Capua, 加普亚 46, 50, 87,113,143
Caracalla, Emperor, 皇帝卡拉卡拉 145
Caractacus, 卡拉克塔克斯 120
Caravaggio (Michelangelo Merisi), 卡拉瓦乔（米开朗琪罗・梅里西）309—314, 322, 332
Carbonari, 烧炭党 431—433, 435
Carcassonne, 卡尔卡松 234
Carceri d'Invenzione ('Imaginary Prisons'), "假想监狱" 397—399
carciofi alia giudia, 犹太式洋蓟 8—9
Cardew, Cornelius, 科内利乌斯・卡迪尤 470
Carducho, Vicente, 维森特・卡尔杜秋 312
Carmelite Order, 加尔默罗会 343, 344
Carnera, Primo, 普利莫・卡尔内拉 487
Carolsfeld, Julius Schnorr von, 尤利乌斯・施诺尔・冯・卡洛斯菲尔德 427
Carpeaux, Jean-Baptiste, 让-巴蒂斯特・卡尔波 429
carpentarius, 修车工 111
carpentum, 车 111
Carpophorus, 卡尔波佛鲁斯 217

索　引

Carra, Carlo, 卡洛·卡拉 499, 504
Carracci, Agostino, 阿戈斯蒂诺·卡拉齐 306
Carracci, Annibale, 安尼巴莱·卡拉齐 306—307, 327, 382
Carracci, Ludovico, 卢多维科·卡拉齐 306
Carrara, 卡拉拉 103,106
Carrhae, 卡雷 88
Carry On Cleo,《艳后嬉春》537
Carthage/Carthaginians, 迦太基 35—41, 44—46, 96,113
Carthago Nova (Cartagena), 新迦太基城（卡塔赫纳）39
Casa del Fascio, Como, 科莫法西斯之家 474, 507
Casa del Fascio, 法西斯之家 474, 507
Casa delle Armi (Fencing Academy), 剑术学院 509
Casanova, 卡萨诺瓦 125, 412
Case di Zagora, 478
Casina Rossa, 卡西纳·罗萨 407
Cassius (Gaius Cassius Longinus), 卡西乌斯（盖乌斯·卡西乌斯·朗吉努斯）62, 66, 90, 98
Cassivellaunus, 卡西弗劳努斯 54
Castel S. Angelo, 圣天使堡 10,131, 201, 209, 238, 250, 276, 303, 314, 339, 384
Castelgandolfo, 冈多菲堡 1, 494
Castelnau, Pierre de, 皮埃尔·德·卡斯特尔诺 229
Casti Connubii (papal encyclical),《论贞洁婚姻》(教皇通谕) 495
Castiglione, Baldassare, 巴尔达萨雷·卡斯蒂利奥内 261, 283, 284
Castor (Christian martyr), 卡斯托尔（基督教殉道者）217
Castor and Pollux, cult of, 卡斯托尔和波鲁克斯崇拜 197
Castrense amphitheatre, 卡斯特伦斯剧场 139
castrum, 兵营 43
Catacomb of Domitilla, 多米提拉茔窟 207
catacombs, 茔窟 207—208
Catana, 卡塔尼亚 23
Cathars, 卡特里派教徒 225—230
Catherine II, Empress of Russia, 俄罗斯沙皇叶卡捷琳娜二世 382
Catholic Action movement, 公教进行会运动 455
Catholicism, 天主教教义 336, 339, 494 see also Church; Papacy 又见 "教会"; "教廷"
Cato, Marcus Porcius, the Elder, 马库斯·波尔奇乌斯·加图（老）17, 35, 47,88, 172
Cattanei, Vannozza, 瓦诺莎·卡塔内 6
Catullus, 卡图卢斯 89, 91
Caulfeild, James, 1st Earl of Charlemont, 第一代查尔蒙特伯爵詹姆斯·考尔菲尔德 396
Cavour, Count Camillo de, 卡米洛·德·加富尔伯爵 437,438,439,441
Ceccano, Annibale di, 安尼巴莱·迪·切卡诺 234
Celestine V, Pope, 策肋定五世 232—3
Cellini, Benvenuto, 本韦努托·切利尼 276
Celsus, 塞尔苏斯 162

cenotaph for the royal Stuarts, 斯图亚特王室成员纪念碑 417
centurions, 百夫长 41, 319
Cerasi chapel, 切拉西礼拜堂 313
Cerveteri, 切尔韦泰里 24, 25
Chaldean Oracles,《迦勒底神谕》186
Chamber of Deputies, 下议院 485
Chamberlain, Austen, 奥斯丁·张伯伦 503
Chambers, William, 威廉·钱伯斯 395, 401, 405
Champagny, 香槟 320
Chantelou, Paul Freart, sieur de, 尚特洛阁下保罗·福里阿尔特 314, 319, 352
Chapel of (Sant' Ivo aliaSapienza), 罗马大学礼拜堂(圣依华堂) 359
Chapel of St Sylvester, 圣西尔维斯特礼拜堂 216
Chaplin, Charlie, 查理·卓别林 519
charioteers, 战车御者 116, 126, 136—137, 144, 165
chariots, 战车 136—137
Charlemagne, 查理曼 199, 200
Charles Albert, King of Sardinia-Piedmont, 撒丁-皮埃蒙特国王查尔斯·阿尔伯特 436
Charles III, Duke of Bourbon, 波旁公爵查理三世 276
Charles IV, Emperor, 皇帝查理四世 238
Charles V, Emperor, 皇帝查理五世 275, 277, 281
Charles Theodore, ElectorPalatine, 普法尔茨选帝侯查尔斯·西奥多 373
Chartres, 沙特尔 223

Chaucer, Geoffrey, 杰弗里·乔叟 103
Chia, Sandro, 桑德罗·齐亚 533—534
Chicago, 芝加哥 12, 476
chickens, sacred, 圣鸡 32
Chigi, Agostino, 阿戈斯蒂诺·基吉 255, 268
Childe Harold's Pilgrimage,《恰尔德·哈罗尔德游记》140, 376,388, 417
China, 中国 154, 157, 258, 296, 364, 366, 535, 546
'Chinea' ceremony, "役驴" 庆典 374—375
Chios, 希俄斯 104
Chirico, Giorgio de, 乔吉奥·德·基里科 499—501, 525,534
Chiswick House, 奇斯威克宫 391
chorobates, 水平仪 76
Christ Evading His Pursuers on the Mountain near Nazareth, 基督在拿撒勒附近的山上逃避追踪者 428
Christ Giving the Keys to St Peter,《基督交予圣彼得钥匙》430
Christianity 基督教
church and headquarters ofKnights of Malta, 马耳他骑士团教堂及总部 392
Church of the Holy Sepulchre, 圣墓教堂 176—7, 209, 219
Church of the Nativity, 主诞教堂 176, 219
Churchill, Winston, 温斯顿·丘吉尔 519, 521
Church 教会
Cicciolina, 西西奥莉娜 541
Cicero, Marcus Tullius, 马库斯·图留斯·西塞罗 29, 47—49, 50, 52, 62—66,

索 引

89,142—143,145

Cimino, Michael: *Heaven's Gate,* 迈克尔·西米诺,《天堂之门》537

Cinecitta, 奇尼奇塔 535—537

Cinna, 秦纳 50

Cipriani, Amilcare, 阿米尔卡雷·奇普里亚尼 483

Circignani, Niccolo 尼科洛·西尔西格纳诺 see Pomarancio 见"波马兰奇奥"

Circus Flaminius, 弗拉米纽斯竞技场 60,136, 210

Circus Maximus, 大竞技场 60, 123, 136, 298, 302, 508

Circus of Gaius and Nero (Circus Gaii; Nero's Circus), 盖乌斯与尼禄竞技场 115,126, 299

Circus of Maxentius, 马克森提乌斯竞技场 347—348

Cisalpine Republic, 奇萨尔皮尼共和国 422

cisterns, 蓄水池 183

Civitavecchia, 奇维塔韦基亚 238

Clari, Robert de, 克拉里的罗伯特 213, 221

Clark, General Mark, 马克·克拉克将军 523—524

Clark, Martin, 马丁·克拉克 518

Claude Lorrain, 克劳德·洛林 320, 384

Claudius (Christian martyr), 克劳迪乌斯（基督教殉道者）217

Claudius, Emperor (Tiberius Claudius Drusus), 皇帝克劳狄（提比略·克劳狄乌斯·德鲁苏斯）54, 73, 77, 82, 114, 115, 118—122,129, 135—136,150

Clemens, Titus Flavius, 提图斯·弗拉维乌斯·克莱门斯 173

Clement V, Pope, 教皇克雷芒五世 232, 234

Clement VI, Pope, 教皇克雷芒六世 205, 234, 236,238—239

Clement VII, Pope, 教皇克雷芒七世 269, 275, 276, 303

Clement VIII, Pope, 教皇克雷芒八世 278, 312

Clement XI, Pope (Giovanni Francesco Albani), 教皇克雷芒十一世 403

Clement XII, Pope, 教皇克雷芒十二世 351, 380

Clement XIII (Carlo Rezzonico), 克雷芒十三世（卡尔洛·雷佐尼科）392, 415

Clement XIV, Pope, 教皇克雷芒十四世 380, 415

Clemente, Francesco, 弗朗切斯科·克莱门特 533, 534

Clemente, St, 圣格肋孟 175

'*Cleopatra epode*',《克利奥帕特拉诗》93

Cleopatra, 克利奥帕特拉 61, 66—68, 83, 93, 298, 537

Clericis laicos (papal bull),《教士不纳俗税》（教皇训谕）231

Clerisseau, Charles, 查理·克雷里索 405

Cloaca Maxima, 马克西姆下水道 26, 71, 393

Code Napoleon,《拿破仑法典》422

Cola di Rienzo (Nicola Gabrini), 科拉·迪·里恩佐（尼科拉·加布里尼）108, 236—240, 482

Colbert, jean Baptiste, 让－巴普蒂斯特·柯尔贝尔 429

Colchester, 科尔切斯特 119

Coleridge, Samuel Taylor 塞缪尔·泰勒·柯勒律治 398, 417

Cologne, 科隆 119, 224 see also Colonia Agrippina 又见"阿格里皮纳殖民地"

Colombo, Luigi 路易吉·科隆波 see Fillia 见"菲利亚"

Colonia Agrippina, "阿格里皮纳殖民地" 112 see also Cologne 又见"科隆" coloniae, 防御定居点 119

Colonna family, 科隆纳家族 108, 231—232, 235, 375 see also names of individuals 又见"个体姓名"

Colonna, Cardinal Prospero, 枢机主教普洛斯比罗·科隆纳 248

Colonna, Stefano, 斯特凡诺·科隆纳 238

Colosseum, 罗马斗兽场 128, 139—140, 144, 172, 210, 251, 292, 321, 377, 381, 384, 508

Colossus, 巨像 139—140

Columella, 科鲁迈拉 18

column of, 奥勒留记功柱 293

Comacchio, 科马基奥 437

Commentaries/Commentarii de bello Gallico,《高卢战记》52

Commodus, Emperor, 皇帝康茂德 86, 140, 150

Communism/Communists, 共产主义／共产主义者 482, 485, 505, 518, 526, 529

Comoedia,《喜剧》478

Composite order, 混合柱式 105

Comtat Venaissin, 教宗领地 232

concilium plebis, 平民会议 28, 33

Concetti Spaziali ("SpatialConcepts"), 空间概念 530

concrete, 混凝土 128, 130, 147, 259

Condivi, Ascanio, 阿斯卡尼奥·康迪威 270

Confessions,《忏悔录》360

Congregazione delle Strade, 道路委员会 305

Congress of Vienna, 维也纳会议 422

Constans I, Emperor, 皇帝君士坦斯一世 184

Constans II, Emperor, 皇帝君士坦斯二世 131

Constantine II, Emperor, 皇帝君士坦丁二世 184

Constantine the Great, Emperor 君士坦丁大帝 12, 112, 157, 193, 281

Constantinople, 君士坦丁堡 113, 166, 182—184, 192, 209, 213, 216, 220—222, 258, 452

Constantius Chlorus, 君士坦提乌斯·克罗鲁斯 151, 166

Constantius II, Emperor, 皇帝君士坦提乌斯二世 184—187, 189, 302

Constructivists, 结构主义者 505

consuls, 执政官 21, 26, 38, 40, 45, 47, 50, 51, 55—57, 63—64, 74, 81, 91, 114, 127—128, 134, 173

Consus, 康苏斯 138

Conti, Lotario de 罗塔里奥·德·孔蒂 see Innocent III, Pope 见"教皇英诺森三世", 218

contrasted with paganism, 与异教的对比

127

Convention of Automobiles andAeroplanes,《汽车与飞机大会》470

Conversion of St Paul,《圣保罗皈依》253, 313

Copenhagen, 哥本哈根 423—424

Corbusier, Le, 勒·柯布西耶 476

Cordoba: Great Mosque, 科尔多瓦：大清真寺 223

Cordonata, 大台阶 282

Corfu, 科孚 497

Corinthian order/style, 柯林斯柱式 104, 106, 109, 244

Cornaro Chapel, 科尔纳罗礼拜堂 7, 342, 345, 368

Cornaro Chapel, 科尔纳罗礼拜堂 7, 342—5

Cornaro, Cardinal Federigo, 枢机主教费德里戈·科尔纳罗 343, 345

Cornaro, Giovanni, 乔瓦尼·科尔纳罗 345

Cornelia (wife of Julius Caesar), 科妮莉娅（尤利乌斯·恺撒之妻）50—52

Cornelius, Peter, 彼得·科尼利厄斯 424, 430

Corpus Iuris Civilis,《法典》33, 34

Corsica, 科西嘉 421

Cortona, Pietro da: Palazzo Barberini, 彼得罗·达·科尔托纳：巴尔贝里尼宫 337, 351, 357, 381

corvus (wooden hook), 乌鸦吊（木吊钩）37

Cosmas, St, 圣葛斯默 196, 200

Costa, Andrea, 安德烈亚·科斯塔 483

Council of Trent, 特伦托会议 209, 311

Counter-Reformation, 反宗教改革 5, 209, 293, 302, 306, 314, 326, 329, 336, 338, 366, 457

Counter-Reformation 反宗教改革 5, 209, 293, 302, 306, 314, 326, 329, 336, 337

Crassus, Lucius, 卢修斯·克拉苏 157

Crassus, Marcus Licinius, 马库斯·李锡尼·克拉苏 51, 57, 87

Cremona, 克雷莫纳 531

Crispus, 克利斯普斯 179,184

Croatia, 克罗地亚 462

Cromwell, Oliver, 奥利弗·克伦威尔 324, 342

Crown of Thorns, relics of, "荆棘冠冕" 的圣物 213

Crucifixion of St Peter,《圣彼得受难》313

Crucifixion,《受难》527

Crusades, 十字军 218, 223 see also Albigensian Crusade 又见 "阿尔比十字军"

Cubism, 立体派 529

Cucchi, Enzo, 恩佐·库奇 533

Cumae, 库迈 23, 96, 256, 273, 291

Cuneo, Giovanni Battista, 乔瓦尼·巴蒂斯塔·库尼奥 435

Cunina, 库尼纳 30

Cunliffe, Barry, 巴里·坎利夫 137

Cupid and Psyche,《丘比特与普塞克》417

Cybele, 库柏勒 451

Cyprus, 塞浦路斯 62

Cyrenaica, 昔兰尼加 78

Cyrene, 昔兰尼 112

Cyril, St, 圣西里尔 175

Czechoslovakia, 捷克斯洛伐克 517

Dacia, 达契亚 78, 94, 131, 192 see also Dacian wars 又见"达契亚战争"
Dacian wars, 达契亚战争 131—133
Dali, Salvador, 萨尔瓦多·达利 396, 500, 532
Dalmatia, 达尔马提亚 149, 220, 463 see also Illyricum 又见"伊利里库姆"
Damascus, 大马士革 112
Damian, St, 圣达弥盎 196—197
damnatio ad bestias, 兽刑 139
Dance, George, the Younger, 小乔治·丹斯 395, 399—400
Danube, the, 多瑙河 78, 94, 132,192, 348
David, Jacques-Louis, 雅克-路易·大卫 20, 415, 441
De Architectura (Ten Books on Architecture), 《建筑十书》104,129
De equo animante,《作为动物的马》245
De Quincey, Thomas, 托马斯·德·昆西 398
De re aedificatoria,《建筑十书》104, 245, 246
Deal, 迪尔 54
death of, 奥古斯都之死 113
death, 君士坦丁之死 184
Debussy, Claude, 克劳德·德彪西 429, 459
Decius, Emperor, 皇帝德西乌斯 199
Delacroix, Eugene, 欧仁·德拉克洛瓦 525
decorative arts during reign of, 奥古斯都统治时期的装饰艺术 109
Della Magnificenza ed Architetturade' Romani,《罗马人的壮观与建筑》395
Pisano, Andrea, 安德里亚·皮萨诺 419

Demetrius the Syrian, 叙利亚人德米特里厄斯 89
Demosthenes, 狄摩西尼 63
Depardieu, Gerard, 热拉尔·德帕迪约 537
Derry, Lord, 德里勋爵 420
Deruet, Claude, 克劳德·德略特 321
Dickens, Charles: Pictures from Italy, 查尔斯·狄更斯《意大利风光》330
Descriptio urbis Romae,《罗马城的描述》247
Diana and Endymion,《狄安娜与恩底弥翁》316
dictatorship, 独裁 26—27
Dido, Queen, 女王狄多 35, 96
Didyma: oracle of Apollo, 迪迪马：阿波罗神谕 152
dies fasti, 降谕日 134
dies nefasti, 非降谕日 134
Dio Cassius, 卡西乌斯·狄奥 128,173
Diocles, Gaius Appuleius, 盖乌斯·阿普利乌斯·狄奥克勒斯 137
Diocletian, Emperor (Gaius Valeri Aurelius Diocletianus), 皇帝戴克里先（盖乌斯·瓦勒良·戴克里先）149, 150—152,165—166,168,180,196,199, 217
Diocletian's wife and daughter converted to, 戴克里先的妻女皈依基督教 149—150
Diodotus the Stoic, 斯多葛派的狄奥多图斯 89
Dionysus, cult of, 狄俄尼索斯崇拜 127
dioptra, 窥管 76
disabitato, 无人区 202
Discalced (or Barefoot) Trinitarians, 赤足

三一会修士 357

Discourse,《论述》386

disliked by Maxentius, 基督教受到马克森提乌斯的厌恶 167

Divisionism, 点彩画法 473

document falsely attributed to 君士坦丁伪诏 see *Donation of Constantine* 见《君士坦丁献土》

Dolce Vita, La,《甜蜜的生活》351,537—540

Dolci, Giovannino de', 齐奥瓦尼诺·德·多尔西 270

Domenichino, 多梅尼基诺 318,382

Dominic, St (Domingo de Guzman), 圣多明我（多明戈·德·古兹曼）228

Dominicans, 多明我会修士 228

Domitia Lepida, 多米提娅·勒皮达 122

Domitian, Emperor, 皇帝图密善 165,174

Domitius, 多米提乌斯 122

Domus Aurea 金宫 see Golden House 见"金宫"

Donatello, 多纳泰罗 243—244, 419, 550

Donation of Constantine,《君士坦丁献土》215,230

Donatism, 多纳图斯派 181

Donatus, 多纳图斯 180

Dongo, 东戈 518

Doric order/style, 多立克柱式 104, 244, 252

Douglas, Kirk, 柯克·道格拉斯 537

Downhill, 唐希尔 402

drainage, 排水 25

Drepanum, 德雷帕纳姆 32

Dresden, 德累斯顿 410, 523

Drusilla (Caligula's sister), 德鲁西拉（卡利古拉的姐妹）116

Dryden, John, 约翰·德莱顿 96

Ducal Palace, Urbino, 乌尔比诺公爵宫 261

Ducal Palace, 公爵宫 251

Dughet, Jacques, 雅克·迪盖 319

Dumini, Amerigo, 阿梅里戈·杜米尼 497

Duomo, 米兰大教堂 259

Dupanloup, Archbishop Felix, 主教菲利克斯·迪庞卢 450,452

Durer, Albrecht, 阿尔伯特·丢勒 427

during papacy of Pius IX, 教皇庇护九世在位期间 448—449

during papacy of Pius X, 教皇庇护十世在位期间 454—455

during seventeenth century, 17 世纪时期 293, 329, 342, 359—360

Duse, Eleonora, 艾丽奥诺拉·杜丝 459

Dwyer family, 德怀尔家族 198

Dynamic Hieroglyphic of the BalTabarin,《塔巴林舞场的活力象形文字》471

Dynamism of a Dog on a Leash,《牵绳狗的劲头》471

Dyrrhachium, 迪尔哈丘姆 57

Eclogues,《牧歌》90, 94,107

Eco, Umberto, 翁贝托·埃可 531

Eden, Anthony, 安东尼·艾登 503

Edessa, 埃德萨 189

Edict of Milan, 米兰诏书 169

Edison, Thomas, 托马斯·爱迪生 487

Educa, 埃杜卡 30

education (ancient Rome), 教育（古罗马）88—89

Egypt, 埃及 57, 67, 68, 78, 80, 81, 111, 149, 157, 171, 200, 202, 296—298, 303, 517

Eiffel, Gustave, 古斯塔夫·埃菲尔 350 540

eighteenth century, 18 世纪 369—420

Ekberg, Anita, 安妮塔·艾克伯格 250, 351

El Alamein, 阿莱曼 517

Elagabalus, Emperor, 皇帝埃拉加巴卢斯 115—116

elephant bearing an obelisk, 载着方尖碑的大象 352

Elgin Marbles, 埃尔金石雕 416

Elizabeth I, Queen of England, 英格兰女王伊丽莎白一世 303

Eluard, Paul, 保尔·艾吕雅 500

Emesa, black stone of, 埃美萨黑石 116

Emilia-Romagna, 艾米利亚-罗马涅 437, 482

England, 英格兰 342, 369, 370, 375, 390, 395, 400, 425, 458, 491, 517

travellers from 来自英格兰的游人 see Grand Tour 见"大旅行"

Ennius, 恩尼乌斯 93

Entartete Kunst ('Degenerate Art') show, 颓废艺术展 469

Epictetus, 爱比克泰德 48

Epidaurus, 埃皮达鲁斯 205

Epode14,《长短句集 14》99

'Equator + North Pole' (food dish), "赤道+北极"（菜肴）479

equites, 骑士 84

Erechtheum, Athens, 雅典厄瑞克忒翁神庙 106

Eritrea, 厄立特里亚 516

Ernst, Max, 马克斯·恩斯特 500

Eros, 厄洛斯 66

Esposizione Universale di Roma (EUR), 罗马世界博览会 507, 509, 510

Esquiline Hill, 埃斯奎林山 17, 20, 73, 124, 195

Essex, Earl of, 埃塞克斯伯爵 384

Ethiopia/Abyssinia, 埃塞俄比亚/阿比西尼亚 487, 492, 509, 516—517

Etruria, 伊特鲁里亚 19, 24, 25, 27, 30, 45

Etruscans, 伊特鲁里亚人 17, 19—26, 29, 31, 139, 145, 188, 257, 393

Euboeia, 优卑亚 104

Eugenius, Pope, 教皇尤金尼 246

Euphronios krater (Greek wine bowl), 欧弗洛尼奥斯陶瓶（希腊大酒碗）25

Eusebius, Bishop of Caesarea, 凯撒利亚大主教优西比乌 177

Eustachius, St, 圣欧斯塔西乌斯 210

expects rank and title of Augustus, 希望得到"奥古斯都"的地位与头衔 166

'Excited Pig, The' (food dish), "兴奋猪"（菜肴）479

Eyck, Jan van, 扬·范·艾克 427

Fabulinus, 法布里努斯 30

Facta, Luigi, 路易吉·法科塔 496

Faesulae (Fiesole), 法苏拉（费苏里）40

Falangists, 长枪党 164, 527

Falconet, Etienne-Maurice: statue of Peter the Great, 艾蒂安-莫里斯·法尔科内：彼得大帝雕像 545

Fall of Simon Magus,《行邪术的西门的失

败》385

Fancelli, Giacomo, 贾科莫·范切利 349

Far East, 远东 360, 366

Farnese, Alessandro 亚亚历山大德罗·法尔内塞 see Paul III,Pope 见 "教皇保禄三世"

Farsetti, Filippo, 菲利波·法尔赛第 416

fasces, 束棒 58, 485, 493, 497, 506

Fasci di Combattimento, 意大利战斗者法西斯 469, 497

Fascism, 法西斯主义 462, 463, 464, 469, 474,485—499, 502—504, 505—519, 529

Fascist Grand Council, 法西斯大委员会 521

Fascist Party/National Fascist Party, 法西斯党/国家法西斯党 486, 496, 497, 499, 510

Fattori, Giovanni, 乔瓦尼·法托里 442

Fausta (wife of Constantine), 福丝塔（君士坦丁之妻）179,184

Faust,《浮士德》387

Faustulus, 浮士德勒 16

Felibien, Andre, 安德烈·菲利比恩 320

Felix IV, Pope, 教皇斐理斯四世 196

Fellini, Federico, 费德里科·费里尼 250, 535—540

8 ½, 540

Fencing Academy (Casa delle Armi) 剑术学院 509

Feodorovna, Grand Duchess Maria, 玛丽亚·费奥多罗夫娜女大公 382

Ferdinand II, King of Kingdom of the Two Sicilies, 两西西里王国国王斐迪南二世 448

Ferdinand III, Grand Duke of Austria, 奥地利大公斐迪南三世 422, 441

Ferrara, 费拉拉 325, 500, 513

'Fescennine verses', "粗俗诗歌" 59 festa di Noantri, 我们自己的节日 202

Festival of Consus, 康苏斯节 20

Ficino, Marsilio, 马尔西利奥·费奇诺 284

Fidelia,《费德里奥》398

Fillia (Luigi Colombo), 菲利亚（路易吉·科隆波 479, 480

film, 电影 535—540

films about, 关于恺撒的电影 537 Writings: Civil War, 作品：《内战记》55

films about, 关于克利奥帕特拉的电影 537

films about, 关于斯巴达克斯的电影 537

fire, 火灾 122,125,165

First Crusade, 第一次十字军东征 219

First Punic War, 第一次布匿战争 32, 35—7, 42

first Futurist manifesto, 第一次未来主义宣言 467

First Triumvirate, 前三头同盟 51, 87

First Vatican Council, 第一次梵蒂冈大公会议 452

First World War (Great War), 第一次世界大战 445,461, 473—474, 484—485, 490

Fiume, 阜姆 461—462

First, 第一次 51, 87

First, 第一次布匿战争 32, 35—36, 42

flamens, 祭司 31

Flaminius, Gaius, 盖乌斯·弗拉米纽斯 40

Flaubert, Gustave: Salammbo, 古斯塔夫·福

楼拜：《萨朗波》459
Flaxman, John, 约翰·斐拉克曼 395
Fletcher, Banister: *History of Architecture on the Comparative Method*, 班尼斯特·弗莱彻：《比较方法建筑史》330
Florence, 佛罗伦萨 242, 245, 247, 262, 270, 272, 275, 284, 405, 441, 496
Floriona, 弗洛莉欧娜 45
Fontana di Trevi 特雷维喷泉 see Trevi Fountain 见 "特雷维喷泉"
Fontana, Carlo, 卡尔洛·丰塔纳 305
Fontana, Domenico, 多梅尼科·丰塔纳 290, 292—294, 300—302
Fontana, Lucio, 卢齐欧·封塔纳 499, 529—530
Formosus, Pope, 教皇福慕 454
Fornarina, La, 福尔娜丽娜 269
Foro Mussolini (now Foro Italico), 墨索里尼广场（今意大利广场）507, 509
Fortuna Virilis, Temple of, 福尔图那·维里利斯神庙 509
Forum Boarium, 屠牛广场 45, 60, 138, 139
Forum Holitorium, 蔬菜广场 45, 60 Forum Julium/Forum Caesaris, 尤利乌斯广场／恺撒广场 60
Forum of Augustus (Forum Augustum), 奥古斯都广场 61, 71, 103, 105
Forum of Nerva, 涅尔瓦广场 61
Forum of Trajan (Forum Traiani), 图拉真广场 61, 131, 544
Forum of Vespasian, 韦斯巴芗广场 196
Forum Romanum, 罗马广场 18, 60, 61, 123, 153, 384, 397

Foscarini, Marco, 马可·福斯卡里尼 393
Foundlings' Hospital (Ospedale degli Innocent!), Florence, 佛罗伦萨孤儿院 242
Fountain of the Four Rivers, 四河喷泉 347—350
fountains, 喷泉 9, 77, 293, 347—351
Fourth Crusade, 第四次十字军东征 220—1, 223, 227, 229
France, 法国 53, 112, 224, 230, 231, 275, 315, 320, 342, 350, 352, 369, 372, 405, 420, 421, 439, 440, 447, 449, 451, 456 see also Albigensian Crusade; Avignon Papacy 又见 "阿尔比十字军东征"; "阿维尼翁教廷"
Francesca da Rimini,《弗朗西斯卡·达·里米尼》459
Francis II, King of the Two Sicilies, 两西西里国王弗朗西斯二世 438
Francis of Assisi, St, 亚西西的圣方济各 362
Francis Xavier, St, 圣方济·沙勿略 360, 366
Franco, Francisco, 弗朗西斯科·佛朗哥 517, 527
Franks, 法兰克人 186
Fratelli di Sant'Isidoro, 圣依西多禄兄弟会 427
Freart, Paul, sieur de Chantelou 尚特洛阁下保罗·福里阿尔特 see Chantelou, Paul Freart, sieur de 见 "尚特洛阁下保罗·福里阿尔特"
Frederick the Great of Prussia, 普鲁士的腓

特烈大帝 80, 380

Freemasons, 共济会 495

French Academy in Rome, 罗马法国学会 429—430

French Revolution, 法国大革命 449, 451

fresco, technique of, 湿壁画技法 272—273

frescoes, 湿壁画 308

Fritigern, 弗列提根 192

Frontinus, 弗朗提努斯 149

Fronto, Marcus Cornelius, 马库斯·科内利乌斯·弗朗托 135

Fucine Lake, draining of, 弗辛湖排干 115, 120

Fulvia (wife of Mark Antony), 富尔维娅（马克·安东尼之妻）64

Fulvius Nobilior, M., 富尔维乌斯·诺比利奥尔 93

Funi, Achille, 阿希尔·福尼 499, 504

Fuseli, Henry, 亨利·富塞利 282, 395

fustuarium, 棒刑 44

Futurism, 未来主义 464—486, 525, 534

Gabriele d'Annunzio Airport, 加布里埃尔·邓南遮机场 459

Gabrini, Nicola 尼科拉·加布里尼 see Cola di Rienzo 见 "科拉·迪·里恩佐" Gades (Cadiz), 加德斯（加的斯）112

Gaeta, 加埃塔 438, 448

Galatia, 加拉提亚 80

Galerius, Emperor, 皇帝伽列里乌斯 151, 166—167, 169—170

Galileo, 伽利略 340

Galleria Colonna, 科隆纳美术馆 307

Galleria l'Attico, 阁楼美术馆 533

Galleria Nazionale, 国家美术馆 269

Galli da Bibiena, Ferdinando, 费迪南多·加利·比比恩纳 394

"Gallicanism", 高卢主义 449

Gallus, 加卢斯 185

Gandy, Joseph, 约瑟夫·甘迪 405

Ganymede,《伽倪墨得斯》424

gardens, 花园 109—110

Garibaldi, Anita (Ana Ribeira de Silva), 安妮塔·加里波第（安娜·里贝罗·达·席尔瓦）435, 437

Garibaldi, Giuseppe, 朱塞佩·加里波第 434—438, 439, 440, 442

Garnier, Charles, 查理·加尼尔 429

garum, 鱼酱 156

Gasparri, Cardinal, 枢机主教加斯帕里 495

Gaudier-Brzeska, Henri, 亨利·高迪耶-布尔泽斯卡 473

Gaul, 高卢 38, 45, 52—53, 78, 81, 87, 117, 139, 151, 166, 167, 186

Gaulli, Giovanni Battista, 乔瓦尼·巴蒂斯塔·高里 367—368

Gauls, 高卢人 27,39, 53,117

Gaza, 加沙 112

Gela, 杰拉 522

'General Rules of Law', "法律通则" 33

Genius, the, 神灵 30

Gennaro, St, 圣真纳罗 213

Genoa, 热那亚 367, 372, 421, 430, 433, 437, 490

Gentile, Giovanni, 乔瓦尼·秦梯利 488, 503

George IV, King of England, 英格兰国王乔治四世 417

Georgies,《农事诗集》91, 94, 340

German Landsknechte, 德国雇佣兵 276

Germanicus, 日耳曼尼库斯 80, 114, 319

Germans/Germanic tribes, 日耳曼人／日耳曼部落 52, 53,192

Germany, 德国 54, 78,119, 319, 424, 428, 429, 433, 445, 507, 510, 517, 518, 520

Gervase, St, 圣杰维斯 210

Gesu ceiling (Triumph of the Name of Jesus'), 耶稣教堂天花板("耶稣之名的胜利")367—368

Gesu, 耶稣教堂 5, 365—367

Gesu: chapel of St Ignatius, 耶稣教堂：圣依纳爵礼拜堂 366

Geta, 盖塔 397

Gethsemane, Garden of, 客西马尼园 219

Ghezzi, Pier Leone, 皮尔·莱昂·盖泽 395

Ghibelline, the, 吉柏林派 232

Ghiberti, Lorenzo, 洛伦佐·吉贝尔蒂 243

Ghirlandaio, Domenico, 多米尼哥·基兰达奥 271

giallo antico (Numidian yellow marble), 努米底亚黄色大理石 106, 200

Giambologna, 詹波隆那 333

Giaquinto, Corrado, 科拉多·贾昆托 395

Gibbon, Edward, 爱德华·吉本 187, 381

Giocondo, Fra, 弗拉·焦孔多 260

Giolitti, Giovanni, 乔瓦尼·焦蒂利 462—463

Giordano, Luca, 卢卡·焦尔达诺 323

Giorgi, Marino, 马里诺·乔吉 284

Giorgione, 乔尔乔内 312, 415

Giostra del Saraceno, 骑射撒拉森 347

Giovane Italia ('Young Italy'), 意大利青年党 433,435

Giovanni della Annunziazione, Padre, 乔瓦尼·德拉·阿努恩齐亚齐奥尼 357

Giovanni Episcopo ('Bishop John'),《主教约翰》459

Gissing, George: *By the Ionian Sea*, 乔治·吉辛:《爱奥尼亚海边》539

Giulino di Mezzegra, 朱利诺·迪·梅泽格拉 518

Giustiniani collection, 朱斯蒂尼亚尼收藏 379

Giustiniani, Vincenzo, 文钦佐·朱斯蒂尼亚尼 312

gladiatorial shows, 角斗秀 120—1,138—139, 142—145

gladiators, 角斗士 142—144

Gladiatress,《女角斗士》537

gladius (sword), 短剑 42—43

Gloucester, Earl of, 格罗斯特伯爵 373

Glyptothek, Munich, 慕尼黑古代雕塑展览馆 445

Glyptothek, Munich, 慕尼黑古代雕塑展览馆 445

Glyptothek, 古代雕塑展览馆 445

Gnosticism, 诺斯替教派 153

gods, 众神 23,30—31, 46,102,189

Goebbels, Josef, 约瑟夫·戈培尔 503

Goering, Hermann, 赫尔曼·戈林 503

Goethe, August, 奥古斯特·歌德 408

Goethe, Johann Wolfgang von, 约翰·沃尔夫冈·冯·歌德 22, 259, 274, 366, 376, 378, 387—389, 408

Golden Horn, 金角湾 182,183

Golden House (Domus Aurea), 金宫 124—125,127,139,141,146, 256

GoldenPalace.com, 214

Golgotha, 各各他 211

Gonzaga family, 贡扎加家族 262 see also names of individuals 又见 "个体姓名"

Gonzaga, Lodovico, 洛多维科·贡扎加 245

Gonzaga, Vincenzo, Duke of Mantua, 曼图亚公爵文森佐·贡扎加 327

Gordon, Colonel William, 威廉·戈登上校 386

Gothic architecture, 哥特式建筑 241, 330

Goya, Francisco de, 弗朗西斯科·德·戈雅 527

Gracchus, Gaius, 盖乌斯·格拉古 28, 50

Gracchus, Tiberius, 提比略·格拉古 28, 45, 50

Gramsci, Antonio, 安东尼奥·葛兰西 408

Gran Teatro del Verme, Milan, 米兰威尔梅大剧院 470

Gran Teatro del Verme, 威尔梅大剧院 470

Grand Central Station, New York, 纽约中央火车站 147

Grand Central Station, 中央火车站 147

Grand Sasso, 大萨索山 521

Grand Tour, age of the, 大旅行时代 369—420

Grandi, Dino, 迪诺·格兰迪 485

Grant, Michael, 迈克尔·格兰特 53

Gratus (guardsman), 格拉图斯（护卫）119

Graves, Robert, 罗伯特·格雷夫斯 114

Gray, Thomas, 托马斯·格雷 373

Graziani, General Rodolfo, 鲁道夫·格拉齐亚尼将军 517

Great Dictator,《大独裁者》519

Great Fire, 罗马大火 123—125,165

Great War 大战 see First World War 见"第一次世界大战"

Great Mosque, Cordoba, 科尔多瓦大清真寺 223

Great Schism, 天主教会大分裂 287

greaves, 胫甲 44

Greece, 希腊 24, 46—47, 51, 57, 79, 105, 109, 158—159,171,185, 202, 416, 499

Greek alphabet, 希腊字母 24—25

Greek influence, 希腊的影响 23, 46—47, 48, 79, 88—89,105—106

Greek islands, 希腊群岛 497

Greek mythology, 希腊神话 102, 174

Greek Orthodox Church, 希腊东正教会 221

Greeks, 希腊人 35, 47, 88—89, 105, 132, 158—159,411, 412

Gregorovius, Ferdinand, 费迪南德·格雷戈洛维乌斯 6,196, 206, 233

Gregory III, Pope, 教皇额我略三世 131

Gregory IX, Pope, 教皇额我略九世 232

Gregory XIII, Pope, 教皇额我略十三世 209, 288, 290, 292

Gregory XVI, Pope, 教皇额我略十六世 447

Grillo, Angelo, 安杰罗·格里洛 304

Griselli, Italo, 伊塔洛·格里塞利 446

Grolli, Amalia, 阿玛莉娅·格洛利 464

groma, 格洛玛 76

Grottamare, 格罗塔姆马雷 288
grotteschi, 穴怪图像 125
Guarna, Andrea: *Scimmia*, 安德里亚·古阿纳:《猴子》257
Guelf, the, 归尔甫派 232
Guernica,《格尔尼卡》326
Guerra dos Farrapos（'War of Tatters'）, 破衫汉战争 435
Guerrieri, Rosa Teresa, 罗莎·特蕾莎·圭列里 440
Guerrini, Giovanni: SquareColosseum, 乔瓦尼·圭里尼: 方形斗兽场 507
Guicciardini, Francesco, 弗朗切斯科·圭恰迪尼 284
Guichard de Poitiers, 盖查德·德·普瓦捷 234
Guipuzcoa, 吉普斯夸 360
Guttuso, Renato, 雷纳托·古图索 525—529
Guzman, Domingo de (St Dominic), 多明戈·德·古兹曼（圣多明我）228
Guzman, Gaspar de, Conde (later Duque) de Olivares, 奥利瓦雷斯伯爵（后公爵）加斯帕·德·古兹曼 324
Hadrian, Emperor, 皇帝哈德良 18, 82, 127, 140, 157, 201
Hadrian's Villa, 哈德良别墅 78, 140, 157—158, 404
Hadrian's Villa, 哈德良别墅 78,140,157, 256, 404
Hadrian's Wall, 哈德良长城 112
Hagia Sophia, Constantinople, 君士坦丁堡圣索菲亚大教堂 34,221, 258

Hagia Sophia, 圣索菲亚大教堂 34, 221, 258 see also Byzantium/Byzantion; Istanbul 又见"拜占庭"; "伊斯坦布尔"
Haile Selassie, 海尔·塞拉西 516
Halle, 哈雷 409
Hamilton, 8th Duke of, 第8代汉密尔顿公爵 373
Hamilton, Gavin, 加文·汉密尔顿 382
Hamilton, Sir William, 威廉·汉密尔顿爵士 381
Hannibal, 汉尼拔 37—45
Hardwick, Thomas, 托马斯·哈德威克 401
Harmodius, 哈尔摩狄奥斯 62
haruspices, 肠卜师 31
Hasdrubal, 哈斯德鲁巴 37, 46
hasta, 双头矛 43
hastati, 青年兵 42
Hazlitt, William, 威廉·哈兹里特 315
Heaven's Gate,《天堂之门》537
Hebe,《赫伯》424
Hegel, Georg, 格奥尔格·黑格尔 408
Helena, St, 圣赫勒拿 173,176,179, 211, 213
Heliopolis, 赫里奥波里斯 296, 299, 303
Hellenic colonies, 希腊殖民地 23
helmets, 头盔 44
Helvetii, 赫尔维西亚人 52
Henderson, John, 约翰·亨德森 125
Hendy Sir Philip, 菲利普·亨迪爵士 279
Herculaneum, 赫库兰尼姆 91
Hercules, 赫拉克勒斯 151
heresy, 异端 180—182 see also Cathars 又见"卡特里派"
Hermann (or Arminius), 赫尔曼（阿米尼乌

索 引 611

斯）80
Hermes, cult of, 赫耳墨斯崇拜 127
Hertfordshire, 赫特福德郡 54
Hervey, Elizabeth, 伊丽莎白·赫维 402
Hervey, Frederick Augustus, 弗雷德里克·奥古斯都·赫维 402
Hipparchus, 希帕克斯 62
Hispalis (Seville), 西斯帕里斯（塞维利亚）112
Hispania Ulterior, 远西班牙 51
Hitler, Adolf, 阿道夫·希特勒 80,117, 445, 469, 483, 485, 495, 508, 510—512, 517, 518, 520, 521
Hobbes, Thomas, 托马斯·霍布斯 389
Hoby, Sir Thomas, 托马斯·霍比爵士 370
Hodegetria, 赫德戈利亚 452
Holy Foreskin, 圣包皮 212
Holy Grail, 圣杯 198
Holy Land, 圣地 173,179, 205, 211, 219, 452 see also Palestine 又见"巴勒斯坦"
Holy Nails, 圣钉 213
Holy Sepulchre, Church of, Jerusalem, 耶路撒冷圣墓教堂 176—7, 209, 219
'Holy Shroud' of Turin, 都灵圣裹尸布 211
Holy Staircase (Scala Santa), 圣阶 211—212
Holy Years (jubilees), 圣年（禧年）205—206, 210, 231, 248, 290, 373
Homer, 荷马 47,165
Honthorst, Gerard van, 杰勒德·范·洪特霍斯特 310
Hopetoun, Earl of, 霍普顿伯爵 405 Horace (Quintus HoratiusFlaccus), 贺拉斯（昆图斯·贺拉修斯·弗拉库斯）79, 91, 93, 95, 99, 110
horse races, 赛马 20, 115, 136
"Hortensian law", "荷尔顿西乌斯法" 34
Hortensius, Quintus, 昆图斯·荷尔顿西乌斯 34
Hottinger, Franz, 弗朗茨·霍廷格尔 426
Howard, Charles, ViscountMorpeth, 莫尔佩思子爵查尔斯·霍华德 413
house of Marcus Lucretius Pronto, or Villa of the Mysteries, 马库斯·卢克莱修·普隆托府邸，又称神秘别墅 109
Howard, John: *The State of the Prisons in England and Wales*, 约翰·霍华德：《英格兰与威尔士监狱状况》400
Huesca, 韦斯卡 198
Hugo, Victor, 维克多·雨果 6
Hungary, 匈牙利 448
Huns, 匈奴 192
Hunt, Holman,. 霍尔曼·亨特 267
Hunt, Richard Morris, 理查德·莫里斯·亨特 147
"Hunting in Heaven" (food dish), "逐猎天堂"（菜肴）479
Husky, Operation, 哈士奇行动 521—522
I Promessi Sposi,《约婚夫妇》419
Ibarruri, Dolores (La Pasionaria), 多洛雷斯·伊巴露丽（"西番莲"）526
Iberian peninsula, 伊比利亚半岛 78, 112, 219
Ibsen, Henrik, 亨利克·易卜生 6
Ignatius Loyola, St, 圣依纳爵·罗耀拉 360—364, 366
Ignatius, St, 圣依纳爵 210

Il Fuoco (The Flame of Life),《火》459

Il Piacere (The Child of Pleasure),《欢愉之子》459, 460

Il Trionfo della Morte (The Triumph of Death),《死亡的胜利》459

Iliad,《伊里亚特》95

illustrations for work of Aretino, 阿雷蒂诺作品插图 262, 278

Illyricum (Dalmatia), 伊利里库姆（达尔马提亚）52 see also Dalmatia 又见"达尔马提亚"

immaculate conception, dogma of, 圣母无染原罪教理 453

Impressionism, 印象主义 441—442, 525

Index of Forbidden Books,《禁书索引》6, 434,456

India, 印度 157

indulgences, 赎罪券 255, 285

Ingres, Jean-Auguste-Dominique, 让－奥古斯特－多米尼克·安格尔 267, 429—430, 441, 501, 525

Innocent III, Pope (Lotario de' Conti), 教皇英诺森三世（罗塔里奥·德·孔蒂）217—219, 221, 223,227, 228—230

Innocent IV, Pope, 教皇英诺森四世 233

Innocent VI, Pope, 教皇英诺森六世 239

Innocent X, Pope (Giovanni Battista Pamphili), 教皇英诺森十世（乔瓦尼·巴蒂斯塔·潘菲利）326, 340—341, 345, 347—349

Innocent XIII, Pope, 教皇英诺森十三世 403, 407

Inquisition, 宗教法庭 230, 288, 370

Institut Catholique, Paris, 巴黎天主教大学 456

Institut Catholique, 天主教大学 456

insulae, 岛屋 69, 71,169

International style, 国际风格 507

Ionic order/style, 爱奥尼亚柱式 104, 244

Ireland, 爱尔兰 342, 402, 442

Iron Age, 铁器时代 19

Isaac Angelus, Emperor, 皇帝伊萨克·安格鲁斯 220

Isobella of Castile, 卡斯蒂利亚的伊莎贝拉 223

Isodorus, Gaius Caecilius, 凯厄斯·凯利乌斯·伊西多鲁斯 85

Isis, 伊西斯 127, 451

Islam, 伊斯兰 177,184, 223 see also Muslims 又见"穆斯林"

Istanbul 伊斯坦布尔

Italian Communist Party (PCI), 意大利共产党 526

Italian Encyclopaedia,《意大利百科全书》488

Italian Social Republic, 意大利社会共和国 522

Italy 意大利

Iudus gladiatorius (gladiators'school), 角斗士学堂 142

Jahn, Helmut, 赫尔姆特·扬 476

Jandolo, Augusto: *ErPane ('Bread')*, 奥古斯托·詹多洛:《面包》514

Janiculan Hill, 贾尼科洛山 20, 202, 252

Janus, shrine of, 雅努斯神庙 61

Jason with the Golden Fleece,《杰森与金羊

毛》424

Jefferson, Thomas, 托马斯·杰斐逊 109, 405

Jena, 耶拿 409

Jenkins, Thomas, 托马斯·詹金斯 380—381

Jenkyns, Richard, 理查德·詹金斯 102

Jerusalem, 耶路撒冷 176—177, 209, 216, 218—220, 328, 361

Jesuits, 耶稣会 210,359—360, 362—367, 455, 464

jewellery, 珠宝 157

Jewish food, 犹太食物 8—9

Jewish War, 犹太战争 150

Jews, 犹太人 127,161,162,165,189,360,432, 510—511 see also Jewish food; Jewish War 又见"犹太食物";"犹太战争"

Joachim di Fiore, 约阿希姆·迪·菲奥雷 238

John XXII, Pope, 教皇若望二十二世 234

Joseph II, Emperor, 皇帝约瑟夫二世 382

Jovian, Emperor, 皇帝约维安 191

Joyce, James: *Portrait of the Artist,* 詹姆斯·乔伊斯:《一个青年艺术家的画像》363

Juarez, Benito, 贝尼托·胡亚雷斯 483

jubilees 大赦年 see Holy Years 见"禧年"

Judaism, 犹太教 127, 174, 208—209

Judea, 犹太 78,165

Julia (daughter of Augustus), 茱莉亚(奥古斯都之女)82

Julia (daughter of Julius Caesar, and wife of Pompey), 茱莉亚(尤利乌斯·恺撒之女,庞培之妻)52

Julia (granddaughter of Augustus) 茱莉亚(奥古斯都的外孙女)82,100

Julia Paula (wife of Elagabalus), 茱莉亚·宝拉(埃拉加巴卢斯之妻)115

Julian clan, 儒略家族 49, 66

Julian the Apostate and, 叛教者尤利安与奥古斯都 187

Julian "the Apostate", Emperor (Flavius Claudius Julianus), 皇帝"叛教者"尤利安(弗拉维乌斯·克劳迪乌斯·尤利安努斯)185—187,189,190—191

Julius Caesar, 尤利乌斯·恺撒 494

Julius II, Pope (Giuliano della Rovere), 教皇儒略二世(朱利亚诺·德拉·罗维雷)253—258, 262—264, 266, 269—271,284,285, 287, 406

Juno Lucina, 朱诺·鲁西娜 107, 195

Juno, 朱诺 21, 24, 25, 27, 96

Jupiter, 朱庇特 21, 24, 25, 60, 96, 118,151

Justinian, Emperor, 皇帝查士丁尼 33, 34

Juvenal, 尤维纳利斯 69, 72, 73, 92,133—134

Kahn, Louis I., 路易斯·I·卡恩 147

Kant, Immanuel, 伊曼努尔·康德 457

Kauffmann, Angelica, 安吉莉卡·考夫曼 387, 395

Keats, John, 约翰·济慈 407—408, 417

Kedleston, 凯德尔斯顿 406

Keegan, John, 约翰·基根 41, 521

Kemal Ataturk, 凯末尔·阿塔图克 433

Kennedy, Jackie, 杰姬·肯尼迪 214

Kennedy, John, 约翰·肯尼迪 519

Kenwood House, 肯伍德府 406

Kingdom of the Two Sicilies, 两西西里王

国 422,437, 438, 448
kings/kingship, 国王／王权 20—22, 26, 58
Kipling, Rudyard, 鲁德亚德·吉卜林 458
Klein, Yves, 伊夫·克莱因 531
Klenze, Leopold von, 利奥波德·冯·克兰泽 444—446
Knights of Malta, 马耳他骑士团 392
Knights Templar, 圣殿骑士团 198, 219
Koch, Joseph Anton, 约瑟夫·安东·科赫 424
Koons, Jeff, 杰夫·昆斯 541
Kossuth, Lajos, 拉约什·科苏特 448
Kounellis, Jannis: *Twelve Horses*, 简尼斯·库奈里斯:《十二匹马》533
Krautheimep Richard, 理查德·克劳特海默 153, 201, 206
Kubrick, Stanley: *Spartacus*, 斯坦利·库布里克:《斯巴达克斯》537
Kung, Hans, 汉斯·昆 452
L'Innocente (The Innocent One),《无辜之人》459
La Cittd Morta (The Dead City),《死亡之城》459
La Fucilazione in Campagna('Execution by Firing Squad in the Country'),《原野的射击》("行刑队在郊外执行死刑") 527
La Padula, Ernesto: Square Colosseum, 欧内斯托·拉·帕杜拉: 方形斗兽场 507
La Tour, Georges de, 乔治·德·拉·图尔 310
La Venere Vincitrice (statue of Paolina Bonaparte),《胜利的维纳斯》(宝琳娜·波拿巴的雕像) 415

La Vucdria,《武奇利亚》528
Lactantius, 拉克坦提乌斯 152
Ladri di Bicicletta (Bicycle Thieves),《偷自行车的人》536
Lake Como, 科莫湖 513, 518
Lake Erie, 伊利湖 486
Lake Garda, 加尔达湖 462, 463
Lake Memphremagog, 门弗雷梅戈格湖 198
Lake Nemi, 内米湖 248, 384
Lake Trasimene, 特拉西梅诺湖 40
Lamentabili (papal decree),《真正可悲的结果》(教皇通谕) 456
Lampedusa, Giuseppe di: *The Leopard*, 朱塞佩·迪·兰佩杜萨:《豹》477
lance, cavalry, 骑兵长矛 43
Landscape with St Matthew,《风景与圣马太》317
Landsknechte, 德国雇佣兵 277
Lang, Fritz, 弗里茨·朗 475
Languedoc, 朗格多克 224, 227, 228
lanista, 角斗士学堂经营者 142
Laocoon, 拉奥孔 148, 256, 327,383, 416, 420
lares, 拉雷斯 30
Largo Argentina, 银塔广场 495—6
Las Meninas,《宫娥》281, 323
Lateran Accords,《拉特朗协议》509
Lateran Council, Third, 第三次拉特朗会议 228
Lateran Palace, 拉特朗宫 211, 216, 233—234, 281, 290, 291, 292
Lateran Treaty,《拉特朗条约》513
Lateranus, Plautius, 普劳提乌斯·拉特朗

努斯 171
Latin alphabet, 拉丁字母 25
Latins, 拉丁人 20—21, 28
Latium, 拉丁姆 17,18, 27, 78, 96—97, 212
Latrobe, Benjamin: Baltimore Cathedral, 本杰明·拉特罗布：巴尔的摩大教堂 392
Laurentian Library, Florence, 佛罗伦萨劳伦斯图书馆 270
Laurentian Library, 劳伦斯图书馆 270
Laurentiis, Dino de, 迪诺·德·劳伦提斯 538
Law of Separation between Church and State (France),《教会与国家分离法》（法国）456
law, ancient Rome, 古罗马法律 22, 32—35, 81,178
Lawrence, St (San Lorenzo), 圣老楞佐 176, 198—199, 209, 331
Le Brun, Charles, 查尔斯·勒·布伦 429
Le Mie Prigioni (My Prisons),《我的监狱》431
lead pipes, 铅管 74—75, 392
leads a force against Maxentius, 率军攻打马克森提乌斯 167
Lega, Silvestro, 西尔维斯特罗·勒加 442
Leger, Fernand, 费迪南德·莱热 501
Leith,《利斯》442
Lenin Peace Prize, 列宁和平奖 526
Leo IV, Pope, 教皇利奥四世 201
Leo X, Pope (Giovanni de' Medici), 教皇利奥十世（乔瓦尼·德·美第奇）247, 266, 268, 283, 285
Leo XII, Pope, 教皇利奥十二世 431—2

Leon, 里昂 229
Leonardo da Vinci, 列奥纳多·达·芬奇 251, 264, 275
Leonine walls, 狮墙 201
Leontini, 莱昂蒂尼 23
Leopardi, Giacomo, 贾科莫·莱奥帕尔迪 423
Lepidus, Marcus Aemilius, 马库斯·埃米利乌斯·雷必达 64
Leptis Magna, 大莱普提斯 112
Lerici, 莱里奇 372
Les Andelys, 雷桑德利 317
Let's Kill the Moonlight, "让我们杀死月光" 468
Libanius, 利巴尼乌斯 188
Liber Veritas (*Book of Truth*),《真迹册》321
Libera, Adalberto: Palazzo delle Esposizioni, 阿达尔贝托·利波拉：展览宫 498
Liberius, Pope, 教皇利伯略 195
liberti (freedmen), 自由民 72, 84—85, 142
Libya, 利比亚 44, 274, 497
Licinius, Emperor, 皇帝李锡尼 131,169,182
Licinius, Publius, 普布利乌斯·李锡尼 138
lictors, 执束杆扈从 59
Life of Cato the Elder,《老加图生平》88
lifestyle, 生活方式 83
Ligurian republic, 利古里亚共和国 430
Ligurinus, 里古林努斯 99
Lindbergh, Charles, 查尔斯·林德伯格 486
Lisbon, 里斯本 219
Lissitzky, El, 埃尔·利西茨基 505
Littorio marshalling-yards, 利托里奥铁路

调车场 523
Livia (wife of Augustus), 莉薇娅（奥古斯都之妻）65,108,113,118,119
living conditions (ancient Rome), 生活条件（古罗马）69—73
Livy, 李维 16, 21, 45, 89,155, 236, 394
Locanda del Sole, 太阳旅店 7
Locanda della Vacca, 奶牛客栈 6
Locanda Grande, 洛坎达大饭店 412
Loisy, Father Alfred, 阿尔弗雷德·卢瓦西神父 456
Lollia Paulina (wife of Caligula), 洛丽娅·宝琳娜（卡利古拉之妻）157
Lombardy, 伦巴第 423, 430, 432, 434, 437
London, 伦敦 72, 122, 129, 158, 255, 369, 379, 399, 404, 416, 433, 460, 464, 470, 495
Longhi, Roberto, 罗伯托·隆吉 418
Longus, Titus Sempronius, 提图斯·塞姆普罗纽斯·朗戈斯 38
Lorca, Federico Garcia, 费德里戈·加西亚·洛尔卡 527
Lorenzo, San 圣老楞佐 see Lawrence, St 见"圣老楞佐"
lorica, 锁子甲 44
Lotto, Lorenzo, 洛伦佐·洛托 312, 501
Louis Napoleon 路易·拿破仑 see Napoleon III 见"拿破仑三世"
Louis Philippe, King of France, 法国国王路易·菲利普 447
Louis XIV, King of France, 法国国王路易十四世 314, 352, 407, 429
Louis XVI, King of France, 法国国王路易十六世 374
Lourdes, 卢尔德 451
Louvre, 卢浮宫 352, 546
Loyola, Ignatius 依纳爵·罗耀拉 see Ignatius Loyola, St 见"圣依纳爵·罗耀拉"
Lucania, 卢卡尼亚 87
Lucca, 卢卡 385, 430
Lucretia, 卢克丽霞 21
Lucretius, 卢克莱修 98
lucumones, 鲁库蒙 19
ludi (games), 运动会 25,134
Ludi Floreales, 芙罗拉运动会 134
Ludi Plebei, 平民运动会 134
Ludi Romani, 罗马运动会 134
Ludovisi collection, 路德维希收藏 147
Ludovisi Throne, 路德维希宝座 147
Ludovisi, Prince Niccolo, 尼科洛·路德维希亲王 347
Ludwig I of Bavaria, 巴伐利亚的路德维希一世 444
Ludwig, Emil, 埃米尔·路德维格 493
Lugdunensis, 卢古德南西斯 78
Lugdunum (Lyons), 卢格杜努姆（里昂）112
Lukasbruder 圣路加兄弟会 see Nazarenes 见"拿撒勒画派"
Luke, Apostle, 使徒路加 425, 452
lulus 尤鲁斯 see Ascanius/lulus 见"阿斯卡尼俄斯/尤鲁斯"
Luna marble, 月亮大理石 103—104, 106, 132
Lupercalia, 牧神节 135

索 引

luperci, 狼兄弟 18
Lusitania, 卢西塔尼亚 78
Luther, Martin, 马丁·路德 212, 286, 338
Lutheranism, 路德宗 289, 359, 410
Luti, Benedetto, 贝内德托·卢蒂 395
luxury, 奢侈 155
Lyceum Club, London, 伦敦学园俱乐部 468
Lyceum Club, 学园俱乐部 468
Lycidas,《利西达斯》315
Lydia, 吕底亚 19
Lytton, Edward Bulwer: *Rienzi: Last of the Tribunes,* 爱德华·布尔沃·利顿:《黎恩济:最后的护民官》239
Macchi MC 72 seaplane, 马基 MC 72 水上飞机 486
Macchiaioli, 斑痕画派 442
MacDonald, Ramsay, 拉姆齐·麦克唐纳 503
Macedonia, 马其顿 63, 78
Machiavelli: *Mandragola,* 马基雅维利:《曼陀罗》497
Macke, August, 奥古斯特·马克 473
Madama Lucrezia, 卢克雷齐娅夫人 294
Maderno, Carlo, 卡洛·马代尔诺 330, 357
Madrid, 马德里 281, 323, 324—325
Maecenas, Gaius, 盖乌斯·马塞纳斯 90—91, 93—94, 98—99
Mafia, 黑手党 254, 439, 526
Magna Carta,《大宪章》229
Magnani, Anna, 安娜·马尼亚尼 536
Magritte, Rene, 雷内·马格利特 500
Maison Carree, Nimes, 尼姆四方形神庙 405
Maison Carree, 四方形神庙 108—109, 316—317, 405
Malanga, Gerard, 杰拉德·马兰加 537
Malevich, Kasirnir: *White on White,* 卡济米尔·马列维奇:《白上之白》531
Malta, 马耳他 207
Maltoni, Rosa, 罗莎·马尔托尼 482
Malvasia, 马尔瓦希亚 308
'Man and Woman at Midnight' (food dish), "午夜男与女"(菜肴)479
Manetti, Antonio, 安东尼奥·马内蒂 242—244
Mankiewicz, Joseph: *Cleopatra,* 约瑟夫·曼凯维奇:《埃及艳后》537
Mannerism, 风格主义 209, 280, 310, 331—333
Manresa, 曼雷萨 361—362
Mantua, 曼图亚 89, 245, 327
Manzoni, Alessandro, 亚历山德罗·曼佐尼 419
Manzoni, Piero, 皮耶罗·曼佐尼 531—532
Manzu, Giacomo, 贾科莫·曼祖 526
Maratti, Carlo, 卡洛·马拉蒂 382—383
marble, 大理石 103—104, 200—201
Marc, Franz, 弗兰茨·马尔克 473
Marcellinus, Ammianus, 阿米阿努斯·马尔切利努斯 185, 191, 543—544
Marcellus, 马赛勒斯 108
March on Rome, 进军罗马 486, 496, 499, 509, 511
Marcius, Quintus, 昆图斯·马西乌斯 74
Marconi, Guglielmo, 古列尔莫·马可尼

487

Marcus Aurelius 马可·奥勒留 see Aurelius, 见"奥勒留"

Marcus, Emperor Marcius Rex, Quintus, 皇帝昆图斯·马库斯·雷克斯 77

Maremma, 马雷玛 442

Marey, Etienne-Jules, 艾蒂安－朱尔·马雷 471

Marforio, 马尔佛里欧 294, 295

Maria Adelaide of Habsburg, 哈布斯堡的玛丽亚·阿德莱德 440

Maria Christina of Austria, tombof, 奥地利的玛丽亚·克里斯蒂娜之墓 418

Maria Teresa, Empress, 女皇玛丽亚·特蕾莎 412

Marinetti, Enrico, 恩里克·马里内蒂 464

Marinetti, Filippo Tommaso, 菲利波·托马斯·马里内蒂 464—471, 473—474, 476—478, 480—481, 488—489

Marino, Giambattista, 詹巴蒂斯塔·马里诺 317

Marlowe, Christopher, 克里斯托弗·马洛 103

Mars, 马尔斯 16

Marsala, 马尔萨拉 437

Marseilles, 马赛 433, 435

Marshall, General, 马歇尔将军 523

Martial, 马提雅尔 18, 70, 89, 92

Martignano, lake of, 马尔蒂尼亚诺湖 73

Martyrdom of St Erasmus,《圣伊拉兹马斯殉道》318

Marxist-Leninism, 马克思－列宁主义 505

Mary, Virgin 圣母马利亚 see Virgin Mary 见"圣母马利亚"

Masaccio, 马萨乔 425, 501

Massacres (Gott mit Uns) series,《大屠杀》系列画 527

Massimi, Camillo, 卡米洛·马西米 319

Mastai-Ferretti, Giovanni Maria 乔瓦尼·马里亚·马斯塔伊－费雷蒂 see Pius IX, Pope 见"教皇庇护九世"

Mastini, Pietro: *Li Gioielli d'Italia,* 彼得罗·马斯蒂尼:《意大利的珠宝》490

Mastroianni, Marcello, 马塞洛·马斯楚安尼 538

Matteotti, Giacomo, 贾科莫·马泰奥蒂 463, 497

Matthew, Gospel of,《马太福音》164

Mauretania, 毛里塔尼亚 78

Mausoleum of Augustus, 奥古斯都陵墓 81, 302, 505

Maxentius, Emperor, 皇帝马克森提乌斯 153, 167, 168, 170, 171, 196

Maximian (Maximianus), Emperor, 皇帝马克西米安 151,166,167

Maximilian, Archduke of Austria, 奥地利大公马克西米利安 373

Maximinus Daia, Emperor, 马克西米努斯·达亚 166

Maximus, Quintus Fabius'Cunctator', "拖延者"昆图斯·费比乌斯·马克西姆斯 40

Mayakowsky, Vladimir, 弗拉基米尔·马雅可夫斯基 458

Mazarin, Cardinal, 枢机主教马扎然 342

Mazzini, Giuseppe, 朱塞佩·马志尼 430,

索 引

433—436
McKim, Mead & White, 麦金、米德与怀特 147
Medici family, 美第奇家族 270 see also names of individuals 又见"个体姓名"
Medici, Giovanni de', 乔瓦尼·德·美第奇 see Leo X,Pope 见"教皇利奥十世"
Medici, Lorenzo de', the Magnificent, 伟大的洛伦佐·德·美第奇 284
medieval period, 中世纪时期 195—240
medieval period, 中世纪时期 218, 220, 224, 232, 237, 238
Mediolanum (Milan), 米迪奥拉努姆（米兰）90,112 see also Milan 又见"米兰"
Mediterranean, 地中海 35—36, 120, 183, 372,420, 497
Medusa, 美杜莎 174
Mengs, Anton, 安东·门斯 389,395
Menippus of Stratonicea, 斯特拉托尼西亚的梅尼普斯 89
Mentana, battle of, 门塔纳战役 440
Mentor (silversmith), 门托尔（银匠）157
Menvra, 门弗拉 24
Merda d'Artista,《艺术家之粪》531—532
Merz, Mario, 马里奥·梅尔兹 533
Mesopotamia, 美索不达米亚 78
Messalina, Valeria (wife ofClaudius), 瓦勒丽娅·梅萨里纳（克劳狄之妻）119,122
Messana, 墨西拿 35—36
Messina, 墨西拿 438, 455, 522
Metamorphoses,《变形记》100, 307, 317, 334—335
Metaurus, River, 梅陶罗河 46

Metella, Caecilia, tomb of, 塞西莉娅·梅特拉之墓 292, 321,388
Metellus Pius, 梅特卢斯·皮乌斯 51
metempsychosis, 灵魂转生 186, 226
Methodius, St, 圣美多德 175
Metropolitan Museum of Art, NewYork, 纽约大都会艺术博物馆 24,147
Metropolitan Museum of Art, 大都会艺术博物馆 24,147
Metternich, Prince, 梅特涅亲王 423, 447
Meunier, Constantin, 康斯坦丁·默尼耶 472
Meyer, Hofrath, 霍夫拉思·梅耶尔 376
Michelangelo, 米开朗琪罗 253, 255, 260, 264,268, 269—275, 277—282, 287, 307, 355—356, 365, 382, 419
Michelet, Jules, 儒勒·米什莱 22
Midi region, France, 法国米迪地区 224, 228—229
Milan, 米兰 152,167,169, 251, 275,356,373, 434, 436, 464, 465, 473, 481, 502
Milanese Monastery, 米兰修道院 251
Milazzo, 米拉佐 438
military successes and failures, 军事成败 79—80
Milizia Volontaria per la Sicurezza Nazionale (MVSN), 国家安全民兵组织 497
Millais, John Everett, 约翰·埃弗雷特·米莱斯 267
Mille, 千人军 437
Milton, John, 约翰·弥尔顿 98, 315—316, 333
Milvian Bridge, battle of the, 米尔维安桥战

役 167—168, 169, 184
Minerva, 密涅瓦 21, 24—25
Minims, 最小兄弟会 407
Ministry of Culture, 文化部 550
Minneapolis Institute of the Arts, 明尼阿波利斯美术馆 392
Minucius Felix, 米努修斯·菲利克斯 162
Mirabilia,《奇迹》248
Mirini, Marino, 马里诺·米里尼 499
Mitford, John, later Baron Redesdale, 约翰·米特福德（后雷斯代尔男爵）372
Mithraeum Thermarum Antonianum, 瑟尔马鲁姆·安东尼亚纳鲁姆太阳式洞 175
Mithras (Mithra), 密特拉神 174
Mithridates VI, King of Persia, 波斯国王米特拉达梯六世 50
Mithridates, King of Pontus, 本都国王米特拉达梯 50—51, 56
Modena, 摩德纳 430, 437
Modern Painters,《现代画家》308
Mogantiacum (Mainz), 莫甘提亚库姆（美因茨）112
Molo of Rhodes, 罗得岛的莫洛 89
Mona Lisa,《蒙娜丽莎》266, 415, 546
Monfalcone, 蒙法尔科内 473
Mont Cenis pass, 塞尼山口 39, 372
Montagu, Edward Wortley, 爱德华·沃特利·蒙塔古 389
Montalto, 蒙塔尔托 288
Montanari, Leonida, 莱奥尼达·蒙塔纳里 431, 432
Monte Cassino, 卡西诺山 522
Monte, Cardinal Francesco Mariadel, 枢机主教弗朗西斯科·马利亚·德尔·蒙特 312
Montefeltro, Federigo da, 费德里格·达·蒙泰菲尔特洛 251, 261
Montepulciano, 蒙特普齐亚诺 368
Monterrey, Conde de, 蒙特雷伯爵 325
Montevideo, 蒙得维的亚 435
Montsegur, 蒙特古 230
Montserrat, 蒙特塞拉特 198, 361—362
monument to Sant'Elia and the dead of the First World War, 圣伊利亚及第一次世界大战死难者纪念物 474
monument to Sant'Elia and the dead of the First World War, 圣伊利亚及第一次世界大战死难者纪念物 474
monument to, 维托里奥·埃马努埃莱二世纪念物 443, 446, 496, 508
Moore, Dr John, 约翰·摩尔医生 379
Moore, Thomas, 托马斯·摩尔 417
Moorehead, Alan, 艾伦·穆尔海德 522
Moors, 摩尔人 360
Moral Epistles,《道德信札》144
Morandi, Giorgio, 乔吉奥·莫兰迪 498
Moretti, Luigi: Casa delle Armi (Fencing Academy), 路易吉·莫雷蒂：剑术学院 509
Morocco, 摩洛哥 112
Morpeth, Charles Howard, Viscount, 莫尔佩思子爵查尔斯·霍华德 413
Moscow, 莫斯科 464, 469, 490
Moses,《摩西像》270
Mosley, Oswald, 奥斯瓦尔德·莫斯利 503
Mostra della Rivoluzione Fascista (MRF),

索 引　　621

法西斯革命展 497, 499, 503—504
Mount of Olives, 橄榄山 176,179, 219
munera 赠礼 see gladiatorial shows 见"角斗秀"
Munich, 慕尼黑 445—446
murmillones, 海鱼斗士 143
Muro Torto, 托尔托城墙 414
Museo Capitolino 卡比多利欧博物馆 see Capitoline Museum 见"卡比多利欧博物馆"
Museo dei Conservatory 建城孪生子保护者博物馆 16
Museo delle Terme, 罗马国家博物馆 293
Museo di Villa Giulia 朱利亚别墅博物馆 see Villa Giulia 见"朱利亚别墅"
Museum of Italian Unification, 意大利统一博物馆 444
Museum, 那不勒斯博物馆 147 see also Neapolis 又见"那不勒斯"
Muslims, 穆斯林 218, 219, 222 see also Islam 又见"伊斯兰"
Mussolini, Alessandro, 亚历山德罗·墨索里尼 482
Mussolini, Benito Amilcare Andrea('Il Duce"), 贝尼托·阿米尔卡雷·安德烈亚·墨索里尼 26, 58, 108, 202—203, 240, 444, 462, 462—463, 469, 474, 482—488, 491—494, 495—498, 503—506, 508, 510—512, 514—521, 535
Muybridge, Eadweard, 埃德沃德·迈布里奇 471
Mylae, 米列 36
mythology, 神话 102

Najera, Duke of, 纳胡拉公爵 361
Naples, 那不勒斯 90, 207, 213, 237, 288, 314, 321—322, 331,370, 374, 416, 420—422, 430—431, 434, 437—439
Napoleon III, 拿破仑三世 440
Napoleon, 拿破仑 381, 416, 419, 421, 422, 423, 428, 441
Narbo (Narbonne), 纳尔波（纳博讷）112
Narbonensis, 纳尔博南西斯 78,108
Narbonnne, Archbishop of, 纳博讷大主教 230
Nashe, Thomas: *The Unfortunate Traveller*, 托马斯·纳什：《倒霉的旅行者》369—370
National Fascist Party 国家法西斯党 see Fascist Party/National Fascist Party 见"法西斯党/国家法西斯党"
National Gallery, London, 伦敦国家美术馆 279, 382
National Gallery, 国家美术馆 279, 382
National Roman Museum, 罗马国家博物馆 146—147
Nativity, Church of the,Bethlehem, 伯利恒圣诞教堂 176,179, 219
Natural History,《博物志》465
navy /fleet (ancient Rome) 海军／舰队 36—38
Naxos, 纳克索斯 23
Nazarenes, 拿撒勒画派 267, 424—425, 429
Nazism / National Socialism, 纳粹／国家社会主义 469, 489,504, 510, 526, 527—528
Necchi, 尼基 487

neo-classicism, age of, 新古典主义时代 369—420

Neoplatonism, 新柏拉图主义 153,186

Neapolis, 那不勒斯 23 see also Naples 又见"那不勒斯"

Nero, Emperor (Lucius Domitius Ahenobarbus), 皇帝尼禄（卢修斯·多米提乌斯·阿赫诺巴布斯 72, 114, 115—116, 121—126, 139, 146, 165, 176

Nero's Circus 尼禄竞技场 see Circus of Gaius and Nero 见"盖乌斯与尼禄竞技场"

Nervii, 内尔维 53

"New Cemetery", "新公墓" 408

New Cuisine, 新式烹饪 480

New Hermitage, St Petersburg, 圣彼得堡新埃尔米塔日博物馆 445

New Hermitage, 新埃尔米塔日博物馆 445

New Model Army, 新模范军 342

New Testament,《新约》163, 205

New World, 新世界 360

New York, 纽约 525, 534

Newgate prison, 纽盖特监狱 399—400

Dandolo, Enrico, 恩里科·丹多洛 220 Dante Alighieri, 但丁·阿利盖利 95, 203, 232, 260, 263, 278, 419, 422, 443, 482

Newman, Paul, 保罗·纽曼 538

Nicaea, 尼西亚 181

Nice, 尼斯 434

Nicene Creed,《尼西亚信经》181

Nicholas I, Tsar of Russia, 俄罗斯沙皇尼古拉一世 445

Nicholas IV, Pope, 教皇尼各老四世 196

Nicholas V Pope (Tommaso Parentucelli), 教皇尼各老五世（托马索·帕伦图切里）205, 246—247, 249, 250—251, 254, 258, 291

Nicomedia, 尼科米底亚 152,180

Nicostratus, 尼科斯特拉图斯 217

Nile, River, 尼罗河 297—298

Nimes, 尼姆 74,108,316

nineteenth century, 19世纪 421—423, 430—442, 444—445

nineteenth century, 19世纪 421—457

Nisibis, 尼西比斯 187

Nostra Bandiera, La,《我们的旗帜》510

Numa Pompilius, 努马·庞皮利乌斯 20

Numidia, 努米底亚 44, 78

Numidian yellow marble 努米底亚黄色大理石 see giallo antico 见"努米底亚黄色大理石"

numina, 守护神 30

Numitor, 努米托 16

Nuremberg Laws,《纽伦堡法案》511

Nuremberg, 纽伦堡 445

Oakie, Jack, 杰克·奥基 519

Obelisco Solare, 太阳方尖碑 303

Obelisk of Axum, 阿克苏姆方尖碑 509

obelisk, 方尖碑 294, 299—302

obelisks, 方尖碑 294, 296—304, 347—350, 352

Octavia (wife of Nero), 奥克塔维娅（尼禄之妻）122

Octavian (Gaius Julius Caesar Octavius) 屋大维（盖乌斯·尤利乌斯·恺撒·屋大维）see Augustus,Emperor 见"皇帝奥古斯都"

Odescalchi family, 奥德斯卡尔齐家族 379
Odyssey,《奥德赛》96
official device (stemma), 官方图案（盾徽）28
Old Testament,《旧约》205
Oliva, Achille, 阿希尔·伯尼托·奥利瓦 533
Olivares, Gaspar de Guzman, Conde (later Duque) de, 奥利瓦雷斯伯爵（后公爵）加斯帕·德·古兹曼 324
Olivetti, 奥利维蒂 487
Olmi, Ermanno: *Tree of Wooden Clogs*, 埃尔曼诺·奥尔米:《木屐树》537
ombra della sera, 夜晚的影子 24
On the Deaths of the Persecutors,《论迫害者之死》152
Opera Nazionale Balilla, 国家巴利拉组织 491
Operation Avalanche, 雪崩行动 521—522
Operation Husky, 哈士奇行动 521—522
Opimia (Vestal Virgin), 欧皮米娅（维斯塔贞女）45
Oppian Hill, 欧皮安山 141
optimates, 贵族派 50—51, 57
Orbetello, 奥尔贝泰洛 486
Order of Santiago, 圣地牙哥骑士团 323
Origen, 俄利根 162
Orsini family, 奥尔西尼家族 235
Orvieto, 奥尔维耶托 233
Ospedale degli Innocenti (Foundlings' Hospital), Florence, 佛罗伦萨孤儿院 241—242
Osservatore Romano, L',《罗马观察报》538

Ossius, Bishop of Cordoba, 科尔多瓦主教奥西乌斯 168
Osterley Park, 奥斯特利公园 406
Ostia, 奥斯提亚 15, 78, 120, 129, 175, 298, 506
Ostiense Station, 欧斯提恩斯火车站 510—511
Otto of Bavaria, 巴伐利亚的奥托 445
Outpourings from the Heart of an Art-Loving Monk,《一位热爱艺术的修道士倾诉衷肠》424
Ovazza, Ettore, 埃托雷·奥瓦扎 510
Overbeck, Friedrich, 弗里德里希·奥韦尔贝克 424—426, 428—430
Ovid (Publius Ovidius Naso), 奥维德（普布利乌斯·奥维迪乌斯·拿梭）91, 100—102
Owen, Wilfred, 威尔弗雷德·欧文 473—474
Oxenden, Henry, 亨利·奥克森登 413
Oxenden, Sir George, 乔治·奥克森登爵士 413
Pacelli, Eugenio 尤金尼奥·帕切利 see Pius XII, Pope 见"教皇庇护十二世" Pacheco, Francisco, 弗朗西斯科·帕切科 323—324
Pacheco, Juana, 胡安娜·帕切科 324
Padua, 帕多瓦 89, 370
Paestum, 帕埃斯图姆 416
paganism, 异教 127, 153, 173—175, 182, 187—188, 190—191, 193 see also gods; religion 又见"众神"；"宗教"
Palace of the Popes, Avignon, 阿维尼翁教

皇宫 233—234

Palatine Chapel, Aachen, 亚琛巴拉丁礼拜堂 200—201

Palatine Hill, 帕拉丁山 17, 60, 123—124, 126, 508

Palazzetto dello Sport, 帕拉佐体育馆 130

Palazzetto Venezia, 威尼斯宫 294

Palazzo Barberini (Barberini Palace), 巴尔贝里尼宫 337, 351, 357, 381

Palazzo dei Conservatori, 保守宫 282

Palazzo dei Tribunali, 法院宫 303

Palazzo del Quirinale (Quirinal Palace), 奎里纳尔宫 303, 392, 428

Palazzo del Senatore, 元老院宫 13—14, 282

Palazzo del Te frescoes, 得特宫壁画 262

Palazzo del Te, Mantua, 曼图亚得特宫 262

Palazzo del Te, 得特宫 262

Palazzo della Cancelleria, 文书院宫 448

Palazzo delle Esposizioni, 展览宫 497

Palazzo Doria, 多利亚宫 326, 346

Palazzo Farnese, 法尔内塞宫 306, 327, 337

Palazzo Farsetti, Venice, 威尼斯法尔赛第宫 416

Palazzo Farsetti, 法尔赛第宫 416

Palazzo Mancini, 曼奇尼宫 429

Palazzo Nuovo, 新宫 282 see also Capitoline Museum 又见"卡比托利欧博物馆"

Palazzo Pamphili (PamphiliPalace), 潘菲利宫 346, 348

Palazzo Pitti, Florence, 佛罗伦萨碧提宫 300

Palazzo Poli, 波利宫 351

Palazzo Rospigliosi-Pallavicini, 罗斯皮利奥斯·帕拉维奇尼宫 308

Palazzo Rospigliosi-Pallavicini 罗斯皮利奥斯—帕拉维奇尼宫

Palazzo Rucellai, Florence, 佛罗伦萨鲁切拉宫 245

Palazzo Spada, 斯帕达宫 358

Palermo, 巴勒莫 314, 438, 528—529

Palestine, 巴勒斯坦 176—177, 179, 205 see also Holy Land 又见"圣地"

Palladian "Revival", 帕拉第奥式"复兴" 390—391, 394

Palladio, Andrea, 安德里亚·帕拉第奥 356, 390

Pamphili family, 潘菲利家族 199, 345—348, 367

Pamphili Palace 潘菲利宫 see Palazzo Pamphili 见"潘菲利宫"

Pamphili Palace, 潘菲利宫 346

Pamphili, Giovanni Battista 乔瓦尼·巴蒂斯塔·潘菲利 see Innocent X, Pope 见英诺森十世

Pandateria, 潘达特里亚 122

Panini, Giovanni, 乔瓦尼·帕尼尼 395

Pannonia, 潘诺尼亚 217

Pantheon, 万神庙 127—131, 140, 146, 172, 194, 208—209, 242, 259, 269, 339, 401, 452, 543

Papacy, 教廷 195, 216, 219, 230—235, 254, 275, 277, 286, 337, 339, 342, 364, 374, 421—423, 438, 446, 494—495 see also names of Popes 又见"教皇名"

papal infallibility, 教皇无谬论 452—453

Papal States, 教皇国 195, 201, 212, 254,

索 引

261, 288—289, 337, 365, 416, 421—422, 429, 431, 432, 436, 439, 441, 454, 494

Papen, Franz von, 弗朗茨·冯·帕彭 503

Paradise Regained,《复乐园》315—316

Parentucelli, Tommaso 托马索·帕伦图切里 see Nicholas V Pope 见 "教皇尼各老五世"

Paris Peace Conference, 巴黎和会 461

Paris, 巴黎 234, 314, 317, 350, 352, 405, 416, 420, 442, 464, 470, 500, 525, 531

Parma, 帕尔马 430, 437

Parnassus fresco, 帕纳塞斯山壁画 256, 263

Parnassus, 帕纳塞斯山 403

Parthenon, Athens, 雅典帕特农神庙 416, 445

Parthians, 帕提亚人 65, 88

Partito Politico Futurista, 未来主义政党 469

Partito Populare, 人民党 495

Pascal, Blaise, 布莱兹·帕斯卡 67

Pascendi Domenici Gregis (papalencyclical letter),《应牧放主羊》(教皇通谕函) 456

Pasionaria, La (Dolores Ibarruri), "西番莲" (多洛雷斯·伊巴露丽) 526

Pasquino, 帕斯魁诺 294—295

Passionei, Cardinal, 枢机主教帕西欧内 410

pasta, 意大利面 477—478

Pasti, Matteo de', 马特奥·德·帕斯蒂 245

patricians, 贵族 21, 26, 28—29, 33—35

patron-client relationship, 庇护人与依附人关系 26, 91—93

patronage (ancient Rome), 庇护制（古罗马）91—93

Patto d'Acciaio ('Pact of Steel'), "钢铁条约" 517

Paul III, Pope (Alessandro Farnese) 教皇保禄三世（亚历山德罗·法尔内塞）as Alessandro Farnese, 作为亚历山德罗·法尔内塞 306, 327,as Pope, 作为教皇 269, 270, 278, 281—282,365

Paul IV Pope, 教皇保禄四世 278

Paul V, Pope, 保禄五世 331,

Paul, St, 圣保罗 88,163,178, 209, 213

Pauline Chapel, 保罗礼拜堂 253, 281

Paullus, Lucius Aemilius, 卢西乌斯·埃米利乌斯·保卢斯 55,59,139

Paulus, Julius, 尤利乌斯·保卢斯 33

Pavia, 帕维亚 12

pavonazzetto, 孔雀色大理石 106, 200

Paz, Octavio: *Piedra del Sol* (*The Sun Stone*), 奥克塔维奥·帕斯：《太阳石》9

Pazzi Chapel, Florence, 佛罗伦萨帕齐礼拜堂 241

PCI (Italian Communist Party), 意大利共产党 526

Peasants' Crusade, 农民十字军 219

pectorales, 护胸 44

peculium, 私产 86

Pelham, Thomas, 托马斯·佩勒姆 372,389, 401

Pellegrini's, 佩利格里尼公司 2

Pellico, Silvio, 西尔维奥·佩利科 431

Pembroke, Earl of, 彭布罗克伯爵 379, 384

penates, 珀那忒斯 30

Pennsylvania Station, New York, 纽约宾夕法尼亚火车站 147

Penone, Giuseppe, 朱塞佩·皮诺内 532

Peretti, Felice 菲利斯·佩雷蒂 see Sixtus V, Pope 见 "教皇西斯笃五世" Pergamon altar, 帕加马祭坛 445—446

Perrault, Claude, 克劳德·佩罗特 352

persecution by Diocletian, 戴克里先的迫害 152

persecution by Nero, 尼禄的迫害 115, 125—126, 165, 176

Perseus (mythological figure), 珀尔修斯（神话人物）174

Perseus, King of Macedon, 马其顿国王珀尔修斯 59, 139

Persia/Persians, in, 波斯／波斯人 187, 190

Perugia, 佩鲁贾 239

Perugino, Pietro, 彼得罗·佩鲁吉诺 251, 261—262

Perusine War, 佩鲁西亚战争 66—67

Pescara, 佩斯卡拉 458

Petacci, Clara, 克拉拉·贝塔西 518

Peter, St, 圣彼得 115, 163, 176, 198—199, 205, 257, 259, 338

Petrarch, 彼特拉克 233, 239, 482

Petronius: *Satyricon*, 佩特罗尼乌斯：《萨蒂利孔》84, 155

Pforr, Franz, 弗朗茨·普佛尔 425, 426

Pharnaces, 法那西斯 58

Pharsalus, battle of, 法尔萨拉战役 57

Phidias, 菲狄亚斯 158

Philip IV, King of Spain, 西班牙国王腓力四世 323—324

Philippe IV, King of France, 法国国王腓力四世 231—232

'Philippic Orations',《反腓力辞》63 Cilicia, 西里西亚 62

Philippi, battle of, 腓力比战役 66, 90, 98

Philo of Alexandria, 亚历山大港的斐洛 68

Phrygian purple marble 佛里吉亚紫色大理石 seepavonazzetto 见 "孔雀色大理石"

Piazza Barberini, 巴尔贝里尼广场 351

Piazza Capodiferro, 卡波蒂菲洛广场 358

Piazza del Campidoglio, 卡比多利欧广场 12, 281—282, 365

Piazza del Campidoglio, 卡比多利欧广场 365, 407

Piazza del Popolo, 人民广场 302, 305, 432

Piazza di Pasquino, 帕斯魁诺广场 294

Piazza di Spagna, 西班牙广场 321, 326, 407, 453, 481

Piazza Esquilina, 埃斯奎林广场 302

Piazza Loreto, 洛雷托广场 518

Piazza Minerva, 密涅瓦广场 352

Piazza Montecitorio, 蒙特西托利欧广场 303

Piazza Navona, 纳沃纳广场 9, 199, 346—350, 551

Piazza S. Susanna, 圣苏撒拿广场 293

Piazza San Pietro 圣彼得广场 see St Peter's Square 见 "圣彼得广场"

Piazza SS. Apostoli, 十二使徒广场 375

Piazza Venezia, 威尼斯广场 12, 282, 485, 492, 506, 508

Piazzale del lmpero, 帝国广场 509

Picasso, Pablo, 巴勃罗·毕加索 501

Picenum, 皮切纳 45

Pico della Mirandola, 皮科·德拉·米兰多

拉 284

Pictor, Quintus Fabius, 昆图斯·费边·皮克托尔 17

Picts, 皮克特人 166

Piedmont, 皮埃蒙特 421—422, 430, 433, 435—439

Piero della Francesca, 皮耶罗·德拉·弗朗切斯卡 251, 501

pietas (piety), 虔诚 29

pila, 重投枪 43

pilgrims, 朝圣者 206—207

Pincio, the, 平乔山 426

Pinturicchio (Bernardino di Betto), 平图里奇奥（贝尔纳迪诺·迪·贝托）271

Pirandello, Luigi, 路易吉·皮兰德娄 487

Piranesi, Giovanni Battista, 乔瓦尼·巴蒂斯塔·皮拉内西 391—399,402, 404, 405, 475

Pistoia, Giovanni da, 乔瓦尼·达·皮斯托亚 274

Pitt, Thomas (later LordCamelford), 托马斯·皮特（后卡姆尔福德勋爵）401, 404

Pitt, William, 威廉·皮特 401, 404

pittura metafisica, 形而上绘画 499, 502

Pius IV, Pope, 教皇庇护四世 278

Pius IX, Pope (Giovanni Maria Mastai-Ferretti; Pio Nono), 教皇庇护九世（乔瓦尼·马里亚·马斯塔伊-费雷蒂）212, 428, 436, 440—441, 446—454

Pius V Pope, 教皇庇护五世 288

Pius VI, Pope, 教皇庇护六世 302, 379,380, 420

Pius VII, Pope, 教皇庇护七世 428

Pius X, Pope (Giovanni Melchiorre Sarto), 教皇庇护十世（乔瓦尼·梅尔吉奥雷·萨尔托）454—457

Pius XI, Pope, 教皇庇护十一世 494—495

Pius XII, Pope (Eugenio Pacelli), 教皇庇护十二世（尤金尼奥·帕切利）1,224, 453, 455, 495

Planasia, 普拉纳希亚 82

Platina, Bartolomeo, 巴尔托洛梅奥·普拉提纳 247

Plautus, 普劳图斯 137

Plava, 普拉瓦 478

plebeians (plebs), 平民 22, 26, 28—29, 33—34, 84

Pliny, 普林尼 61, 85, 145, 154, 157, 465

Plutarch, 普鲁塔克 59, 87

Po valley, 波河谷地 38, 52

poets and poetry during reign of, 奥古斯都统治时期的诗人与诗歌 89—103

poets/poetry (ancient Rome), 诗人/诗歌（古罗马）89—103

Poland, 波兰 433, 517

Polignac, Cardinal, 枢机主教波利尼亚克 380

Poliziano, Angelo, 安杰洛·波利齐亚诺 284

Pollaiuolo, Antonio, 安东尼奥·波拉约洛 16

Pollux, 波鲁克斯 197

Polybius, 波利比乌斯 17, 29, 36, 44

Pomarancio (Niccold Circignani): frescoes in S. Stefano Rotondo, 波马兰奇奥（尼

科洛·西尔西格纳诺）：圣司提反圆形堂的壁画 209—210
pomerium, 边界线 17—18
Pompeia (wife of Julius Caesar), 庞培娅（尤利乌斯·恺撒之妻）51
Pompeii, 庞贝 19, 71, 91,109—110, 416
Pompey (Gnaeus Pompeius Strabo), 庞培（格涅乌斯·庞培乌斯·斯特拉波）47
Pompey (Gnaeus Pompeius Magnus), 庞培（格涅乌斯·庞培乌斯·马格努斯）4, 50—51, 55—58, 87
Pont du Gard, Nimes, 尼姆的加德水道 108
Pont du Gard, 加德水道 108
Ponte Cestio, 切斯提奥桥 204
Ponte Fabricio, 法布里奇奥桥 204
Ponte Matteotti (formerly Ponte Littorio), 马泰奥蒂桥（原利托里奥桥）510
Ponte S. Angelo, 圣天使桥 250
Ponte Santa Trinita, Florence, 佛罗伦萨天主圣三桥 300
pontifex maximus, 大祭司长 22, 61, 79
Pontine marshes, draining of, 抽干蓬蒂内沼泽 514
Popolo, Il,《人民》484
Poppaea (wife of Nero), 波佩娅（尼禄之妻）122
Porta del Popolo, 人民之门 305
Porta Pinciana, 品奇纳门 250, 333
Porta Tiburtina, 提布尔提那门 238
Porta, Giacomo della, 贾科莫·德拉·波尔塔 261
Portland Vase, 波特兰花瓶 381
Portland, Margaret Bentinck, Duchess of, 波特兰公爵夫人玛格丽特·本廷克 381
Portman, John, 约翰·波特曼 476
Porto Ercole, 埃尔科莱港 1, 314
Portonaccio temple, 波尔托纳乔神庙 393
portrait of Baldassare Castiglione, 巴尔达萨雷·卡斯蒂利奥内的肖像 266
portrait of Baldassare Castiglione, 巴尔达萨雷·卡斯底里奥内肖像 266
portrait of Colonel WilliamGordon, 威廉·戈登上校的肖像画 386
portrait of Goethe, 歌德肖像 387—388
portrait of Innocent X, 英诺森十世肖像 326
portrait of La Fornarina, 福尔娜丽娜肖像 269
portrait of, 歌德的肖像 387—388
Portugal, 葡萄牙 78, 229
Possagno, 波萨尼奥 424
Possesso ritual of, 登基大典 374
Potina, 波提纳 30
pottery, 陶器 24
Pound, Ezra, 埃兹拉·庞德 494
Poussin, Nicolas, 尼古拉·普桑 69, 314—20, 501
Pozzo, Andrea, 安德里亚·波佐 366, 368
Pozzo, Cassiano de, 卡西亚诺·德·波佐 318
pozzolana concrete, 碎火山灰水泥 129—130
Pozzuoli, 波佐利 416
Prado, the, 普拉多 309, 324
Praetorian Guard, 禁卫军 62, 81,119
Prague, 238, 447

索 引 629

Prampolini, Enrico, 恩里科·普兰波利尼 474, 479—480, 499
Praz, Mario, 马里奥·普拉兹 530
Predappio, 普雷达皮奥 483, 493, 518
Pre-Raphaelites, 拉斐尔前派 267, 425
Prima Porta, 第一门 65
principes, 壮年兵 42
Prisca (wife of Diocletian), 普丽斯卡（戴克里先之妻）150
Prix de Rome, 罗马大奖 429
Propertius, Sextus, 塞克斯图斯·普罗佩提乌斯 91, 93, 95,100, 154
prostitution, 卖淫 413—414
Protase, St, 圣普罗塔斯 210
Protestant cemetery, 新教徒公墓 408
Protestantism, 新教 209, 286, 370, 447
Provence, 普罗旺斯 228
Prussia, 普鲁士 440
Psammeticus I, pharaoh, 法老塞米提克斯一世 303
public holidays, 公共假日 135
pugio, 匕首 42
Puglia (torpedo-cruiser), 普利亚号（鱼雷巡洋舰）463
Pulcher, Publius Claudius, 普布利乌斯·克劳迪乌斯·普尔彻 32
Punic Wars 布匿战争
Pydna, 皮德纳 139
Pyramid of Cestius, 塞斯提伍斯金字塔 396, 408, 418
Pyrenees, 比利牛斯山 112
Pythagoras, 毕达哥拉斯 186, 226, 264
quadriremes, 四桨木船 45

quinquiremes, 五桨木船 36—37, 45
Quirinal (Quirinale), 奎里纳尔山 17, 20, 290,302,337
Quirinal Palace (Palazzo del Quirinale), 奎里纳尔宫 303, 392, 428
Quo Vadis,《暴君焚城录》537
Raffaelli, Giacomo, 贾科莫·拉法埃利 383
Raggi, Antonio, 安东尼奥·拉吉 349
Raimondi, Marcantonio, 马肯托尼欧·莱蒙迪 265
Rainaldi, Carlo, 卡尔洛·拉伊纳尔迪 305
Rainaldi, Girolamo, 吉罗拉莫·拉伊纳尔迪 346
Rameses II, pharaoh, 法老拉美西斯二世 297
Raphael, 拉斐尔 125, 253, 256, 260, 261—269,293—294, 284, 307, 356,382, 427
Rauschenberg, Robert, 罗伯特·劳森伯格 531
Ravenna, 拉文纳 196, 201, 431
Raymond VI, Count of Toulouse, 图卢兹伯爵雷蒙德六世 229
reasons for persecution of, 迫害的原因 160—161
reconquista, 收复失地运动 223
Red Brigades, 红色旅 509
Redshirts, 红衫军 437—438, 440
Reeves, Steve, 史蒂夫·李维斯 537
Reformation, 宗教改革 255, 277, 286, 359, 370
reign of, 君士坦丁的统治 168—172,176—84
relics, 圣物 173,197—198, 205—215, 222,

226—227

religion, 宗教 23—24, 29—32, 46—47, 126—127 see also Christianity; Church; gods; paganism 又见 "基督教"; "教会"; "众神"; "异教"

Remarks Made on the Spot on a Late Seven Years' Tour,《近七年之旅途中评论》379

Rembrandt, 伦勃朗 310

Remus, 雷穆斯 15, 16, 17

Renaissance, 文艺复兴 5—6, 102, 241—286, 325, 425, 427, 428

Reni, Guido, 圭多·雷尼 307—309, 336, 382

Renzi, Mario de: Palazzo delle Esposizioni, 马里奥·德·伦齐: 展览宫 498

Res Gestae,《功业》80—81, 138

Respighi, Ottorino: *Le fontane di Roma,* 欧托里诺·雷斯庇基:《罗马的喷泉》77

Rest on the Flight into Egypt,《逃亡埃及途中的休憩》312

retiarii, 持网和三叉戟的角斗士 143

Revenge of Spartacus,《斯巴达克斯的复仇》537

Rex (passenger steamer), 雷克斯号(蒸汽客轮) 486

Reynolds, Sir Joshua, 约书亚·雷诺兹爵士 386

Rezzonico, Giovambattista 乔凡巴蒂斯塔·雷佐尼科 see Clement VIII, Pope 见 "教皇克雷芒八世"

Rhea Silvia, 雷亚·西尔维娅 16

Rheims, 兰斯 234

Rhine, River, 莱茵河 54, 80

Rho, Virginia, 弗吉尼娅·罗 440

Rhodes, 罗得岛 50

Ribera, Jusepe de, 朱塞佩·德·里贝拉 310, 322—323, 324

Ricci, Renato, 雷纳托·里奇 491

Richard I 'The Lionheart', King of England, 英格兰国王理查一世, "狮心王" 219

Richmond, Virginia: State House (Capitol), 弗吉尼亚州里士满: 国会大厦 109, 405

Rienzi, 黎恩济 239

Rinuccini, Archbishop Giovanni, 大主教乔瓦尼·里努契尼 342

Riot at the Galleria,《画廊的暴动》473

road system (ancient Rome), 道路系统(古罗马) 110—111, 113

Robert, Hubert, 罗伯特·休伯特 346

Rodin, Auguste, 奥古斯特·罗丹 418, 472

Roma Cittd Aperta ('Rome, Open City'),《罗马,不设防的城市》536—537

Roma Sotterranea (Underground Rome),《地下罗马》207

Romagna, the, 罗马涅 437

Roman attitudes towards, 罗马人对基督教的态度 153—154, 161—163

Roman Empire, 罗马帝国 65—196 see also names of emperors 又见 "皇帝名"

Roman Republic 罗马共和国

romanesco (Roman language), 罗马方言 203, 346, 490

Romano, Giulio, 朱利奥·罗马诺 262, 278

Romano, Mario: Square Colosseum, 马里奥·罗马诺: 方形斗兽场 507

Romantics, 浪漫主义者 398

Romney, George, 乔治·罗姆尼 390

Romulus, Valerius, 瓦列里乌斯·罗穆路斯 196

Romulus, 罗穆路斯 15—18, 20, 24, 26, 97, 135, 196—197, 413, 512, 517

Rosai, Ottone, 奥托内·罗萨伊 533—534

Rosas, Juan Manuel de, 胡安·曼努埃尔·德·罗萨斯 435

Rossellini, Roberto, 罗伯托·罗西里尼 535

Rossi, Pellegrino, 佩莱格里诺·罗西 448

Rossini, Gioacchino, 焦阿基诺·罗西尼 204

Rosso, Medardo, 梅达尔多·罗索 472

Rostand, Edmond: *Cyrano de Bergerac*, 埃德蒙·罗斯丹:《大鼻子情圣》497

Rotomagus (Rouen), 洛托玛古斯（鲁昂）112

Rovere, Giuliano della 朱利亚诺·德拉·罗维雷 see Julius II, Pope 见 "儒略二世"

Royal Academy, 皇家学会 401

Rubens, Peter Paul, 彼得·保罗·鲁本斯 324—328, 336, 381, 391

Rubicon, River, 卢比孔河 55, 57

Ruffini, Jacopo, 雅科波·鲁菲尼 433

Ruhmeshalle, Munich, 慕尼黑名人堂 446

Rumina, 鲁米纳 30

Ruskin, John, 约翰·拉斯金 330, 331, 418, 468

Russell, Odo, 欧多·拉塞尔 450

Russolo, Luigi, 路易吉·鲁索洛 470—471

Rutland, Duke of, 拉特兰公爵 381

S, Sebastiano, Mantua, 曼图亚圣巴斯弟盎教堂 245

S. Agnese fuori le Mura, 城外圣依搦斯圣殿 401

S. Agnese in Agone, 圣依搦斯蒙难堂 199, 346

S. Agnese in Agone, 圣依搦斯蒙难堂 346

S. Agnese in Agone, 圣依搦斯蒙难堂 346, 349

S. Agnese in Agone, 圣依搦斯蒙难堂 346—347

S. Andrea, Mantua, 曼图亚圣安德里亚教堂 245

S. Andrea, 圣安德里亚教堂 245

S. Carlo alle Quattro Eontane, 四泉圣嘉禄堂 357—358

S. Carlo alle Quattro Fontane, 四泉圣嘉禄堂 357—358

S. Clemente, 圣格肋孟圣殿 173—4

S. Croce in Gerusalemme, 耶路撒冷圣十字圣殿 173, 197, 211, 213—214, 292, 328, 383

S. Ignazio, 圣依纳爵教堂 368

S. Ignazio: ceiling (The Glory of St Ignatius Loyola and the Missionary Work of the Jesuit Order), 圣依纳爵教堂：天花板（圣依纳爵·罗耀拉的荣耀与耶稣会的传教工作）367—368

S. Isidoro monastery, 圣依西多禄修道院 426

S. Lorenzo fuori le Mura (St Lawrence Outside the Walls), 城外圣老楞佐圣殿 197, 198, 209, 291, 523

S. Lorenzo in Lucina, 卢奇娜的圣老楞佐圣殿 198—199

S. Lorenzo in Panisperna, 帕尼斯佩尔纳圣老楞佐小教堂 198

S. Lorenzo, Florence, 佛罗伦萨圣老楞佐大教堂 270

S. Luigi del Francesi, 圣王路易堂 146, 317, 322

S. Maria degli Angeli, 天使圣母大教堂 385

S. Maria dei Miracoli, 奇迹圣母堂 306

S. Maria del Fiore (Duomo; cathedral), 圣母百花大教堂 241, 242, 259, 261

S. Maria del Fiore, Florence (Duomo; Florence Cathedral), 佛罗伦萨圣母百花大教堂（佛罗伦萨主教座堂）241, 242,

S. Maria del Popolo, 人民圣母圣殿 268, 313, 383

S. Maria della Consolazione, Todi, 托迪神慰圣母堂 260

S. Maria della Pace, 和平之后圣母堂 268, 383

S. Maria della Vittoria: Cornaro Chapel, 胜利之后圣母堂：科尔纳罗礼拜堂 7, 342, 345, 368

S. Maria delle Grazie, Milan, 米兰感恩圣母堂 252

S. Maria delle Grazie, 感恩圣母堂 252

S. Maria in Montesanto, 圣山圣母堂 305—306

S. Maria in Trastevere, 越台伯河的圣母大教堂 200, 202—203, 250

S. Maria Maggiore, 圣母大教堂 195—196, 197, 290, 291, 292, 385, 401

S. Maria Novella, Florence, 佛罗伦萨新圣母大教堂 245

S. Maria Novella, Florence, 新圣母大教堂 245

S. Maria presso Satiro, Milan, 米兰圣沙弟乐圣母堂 251

S. Maria presso Satiro, 圣沙弟乐圣母堂 251 see also Mediolanum 又见"米迪奥拉努姆"

S. Maria Sopra Minerva, 神庙遗址圣母堂 383

S. Nicola de Cesarini, 圣尼古拉·切萨里尼教堂 495—496

S. Nicola de Columna, 圣尼古拉圆柱教堂 133

S. Paolo fuori le Mura, 城外圣保罗大殿 197, 206, 291

S. Petronio, Bologna, 博洛尼亚圣白托略大殿 256

S. Petronio, 圣白托略大殿 256 see also Bononia 又见"博洛尼亚"

S. Pietro in Montorio, 蒙托里奥圣彼得堂 252

S. Pietro in Vincoli, 圣彼得锁链堂 115, 253, 270

S. Pietro 圣彼得大教堂 see St Peter's 见"圣彼得大教堂"

S. Sabina, 圣撒比纳圣殿 290

S. Sebastiano (St Sebastian Outside the Walls), 城外圣巴斯弟盎教堂 197

S. Sebastiano, 圣巴斯弟盎教堂 245

S. Stefano Rotondo, 圣斯德望圆形堂 209, 250

S. Trinita dei Monti, 山上天主圣三教堂 292, 303, 406—407, 481

索 引

S. Trinita dei Pellegrini, 朝圣者天主圣三堂 308

S. Trinita dei Pellegrini 朝圣者天主圣三堂 308

Sabines, 萨宾人 20—21, 27, 94

Sacchi, Andrea, 安德里亚·萨基 318

Sacconi, Giuseppe: monument to Vittorio Emmanuele II (Vittoriano), 朱塞佩·萨科尼: 维托里奥·埃马努埃莱二世纪念物（维托里亚诺） 443, 446

Sack of Rome, 罗马之劫 275—277, 281

Sacra Via, 圣路 60

Sade, Marquis de, 萨德侯爵 125

Saguntum, 萨贡托 38

Saint Simplicius, Pope, 教皇圣辛普利修 209

Saladin, P.A., P·A·萨拉丁 479

Salah—el—Din (Saladin), 萨拉丁 219

Salamis, battle of, 萨拉米斯之战 143

sale of indulgences, 出售赎罪券 255, 285

Salerno, 萨勒诺 522

Salo, 萨罗 522

Salvator mundi (papal bull), 《救世主》（教皇训谕）231

Salvi, Nicola: Trevi Fountain, 尼古拉·萨尔维: 特雷维喷泉 250, 350—351

Sambre, River, 桑布尔河 53

Samnites, 萨莫奈人 28

San Giovanni in Laterano (St John Lateran), 拉特朗圣约翰大教堂 172—173, 184, 197, 200, 213, 237, 291, 293, 302, 374

San Marino, 圣马力诺 436

Sanctis, Francesco de, 弗朗西斯科·德·桑克提斯 407

Sandalbinderin (Girl Fastening Her Sandal), 《系凉鞋的女孩》428

Sanfedisti, 神圣信仰党 432—433

Sangallo, Giuliano da, 朱利亚诺·达·桑加洛 260

Sant' Ivo alia Sapienza, 圣依华堂 359

Sant' Ivo alia Sapienza, 圣依华堂 359

Sant'Elia, Antonio, 安东尼奥·圣伊利亚 473—476, 481

Santesso, Walter, 沃尔特·桑特索 538

Santi, Giovanni, 乔瓦尼·桑蒂 261

Santopalato restaurant, Torino, 都灵"神圣味觉"餐厅 480

Santopalato restaurant, 神圣味觉餐厅 480

Sarcophagus of the Spouses, 夫妻石棺 24

Sardinia, 撒丁岛 38, 229, 437

Sarfatti, Margherita, 玛格丽塔·萨尔法季 502

Sarto, Giuseppe Melchiorre 乔瓦尼·梅尔吉奥雷·萨尔托 see Pius X, Pope 见"教皇庇护十世"

Saturnalia, 农神节 135

Saugallo, Antonio, 安东尼奥·桑加洛 306

Savelli family, 萨维利家族 235

Savona fortress, 萨沃纳堡垒 433

Savoy, 萨伏依 433—434

Sbricoli, Silvio, 西尔维奥·斯布里科利 446

Scaeva, Decius Brutus, 德西乌斯·布鲁图斯·斯开瓦 139

Scala Regia, 皇家阶梯 353

Scala Santa (Holy Staircase), 圣阶 211—212

Schadow, Johann Gottfried, 约翰·戈特弗里德·沙多 427
Schadow, Ridolfo, 里多尔佛·沙多 427—428
Schadow, Wilhelm, 威廉·沙多 424
Schifano, Mario, 马里奥·斯奇法诺 530
Scipio, Publius Cornelius, 普布利乌斯·科尔内利乌斯·西庇阿 38,39, 45, 58
Scorpus (charioteer), 斯科尔普斯 137
'Sculpted Meat' (food dish), "雕刻肉"（菜肴）480
Sea of Marmara, 马尔马拉海 182,183
Sebastian, St, 圣巴斯弟盎 197
Second Crusade, 第二次十字军东征 219
Second Punic War, 第二次布匿战争 38—41,44—5, 45—6
Second Triumvirate, 后三头同盟 64, 66, 68
Second Vatican Council, 第二次梵蒂冈大公会议 452
Second World War, 第二次世界大战 470, 498, 516,517, 520—4
Second, 第二次布匿战争 38—41, 44, 45—46
Sedan, 色当 440
see also Adam brothers Adam brothers, 又见"亚当兄弟"125 see also Adam,Robert
Segesta, 塞杰斯塔 35
Seghers, 西格斯 310
Sejanus, 塞扬努斯 119,133
Self Portrait with Brother Ridolfo Schadow and Bertel Thorvaldsen,《与弟弟里多尔佛·沙多及贝特尔·托瓦尔森的自画像》427

Selo, 塞洛 477
Sempronianus, 先普罗尼阿努斯 217
Senate House, 元老院议厅 62,153
Senate, 元老院 26, 28, 45, 55, 56, 57, 58, 62,64, 79, 80, 81,119,170, 397
senators, 元老院成员 34, 51, 56—57, 60, 83—84, 91, 128, 169, 216, 239
Seneca, Lucius Annaeus, 卢修斯·阿奈乌斯·塞内卡 18, 121, 144—145, 148, 154
'Apocolocyntosis' or 'Pumpkinificatiori of Claudius, 致克劳狄的《颂圣》121
sense of humour, 幽默感 83
September Convention,《九月公约》440
Septizodium, 七节楼 292
Serapeion, Alexandria, 亚历山大港塞拉皮雍 193
Serapis, cult of, 塞拉皮斯崇拜 127,193
Serlio, Sebastiano, 塞巴斯蒂亚诺·塞利奥 252
Servius Tullius, 塞尔维乌斯·图利乌斯 20—21
Sessorian Palace, 塞索利安宫 173
Seurat, Georges, 乔治·秀拉 473
seventeenth century, 17 世纪 287—368
Seventh Army, 第七军 522
Severini, Gino, 基诺·塞维里尼 470—471
Severinus, 赛维林努斯 217
Severus (Christian martyr), 塞维鲁（基督教殉道者）217
Severus (military leader), 塞维鲁（军事领袖）167
Severus Alexander, 塞维鲁·亚历山大 116
Severus, Septimius, Emperor, 皇帝赛普提

索 引

穆斯·塞维鲁 292
Seville, 塞维利亚 323, 324
sewer system, 下水道系统 25—26, 71
sex trade, 性交易 414
Sforza, Battista, 巴蒂斯塔·斯福尔扎 251
Sforza, Duke Ludovico, 卢多维科·斯福尔扎公爵 251
Sforza, Gian Galeazzo, 吉安·加莱亚佐·斯福尔扎 252
Shakespeare, William, 威廉·莎士比亚 48, 62, 97, 103, 204, 494
Sharkey, Jack, 杰克·夏尔基 487
Shaw, George Bernard: *Caesar and Cleopatra*, 萧伯纳:《恺撒和克利奥帕特拉》497
Shelley, Percy Bysshe, 珀西·比希·雪莱 307, 377—378, 408
she-wolf, sculpture of, 母狼雕像 16, 24
shields, 盾牌 42
Siam, King of, 暹罗国王 503
Sibylline Books,《西卜林神谕集》205
Sica, Vittorio de, 维多里奥·狄西嘉 535
Sicily, 西西里 35, 38, 56, 87, 92, 421, 422, 434, 437—438, 521, 522, 526—527
Siena, 锡耶纳 288
Signac, Paul, 保罗·希涅克 473
Signorelli, Luca, 卢卡·西尼奥雷利 251, 271
Signorini, Telemacho, 特勒马科·西尼奥里尼 442
Silva, Ana Ribeiro da (Anita Garibaldi), 安娜·里贝罗·达·席尔瓦(安妮塔·加里波第) 435, 436—437
Simplicius, 辛普利修斯 217

Sirmium, 希尔米乌姆 152
Sironi, Mario, 马里奥·西罗尼 498, 502—505
Sistine Chapel, 西斯廷礼拜堂 253, 268, 269, 270—275, 277—278, 327, 546—548
'Sixtine Vulgate', "西斯廷译本" 289
Sixtus IV, Pope, 教皇西斯笃四世 247, 253, 270
Sixtus V Pope (Felice Peretti, Cardinal Montalto), 教皇西斯笃五世(蒙塔尔托枢机主教菲利斯·佩雷蒂) 287, 288—295, 299, 301—305, 406
Skorzeny, Otto, 奥托·斯科尔兹内 521—522
slaves, 奴隶 84—88, 135
Smith, Adam, 亚当·斯密 389
Soane Museum, 索恩博物馆 404
Soane, John, 约翰·索恩 383, 395, 400—405
social organisation during reignof, 奥古斯都统治时期的社会结构 83—84
Society of Jesus 耶稣会 see Jesuits 见"耶稣会士"
socii, 伙伴 28
Sol (sun—god), 索尔(太阳神) 140
Sole al Biscione Hotel, 比肖内的太阳酒店 7
Somalia, 索马里 516
Son of Spartacus,《斯巴达克斯之子》537
Soviet Union, 苏联 517
Spada, Cardinal Bernardino, 枢机主教贝尔纳迪诺·斯帕达 358

Spain, 西班牙 37, 78, 80, 81, 89, 112, 166, 198, 219, 223, 322, 324—325, 350, 360—361, 369, 487, 517

Spalato (Split), 斯巴拉多（斯普利特）166

Spanish Armada, 西班牙无敌舰队 303—304

Spanish Civil War, 西班牙内战 517, 526

Spanish Steps, 西班牙阶梯 3, 303, 387, 407, 429, 481, 499, 524

Spanish Steps, 西班牙阶梯 3, 303, 387, 407, 429, 481, 499

Sparta, 斯巴达 200

Spartacus, 斯巴达克斯 51, 57, 87, 143

spears 矛 see hasta; pila 见"双头矛"; "重投枪"

Speer, Albert, 阿尔伯特·斯佩尔 445, 507, 513

Spenser, Edmund, 埃德蒙·斯宾塞 103, 419

Spielberg fortress, 斯皮尔伯格堡垒 431

Spina dei Borghi, 博尔戈之脊 512

Spiritual Exercises,《灵性操练》362

Split, 斯普利特 166

spolia, 剩余物 200—201

Spontini (double agent), 斯蓬蒂尼（双面间谍）432

Sporus, 斯波鲁斯 122

squadristi, 回乡士兵 485, 508, 511

Square Colosseum, 方形斗兽场 507

Sri Lanka, 斯里兰卡 157

SS. Cosmas and Damian, 圣葛斯默和达弥盎圣殿 196, 200

SS. Quattro Coronati, 四殉道堂 216—217

St John Lateran 拉特朗圣约翰大教堂 see San Giovanni in Laterano 见"拉特朗圣约翰大教堂"

St John writing the *Apocalypseon* the island of Patmos, 圣约翰在拔摩岛写下《启示录》317

St Lawrence Outside the Walls 城外圣老楞佐圣殿 see S. Lorenzo fuori le Mura 见"城外圣老楞佐圣殿"

St Maria in Montesanto, 圣山圣母堂 305—306

St Mark's, Venice, 威尼斯圣马可大教堂 166, 221

St Paul Outside the Walls 城外圣保罗大殿 see S.Paolo fuori le Mura 见"城外圣保罗大殿"

St Peter s (S. Pietro), 圣彼得大教堂 7, 10, 115, 130, 141, 172, 176, 195, 197, 199, 210, 223, 251, 253, 256, 258—261, 276, 283, 285, 291, 299, 337, 338—339, 341—342, 353, 356, 379, 383, 385, 417, 512, 526, 542, 547

St Peter's Square (Piazza San Pietro), 圣彼得广场 10, 354, 448, 512

St Peter's Square (Piazza SanPietro), 圣彼得广场 10, 354, 512

St Peter's, 圣彼得大教堂 260, 261

St Peter's, 圣彼得大教堂 338—339, 341—342, 353, 353—354, 356

St Peter's, 圣彼得大教堂 354

St Petersburg, 圣彼得堡 158, 417, 445, 464, 469, 545

St Sebastian Outside the Walls (S. Sebastiano),

索　引

城外圣巴斯弟盎教堂 197, 291
Stadio dei Marmi, 大理石体育场 510
Stadium of Domitian, 图密善竞技场 346
Stalin, Joseph, 约瑟夫·斯大林 505
Stalinism, 斯大林主义 490, 505
Stanza d'Eliodoro, Vatican, 梵蒂冈埃利奥多罗房 264—265
Stanza della Segnatura, Vatican, 梵蒂冈签字室 253, 256—257, 263—264
Stanza dell'Incendio, Vatican, 梵蒂冈火之室 266
Starace, Giovanni, 乔瓦尼·斯塔拉切 202, 485—486, 492
State House (Capitol), Virginia, 弗吉尼亚国会大厦 109, 405
statue of Augustus, 奥古斯都雕像 65—66
statue of Veronica, 韦罗妮卡雕像 211
statue of, 奥勒留雕像 12—14, 281—282, 365, 545
statue of, 君士坦丁的雕像 353
statue of, 克利奥帕特拉的雕像 61
statue of, 圣保罗雕像 293
statue of, 圣彼得雕像 293
statue of, 圣韦罗妮卡雕像 211
statues of, 奥古斯都雕像 65—66 becomes Augustus, 成为奥古斯都 69 and political power, 奥古斯都与政治权力 69, 79, 80—81, 150
stemma (official device), 盾徽（官方图案） 28
Stendal, 施滕达尔 409
Stendhal, 司汤达 417
Stephen VII, Pope, 教皇斯德望七世 454

Stephen, St, 圣司提反 208—209
Stevens, Sacheverell, 撒切维罗·斯蒂芬斯 378
Stoicism, 斯多葛学派 48—49, 121
Strabo, 斯特拉波 112
Strada Felicie (later Via Sistina) 菲利斯大道（后称西斯提纳大道）see Via Sistina 见"西斯提纳大道"
Strozzi, Palla, 帕拉·斯特罗齐 246
Sturzo, Don Luigi, 堂·路易吉·斯图尔佐 495
Subleyras, Pierre, 皮埃尔·苏布雷拉斯 395
Suburra, 苏布拉 413
Suetonius, 苏埃托尼乌斯 61, 72, 83, 113—118, 120, 122, 124—125, 162, 165, 173
Sulla, Lucius Cornelius, 卢西乌斯·科尔内利乌斯·苏拉 47, 50—51, 56, 135
Surrealism, 超现实主义 499—501, 502
Surrender of Breda ("The Lances"), 《布雷达之降》（"长矛"）325
surveyors, 测量员 76
Suso, Henry, 亨利·苏索 361—362
Swiss Guard, 瑞士近卫队 254, 276, 379, 448
Switzerland, 瑞士 52, 254, 276, 387, 433, 448, 483, 518
swords, 剑 42
Sydney, 悉尼 1
Syllabus of Errors, 《谬说要录》448—451
Sylvester I, Pope, 教皇西尔维斯特一世 215, 216, 217
Syon House, 塞恩府 406

Syria, 叙利亚 78, 81,171, 202
Tacitus, 塔西陀 47, 79, 118—119, 123, 125, 154, 165, 394
Taganrog, 塔甘罗格 435
Tanguy, Yves, 伊夫·唐居伊 500
Tapies, Antoni, 安东尼·塔皮埃斯 529
Targhini, Angelo, 安杰洛·塔尔吉尼 431—432
Tarquinia, 塔尔奎尼亚 19, 23
Tarquinius Priscus, 塔克文·普里斯库斯 20
Tarquinius Sextus, 塔克文·塞克斯图斯 21
Tarquinius Superbus (Tarquin the Arrogant), 塔克文·苏佩布（傲慢者塔克文）20—21
Tarquinius Superbus, Lucius (son of Tarquin the Arrogant), 卢修斯·塔克文·苏佩布（傲慢者塔克文之子）21
Tarraco (Tarragona), 塔拉科（塔拉戈纳）112
Tarraconensis, 塔拉科南西斯 78
Tassi, Agostino, 阿戈斯蒂诺·塔西 321
Tatlin, Vladimir, 弗拉基米尔·塔特林 505
Tempietto, 小礼拜堂 252
Tempio Malatestiano, Rimini, 里米尼的马拉泰斯塔寺 245
Tempio Malatestiano, 马拉泰斯塔寺 245 seealso Arminium 又见"阿米尼乌姆"
Temple of Fortuna Virilis, 福尔图那·维里利斯神庙 172, 509
Temple of Jupiter, 朱庇特神庙 21—23, 60, 443
Temple of Romulus, 罗穆路斯神庙 196—197
Temple of Venus and Cupid, 维纳斯与丘比特神庙 153
Temple of Venus Genetrix, 生育女神维纳斯神庙 60
Temple of Vesta, 维斯塔神庙 61, 71, 252, 401, 509
Temple of, 朱庇特神庙 21—23, 60,
Ten Gladiators, Triumph of the,《十名角斗士的胜利》537
Tenth Army, 第十军 517
Terence, 泰伦斯 137
Teresa of Avila, St, 亚维拉的圣特蕾莎 343
Terragni, Giuseppe, 朱塞佩·特拉尼 474, 498, 507
Terror, the (France), 恐怖政治（法国）420
Tertullian, 德尔图良 161
Tetrarchy, 四帝共治制 151—154, 165—166
Teutoburg forest, 条顿堡林山 80
Thames, River, 泰晤士河 54
Thanet, Earl of, 萨尼特伯爵 384
The Artist in Despair over the Magnitude of Antique Fragments,《古代碎片的宏伟前绝望的艺术家》282
The Book of the Courtier,《廷臣论》261
The Boy Bitten by a Lizard,《被蜥蜴咬的男孩》332
the Campo, 广场 282
The City Rises,《城市的兴起》473
The Death of Germanicus,《日耳曼尼库斯之死》318—319
The Decline and Fall of the Roman Empire,

索 引

《罗马帝国衰亡史》381
The Destruction of the Temple atJerusalem,《耶路撒冷圣殿的毁灭》318
The Disquieting Muses,《令人不安的缪斯》502
The Ecstasy of St Teresa,《圣德兰的狂喜》343—344
The Five Senses series, "五感" 系列 322
The Gospel and the Church,《福音与教会》456
The Holy Family (Doni Tondo),《圣家庭》280
The House of Life,《生命之屋》530
The Last Judgement,《末日审判》269—270, 275,277—281
The Last Supper,《最后的晚餐》252, 272
The Liberation of St Peter,《圣彼得解放》265
The Martyrdom of Saint Sebastian,《圣巴斯弟盎的殉难》459
The Mass at Bolsena,《博尔塞纳的弥撒》265
The Massacre of the Innocents,《诸圣婴孩殉道》318
The Meeting of Leo the Great withAttila,《伟大的利奥与阿提拉的会战》265
The Melancholy of Departure,《离愁》500—501
The Oath of the Saxons,《撒克逊人的誓言》441
The Romantic Agony,《浪漫痛楚》530
The Sacrifice of Isaac,《奉献以撒》313 The Sick Bacchus,《生病的巴克斯》332 The Supper at Emmaus,《以马忤斯的晚餐》313
The School of Athens,《雅典学院》263—264
The Seven Sacraments,《七大圣礼》381
The Toilet of Venus or The Rokeby Venus,《维纳斯的梳妆室》又称《镜前的维纳斯》326
The Triumph of Religion in the Arts,《宗教在艺术上的胜利》427
The Waterseller of Seville,《塞维利亚的卖水人》324
Theatre of Balbus, 巴尔布斯剧场 137
Theatre of Marcellus, 马塞卢斯剧场 137
Theatre of Pompey, 庞培剧场 7, 137
theatrical shows, 戏剧演出 137
Thebes, 底比斯 297
Thecla, St, 圣德克拉 210
Theodoric the Great, King of the Ostrogoths, 东哥特国王狄奥多里克大帝 196
Theodosian Code,《狄奥多西法典》187
Theodosius I, Emperor, 皇帝狄奥多西一世 188,193
Theophilos, Bishop of Alexandria, 亚历山大港主教狄奥斐卢斯 193
thermae (public baths), 公共浴场 145, 149, 153, 541
Thessalonika, 塞萨洛尼卡 112,152
Thessaly, 塞萨利 200
theurgy, 法术 186—187
Theveste, 泰贝萨 113
Third Crusade, 第三次十字军东征 219
Third Lateran Council, 第三次拉特朗会议 228

Third of May,《五月三日》527

Thirty Years' War, 三十年战争 337

Thorvaldsen, Bertel, 贝特尔·托瓦尔森 423—424, 428

Thrace, 色雷斯 78, 87, 143, 192, 466

Three Coins in the Fountain,《罗马之恋》351

Thutmose III, pharaoh, 法老图特摩斯三世 302

Tiber Island, 台伯岛 204—205

Tiber, River, 台伯河 6, 15, 16, 17, 26, 70—71, 77, 157, 161, 165, 167—168, 250, 380, 406, 454, 489, 512, 523

Tiberius, Emperor, 皇帝提比略 65, 80, 108, 113, 118, 119, 319

Tibullus, 提布鲁斯 100

Ticino, 提契诺 39

Tiepolos, the, 提埃波罗 394

Time magazine,《时代》杂志 280

Timomachus, 提莫马科斯 61

tin, 锡 35

Tinea, 提尼亚 24

Tintoretto: *Raising of Lazarus*, 丁托列托:《拉撒路的复活》473

Tischbein, Wilhelm, 威廉·蒂施拜因 387, 388

Titian, 提香 324—325, 327, 371, 382, 415, 502, 547

Titta, Mastro, 马斯特罗·提塔 432

tituli, 领衔教堂 169, 270

titulus Crucis, 十字架铭文 213

Titus Tatius, 提图斯·塔提乌斯 20

Titus, Emperor, 皇帝提图斯 141, 144

Tivoli, 蒂沃利 77—78, 140, 157, 384

Todi: S. Maria della Consolazione, 托迪：神慰圣母堂 260

toilets, public (ancient Rome), 公共厕所（古罗马）71

Tolfa, 托尔法 254

Tomb of Caecilia Metella, 塞西莉娅·梅特拉之墓 292, 321, 388

Tomb of Julius II, 儒略二世之墓 253, 269—70

tomb of Maria Christina, 玛丽亚·克里斯蒂娜之墓 418

Tomb of the Bulls, 公牛之墓 23

Tomb of the Unknown Soldier, 无名战士墓 444

tomb of, 儒略二世之墓 253, 269—270

Tomi (Costanza), 托米（康斯坦察）100

Torino 都灵 see Turin 见"都灵"

Torriti, Jacopo: *Coronation of the Virgin*, 雅科波·托里提:《圣母加冕》196

Tosca,《托斯卡》398

Tours, 图尔 228

traffic (ancient Rome), 交通（古罗马）72—73

Trajan, Emperor, 皇帝图拉真 70, 132—133, 248, 293, 390

Trajan's Column, 图拉真记功柱 131—133, 293

Transavanguardia, 超前卫艺术 533—534

Trastevere, 特拉斯提弗列 74, 143, 202—204, 210, 269

Travels in Italy,《意大利游记》547

Trebia, battle of, 特雷比亚战役 40

Tree of Wooden Clogs,《木屐树》537
Trent/Trento, 特伦托 368, 484
Trevi Fountain (Fontana di Trevi), 特雷维喷泉 250, 350—351
Trevisani, Francesco, 弗朗西斯科·特雷维萨尼 395
Trian, Jeanne de, 珍妮·德·特利安 234
triarii, 后备兵 42
tribunes, 护民官 22, 27—29, 56, 237—239, 482
Trier, 特里尔 152, 184
Trieste, 的里雅斯特 412, 432, 496
Trimalchio, 特立马乔 84, 155
Trinitarian Order, 三一会 357
Trinity, dogma of, 三位一体教义 181
Triple Alliance, 三国同盟 445
triremes, 三桨木船 36—37
Trissino, Gian Giorgio, 吉安·乔吉奥·特里西诺 285
Tristano, Giovanni, 乔瓦尼·特里斯塔诺 365
Tristia,《哀歌》100
Triton Fountain, 特里同喷泉 351
Triumph of Galatea,《伽拉忒亚的凯旋》268
Triumphal Gate, 凯旋门 60
triumphs, 凯旋 58—60
Triumvirate 三头同盟
Troy, 特洛伊 15, 95—97, 107, 123, 182, 266, 332
True Cross, 真十字架 177, 213, 222, 328
Tullius Hostilius, 图利乌斯·霍斯提利乌斯 20

Tunisia, 突尼斯 35, 106, 200
Turin (Torino), 都灵 211, 438, 465, 475, 479—481, 500
Turkey, 土耳其 106, 192, 200, 254, 433
Turner, J.M.W, J·M·W·透纳 320, 404
Tuscan order/style, 托斯卡纳柱式 23, 104, 244
Tuscany, Grand Duke of, 托斯卡纳大公 366
Tuscany, 托斯卡纳 234, 422, 430, 432, 434, 437, 441
Twelve Tables,《十二铜表法》22, 32—33, 88
twentieth century, 20 世纪 458—541
twentieth century, 20 世纪 458—541 present—day, 当今 548—551 see also names of places 又见 "地名"
Tyrrhenian coast, 第勒尼安海岸 19
Ubii, 乌比 54
Uffizi, the, 乌菲兹美术馆 258
Ulloa, Gala, 卡拉·乌略亚 439
Ulpian (Domitius Ulpianus), 乌尔比安（多米提乌斯·乌尔比安）33, 151
ultramontanism, 教皇极权主义 449
Umberto I, King of Italy, 意大利国王翁贝托一世 443
Unam sanctam (papal bull),《一圣教谕》（教皇训谕）231
Uni, 尤尼 24
uniform, 制服 435
Unique Forms of Continuity in Space,《连续性在空间中的独特形式》471
United Nations FAO offices, 联合国粮农组

织办公室 509

United States, 美国 214, 507, 517, 520, 533 see also America 又见"美国"

University of Rome, 罗马大学 285

University, 热那亚大学 465

Urals, 乌拉尔 157

Urban VIII, Pope (Maffeo Barberini), 教皇乌尔班八世（马菲奥·巴尔贝里尼）131,253,318,337,338, 339—340, 341—342, 350

Urbino, 乌尔比诺 261, 403

Urgulanilla (wife of Claudius), 厄尔古拉妮拉（克劳狄之妻）119

Uruguay, 乌拉圭 435—436

Valens, Emperor, 皇帝瓦伦斯 191—192

Valentin de Boulogne, 瓦伦汀·德·布洛涅 310

Valentinian, Emperor (Flavius Valentinianus), 皇帝瓦伦提尼安（弗拉维乌斯·瓦伦提尼安努斯）191

Valeria (daughter of Diocletian), 瓦莱丽娅（戴克里先之女）150

Valerian, Emperor, 皇帝瓦勒良 198

Valeriano, Giuseppe and Domenico, 朱塞佩与多梅尼科·瓦莱里亚诺 394

Valletta, 瓦莱塔 314

Varius Rufus, 瓦列乌斯·鲁夫斯 93

Varro (author), 瓦罗（作家）17

Varro (Roman commander), 瓦罗（罗马指挥官）41

Vasari, Giorgio, 乔吉奥·瓦萨里 241, 246, 261—262

Vathek,《瓦塞克》399

Vatican City, 梵蒂冈城 201, 494

Vatican Council First, 第一次梵蒂冈大公会议 452—453

Vatican frescoes, 梵蒂冈壁画 253, 256—257,262—266,327

Vatican Library, 梵蒂冈图书馆 247, 286, 291, 409

Vatican, 梵蒂冈 125, 199, 253, 254, 256—257, 261, 262—266, 270—275, 277—281, 286, 291, 327, 352, 383, 385, 409, 410, 455, 456,513, 523, 546, 548

Vedova, Emilio, 埃米利奥·维多瓦 499

Veii, 维伊 19, 20, 24, 25, 393

Veil, 面纱 210—211

Velazquez, Diego de Silva y, 迭戈·德·席尔瓦·委拉斯开兹 281, 310, 322, 327, 381

Velian Hill, 威利安山 139, 141

velites, 少年兵 42

Velletri, 维莱特里 233

venationes, 斗兽战 143

Venetia, 威尼西亚 437

Venice Film Festival, 威尼斯电影节 487

Venus, 维纳斯 15,30, 49, 60, 66, 103—104, 177, 338, 426

Vercingetorix, 维辛格托里克斯 53, 115

Verdi, Giuseppe, 朱塞佩·威尔第 204, 398, 419

Vernet, Claude-Joseph, 克劳德–约瑟夫·韦尔内 395

Verona, 维罗纳 390

Veronese, Paolo, 保罗·委罗内塞 325, 327, 382

索 引

Veronica, St, 圣韦罗妮卡 210
Vertoibizza, the, 维尔托比扎河 477
Vespasian, Emperor (Titus Flavius Vespasianus), 皇帝韦斯巴芗（提图斯·弗拉维乌斯·韦斯巴芗）140, 141, 150, 173
Vesta, 维斯塔 30
Vestal Virgins, 维斯塔贞女 30—31, 45, 61
Vesuvius, 维苏威火山 91
Via Adolfo Hitler (later Via delle Cave Ardeatine), 阿道夫·希特勒大道（后称"阿尔迪汀洞穴大道"）510
Via Appia (Appian Way), 亚壁古道 64, 87, 111, 113, 348
Via Condotti, 孔多蒂街 3
Via degli Artisti, 艺术家街 427
Via del Babuino, 巴布伊诺大道 305, 319
Via del Biscione, 比肖内街 7
Via del Corso, 科尔索大道 305, 429
Via del Mare (later Via del Teatrodi Marcello), 海洋大道（后称"马切罗剧场大道"）507, 508, 509
Via del Teatro di Marcello 马切罗剧场大道 see Via del Mare 见"海洋大道"
Via dell' Impero, 帝国大道 506, 508, 509, 515
Via della Conciliazione, 协和大道 10, 513
Via delle Cave Ardeatine (formerlyVia Adolfo Hitler), 阿尔迪汀洞穴大道（前称"阿道夫·希特勒大道"）510
Via delle Quattro Fontane, 四泉街 337
Via di Lungara, 伦嘉拉大道 202
Via di Ripetta, 里佩塔大道 302—303, 305
Via di San Eustachio, 圣欧斯塔基奥大道 146
Via Egnatia, 伊拿迪亚大道 113, 183
Via Margutta, 马古塔街 321, 322
Via Merulana, 梅卢拉纳大道 290
Via Rasella, 拉塞拉街 527
Via Salaria, 萨拉利亚大道 404
Via Sistina (formerly Strada Felice), 西斯提纳大道（前称"菲利斯大道"）292
Via Veneto, 威尼托街 201, 537—538
Vicenza, 维琴察 370, 390
Vicolo del Gallo, 高卢巷 6
Victor Emmanuel II 维克多·埃马努埃莱二世 see Vittorio Emanuele II, King of Italy 见"意大利国王维托里奥·埃马努埃莱二世"
Victor Emmanuel III, King of Italy, 意大利国王维克多·埃马努埃莱三世 457, 496, 517, 521
Victorinus, 维克多林努斯 217
Victory of Samothrace,《萨莫色雷斯的胜利女神》466, 471
Vienna, 维也纳 368, 418, 425, 426, 433, 434, 447, 461, 463
Vignola, Giacomo Barozzi da, 贾科莫·巴罗齐·达·维尼奥拉 356, 365—367
Villa Borghese, 鲍格才别墅 414
Villa Farnese, Caprarola, 卡普拉罗拉法尔内塞别墅 365
Villa Farnese, 法尔内塞别墅 365
Villa Farnesina, 法尔内西纳庄园 268
Villa Giulia, 朱利亚别墅 300
Villa Lante, Bagnaia, 巴尼亚亚兰特别墅 365

Villa Madama, 玛达玛庄园 262
Villa Medici, 美第奇别墅 429, 430
Villa Montalto, 蒙塔尔托庄园 290
Villa Montalto-Negroni collection, 蒙塔尔托 – 内格罗尼别墅藏品 380
Villa of the Mysteries, Pompeii, 庞贝古城神秘别墅 109
Villani, Giovanni, 乔瓦尼·维拉尼 206
Villanovans, 维拉诺瓦人 19
Villehardouin, Geoffroy de, 杰弗里·德·威勒哈度因 220
Villiers, George, 乔治·威利尔斯 440
Viminal Hill, 维米纳尔山 17, 20
Virgil (Publius Virgilius Maro), 维吉尔（普布留斯·维吉留斯·马罗）89—91, 94—98,118,159, 256
Virgin Mary, 圣母马利亚 2, 176, 179, 214, 222, 309, 312, 360, 425, 429, 451—453
Virgin of the Rocks,《岩间圣母》382
Virginia: State House (Capitol), 弗吉尼亚：国会大厦 109, 405
Visigoths, 西哥特人 192, 213
Vitruvius Britannicus,《不列颠建筑师》330
Vitruvius, 维特鲁威 23,104, 129, 245—246, 252
Vittoriale degli Italiani, 意大利胜利庄园 463—464
Vittorio Emanuele II, King of Italy, 意大利国王维托里奥·埃马努埃莱二世 212, 437, 438, 439, 440, 443
Vittorio Emanuele III 维托里奥·埃马努埃莱三世 see Victor Emmanuel III,King of Italy 见 "意大利国王维克多·埃马努埃莱三世"
Viva, 维瓦 537
Vogel, Ludwig, 路德维格·沃格尔 425, 426
Volcanalia, 伏尔甘节 135
Volos, 沃洛斯 499, 500
Volpato, Giovanni, 乔瓦尼·沃尔帕托 383
Volsci, 沃尔西人 27
Volterra, Daniele da, 丹尼尔·达·沃尔泰拉 278
Volterra, 沃尔泰拉 24, 209
Vulca, 伏尔卡 24
Vulci, 瓦尔奇 19
Wackenroder, Wilhelm, 威廉·瓦肯罗德尔 424, 426
Wagner, Richard, 理查德·瓦格纳 239, 470
Walpole, Horace, 霍勒斯·沃波尔 373,390, 391
Wals, Goffredo, 戈弗雷多·沃尔斯 321
Wal-Wal oasis, 瓦尔–瓦尔绿洲 516
water supply, 供水 73, 104, 254, 397
Waterloo, 滑铁卢 422
wealth, 财富 202
Wessel, Horst, 霍斯特·威塞尔 489
West, Benjamin, 本杰明·韦斯特 409
William of Derby, 德比的威廉 211
Wilson, Richard, 理查德·威尔逊 384
Winckelmann, Johann, 约翰·温克尔曼 389, 390, 395, 408—412
Wittenberg, 维滕堡 286
Wittkower, Rudolf, 鲁道夫·维特科夫尔 359
Wordsworth, William, 威廉·华兹华斯 417

Works, 罗伯特·亚当的作品 406
Wright brothers, 莱特兄弟 466
Xavier, Francis 方济·沙勿略 see Francis Xavier, St 见 "圣方济·沙勿略"
Yeats, W.B., W·B·叶芝 223, 261, 342
York, Duke of (brother of George III), 约克公爵（乔治三世之弟）390
York, 约克 152
Young Italy 意大利青年党 see Giovane Italia 见 "意大利青年党"
Young Turks, 土耳其青年党 433
Yugoslavia, 南斯拉夫 461—462
Yussupov, Prince Nicholas, 尼古拉·尤苏波夫亲王 382
Zama, battle of, 扎马战役 46
Zancle, 赞克勒 23
Zara, 扎拉 220
Zela, 泽拉 58
Zeno of Citium, 季蒂昂的芝诺 48
Zenodorus, 芝诺多罗斯 139
Zeus, 宙斯 30, 118, 263, 333
Zoffoli, Giacomo, 贾科莫·佐佛利 383
Zola, Emile, 爱弥尔·左拉 465
Zucchi, Antonio, 安东尼奥·祖奇 387
Zucchi, Carlo, 卡尔洛·祖奇 394
Zurich, 苏黎世 464

图书在版编目（CIP）数据

罗马：永恒之城 /(澳) 罗伯特·休斯著；朱天宁译.
-- 上海：上海文艺出版社，2021 (2023.7重印)
(读城系列)
ISBN 978-7-5321-7631-1
Ⅰ.①罗… Ⅱ.①罗… ②朱… Ⅲ.①城市史—罗马
Ⅳ.①K954.6
中国版本图书馆CIP数据核字(2020)第251217号

ROME by ROBERT HUGHES
Copyright:©This edition arranged with
THE ORION PUBLISHING GROUP through Big Apple Agency, Inc., Labuan, Malaysia.
Simplified Chinese edition copyright:
2021 SHANGHAI LITERATURE AND ART PUBLISHING HOUSE
All rights reserved.

著作权合同登记图字：09-2017-316号

发 行 人：毕　胜
策 划 人：林雅琳
责任编辑：林雅琳
封面插画、设计师：黄吉如

书　　　名：罗马：永恒之城
作　　　者：(澳) 罗伯特·休斯
译　　　者：朱天宁
出　　　版：上海世纪出版集团　上海文艺出版社
地　　　址：上海市闵行区号景路159弄A座2楼　201101
发　　　行：上海文艺出版社发行中心
　　　　　　上海市闵行区号景路159弄A座2楼206室　201101　www.ewen.co
印　　　刷：苏州市越洋印刷有限公司
开　　　本：890×1240　1/32
印　　　张：20.75
插　　　页：5
字　　　数：440,000
印　　　次：2021年2月第1版　2023年7月第2次印刷
I S B N：978-7-5321-7631-1/K.0409
定　　　价：118.00元
告 读 者：如发现本书有质量问题请与印刷厂质量科联系　T:0512-68180628